Der 2. Weltkrieg

Prof. Dr. Herbert Michaelis: Der Weg in den Krieg

Prof. Dr. Walther Hubatsch: Polenfeldzug, sowjetisch-finnischer Winterkrieg, die Besetzung Skandinaviens

Vizeadmiral a. D. Prof. Friedrich Ruge: Der Krieg im Westen, im Mittelmeerraum und auf den Weltmeeren

Dr. Hellmuth Günther Dahms:
Der Weltanschauungskrieg gegen die Sowjetunion

Vizeadmiral a. D. Prof. Friedrich Ruge: Der Pazifikkrieg

Prof. Dr. Herbert Michaelis:
Die Endphase des 2. Weltkrieges und seine Folgen

Dr. Ernst Schraepler: Chronik des 2. Weltkrieges

Der 2. Weltkrieg

Bilder Daten Dokumente

C. Bertelsmann Verlag

Bildtexte:
Dr. Günther Deschner, Dr. Hans F. Müller-Hagen,
Vizeadmiral a. D. Prof. Friedrich Ruge, Dr. Otto-Ernst Schüddekopf
Bild- und Textredaktion:
Dr. Günther Deschner
Dr. Otto-Ernst Schüddekopf
Gesamtredaktion: Dr. Günther Deschner
Karten: Kartographisches Institut Bertelsmann

Gesamtherstellung Peli Printing Works Ltd., Givatayim
ISBN 3-570-01403-7 · Printed in Israel

Vorwort

Ausbruch, Verlauf und politische Folgen des zweiten Weltkrieges bestimmen noch immer unsere eigene Gegenwart. Die Teilung Deutschlands, einschneidende Grenz- und Bevölkerungsverschiebungen, die Mächtekonstellation zweier Blocksysteme, die Bedrohung der Welt durch Massenvernichtungswaffen, aber auch der Vorstoß des Menschen in den Weltraum: dies alles hat seine wichtigsten Wurzeln im militärischen und politischen Verlauf des zweiten Weltkrieges und der durch ihn beschleunigten revolutionären technischen Entwicklung.

Insofern ist die Beschäftigung mit diesen sechs Jahren Weltgeschichte von 1939 bis 1945 und ihrer Vorgeschichte zugleich auch ein Beitrag zum Verständnis unserer Gegenwart.

Die Flut an Spezialliteratur über den zweiten Weltkrieg ist geradezu erdrückend und selbst für den Fachmann kaum noch überschaubar. Eine populäre Darstellung des zweiten Weltkrieges muß darauf bedacht sein, in allgemeinverständlicher Weise die einzelnen Ereignisse des Kriegsgeschehens darzustellen, einander sinnvoll zuzuordnen und die Verflechtung von Ursachen und Folgen aufzuzeigen. Das wird in diesem Buch durch Textbeiträge namhafter Historiker, durch die Auswahl weitgehend unbekannter, aber charakteristischer Bilder, durch Karten und Dokumente versucht.

Für die Unterstützung bei der Beschaffung des Bildmaterials hat der Verlag zahlreichen in- und ausländischen Archiven und Museen in West und Ost Dank zu sagen, vor allem dem Bildarchiv des Bundesarchivs in Koblenz und der Presseagentur Novosti in Moskau.

Auch für diesen verhältnismäßig kurzen Zeitraum von sechs Jahren gilt das Wort, daß Geschichtsschreibung Auswahl sei. Wo aus Raumgründen manches Einzelereignis nicht im Bildteil dargestellt werden konnte, findet der Leser aber doch in der beigegebenen Chronik die wichtigsten Daten.

Autoren und Redaktion verbinden mit dem Erscheinen dieses Buches die Hoffnung, daß es dazu beitragen kann, diese unheilvolle Phase unserer jüngsten Geschichte verstehend zu erfassen, um damit Gegenwart und Zukunft klarer zu bestimmen.

Der Verlag

Verzeichnis der verwendeten Abkürzungen

ABDA	American-British-Dutch-Australian; Abkürzung für eine gemischte alliierte Streitmacht im Pazifik
AK	Armeekorps
AOK	Armeeoberkommando
BBC	englische Abkürzung für: Britische Rundfunkgesellschaft
BDM	Bund Deutscher Mädel
brit.	britisch
BRT	Bruttoregistertonnen
CDU	Christlich-Demokratische Union
FHQ	Führerhauptquartier
Gestapo	Geheime Staatspolizei
GFM	Generalfeldmarschall
He	Flugzeug der Heinkelwerke
HGr.	Heeresgruppe
Hiwi	Hilfswilliger
HJ	Hitlerjugend
HKL	Hauptkampflinie
Ju	Flugzeug der Junkerswerke
KG	Kampfgeschwader
kn	Knoten
Komintern	Kommunistische Internationale
KPD	Kommunistische Partei Deutschlands
KZ	Konzentrationslager
LDP	Liberal-Demokratische Partei
Me	Flugzeug der Messerschmittwerke
MG	Maschinengewehr
Mio	Millionen
mot.	motorisiert
NATO	englische Abkürzung für: Nordatlantische Verteidigungsorganisation
NKWD	russische Abkürzung für: Volkskommissariat für Inneres
NS	Nationalsozialismus
NSDAP	Nationalsozialistische Deutsche Arbeiterpartei
OB	Oberbefehlshaber
OKH	Oberkommando des Heeres
OKL	Oberkommando der Luftwaffe
OKW	Oberkommando der Wehrmacht
PK	Propagandakompanie
poln.	polnisch
POW	englische Abkürzung für: Kriegsgefangener
RAF	englische Abkürzung für: Königliche Luftwaffe
rum.	rumänisch
SA	Sturmabteilung der NSDAP
SD	Sicherheitsdienst
SED	Sozialistische Einheitspartei Deutschlands
sm	Seemeilen
SPD	Sozialdemokratische Partei Deutschlands
SS	Schutzstaffel der NSDAP
STAWKA	russische Abkürzung für: Sowjetisches Oberkommando
Stuka	Sturzkampfbomber
UN	englische Abkürzung für: Vereinte Nationen
US-Navy	US-Marine
V-Waffen	Vergeltungswaffen

In allen militärischen Lagekarten werden stets die gegenwärtigen politischen Grenzen gezeigt, um vor allem den jüngeren Lesern das Verständnis für die räumliche Situation der militärischen Operationen zu erleichtern.

Inhalt

Der Weg in den Krieg

Prof. Dr. Herbert Michaelis

Die Vorgeschichte wie die Geschichte des zweiten Weltkrieges sind nicht allein aus dem deutschen Geschehen zu verstehen und ausreichend zu erklären. Umgekehrt werden die Verhältnisse und die Entwicklung in Deutschland wie die Erscheinung Hitlers und des Nationalsozialismus nur in ihrer Verflechtung mit den weltgeschichtlichen Kräften der Epoche und als Teilaspekt der Zeitsituation verständlich. Das Einmalige und Besondere verband sich auch hier, wie stets in der Geschichte, mit dem Allgemeinen und mit dem nicht minder entscheidenden Einfluß der unterschwelligen Problematik und der Krisen.
Überschauende historische Betrachtung erweist auch den zweiten Weltkrieg wie einst den ersten trotz des Vorwurfes persönlichster Willkür und persönlichster Schuld, der sich mit seinem Ausbruch verbindet und der für immer mit der Person Hitlers verknüpft sein wird, als ein Glied in der Kette der geschichtlichen Kriege, in denen eine angestaute Problematik durch Gewaltsamkeit nach Lösung drängte.

Ohne den ersten Weltkrieg ist der zweite nicht zu denken. Nicht nur in dem äußerlichen Sinne, daß jener das Phänomen des totalen Krieges zum erstenmal entwickelte, das der zweite bis zum Übermaß der Vollendung steigerte. Nicht nur, weil der erste die Mißachtung des Völkerrechts und der Menschenrechte eröffnete, die im zweiten auch den letzten Rest menschlicher und zwischenstaatlicher Gesittung nihilistisch hinwegfegte. Auch nicht deshalb, weil sich die Staatsmänner und Militärs des zweiten Weltkrieges in ihren Handlungen und Entschlüssen mit peinlicher Sorgfalt an den Erfahrungen des ersten Weltkrieges orientierten, gleichsam ein Spiel, nun mit dem Wissen um seinen damaligen Ausgang und Charakter, noch einmal spielend – nicht ohne darüber das eigenständige Gesicht mancher neuen Züge darin zu übersehen –, sondern weil in den Folgewirkungen, die ihm entsprangen, aber auch bereits in den Gründen für seinen Ausbruch, in weitem Umfang die Ursachen für den zweiten Weltkrieg liegen. In weitem Umfang, das heißt nicht, daß er als die unvermeidliche Folge des ersten zu betrachten sei.

Jener bewirkte eine so tiefgreifende Veränderung der Welt, ihrer Machtverhältnisse und ihrer sozialen und wirtschaftlichen Struktur wie ihres Geistes, oder brachte längst angebahnte tiefe Entwicklungen ans Licht, daß es nach vier Jahren Krieg unmöglich war, in der Gestaltung des

Friedens an das Jahr 1914 anzuknüpfen, etwa in der Weise, wie die Staatsmänner des Wiener Kongresses, ein Vierteljahrhundert kriegerischer Auseinandersetzungen überspringend, an die vorrevolutionäre Epoche des Ancien régime anzuknüpfen gesucht hatten. Denn noch mitten im Krieg hatte, unbemerkt, eine neue Zeit begonnen: »Die Zeit, in der wir leben«. Der Krieg stellte die Staatsmänner, die in den Kategorien des ausgehenden 19. Jahrhunderts zu denken gewohnt waren, vor zum Teil völlig neuartige Probleme. Er belud sie mit der Aufgabe einer umfassenden Neuordnung nicht nur Europas, sondern als Folge der seitherigen Entwicklung mit der Aufgabe einer Neugestaltung der Welt. Mit dem überkommenen Reservoir europagebundener politischer und wirtschaftlicher Sehweisen und Methoden war diese Aufgabe nicht zu bewältigen. Daher ist sie nicht bewältigt worden. Der Wandel der Verhältnisse war ungleich viel rascher vor sich gegangen, als der Wandel der Gemüter folgen konnte. Anders gewendet: auf die neue Fragestellung einer vom Kriege aufgewühlten Welt antworteten die Friedensmacher von Versailles in der Mehrheit mit Maßstäben, Methoden und Vorstellungen der Welt von vor 1914. In dieser Hinsicht stellte sich das Phänomen des »mißglückten Friedens« dar als ein Ineinander und Gegeneinander alter, vielerorts neubelebter und daher gesteigerter Vorstellungen und Verhaltensweisen aus dem nationalistisch-imperialistischen Europa des ausgehenden 19. Jahrhunderts. Neben ihnen stand mit dem Ziel, gerade die nationalistische Hypertrophie Europas und sein kriegsgeschwängertes Spiel der »balance of power« zu überwinden, der internationale Liberalismus der Vereinigten Staaten von Amerika. Er forderte zur dauernden Sicherung des Friedens die »community of power«, die Vergesellschaftung der Staaten, und die demokratische Mitbestimmung der Völker. Daneben stand das weltweite Interessen- und Problemgeflecht des britischen Commonwealth, in dem sich in besonderer Weise die »Neuverteilung von Macht und Geltung« und die Fragestellungen wie die revolutionären Entwicklungen niederschlugen, die der Krieg namentlich auch in den kolonialen, bisher von Europa beherrschten Bereichen entbunden oder überhaupt erst geschaffen hatte. Über dieser in sich zerrissenen Welt lag in sphinxhafter Undurchdringlichkeit und als dunkler Schatten die große Tatsache, daß die Oktoberrevolution in Rußland die Einheit der bürgerlich-kapitalistischen Ordnung zerbrochen und neben sie das neuartige Phänomen einer von der Diktatur des vierten Standes geführten kommunistischen Ordnung gesetzt hatte, die die traditionelle Existenz aller außerrussischen Staaten und Völker mit dem Programm der bolschewistischen Weltrevolution und mit einer neuen Form des Krieges bedrohte. Rußland, das rückständigste der kriegführenden Länder, war zugleich der erste Staat, in dem der Krieg zum Umsturz der alten Ordnung geführt und sich das folgenreichste Ereignis für die Welt vollzogen hatte. Bald entstanden als Reaktion auf die russische Revolution »Bewegungen eines neuartigen ideologischen und organisatorischen Typus«, faschistische Bewegungen, die sich nicht minder als Feinde der liberalen Ordnung erwiesen als ihr bolschewistischer Gegner. In Indien und China begannen eigenständige geistige Welten der abendländischen gegenüberzutreten, deren überhebliche Aggressionen sie bisher passiv erduldet hatten. Die großen Heilsgewißheiten des Christentums und der spezifisch europäischen Geistigkeit fingen an, ihren absoluten Charakter zu verlieren. Aus dem dumpf empfundenen Bewußtsein dieser weltbewegenden und weltverändernden Vorgänge lief eine erste Welle von Skepsis und Mutlosigkeit, in die ihr Optimismus sich verwandelt hatte, über die europäischen Menschen, und voreilig war die Frage zu hören, ob das Abendland in seiner christlichen und sokratischen Prägung, das heißt zugleich in seiner nationalen Scheidung, Kraft und Wirkung in einer Welt behalten werde, deren geschichtliche Entwicklung in eine so völlig neue Phase eingetreten war. Die Auseinandersetzung über diese Problematik, in der sich im politisch-staatlichen Bereich gefährlicher Zündstoff häufte und – wie vor 1914 – in Zonen explosibler Krisen verdichtete, ist der Inhalt des Zeitalters seit 1919. Der zweite Weltkrieg führte sie mit seinen Mitteln auf den Gipfel.

In diesem Geschehen nahm Deutschland eine zentrale Stellung ein. Sie wird durch die Tatsache umschrieben, daß seine nationalstaatliche Einigung, von Bismarck in drei Kriegen heraufgeführt, eine als umstürzend empfundene Verschiebung der historisch gewohnten europäischen Gewichtsverhältnisse bewirkt hatte. Mit einem Schlag, in unvermuteter Plötzlichkeit und Gewaltsamkeit, war in der Mitte Europas nach jahrhundertelanger Schwäche eine Großmacht ersten Ranges entstanden – ein Ereignis, das den britischen Staatsmann Benjamin Disraeli urteilen ließ, es werde diese »germanische« Revolution vermutlich einschneidendere Folgen haben als die Französische Revolution von 1789: »Wir stehen vor einer neuen Welt; neue Einflüsse sind am Werk...; das Gleichgewicht der Macht ist völlig zerstört.« In einem imposanten Schauspiel organischer Selbstentfaltung, aber mehr noch als die unter ungewöhnlichen äußeren und inneren Wachstumsbedingungen überschnell gereifte Frucht einer Welthochkonjunktur, gewann der deutsche Nationalstaat mit dem sprunghaften Wachstum seiner Bevölkerung, mit dem die anderen Völker ein- und überholenden Ausbau seiner Industrie und der imperialistischen Ergänzung seiner Heereskraft durch maritime Rüstung eine Stärke, die ihm mit und ohne Willen nicht nur die potentielle Hegemoniestellung in Europa, sondern, diese übergipfelnd, auch den Rang einer Weltmacht zutrug. Diese Stärke und die gewandelte Stellung Deutschlands in der Welt ließen seine führenden Männer in der wilhelminischen Epoche unter jugendlicher Überschätzung dieser neuen Kräfte sowie in Verkennung der weltpolitischen Gegebenheiten und ohne geistige Bewältigung seiner Zeit die klare mitteleuropäische Beschränkung Bismarcks verlassen und zu weltpolitischer Zielsetzung mit verschwommenen Grenzen schreiten. Damit setzte eine Entwicklung ein, die das junge Reich in der geschichtlichen Konsequenz mit der abwehrenden Koalitionsbildung der älteren benachbarten Großmächte belud. Denn »das große Deutschland« war, wie schon Friedrich von Gentz für seine Zeit erkannt hatte, »für das kleine Europa« zu groß, sofern nicht »ganz bestimmte kunstvolle Vorkehrungen getroffen würden«. Noch hatte nach der kurzen Periode gebändigter Kraft unter seinem Schöpfer Bismarck weder das neue Deutschland zu Europa noch Europa zu ihm ein Verhältnis harmonischer Gemeinsamkeit zu finden vermocht, als der erste Weltkrieg die tragische Konsequenz aus ihrem »Nichtverhältnis« zog.

Es war die eindrucksvolle, in ihren Folgen damals noch kaum abzuschätzende Erfahrung der Mächte, aber auch des deutschen Volkes selber: Im Kampf bewahrheiteten sich die Befürchtungen und Vorstellungen von einer die Tragkraft der kontinentalen wie der Staatengemeinschaft der Welt überfordernden Stärke Deutschlands, und das dunkle Kraftgefühl der deutschen Nation fand in bis dahin unvorstellbaren, die Deutschen mit nachwirkendem Stolz erfüllenden Leistungen seine Bestätigung. Die Gefahr war heraufgestiegen, gewiß nur einen Augenblick lang von fragwürdiger Dauer, daß Deutschland nicht nur seine Vorherrschaft über Europa dauernd befestigte, also das europäische Gleichgewichtssystem zerstörte, sondern im Sinne der Mitteleuropa-Konzeption Friedrich Naumanns in einem Weltstaatensystem als dritte Kraft »zwischen dem atlantischen und dem russisch-eurasischen Weltmachtblock der Zukunft« seine Stellung stabilisierte. Schon trug es Krieg und Sieg an den Atlantik, die lebensnotwendigen Seewege der angelsächsischen Mächte zu zerschneiden. Ein Sieg Deutschlands, hatte der amerikanische Präsident Wilson schon am 30. August 1914 erklärt, würde den »Lauf der Zivilisation ändern« und die Vereinigten Staaten zu einer »military power« machen. »Mit dem Sieg auf dem Meer«, hieß es in einer Verlautbarung Walter Lippmanns vom Februar 1917, kurz nach Eröffnung des deutschen uneingeschränkten U-Boot-Krieges, »würde die Klasse siegen, deren Ziel es ist, Deutschland zum Führer des Ostens gegen den Westen, zum Führer schließlich einer deutsch-russisch-japanischen Koalition gegen die atlantische Welt zu machen«. Und an anderer Stelle desselben Artikels: »An den beiden Ufern des Atlantischen Ozeans sind tiefgehende Interessen entstanden, die die westliche Welt vereinen. Britannien, Frankreich, sogar Spanien, Belgien, Holland, die skandinavischen Länder und der amerikanische Kontinent sind eine Gemeinschaft in ihren Bedürfnissen und Zielen. Sie sind heutzutage stärker verbunden, als die meisten Menschen sich bisher klarmachen. Wenn jene Gemeinschaft vernichtet wird, dann würden wir erst wissen, was wir verloren haben. Dann würden wir erst verstehen, was die unbefestigte kanadische Grenze und die gemeinsame Beschützung Südamerikas durch die britische und amerikanische Flotte bedeuten.« Und schließlich: »Die Sicherheit des Atlantik ist etwas, wofür Amerika kämpfen muß.« Präsident Wilson hielt es für unmöglich, die Politik der Isolierung fortzuführen und setzte im Gewand des Kreuzfahrers »das gewaltige Kriegspotential der Vereinigten Staaten gegen Deutschland ein, um diese in seinen Augen stärkste antidemokratische Weltmacht militärisch zu brechen, ihrer autokratischen Führung zu entledigen, sie sicher für die demokratische Verfassung zu machen und in die kommende Friedensliga der Nationen als unschädlich gemachtes, zivilisiertes Mitglied einzufügen« (Conze).

Erst die Intervention der USA führte die Niederlage

Deutschlands, des Reiches der Mitte, herbei. Die Kräfte Europas hatten dazu nicht ausgereicht, nicht einmal die vereinten Anstrengungen seiner großen Flügelmächte in West und Ost, der größten Seemacht England mit ihrem ozeanischen Weltreich und der größten Landmacht Rußland mit ihren asiatischen Reserven. Zum erstenmal intervenierte eine überseeische, wenn auch abendländisch bestimmte Macht in einem europäischen Krieg und brachte ihn zur Entscheidung. Allein dies war ein Ereignis von revolutionärer Bedeutung.

Der Sieg der USA über Deutschland bedeutete zugleich den Sieg über die Zielsetzung Lenins, der Deutschland revolutionieren wollte, um der bolschewistischen Weltrevolution zu erfolgreichem Durchbruch zu verhelfen. Beide Zielsetzungen – die amerikanische wie die russische – kreisten um Deutschland, mit dessen Bezwingung sie zugleich Europa zu entmachten strebten. Daher wurde mit Deutschlands Zusammenbruch auch Europa an der Wurzel getroffen. Die Macht der USA wie das demokratische Programm Wilsons und der Kommunismus Lenins, beide dem Boden Europas entsprungen, drängten es aus seiner geschichtlichen zentralen Stellung heraus. Nicht länger lag der Schwerpunkt der großen Politik, der Wirtschaft, der Finanz, der Rüstung bei den kontinentalen Mächten, die bis an die Schwelle des Krieges die Geschicke der Welt bestimmt und in einer letzten Welle kolonialer Expansion den farbigen Völkern die Gesetze vorgeschrieben hatten. Jetzt kündigte das Erwachen dieser Völker den Schwund der überseeischen Herrschaft an. Der Schwerpunkt der Macht verschob sich an die Peripherie Europas und nach der Neuen Welt. Für England fand das Zeitalter, das mit Trafalgar begonnen hatte, sein unwiderrufliches Ende. Schon an diesen Vorgängen war abzulesen, daß in Zukunft eine rein europäisch bestimmte Weltmachtorientierung vom einzelnen Nationalstaat her nicht mehr möglich war.

In dem Versuch einer Friedensordnung aber überschnitten sich notwendig die Interessen und Anschauungen der Europäer mit den weltorientierten Interessen und Anschauungen Amerikas und des Commonwealth. Die europäischen Gesichtspunkte politischen Handelns und Empfindens wurden beeindruckt von Problemlagen, die ihnen fremd waren. Und, entscheidend und verhängnisvoll: nach dem notdürftigen Aufbau einer Weltgemeinschaft, des Völkerbundes, dessen Initiator es war, dem es aber selber nicht beitrat und von dem die Besiegten und das revolutionäre Rußland ausgeschlossen wurden, entzog sich Amerika direkten Verpflichtungen in Europa, so seine selbstgesetzte Weltaufgabe und den Sieg der Demokratie in Europa preisgebend und die ihm zugefallene Weltführerrolle verschmähend. Der weltbeglückende Optimismus des Präsidenten Wilson und der Anlauf zur moralischen Weltführerschaft endeten in Verzicht und Enttäuschung.

Mutatis mutandis galt Ähnliches für das bolschewistische Rußland. Sein revolutionärer Expansionswille griff wie nach Ungarn und Bulgarien, so nach Deutschland, dem Vaterland von Karl Marx und dem Hauptindustrieland des festländischen Europa. Fast schien er – 1923 – in berechneter Verquickung mit dem »nationalen Aufstand« gegen das Frankreich der Ruhrbesetzung dem Ziele nahe, als er enttäuscht und geschlagen, aber auch durch Einsicht und die reale Lage bestimmt, in die alten Grenzen Rußlands zurücktrat und sich mit der Lösung dringender innerer Fragen begnügte. Die Europäer – das hieß zu allererst Frankreich, Deutschland und Rußland, mit anderen Worten der Sieger, der Besiegte und das bolschewistische Rußland – wurden unter verwandelten Umständen dem alten Geist und einem noch stärker gespannten Verhältnis überlassen, als es vor 1914 zwischen ihnen bestanden hatte. Denn an die Stelle der echten Hegemonie Deutschlands, das man in eine – an seinen Kräften gemessen – unnatürliche und daher vorübergehende Entmachtung gezwungen, aus dem Kreis der Weltmächte ausgestoßen, entwaffnet, verfemt, isoliert und in engste europäische Beschränkung zurückgeworfen und dem man den Eintritt in den Völkerbund verwehrt hatte, war die kontinentale Scheinhegemonie Frankreichs getreten. Die willkürliche und bewußt gegen Deutschland gerichtete Anwendung des nationalen Selbstbestimmungsrechts im Mischsiedlungsbereich des europäischen Ostens und Südostens hatte dagegen eine neue Zone der »Balkanisierung« geschaffen und durch einen breiten »Korridor« Ostpreußen vom Reich getrennt. Indem die Sieger das sanktionierte Recht der nationalen Selbstbestimmung dem besiegten Deutschland vorenthielten, weil seine konsequente Anwendung auf die Deutschen in Mitteleuropa sofort ein neues starkes Reich hätte entstehen lassen, das zu bekämpfen man ausgezogen war, und damit den »Sieg der Sieger« im Augenblick des Triumphes in Niederlage verwandelt und den Aufwand wie das Ergebnis des Krieges illusorisch gemacht hätte, stellten sie ihre eigenen Prin-

zipien und die Ehrlichkeit ihres Bekenntnisses zu ihnen in Frage.
Zum Kern des Versailler Vertrages wurde so lediglich die machtmäßige und wirtschaftliche Niederhaltung Deutschlands, der Versuch, die überstarke Kraft des Deutschen Reiches gewaltsam auf ein mit den überkommenen Kräfteverhältnissen der europäischen Staatenwelt vereinbares Maß zu reduzieren. Wenn es gelingen konnte, wie gesagt wurde, über das Siegerdiktat hinaus die Abrüstung Deutschlands, die Idee des Völkerbundes und der Selbstbestimmung wie das Prinzip der Kooperation zu Grundlagen einer die Interessen wie die Kräfte auswiegenden Ordnung Europas zu machen, die die überkommene Gleichgewichtspolitik verdrängen, gar überwinden konnte, dann mochte mit der Zeit auch das kräftemäßige Übergewicht eines nunmehr demokratisch-parlamentarischen Deutschland sich einbetten lassen in einen großen demokratischen Zusammenhang Europas und der Welt.
Der staatliche Machtegoismus wie die Rivalität der Nationen konnten in Einklang gebracht werden mit einem System der Zusammenarbeit und des Friedens. Dies war die Aufgabe, die seit 1871 gestellt war und die jetzt den Deutschen ebenso neu gestellt wurde wie den anderen Nationen. Ihre Lösung erforderte Idealismus und Mut, vor allem Zeit und Geduld. Der Krieg hatte sie aufs Äußerste kompliziert. Der »Frieden von Versailles« aber wurde ihr wenig gerecht; er enthielt in der Neugestaltung sowohl der territorialen Verhältnisse als auch der politischen, wirtschaftlichen und moralischen Beziehungen zwischen den Völkern so schwere, verhängnisvolle Fehler, daß es zu einer echten Verständigung und zu einer vernünftigen Ordnung in Europa nicht kommen konnte. Kurz: die »Ordnung von Versailles« war zu allererst eine Ordnung der Sieger, und solange sie dies war, wirkte die erzwungene, aber eben deshalb jederzeit widerrufbare Schwäche Deutschlands nicht minder beunruhigend als vor 1914 seine provozierende Stärke. Darum blieb der Blick der Sieger voll Mißtrauen an Deutschland hängen. Sie hatten es militärisch besiegt und wollten es so lange wie möglich am Boden halten, aber im Kern war seine Kraft unversehrt geblieben. Sie trugen das Bild des wilhelminischen Deutschland weiter mit seiner »schimmernden Wehr« und seiner unruhigen Politik und achteten gering, daß die Hohenzollern verschwunden waren und das Reich sich in eine demokratische Republik verwandelt hatte. Nicht die Regierungsform Deutschlands war für seine europäischen Besieger maßgebend, sondern das Ausmaß der latent in ihm ruhenden Kraft. Die gesamte Nachkriegszeit war von der Furcht vor der möglichen Wiedererhebung und Revanche Deutschlands erfüllt. Diese Furcht übertraf bei weitem die Angst vor dem Bolschewismus. In Frankreichs »Ruf nach Sicherheit« fand sie ihren lautesten Ausdruck. Im Grunde ließ sie sich nie beschwichtigen. Lloyd George erklärte im Unterhaus am 7. Februar 1922: »Wenn die deutsche Jugend an den Gedanken gewöhnt wird, die alte Pracht, den früheren Einfluß und den ehemaligen Besitzstand des kaiserlichen Deutschlands wiederzuerlangen, die Sieger für die Deutschland zugefügte Niederlage zu bestrafen und den deutschen Nationalstolz zu verteidigen, so liegt darin eine der größten Gefahren, denen das künftige Europa ausgesetzt ist.« Und er nannte das Mittel, dieser Gefahr zu begegnen: »Deutschland muß überzeugt werden, daß eine kriegerische Politik ihm keinen Vorteil brachte, und daß es in einem Rachekrieg gegen Frankreich nicht nur Frankreich, sondern auch andere Nationen gegen sich hätte. Durch ein derartiges Verhalten wird dieses deutsche Gefühl schon im Entstehen ausgerottet werden, und die Deutschen werden lernen, daß eine Politik der Revanche für ihr Land tödlich sein würde.«
Die Frage blieb, ob Deutschland aus der Niederlage die Konsequenz der Aussöhnung mit seiner europäischen Umwelt, d. h. die Bescheidung auf einen »zweiten Rang« zu vollziehen willens und seine natürlichen Kräfte zu bändigen fähig wäre, ob Wege gefunden werden konnten, ihm in Europa und in der Welt einen Platz anzuweisen, der die Harmonie des Ganzen ermöglichte. Ohne Beantwortung dieser Frage konnte Europa keine Ruhe finden. Es war zu erwarten, daß sich nach dem Versagen der Sieger die Besiegten, das hieß vor allem Deutschland, um so stärker von ihr angesprochen fühlten. Wenn sich aber in ihnen wieder starke Energien regten, dann war es die Frage, ob sie sich noch einfügen ließen in das Europa der Friedensmacher von 1919. Und wie ihr Zusammenstoß mit letzterem zu befürchten war, so auch der Zusammenstoß mit der außereuropäischen, transatlantischen Weltmacht, die in einer neuen hegemonialen Zusammenfassung Europas unter deutscher Führung eine Bedrohung ihrer Weltstellung und eine erneute Gefährdung ihrer Existenz erblickte. Es war auch zu erwarten, daß das kommunistische Rußland eine neue deutsche Vormachtstellung

als Bedrohung seiner weltrevolutionären Zielsetzung empfinden und aus seiner Isolierung heraustreten würde. Insofern war die Eventualität des Krieges im Raume des »mißglückten Friedens« jederzeit gegeben.

Im innerpolitischen Bereich hatte der Krieg tatsächlich die Demokratie in Europa und in Deutschland zum Siege geführt, aber auch die Bedingungen geschaffen, sie wieder zu zerstören. Überall waren die Massen gleichberechtigt in das politische Spiel aufgenommen worden – dies schien das eigentliche Ergebnis des Krieges zu sein –, aber mit geringen Ausnahmen wurden die Attribute der Demokratie sehr bald verknüpft mit ihrem Gegenprinzip, der Diktatur, oder von letzterem überwunden. Schon die Erfordernisse des Krieges selber hatten in den beteiligten Ländern, in Deutschland wie in den westlichen Demokratien, die Entwicklung diktaturähnlicher Regierungen erzwungen, die ihrerseits die Völker an Gehorsam und Befehl, an Zwang und »Ordnung« banden, sie aber auch stärker als zuvor an die Abhängigkeit vom Staat und an die Führung durch ihn gewöhnten. Die »Militarisierung ganzer Nationen«, das »Volk als Heer«, war das Neue am Krieg gewesen. Eben dies machte die plötzlich wieder in die Freiheit entlassenen, politisch mündigen, die im Gefühl ihrer Unentbehrlichkeit fordernden, nämlich die Rückkehr in die »Normalität« der Vorkriegszeit fordernden Massen bereit, in Verkennung oder in Ablehnung der demokratischen Prinzipien, überall dort die eben erlangte politische Freiheit, Gleichberechtigung und Selbstbestimmung in die Hände des Staates, »einer einheitlich machtvollen Leitung« (Herzfeld) zurückzugeben, wo ihnen die Konzentration der Führung und der Macht in der Hand eines einzelnen oder einer Partei oder gar die Anwendung von Gewalt geeignet dünkte. Es ging darum, ungeduldig gehegte Hoffnungen zu erfüllen, die Existenz der Nation zu sichern, sie aus wirtschaftlichen Nöten zu retten oder, wo erst der Kriegsausgang ihnen staatliche Macht verliehen hatte, diese zu festigen und zu stärken, und wo die geschichtliche Größe verloren war, sie in zähem Begehren neu zu gewinnen. Das »Motiv der Wiederholung« belebte in vielfältigem Gewande die Politik. Mit Zustimmung der Massen erhob sich in vielen Ländern der Welt der große einzelne, der Usurpator, der »Held«, und der Techniker der Macht, der seine Identität mit der Nation behauptete und keine andere Legitimation vorzuweisen hatte, in ihrem Namen zu sprechen, als die Leistung, die er versprach und die man von ihm erhoffte, und den Erfolg, den er haben mußte. Wo daraus eine mystische Gemeinschaft von Führer und Geführten erwuchs, wurde sie eine der stärksten Triebkräfte, die die Massen in gläubigem Fanatismus zu blindem Gehorsam, aber auch zu nationalen Anstrengungen befähigte, die eine beflissene Propaganda, freilich zu Unrecht, an den Aufbruch der Massen in der Französischen Revolution erinnern ließen. Wo sie auftrat, kleidete sich die neue Diktatur in die Uniform des Soldaten, übernahm sie Namen und Organisationsformen des Militärs, wurde befohlen und gehorcht und marschiert und der Widerstand des politischen Gegners »rücksichtslos gebrochen«, so in allem ihre Herkunft aus dem Krieg offenbarend und den Geist des Krieges weitertragend.

Auf solcher Grundlage hatte sich als erstes das Schauspiel der russischen Revolution vollzogen: die »Eroberung« eines großen Volkes durch eine militante Minderheit von Berufsrevolutionären, durchgeführt mit der kalten Rationalität und Gewaltsamkeit des radikalen, sozial-religiösen Eiferers, mit dem Mittel der Diktatur. Von anderen Wurzeln gespeist, nicht mit der gelebten Geschichte brechend, sondern die Vorbilder der nationalen Vergangenheit beschwörend, aber auch schon in Abwehr der von Rußland her wirkenden Tendenzen entstand in Italien im Faschismus Mussolinis ein zweites Diktatursystem in Europa. Und so setzte sich die Reihe in verschiedenen Ausprägungen fort: in der Türkei, in Spanien, Litauen, Polen, Portugal und Jugoslawien. Ihnen allen war in abgewandelter Stufenfolge und in abgestufter Intensität gemeinsam, daß sich die Diktatur erhob im Zusammenhang mit dem Weltkrieg und seinen Folgewirkungen. Der Weltkrieg war der große Beweger, der Schöpfer der revolutionären Erschütterungen der Welt, nicht, wie man im Hinblick auf die Erfahrung der Französischen Revolution von 1789 meinen könnte, die revolutionäre Umwälzung in Rußland. Deren Wirkungen waren zwar spürbar, aber noch nicht bestimmend. Alle diese revolutionär-diktatorischen und autoritären Systeme hatten verschiedene Grundlagen und zeigten verschiedene Gesichter, aber in allem waren sie getreue Abbilder der krisenhaften Situation, in die Wirtschaft und Gesellschaft, Politik und Kultur geraten waren. In allen wurden Demokratie und Parlamentarismus von faschistoiden Kräften bekämpft, mißbraucht oder abgelöst, in allen standen sie in der Nähe des alten oder – wie im Falle Rußlands – eines neuen Nationalismus, den zu überwinden ein Anliegen zumindest der USA gewesen war, und der stellenweise durch Verbindung mit rassistischen Ideologien zunehmend radikalisiert wurde.

Der Zusammenbruch der Weltwirtschaft ausgangs der zwanziger Jahre, der alle Länder der Erde erfaßte und die kommunistische Lehre von der zwangsläufigen Krise und dem endgültigen Zusammenbruch der kapitalistischen Wirtschaft zu bewahrheiten schien, erzeugte eine zweite Welle diktatorischer Systeme. Er zwang auch die bisher unberührt gebliebenen parlamentarischen Demokratien des Westens zu Maßnahmen, die für sie revolutionär waren, wie die Abkehr vom Goldstandard in England, dann in den USA, oder ließ auch in ihnen ähnlich wie im ersten Weltkrieg das liberalistische Prinzip des laissez-faire von der anregenden und befehlenden Initiative des Staates abgelöst werden. Dafür wurde die Politik des New Deal des amerikanischen Präsidenten Franklin D. Roosevelt, mit der er die desillusionierende Erschütterung des prosperity-Glaubens durch die Weltwirtschaftskrise abfing, das große Beispiel. Und auch die restlichen europäischen Länder wie Frankreich gerieten in die Nähe des gleichen Prozesses der Entmachtung des Parlaments zugunsten der Exekutive oder erwogen eine grundsätzliche Neuordnung ihrer staatlichen Verhältnisse.

In den Jahren der Weltwirtschaftskrise, in denen das Prestige der USA als wirtschaftliche wie politische Führungsmacht außerordentlich stark angeschlagen war, winkte den Russen die große Chance, die sie 1918 wahrgeglaubt hatten, Deutschland zu revolutionieren und in Europa sowie in der ganzen Welt die Fahne des Umsturzes zu hissen. Aber das kapitalistische System überstand den Sturm, der seine Fundamente ins Wanken brachte. Dem Kommunismus wie der Sowjetunion erwuchs keine Möglichkeit des Fortschreitens und des Siegens.

Wohl hielten die angelsächsischen Reiche an der liberalen Demokratie fest. Aber die Krise führte zu einem tiefen Mißtrauen gegen die Festigkeit der kapitalistischen Wirtschaft und der individualistischen Gesellschaft; man bezweifelte, daß sie den Anforderungen der modernen Zeit noch gewachsen seien. Die Tendenz zur Diktatur erhielt von der wirtschaftlichen Seite einen ungeheuren Auftrieb. Ging so der mögliche Triumph der Weltrevolution, die Diktatur des Proletariats mit ihren unabsehbaren Folgen vorüber, so erwuchs aus der Weltwirtschaftskrise in Europa eine Entscheidung von noch unabsehbaren Konsequenzen: Deutschland, der Unterlegene des Weltkrieges, trat im Gewand der nationalsozialistischen Diktatur wieder aktiv ein in das weltpolitische Spiel.

Der Übergang Deutschlands zur Diktatur Hitlers war eine neue »germanische« Revolution. Nicht nur bedeutete er den Umsturz der innerpolitischen Verhältnisse und die Beseitigung der demokratisch-parlamentarischen Herrschaftsstruktur der Weimarer Republik von 1919, er bedeutete insgesamt und im vollen Wortsinn die Widerlegung der Ergebnisse des ersten Weltkrieges in Europa. Insofern bezeichnete der »Tag der Machtergreifung« nach »Versailles« und nach der russischen Revolution eine der größten und folgenreichsten Entscheidungen der ersten Hälfte des 20. Jahrhunderts. Den »Siegern von Versailles« waren mit einem Schlag die Früchte ihres Sieges aus den Händen gerissen. Daß sich dieser Umsturz in der weltpolitischen Situation nicht sofort und nicht wie 1870 als Ergebnis eines europäischen Krieges manifestierte, sondern zunächst in der verdeckten Form eines innerpolitischen Systemwechsels, trug vorerst dazu bei, die Erkenntnis seiner außenpolitischen Bedeutung und die Möglichkeit der Gegenwirkung zu erschweren.

Wie sofort in den innerdeutschen Verhältnissen, so war bald die Tatsache eines grundlegenden Wandels der europäischen Machtlage mit Händen zu greifen. Was man von Napoleon III., dem Schöpfer des Second Empire, gesagt hatte, galt auch für Hitler. Als er die Bühne betrat, geriet Europa sofort aus einem Zustand politischer Beharrung in einen Zustand fortschreitender Bewegung. Daß sich der Besiegte von 1918 wieder erhob, alle seine Kräfte zentralistisch zu neuer Großmachtstärke zusammenfaßte und wiederum mit äußerster Schnelligkeit zu einer zentralen Machtstellung in Europa aufstieg, nach der Not der Weltwirtschaftskrise mit dem Wind einer neuen Welthochkonjunktur im Rücken, daß er die Reste der »Ordnung von Versailles« umstieß, die auf die vorübergehende Ohnmacht Deutschlands und die Scheinhegemonie Frankreichs gegründet waren, zog mit zunehmender Stärke die Blicke auf sich. Von dem Gefahrenherd der japanischen Machtexpansion im Fernen Osten, in dem sich das imperialistische Ringen der Vorweltkriegszeit um China fortsetzte, verlagerte sich das Interessengewicht der Mächte wieder stärker auf Europa zurück, von dem die Staatsmänner gemeint hatten, daß der Versailler Vertrag seine Verhältnisse auf einen längeren Zeitraum hin festgelegt hätte.

Das Neue und die Welt Erschreckende war nicht eigentlich die Wiedererhebung Deutschlands. Dessen Aufstieg und Wiederholung war ein längst sich vollziehender Prozeß.

Es war auch nicht eigentlich Hitler und der Nationalsozialismus. Sehr ehrenwerte Leute aus allen Ländern, die dies später nicht gern hören wollten, rühmten die Energie dieses Mannes und sahen mit neidvollem Blick, wie er eine darniederliegende Nation wieder »in Ordnung« brachte. Nicht anders, nur eindrucksvoller als in vielen anderen Ländern auch.

Was schreckte, war der militante Geist, der in diesem Deutschland lebendig wurde. Es war insbesondere die hektische und überstürzende Art des hitlerischen Vorgehens. Der allmählich, mit der Geduld natürlichen Wachstums sich vollziehende, für das Auge des Auslandes schon mit genügend »deutschem Tempo« erfüllte Prozeß der Wiedererhebung Deutschlands wie seiner Verknüpfung in die Umwelt, der ohne Krieg und ohne militärische Macht, allein der diplomatisch-politischen Kunst und der Zeit anheimgegeben, längst die schwersten Lasten von Versailles abgetragen hatte und auf dem besten Wege war, auch deren letzter ledig zu werden, – dieser Prozeß wurde ungeduldig dem natürlichen Gange entrissen und in hektischer und erpresserischer Überstürzung, mit Drohung, mit einer Politik, die jede Frage auf die Spitze des Schwertes stellte, die Welt damit in Ungewißheit und Unruhe versetzt. Hitlers Handeln widersprach dem Wesen echter Diplomatie, war ohne Diplomatie, weil er seine Absichten gleichsam an die Mauern angeschlagen hatte, war jedenfalls nicht Diplomatie im Sinne der »Kunst, die Ausübung der Macht in Schranken zu halten« (H. A. Kissinger), sondern Macht auszuspielen. Der Prozeß der friedlichen Revision des Versailler Vertrages, der sich auf eine fast allgemeine internationale Anerkennung seiner »Ungerechtigkeiten« stützen konnte, wie der einer allmählichen Versöhnung der Welt mit einem aufsteigenden starken Deutschland, das sich zum Prinzip der kollektiven Sicherheit bekannte, wurde durch Hitler ohne Not aus der Luft der Kooperation und des Miteinander wieder in ein Gegeneinander und zu neuer Entfremdung geführt. Um so mehr, als sich die betroffenen westlichen Regierungen trotz ihrer Einsicht in die Unaufhaltsamkeit der revisionistischen Entwicklung Stück für Stück des Versailler Restbestandes widerstrebend entreißen ließen, statt ihre tatsächlich vorhandene Revisionsbereitschaft klar und deutlich zu bekunden und vielleicht im Rahmen echter Verhandlungen, nicht im Nachgeben auf den einseitigen Druck Hitlers, zugleich eine konstruktive Verständigung zu versuchen.

Für das Auge des Auslandes wiederholte sich das atemberaubende Schauspiel, das Deutschland schon einmal den Europäern geboten hatte, als es aus jahrhundertelangem Quietismus plötzlich sich erhob und in zwei – für das fremde Empfinden turbulenten – Jahrzehnten (1848–1870) nicht nur ein nationales »Reich« errichtete, sondern sich auch von Europa »zurückzog« und in jäher Metamorphose seinen geschichtlichen »europäischen« Charakter in einen »nur-deutschen« und »all-deutschen« verwandelte.

Mit steigender Erregung nahmen die Mächte wahr, daß Hitler Demokratie und Parlamentarismus in Deutschland, dieses eine große Ergebnis des ersten Weltkrieges, durch seine persönliche Diktatur ersetzte und das Reich auch dem anderen großen Prinzip von 1919, dem der kollektiven Sicherheit, entzog, in das sie es durch Locarno und den Beitritt zum Völkerbund aufgenommen hatten und in dem sie seine Kraft »gezähmt« glaubten, und daß er Deutschland wieder zu einem individualistisch-nationalistischen Einzelwesen machte, das es vor dem ersten Weltkrieg gewesen war. Deutschland, diese einst in Wilsons Augen »stärkste antidemokratische Weltmacht«, die er reif für die Demokratie zu machen und der Weltfriedensorganisation des Völkerbundes als gezähmtes Glied einzufügen gestrebt hatte, wandte sich von den Ideen des Westens ab, endgültig und radikal, und wurde auf dem Boden eines erneuerten fanatischen Nationalismus und einer dunklen Theorie der Rasse bald wieder zu der »stärksten antidemokratischen Weltmacht«. Die »Sache Amerikas«, schon durch die Weltwirtschaftskrise dekuvriert, war in Deutschland gescheitert, das Jahr 1917 widerlegt. Es war eine der ganz großen Niederlagen der USA, die letzte Antwort auf ihren gigantischen Verzicht, die Weltmachtstellung in Ablösung Englands wahrzunehmen, die ihnen 1918 zugefallen war, und Deutschland zu ermöglichen, an der parlamentarischen Demokratie festzuhalten, deren Errichtung eines ihrer Weltkriegsziele gewesen war.

Das nationalsozialistische Deutschland bedeutete auch die Widerlegung Lenins und die Zerstörung seiner Hoffnung auf die Durchsetzung der Weltrevolution im Wege der Bolschewisierung Deutschlands. Um so empfindlicher für die Russen, als ihnen Deutschland in den Jahren der Weltwirtschaftskrise alle jene Bedingungen geboten hatte, die nach ihrer Theorie zwangsläufig den Triumph hätten bringen müssen. Insofern war Moskau, nachdem schon seine ersten Anläufe zur »Bolschewisierung Deutschlands« 1918/19 gescheitert waren, zum zweitenmale widerlegt. Wilson und Lenin hatten ihren gegensätzlichen Kampf um Deutschland und damit um Europa verloren. Hinter der Einsicht in diese Sachlage konnte sich bald von neuem das Bild eines Deutschlands erheben, das zum wiederholten Male einen europäischen Machtkomplex von unbezweifelbarer Stärke zwischen den angelsächsischen Mächten und dem nun kommunistischen Rußland stabilisierte und sich anschickte, die westliche wie die östliche Ideologie vollends vom europäischen Kontinent zu verweisen. Solche Perspektiven berührten die Interessen aller Mächte. Tonlos versank die »Scheinfassade einer Hegemonie Frankreichs«, dessen Diplomatie die seit 1919 erstrebte Sicherheitsgarantie seitens der USA und Großbritanniens niemals erlangt hatte und nun nach der Entwertung seines polnischen Bündnisses durch Hitler das alte russische Bündnis der Vorweltkriegszeit mit der Sowjetunion zu erneuern suchte. Das bedeutete auch, das bolschewistische Rußland aus der selbstgewählten Isolierung herauszureißen und es zum Mitspieler in Zentraleuropa zu machen – die erste revolutionäre Auswirkung in Europa, die dem revolutionären Wandel in Deutschland entsprang.

Nicht nur schien das Mißtrauen gerechtfertigt, das das Ausland stets in die Echtheit der Demokratie in Deutschland gesetzt hatte. Auch die Furcht vor der natürlichen Überlegenheit der deutschen Kraft sah sich angesichts der neuen Entfaltung dieser Kraft zum zweitenmal bestätigt.

Wiederum erhob sich die Frage, die die europäischen Mächte seit 1871, seit der Erfahrung des Weltkrieges auch die überseeische Welt, bewegte und die nach dem Scheitern des demokratischen und kollektiven Versuches von erregender Aktualität wurde. Es war dies die Frage, ob es möglich sei, in einem erneuten Versuch die wiederhergestellte deutsche Macht und Kraft trotz ihrer diametralen Unterschiedlichkeit der westlichen Staatengemeinschaft einzuordnen, sie jedenfalls in ihr festzuhalten, wie sich das bismarckische Deutschland nach der revolutionären Eruption der Reichsgründung dem Konzert der Mächte wieder einfügte – oder ob man, herausgefordert oder sich herausgefordert fühlend, in einem neuen Waffengang mit ihm zusammenstoßen müsse. Noch stellte sich diese Frage nicht in solcher Prägnanz. Sir Samuel Hoare schreibt in seinen Memoiren, man sollte nie vergessen, »daß trotz Hitlers wachsender Macht das Land (England) als Ganzes gleichgültig gegenüber der Gefahrendrohung blieb«, eine Feststellung, die für die meisten Länder zutraf. Aber jene Frage lag in Wahrheit jeder Erörterung über die deutsche Machtbildung in Europa zugrunde, erst recht, nachdem Hitler den Beginn der englischen Wiederaufrüstung und eine Verlängerung der Dienstzeit in Frankreich im März 1935 zum Anlaß nahm, in offener Überschreitung der Schranken des Versailler Vertrages, die allgemeine Wehrpflicht wieder einzuführen. 1936 verglich der englische Oppositionsführer Clement Attlee die Situation mit der des Jahres 1914 und warf der Regierung Chamberlain gefährliche Arglosigkeit vor. Ein Jahr vorher war Paul Reynaud für die Vorschläge des damaligen Oberstleutnants de Gaulle eingetreten, der nach deutschem Muster selbständig operierende Panzerarmeen und eine starke Jagd- und Bomber-Luftflotte forderte. Er hatte in der Pariser Kammer ausgerufen: »Verzichten wir darauf, so werden wir erleben, daß die deutsche Armee Polen zertrümmert und über seinen Leichnam hinweg der Roten Armee die Hand reicht, um dann nach Frankreich einzudringen.« Aber eine so kühne Prophezeiung wurde nicht geglaubt, am wenigsten von den Generalen. Schärfer denn je beherrschte das ungelöste deutsche Problem die Szene.

In dieser Lage faßte die englische Regierung auf eigene Faust den Entschluß, indem sie aus der Front der »Stresa-Mächte« (Frankreich, Italien, Großbritannien) heraussprang, den Versuch einer friedlichen Zusammenarbeit mit dem NS-Deutschland zu wagen. Nach dem Erlebnis des ersten Weltkrieges war dies ein Versuch, der unternommen werden mußte, um einer ähnlich verhängnisvollen Entwicklung wie damals vorzubeugen. Es war eine Entscheidung, die mutig und zielbewußt von der bisherigen Politik der kleinen Schritte im widerstrebenden Nachgeben und Verzögern abrückte und in Anerkennung der Lage, wie sie geworden war, weitreichende oder jedenfalls weitgezielte Konsequenzen zog. Es war nichts Geringeres als der Versuch, über das Anliegen einer Friedenspolitik hinaus, mit Deutschland Weltpolitik zu treiben; London war bereit, einen hohen Preis dafür zu zahlen. Bei dieser aufsehenerregenden Schwenkung der englischen Politik spielte das ungute Gefühl mit, daß den Deutschen in Versailles Unrecht geschehen sei, das man wiedergutmachen wollte, zum anderen sah man in London in einem starken Deutschland das »natürliche Bollwerk« gegen den Bolschewismus, den man für die viel größere Gefahr hielt; auch die Tatsache, daß den »appeasers« die Deutschen mehr lagen als die Franzosen, mag eine Rolle gespielt haben.

Ihren ersten Ausdruck fand diese Politik der »Beschwichtigung« im deutsch-englischen Flottenvertrag vom 18. Juni 1935. In ihm wurde den Deutschen rund ein Drittel der Tonnage der britischen Flotte zugestanden. Damit erkannte England als erste Großmacht die Wiederaufrüstung Deutschlands an. Für Hitler war die Verständigung mit England ein erster ganz großer Erfolg, der seine Stellung in Deutschland und im Ausland bedeutend hob und ihn als den Beherrscher des Deutschen Reiches international legitimierte.

Der Wille zur Hegemonie, der »Griff nach der Weltmacht«, den das Ausland dem wilhelminischen Deutschland zugeschrieben hatte, bedurfte bei dem nationalsozialistischen Deutschland keines Beweises. In der Person Hitlers kennzeichnete ihn die Verbindung vorgefundener Machttendenzen, die sich vornehmlich an dem Deutschland des Jahres 1914 orientierten und in solchem Sinne die Revision des Vertrages von Versailles zum Ziele hatten, mit seiner persönlichen Zielsetzung, die sich, an jene anknüpfend, als eine höchste persönliche und höchst eigenwillige Interpretation der Nachweltkriegssituation und ihrer Möglichkeiten erweist.

Hitlers politischer Eifer und sein hektischer Nationalismus entzündeten sich an dem militärischen Zusammenbruch Deutschlands 1918, der, in seinen Augen aus Verrat geboren, das Ende des Reiches bedeutete und ihn persönlich, wenn er sich zu ihm bekannte, in das Nichts seiner gescheiterten Existenz zurückwarf und aus der Selbstbestätigung in der militärischen Ordnung wieder zu dem »Erniedrigten und Beleidigten« machte, der mit der Gesellschaft und der Welt zerfallen war. Dies empfand Hitler als die Herausforderung, die das Schicksal ihm stellte und auf die er eine persönliche Antwort gab.

Dem Zustand der Welt nach dem ersten Weltkrieg entnahm er die Überzeugung von einer großen geschichtlichen Wende, die dem Kühnen und Gewalttätigen die Chance bot, auf der Grundlage großer zusammenhängender Landräume »ein Weltreich von Dauer« zu errichten, im Wege der Eroberung, das heißt der Gewalt, die getragen würde von der unaufhaltsamen Kraft einer großen, »der russischen vergleichbaren« Revolution. Er wollte dieser Kühne und Gewalttätige, der Schöpfer und Führer dieser großen Revolution sein.

Solcher Zielsetzung war die »Rückkehr« zu der Macht und zu dem Umfang Deutschlands vor Ausbruch des Weltkrieges völlig ungenügend. Sich auf die alten Grenzen des Kaiserreiches zu beschränken, nannte Hitler einmal ein »stümperhaftes Grenzregulieren«, »eine unserer Revolution nicht würdige Aufgabe«. Es ging ihm nicht um bloße »Wiederherstellung«, sondern um die Schaffung eines neuen deutschen »Machtfaktors von weltgeschichtlicher Bedeutung«, eines deutschen Weltreiches. Dieses äußerste Ziel gründete er auf seine persönliche Vorstellung von der rassischen Erstrangigkeit des deutschen Volkes wie auf dessen vermeintliche »Raumnot«, die nicht durch den Rück- oder Neuerwerb ferner überseeischer Kolonien, »die fata morgana« des wilhelminischen Deutschland, sondern – nach dem Muster Rußlands (Sibirien) – durch Eroberung der vor den Toren, im territorialen Anschluß liegenden, fälschlich für menschenleer gehaltenen östlichen Räume beseitigt werden sollte. »Die nationalsozialistische Bewegung... kennt nur eine Ausbreitung des eigenen Volkes«. In seinem »zweiten Buch« spricht Hitler von dem »Blutzoll«, den er sich den Deutschen abzufordern getraue, um jenes Imperium im Osten zu gewinnen, das »in großzügigster Weise die Raumnot unseres Volkes« ein für allemal beheben würde. Er nennt es ein »Glück«, daß Rußland bolschewistisch geworden sei; denn dadurch werde die bürgerliche Einbildung eines deutsch-russischen Bündnisses vollends illusorisch.

Das war Hitlers Beantwortung der historischen Frage nach dem Verhältnis Deutschlands zu seiner Umwelt: Nicht Einordnung, sondern im Alleingang die willentliche Überhöhung der Kräfte Deutschlands, die sich schon in dem zugewachsenen Rahmen des wilhelminischen Reiches für Europa als untragbar, für eine Weltreichskonzeption aber kräftemäßig als unzureichend erwiesen hatten; nicht Bekenntnis zu Solidarität und Kooperation der Mächte, zu dem Prinzip der kollektiven Sicherheit, sondern reaktionäre Verabsolutierung des individualistischen Nationalbegriffes des 19. Jahrhunderts und des staatlichen wie volklichen Egoismus; Durchsetzung der Ziele unter bedenkenloser Anwendung kriegerischer Gewalt, durch Erpressung, Grausamkeit und Terror, nicht nur als letzte Mittel der Machtpolitik, sondern als wesenseigene Züge des politischen Verhaltens überhaupt. Hitler kämpfte ebenso gegen die westlichen Grundsätze der Demokratie, des Liberalismus und Parlamentarismus, gegen die Ideen Amerikas, wie gegen den Bolschewismus und Moskaus weltrevolutionäre Aspirationen.

Diese Zielsetzung stand in innerem Zusammenhang mit jener allgemeinen »Stimmung«, die der Ausgang des ersten Weltkrieges hinterlassen hatte und die um die »Witterung« kreiste, daß das europazentrische Weltbild im Schwinden begriffen sei und Europa die Sicherheit der eigenen Mitte und eigenen Sendung verloren habe und daß es in Gefahr stehe, von den Auswirkungen der Einflüsse aus Amerika und Rußland in seinem ursprünglichen Wesen immer weiter zerstört, »überfremdet« zu werden. Eben dieses in der alten Welt weitverbreitete Gefühl sammelte sich in den beiden großen europäischen Völkern Italiens und Deutschlands, aber nicht in ihnen allein, in der faschistischen »Bewegung« oder richtiger: deren Führer benutzten es für ihre Zwecke der Massenbearbeitung, ihm verdankten sie einen Teil ihrer Wirkung und Kraft. Also galt es ihnen – und dies wird als ein wesentlicher Zug ihres Selbstverständnisses erachtet – die Chance, die ihnen die wahrscheinlich nur vorübergehende Wiederabkehr der USA von Europa und des kommunistischen Rußlands Zurückgeworfensein hinter die eigenen Grenzen und seine Bindung an die eigenen Probleme bot, zu nützen, um dem sterbenden Europa aus der nationalen und rassischen Kraft Deutschlands und Italiens die Regeneration seiner Größe und Macht zu schenken. Mit anderen Worten: der von Rußland her wirkende kommunistische Einfluß, er am meisten, und der liberaldemokratische Zufluß amerikanischen Geistes sollten vom europäischen Kontinent, wenigstens aus seiner Mitte, vertrieben werden. Die internationale Politik geriet »unter die Vorzeichen der Auseinandersetzung von Faschismus und Antifaschismus«(Nolte). Im letzten, projiziert auf den Stand der Weltverhältnisse, stellt sich Hitlers Zielsetzung – sie wurde die Zielsetzung des Krieges! – dar als der gegen den Ablauf der Entwicklung, gegen das geschichtliche Gefälle gerichtete Versuch, Europa und in Europa Deutschland noch einmal und, wie er meinte, endgültig zum Mittelpunkt zu machen; noch einmal, wie einst Napoleon, dem er sich gleich fühlte, vom einzelnen Nationalstaat aus Europa zu beherrschen und ihm eine deutsche »Ordnung« zu geben. Es war der letzte, verzweifelte Anlauf des jungen Nationalgedankens, sich der internationalen Einordnung und Verpflichtung zu entziehen, die die Entwicklung verlangte: »Ich erkenne nicht an das Gebot einer Internationale«. Und es war gleichzeitig der Versuch, einem nationalen Imperialismus, der sich im letzten Drittel des 19. Jahrhunderts in die amorphen Weiten überseeischer Länder und Inseln geworfen hatte, die geschichtlich verhärtete Welt Europas und des europäischen Ostens als Objekt der Machtexpansion auszuliefern. Wenn aber Frankreich der personalen Eigenständigkeit des Korsen eine Revolution voll zukunftsträchtiger Ziele mit auf den Weg gab und ihn so zum Vollstrecker eines geschichtlichen Auftrages werden ließ, so gilt für Hitler, daß ihm Deutschland nur die Ressentiments einer unbewältigten nationalen Niederlage und die Zerfallenheit mit der Welt bot. Es gibt keine deutsche Revolution, die von einer originären Gesinnung fortschrittlicher Weltgestaltung begleitet gewesen wäre.

Hitler erwies sich je länger je mehr als der Vollstrecker eines selbstgesetzten persönlichen Auftrages (den er nur erfüllen konnte, wenn er auf ein Volk mit ähnlich selbstgesetzter Zielsetzung stieß), für den das deutsche Volk das geeignete Objekt bildete – wie einst das französische für Napoleon als »Schemel seiner Füße« diente. Falls sich dieses Objekt ihm versagte oder an der Überforderung seiner Kräfte zugrundeging, dann sollte es auch zugrundegehen. Dann war es seiner nicht wert.

In den ersten Jahren seiner Herrschaft, als es vornehmlich darum ging, sein Regime im Innern zu befestigen, und Deutschland militärisch schwach war, bekundete Hitler immer wieder die angeblich friedlichen Absichten seiner Politik. Aber unter der Decke der Friedensliebe und ungeachtet der noch laufenden Verhandlungen über eine allgemeine Abrüstung begann er – wie erwähnt – schon im Frühjahr 1933 die Aufrüstung Deutschlands zu Lande, zu Wasser und in der Luft. Gleichzeitig löste er, um eine größere Bewegungsfreiheit zu erlangen, das Reich Schritt für Schritt wieder aus dem Kollektiv- und Sicherheitssystem, in das es vornehmlich durch die Politik Stresemanns eingegliedert worden war. Ende 1933 trat Deutschland aus der Abrüstungskonferenz und aus dem Völkerbund aus. Gleichzeitig eröffnete Hitler mit dem Abschluß eines Freundschaftsvertrages mit Polen (Januar 1934) die Politik der zweiseitigen Pakte, die er als angeblich überlegenes System dem Prinzip der kollektiven Sicherheit entgegenstellte. Mit dem Polen-Pakt entwertete Hitler das französisch-polnische Bündnis von 1921 und vollzog damit einen tiefen Einbruch in das französische Bündnis- und Sicherheitssystem, das wie vor 1914 von dem Gedanken beherrscht war, Deutschland dauernd unter einem Zweifrontendruck zu halten. Frankreich war fortan bemüht, die kleine Entente (Tschechoslowakei, Rumänien und Jugoslawien) in ihrer Haltung gegen Deutschland zu festigen. Bedeutsamer war sein schon erwähnter Versuch, wie früher mit dem zaristischen Rußland so jetzt mit dem bolschewistischen Rußland in ein Vertragsverhältnis zu kommen, nachdem sich der Plan eines kollektiven Abkommens, dem beizutreten Deutschland und Rußland neben anderen Mächten aufgefordert waren, nicht verwirklichen ließ. Moskau kam ihm auf halbem Wege entgegen. Hitlers Regierungsübernahme in Deutschland, die antibolschewistischen und die zu vermutenden imperialistischen Tendenzen seiner Politik ließen jetzt die sowjetischen Machthaber eine fundamentale Schwenkung in ihrer Außenpolitik vollziehen: aus der bisherigen revisionistischen Grundhaltung gegen das Versailler Europa wechselten sie zu einer Politik des Status quo hinüber – wenn man so will: aus einer den deutschen Interessen zugewandten Politik ging Moskau in das Lager der Gegner Deutschlands über. Deutlichster Ausdruck dafür war im Jahre 1934 – gleichsam an Deutschlands Stelle – der Eintritt der Sowjetunion in den Völkerbund. Ein Jahr darauf kam ein Beistandspakt zwischen Paris und Moskau zustande, mit dem die Sowjetunion unter dem Außenkommissar Litwinow an das französische Bündnissystem anknüpfte. Die Ratifizierung dieses Paktes in der französischen Kammer im Februar 1936 benutzte Hitler zur Kündigung der Verträge von Locarno und zur Besetzung des entmilitarisierten Rheinlandes durch deutsche Truppen (7. März 1936). Auch bei dieser Revisionsaktion, die die Regelung des Versailler Vertrages im Westen vollends aufhob, stieß Hitler nur auf papierne Proteste der Westmächte, nicht auf militärischen Widerstand.

Es war seine große Chance, daß in den dreißiger Jahren eine Reihe weltpolitischer Konflikte und Krisen vom Fernen Osten bis nach Westeuropa aufflammten, die die Aufmerksamkeit der Mächte in Anspruch nahmen und ihre politische Bewegungsfreiheit einengten. Hitler konnte hoffen, in Ausnutzung dieser Lage sein Programm der Sammlung der deutschen Erde und der Erweiterung des deutschen »Lebensraumes« verwirklichen zu können.

Im Fernen Osten war es der Krieg zwischen Japan und China, der nach einigen Vorspielen im Juli 1937 einsetzte. Japan beanspruchte die die europäischen Mächte ausschließende Führungsrolle und forderte eine Neuordnung unter dem Schlagwort »Asien den Asiaten«, meinte damit aber eine Pax Japonica für den Fernen Osten. Darüber hinaus, vom Beispiel Japans beflügelt, wurde die Kolonialherrschaft Europas in den Gebieten um den Indischen Ozean durch den Nationalismus der erwachenden Völker oder durch kommunistische Auflehnung bedroht. England hatte sich in Indien der nationalen Widerstands- und Unabhängigkeitsbewegung gegen seine Herrschaft zu erwehren. Die Bewegung sprang auf die französischen Besitzungen in Hinterindien und auf die holländischen Kolonien in der Insulinde über. Der gesamte Ferne Osten war 1939 in revolutionärer Gärung.

Auf dem Hintergrund dieser Entwicklung, noch mehr schon im Hinblick auf den wachsenden Gegensatz zwischen Hitler und den Westmächten ging 1938 Mussolini an die Verwirklichung seines außenpolitischen Programms, eines neuen Imperium Romanum und des Mare Nostro. Er griff Äthiopien an. 1936 konnte er den Eroberungskrieg siegreich beenden. Schwächliche Sanktionen der Völkerbundsmächte vermochten ihn nicht zu behindern. Aber sie bewirkten, daß sich Mussolini von den Westmächten ab- und Hitler zuwandte, der ihn tatkräftig unterstützt hatte. Damit war nach Englands Flottenvertrag mit Deutschland auch Italien aus der Stresa-Front ausgebrochen. Als sich der Völkerbund weigerte, das mit dem Königreich Italien in Personalunion verbundene Kaiserreich Äthiopien anzuerkennen, verließ auch Italien den Völkerbund. Fortan blieb sein Verhältnis zu den Westmächten gespannt. Mit seiner Rede vom 1. November 1936, in der er das Wort von der »Achse Berlin–Rom« prägte, leitete Mussolini eine Periode deutsch-italienischer Annäherung ein. Hitler gewann die erstrebte Freundschaft mit dem ideologischen Verwandten. Sie bewährte sich im Spanischen Bürgerkrieg (1936–1939), in dem sich in Unterstützung der kämpfenden spanischen Parteiungen Nationalsozialismus und Faschismus auf der einen Seite und die demokratischen Westmächte und die bolschewistische Sowjetunion auf der anderen gegenüberstanden – eine Vorform der Mächtekonstellation des zweiten Weltkrieges. Als General Franco im Frühjahr 1939 mit der Einnahme von Madrid den Bürgerkrieg siegreich beendet hatte und die Rückkehr der Legion Condor in Berlin mit einer Siegesparade gefeiert wurde, war das außenpolitische Bild in Europa entscheidend verändert.

Ende 1937 hatte Hitler seine Politik der öffentlich betonten Friedensliebe aufgegeben. In einer vertraulichen Beratung in der Reichskanzlei zu Berlin am 5. November 1937 in Anwesenheit des Reichsaußenministers, des Reichskriegsministers und der Oberbefehlshaber der drei Wehrmachtsteile verkündete er seinen »unabänderlichen Entschluß«, das Problem des Raumes für die 85 Millionen Deutschen in Europa spätestens zwischen 1943 und 1945 endgültig zu lösen – mit militärischer Gewalt. Diesem Programm kam als vorbereitender Schritt der nach der Logik des Selbstbestimmungsrechts an sich berechtigte Anschluß Österreichs an das Reich im März 1938 zugute. Deutschland war nunmehr zum Großdeutschen Reich ausgeweitet. Im September/Oktober 1938 folgte die »Lösung« der sudetendeutschen Frage, die die Sammlung der deutschen Erde abrundete, aber auch auf die Entmachtung und Zerstörung des tschechoslowakischen Staates, des »Flugzeugmutterschiffes« in Europa, gerichtet war. Die Westmächte, von denen Frankreich eine vertraglich gebundene Garantiemacht der Tschechoslowakei war, entschieden auf der Münchener Konferenz vom 29./30. Sept. 1938 über den Anschluß der sudetendeutschen Gebiete an das Deutsche Reich – ein Vorgang, der nach amerikanischer Auffassung den Zusammenbruch der demokratischen Front in Europa bedeutete.

Hitler konnte auf eine erstaunliche Erfolgsserie herabblicken. Der Austausch von Erklärungen mit England (30. 9. 38) und Frankreich (Dez. 1938) über eine künftige Politik friedlicher Zusammenarbeit, schien eine Ära gesicherten Friedens einzuleiten.

Aber ein Vierteljahr später, im März 1939, verließ Hitler in skrupelloser Verleugnung feierlicher Zusicherungen und vertraglicher Bindungen den Rahmen seiner bisher auf das nationale Selbstbestimmungsrecht gegründeten Revisionspolitik und griff mit der gewaltsamen Errichtung des deutschen Protektorats über den tschechischen Reststaat in fremdes Volkstum über. Nach einem Wort des englischen Botschafters Henderson hatte er damit »den Rubikon überschritten«. Seine Außenpolitik enthüllte ihre imperialistische Tendenz. Kein anderer Grund konnte das Vorgehen gegen die Tschechoslowakei erklären. Die bereits durch den Anschluß Österreichs und des Sudetengebietes und nun durch die Unterwerfung des tschechischen Staates wie die Aneignung seiner militärischen Machtmittel und seiner Rüstungsindustrie heraufgeführte potentielle Hegemonie Deutschlands auf dem Kontinent entlarvte sich als Vorstufe einer zielstrebigen Machtexpansion, deren rücksichtslose Gewaltsamkeit in den Augen der Umwelt in unvergleichlich viel stärkerem Grade jene »deutsche Gefahr« wieder aufsteigen ließ, deren sich im ersten Weltkrieg Europa nur durch die Hilfe der überseeischen Welt hatte erwehren können. Das bedeutete eine zusätzliche Widerlegung der 1919 heraufgeführten Machtverteilung und die schreckliche Wiederauferstehung einer bindungslosen »Politik des Alleinganges«, die keine Grenzen fand, wenn man ihr nicht Grenzen setzte. Das Alarmzeichen für höchste Gefahr! Diese ohne Not heraufgeführte Situation machte die Gegenwirkung der Welt, in welcher Form auch immer, unabweislich. Überall wurde das Außerordentliche des Prager Coups empfunden. Zum ersten Male schalteten sich in den westlichen Ländern die Massen und die öffentliche Meinung fordernd in die Entwicklung ein. Die Regierungen erhielten jetzt das Stichwort zugerufen, das ihnen erlaubte, gleichsam legitim die weitere deutsche Machtausdehnung zu bekämpfen, die sie bisher aus Schwäche und aus schlechtem Gewissen wegen des Deutschland vorenthaltenen Selbstbestimmungsrechtes und mit Unwillen zugelassen hatten, oder wie im Falle Englands im Interesse einer großen Konzeption des appeasement, die auf eine »Neuordnung Europas im Rahmen eines von England, Frankreich, Italien und Deutschland gebildeten Friedensblockes unter Ausschluß der Sowjetunion und unabhängig von Amerika abzielte« (Krausnick), sogar gefördert hatten.

Die Tschechoslowakei, die sie in München 1938 als intakten, mit einer modernen Armee und starken Befestigungen ausgerüsteten Staat – im Falle Frankreichs unter Bruch vertragsmäßiger Verpflichtungen – geopfert hatten, wurde als verstümmeltes, ohnmächtiges Land im Namen der nationalen Selbstbestimmung und der Demokratie

wie des europäischen Gleichgewichts, eines modernen und eines historischen Prinzips, zum Anlaß einer Entscheidung, die die Verteidigung beider nun ebenfalls auf die Spitze des Schwertes stellte. Prinzipien, die bisher Hitler für Deutschland in Anspruch genommen, aber den Tschechen gegenüber mißachtet hatte, wurden jetzt Grundsätze und Kampfmittel der Westmächte gegen ihn. Der Widerstand gegen den Nationalsozialismus und gegen die Machtexpansion Deutschlands waren legitimiert.
In den Forderungen an Polen auf die Rückgabe Danzigs und die Anlage eines exterritorialen Verkehrsweges durch den Korridor, die Ribbentrop im Oktober 1938 zum ersten Male gestellt und Hitler jetzt nach dem Einmarsch in Prag mit größter Entschiedenheit wiederholte, d. h. in der Aufrollung des ursprünglich ersten deutschen Revisionsverlangens, das weitgehend auf internationales Verstännis und schon seit 1919 offiziellen englischen Sympathien begegnet war, wurde jetzt nicht mehr allein das Revisionsverlangen, sondern in erster Linie die Verletzung der demokratischen Prinzipien, die imperialistische Zielsetzung der deutschen Vorherrschaft in Europa, die Ausschaltung des englischen Einflusses auf dem Festland und die Vorstufe zu einer raumgreifenden Expansion Deutschlands im Osten gesehen. Dies war vor allem die Überzeugung, die in der englischen Öffentlichkeit die Oberhand gewann. Die englische Regierung zog daraus eine Folgerung, die die Verhältnisse nicht weniger radikal veränderte als Hitlers Einmarsch in Prag: England, bisher die Führungsmacht der Appeasement-Politik gegenüber Hitler, wurde an Stelle des müde gewordenen Frankreich zum Führer einer europäischen Koalitions- und Widerstandspolitik gegen eine weitere gewaltsame deutsche Expansion.
Der Wandel der englischen Politik kam in der Erklärung zum Ausdruck, die der englische Ministerpräsident am 31. März im Unterhaus abgab, derzufolge England bereit war, den Bestand des von Hitler bedrohten Polen zu garantieren. Neville Chamberlain selbst nannte diese Garantieerklärung, die auf polnischen Wunsch in einen zweiseitigen Garantievertrag umgewandelt wurde, dem sich auch Frankreich anschloß, den Beginn einer neuen Epoche in der britischen Außenpolitik. Er prophezeite: »Diese Abweichung von unseren traditionellen Ideen ist von so gewichtiger Vorbedeutung für die britische Politik, daß sich mit Sicherheit sagen läßt: sie wird ein eigenes Kapitel für sich bilden, wenn einmal die Geschichtsbücher geschrieben werden.«
In den folgenden Monaten wurde die englische Garantieerklärung auch auf Griechenland, Rumänien und die Türkei ausgedehnt. Sie ergänzte eine bereits im Februar 1939 zwischen England und Frankreich getroffene Abrede, einem deutschen Angriff auf Holland oder die Schweiz gemeinsam Widerstand zu leisten. Im April 1939 leiteten England und Frankreich Bündnisverhandlungen mit der Sowjetunion ein.
Schon am 17. März hatte sich Chamberlain in seiner berühmten Rede in Birmingham mit dem Bruch des Prinzips der nationalen Selbstbestimmung und der von der deutschen Regierung selber verkündeten Grundsätze durch Hitler auseinandergesetzt. Er fragte: »Ist dies das Ende eines alten Abenteuers oder ist es der Anfang eines neuen? Ist dies der letzte Angriff auf einen kleinen Staat oder sollen ihm noch weitere folgen? Ist dies sogar ein Schritt in der Richtung auf den Versuch, die Welt durch Gewalt zu beherrschen?« Er richtete die Warnung auf, »daß . . . kein größerer Fehler begangen werden könnte als der, zu glauben, unsere Nation habe, weil sie den Krieg für eine sinnlose und grausame Sache hält, so sehr ihr Mark verloren, daß sie nicht bis zur Erschöpfung ihrer Kraft einer solchen Herausforderung entgegentreten werde, sollte sie jemals erfolgen.« Nur eines gäbe es, das er nicht für den Frieden opfern würde, nämlich die Freiheit, der sich die Engländer »seit Jahrhunderten erfreuten«. In einem solchen Kampf würden sie »niemals kapitulieren«.
Mit solcher Haltung meldete sich zum ersten Male grundsätzlicher Widerstand gegen die Politik Hitlers an. Dessen Ernst wurde durch die Einführung der allgemeinen Wehrpflicht – zum ersten Mal in der englischen Geschichte in Friedenszeiten! – unterstrichen. Nicht nur die Tradition der britischen Gleichgewichtspolitik, die sich von Europa nicht verdrängen lassen wollte und nach Chamberlains Worten »jedem Versuch einer absoluten Vorherrschaft einen starken Widerstand entgegenzusetzen« entschlossen war, und das politische Ethos des Angelsachsentumes meldete sich zu Wort, es trat dem Hitlerreich das maritime Prinzip entgegen, dem einst das kaiserliche Deutschland erlegen war, das Gegenprinzip zu Hitlers kontinentaler Planung.
In den Augen der Regierung Chamberlain sollten diese Maßnahmen freilich nicht die grundsätzliche Abkehr von

der Appeasement-Politik bedeuten. Eher erscheinen sie vornehmlich als notwendige Konzessionen, die die Regierung dem fordernden Verlangen der öffentlichen Meinung machen mußte, zum anderen aber sollte Hitlers Aggressivgeist gebändigt, sein Vorgehen in die überlieferten Bahnen diplomatischen Handelns zurückgezwungen und ihm die Grenzen seiner Politik aufgezeigt werden. Die Appeasement-Politik war auf zu tiefer Überzeugung gegründet, als daß die Auslöschung der Rest-Tschechoslowakei, so tief sie empfunden wurde, in den Augen der englischen Regierung den Bruch mit Hitler hätte bewirken können, nachdem sie selber in den Anschluß der sudetendeutschen Gebiete an das Reich eingewilligt, ja diesen Anschluß Hitler förmlich aufgedrängt und damit die entscheidende Zerschlagung des tschechischen Staates bewirkt hatte. Auch nach Prag und trotz Prag war Chamberlain nicht bereit, grundsätzlich die Idee der Zusammenarbeit mit Deutschland aufzugeben. Aber die Schwenkung der englischen Politik war unverkennbar.

Sie fand die offene und verborgene Unterstützung des amerikanischen Präsidenten Franklin D. Roosevelt. Zwar verwehrten ihm die Neutralitätsakte von 1935 und die Mehrheitsverhältnisse im Kongreß die direkte Unterstützung Großbritanniens, Frankreichs und Polens. Aber mit dem Mittel der persönlichen Diplomatie über seine Botschafter konnte er auf die britische Politik der Eindämmung Hitlers fördernd einwirken. Mit Fug ist anzunehmen, daß Roosevelt auf die rasch erfolgten britischen und französischen Garantieerklärungen und den Entschluß zur Wiedereinführung der allgemeinen Wehrpflicht in England, aber auch auf die intransigente Politik der Warschauer Regierung nicht ohne Einfluß gewesen ist.

Es lag in der historischen Konsequenz, daß die Machtentwicklung Deutschlands unter nationalsozialistischer Herrschaft auf den Widerstand Washingtons stoßen mußte. Man wird die Politik des Präsidenten Franklin D. Roosevelt richtig deuten, wenn man in ihr eine folgerichtige Fortsetzung jener weltpolitischen Entwicklung sieht, die unter seinem Vetter Theodore Roosevelt eingesetzt und im ersten Weltkrieg von Woodrow Wilson auf eine erste, rasch wieder verlorene Höhe geführt hatte, und wenn man meint, daß die beiden großen Rückschläge der USA, die durch die wirtschaftliche Depression seit 1928 und den Machtaufstieg der faschistischen Systeme in Europa und Japans im Fernen Osten bezeichnet werden, gerade kraft ihrer desillusionierenden Schockwirkung der persönlichen Politik Roosevelts zusätzliche Impulse für ein Handeln lieferten, das jene Niederlagen nicht nur wettzumachen, sondern die Machtstellung der USA – in Überhöhung der Wilsonschen Zielsetzung – bewußt und endgültig zu stabilisieren strebte.

In auffallender Parallelität der Entwicklung wurde so zur gleichen Zeit und in beiden Fällen in übersteigernder Reaktion auf erlittene oder empfundene Niederlagen wie auf entglittene Siege durch die Energie und den Willen je eines diktatorischen einzelnen in Deutschland, dem Unterlegenen, und in den USA, der größten Siegermacht des ersten Weltkrieges, zwei Weltmachtaspirationen gehuldigt, unterschiedlichster und gegensätzlichster Art, von denen diejenige Hitlers aus ideologischer, politischer und historischer Blindheit Existenz, Interesse und Leistungsvermögen der USA wenigstens zeitweise fast im selben Maße vernachlässigen und unterschätzen zu können meinte, wie diejenige F. D. Roosevelts aus schärfster Empfindlichkeit frühzeitig in der Dynamik wie in der Ideologie des nationalsozialistischen Deutschlands die existentielle Gefahr für die Position der USA und ihre Ideale erkannte. Diese Gefahr wurde im Maße ihrer Entfaltung zu dem zentralen Problem gesteigert, das Amerika nach Jahren neutralistischer Enthaltsamkeit aktiv die Hürden des Isolationismus überspringen und in die Entwicklung der europäischen Verhältnisse mahnend, fordernd, beschwörend, aber auch bevormundend und verheißend, übergreifen, das heißt aber auch, dem egoistischen Interesse in der moralischen Weltführerstellung Genugtuung geben ließ. Das Moment der Voreingenommenheit und des historischen Vorurteils wie alter persönlicher Animosität gegen Deutschland, auch unabhängig von Hitler und dem Nationalsozialismus, wird dabei als eine feste Größe in das Bild der Rooseveltschen Politik einzubauen sein. Eben aus seiner richtigen Erkenntnis der dem Nationalsozialismus schlechthin innewohnenden Gefahr für die Lebensformen und das Interesse der liberalen, angelsächsischen Welt und für die Freiheit der Völker suchte Roosevelt frühzeitig der weitverbreiteten isolationistischen Lethargie im amerikanischen Volk zu begegnen. Der aus der momentanen nationalen Interessenlage erwachsenden Appeasement-Haltung Großbritanniens und Frankreichs gegenüber Hitler stellte er die Notwendigkeit einer auf die großen universalen Prinzipien gegründeten Außenpolitik liberaler Gemeinsamkeit entgegen, in deren Arsenal auch das Moment aktiver Gegenwehr gegen die Herausforderungen durch die totalitären Mächte, selbst die Eventualität des Krieges trotz seiner feierlichen Ächtung ihren Platz hatten. Die Notwendigkeit eigener totalitärer Angleichung zur Abwehr totalitärer Gegner, die Anwendung eigener imperialistischer Methoden zur Begegnung des feindlichen Imperialismus kündigte sich in der Politik des amerikanischen Präsidenten schon zu einem Zeitpunkt an, zu dem die Regierungen in London und Paris noch an die Zähmbarkeit des deutschen Diktators glauben zu dürfen meinten.

Es wird für die Beurteilung der Entwicklung zwischen 1918 und 1939 festzuhalten sein, daß die durch die Auswirkung des Weltkrieges ausgesprochene internationale Ächtung des Krieges und die Gelöbnisse der Abrüstung und die Bekenntnisse zu einer gewaltlosen Politik das überkommene Bild des Krieges als der letzten konsequenten Steigerung der Machtpolitik und den »heiligen Egoismus« des Nationalstaates noch nicht soweit verdrängt hatten, daß von einer greifbaren Wirksamkeit der kollektiven Staatenbündnisse und -vereinbarungen gesprochen werden könnte. Die eigene Sicherheit suchten die Staaten viel weniger in der Stärkung der kollektiven Systeme und des Gedankens der kollektiven Solidarität, als in der Erhöhung der individuellen Rüstung.

Roosevelts »Griff nach der Weltmacht« war, wie gesagt, aufs engste mit der Gegenwirkung gegen die modernen Totalitarismen verknüpft: von hier aus erhielt er vor der Welt seine Legitimation und seine Chancen. Das ideologische Fundament dieses Anspruches war um so tiefer gelegt worden, als Roosevelt, der seine Außenpolitik durchaus unter ideologischen Zielsetzungen verstanden wissen wollte, mit seiner persönlichen Leistung des New Deal, d. h. der wirtschaftlichen Regeneration der USA und ihrer Umwandlung aus einem kapitalistischen Staat in einen modernen Sozialstaat und der darin sich manifestierenden »Revitalisierung der amerikanischen Demokratie« die inneren Voraussetzungen für seine persönliche Machtpolitik geschaffen hatte. Was so dem erneuerten Nationalismus und der totalitären Diktatur Hitlers und des Faschismus von Amerika aus entgegentrat, war das Prinzip der Demokratie in modernisierter, selbstbewußter und militanter Form, während der Blick des deutschen »Führers« vornehmlich Dekadenz, Schwäche und »verjudete und vernegerte Zersetzung« wahrnehmen wollte.

Schon in der sogenannten Quarantänerede vom 5. Oktober 1937 hatte Roosevelt die demokratischen Völker aufgefordert, die Angriffspolitik der Diktatoren gemeinsam abzuwehren und gegen das Gift ihrer Gedanken eine Quarantäne zu errichten. Sein Appell vom 17. April 1939, in dem er in Sorge um den möglichen Ausbruch eines neuen großen Krieges Hitler und Mussolini aufforderte, langfristige (15 oder 25 Jahre) Nichtangriffsversicherungen für 31 namentlich genannte Länder (die allerdings nicht alle existierten) in verpflichtender Form abzugeben und damit einer großen internationalen Konferenz, auf der über die brennenden Probleme ohne den »Schatten der Drohung oder der Furcht vor einem Kriege« verhandelt werden könne, Raum zu geben, ist mit Recht als »das sichtbare Ende des amerikanischen Isolationismus« gedeutet worden. Es war nicht minder eine weltpolitische Sensation als Chamberlains Garantieerklärung für Polen, Rumänien und die Türkei. Hitlers rüde und höhnische Ablehnung des Rooseveltschen Vorschlages in einer Rede vor dem Deutschen Reichstag, in der er gleichzeitig als Antwort auf die Erklärung des englischen Premierministers, daß durch den deutschen Einmarsch in Prag das Münchener Abkommen vom 29. September 1938 hinfällig geworden sei, das deutsch-britische Flottenabkommen vom 18. Juni 1935 aufkündigte, und »unwürdige Gegenvorschläge« der Polen auf seine eigenen »Revisionsvorschläge« mit dem Rücktritt von dem deutsch-polnischen Abkommen vom 26. Januar 1934 beantwortete, leitete eine Phase der Entwicklung ein, in der Hitlers unbedingter und hektischer Wille, die von ihm gegen alle Notwendigkeit hochgespielte polnische Frage möglichst bald zu »lösen«, im Mittelpunkt stand und die deutsch-polnische Auseinandersetzung Europa und die Welt mit dem Ausbruch eines neuen großen Krieges bedrohte. Roosevelts Appell stand ebenso in Bezug zu den weltpolitischen Interessen der USA in der Aggressionspolitik Japans gegen China, die der Möglichkeit einer Beherrschung Europas durch Deutschland die Gefahr einer hegemonialen Zusammenfassung des Fernen Ostens unter Japans Führung zur Seite stellte, wie zu der die amerikanische Politik beunruhigenden Eventualität eines Militärbündnisses zwischen Japan und den faschistischen Mächten in Europa, das den chinesischen Gefahrenherd in

Asien mit dem in Europa zu verbinden drohte. Die auf Hitlers Einmarsch in Prag folgende Besetzung Albaniens durch die Italiener am 7. April 1939 – das den »Prager Coup« Hitlers kompensierende Unternehmen Mussolinis – mag jenen amerikanischen Schritt letztlich ausgelöst haben.
Bald traf Roosevelt eine Maßnahme, die sich in gleicher Weise gegen Japan wie gegen Hitler und Mussolini richtete. Er verlegte die Manöver der amerikanischen Hochseeflotte vom Atlantik in den Pazifischen Ozean. Damit leistete er Engländern und Franzosen, die ihren Ostasienbesitz ungeschützt lassen mußten, weil ihre Flotten durch die Albanien-Krise im Mittelmeer gebunden waren, indirekt sichernden Beistand. Die Maßnahme war eine deutliche Warnung an die japanische Adresse und wurde wohl verstanden. Das Kabinett Kuchire Hicannura gewann dadurch gegenüber den achsenfreundlichen Politikern und Generälen größere Festigkeit und lehnte den Abschluß eines Militärbündnisses mit Deutschland und Italien ab. Hitler sah das erstrebte militärpolitische Dreieck Berlin–Rom–Tokio vereitelt und mußte sich mit dem Bündnis mit Italien, dem sogenannten »Stahlpakt« begnügen (22. 5. 1939). Das war die erste spürbare Auswirkung einer globalen politischen Strategie auf die Zielsetzung der Politik Hitlers.
Es lag im Zuge dieser Entwicklung, daß auch die Sowjetunion in den sich anbahnenden Eventualitäten und Bewegungen der Mächte Stellung bezog. Seit der Herstellung der diplomatischen Beziehungen zwischen ihr und den USA 1933, in dem der kombinierende Blick ein erstes Aufblitzen einer russisch-amerikanischen Verständigung nach historischem Vorbild erkennen will, ihrem Beitritt zum Völkerbund 1934, der ersten großen Schwenkung Moskaus in Reaktion auf die nationalsozialistische Machtsteigerung Deutschlands, und ihrem Bündnis mit Frankreich 1935 war sie längst aus der abweisenden Isolierung herausgetreten und ein aktiver, wenn auch mißtrauisch zurückhaltender wie mißtrauisch beobachteter Partner im weltpolitischen Spiel geworden.
Die Verständigung der Westmächte mit Hitler in München 1938, die unter bewußter Ausschaltung der Sowjetunion erfolgte, erwies sich als eine der folgenreichsten Entscheidungen, eine Niederlage, die sich London und Paris selber beibrachten. Nicht nur gaben sie in Moskaus Augen Hitler den Weg nach dem Osten und Südosten frei, sie entließen damit auch Stalin aus der westlichen Bindung, die er gegen Hitler und den Faschismus eingegangen war, und zwangen ihn, sich mit diesen neuen großen Tatsachen auseinanderzusetzen. Das bedeutete aber, sich mit Hitler so oder so zu arrangieren. Das hieß: die möglicherweise von dem nationalsozialistischen Deutschland, das sich offen als das Gegenprinzip des Bolschewismus gerierte und die Vernichtung der Sowjetunion in ihr Programm aufgenommen hatte, drohende Gefahr von den Grenzen der Sowjetunion abzulenken und aus deren momentanen politischen Interessen- wie militärischen Lage heraus eine Verständigung mit Hitler in ähnlicher Weise zu suchen, wie es Großbritannien 1935 durch den Flottenvertrag mit ihm oder beide europäischen Westmächte vor einem halben Jahr in München aus denselben Gründen getan hatten. Diesen Zwang fühlte Stalin um so mehr, als ihm die aggressive Politik Japans in der Mandschurei und das Zusammenspiel Tokios mit den europäischen Diktaturstaaten im Antikominternpakt deutlich die Zweifrontenstellung dokumentierte, in die die Sowjetunion geraten war – eine Abwandlung der von Roosevelt befürchteten Eventualität einer deutsch-japanischen Verbindung –, und als sie seit den großen »Säuberungsprozessen« in der Roten Armee – eine Chance, die Hitler merkwürdigerweise ungenützt gelassen hatte – ein ohnmächtiger Riese war, der dem Druck der »Einkreisung« durch die Antikominternmächte zu entrinnen und einen Krieg mit ihnen um jeden Preis zu vermeiden suchen mußte. Die Eventualität einer Widerstandshaltung, die im Sommer 1939 in den erwähnten Verhandlungen zwischen den westlichen Großmächten und Moskau in Erscheinung trat, dürfte wegen der militärischen Schwäche der Sowjetunion, dem Mißtrauen, das Moskau seit München in die Zuverlässigkeit der westlichen Regierungen setzte, und der Furcht, im entscheidenden Falle für sie die Kastanien aus dem Feuer holen zu müssen wie der Ablehnung sowjetischer Hilfe durch Polen und Rumänien von vornherein die geringere Aussicht auf Verwirklichung gehabt haben oder sie konnte, wie sich herausstellte, eben aus jenen Gründen, durch Konzessionen Hitlers mit relativer Leichtigkeit konterkariert werden.
Für unsere Betrachtung ist zusammenfassend zu sagen, daß die provozierende Politik Hitlers und Mussolinis wie die Möglichkeiten ihrer antiamerikanischen wie antisowjetischen Verbindung im Sommer 1939 alle die Mächte

und Kräfte wach werden und Stellung beziehen ließ, die bald das Gesicht das zweiten Weltkrieges bestimmen sollten.
Es ist eine wichtige Feststellung, die zugleich zu einem wesentlichen Teile Charakter und Inhalt des zweiten Weltkrieges und bereits die Entwicklung zu ihm hin erhellt, daß die Willens- und Gewaltmenschen des 20. Jahrhunderts – Hitler, Stalin, Mussolini und, aus anderen Wurzeln kommend, Roosevelt und Churchill – die im zweiten Weltkrieg mit fast gleicher einheitlicher diktatorischer Unbedingtheit – wenn auch auf verschiedenem moralischem Fundament, über ihre Staaten und Völker wie insbesondere auch über deren militärischen Potenzen Ziele setzend, befehlend verfügten. Im Grunde waren sie im Unterschied zu der staatsmännischen und militärischen Polyphonie des ersten Weltkrieges die einzigen maßgebenden Führer dieses Ringens, neben denen andere Potenzen nicht zu Worte kamen, die der allgemeinen geistigen Strömung ihrer Zeit entzogen waren oder sich von ihr losgelöst hatten, womit zugleich ihr Unterschied gegenüber Napoleon bezeichnet wird, mit welchem insbesondere Hitler und Mussolini oft verglichen wurden oder dem sie sich selber gleichsetzten. Nur einer, allerdings sehr charakteristischen Seite dieses geistigen Lebens waren sie verhaftet, »nämlich ihrer historisierenden Rückwärtsbezogenheit auf Werte, die im Kern überwunden sind, weil sie spezifisch dem 19. Jahrhundert angehören«, dem Nationalismus, Liberalismus und Marxismus, die sämtlich von ihnen imperialistisch intensiviert wurden und die die zwingenden Kräfte des zweiten Weltkrieges bildeten.
Für dessen Ausbruch wurde entscheidend, daß Hitler die von ihm selber provozierte Wandlung in der weltpolitischen Lage nicht wahrnahm oder sie aus seinem Macht- und Überlegenheitsgefühl, aus der Enge seiner kontinentalen Sicht heraus und in Fortsetzung der traditionellen deutschen Fehlbeurteilung maritimer Weltverhältnisse vernachlässigen zu können meinte. Wie er es stets getan hatte, konzentrierte er jetzt seine gesamte Energie auf eine einzige Frage, eine Teilfrage seiner großen Konzeption, auf die »polnische Frage«, in der ihm der Widerstand Warschaus erst recht und um so mehr zu aggressiver Unbedingtheit seiner Forderungen und zu kriegerischer Entschlossenheit Anlaß gab, je mehr sich die polnische Regierung ihm versagte und, gestützt auf die Erklärungen der Westmächte, ihrerseits zum Krieg bereit war. Von jeher suchte Hitler einem gefühlten Widerstand seinen eigenen, noch größeren Widerstand entgegenzusetzen. Er wollte sich die »Versailler Sprache« nicht bieten lassen, die er aus Warschau vernahm, und sprach von der Wiederkehr einer Einkreisung Deutschlands, die es zu verhindern gelte. Er verkannte, daß die Haltung Englands in erster Linie zum Zweck hatte, ihn, Hitler, in die Gepflogenheiten der traditionellen Diplomatie zurückzudrücken und damit die Kriegsgefahr zu bannen, nicht einer echten Revisionspolitik grundsätzlich den Weg zu versperren.
Wenn wir den Akten glauben, war man englischerseits noch im Sommer 1939 bereit, ihm, falls er sich zur Wiederherstellung der tschechischen Republik oder wenigstens einer »Art von ehrlicher Selbstverwaltung« der Tschechen und zu einem Abkommen über die Befriedung Europas hätte bereit finden lassen, den Vorschlag eines kolonialen »Kondominiums« in Afrika zu machen und ihm dabei die ehemaligen deutschen Kolonien zurückzugeben. Auch ließ Chamberlain erkennen, daß er gegen die Rückgliederung Danzigs an das Reich keine Einwände habe. Wie Hitler den Parteitag des Jahres 1939 in Nürnberg den »Parteitag des Friedens« nennen wollte, so plante Chamberlain im November 1939 Wahlen zum Parlament und war überzeugt, mit diesen »Friedens«-Wahlen eine große Majorität zu erlangen.
Hitler verkannte auch, daß die Haltung der britischen Regierung unabdingbar war und daß ihre Garantie für Polen nur den zufälligen Ausdruck für eine prinzipielle Haltung bildete, die sich auch in einem anderen Bezug hätte manifestieren können. Eine Politik der Gewalt und der faits accomplis war sie nicht mehr zu akzeptieren bereit. Hitler wählte demgegenüber seine alten Mittel, durch Demonstrationen äußerster Entschlossenheit, durch verstärkte Rüstungen zur See und aktive Bündnispolitik zu wirken, um die Westmächte aus ihrem selbstgewählten Engagement gegenüber Polen wieder herauszudrücken – eine Politik, die nicht mehr verfing und durch deren Garantiehaltung widerlegt war und der britischen Regierung erst recht die Richtigkeit und Notwendigkeit ihres neuen Kurses bestätigte. Er vertraute darauf, daß die »Männer von München« keinen Weltkrieg riskierten, und mochte hoffen, daß die Mächte, nachdem sie auch der Zerschlagung des tschechischen Staates nicht aktiv begegnet waren, ihm nicht bei der »Lösung« der Korri-

dor-Frage in den Arm fallen würden, die die letzte echte deutsche Revisionsforderung war und von Anfang an in der internationalen Diskussion und gerade auf englischer Seite, weil kriegsgefährlich als revisionsbedürftig gegolten hatte. Über den Unterschied in den Methoden ging Hitler hinweg.

Mit dem militärischen Einschreiten der Westmächte mußte er aber zumindest rechnen. Das hätte sofort zu einem Zweifrontenkrieg geführt. Den aber wollte Hitler auf jeden Fall vermeiden. Seine Gedanken sind daher schon seit dem Frühjahr 1939 auf ein mögliches Arrangement mit der Sowjetunion gerichtet. Diese war zu der Münchener Konferenz 1938 von den Westmächten nicht zugezogen worden und hielt sich seitdem in stärkster Verstimmung abseits. Sie erhob gegen England und Frankreich den Vorwurf, Hitler den Weg nach Osten geöffnet zu haben, und erwog ihrerseits, um dieser unter Umständen für sie tödlichen Gefahr zu entgehen, sich mit Hitler zu verständigen. Beide, Hitler und Stalin, bisher die beiden Weltgegner par excellence, waren bereit, über ihren Schatten zu springen. Als darum das erwähnte Werben der Westmächte in Moskau im Sommer 1939 erfolglos blieb, insbesondere weil man in Warschau das von den Russen für den Kriegsfall mit Deutschland geforderte Durchmarschrecht durch Polen leidenschaftlich ablehnte, kam Hitler zum Zuge. In der Nacht vom 23. zum 24. August unterzeichnete sein Außenminister Ribbentrop in Moskau einen deutsch-sowjetischen Nichtangriffs- und Wirtschaftsvertrag, der zugleich die Rohstoffversorgung und Ernährung des deutschen Volkes bei einer neuen Blockade sichern sollte. Ihm war ein geheimes Zusatzprotokoll angefügt, das die beiderseitigen Interessensphären abgrenzte und praktisch die Teilung Polens zwischen Deutschland und der Sowjetunion ins Auge faßte.

Die Verständigung Hitler–Stalin war eine Weltsensation, wenngleich manche Beobachter seit München vor dieser Eventualität gewarnt hatten.

Stalin glaubte sich durch den Paktabschluß gegen einen Angriff Hitlers gesichert und konnte mit der Wiedergewinnung der verlorenen Gebiete im Westen rechnen, die ihm der »Führer« großzügig anbot. Hitler glaubte, daß sein Bund mit Stalin die Westmächte zu passiver Duldung seines beabsichtigten Vorgehens gegen Polen veranlassen würde und er der Gefahr eines Zweifrontenkrieges ledig sei. Von dem Bekanntwerden des deutsch-russischen Paktes versprach er sich nicht weniger als den Sturz der Regierungen in London und Paris. Aber es war nur die japanische Regierung, die darüber stürzte. Der sensationelle Pakt verfehlte seine Wirkung. England ließ ausdrücklich erklären, daß der Hitler-Stalin-Pakt seine Haltung nicht ändere und wandelte zur Bekräftigung seinen Garantievertrag mit Polen in ein förmliches Bündnis um. Als daraufhin Hitler, der den ursprünglich für den 26. August angesetzten militärischen Angriff zunächst aufschob, in London das Angebot machte (25. 8.), er wolle für Handlungsfreiheit im Osten auf jede Grenzkorrektur im Westen verzichten und sei bereit, das Britische Weltreich wenn es bedroht werde, mit der deutschen Armee zu verteidigen, fand keine Resonanz.

Die Bemühungen in den letzten Augusttagen 1939, den Frieden noch zu retten, waren ohne Aussicht. Es gelang nicht, Mussolini wie vor der Münchener Konferenz zu einem Vermittlungsschritt zu bewegen. Die englische Regierung war bis zuletzt bemüht, Polen und Deutsche zu direkten Verhandlungen zusammenzuführen. Aber als sich Hitler am Abend des 29. August endlich dazu bereit erklärte, forderte er zugleich die Entsendung eines bevollmächtigten polnischen Unterhändlers nach Berlin bis zum folgenden Tag, dem 30. August. Die Polen, die fürchteten, ein polnischer Unterhändler könnte die gleiche Behandlung erfahren wie einst der Österreicher Schuschnigg und der Tscheche Dr. Hacha, und nicht minder entschlossen, notfalls den Krieg aufzunehmen, erklärten sich auf englisches Drängen am 31. August mittags zu direktem Meinungsaustausch mit Berlin bereit. Aber der polnische Botschafter in Berlin, Lipski, erhielt Weisung, im Auswärtigen Amt lediglich mitzuteilen, daß die polnische Regierung die englische Anregung zu direkten deutsch-polnischen Besprechungen »in günstigem Sinne« prüfe. Eine förmliche Antwort werde »spätestens in einigen Stunden« erteilt werden. Als Lipski nach dreistündigem Warten endlich Ribbentrop die Mitteilung seiner Regierung gemacht hatte, beendete dieser die Besprechung sofort wieder mit der Bemerkung, er habe geglaubt, daß Lipski mit den erforderlichen Vollmachten zum Verhandeln versehen sei. In derselben Stunde – bis auf die Minute genau –, in der der polnische Botschafter in Berlin mit der erwähnten Mitteilung beauftragt wurde, erging Hitlers endgültiger Befehl zum Überfall auf Polen für den nächsten Morgen, den 1. September, 4.45 Uhr.

Vom Staatenduell zum europäischen Krieg :

Die ersten Blitzsiege

Der Kampf mit den Westmächten:

Feldzug der 40 Tage

Die Achse gegen das Empire :

Der Wüstenkrieg

Der Weltanschauungskrieg gegen die Sowjetunion:

»Schicksalskampf im Osten«

Japans Kampf um die »Ostasiatische Wohlstandssphäre«

Inselspringen im Pazifik

Deutschland in der Defensive:

»Der Sturm auf die Festung Europa«

Das Ende des Krieges und seine Folgen:

Bilanz der Vernichtung

»Wir haben sie!« Triumph des französischen Siegers, Postkarte 1918

Der Weg in den Krieg

Frei von Versailles!
Los von jüdisch-sozialistischer Fron!
Für Freiheit u. Vaterland!
Deine Losung
Deutschnational!
RICHARD MÖLLER, CHEMNITZ

◄ Deutschnationales Wahlplakat zur Reichstagswahl 1924

▲ Clemenceau, Wilson und Lloyd George (v. l. n. r.) in Versailles

Frieden ohne Dauer

Am 11. November 1918 war nach vierjährigem Ringen der große Weltkrieg zu Ende, von dem man damals noch keinen Anlaß hatte, ihn als den ersten zu bezeichnen. Zehn Millionen Tote hatte dieser Krieg gekostet; und die Zahl der Opfer stellte sich den Neigungen der Chauvinisten in beiden Lagern fordernd und verpflichtend in den Weg. Eine dauerhafte Friedensordnung brauchte den guten Willen aller: Vom Sieger verlangte sie Großmut und förderndes Verständnis, vom Besiegten die Einsicht in die Ursachen der eigenen Niederlage und die Bereitschaft zu langsamem Wiederaufbau; die staatlichen Ordnungen mußten das Selbstbestimmungsrecht der Völker respektieren, Annexionswünsche und Großmachtträume verstummen.

In diese Hoffnungen und Träume platzte das Ergebnis der Versailler Friedenskonferenz. Deutschland, um das es ging, wurde als Verhandlungspartner gar nicht zugelassen, die Friedensbedingungen am 7. Mai 1919 in Form eines Diktats überreicht. Der Gedanke des Selbstbestimmungsrechts war völlig in den Hintergrund getreten, statt dessen setzten die Alliierten ihre weitgesteckten Kriegsziele durch. Zwar versuchte der auf Ausgleich bedachte englische Delegierte Lloyd George zu mildern, doch wurde die scharfe französische Revanchepolitik des »Tigers« Clemenceau bestimmend. Der Vertrag zwang die Deutschen zum Eingeständnis der alleinigen Kriegsschuld. Ohne Volksabstimmungen waren Elsaß-Lothringen, Posen und Westpreußen einschließlich Danzig und das Hultschiner Ländchen abzutreten. In Oberschlesien, Allenstein und Eupen-Malmedy sollten Abstimmungen stattfinden. Das Saarland, das linksrheinische Gebiet und Brückenköpfe im rechtsrheinischen wurden vom Sieger besetzt, das deutschsprachige Österreich durfte sich »unabänderlich« nicht mit Deutschland vereinen. Das Deutsche Reich verlor seine Kolonien, hatte fast sein gesamtes Kriegsmaterial und die Flotte auszuliefern, der Große Generalstab und das deutsche Heer wurden aufgelöst. Wilhelm II. und die »Kriegsverbrecher« sollten vor ein Sondergericht. Und vor allem hatte Deutschland Geldbeträge in astronomischer Höhe zu zahlen; Maschinen, Baumaterialien, Vieh, Kohlen, chemische Erzeugnisse und alles mögliche andere waren auf Jahrzehnte hinaus kostenlos zu liefern.

Kommunistische Partei Deutschlands
Oberschlesische Not kennt nur ein Gebot: Selbstschutz!
Polen setzt Korfanty ab und feiert ihn als Nationalhelden!
Oberschlesien ist aus wirtschaftlichen Gründen unteilbar!

▲ Aus dem besetzten Ruhrgebiet werden zahllose Eisenbahner ausgewiesen

▲ 1918, nach der Gründung der Tschechoslowakei, zieht Masaryk in Prag ein

◀ Einmütig demonstrieren die deutschen Parteien gegen Oberschlesiens Abtrennung

Versailles und die Folgen

Daß Deutschland sich mit den Bestimmungen des Vertrages auf die Dauer nicht würde abfinden können, war einsichtigen Politikern des Westens bereits damals klar. Alle deutschen Parteien, von links bis ganz rechts, waren sich in ihrer Empörung über den Diktatfrieden einig. Was aber sollte die deutsche Regierung tun? Mit 237 gegen 138 Stimmen mußte sich die deutsche Nationalversammlung zur Annahme entschließen, wenn auch unter förmlichem Protest. Die Gegenstimmen kamen von den Demokraten, der Deutschen Volkspartei und den Deutschnationalen. Die vorgesehene Volksabstimmung in Oberschlesien wurde von polnischen Freischärlern mit Billigung der polnischen Regierung sabotiert. Obwohl die Abstimmung einen hohen deutschen Wahlsieg ergab, wurde das oberschlesische Industrierevier Polen zugesprochen. Drei Millionen Sudetendeutsche, Ungarn und Polen wurden einem neugegründeten tschechoslowakischen Staat einverleibt. So schaffte die Versailler Politik neue Krisenherde, statt die alten zu beseitigen.

◄ Streikszene aus Kaisers Drama »Gas«, Aufführung der Volksbühne, Berlin, 1919

▲ Aufmarsch der SA in Bad Harzburg 1931

Die Masse regiert

Mit der verführerischen Gewalt von Aufmärschen und Demonstrationen und durch die Abstimmung von Ideologie und Propaganda auf die Bedürfnisse und Instinkte der breiten Massen agierten die großen Parteien, selbst schon längst zu »Massenparteien« geworden. Besonders geschickt verstand es die »Nationalsozialistische Deutsche Arbeiterpartei« Adolf Hitlers, mit den Massen umzugehen. Die Erkenntnisse, die Hitler aus der Lektüre der »Psychologie der Massen« Gustave le Bons zugeflossen waren, hatte er in seinem Buch »Mein Kampf« selbst in ihrer Ummünzung auf die praktische Politik beschrieben. Viele Literaten der Zeit gingen mit den falschen Göttern der »Masse Mensch« ins Gericht. Den blinden Masseninstinkten setzten sie die Vorstellung vom freien Wollen eines »Neuen Menschen« gegenüber.

Rede des Präsidenten Wilson

gehalten am 5. Dezember 1917 im Kongreß zu Washington.

Von französ. Fliegern abgeworfen in d. Nähe v. Reims. 11/II.18.

Nachstehendes ist der vollständige und ungekürzte Text der von dem Präsidenten Wilson am 5. Dezember 1917 vor dem Senat und der Abgeordnetenkammer der Vereinigten Staaten gehaltenen Rede, bei dem Kongreß zu Washington.

Meine Herren!

Acht Monate sind verflossen, seitdem ich die Ehre hatte, vor Ihnen meine letzte Ansprache zu halten. Diese Monate waren reich an Ereignissen, die für uns von großer und schwerwiegender Bedeutung sind. Ich beabsichtige nicht, diese Ereignisse aufzuzählen oder auch nur in ihrer Gesamtheit zu betrachten. Sie werden die einzelnen Tatsachen und unsere Rolle in denselben in den Berichten der mit der Ausführung betrauten Ämter finden. Ich werde mich begnügen, in einem allgemeinen Überblick, diese wichtigen Angelegenheiten zu besprechen, sowie unsere jetzigen Pflichten und die Mittel, welche uns auf dem kürzesten Wege zu dem Ziele, das wir nie aus den Augen lassen dürfen, führen werden.

Ich will nicht auf die Ursachen des Krieges zurückkommen. Das nicht länger zu ertragende Unrecht, das von den unheilvollen Herrschern Deutschlands uns zugefügt oder gegen uns geplant wurde, ist seit langem jedem echten Amerikaner klar geworden und zu verabscheuungswürdig, als daß es nötig wäre, noch einmal darüber zu reden. Aber ich möchte Sie auffordern, unsere Ziele und die Maßnahmen, durch welche wir sie zu erreichen gedenken, mit peinlicher Gewissenhaftigkeit aufs neue zu prüfen; denn der Zweck unserer Besprechung an diesem Orte ist Handeln, und unser Handeln muß uns direkt zu klar-erkannten Zielen führen.

Natürlich ist es unser Ziel, den Krieg zu gewinnen, und wir werden unsere Schritte nicht verlangsamen, noch werden wir uns von unserem Wege abbringen lassen, bis er gewonnen ist. Doch müssen wir die Frage stellen und beantworten: Wann werden wir den Krieg als gewonnen betrachten?

Ein Geist, ein Ziel.

In gewisser Hinsicht, ist es nicht notwendig, diese Frage von grundlegender Bedeutung aufzurollen. Ich zweifle nicht, daß das amerikanische Volk weiß, um was es sich bei dem Kriege handelt, und welches Ergebnis es als die Verwirklichung seiner Absichten in diesem Kriege betrachtet. Als Nation sind wir im Geiste einig und haben nur ein Endziel. Ich kümmere mich wenig um diejenigen, die mir etwas anderes sagen. Ich höre die Stimmen derer, die anderer Meinung sind. Wer hört sie nicht? Ich höre die Kritik und das Geschrei der lärmenden und gedankenlosen Unruhestifter. Ich sehe auch hier und da Männer, die sich in ohnmächtiger Untreue gegen die gelassene, unbeugsame Macht der Nation auflehnen. Ich höre Männer über den Frieden reden, die weder das Wesen dieses Friedens verstehen, noch den Weg übersehen, der uns aufrecht und festen Sinnes zu ihm führt. Aber ich weiß, daß keiner von ihnen im Namen der Nation spricht. Sie gehen keiner Frage auf den Grund. Wir können sie die Rolle ausspielen lassen, die sie sich angemaßt haben, und ihrer nicht weiter achten.

Aber von einem anderen Gesichtspunkte aus ist es, wie ich glaube, notwendig, klar zu sagen, was wir hier, die wir tatkräftig handeln müssen, als Zweck des Krieges betrachten, und welche Rolle wir bei der Regelung der durch ihn aufgeworfenen Grundfragen spielen wollen. Wir sind die Wortführer des amerikanischen Volkes und dieses Volk hat ein Recht, zu fragen, ob sein Ziel das unserige ist. Dieses Volk wünscht den Frieden zu erlangen durch Überwältigung des Übels, durch die endgültige Niederringung der unglückseligen Mächte, die den Frieden unterbrechen und ihn unmöglich machen, und es wünscht zu wissen, wie eng seine Gedanken mit den unsern verbunden sind und was für Vorschläge wir ihm unterbreiten. Dieses Volk ist unwillig, höchst unwillig und entrüstet gegen jene Leute, die den Frieden durch irgend einen Kompromiß zu erlangen wünschen, aber es wird denselben Unwillen gegen uns richten, wenn ihm nicht erklärt wird, welchen Zweck wir verfolgen und was wir planen, indem wir den Frieden durch die Waffen zu erringen suchen.

Jedem Volk sein Recht.

Ich glaube im Namen des amerikanischen Volkes zu sprechen, wenn ich zwei Dinge hervorhebe. Zuerst das eine: jene uner-

Verzicht auf Gewalt

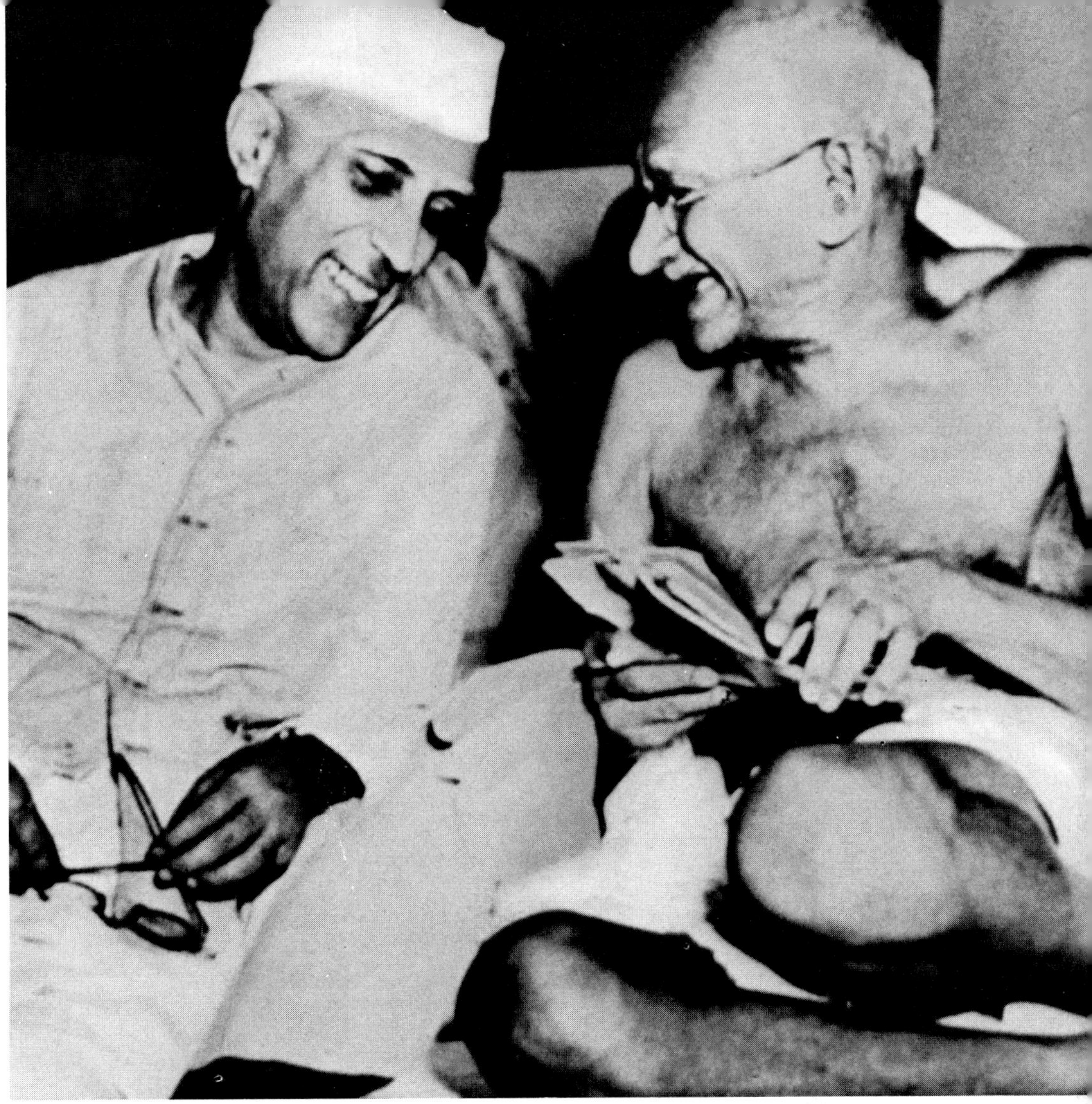

▲ Indiens Apostel der Gewaltlosigkeit Nehru und Gandhi ▼ Londoner Pazifisten gegen Wehrdienst

Mit Idealismus, aber mit getrübtem Blick für die politischen Realitäten, hatte der amerikanische Präsident Wilson noch während der Kriegsjahre versucht, den Grund für eine lange Friedensära zu legen. Der Versailler Vertrag machte seine Vorstellungen vom »Selbstbestimmungsrecht der Völker« zunichte. Nur sein Vorschlag zur Gründung des Völkerbundes wurde verwirklicht. Dieser Organisation war jedoch kaum Erfolg beschieden, weil sie über keine wirksamen Machtmittel zur Durchsetzung ihrer Pläne verfügte. Indiens Führer, Gandhi und Nehru, hatten mit ihrer Politik der Gewaltlosigkeit mehr Erfolg. Sie inspirierten eine weltweite pazifistische Bewegung.

◄ 1918 über den deutschen Linien abgeworfenes Flugblatt mit einer Rede Wilsons

Wahlaufruf zur Weimarer Nationalversammlung

Weimar – Republik ohne Republikaner?

Mit der Ausrufung der Republik am 9. November 1918 nahm das deutsche Volk sein politisches Geschick selbst in die Hand, soweit die alliierten Bestimmungen dies überhaupt zuließen. Das Volk selbst aber war zerrissen in zahllose Parteien und Interessengruppen. Vom umstürzlerischen Räte-Bolschewismus bis zum reaktionären, kaisertreuen Nationalismus strebten alle möglichen Gruppierungen nach der Macht. Regionale Aufstände schüttelten das Land, längst vergessen geglaubte Ressentiments erwachten zu neuem Leben. Die junge Republik stand unter keinem guten Stern. Zwar brachten die Wahlen zur Nationalversammlung vom 19. Januar 1919 den Sieg der »staatserhaltenden« Parteien, doch konnten die Sitzungen der verfassunggebenden

Der Trauerzug für den ermordeten Walter Rathenau

Nationalversammlung nicht in Berlin stattfinden, da kommunistische Unruhen die Sicherheit der Versammlung bedrohten. Geschützt von Freikorps und Reichswehr tagte sie in Weimar und gab so der deutschen Republik ihren Namen. Hungersnöte, Reparationslasten und Inflation, Attentate, Korruptionsaffären und Skandale, Arbeitslosigkeit, Besatzungswillkür und Separationsbestrebungen heizten das politische Klima auf. Der fähige und international geachtete Reichsaußenminister Walther Rathenau, dem man die nötige Stabilisierung der deutschen Politik wohl zutrauen konnte, wurde im Juli 1922 von rechtsradikalen Verschwörern ermordet. Auch andere Politiker, die sich um die Beruhigung der politischen Atmosphäre bemühten, scheiterten.

»Hungertaler 1922«

Unruhiges Europa

von Brockdorf-Rantzau

Edouard Herriot

Ramsay Macdonald

Die Pariser Vorortverträge hatten Europa nur oberflächlich befriedet. Zu sehr waren durch die Gründung neuer Staaten und durch einschneidende Grenzverschiebungen die überkommenen Machtverhältnisse durcheinander gebracht, als daß der Status quo von allen hätte hingenommen werden können.

Die Wirren des Bürgerkrieges in Rußland benutzte Polen unter Marschall Pilsudski, ehemals polnisches Land im Osten wieder zu erobern. Im Mai 1920 besetzten die Polen Kiew, eine Gegenoffensive der Roten Armee trieb sie jedoch bald bis vor Warschau zurück, wo sie in einer Entscheidungsschlacht mit französischer Hilfe den Sieg errangen. Im Frieden von Riga vom März 1921 wurden Polen dann auf Betreiben der Alliierten weite Gebiete der Ukraine zugesprochen.

Trotz des deutschen Abstimmungssieges in Oberschlesien versuchten polnische Insurgenten mit Unterstützung regulärer Truppen auch dieses Gebiet zu besetzen. Deutsche Freikorps stellten sich den Angriffen erfolgreich entgegen.

Auch der Balkanraum, der klassische Brandherd Europas, war von der allgemeinen Unruhe erfaßt: Im griechisch-türkischen Krieg 1921/22 wollte die Türkei ihre Vorkriegsgrenzen wieder erkämpfen.

Außenminister Dr. Gustav Stresemann vor dem Völkerbund ►

▲ Bauernfreiwillige mit Sensen im polnisch-sowjetischen Krieg 1920

▲ Türkische Kavallerie 1921/22

▼ Beisetzung erschossener Krupp-Arbeiter 1923

Auf Deutschland lastete schwer der Druck des Versailler Vertrages. Dazu kam, daß französische Truppen Anfang 1923 das Ruhrgebiet besetzten, das ihnen als Unterpfand für die deutschen Reparationsleistungen dienen sollte. Der von der Reichsregierung inspirierte »passive Widerstand« gegen die Besatzung war wirtschaftlich und finanziell nur kurze Zeit durchzustehen. Dr. Gustav Stresemann, Reichsaußenminister von 1923 bis zu seinem Tod 1929, versuchte durch seine kluge und aufrichtige Politik eine Aussöhnung zwischen Deutschland und Frankreich herbeizuführen und damit die Abschwächung der Versailler Bestimmungen zu ermöglichen.
Nach dem Vertrag von Locarno vom Oktober 1925, der die vergiftete Haßatmosphäre in Europa hoffnungsvoll bereinigt hatte, sprach sich am 8. September 1926 der Völkerbund für eine Aufnahme Deutschlands aus.
In einer Reihe von sich anschließenden Konferenzen erreichte Deutschland nun die schrittweise Milderung der unerfüllbaren und unerträglichen Vertragsbestimmungen von Versailles. In Verhandlungen unter Leitung des Amerikaners Owen Young wurde 1929 die noch zu zahlende Reparationssumme auf 34,5 Milliarden Mark herabgesetzt (1921 waren noch 270 Milliarden Mark zu zahlen). Die deutschen Rechtsparteien opponierten scharf gegen die »Erfüllungspolitik« der Reichsregierung.

▲ Mussolini beim legendären Marsch seiner »Schwarzhemden« auf Rom, 1922

▼ Die Attentäter auf Ministerpräsident Inukai vor einem japanischen Militärgericht

Militärdiktaturen und Faschismus

In Österreich wurden die reaktionären Kräfte von Starhembergs »Heimwehr« gestützt

Die Welt des Nachkriegs befand sich auf der Suche nach einer »Neuen Ordnung«. Die Pariser Vorortverträge hatten neue Staaten geschaffen, vor allem aus der Erbmasse der alten Habsburger Monarchie; ganze Länder und soziale Gruppen fühlten sich zu kurz gekommen, in mehreren Wellen griff die bolschewistische Revolutionsbewegung weit über die russischen Grenzen nach Westen und Südwesten aus. In vielen Ländern erkämpften sich Diktatoren die Macht, um in den Wirren der Zeit auf ihre Art »Ordnung« zu schaffen, oder wenigstens das, was sie darunter verstanden. Den Auftakt machte Italien. Der einstmals sozialistische Politiker Benito Mussolini, der im 1. Weltkrieg zum Nationalisten geworden war, gründete im März 1919 in Mailand die »Faschistische Partei«. Am 28. Oktober 1922 brachte ihn ein Marsch seiner Anhänger auf Rom an die Macht. Deutsche Nationalisten, die ein Jahr später das italienische Experiment im Berliner »Kapp-Putsch« nachholen wollten, scheiterten an ihrer eigenen Unfähigkeit. In Österreich entwickelte sich unter Starhemberg und Dollfuß, später unter Schuschnigg, ein »Austrofaschismus« mit ständestaatlichen Ideen. In Polen machte sich 1926 Marschall Pilsudski durch einen Staatsstreich zum Herrscher, in Spanien regierte General Primo de Rivera, in der Türkei »Kemal« Atatürk.

In Japan versuchten junge nationalistische Offiziere durch Attentate die Regierung des Ministerpräsidenten Inukai zu stürzen.

An den Schulen wird vormilitärischer Unterricht erteilt

Nach dem gelungenen Oktoberumsturz des Jahres 1917 fehlte der jungen Sowjetregierung eine reguläre Armee. Die Zarenarmee war aufgelöst, die kommunistischen Partisanengruppen erwiesen sich für die operative Kriegführung ungeeignet. Am 12. Januar 1918 wurde deswegen die »Rote Arbeiter- und Bauernarmee« gegründet, bald darauf die allgemeine Wehrpflicht wieder eingeführt. Leo Trotzki, der erste Kommissar für Heer und Marine, nahm wegen des Mangels an ausgebildeten kommunistischen Führern ehemalige Zarenoffiziere in die Rote Armee auf. Nach der siegreichen Beendigung des Bürgerkrieges setzte ab 1924 eine Zeit der Ruhe ein, die der organisatorischen Gestaltung und ab 1929 aufgrund der Fünfjahrespläne vor allem der technischen Entwicklung gewidmet wurde. Nach Trotzkis Ausscheiden bestimmten Frunse und später Woroschilow das Profil der Armee, unterstützt von hervorragenden militärischen Führern wie Tuchatschewski, Putna, Blücher. Vor allem die Panzerwaffe wurde ausgebaut, die erste Luftlandetruppe der Welt entstand. Die Zusammenarbeit mit der deutschen Reichswehr erleichterte die Ausbildung der Stäbe. Durch die Tradition des Bürgerkrieges und durch den Willen ihrer Gründer war die Rote Armee stark politisch ausgerichtet. Die Zuordnung von politischen Kommissaren sollte die bolschewistische Überzeugung der Truppe festigen und überwachen. Diese Entwicklung wurde jäh unterbrochen, als Stalin 1936 bis 1938 seine Armee durch

Aufmarsch sowjetischer Fallschirmjäger

ein Blutbad größten Ausmaßes von allen ihm verdächtig erscheinenden Offizieren säuberte. Drei von fünf Marschällen, darunter Tuchatschewski, 13 von 15 Armeegeneralen, 62 von 85 Korpskommandeuren und 110 von 195 Divisionskommandeuren wurden liquidiert, etwa 20000 Offiziere verhaftet, weitere 1500 höhere Offiziere hingerichtet. Die Ausfälle waren so groß, daß Woroschilow sich gezwungen sah, die größten Lücken durch jüngere und ungenügend ausgebildete Leute zu schließen. Die militärische Blamage der Sowjettruppen im Krieg gegen Finnland und die katastrophalen Niederlagen von 1941 sind zum Teil darauf zurückzuführen. Trotz dieser Führungsmängel war die Rote Armee aber ein nicht zu unterschätzender Machtfaktor.

Die Rote Armee – Macht im Osten

▲ Arbeitslosenunruhen in New York und in Berlin ▼

Welt-wirtschaftskrise

Überproduktion führte am 25. Oktober 1929 zum »Schwarzen Freitag«, zum Zusammenbruch der New Yorker Börse. Die Auswirkungen erschütterten die ohnehin angeschlagene deutsche Wirtschaft schwer. Die Industrieproduktion hatte gerade erst den Stand von 1913 wieder erreicht. Jetzt kam es zu zahllosen Konkursen, 1932 erreichte die Arbeitslosenzahl mit 6 Millionen ihren Höhepunkt. Links- und Rechtsradikale überschlugen ihre Chancen.

Plakat der »Komintern«, 1932 ►

BÜNDNIS
MOSKAU
BERLIN
BRINGT
RETTUNG

MORD
KANTON
AN UNSERN BRÜDERN IM OSTEN!
Sturm in Europa!
GEGEN DIE
HENKER CHINAS

◄ Kommunistische Solidarität mit den Aufständischen in China, ein Plakat von John Heartfield, 1927

▲ Gedenkgottesdienst für Gefallene, Tokio 1937

Japans »Ostasiatische Wohlstandssphäre«

Der Ferne Osten wurde von einer Kette militärischer und politischer Ereignisse erschüttert. Seit 1926 kämpfte General Tschiang Kai-schek mit seiner westlich geschulten Kanton-Armee gegen kommunistische Provinzaufstände. Japan hielt seinen Kapitaleinfluß in der Mandschurei für gefährdet, besetzte das Land und verlieh ihm als »Kaiserreich Mandschukuo« Scheinselbständigkeit. China antwortete mit dem Boykott japanischer Waren, die Japaner besetzten ihrerseits Shanghai. 1937 begannen sie nach langer Vorbereitung den Krieg. Beide chinesischen Armeen, die nationalistische und die kommunistische, setzten sich gegen die Eindringlinge hartnäckig und erfolgreich zur Wehr.

▲ Roosevelts Vereidigung

30. Januar 1933: Hitlers Triumph und Hindenburgs Entmachtung ▶

Weltpolitik 1933

Die Reichstagswahlen vom September 1930 brachten die Nationalsozialisten ins politische Spiel. Sie erhielten 107 Sitze. Eine parlamentarische Koalitionsregierung kam nicht zustande, es blieb bei Brünings »Notverordnungen« und seiner Minderheitsregierung. Immer mehr radikalisierte sich der innenpolitische Kampf. Kommunisten und Nationalsozialisten verlagerten ihn auf die Straße, die Sozialdemokraten zogen nach. Industrie und Bankwesen gerieten an den Rand des Zusammenbruchs, die Landwirtschaft in eine schwere Krise. Bei Landtagswahlen hatte die NSDAP weitere Erfolge, bei den Reichstagswahlen vom 31. Juli 1932 wurde sie mit 37,8 Prozent aller abgegebenen Stimmen zur stärksten deutschen Partei. Nach Intrigen verschiedener Interessengruppen ernannte Reichspräsident von Hindenburg am 30. Januar 1933 Adolf Hitler zum Kanzler. Die Nationalsozialisten waren am Ziel. Mit allen Mitteln festigten sie ihre Macht. Im gleichen Jahr startete der amerikanische Präsident Franklin D. Roosevelt das wirtschaftliche Wiederaufbauprogramm des »New Deal«, das dazu beitrug, die Weltwirtschaftskrise endgültig zu überwinden. Davon konnte auch die Politik Hitlers profitieren.

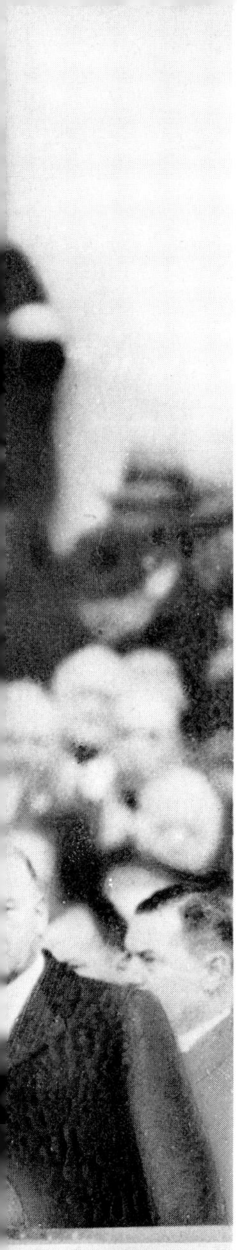

◄ Vereidigung erster Wehrpflichtiger bei der Luftwaffe

Hitlers glücklichster Tag

Von allem Anfang an stand die nationalsozialistische Außenpolitik unter dem Zeichen der Revision des Versailler Vertrages und des schrittweisen Abbaus der Beschränkungen, die er Wirtschaft und Verteidigung auferlegte. Die Zweite Internationale Abrüstungskonferenz, die mit Unterbrechungen vom Februar bis Oktober 1933 in Genf tagte, befaßte sich mit der Einschränkung der Landheerstärken. Der britische Premierminister Macdonald wollte die Gleichberechtigung Deutschlands erreichen und der Reichswehr vorerst wenigstens 200000 Mann zugestehen. Sein Versöhnungskurs scheiterte am hartnäckigen Widerstand Frankreichs. Am 14. Oktober verließ Deutschland die Abrüstungskonferenz, da nach einem neuen Plan der vorgesehene Rüstungsausgleich vier Jahre aufgeschoben werden sollte. Einige Tage darauf wurde auch der Austritt aus dem Völkerbund erklärt. Die Abrüstungsverhandlungen gingen trotzdem weiter. In einem Memorandum forderte Hitler am 18. Dezember 1933 die deutsche Gleichberechtigung und die Umwandlung der Reichswehr in ein kurz dienendes Heer von 300000 Mann. Durch einen Nichtangriffs- und Freundschaftsvertrag mit Polen verschaffte er sich außenpolitische Rückendeckung. Frankreich beschuldigte in einer Note an Großbritannien das Deutsche Reich, durch die Erhöhung der Rüstungsausgaben den Versailler Vertrag gebrochen zu haben, bereitete einen Militärpakt mit der Sowjetunion vor und intensivierte seine Rüstung. Jetzt sagte sich auch Hitler am 16. März 1935 von den Beschränkungen des Versailler Vertrages los und führte die allgemeine

▲ Die deutsche Delegation in London, links Ribbentrop

▲ Eine Staffel He 51 bei der Rheinlandbesetzung über Köln

7. März 1936: Hitler rechtfertigt sich vor dem Reichstag ▶

Wehrpflicht ein. Die Verurteilung durch den Völkerbund blieb beim Deklamatorischen. Entscheidend für Hitler war, daß Großbritannien sich im deutsch-englischen Flottenabkommen vom 18. Juni 1935 zur deutschen Marineaufrüstung bis zur Stärke von 35 Prozent der britischen Kriegsflotte bereit erklärte und damit eindeutig die deutsche Revisionspolitik unterstützte. Der Vertrag war ein großer Erfolg der deutschen Außenpolitik, er war »Hitlers glücklichster Tag«. Es war nun klar, daß er den Weg des Revisionismus weitergehen konnte. Am 7. März 1936 besetzten deutsche Truppen das entmilitarisierte Rheinland. Hitler begründete seinen Schritt mit der Gefahr der Einkreisung, die er in dem gegen Deutschland gerichteten französisch-sowjetischen Militärpakt vom Mai 1935 erblickte.

▼ In »Mussolinilagern« wird Italiens Jugend faschistisch erzogen

Italiens Traum vom Römischen Reich

Mussolini strebte die Vormachtstellung Italiens im Mittelmeerraum an. Zunächst wollte er durch die Eroberung Äthiopiens die italienische Kolonialfläche in Nord- und Ostafrika aufstocken, um schließlich das Imperium Romanum zu erneuern. In Geheimbesprechungen mit dem französischen Außenminister Laval hatte Mussolini von den Westmächten Zurückhaltung für sein militärisches Abenteuer verlangt. Im Gegengeschäft wollte er die Grenzen Österreichs gegen eine mögliche Annexion durch Deutschland garantieren. Am 3. Oktober 1935 ließ er den Überfall auf Äthiopien beginnen. Zwar beschloß der Völkerbund kurz darauf Sanktionen in Form eines Waffenembargos und einer Kredit- und Rohstoffsperre. Frankreich und Großbritannien erhoben Protest, doch ließen sie de facto Italien freie Hand, die USA belieferten den Friedensbrecher sogar weiterhin mit Treibstoff. Vor allem nahm durch umfangreiche Rohstofflieferungen Deutschland die Gelegenheit wahr, sich das faschistische Italien zu verpflichten. Die italienischen Truppen kamen indes gegen die zwar tapferen, aber schlecht ausgerüsteten Äthiopier gut voran und brachten bis Ostern 1936 die militärische Besetzung des Landes zum Abschluß. Kaiser Haile Selassie emigrierte, am 4. Juli billigte der Völkerbund die Einstellung der Sanktionen. Wieder einmal war seine Politik gescheitert. Der Grundstein für die Achse Rom–Berlin aber war gelegt. Ende Oktober wurde sie in einem Vertrag förmlich begründet.

▲ Gardekavallerie des äthiopischen Kaisers

▼ Mailänder Infanteristen auf dem Weg zum Bahnhof

Generalprobe Spanien

Kaum hatte der Völkerbund die Einstellung der Sanktionen gegen Italien beschlossen, entwickelte sich in Spanien ein neuer Krisenherd. Nach langen Auseinandersetzungen zwischen Republikanern und Monarchisten kamen bei den Wahlen vom Februar 1936 die Linksparteien zur Macht. Aus Republikanern, Kommunisten, Sozialisten und Syndikalisten wurde – wie vorher schon ähnlich in Frankreich – eine »Volksfrontregierung« gebildet. Gegen sie erhob sich in Spanisch-Marokko General Franco. Die Militärrevolte griff bald auf das Mutterland über, am 30. Juli bildete sich in Burgos eine nationale Gegenregierung, der spanische Bürgerkrieg begann. Aus ideologischen Gründen und vor allem auch, weil Spanien den Zugang zum Mittelmeer kontrollieren konnte, griffen ausländische Mächte ein. Deutschland und Italien unterstützten mit Freiwilligenformationen und Kriegsmaterial die Truppen der Nationalen, die Sowjetunion und Frankreich die der »Volksfront«. Hitler befürchtete, Stalin wolle Europa »von der Südflanke her aufrollen« und entsandte die »Legion Condor«, die mit ihren Stukageschwadern und Panzerabteilungen entscheidend zum Sieg Francos beitrug. Im Frühjahr 1939 war der Bürgerkrieg beendet, Spanien trat dem gegen die Sowjetunion gerichteten Antikominternpakt bei.

Francolegionäre stürmen eine Stellung vor Toledo

▲ Österreichische Zöllner beseitigen die Schlagbäume nach Deutschland

▲ Volksdeutsche SA beim Marsch über die Prager Karlsbrücke

◄ Mussolini, Hitler, Göring, Chamberlain während der Münchener Konferenz

Sammlung der »deutschen Erde«

In Österreich, dem der Anschluß an Deutschland verwehrt worden war, nahm die Anhängerschaft der Nationalsozialisten ständig zu. Bereits 1934 versuchten sie durch einen Putsch die Macht in Wien an sich zu reißen. Bundeskanzler Dollfuß wurde ermordet. Sein Nachfolger, der bisherige Unterrichtsminister Schuschnigg, verbot die NS-Partei und versuchte mit faschistischen Methoden die Unabhängigkeit Österreichs zu erhalten. Er scheiterte. Nach einem Ultimatum Hitlers besetzten am 11. März deutsche Truppen unter dem Jubel der Bevölkerung das Land. Das deutschsprachige Sudetengebiet, das 1918 dem tschechoslowakischen Vielvölkerstaat einverleibt worden war, wurde auf Beschluß der »Münchener Konferenz« und im Einvernehmen mit den europäischen Großmächten im Herbst 1938 dem Großdeutschen Reich angegliedert. Nachdem sich am 14. März 1939 die Resttschechoslowakei aufgelöst hatte, ließ Hitler auch Böhmen und Mähren besetzen. Das Vertrauen der europäischen Mächte hatte er verloren.

▲ Marine-HJ bei der Schießausbildung

Psychologische Rüstung

▲ Bis auf die Bühnen drang die Werbung für den Luftschutz vor

▲ Musterluftschutzkeller in Berlin 1936

Unter der propagandistischen Verbrämung, daß Deutschland nur in Frieden leben und arbeiten könne, wenn es in der Lage sei, jedem Angriff von außen wohlvorbereitet gegenüberzutreten, wurden die Vorbereitungen für den Krieg von der Reichsregierung immer stärker intensiviert. Der »Reichsluftschutzbund«, der mit seinen Ortsgruppen in allen Städten vertreten war, machte in regelmäßigen Vorführungen und Übungen die Bevölkerung mit den Schutzmaßnahmen bei der Abwehr feindlicher Luftangriffe vertraut, deren grauenhafte Wirkung damals noch kaum jemand ahnen konnte. Die Hitlerjugend, bislang ein Führungsmittel nationalsozialistischer Erziehung, widmete sich immer mehr der vormilitärischen Ausbildung und wurde allmählich zu einer Zulieferorganisation der Wehrmacht.

▲ Fahnenparade am »Geburtstag des Führers«, 20. April 1939 ▼ Winston Churchill betont die Notwendigkeit, aufzurüsten, April 1939

▼ Gedenkmünze und Sonderbriefmarke für den »Reichsparteitag des Friedens«

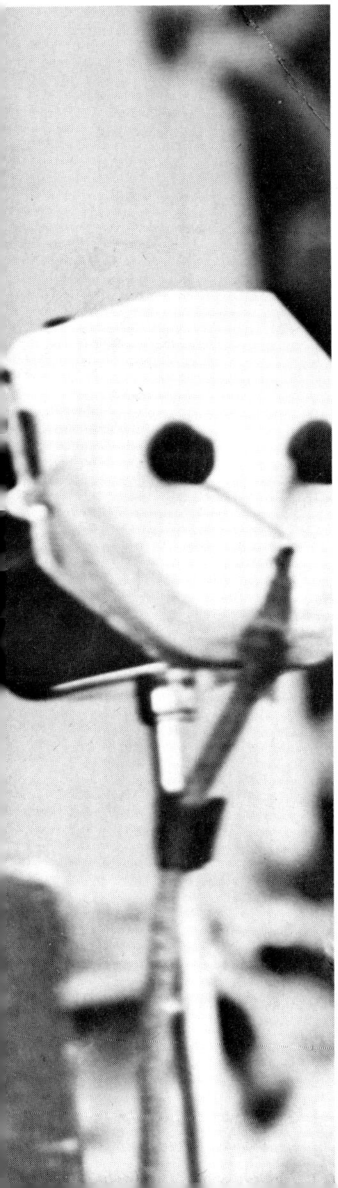

Am Vorabend des Krieges

Der Prager Coup Hitlers war nicht mehr nach der Logik des Selbstbestimmungsrechts der Völker zu verstehen. Chamberlain verkündete in einer Rede das Ende seiner Politik des »Appeasement«, der Zugeständnisse und Beschwichtigungen. Mehrere deutsche Angebote, die strittige deutsch-polnische Grenze langfristig zu garantieren, verbunden mit der Forderung nach Rückgabe Danzigs und nach einer exterritorialen Auto- und Eisenbahn zur Verbindung mit dem vom Reich abgetrennten Ostpreußen wurden von Polen abgelehnt. Am 23. März befahl es die Teilmobilmachung im Korridor, eine Woche später gab Chamberlain eine englisch-französische Garantieerklärung für den Bestand Polens ab.

Es war klar, daß die Westmächte jedem militärischen Akt in Richtung Polen nicht ohne weiteres zusehen würden. Großbritannien verhandelte mit Moskau und Paris über den Abschluß eines englisch-französisch-sowjetischen »Dreibunds« und führte am 27. April 1939 die allgemeine Wehrpflicht ein. Deutschland und Italien schlossen sich durch den Abschluß eines »Stahlpaktes« militärisch zusammen. Der Krieg rückte in bedrohliche Nähe. Hitler ließ indes den »Reichsparteitag des Friedens« vorbereiten.

Freiheit - Friede

Polenfeldzug, sowjetisch-finnischer Winterkrieg, die Besetzung Skandinaviens

Prof. Dr. Walther Hubatsch

Der 1. September 1939 war von Hitler als letzter Termin für den Beginn militärischer Aktionen gegen Polen angesehen worden. Zu einem späteren Zeitpunkt mußten Witterungs- und Wegeverhältnisse die Wirksamkeit der Luftwaffe und von Panzerverbänden stark einschränken. Die Arbeiten an einem entsprechenden Kriegsplan hatten im April 1939 begonnen, nachdem die Besetzung von Böhmen und Mähren abgeschlossen worden war. Seitdem hatte die politische Lage in Europa sich so entwickelt, daß jede weitere territoriale Veränderung zu Deutschlands Gunsten nicht mehr nur auf Proteste, sondern auf die Gegenwirkung der Waffen stoßen würde. Damit war aber auch die Vorstellung von einer gemeinsamen deutsch-polnischen Front gegen Rußland, wie sie Göring noch im Frühjahr 1935 Pilsudski gegenüber geäußert hatte, hinfällig geworden. Zuletzt hatte der Reichsaußenminister am 21. März 1939 mit dem polnischen Botschafter in Berlin die Voraussetzung für eine gemeinsame politische Linie geprüft, wie sie mit dem deutsch-polnischen Nichtangriffspakt und Verständigungsabkommen vom 26. Januar 1934 begonnen worden war. Ausgehend von der Vorstellung, daß das System von Versailles eine Störung der normalen Lebensverhältnisse in Mitteleuropa verursacht habe und daß daher in territorialer Hinsicht die Grenzen von 1914 wiederherzustellen seien, war die Rückgliederung der in ihrer wirtschaftlichen Existenz bedrohten alten Hansestadt Danzig an das Deutsche Reich zu einem der letzten noch offenstehenden Revisionspunkte an dem Versailler Friedensvertrag geworden. Diese Frage in ähnlicher Weise zweiseitig mit Polen zu lösen, wie es in den gleichen Tagen erfolgreich bei der Wiederangliederung des Memellandes im Einverständnis mit der litauischen Regierung unter Ausschaltung der Signatarmächte des Friedensvertrages von 1919 geschehen war, ist das Ziel jener Berliner Verhandlungen gewesen. Für die Freigabe von Danzig und die Einräumung von Durchgangsstraßen und Bahnen durch das ehemalige westpreußische Gebiet sollten der polnische Besitzstand gegenüber der Sowjetunion durch das Reich garantiert und etwaige polnische territoriale Wünsche in Richtung auf die Ukraine unterstützt werden. Doch hatte die polnische Regierung unter dem Zwang, sich für eine Anlehnung an Rußland oder Deutschland entscheiden zu müssen, unverhofft ein Schutzangebot von englischer Seite erhalten. Die klare Ablehnung, die den deutschen Plänen Ende März durch Polen entgegengebracht wurde, beruhte

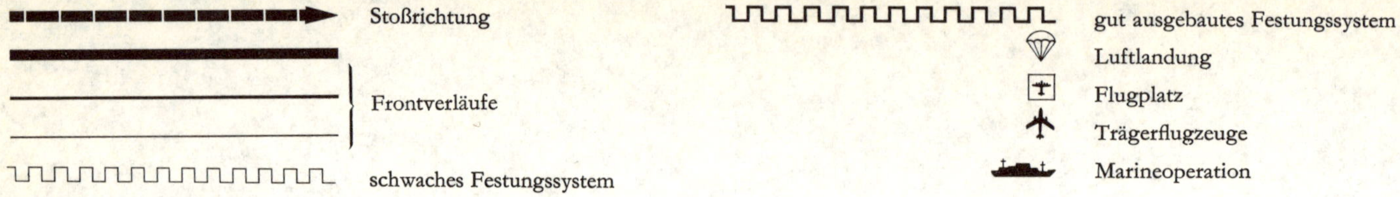

Schwarz bezeichnet Bewegungen der deutschen und verbündeten Truppen, Rot die der Alliierten

Schritt für Schritt weitete Hitler in der Zeit zwischen 1933 und 1939 das durch die Pariser Vorortverträge beschnittene deutsche Gebiet zum »Großdeutschen Reich« aus und annektierte Böhmen und Mähren.

auf der britischen Garantie-Erklärung vom 30. März, die am 6. April durch ein militärisches Beistandsversprechen ergänzt wurde.

Das gab für Hitler den Ausschlag, Polen nicht mehr zu »schonen«, sondern diese »zweifelhafte Barriere gegen Rußland« nunmehr anzugreifen, wie er der Wehrmachtführung am 23. Mai bekanntgab. Dahinter stand die Befürchtung, daß angesichts der vorhandenen Bündnisse Frankreichs mit Polen und der Sowjetunion sowie der bald einsetzenden Bemühungen Englands, sich daran zu beteiligen, Polen zu einem gegen Deutschland gerichteten Aufmarschfeld der Gegner werden könne. Daß unter solchen Umständen der militärische Konflikt unvermeidlich wurde und daß wieder der unheimliche und lange Zweifrontenkrieg drohte, ist allen Einsichtigen damals ernst und bedrückend vor Augen gestanden.

Aus dieser hoffnungslosen Isolierung Deutschlands bot sich ein Ausweg, der unbedenklich eingeschlagen wurde. In einem höchst raffinierten Doppelspiel hatte die Sowjetunion während ihrer Bündnisverhandlungen mit den Westmächten im April 1939 auch die Vorteile eines Zusammengehens mit Deutschland erkundet. Die Schwenkung der sowjetrussischen Politik wurde deutlich, als Molotow die Leitung des Außenministeriums übernahm. Das gegenseitige Mißtrauen der neuen, weltanschaulich bisher verfeindeten Partner mußte Schritt um Schritt abgebaut werden. Zudem wurden plötzlich im Juli 1939 deutsch-britische Gespräche aufgenommen, die auf koloniale Konzessionen und wirtschaftliche Erleichterungen, Nichtangriffspakte und Abgrenzung der Interessensphären hinausliefen. Doch haben diese recht unverbindlichen, letztlich auf Zeitgewinn berechneten Vorschläge den Gang der Ereignisse weder aufhalten noch beeinflussen können.

Die Vorstellung von dem Normalzustand der Staatsgrenzen von 1914 beherrschte auch die sowjetrussische Politik. Die Ausdehnung des russischen Gebietes über die baltischen Staaten und Teile Rumäniens, die bis 1917 zum Zarenreich gehört hatten, war ein Ziel, dessen Erringung durch Deutschland beeinträchtigt werden konnte. Die Versicherung des deutschen Botschafters in Moskau, das Reich würde in Polen und im Baltikum russische Lebensinteressen respektieren, machte Ende Juli den Weg zum entscheidenden Stadium der Verhandlungen frei. In diesen Tagen nahm der deutsche militärische Operationsplan gegen Polen Gestalt an. Von nun an drängte Hitler auf einen baldigen Abschluß mit Moskau, von dem er sich viel versprach: sei es, daß eine deutsch-sowjetische Vereinbarung die Westmächte von einem Beistand für Polen fernhalten würde, sei es, daß im Falle einer bewaffneten Auseinandersetzung der sowjetrussische Bündnispartner den militärischen Zusammenbruch Polens um so rascher herbeiführen würde. Die zögernde Haltung im Kreml führte dazu, daß Ribbentrop trotz bereitwilliger Erfüllung aller sowjetischen Wünsche den angebotenen Besuch in Moskau mehrfach verschieben mußte, bis Stalin eingriff und nach dem Scheitern der Verhandlungen mit den Westmächten buchstäblich in letzter Stunde ein sehr folgenreicher Vertrag am 23. August zustande kam. Wichtiger als der veröffentlichte Freundschafts- und Nichtangriffspakt war der Inhalt des Geheimen Zusatzprotokolls. Dieses zeigte, daß es bereits nicht mehr um Kriegsverhinderung, um Danzig oder Polen ging. Es war eine Aufteilung des Ostseeraumes, wobei Finnland, Estland und Lettland in die russische Zone gerieten, jedoch die ursprüngliche Absicht, Litauen in der deutschen Interessensphäre zu belassen, wenige Wochen später aufgegeben werden mußte. Polen ist durch eine Linie geteilt worden, die von den Flüssen Narew–mittlere Weichsel–San bestimmt wurde; Deutschland erklärte sich an Bessarabien nicht interessiert. Der in Moskau unterzeichnete Pakt hat die Entschlossenheit, zu den Waffen zu greifen, nicht vermindert. Als die Ratifizierung am 31. August abends durch den Obersten Sowjet erfolgte, war von Hitler der Befehl zum Angriff auf Polen bereits erteilt.

Polen hatte Ende März eine teilweise Mobilmachung seiner Streitkräfte durchgeführt, die am 27. August ihr Endstadium erreichte. Frankreich begann mit der Vormobilmachung am 21. August und konnte zehn Tage später die Armee kriegseinsatzbereit haben. Deutschland brauchte zur Kriegsbereitschaft seines Feldheeres mindestens acht Tage, doch wurde erst am 26. August die Mobilmachung verfügt, durfte jedoch nicht öffentlich bekanntgegeben werden. Indessen waren einige Maßnahmen ergriffen worden, um für den Kriegsfall gerüstet zu sein. Zum 16. August war das aktive Heer kriegsbereit gemacht und die Reservedivisionen der ersten Welle einberufen und aufgestellt worden, weitere Aufstellungen folgten entsprechend dem Mobilmachungsplan unter Zugrundelegung der jährlich überprüften Kriegsstärke- und Kriegsausrüstungsnachweise, der zeitlichen Abfolge für die Herstellung der Marschbereitschaft der Truppe und der Bereitstellung des Materials, der Pferde und des Treibstoffes. Die Wehrkreiskommandos mit den Ersatzdienststellen des Heeres, die Luftgaukommandos und die Marine-Stationskommandos waren für die Durchführung verantwortlich. Aus dem zivilen Bereich waren Mobilmachungsanleitungen für zahlreiche Verwaltungsbehörden getroffen, besonders für Reichsbahn, Reichspost und Reichsbank. Eine Umstellung der Industrie auf Rüstungsbetrieb nach vorbereiteten Fertigungsplänen in Abstimmung mit den Waffenämtern und Wehrwirtschaftsorganisationen war erforderlich. Ein hierzu in Arbeit genommener Mobilmachungsplan der Wirtschaft, durch einen »Generalbevollmächtigten für die Kriegswirtschaft« gelenkt, wurde jedoch nicht mehr

Die nach dem Versailler Frieden abgetretenen Gebiete

Nach dem ersten Weltkrieg hatte Deutschland mehrere Provinzen an Polen und Frankreich verloren, kleinere Gebiete auch an Belgien, Dänemark und Litauen.

fertig. Organisatorische Verzögerungen hatten sich ergeben, weil die Wehrkraft Österreichs und des Sudetenlandes erfaßt werden mußte, woraus sich für das Mobilmachungsjahr 1939 eine zusätzliche Aufstellung von drei Infanterie- und zwei Gebirgsdivisionen, einer Panzer- und einer leichten Division ergab.

Die Kriegsstärke des deutschen Heeres betrug 35 Infanterie- und Gebirgsdivisionen, 1 Kavalleriebrigade, je 4 motorisierte und leichte Divisionen und 5 Panzerdivisionen. 51 Infanteriedivisionen mußten in vier Wellen im Mobilmachungsfall neu aufgestellt werden, insgesamt 103 Divisionen, denen Frankreich und England zusammen genau die gleiche Anzahl entgegenstellen konnten. Zur Sicherung im Westen verblieben 9 aktive und 38 nach und nach eintreffende deutsche Stellungsdivisionen. Für den Angriff auf Polen wurden 39 Infanteriedivisionen und sämtliche 13 Panzer- und motorisierte Divisionen sowie

0 25 50 75 100 km
Danziger Bucht
GDYNIA (GDINGEN)
DANZIG
KÖNIGSBERG (PR.)
KAUNAS
Samland
BYDGOSZCZ (BROMBERG)
TORUŃ (THORN)
POZNAŃ (POSEN)
WARSZAWA (WARSCHAU)
BIAŁYSTOK
ŁÓDŹ (LODSCH)
RADOM
LUBLIN
KIELCE
CZĘSTOCHOWA
BRESLAU
KRAKÓW
NOWA HUTA
SOSNOWIEC
KATOWICE (KATTOWITZ)
BRNO (BRÜNN)
Olomouc (Olmütz)
Gottwaldov
Košice (Kaschau)
Kalisz (Kalisch)
Płock
Włocławek
Inowrocław
Siedlce
Rzeszów
Tarnów
Przemyśl
Grodno
Góry Świętokrzyskie
Vysoké Tatry
Nízke Tatry
P O L S K A

die Kavalleriebrigade bereitgestellt. Die etwa gleich starke polnische Armee war mit 40 Infanteriedivisionen, 11 Kavalleriebrigaden und 2 motorisierten Brigaden in zwei Gruppen aufmarschiert: in Oberschlesien und im Raum Posen–Gnesen zum konzentrischen Stoß auf Berlin und bei Bromberg–Graudenz sowie um Mlawa hinter Feldstellungen gedeckt zum Einbruch nach Ostpreußen.

Nach französischer Ansicht konnte der polnische Militäraufmarsch nur in einer beweglich geführten strategischen Defensive Aussicht auf Erfolg haben. Die polnische Armee mußte um Zeitgewinn kämpfen. Aber Polen war darauf angewiesen, die wichtigen Getreideerzeugungsgebiete ebenso wie die Industriezentren zu halten. Diese Aufgabe bestimmte die Armeeführung. Ein »strategisches Rumpfgebiet« Polens sollte hauptsächlich verteidigt werden. Doch schon im März 1939 wurde nach der Teilmobilmachung der gesamte Korridor und die Festung Posen hinzugenommen, so daß die Rumpfverteidigung damit ihren Sinn verlor und offensive Pläne an deren Stelle traten. Der polnische Heeresaufmarsch wollte alles decken und konnte praktisch damit nichts erreichen. Auf deutscher Seite ist der Aufmarsch bis zum letzten Augenblick zurückgestellt worden, daher wurden die Vorbereitungen in der Weise getarnt, daß ab 5. August längs der pommerschen Grenze und weiter nach Süden zu ein »Ostwall« durch Schanzarbeiten von 8 aktiven Divisionen vorbereitet wurde und daß in Ostpreußen die 25-Jahr-Feier der Schlacht bei Tannenberg unter großer militärischer Anteilnahme durch Abordnungen aus dem Reich (je eine Infanterie- und Panzerdivision) begangen werden sollte. Zum Schutz von Danzig wurde den beiden dortigen Landespolizeiregimentern eine leichte Artillerieabteilung zugeführt. Starke deutsche Verbände (14. Armee) rückten in die Slowakei ein, die motorisierten Divisionen wurden zu Herbstübungen zusammengezogen.

Es steht außer Zweifel, daß die im polnischen Staatsgebiet immer noch vorhandenen zahlreichen Deutschen angesichts des seit März 1939 deutlich sichtbaren politischen Umschwungs einem starken persönlichen Druck ausgesetzt worden waren. Die polnische Öffentlichkeit reagierte leidenschaftlich und unbeherrscht auf die Zuspitzung der Lage, so daß der deutsche Botschafter in Warschau amtlich berichten mußte: Die polnische Regierung fühle sich offenbar durch die englische Blankovollmacht so stark, daß sie es nicht mehr für nötig halte, bei der Behandlung der deutschen Minderheiten irgendwelche Rücksicht auf deutsche Interessen zu nehmen. Die Rede des Woiwoden von Schlesien, in der der Passus vorkam »Wir werden den Deutschen die Augen ausbrennen und die Zungen ausreißen, bevor wir sie über die Grenze jagen«, zeigte nur an, bis zu welchem Siedegrad die Haßgefühle sich gesteigert hatten. Das kann nachträglich nicht bagatellisiert werden. Doch hat die amtlich gelenkte Propaganda in Deutschland daraus politisches Kapital geschlagen, so daß die Leiden der nur wegen ihrer Volkszugehörigkeit verfolgten Menschen in der heutigen Meinung zwiespältig beurteilt werden. Zudem glaubte Hitler mit einem besonderen Trick die Weltöffentlichkeit auf den polnischen Angriffswillen aufmerksam machen zu müssen. Durch Sträflinge, die in polnische Uniformen gesteckt wurden, ist unmittelbar vor Ausbruch der Feindseligkeiten ein fingierter Angriff auf den deutschen Rundfunksender Gleiwitz verübt worden. Das wurde sehr bald bekannt; mit derartigen Lügen ließ sich für die Kriegsschuldfrage kein Alibi schaffen. Ein politischer Erfolg war ihm hierdurch ebensowenig beschieden wie durch den Abschluß des Paktes mit Moskau. Am 2. September forderten die Regierungen von England und Frankreich die Einstellung der Feindseligkeiten und die Zurückziehung der deutschen Truppen hinter die Reichsgrenzen. Das war keine bloße Drohung; als Hitler darauf nicht einging, erfolgte am 3. September die Kriegserklärung der beiden Westmächte an das Deutsche Reich. Aus dem Konflikt um Danzig war ein europäischer und durch Englands Feindschaft ein Weltkrieg geworden, zudem der Zweifrontenkrieg Tatsache, während Mussolini sich in die Neutralität flüchtete. Deutschland stand allein in einem aussichtslos scheinenden Kampf mit den Menschen und Rohstoffen aller Erdteile. Da ein Nachgeben für Hitler nicht in Frage kam, sah er den Ausweg nur in einer möglichst raschen Beendigung der Kämpfe in Polen.

Am 1. September um 4.45 Uhr hatten an zahlreichen Stellen die deutschen Truppen die polnischen Grenzen überschritten, nachdem der für den 26. August vorgesehene Kriegsbeginn in der Hoffnung auf diplomatische Vermitt-

Diese Aufmarschskizze zeigt klar, daß der deutsche Operationsplan deutliche Schwerpunkte als Ausgangspositionen für eine riesige Zangenbewegung vorsah. Der polnische Aufmarsch war verworren.

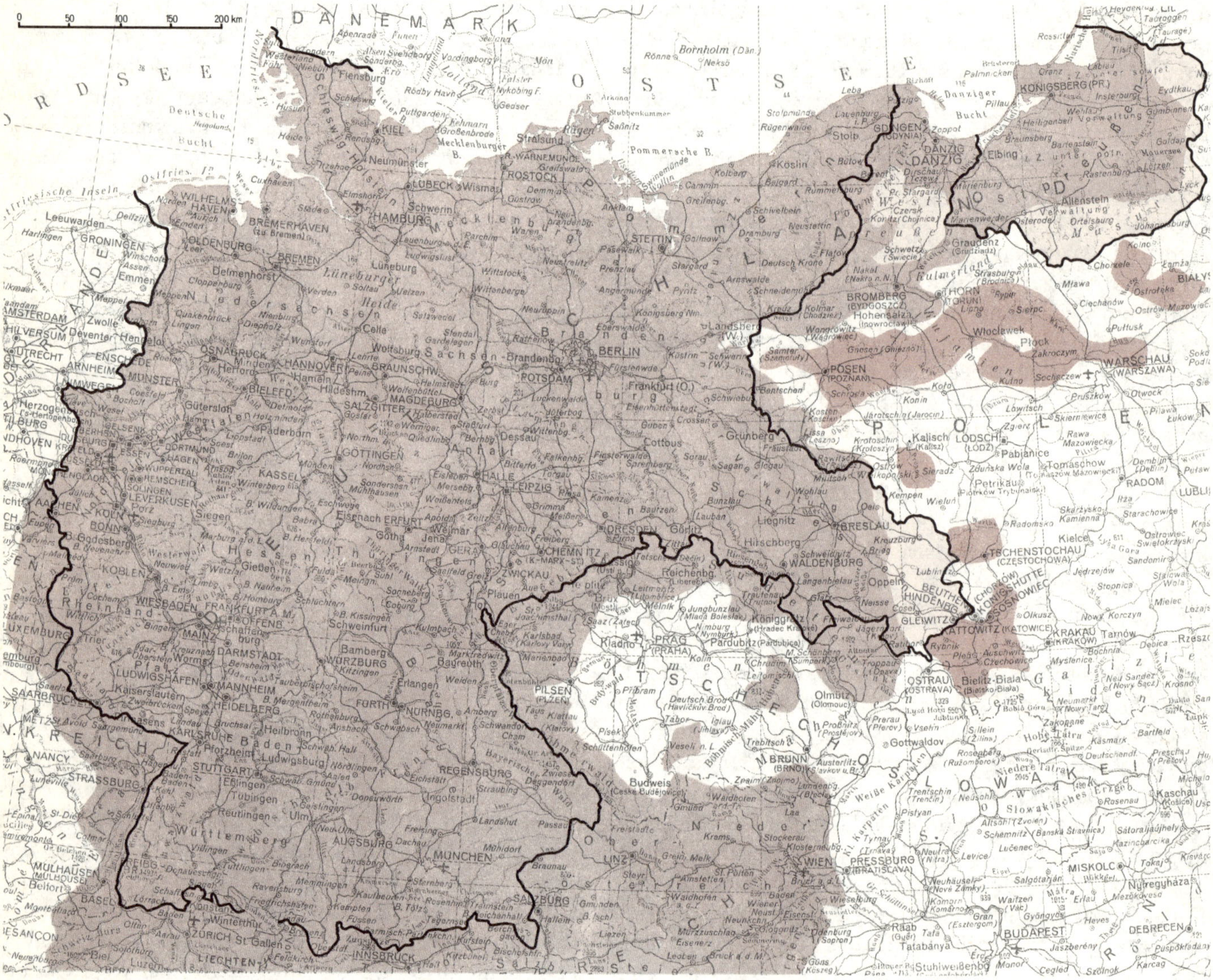

Die Karte zeigt das deutsche Sprachgebiet in Mitteleuropa, das sich fast nirgends mit den Staatsgrenzen Deutschlands und Österreichs deckte.

geschlossenes deutsches Sprachgebiet — deutsche Minderheiten — fremdsprachige Minderheiten

lung um sechs Tage verschoben worden war. Entsprechend dem Operationsplan trat die Heeresgruppe Süd (Rundstedt) mit der motorisierten 10. deutschen Armee (Reichenau) aus Schlesien nach Nordosten auf Warschau an, abgeschirmt im Süden von der 14. Armee (List) in der Slowakei und von der 8. Armee (Blaskowitz)

Die Heeresgruppe Nord (Bock) suchte mit der 3. Armee (Küchler) aus Ostpreußen und der 4. Armee (Kluge) aus Pommern sich im sogenannten polnischen Korridor zu vereinen, dann mit der 3. Armee nach Süden zu stoßen und der 10. Armee entgegenzueilen. Die Zeit drängte, denn jeder Tag konnte nach der Kriegserklärung der Westmächte den Einbruch der starken französischen Armee in das westdeutsche Industriegebiet bringen. Aber die Schwierigkeit lag darin, daß der deutsche Plan auf die Motorenleistung der 10. Armee, die 300 km auf schlechtesten Sandwegen zurückzulegen hatte, und auf den raschen Vorstoß der 3. Armee abgestellt war. Während die Zange in Westpreußen bald geschlossen wurde, war der Stoß nach Süden von den polnischen Feldbefestigungen bei Mlawa aufgehalten worden; auch lag die Festung Modlin vor Warschau, so daß zur Umgehung und Einschließung der polnischen Hauptstadt im Osten die verteidigten Flußsysteme des Narew und Bug bei Pultusk und Wyszkow zu überwinden und zudem die unangenehme Flankierung durch die starke polnische Narew-Gruppe in Kauf zu nehmen waren.

Die zeitlichen Verzögerungen waren dadurch verursacht worden, daß die Sprengung der Weichselbrücke bei Dirschau nicht verhindert werden konnte, daß das schnelle XIX. Korps im Norden an eine Infanteriearmee gebunden und in seiner Bewegungsmöglichkeit nicht ausgenutzt war, daß die Kavalleriebrigade aus Kräftemangel den vor Mlawa festliegenden Angriffstruppen hatte zugeführt werden müssen und die 10. schnelle Armee sich gleichfalls durch Bunkerlinien aufhalten ließ, daß Marschwege sich kreuzten und viel Kraft dabei verlorenging. Die Bewegungen in Einklang zu bringen, um die nach vorn durchgehenden motorisierten Verbände durch aufschließende Infanterie unterstützen lassen zu können, erforderte mehr als nur taktisch-handwerkliches Geschick. Die Kunst in der Führung großer schneller Verbände mußte hier erst aus der Erfahrung abgeleitet werden.

Trotz der polnischen Aufmarschfehler, die nach mehr als zähem, hinhaltendem Widerstand nächtelang strapazierende Marschleistungen von ihren Truppen verlangten, war es bei den angesetzten Zangenbewegungen der deutschen Führung nicht gelungen, nennenswerte Teile des polnischen Feldheeres schon in den ersten Tagen auszuschalten. Daher rang sich das Oberkommando des Heeres trotz der steigenden Sorgen um die Front im Westen am 6. September zu einem kühnen Entschluß durch, in einer weiten Umfassungsbewegung ostwärts der Weichsel die Masse der deutschen motorisierten Verbände tief in den polnischen Raum auf Przemysl und Lemberg hineinzuführen, um die dritte große, entscheidungsuchende Zangenbewegung einzuleiten. Das brachte das Risiko mit sich, daß nunmehr die Westmächte die günstige Gelegenheit erhielten, den Stoß in das Ruhrgebiet durchzuführen, bevor noch die Panzerverbände herausgezogen, verladen und herangeführt werden konnten. Die Entscheidung, die der Oberbefehlshaber des Heeres, Generaloberst v. Brauchitsch, und sein Chef des Stabes, General Halder, fällen mußten, war schwerwiegend. Maßgebend war die Überlegung, das polnische Heer als Faktor auszuschalten, um die Belassung von Streitkräften im Osten überflüssig zu machen. Schon war die polnische Regierung von Warschau nach Lublin ausgewichen. Der polnische Regierungschef Marschall Rydz-Smigly hatte alle Befehlshaber aufgefordert, selbständig mit den Resten des Heeres ostwärts von Lemberg zu sammeln. Dorthin richtete sich jetzt der Stoß der deutschen 14. Armee, um den erkennbar werdenden Rückzug der Streitkräfte Polens auf das ihm befreundete Rumänien zu vereiteln. Die Entscheidung bahnte sich an.

Danzig war nicht die Ursache des zweiten Weltkrieges, jedoch ein Anlaß dazu geworden. Hier und an der 1919 neu gezogenen Weichselgrenze hatte das Versailler System sich in schikanösen Kleinlichkeiten überboten. Mitten durch die Provinz Westpreußen war ohne Befragung der Bevölkerung ein breiter territorialer »Korridor« gelegt worden, der dem neu geschaffenen Polen einen Zugang zum Meer öffnen sollte. Der deutsche Charakter der 384000 Einwohner zählenden Stadt Danzig wurde doch insofern respektiert, als die Stadt nicht ohne weiteres dem polnischen Staatsgebiet einverleibt wurde, sondern 1920 eine »Freie Stadt« mit einem Vorgelände konstruiert wurde, die unter Aufsicht eines Völkerbundkommissars stand. In den Jahren 1937 bis 1939 war dies der Schweizer Carl Burckhardt, der sich durch Takt und diplomatisches Geschick auszeichnete. Aber er konnte an der Fehlkonstruktion und an den sich daraus notwendig ergebenden verworrenen Zuständen nichts ändern. Polen hatte bereits seit 1926 den Konkurrenzhafen Gdingen in der Danziger Bucht aufgebaut, wo die aus Ostoberschlesien, dem Polen zugesprochenen Industriegebiet, heranführende Kohlenbahn endete. Polen hat den Danziger Hafen in seiner Kapazität niemals ausnutzen können, so daß sich hier ein wirtschaftliches Notstandsgebiet infolge Abschneidung von seinem natürlichen Hinterland gebildet hatte. So war es zumindest erklärlich, daß die Mehrzahl der Danziger Bevölkerung glaubte, vom Nationalsozialismus in auswegloser Lage Hilfe zu bekommen und schon 1933 die Nationalsozialisten unter Hermann Rauschning die Mehrheit im Senat besaßen. Aber bereits im November 1934 mußte Rauschning zurücktreten, und mit dem Gauleiter Albert Forster, der sein Nachfolger und am 23. August 1939 »Staatsoberhaupt« in Danzig wurde, kam ein schärferer nationalsozialistischer Kurs in den »Freistaat«. Polen hatte seinerseits vergeblich versucht, Danzig zu polonisieren, hatte seine Rechte an Zoll und Eisenbahnen ausgebaut, im Hafenbezirk eine eigene Post eingerichtet, die Zollbeamten bewaffnet, und auf der die Hafeneinfahrt beherrschenden Westerplatte innerhalb des Danziger Hoheitsgebietes war nicht nur ein polnisches Munitionsdepot angelegt, sondern auch ein Befestigungssystem mit über zwanzig modernen Betonbunkern mit Maschinengewehr- und Geschützständen, die unterirdisch miteinander verbunden waren. Für Polen war Danzig nachgerade zum Prestigefall geworden, so daß die britische Regierung im August vor unbedachten militärischen Aktionen warnen mußte.

Die als Nationalitätenstaat begründete Republik Polen hatte ebensowenig wie die Tschechoslowakei, Jugoslawien, Rumänien, Ungarn, Litauen und Lettland es vermocht, ein befriedigendes Verhältnis zu den nicht dem eigentlichen Staatsvolk angehörenden »Minderheiten« herzustellen. Das betraf nicht nur die über eine Million zählende deutsche Volksgruppe in den ehemals preußischen Provinzen Westpreußen und Posen und die zahlreichen Österreicher Galiziens, um deren Rechtsstellung und Sicherung ein erbitterter Notenkampf den Genfer Völkerbund jahrzehntelang beschäftigte, sondern auch Litauer, deren Hauptstadt Wilna 1920 von Polen besetzt worden war, ferner Weißruthenen und Ukrainer, so daß jeder dritte polnische Staatsbürger einer nichtpolnischen Nationalität angehörte. Das mußte in einer Staatskrise eine gefährliche Sprengkraft entwickeln. Furcht und Haß führten zu unüberlegten Handlungen, die in Erschießungen von Zivilisten deutscher Volksangehörigkeit gipfelten, wobei mindestens 3500 Männer, Frauen und Kinder umgekommen sind. Die meisten Opfer forderte eine Erschießungsaktion am Sonntag, den 3. September 1939 in der Stadt Bromberg, wo angeblich deutsche Zivilpersonen auf zurückgehende polnische Truppen geschossen haben sollen. Als Vergeltung dafür sind von deutschen Polizeieinheiten, die der Truppe folgten, Erschießungen vorgenommen worden. Von einer deutschen »Fünften Kolonne« in Polen zu reden trifft nicht zu. Die in Bromberg erscheinende »Deutsche Rundschau in Polen« brachte in ihrem Leitartikel vom 2. September 1939 folgende Feststellung: »Wir stehen unter polnischem Gesetz. Wir wissen, daß sich niemand von uns zu Handlungen hinreißen lassen wird, die der ganzen Volksgruppe zum Verderben gereichen müssen. Als getreue Söhne unserer Heimat haben wir diese Situation zu überstehen, die für alle Völker wahrhaft tragisch ist, nicht zuletzt für uns Deutsche in Polen.«

In Danzig war durch die Sicherungsmaßnahmen der Landespolizei (Gruppe Eberhardt) die Stadt von Kämpfen im wesentlichen verschont geblieben. Lediglich um Hela ging der Kampf noch bis zum 10. Oktober weiter, Gdingen und Oxhöfter Kämpe waren am 19. September besetzt und die Westerplatte mit Unterstützung des seit dem 25. August im Danziger Hafen liegenden Schulschiffes »Schleswig-Holstein« bereits am 7. September niedergekämpft. Befehlshaber der polnischen Küstenverteidigung war Admiral Josef von Unruh, der am Ende des ersten Weltkrieges als Kapitänleutnant aus der Kaiserlichen Marine ausgeschieden und in polnische Dienste übergetreten war. Stadt und Staatsgebiet Danzig vollzogen schon am 1. September 1939 die Rückgliederung in das Deutsche Reich.

Die Heeresgruppe Nord hatte die Kämpfe in Westpreußen beendet, Graudenz genommen und befand sich nach Erzwingung der Narew- und Bug-Übergänge in zügigem Vormarsch in Ostpolen, bis Modlin und Praga und damit der Warschauer Raum am 10. September erreicht waren. Die Heeresgruppe Süd war nach Grenzkämpfen zur Verfolgung übergegangen und am 8. September abends in die Vorstädte von Warschau eingedrungen. Größere Schlachten entwickelten sich mit den zum Schutz der Hauptstadt zusammengezogenen polnischen Kräften bei Radom und an der Bzura vom 8. September an. Beiderseits der Lysa Gora waren zwei deutsche motorisierte Korps auf Radom vorgestoßen und hatten ohne Rücksicht auf die Flanken in zwei Tagen 100 km zurückgelegt. Die Zentralreserve der polnischen Armee wurde durch die schnellen Bewegungen überrascht und eingekesselt. Acht polnische Divisionen waren nicht mehr kampffähig, ein erster großer Erfolg, der wesentlich der neuen Panzertaktik zuzuschreiben war. Der schnelle Vormarsch unter Ausnutzung der Motorenkraft und unter gänzlicher Außerachtlassung der Flankensicherung unterschied sich grundlegend von den Schlachten des ersten Weltkrieges und erinnert eher an die schwedische Kavalleriestrategie zur Zeit des Dreißigjährigen Krieges. Marschbewegungen starker gepanzerter Truppenkörper, die aus der Luft versorgt werden konnten, waren die Voraussetzungen für die Überraschungserfolge. Der Typ der leichten schnellen Panzerkampfwagen, die anstelle des schweren Durchbruchstanks entwickelt worden waren, hat sich dabei hervorragend bewährt. Die robusten Motoren mit anspruchsloser Wartung, große Wendigkeit und eine den schlechten Straßenverhältnissen sich anpassende Geländegängigkeit waren Vorbedingungen für die taktische Zuverlässigkeit. Daß darin freilich kein Siegesrezept steckte, zeigte sich in denselben Tagen bei dem Vormarsch der 8. Armee auf die Bzura westlich von Warschau. Sie wurde von der polnischen Armee »Posen« in der tiefen Flanke gefaßt und zurückgeworfen, so daß die Stadt Lodz vorübergehend aufgegeben werden mußte. Westlich der Weichsel, in der Kampinoser Heide, kam es zur Schlacht gegen den sich zäh wehrenden Gegner, der nur schrittweise von dem konzentrischen Ring der deutschen Angriffsdivisionen zurückgedrängt wurde. Erst am 18. September ließ der Widerstand nach, bis zum 23. wurden immer wieder Durchbruchsversuche nach Warschau unternommen, aber dieses selbst war so stark abgeriegelt, daß der polnischen Armee hier die Bewegungsfreiheit genommen worden war; mindestens 12 Divisionen sind in der Schlacht an der Bzura aufgerieben worden. Damit gab es auch in Mittelpolen unter Hinzuziehung des deutschen Erfolges von Radom keine nennenswerte Streitmacht außer in den Festungen. Auf eine der stärksten ostpolnischen Festungen, Brest-Litowsk, wurde am 9. September das XIX. Panzerkorps (Guderian) mit 4 schnellen Divisionen als erster selbständiger Panzerverband angesetzt und erreichte sein Angriffsziel am 17. September mit der bewährten Taktik des Durchstoßens geschlossener Einheiten ohne Aufenthalt.

Am 11. September erhielt die 10. Armee den Befehl, tiefer nach Ostpolen in Richtung Lublin vorzustoßen, um dort das neue Widerstandszentrum und die sich dabei versammelnden Reste der polnischen Feldarmee zu zerschlagen. Die rechts von der 10. Armee eingesetzte 14. Armee hatte den Auftrag, über Lemberg vorzugehen und ein Ausweichen polnischer Streitkräfte nach Rumänien zu verhindern. Hierfür war die Heranziehung starker Panzerkräfte vorgesehen, so daß in Galizien noch einmal mit großen, weitreichenden Bewegungen schneller Truppen und der Abschneidung der Reste des polnischen Feldheeres zu rechnen war. Daß diese erfolgversprechende Operation nicht zu dem gewünschten Ziele führte, lag einmal an dem Abzug von schnellen Truppen in den Kampfraum an der Bzura und zum anderen an dem für die Wehrmachtführung völlig überraschenden Einmarsch der Roten Armee in Ostpolen, so daß die Schlachten von Lemberg und Tomaszow am 20. September abgebrochen werden mußten. Zu diesem Zeitpunkt war aber die Besetzung von Polen in seiner ganzen Ausdehnung nahezu durchgeführt.

Die als selbständiger Wehrmachtteil seit dem Jahre 1935 aufgebaute deutsche Luftwaffe besaß den Vorzug schneller Verlegungsmöglichkeit und Schwerpunktbildung. Nach der Kriegserklärung von England und Frankreich war ihre erste Aufgabe, den Luftraum über dem Reichsgebiet wirksam zu schützen. Von entscheidender Bedeutung war es aber auch, die polnische Luftwaffe auszuschalten und die Kämpfe des Heeres wirksam zu unterstützen. Der Operationsbefehl für die Fliegerkräfte sah daher vor, die polnischen Bodenorganisationen zu zerstören, den Aufmarsch zu vereiteln, die Bahnlinien zu unterbrechen, um die Bildung polnischer Heeresansammlungen in Westgalizien und westlich der Weichsel vor der 10. Armee zu verhindern. Vor der Heeresgruppe Nord sollte der Aufbau einer Verteidigungsfront unmöglich gemacht werden. Die dafür bereitgestellten Kräfte umfaßten operative Luftwaffenverbände, die zentral geführt und gegen die polnische Luftwaffe zur Fernaufklärung und zu selbständigen Unternehmungen eingesetzt wurden. Außerdem wurde jeder der beiden Heeresgruppen eine Luftflotte zur unmittelbaren Unterstützung zugeteilt. Die Luftflotte 1 sollte am ersten Angriffstag mit der Masse ihrer Kräfte die polnischen Luftwaffeneinrichtungen im Raum Warschau angreifen, mit Teilen die polnischen Luft- und Seestreitkräfte in der Danziger Bucht; danach konnte die Heeresgruppe Nord über sie zur Unterstützung der 3. und 4. Armee verfügen. Die Luftflotte 4 hatte mit der 2. Fliegerdivision die feindliche Luftwaffe in Mittel- und Ostpolen anzugreifen, im Erdkampf über und vor der 10. Armee zu wirken, während eine weitere Fliegerdivision je nach Aufklärungsergebnissen vor der 14. und 8. Armee im Raum Kalisch–

Lodz oder ostwärts Krakau eingreifen sollte. Die Zahl der für den Feldzug in Polen zur Verfügung gestellten Maschinen betrug 1700. Von besonderer Wirksamkeit zeigten sich für die Unterstützung der Erdkämpfe die Jagdflugzeuge vom Typ Me 109 und die Sturzkampfflugzeuge vom Typ Ju 87, die gegen Bunkerlinien, Eisenbahnen und Straßen mit oft vernichtender Wirkung eingesetzt wurden. Die heulenden Sirenen der steil vom Himmel niedersausenden Sturzkampfbomber haben keinem anderen Feldzug des zweiten Weltkrieges derartig das Gepräge gegeben wie dem Krieg in Polen 1939, während das hohe Pfeifen der pfeilgeschwinden Messerschmitt-Jäger zum Kennzeichen des Luftkrieges im Feldzug 1940 wurde. Diesem deutschen, in technischer Hinsicht ganz modernen Aufgebot gegenüber konnte die polnische Heeresluftwaffe über 146 Bombenflugzeuge, 315 Jäger, 325 Aufklärer und 100 Verbindungsflugzeuge verfügen, gegliedert in 6 Regimenter zu 3 Abteilungen mit je 2 Staffeln; die Marine besaß 56 verschiedene Flugzeuge. Von diesen rund 900 einsatzbereiten Maschinen war die Hälfte veraltet. Infolge der begrenzten Flugreichweiten konnte von der britischen Luftwaffe keine unmittelbare Unterstützung erwartet werden. Unter solchen Umständen war der Luftkrieg gegen Polen schon am ersten Angriffstag entschieden. Erhebliche Teile der deutschen Jägerverbände konnten bald in das Reichsgebiet zurückverlegt werden, die Bomber- und Sturzkampfbomberstaffeln wirkten als verstärkte Artillerie des Heeres. Die Luftwaffenüberlegenheit hat in Verbindung mit den schnellen Truppen dazu beigetragen, die Angriffsvorhaben der polnischen Heeresverbände zunichte zu machen und deren Verteidigungsfähigkeit nach kurzer Zeit zu brechen. 500 deutsche Flugzeuge gingen während der Kampfhandlungen verloren.

Trotz der verzettelten Aufstellung und der fehlenden Luftwaffenunterstützung war die Lage des polnischen Heeres nicht von Anfang an aussichtslos, wie es sich an der Bzura zeigte, wo intakte Großverbände zu Teilerfolgen kamen. Bis zum 6. September war lediglich in der Schlacht bei Graudenz die Einkesselung von zwei polnischen Divisionen und einer Kavalleriebrigade erfolgt; erst die Schlachten von Radom und an der Bzura sowie die Einschließung von Warschau machten das polnische Feldheer zu Operationen größeren Stils unfähig. Der deutschen Panzerwaffe hatte Polen bei allem Schneid seiner Elite-Kavalleriebrigaden nichts Gleichwertiges entgegenzustellen. So blieb den polnischen Armeen nur noch der Durchbruch nach Osten. Beträchtliche Teile erreichten rumänisches Gebiet und haben neu formiert auf alliierter Seite am weiteren Kriegsverlauf teilgenommen.

Die Festung Warschau wurde am 22. September gänzlich eingeschlossen und nach Ausschleusung des diplomatischen Korps und nichtpolnischer Staatsangehöriger pausenloser Beschießung und Luftwaffenangriffen ausgesetzt. Ein Infanterieangriff auf die Stadt unterblieb wegen der zu erwartenden hohen Verluste. Am 27. September vormittags läuteten die Glocken der Stadt zum Zeichen der Übergabe. Am gleichen Tage abends kapitulierte auch Modlin. Letzte Reste suchten in Unkenntnis der Gesamtlage den Widerstand fortzusetzen, so daß sich Säuberungsaktionen noch bis zum 6. Oktober hinzogen. 14000 deutsche Soldaten waren in dem Feldzug gefallen.

Der militärische Abschnitt des Krieges gegen Polen war vollends zu Ende, als im Morgengrauen des 17. September die sowjetische Rote Armee die polnische Ostgrenze überschritt. Da der Zeitpunkt von den Russen ohne vorherige Konsultation, zu der sie auch nicht verpflichtet waren, gewählt wurde, blieb der deutschen Wehrmachtführung nichts anderes übrig, als schleunigst hinter die vorläufige Demarkationslinie zurückzugehen. Vor den anrückenden Kolonnen der Roten Armee ergoß sich ein stark anschwellender Flüchtlingsstrom nach Westen. Dazwischen suchten starke Teile des polnischen Heeres nach Südosten zu entkommen, so daß die Kämpfe teils fortgesetzt, teils vorzeitig abgebrochen wurden. Am 28. September bestimmte ein deutsch-russisches Zusatzabkommen die neue Trennungslinie; Teile des soeben geräumten Gebietes mußten beschleunigt wieder besetzt werden, um die dort stehenden Reste der polnischen Armee auszuschalten. Für das Verhalten der Truppe an der Demarkationslinie wurde angeordnet, sich im Verkehr mit der sowjetischen Armee auf das dienstlich Erforderliche zu beschränken.

Am 3. Oktober fand in Warschau eine deutsche Siegesparade statt. Zerschossene Häuser, verdrahtete Barrikaden, umgestürzte Straßenbahnwagen säumten den Weg. Die Straßen waren durch wassergefüllte Bombentrichter tief

Die Karte zeigt den Verlauf der deutsch-polnischen Operationen in der Phase vom 6. bis 14. September 1939. Die völlige Auflösung der polnischen Armee und ihre Zertrümmerung werden deutlich.

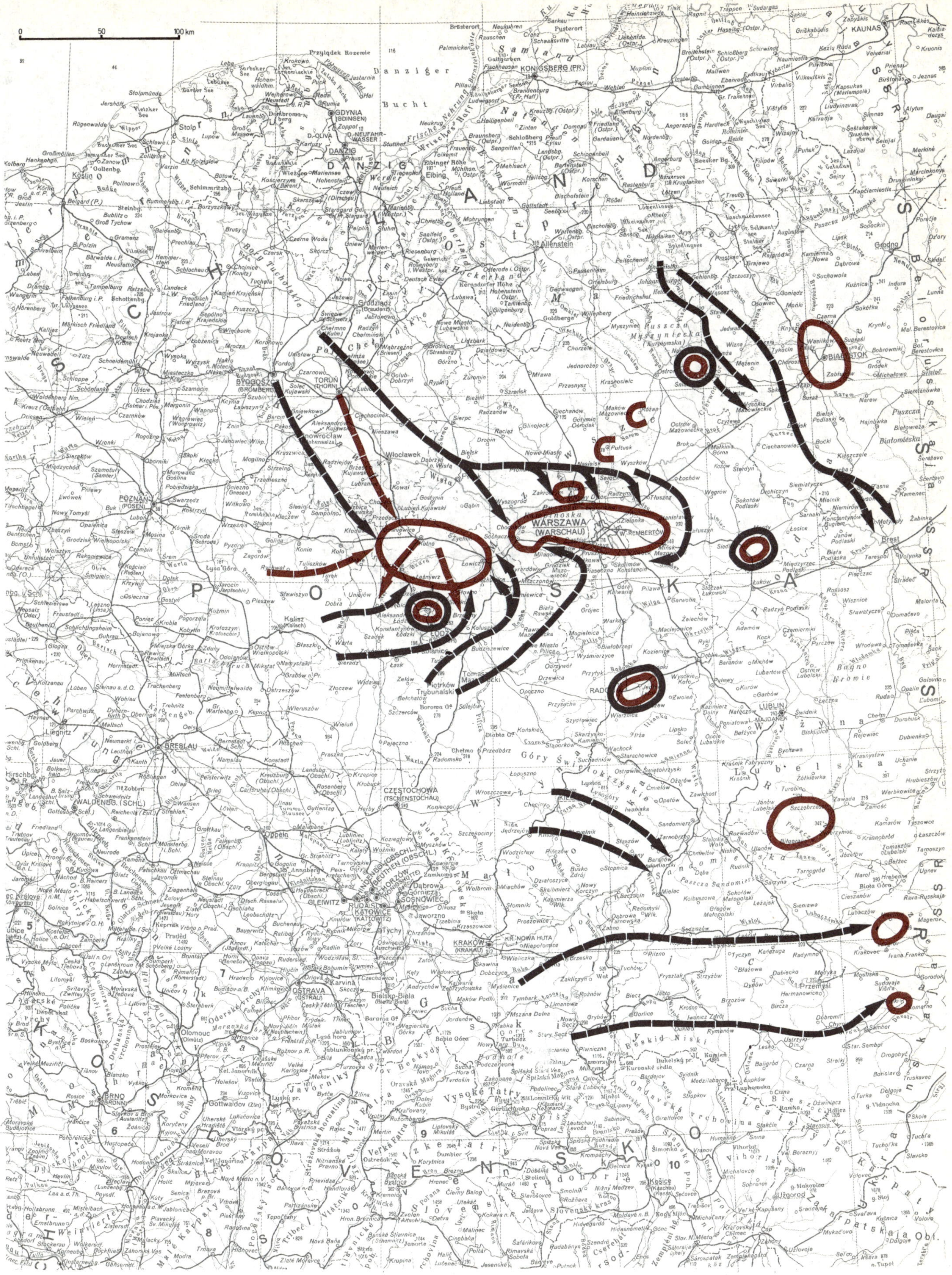
0
50
100 km
Danziger Bucht
DANZIG
GDYNIA (GDINGEN)
KÖNIGSBERG (PR.)
KAUNAS
BYDGOSZCZ (BROMBERG)
TORUŃ (THORN)
POZNAŃ (POSEN)
WARSZAWA (WARSCHAU)
BIAŁYSTOK
ŁÓDŹ
BRESLAU
CZĘSTOCHOWA (TSCHENSTOCHAU)
KRAKÓW (KRAKAU)
KATOWICE (KATTOWITZ)
GLEIWITZ
OSTRAVA
BRNO (BRÜNN)
LUBLIN
Brest
Grodno
Olomouc
Košice
P O L S K A
Góry Świętokrzyskie
Puszcza Sandomierska
Vysoké Tatry

0 25 50 75 100 km
Danziger Bucht
WARSZAWA
KÖNIGSBERG (PR.)
KAUNAS
BYDGOSZCZ (BROMBERG)
POZNAŃ (POSEN)
BRESLAU
LUBLIN
KRAKÓW (KRAKAU)
KIELCE
RADOM
BIAŁYSTOK
ŁÓDŹ (LODSCH)
CZĘSTOCHOWA (TSCHENSTOCHAU)
OSTRAVA (OSTRAU)
BRNO (BRÜNN)
Vysoké Tatry

aufgerissen, Mauern eingestürzt und Schienen bizarr hochgebogen. Immer noch quoll der Qualm aus Schutttrümmern an verräucherten Wänden hoch. Vor den wenigen Lebensmittelgeschäften stauten sich die Menschenmassen. Stumm, trotzig, weinend sah die Einwohnerschaft dem Einmarsch zu. Schwelende Brandstätten, eine dem Elend preisgegebene Bevölkerung, vernichtetes Kulturgut und Kriegsmaterial – das war erst der Anfang einer Leidenskette, die von dem erbarmungslosen Sieger über das unglückliche Land verhängt wurde.

Wieder einmal hatte Polen, nach 23jähriger, durch Deutschland und Österreich 1916 begründeter Staatlichkeit, aufgehört, als ein politisches Gebilde zu bestehen. Die Demarkationslinie zwischen der sowjetischen und deutschen Interessensphäre verlief von Johannisburg nach Süden bis zum Bug, diesem Fluß folgend über Brest-Litowsk (russisch) zwischen Ost- und Westgalizien an die Nordostflanke der Slowakei. Obwohl damit das früher österreichisch-ungarische Ostgalizien (mit Tarnopol und Lemberg) und Wolhynien zur ukrainischen, das nördlich anschließende Gebiet von Polesien zur weißrussischen Sowjetrepublik und Wilna an Litauen kamen, ist von deutscher Seite kein Vorbehalt gemacht worden, da die Sowjets auf den nach Westen vorspringenden Keil von Warschau verzichteten, sich dafür aber Einflußrechte nun auch in Litauen sicherten. Das Prinzip des Status quo von 1914 zeigte sich auch hier und ist lediglich in Galizien zugunsten Rußlands durchbrochen worden. Denn diese Linie bildete, bis auf den Südteil, von 1815 bis 1917 die Ostgrenze des sogenannten Kongreßpolen und ist im wesentlichen auch heute noch die russische Westgrenze gegen Polen; sie entspricht etwa den ethnographischen Verhältnissen und der von dem britischen Außenminister Lord Curzon 1920 empfohlenen polnischen Ostgrenze. Andererseits ist 1939 ein im Verhältnis kleiner Teil des früheren polnischen Staatsgebietes in das Deutsche Reich hineingenommen worden. Die Provinz Ostpreußen wurde um den Regierungsbezirk Zichenau vergrößert, gab dafür den Regierungsbezirk Marienwerder an das wiederhergestellte Westpreußen ab, das außerdem noch die Regierungsbezirke Danzig und Bromberg umfaßte. Die frühere Provinz Posen wurde unter Einschluß von Kalisch und Lodz geringfügig nach Osten ausgedehnt und »Reichsgau Wartheland« genannt. Das restliche mittelpolnische Gebiet wurde als Protektorat »Generalgouvernement« mit dem Verwaltungssitz Krakau zusammengefaßt. Obwohl sich dort seit November 1939 eine polnisch-patriotische Untergrundbewegung bildete, blieb sie doch ohne die Mitwirkung der Kommunisten und damit ohne Bedeutung. Das wurde seit Juni 1941 schlagartig anders. Der deutsch-sowjetische Krieg löste eine Abfolge von kommunistischen Terrorakten und Gegenmaßnahmen aus, die das Land in einen chaotischen Zustand stürzten. Über die Zukunft des polnischen Staates herrschten bei Hitler und seinen Ratgebern 1939 keine klaren Vorstellungen; Hitler war im Oktober 1939 bereit, sich mit der Wiedererwerbung Westpreußens zu begnügen und Polen unter gewissen Garantien wiederherzustellen, wenn daraufhin die Westmächte sich entschließen könnten, den Kriegszustand zu beenden. Da darauf nicht zu hoffen war, blieben auch die Zustände in Polen noch in der Schwebe.

In seiner Reichstagsrede vom 6. Oktober 1939 hatte Hitler angekündigt, daß größere Umsiedlungen erfolgen müßten, um deutsche Volkstumssplitter in Osteuropa zurückzuführen. Was damit gemeint war, zeigte sich im Laufe des Jahres 1940, als auf Grund von Staatsverträgen deutsche Bevölkerungsgruppen aus Wolhynien und Ostgalizien, der Bukowina und Bessarabien und vor allem aus dem Baltikum ausgesiedelt und meist im Warthegau neu angesetzt wurden. Die ersten Verträge hierüber wurden schon am 15. Oktober 1939 geschlossen, auf Grund derer insgesamt 470000 Menschen sich auf die Wanderung begeben mußten. Bereits im Oktober 1939 trafen in Westpreußen die ersten Deutschen aus Estland und Lettland ein, deren Vorfahren 700 Jahre zuvor dorthin gekommen waren und die bis dahin eine Kulturautonomie erfahren hatten, wenngleich nach dem ersten Weltkrieg sich nur in Estland zufriedenstellende Verhältnisse entwickelten, während die Enteignung des deutschen Domes in Riga durch den lettischen Staat die lange geachtete Selbstverwaltung der deutschen Gemeinde empfindlich einschränkte. Eine zweite Auswandererwelle aus diesen Ländern kam im Frühjahr 1941, gefolgt von 50000 Deutschen aus Litauen, während die zahlreichen Deutschen aus Ostpolen in dem eisigen Winter 1939/40 mit ihrer beweglichen Habe in großen

Nachdem auch sowjetische Truppen Mitte September nach Polen eindrangen, besiegelte der weitere Verlauf der Kämpfe (hier vom 15. bis 28. September 1939) das Schicksal der polnischen Armee.

Trecks in das Wartheland aufgebrochen waren. Dort wurde von den Behörden durch die rücksichtslose Überführung von 1,2 Millionen Polen und 300000 Juden in das Generalgouvernement Platz geschaffen unter Formen, die später auf die deutsche Volksgruppe zurückwirken sollten. Eine reine Scheidung nach Nationalitäten ließ sich jedoch nicht durchführen, da bereits Arbeitskräfte fehlten. Mit den volksdeutschen Umsiedlern waren auch Nichtdeutsche nach Westen gekommen, weil sie sich dort bessere Lebensbedingungen als unter sowjetischer Herrschaft versprachen. Der sowjetrussischen Werbung, die an Litauer, Weißruthenen und Ukrainer gerichtet wurde, aus dem deutschen Einflußbereich in die Sowjetunion überzusiedeln, leisteten nur 56000 Menschen Folge.

Der Abzug der Volksdeutschen erfolgte aus den Gebieten unter sowjetischem Einfluß, um keine Störungsfaktoren im Verhältnis zu Rußland aufkommen zu lassen. Für die Betroffenen war die Aufgabe ihres Tätigkeitsgebietes meist eine bittere Wahl; das entsprach der Vorstellung von einem reinen Nationalstaat, zeigte zugleich einen berechtigten Pessimismus in die Möglichkeiten der freien Entfaltung der Kräfte der Volksgruppen innerhalb einer fremden Umgebung und erwies sich schließlich als großangelegte Rettungsaktion, als Hitler den Bruch mit der Sowjetunion herbeiführte. Dies war freilich zu jenem Zeitpunkt noch nicht vorauszusehen, vielmehr eine Folge der Abgrenzung der Interessensphären in den Moskauer Verträgen und zugleich die Einsicht, daß Rußland unverzüglich begonnen hatte, die ihm eingeräumte Gelegenheit energisch wahrzunehmen und die alten russischen Positionen an der Ostsee wiederzugewinnen.

Am 28. September, einen Tag nach dem Fall von Warschau, wurden in Moskau unter Leitung von Molotow Besprechungen mit dem estnischen Außenminister, an denen auch Stalin und Mikojan teilnahmen, mit dem Abschluß eines sowjetisch-estnischen Beistandspaktes beendet. Der Sowjetunion wurden Stützpunkte für Marine und Luftwaffe auf Ösel, Dagö und in Baltischport eingeräumt; im übrigen sollte die Souveränität und die Staatsordnung Estlands nicht berührt werden. Bereits am 2. Oktober hielt sich auch der lettische Außenminister in Moskau auf und verhandelte in Anwesenheit von Stalin über einen Beistandspakt nach estnischem Muster mit dem Ergebnis, daß der Sowjetunion Flottenstützpunkte in Libau und Windau sowie einige Flugplätze überlassen wurden. Die für Estland bestimmten russischen Truppen trafen am 18. Oktober, die in Lettland zu stationierenden russischen Soldaten am 29. Oktober ein. Am 4. November verließ das letzte deutsche Rückwandererschiff den Rigaer Hafen, zehn Tage später war auch die Umsiedlungsaktion in Estland beendet.

Noch waren sich die Regierungen der baltischen Staaten offenbar im unklaren darüber, welche Folgen ihnen aus diesen Bindungen notwendig erwachsen mußten. Vorerst lief parallel zu dem Abtransport der Deutschen eine Welle der nationalistischen Übersteigerung; unter der Parole »ein lettisches Lettland« wurden Orts- und Personennamen geändert, was in Estland ein entsprechendes, wenngleich schwächeres Echo fand. Noch im März 1940 glaubte man auf der nach Riga einberufenen baltischen Außenministerkonferenz die strikte Neutralität betonen zu können. Die Illusion verflog rasch. Als Frankreich sich der deutschen Armeen nicht mehr erwehren konnte, zerbrach die Versailler gegen Deutschland und Rußland gerichtete Randstaatenkonzeption: unter dem Vorwand, der Beistandspakt sei gefährdet worden, besetzte am 16. Juni die Rote Armee beide baltischen Länder und wandelte sie in Sowjetrepubliken um; die politische und militärische Führungsschicht wurde beseitigt.

So rasch sich die Sowjetunion gegenüber ihren früheren Ostseeprovinzen durchgesetzt hatte, so wenig glückte die Einverleibung Finnlands in das russische Staatswesen. Finnland hatte auch während seiner Zugehörigkeit zum Zarenreich seit 1809 eine ziemlich unabhängige Stellung als Großfürstentum eingenommen. Die völlige Selbständigkeit hatte es 1918 der Unterstützung durch das Deutsche Reich zu danken gehabt; nachdem es 1939 jedoch von Deutschland dem sowjetischen Machtbereich überlassen worden war, ist es letztlich dem englischen Eingreifen zuzuschreiben gewesen, daß Finnland unabhängig bleiben konnte.

Am 5. Oktober 1939 erhielt die finnische Regierung die Aufforderung durch die Sowjetunion, zwecks »Verhandlungen über konkrete politische Fragen« Delegierte nach Moskau zu entsenden. Am 12. Oktober wurden dort russische Forderungen gestellt, die einem Verzicht auf die Souveränität gleichkommen mußten: Einräumung von Hangö als Stützpunkt für See- und Luftstreitkräfte mit starker Festungsbesatzung einschließlich Panzerwagen, Überlassung der Inseln im finnischen Golf, Verlegung der

finnischen Grenze bei Leningrad nach Norden, wofür Gebietserweiterungen in Mittelfinnland in Aussicht gestellt wurden. Die finnischen Zugeständnisse befriedigten in Moskau nicht; die Verhandlungen wurden schließlich am 13. November resultatlos abgebrochen, weil Finnland an der strikten Neutralität festhielt, die es auf der skandinavischen Außenministerkonferenz in Kopenhagen im September 1939 bekräftigt hatte.
Während des Dreikönigstreffens in Stockholm am 18./19. Oktober, das die Neutralität der skandinavischen Länder unterstrich, hatte Finnland schon mobil gemacht. Der Abwehrwille der Bevölkerung nahm einen Verteidigungskrieg auf sich. Inzwischen war der sowjetrussische Aufmarsch mit 29 Divisionen und 1 Panzerkorps entlang der finnischen Grenze vollzogen. Am 30. November 1939 wurde ohne Kriegserklärung die finnische Grenze von Truppen der Sowjetunion überschritten; gleichzeitig erfolgten Küstenbeschießungen und Luftangriffe. Finnland war darauf vorbereitet; vorangegangene Reserveübungen hatten die Mobilmachung und den Aufmarsch fast vollenden lassen; weibliche Hilfskräfte (»Lottas«) waren im Heimatkriegsgebiet eingesetzt. Der Hauptstoß mit der 7. russischen Armee, die Panzer voraus, ging auf die Karelische Landenge. Die Luftreichweite überdeckte ganz Finnland; 800 russische Flugzeuge wurden eingesetzt. Gegen die enge Blockade in der Ostsee und im Eismeer waren die wenigen finnischen Wachtboote machtlos. Ausrüstung und Bewaffnung Finnlands waren unvollkommen und veraltet; der im Jahre 1934 mit der Sowjetunion abgeschlossene Nichtangriffspakt hatte die Möglichkeit eines kriegerischen Konfliktes ganz unwahrscheinlich werden lassen. Die finnische Landgrenze mit Rußland betrug 1560 km, das Straßen- und Eisenbahnnetz war weitmaschig; nicht alle Abschnitte waren strategisch gleich wichtig. Die finnischen Kräfte zählten 9 Divisionen und 160 Flugzeuge; die Abwehr beschränkte sich auf die Karelische Enge, wo ein Schwerpunkt gebildet wurde, sonst blieb nur die hinhaltende Verteidigung nach dem Prinzip des wachsenden Widerstandes übrig.
Der russische Panzervorstoß nutzte sich schnell an der geschickten Verteidigung der mit dem Gelände vertrauten Finnen ab, Streiftruppen trugen den Kleinkrieg sogleich weit hinter die feindliche Front. Die beiderseitigen Seeoperationen wurden im Dezember wegen der Vereisung des finnischen Golfes eingestellt, der Polarwinter begrenzte die Flugdauer der damals noch auf Tagesangriffe angewiesenen Luftstreitkräfte. Die große Kälte dieses Winters wurde für beide Seiten erschwerend. Etwa zwei Wochen hielten die Grenzgefechte an, dann stießen die russischen Kräfte auf die sogenannte »Mannerheim-Linie«, eine 125 km lange Befestigungszone mit nur 96 Betonkampfständen, der zudem die Tiefe fehlte. Bis zur Jahreswende folgte noch ein erbitterter Kampf auf der Karelischen Enge, dann flauten die Angriffe ab. Weiter im Norden erzielten die Russen Geländegewinne, sie konnten Petsamo erobern, aber die finnische Front wurde sonst

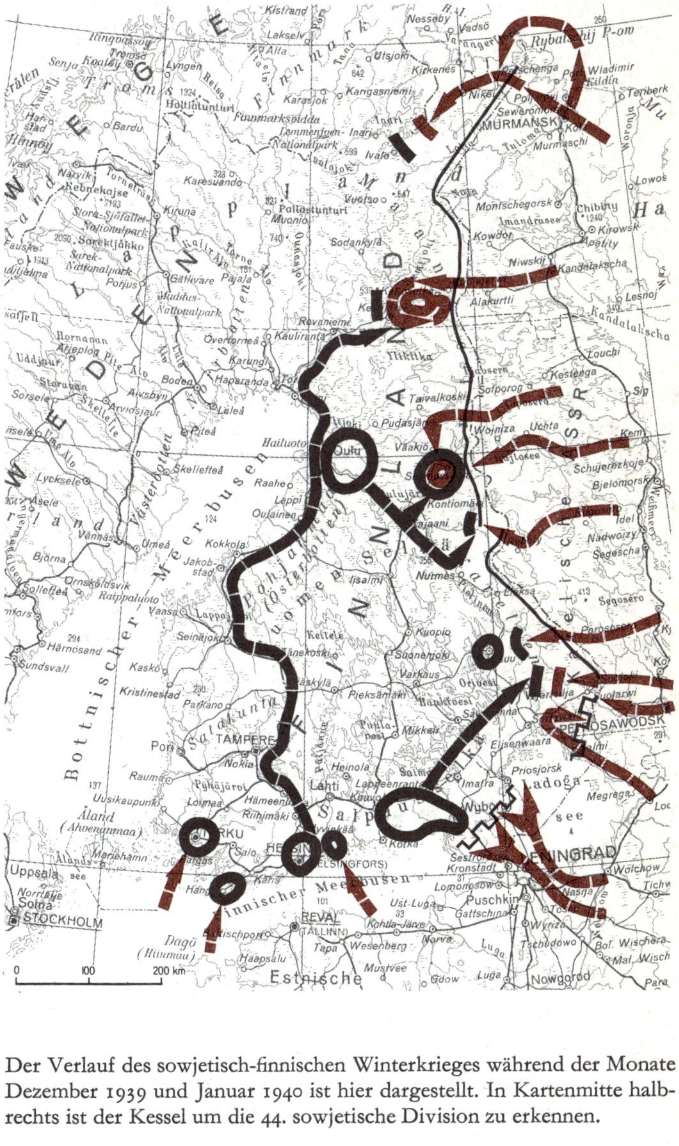

Der Verlauf des sowjetisch-finnischen Winterkrieges während der Monate Dezember 1939 und Januar 1940 ist hier dargestellt. In Kartenmitte halbrechts ist der Kessel um die 44. sowjetische Division zu erkennen.

gehalten. In beweglicher Kampfführung gelang es, zwei russische Divisionen im Mittelabschnitt einzuschließen und zu vernichten; ähnlich erging es bald darauf im Norden zwei weiteren russischen Divisionen. Die überragende Skitechnik und der zähe Kampfwille hatten diese örtlichen Erfolge ermöglicht; die überlegene finnische Führung wandte die Technik der Aufspaltung von gegnerischen Frontabschnitten und deren Kesselbildung, der sogenannten »Motti«, erfolgreich an. Die lange vorbereitete russische Durchbruchsschlacht auf der Karelischen Enge begann am 11. Februar 1940; am 17. Februar mußten sich die Finnen in rückwärtige Stellungen absetzen. Mitte März war dort nach russischer Umgruppierung und neuer Bereitstellung die Lage für Finnland kritisch geworden. 27000 Gefallene und 40000 Verwundete zählte das kleine Land, fast die doppelte Zahl der deutschen Verluste im Polenfeldzug. Die russischen Einbußen wurden von den Finnen auf das Zehnfache geschätzt. Eine schwedische Freiwilligenbrigade in Stärke von 6000 Mann und materielle Unterstützung aus Skandinavien und England waren bis dahin die einzige Hilfe für Finnland gewesen. Der finnische Kriegsschauplatz verlockte zum Eingreifen, um für die Westmächte Positionen in Nordeuropa zu sichern. Als die Entsendung von britischen und französischen Streitkräften nach Skandinavien im März 1940 unmittelbar bevorstand, hat Rußland den Kampf unter für Finnland glimpflichen Bedingungen im Frieden von Moskau am 12. März 1940 abgebrochen. Die Forderungen vom Oktober 1939 wurden im wesentlichen erfüllt, aber eine politische Einmischung in die inneren Verhältnisse des Landes und damit eine Sowjetisierung waren unterblieben.

Der heldenhafte Kampf Finnlands erregte in Deutschland Bewunderung. In Unkenntnis der Geheimverträge verstand man es nicht, daß die offizielle Presse so kühl darüber berichtete. Aber man hatte seine eigenen Sorgen. Allzu bekannt war noch der erste Weltkrieg und seine Folgen. Das deutsche Volk war nicht begeistert oder in einem heiligen Zorn in den Krieg gezogen wie im August 1914, sondern in stummer Resignation, sich fügend in das Unabänderliche. Und doch wurden die Kräfte jedes einzelnen gebraucht und ausgenutzt. Der Krieg betraf das ganze Volk in allen seinen Schichten. Jede Anstrengung zu unternehmen, um dem Gegner gewachsen, möglichst überlegen zu sein, war in allen kriegführenden Nationen das Ziel. Im 20. Jahrhundert mit seinen Massenheeren und der allumfassenden Rüstung konnte der friderizianische Satz nicht mehr gelten, daß der Bürger nicht merken dürfe, wenn der Soldat kämpfe.

Von Vorteil war, daß Deutschland diesmal nicht der Blockade ausgesetzt war. Solange Rußland die vertraglichen Leistungen einhielt, gab es keine akute Not und Unterernährung mit ihren sich auf Generationen erstreckenden Folgeerscheinungen. Trotzdem war nach planwirtschaftlichem Modell ein ausreichendes Maß an Lebensmitteln, Bekleidung und Heizung vorgesehen, das eine Einteilung auf lange Sicht und die Sicherstellung des nötigsten Bedarfs ermöglichte. Treibstoffe jeder Art wurden rationiert und für alle Verbrauchsgüter Bezugskarten eingeführt. Der ungewöhnlich harte und lange Winter, der alle Ströme, auch den Rhein, zufrieren ließ, überanstrengte die Transportkapazität der Reichsbahn, die ohnehin durch die zahlreichen Truppenverschiebungen und den Ausfall der meisten Straßenverkehrsmittel übermäßig beansprucht war. Dennoch war die Energieversorgung auch für den zivilen Bedarf im allgemeinen zu erfüllen. Vorrangig wurde die Vermehrung der Rüstungsanstrengungen. Die Industrie hatte sich langsam auf die neuen Forderungen umgestellt. In Reichweite der feindlichen Luftwaffe war die saarländische und rheinisch-westfälische Schwerindustrie besonders schutzbedürftig. Fesselballons mit Luftsperren wurden zu Kennzeichen der Kriegsindustrielandschaft, deren niemals rauchlose Schlote und rastlos bewegte Fördertürme von fleißiger Ausführung jener Entwürfe und Anordnungen zeugten, die in Konstruktionsbüros und Laboratorien als technische Spitzenleistungen entstanden. Die Grenzorte hatten, oft nur durch Störflugzeuge, ihre nächtlichen Alarmstunden, die öffentlichen und privaten Luftschutzeinrichtungen wurden in den Tageslauf einbezogen, obwohl Bombenangriffe in nennenswertem Umfang noch nicht erfolgten. Doch war schon die strenge Verdunkelung im Winter bei steigenden Anforderungen und geringer Ruhe eine zusätzliche Last, die beispielsweise das Rangierpersonal auf den verdunkelten Verschiebebahnhöfen besonders hart betraf.

Die Ausnutzung der Wehrkraft für die Aufstellung neuer militärischer Formationen hatte den Vorrang vor anderweitiger Verwendung, daher mußte die Wirtschaft sich mit Aushilfen begnügen. Zum erstenmal sind polnische Kriegsgefangene in größerem Umfang als Hilfskräfte hierfür zugeführt worden. Der vermehrte Einsatz von Frauen in Rüstungsbetrieben und im Verkehrswesen, des weiblichen Arbeitsdienstes vornehmlich in der Landwirtschaft, die vormilitärische Ausbildung und der Helferdienst der Hitlerjugend veränderten die menschlichen Gemeinschaften in ihren natürlichen Ordnungen. Die Sonderformation des Reichsarbeitsdienstes blieb auch im Kriege bestehen, leistete bei Erd- und Aufräumungsarbeiten im Hinterland, bei Befestigungsbauten und Flugplatzanlagen gute Dienste, wurde aber dabei und im Straßenbau zunehmend durch die halbzivilen Bautruppen der »Organisation Todt« ergänzt und teilweise ersetzt. Den Parteiorganisationen war die Aufgabe zugefallen, durch Kundgebungen und ideologische Veranstaltungen aller Art die Arbeits- und Kampfmoral in der Heimat zu beleben, den Einsatz des Volkes im Kriege zu rechtfertigen und jede Opposition scharf zu unterdrücken. Die Propaganda hat durch Presse, Rundfunk, Bild und Film gezielt den Willen der Bevölkerung zur Übernahme aller Anstrengungen und Opfer zu stärken gesucht; letztlich hing aber die dauernde Wirkung von der Glaubwürdigkeit ab und von den Erfolgen, die im Kriege nicht mit den Mitteln der Überredung, sondern durch Führung, Leistung und Opfer auf den Schlachtfeldern zu gewinnen sind.

Da der Luftkrieg im Westen sich auf gelegentliche Störeinsätze und Aufklärung beschränkte, konnte England, dem Hitler mit Recht den größeren Widerstandswillen als Frankreich zutraute, nur durch den Einsatz der Kriegsmarine dazu gebracht werden, von den Kampfhandlungen etwas zu spüren. Andererseits wünschte Hitler, im militärischen Einsatz gegen England Zurückhaltung zu üben, weil er hoffte, früher oder später mit dem Einlenken und damit dem Kriegsende rechnen zu können. Dazu bewog ihn die Schwäche der eigenen Seekriegsmittel, die der englisch-französischen Flotte gegenüber hoffnungslos unterlegen waren. Im Herbst 1939 standen 2 deutsche gegen 22 alliierte Schlachtschiffe, 10 deutsche gegen 83 alliierte Kreuzer, 42 deutsche gegen 255 alliierte Torpedofahrzeuge, 57 (davon 30 nur für Küstenverwendung) deutsche gegen 135 alliierte Unterseeboote. Von den hierbei noch nicht mitgezählten polnischen Seestreitkräften waren 3 Zerstörer und alle 6 Unterseeboote aus Gdingen entkommen und nahmen auf englischer Seite weiter am Krieg teil. Die übrigen polnischen Seestreitkräfte waren bald ausgeschaltet. Die Schulschiffe »Schlesien« und »Schleswig-Holstein« bekämpften Küstenbefestigungen; Minensperren wurden von Suchverbänden beseitigt, so daß die Ostsee bis Ende 1944 ungestört dem Seetransport zur Verfügung stand.

Die operative Seekriegführung wurde von Überwasserstreitkräften getragen. Zahlreiche nächtliche Zerstörervorstöße an die englische Ostküste hatten die Verminung der Schiffahrtswege zum Ziel, wobei auf dem Rückmarsch zwei moderne deutsche Zerstörer in ein englisches Minenfeld gerieten und verlorengingen. Die Schlachtschiffe versenkten bei einem Einsatz gegen den englisch-norwegischen Nachschubverkehr den britischen Hilfskreuzer »Rawalpindi«. Schon in der Spannungsperiode vor Kriegsausbruch waren die Panzerschiffe »Deutschland« und »Graf Spee« in den Atlantischen Ozean gegangen. Sie erhielten Ende September Befehl, gegen die englische Schiffahrt in getrennten Seebereichen vorzugehen, und banden dadurch starke britische Seestreitkräfte. »Deutschland« kam im November zurück, während »Graf Spee« am 13. Dezember 1939 im Gefecht mit drei britischen Kreuzern in der La-Plata-Mündung beschädigt wurde und nach Verweigerung der Reparaturmöglichkeit selbst versenkt werden mußte.

Bedeutende Erfolge hatten diese Unternehmungen, abgesehen von der Bindung erheblicher britischer Streitkräfte, nicht erzielen können. Das war auch den wenigen, für Fernverwendung geeigneten Unterseebooten nicht möglich. An den monatlichen Versenkungsergebnissen von 250000 BRT feindlichen Schiffsraumes im ersten Kriegshalbjahr sind die U-Boote knapp zur Hälfte beteiligt gewesen, der Rest entfiel auf die Tätigkeit von Überwasserstreitkräften, Minen und Flugzeugen. Entsprechend dem Londoner Abkommen von 1936 waren die U-Boote verpflichtet, Handelsschiffe aufgetaucht anzuhalten und zu untersuchen, bevor über ihre Versenkung entschieden werden konnte. Erst als die britische Admiralität die Handelsdampfer bewaffnen ließ, wurde Anfang Oktober 1939 den Unterseebooten der volle Waffeneinsatz freigegeben. Der U-Boot-Krieg wurde unglücklich eingeleitet durch die warnungslose Torpedierung des britischen Passagierschiffes »Athenia« am 3. September, weil der deutsche U-Boot-Kommandant in ihm einen Hilfskreuzer vermutet hatte. Die unglaubhafte, hartnäckige Ableugnung deutscherseits wurde doch mit dem Befehl verknüpft, Passagierdampfer auch dann nicht anzugreifen, wenn sie

im Geleit fuhren. Um unerwünschte Verwechslungen mit neutralen Schiffen zu vermeiden, wurde der Seeraum um England zum Kriegsgebiet erklärt, innerhalb dessen die uneingeschränkte Unterwasserkriegführung auch gegen Neutrale angekündigt wurde. Um diplomatischen Verwicklungen aus dem Wege zu gehen und französische Schiffe auf Hitlers Anweisung zu schonen, konnten die Boote den Transport des britischen Feldheeres nach Frankreich nicht stören. Erfolgreicher waren trotz zahlreicher Torpedoversager die Angriffe gegen englische Kriegsschiffe. Am 17. September versenkte Kapitänleutnant Schuhart den Flugzeugträger »Courageous«, und am 14. Oktober drang Kapitänleutnant Prien mit seinem Boot in den britischen Stützpunkt Scapa Flow ein, wo er das Schlachtschiff »Royal Oak« vernichtete. Die deutsche Handelsschiffahrt war vom Kriegsausbruch überrascht und konnte nur ein Viertel von den rund 400 in Übersee befindlichen Dampfern in die Heimathäfen zurückbringen, darunter den größten deutschen Passagierdampfer »Bremen«.
Während des Feldzuges in Polen hatte das deutsche Heer im Westen eine nur weitläufige Sicherung durchführen können. Der als Panzerhindernis mit einem gut gegliederten, aber schwach bestückten Bunkersystem aufgebaute »Westwall« wurde beschleunigt fertiggestellt. Lediglich am Warndt bei Saarbrücken kam es zu ernsteren Gefechten, sonst meldete der Wehrmachtbericht in eintöniger Folge nur Späh- und Stoßtrupptätigkeit bei geringem Artillerieeinsatz. Seit Ende September rollten die in Polen freigewordenen Divisionen zur Verstärkung heran. Die große Gelegenheit zu einem entscheidenden Offensivstoß der Westmächte war verpaßt. Aber die Franzosen waren von der Notwendigkeit eines Krieges nicht überzeugt. Die Frage »Mourir pour Dantzig?« schloß bereits eine Antwort ein. Die Furcht vor einem zweiten Verdun war als Weltkriegserfahrung allgemein; die Abnutzung des Heeres im Festungskrieg vor dem in seiner Stärke überschätzten Westwall (»Siegfried-Linie«) sollte unter allen Umständen vermieden werden. So hielt die alliierte militärische Führung es für das richtigste, hinter der sicheren Maginot-Linie abzuwarten. Die Kampfhandlungen hörten auf weite Strecken ganz auf. An der Oberrheinfront gab es zwischen den Truppen allerlei Kurzweil und Austausch in diesem »drôle de guerre«, dem komischen Krieg. Die Masse des deutschen Feldheeres lag jetzt vom Emsland über die Eifel, Mosel- und Saarland, Pfalz bis zum Schwarzwald.
Bereits am 27. September hatte Hitler den Gedanken erwogen, noch im Jahre 1939 auch im Westen zum Angriff überzugehen, um den auf die Dauer unerträglichen Kriegszustand zu beenden und nicht zu warten, bis der Gegner sich weiter verstärken konnte. Indessen haben die genauen Überlegungen für den geplanten Aufmarsch zu fortgesetzten Terminverschiebungen geführt, wobei zuletzt die ungünstigen Witterungsbedingungen eine immer wichtigere Rolle spielten. Am 23. November mußte Hitler erkennen, daß die Generalität nicht gewillt war, sich auf ein improvisiertes Abenteuer einzulassen. Der Oberbefehlshaber des Heeres, v. Brauchitsch, bot seinen Rücktritt an, aber diesen aufsehenerregenden Wechsel im Oberkommando konnte Hitler sich nicht leisten. Ein neuer Angriffstermin wurde nach Klärung der strategischen Grundfragen auf den 17. Januar festgelegt, mußte aber aufgegeben werden, da bei einem am 10. Januar 1940 auf belgischem Gebiet notgelandeten deutschen Fliegeroffizier Teile der Aufmarschanweisungen gefunden worden waren und der deutsche Angriffsplan damit als enttarnt angesehen werden mußte. Die damit erzwungene Pause ist schließlich sowohl der Durcharbeitung des Operationsplanes als auch der Ausbildung der Truppe zugute gekommen. Daß der für Mitte April angesetzte Angriff, der sich nunmehr gegen Frankreich, Belgien und Holland richten sollte, ein letztes Mal verschoben werden mußte, hing damit zusammen, daß nun auch vom Gegner eine Maßnahme vorbereitet wurde, die zu einer zweiten Front und damit möglicherweise zu einer Kriegsentscheidung außerhalb Frankreichs führen konnte.
Deutschland hatte politisch keinerlei Berührungspunkte mit Norwegen bis zum ersten Weltkrieg hin, der durch den U-Boot-Krieg erhebliche Lücken auch in die norwegische Tonnage gerissen und eine gefühlsmäßige Abneigung der ententefreundlichen Norweger Deutschland gegenüber noch weiter vertieft hatte. Zu einem Problem wurde Norwegen für Deutschland erst durch die Person von Vidkun Quisling. Dieser hatte durch seine dem Nationalsozialismus nahestehenden Tendenzen den Anschein erweckt, als ob Norwegen eines Tages unter einem gleichgearteten politischen Regime sich der deutschen Linie stärker als bisher anschließen würde. Das war von vornherein ein politischer Fehlansatz. Denn Norwegen war ein Seestaat, der mit 4,8 Mio. BRT Handelsschiffsraum an vierter Stelle der Weltschiffahrtstonnage hinter

den maritimen Führungsmächten England, Nordamerika und Japan stand.
Schwieriger war die völkerrechtliche Frage der Aufrechterhaltung der norwegischen Neutralität im zweiten Weltkrieg. Sie zeigte sich bei dem britischen Überfall auf das deutsche Nachschubschiff »Altmark« in norwegischen Hoheitsgewässern am 16. Februar 1940 und bei der durch mehrere englische und französische diplomatische Schritte bereits vorbereiteten Intervention in Skandinavien. Daß der Neutralitätsbegriff von der norwegischen Regierung zu Ungunsten von Deutschland interpretiert werden konnte, bewies der »Altmark«-Fall. Der norwegische Geleitdienst hat dazu beigetragen, englische Streitkräfte auf dieses deutsche Hilfsschiff anzusetzen.
Die alliierte Finnlandhilfe sollte darin bestehen, daß durch mehrere englische und französische Divisionen Narvik, die norwegisch-schwedische Erzbahn, das schwedische Erzgebiet um Gällivare und der schwedische Hafen Luleå als Vorbedingung besetzt werden sollten, um dann, nach Sicherung aller dieser Distrikte, eine Division an die Finnlandfront zu entsenden. Deutscherseits hat man damals die Überzeugung gehabt, daß ein alliiertes Festsetzen an der Ostsee in Kürze das Ende des Krieges zu Ungunsten Deutschlands herbeiführen müsse. Die schwedische und die norwegische Regierung hatten mit ihrer Genehmigung zum Einmarsch alliierter Truppen in Skandinavien bis Mitte März 1940 zögern können. Daß diese Hilfe nur vorgeschützt war, hat man auf finnischer Seite sehr wohl gewußt. Man hat es dort deshalb vorgezogen, den Weg nach Moskau, der für Finnland schwer genug war, zu beschreiten und sich nicht auf das allzu unsichere Angebot einer doch nur in Norwegen und Schweden wirksamen militärischen Hilfe der Westmächte zu verlassen.
Wie sehr die wohlwollende Neutralität Rußlands für Deutschland von Wichtigkeit war, zeigte sich nicht nur bei der durch Rußland völlig ungestörten Besetzung Norwegens; die Besatzung von Narvik hätte schon nach wenigen Wochen den Widerstand einstellen müssen, wenn nicht aus der sogenannten »Basis Nord« westlich Polarnoje bei Murmansk ein ausgerüsteter deutscher Nachschubdampfer als einziger der für Narvik bestimmten Versorgungsschiffe sein Ziel erreicht hätte. Es ist offensichtlich, daß der russischen Regierung an einer deutschen Festsetzung in Norwegen und der daraus zu erwartenden Verschärfung der Kriegslage mehr gelegen war als an einer englischen Besetzung Norwegens. Auch die englische Gegnerschaft hätte noch nicht ein deutsches Eingreifen in Norwegen erforderlich gemacht, denn zunächst schien sich die Situation von 1914 in der Nordsee wiederholen zu wollen. Es sind dann allerdings gerade die Weltkriegserfahrungen gewesen, die auf beiden Seiten wirksam wurden. Auf englischer Seite war bereits im Jahre 1913 ein Meinungsaustausch zwischen politischer und militärischer Führung über eine Notwendigkeit der Besetzung Norwegens im Kriegsfall mit Deutschland geführt worden. Der französische Generalstab hat im Oktober 1939 diese Pläne um so lieber aufgegriffen, als ihm auf Grund der Weltkriegserfahrungen von Verdun ein Frontalangriff auf den Westwall aussichtslos erschien und auf dem Umwege über Norwegen der Krieg allem Anschein nach rasch und unblutig nach Besitznahme der Haupterzbasis Deutschlands entschieden werden konnte. Aber auch auf deutscher Seite hatte man aus dem ersten Weltkrieg gelernt und war nicht mehr gewillt, sich in der Enge der Deutschen Bucht durch die englische Blockade abschneiden zu lassen. Die Seekriegslehren von dem Schutz der Seewege und der Notwendigkeit der Unterbrechung der Seewege des Gegners haben auf beiden Seiten Norwegen in die Überlegungen mit einbeziehen lassen. Die Gesamtkriegführung schien entscheidend davon abzuhängen, ob es gelinge, die norwegischen Seewege dem deutschen Erztransport weiterhin verfügbar zu halten. Dort stießen die deutschen und die britischen Interessen im neutralen Raum aufeinander. Seitdem es deutlich wurde, daß von England aus eine Besetzung von Narvik und darüber hinaus auch der schwedischen Erzgebiete und der schwedischen Erzausfuhrhäfen beabsichtigt war, hatte man auf deutscher Seite Anlaß, sich mit den notwendigen Gegenmaßnahmen zu beschäftigen.
Auffallend ist die Parallele zwischen der deutschen und der englischen Vorbereitung für das Norwegenunternehmen. Zug um Zug werden auf beiden Seiten die gleichen Maßnahmen getroffen. Hüben und drüben ist man bestrebt, den Gegner zu überraschen; keine Seite traut der anderen ein ähnliches Unternehmen zu. Das Ziel ist das gleiche: die Sicherung der schwedischen Erzgruben für die eigene Kriegswirtschaft. Das Zögern vor einer Entscheidung im Frontalangriff an der Hauptfront Frankreich bringt eine Verschleppung des Offensivbeginns in das späte Frühjahr mit sich und läßt von einem Nebenkriegsschauplatz eine Lageverbesserung erwarten. Wenn, wie es ursprünglich

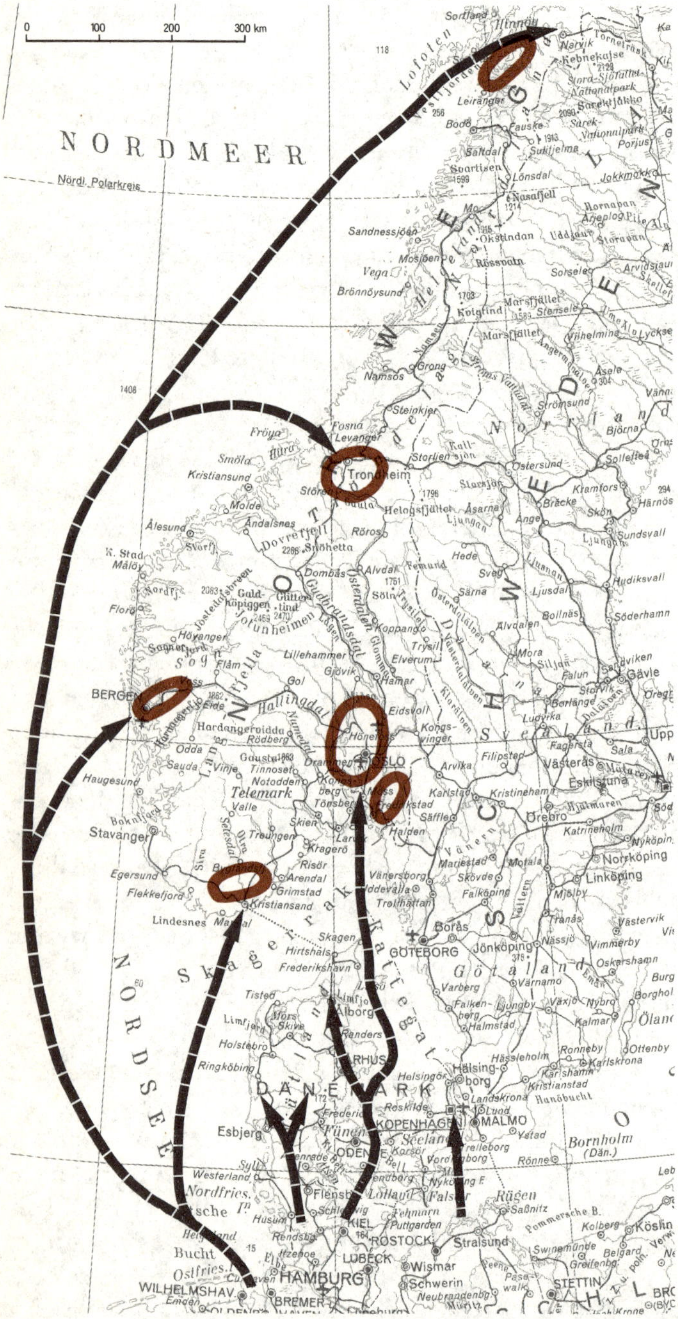

Diese Karte zeigt den Weg der deutschen Heeres- und Marineverbände bei der Besetzung Dänemarks und Norwegens im April 1940. Die roten Kreise deuten stärkere norwegische Kräfte an.

geplant war, der deutsche Angriff im Westen zeitlich vor dem Norwegenunternehmen begonnen hätte, so ist es fraglich, ob es überhaupt zu einer Begegnung im Norden gekommen wäre – vorausgesetzt, daß die Wucht des deutschen Angriffs die gleiche gewesen wäre wie im Mai 1940. Bemerkenswert ist, wie auf beiden Seiten die politische Führung von seiten der Marine zu der Unternehmung gedrängt wird, wie sowohl Chamberlain als auch Hitler nach Begründungen dafür suchen. Beide hatten gemeint, in dem finnisch-russischen Konflikt einige Motive für einen geeigneten Vorwand zu finden. Die Koppelung von diplomatischem Schritt mit gleichzeitig erfolgender militärischer Aktion ist weiterhin ein gemeinsames Kennzeichen. Beide Unternehmungen werden als schlagartige Präventivmaßnahmen gedacht. Auf beiden Seiten ist die militärische Stärke auffallend gering bemessen, da man auf einen friedlichen Einmarsch hofft. Mit Ausnahme der unumgänglichen Gebirgseinheiten wurden beiderseits nur neuaufgestellte Verbände verwendet. Die Gesamtzahl der benötigten Divisionen ist mit 6 bis 7 auf jeder Seite ganz gleichartig berechnet worden. Der Truppentransport auf schnellen Kriegsschiffen wird von beiden Stäben als eine Neuerung eingeführt; beide nehmen die gleiche Neumondperiode zum Termin der Durchführung, um eben noch vor Anbruch des hellen Polarsommers überraschend auftreten zu können und doch schon klimatisch dem Winter zu entgehen. Fraglos stehen beide Generalstäbe mit diesen modernen Überlegungen auf der Höhe ihrer Zeit. Die Pläne haben die gleichen Schwächen und Vorzüge; entscheidend sollte die Energie werden, mit der die Durchführung betrieben wurde.

Der persönliche Anteil Hitlers an den Feldzugsplänen ist oft überschätzt worden; bezüglich Norwegens ist es heute klar, daß er diesen Feldzug nur sehr zögernd unternommen hat. Das entbindet ihn nicht von der Verantwortung als politisches Staatsoberhaupt und militärischer Oberbefehlshaber. Durch die angestrebte Inbesitznahme der Küstenfront schien die Sicherung gegen die Unterbrechung des Erzschiffahrtsweges, gegen die Benutzung norwegischer Flugplätze durch England und gegen die Errichtung englischer Marinebasen in Südnorwegen am besten gewährleistet zu sein. Zugleich wurde Norwegen neben der Möglichkeit der Sicherung zu einer Ausgangsbasis der deutschen Kriegführung gegen England.

Der Marine war die Hauptlast dieses Unternehmens zugefallen. Das besondere Problem der Luftwaffenführung in Norwegen lag in den schlechten Bodenplatzverhältnissen und der zwingenden Notwendigkeit, möglichst vom ersten Tage an bis nach Narvik hin Unterstützung fliegen zu können. Diese Aufgabe konnte nur nach und nach gelöst werden.

Bemerkenswert ist bei dem Norwegen-Unternehmen der nacheinander erfolgte schwerpunktmäßige Einsatz der drei Wehrmachtteile: die Marine trat bis zur Anlandung in Erscheinung, die Luftwaffe überbrückte die Zeit bis zur Versammlung und zum Aufmarsch der Landtruppen durch Kampf- und Transporteinsätze; sie hat die Anlandungskrisen entscheidend überwunden. Das Heer schließlich führte die endgültige Eroberung und Besetzung durch.

Der Gedanke an einen friedlichen Einmarsch überwog die Vorstellung, daß es zu einer Front im Norden kommen könne. Die später ausbrechenden und aus dem zu geringen Einsatz eigener Kräfte ganz unvermeidlichen Krisen um Drontheim und Narvik zeigen, wie wenig sich die Oberste Führung auf einen härteren Kampf eingestellt hatte. Zudem war der Generalstab des Heeres, im Gegensatz zu dem Oberkommando der Kriegsmarine, nicht der Überzeugung, daß die Kriegsentscheidung im Norden fallen würde und man daher dem zu erwartenden feindlichen Invasionsstoß rechtzeitig zuvorzukommen habe. Nach Ansicht der Führungsstäbe des Heeres und der Luftwaffe hatte vielmehr eine Besetzung von Dänemark und Norwegen nur zweitrangige Bedeutung, obwohl die Sicherung der Nordflanken auch im Interesse des Generalstabes des Heeres liegen mußte, der mit einem zähen und langwierigen Kampf im Westen rechnete.

Als am 9. April 1940 deutsche Truppen in den norwegischen Häfen Oslo, Stavanger, Bergen, Drontheim und Narvik von See her und aus der Luft an Land gesetzt wurden, kamen sie gleichen britischen Absichten in Narvik, beiderseits Drontheim, Bergen und Stavanger nur um Stunden zuvor. Es sind auf jeder Seite zunächst 5 Divisionen eingesetzt worden. Die deutschen Landstreitkräfte befehligte General v. Falkenhorst, doch hatte sich auch die oberste Wehrmachtführung eingeschaltet. Der norwegische militärische Widerstand und die englischen Anlandungen bei Namsos und Andalsnes konnten bald mit Hilfe der Luftwaffe (X. Fliegerkorps, Luftflotte 5) ausgeschaltet werden. Die schwersten Verluste erlitt die mit allen ihren verfügbaren Kräften eingesetzte deutsche Marine, die

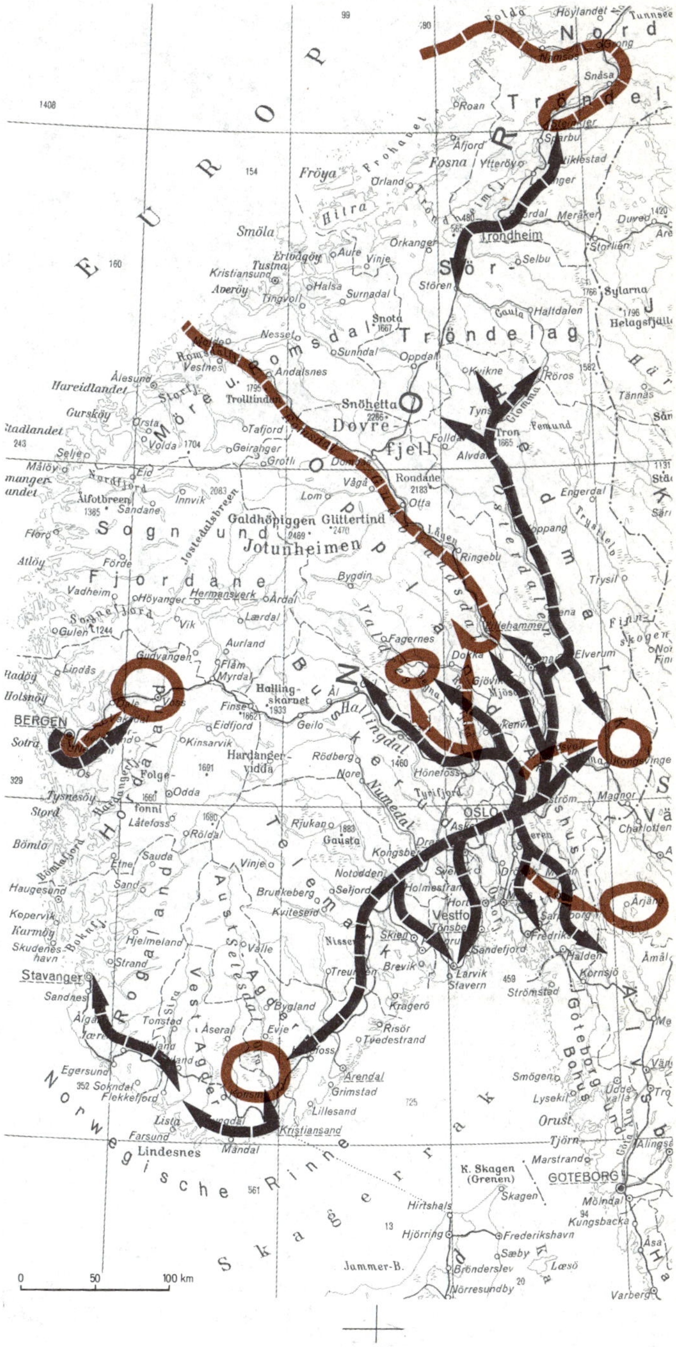

Auf dieser Karte sind die Anlandung alliierter Kräfte bei Andalsnes und Namsos und der weitere Verlauf der Kämpfe in Süd- und Mittelnorwegen bis Anfang Mai zu erkennen.

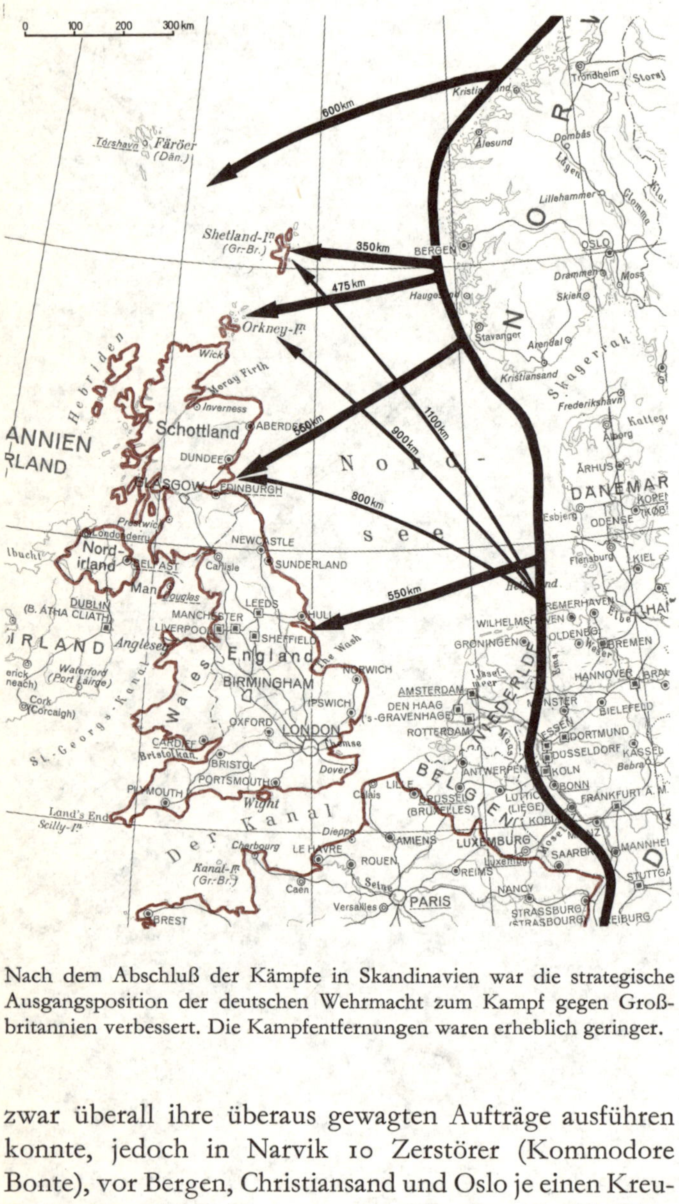

Nach dem Abschluß der Kämpfe in Skandinavien war die strategische Ausgangsposition der deutschen Wehrmacht zum Kampf gegen Großbritannien verbessert. Die Kampfentfernungen waren erheblich geringer.

zwar überall ihre überaus gewagten Aufträge ausführen konnte, jedoch in Narvik 10 Zerstörer (Kommodore Bonte), vor Bergen, Christiansand und Oslo je einen Kreuzer verlor. Die Gebirgstruppe in Narvik, auf sich allein gestellt und ohne ausreichende Luftwaffenunterstützung und Versorgung, hielt unter General Dietl zäh einen Brückenkopf um die Erzbahn; nur langsam kam Entsatz von Süden heran. Mit der Vereinigung der deutschen Angriffstruppen von Oslo und Drontheim am 30. April und der Freikämpfung des mittelnorwegischen Eisenbahnnetzes war das strategische Ziel erreicht.

Dänemark war am 9. April 1940 an allen wichtigen Punkten gleichzeitig durch Heeresverbände und Kriegsmarine fast widerstandslos besetzt worden und stellte nach wenigen Stunden den Kampf ein. In Norwegen hielten sich noch letzte Teile der norwegischen Armee bis zum 10. Juni 1940, nachdem die Alliierten die Stadt Narvik schon Ende Mai aufgegeben hatten und der König mit der Regierung nach England emigriert war.

Die deutschen Verluste lagen mit 5600 Soldaten um ein Drittel höher als die britischen, norwegischen und sonstigen alliierten Verluste in diesem Feldzug zusammen. Die Verluste der Luftwaffe (110 Flugzeuge) und Marine (3 Kreuzer, 11 Torpedofahrzeuge, 6 U-Boote) waren etwa ebenso groß wie die alliierten. Darüber hinaus waren mehrere deutsche Schiffe und Fahrzeuge beschädigt und für längere Zeit außer Kriegsbereitschaft, so daß eine Ausnutzung der neugewonnenen Operationsbasis für die Seekriegführung mit schweren Schiffen nicht in dem erwarteten Umfang möglich gewesen ist.

Das Norwegen-Unternehmen hat seinen besonderen Platz in der Kriegsgeschichte als erste gemeinsame Operation dreier Wehrmachtteile. Die Marine erlebte böse Überraschungen durch den fehlerhaften U-Boot-Torpedo; der Einsatz schneller Kreuzer gegen Küstenbefestigungen widersprach allen seetaktischen Regeln; die Ansammlung von 10 Zerstörern ohne Brennstoffreserven und ohne Munitionsergänzung in einem Fjordwinkel machte diese schnellen Schiffe hilflos. Die Luftwaffe erwies sich gegen Seeziele weit weniger wirksam als angenommen; im frontnahen Raum dagegen erzielte die Luftwaffe große Wirkungen; die britischen Landebrückenköpfe Namsos und Andalsnes haben sich ohne Jagdfliegerunterstützung nicht dagegen behaupten können. Die Heerestruppen erreichten nach dem Seetransport und den Verlusten an Menschen und Material Norwegen in einem Zustand geminderten Gefechtswertes; die Verbände waren durcheinandergeraten, so daß improvisierte Kampfgruppen unterschiedlichen Wertes zusammengestellt werden mußten. Als letztlich entscheidend erwies es sich, daß der gemeinsame Auftrag dank der gleichmäßigen Ausbildung auch in anderer Zusammensetzung durchgeführt werden konnte; der Initiative der mittleren Führung ist auf diesem großräumigen Nebenkriegsschauplatz so viel Spielraum gelassen worden wie nur selten in der neueren Kriegsgeschichte.

Nicht weniger bemerkenswert sind die Kämpfe kleiner und kleinster norwegischer Einheiten, verstreut über weite Abschnitte, unter unzureichenden Befehls- und Meldeverhältnissen meist auf sich selbst angewiesen. Es war ein beispielhafter Kampf, den eine kleine Truppe, mit Gelände und Klima vertraut, um Zeitgewinn geführt hat. Die überstürzte und wegen des deutschen Angriffs nicht mehr voll durchgeführte Mobilmachung, die Unsicherheit in der Haltung der norwegischen Regierungsstellen und militärischen Behörden sowie die Bemühung der deutschen Truppen, die Besetzung kampflos durchzuführen, ergaben Widersprüche und gegensätzliche Maßnahmen.

Seit dem Sommer 1941 erwies sich die Besetzung auch Nordnorwegens insofern von weiterreichenden Folgen, als Engländer und Russen verhindert wurden, dort Fuß zu fassen und die angelsächsischen Geleitzüge für Rußland gezwungen waren, in der Nähe der deutschen Stützpunkte vorbeizulaufen. Die schwedischen Erzfelder blieben der deutschen Kriegswirtschaft gesichert und ermöglichten das Durchhalten der Großkämpfe 1942 bis 1944.

Die deutsche Besetzung von Dänemark und Norwegen wurde von der Zusage begleitet, die Souveränität dieser Länder möglichst wenig anzutasten. Das ist gegenüber Dänemark bis zum Jahre 1943 im allgemeinen auch geschehen; nicht einmal die dänischen Nationalsozialisten wurden begünstigt, die deshalb unbedeutend blieben. Anders in Norwegen: Nach der Flucht der Regierung wurde Quisling, der früher norwegischer Verteidigungsminister gewesen war, die Innenpolitik übertragen. Er schuf Parteiorganisationen nach deutschem Muster. Die sich seit dem Jahre 1943 abzeichnende Kriegswende führte in beiden Ländern zu rasch ansteigenden Widerstandsbewegungen, deren Sabotageakte drastisch bekämpft wurden. Dänische und norwegische Freiwillige kämpften auf deutscher und englischer Seite. Die von dem Parteitheoretiker Rosenberg angestrebte engere Verbindung Deutschlands mit den skandinavischen Staaten ist auf dem Wege über militärische Invasion und Besatzungspolitik jedenfalls nicht zu erreichen gewesen.

Die ersten »Blitzsiege«

Völkerbundskommissar
C. J. Burckhardt

Reichsaußenminister
J. v. Ribbentrop

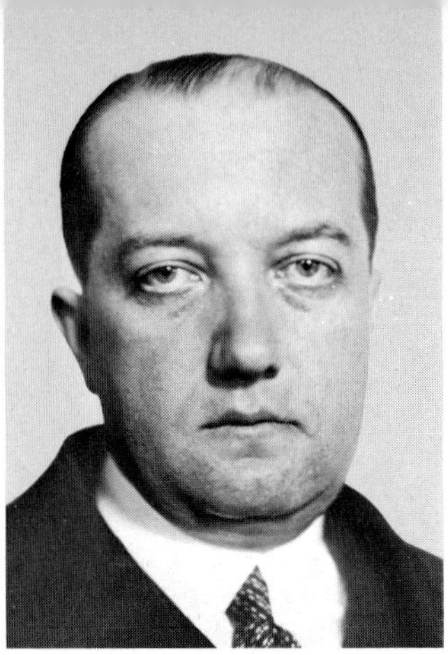

Polens Botschafter in Berlin,
Lipski

Deutsche Grenzpolizei an der Grenze zu Danzig

Korridor – deutsch oder polnisch?

Volksdeutsche Flüchtlinge aus dem Korridor haben das Reichsgebiet erreicht

Hitlers entgegen allen Versprechungen und Zusagen erfolgtes Vorgehen gegen die Tschechoslowakei hatte unmittelbare politische Folgen. England schloß nacheinander Beistandspakte mit Rumänien, der Türkei, Griechenland und dem aufgrund der deutschen Gebietsansprüche auf den Korridor besonders und unmittelbar gefährdet erscheinenden Polen. In der Downing Street glaubte man, damit Hitlers Aggression im letzten Augenblick stoppen zu können. England war, ebenso wie Frankreich, überzeugt, daß das Dritte Reich das Risiko eines durch einen Angriff auf Polen nun unmittelbar ausgelösten Krieges gegen die beiden europäischen Großmächte nicht eingehen würde. Der Versuch, Sowjetrußland in dieses Bündnissystem einzubeziehen und damit Deutschland im Ernstfall einen Zweifrontenkrieg aufzuzwingen, scheiterte an der Bedingung Moskaus, Polen zu der Abtretung des ehemaligen Russisch-Polen zu zwingen. Hitler hatte indessen seine Forderungen klar formuliert: Heimführung Danzigs ins Reich, Bau einer exterritorialen Autobahn und einer Eisenbahnlinie durch den Polnischen Korridor. Seine bisherigen außenpolitischen Erfolge und das Zurückweichen der Regierungen in London und Paris angesichts vollendeter Tatsachen, der offensichtliche Rüstungsvorsprung Deutschlands und die auf der absoluten Luftüberlegenheit und der Schlagkraft schneller Panzerverbände basierende militärische Stärke einer modernen »Wehrmacht« bestärkten Hitler in dem Glauben, daß auch ein Gewaltakt gegenüber Polen keine entscheidenden Folgen haben würde. Der sich anscheinend anbahnende Erfolg von Verhandlungen des schwedischen Industriellen Dahlerus, eines Beauftragten Görings, in London schien das zu bestätigen.

Der sowjetische Außenkommissar Molotow bei der Unterzeichnung des deutsch-sowjetischen Abkommens

Die Gefahr eines Zweifrontenkrieges war für Deutschland zunächst gebannt, als am 23. August 1939 der deutsche Reichsaußenminister von Ribbentrop und der sowjetische Außenkommissar Molotow in Moskau einen Freundschafts- und Nichtangriffspakt zwischen dem nationalsozialistischen Deutschland und dem bolschewistischen Rußland abschlossen.
Vorangehende Verhandlungen zwischen Stalin und den Westmächten waren gescheitert. Schon im März hatte Stalin während des 18. Parteikongresses das erste Mal die Möglichkeit einer Hinwendung zu Deutschland angedeutet, als er sagte: »Wir müssen darauf bedacht sein, daß unser Land nicht durch Kriegshetzer, die gewohnt sind, andere Leute die Kastanien aus dem Feuer holen zu lassen, in einen Konflikt verwickelt wird.«
In einem geheimen Zusatzprotokoll wurde mit dem deutsch-sowjetischen Abkommen auch die Abgrenzung der gegenseitigen »Interessensphären« in Polen und im Baltikum vereinbart, nach der sich nach dem Polenfeldzug mit nur geringen Änderungen auch die Teilung Polens vollzog.

NO TANNENBERG SPEECH TO-MORROW

SIR N. HENDERSON IN LONDON TO-DAY

ANGLO-POLISH AGREEMENT SIGNED

GROWING PRESSURE OF WORLD OPINION

Late last night it was announced that Herr Hitler had cancelled the Tannenberg celebration to-morrow, at which he was to have addressed the German people.

Sir Nevile Henderson, the British Ambassador in Germany, called on Herr Hitler yesterday, at the Führer's request, and is flying to London to-day with a report of the conversation.

The Anglo-Polish Agreement of Mutual Assistance was signed in London yesterday and there were meetings of the Committee of Imperial Defence and the Cabinet Foreign Affairs Committee.

President Roosevelt reinforced his peace appeal to the King of Italy with an appeal to the Führer and the Polish President. At 5 o'clock this morning it was stated that the President has sent a further appeal to Herr Hitler.

NEARING THE CLIMAX

without concluding a separate armistice or treaty of peace. The Agreement runs for five years, and thereafter shall continue subject to denunciation by either party at six months' notice.

▲ »Dem Höhepunkt entgegen«, das Echo in der »Times«

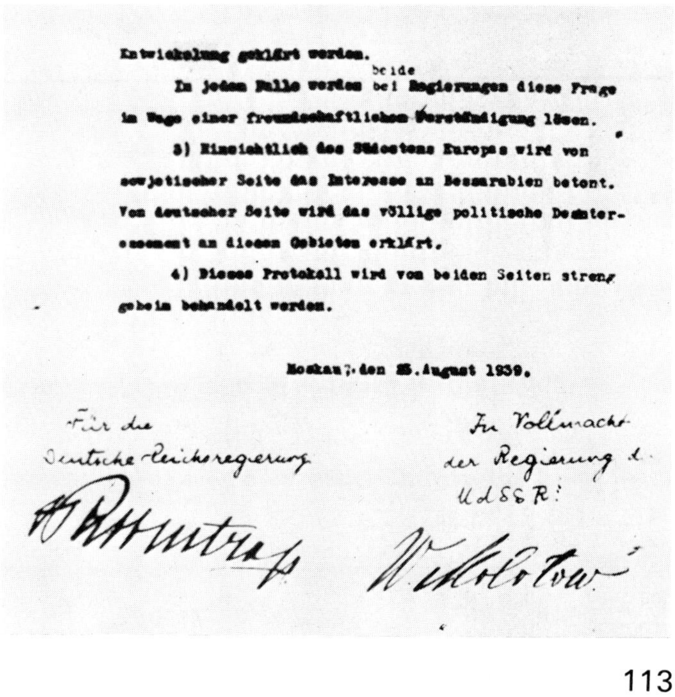

Entwicklung geklärt werden.

In jedem Falle werden beide Regierungen diese Frage im Wege einer freundschaftlichen Verständigung lösen.

3) Hinsichtlich des Südostens Europas wird von sowjetischer Seite das Interesse an Bessarabien betont. Von deutscher Seite wird das völlige politische Desinteressement an diesen Gebieten erklärt.

4) Dieses Protokoll wird von beiden Seiten streng geheim behandelt werden.

Moskau, den 23. August 1939.

Für die Deutsche Reichsregierung

In Vollmacht der Regierung d. UdSSR:

Der Hitler-Stalin-Pakt

Unterschriften Ribbentrops und Molotows unter dem Zusatzprotokoll ►

▲ Der britische Botschafter Henderson verläßt Berlin

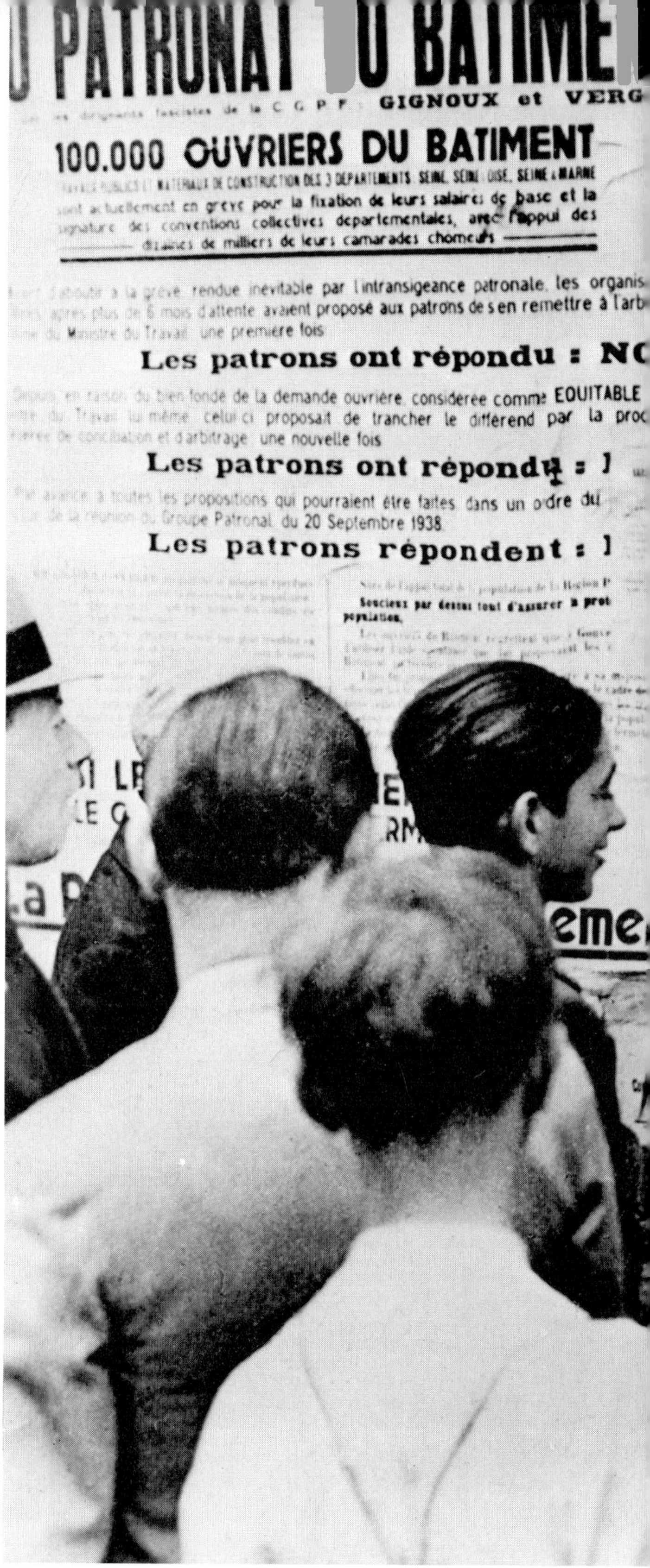

▲ Auch in Frankreich werden die Reservisten einberufen

Zweifelhafte Garantien

◄ »Auf nach Berlin«, britische Mobilmachung

Am 27. August 1939 war Polens Armee vollständig mobilisiert. Vier Tage später gab Hitler den bereits für den 26. August geplanten, aber in letzter Minute verschobenen Befehl für den Angriff auf Polen.
Im Morgengrauen des 1. September, um 4.45 Uhr, begann mit dem Donner des Feuerschlages der deutschen Artillerie der deutsch-polnische Krieg. Als ein französisch-englisches Ultimatum an Deutschland, seine Truppen sofort zurückzuziehen, ohne Erfolg blieb, erklärten London und Paris der deutschen Regierung den Krieg. Hitlers Spekulation auf die Nachgiebigkeit der Westmächte war fehlgeschlagen. Polen allerdings halfen die abgegebenen Garantieerklärungen nicht viel: Frankreich und England waren zu direkter militärischer Hilfe gar nicht in der Lage.

▲ Berlin: Der Bahnhof Zoo während der Verdunkelung

▼ London: Für Löschzwecke werden Sandsäcke bereitgestellt

Das neue Gesicht der Städte

▼ Paris: Provisorische Schutzbunker werden angelegt

Über die Städte aller am Krieg bereits beteiligten Staaten senkte sich nun angstvolle Dunkelheit. Die Menschheit Europas wußte seit Jahren, daß ein kommender Krieg sich nicht auf die kämpfende Front beschränken, sondern daß der weitreichende Arm der Luftstreitkräfte das Grauen des Bombenkrieges weit in das zivile Hinterland tragen würde. Fieberhaft wurden Bunker, Unterstände und Splittergräben angelegt, die Verdunkelungsmaßnahmen vervollständigt. Hier hatten vor allem die westlichen Demokratien viele Versäumnisse nachzuholen.

1. September, 4.45 Uhr

Die polnische Armee kämpfte mit verbissener Tapferkeit, aber gegen die deutsche Überlegenheit konnte sie sich nicht behaupten. Ihr Aufmarsch in Westpolen mit geplanter Stoßrichtung auf Berlin war außer dem Frontalangriff gefährlichen Flankenangriffen im Norden und Süden ausgesetzt. Hitlers Auftrag an seine Generäle forderte die Niederringung und Zerschlagung des Gegners in blitzschnellen Operationen. Bevor die von dem »Führer und Obersten Befehlshaber« verachteten demokratischen Systeme Frankreichs und Englands sich zu Entschlüssen aufrafften und mit den Waffen eingriffen, sollte der Polenkrieg beendet sein.

Warschau: Bis Ende August Mobilmachung in Polen ▲

Heerestruppen nach dem Überschreiten der polnischen Grenze

Berliner Ausgabe

245. Ausg. / 52. Jahrg. / Einzelpreis 15 Pf. / Auswärts 20 Pf. Ausland mit ermäß. Porto 25 Pf. Uebriges Ausland 30 Pf.

„Freiheit und Brot!"

Berliner Ausg

Berlin, Sonnabend, 2. September

VÖLKISCHER BEOBACHTER

Verlag: Franz Eher Nachf. GmbH., Zweigniederlassung Berlin. Berlin SW 68, Zimmerstraße 88 :: Sammelruf: 11 00 22 :: Drahtanschrift: Beobachter Berlin :: Zahlungen: Postscheckkonto Berlin 4454 :: Anzeigen-Schluß 18 Uhr, Sonntagsausgabe 13 Uhr am Vortage des Erscheinens :: Gewünschte einzelne Nummern unter Streifband nur gegen vorherige Einsendung von 35 Pf

Kampfblatt der national-sozialistischen Bewegung Großdeutschlands

Schriftleitung: Berlin SW 68, Zimmerstr. 88 :: Sammelruf: 11 00 22, Sprechst.: Drahtanschrift: „Beobachter Berlin" Münchener Schriftleitung: München 13, Schellingstr. ruf 208 01 Sprechst.: 11–12 Uhr. Wiener Schriftleitung: Wien VII, Seidengasse 3– ruf B–39–5–40 :: Der „VB" erscheint täglich. Bezugspreis mit RM 2.60, wöchtl. Zustellung durch Boten (nur in Berlin), bei Zustellung durch die Post RM 2.90 zuzügl. 42

Der Führer verkündet den Kampf

für des Reiches Recht und Sicherhei

WH-182369

»Blut, Tränen, Schweiß«

▼ Deutsche Soldaten finden Opfer des »Bromberger Blutsonntags«

▼ Polnische Opfer einer Geiselerschießung

Durch die Grenzverschiebungen nach dem ersten Weltkrieg waren ganze Gebiete mit vorwiegend deutschsprachiger Bevölkerung unter die Oberhoheit des polnischen Staates gekommen. In den Krisenmonaten seit März 1939 waren sie stärkstem polnischem Druck und Verfolgungen ausgesetzt. Die polnische Regierung unternahm wenig, die Gewalttaten eines Teils der polnischen Bevölkerung gegen die »Volksdeutschen« zu unterbinden. Der deutsche Botschafter in Warschau mußte amtlich nach Berlin berichten, daß sich die polnische Regierung offenbar durch das Garantieversprechen Großbritanniens so stark fühle, daß sie auf die Interessen der deutschen Minderheit keinerlei Rücksicht mehr zu nehmen brauche.

Im August und September wurden mindestens 7000 Volksdeutsche ermordet. Ihren Höhepunkt fanden die Ausschreitungen am 3. September im »Bromberger Blutsonntag«.

Die polnischen Gewalttaten wurden von der NS-Propaganda bewußt hochgespielt. Sie dienten der Motivierung einer »harten« Polenpolitik, deren verbrecherischer Charakter bald das Ausmaß des den Volksdeutschen widerfahrenen Unrechts in den Schatten stellte.

▼ Die »Schleswig-Holstein« beschießt die Westerplatte

Danzigs Anschluß

▲ SS-Heimwehr erobert die polnische Post ▼ Die polnischen Verteidiger haben kapituliert

Im Interesse Polens hatte die Pariser Botschafterkonferenz 1920 das Gebiet Danzigs zum Freistaat erklärt. Der vorzüglich ausgebaute Hafen sollte das offene Tor Polens zur Ostsee sein. Die Versuche der polnischen Regierung, Danzig allmählich zu polonisieren, schlugen fehl. Sie waren jedoch Anlaß zu einer latenten politischen Spannung zwischen Berlin und Warschau. Am 1. September, dem Tag des Kriegsbeginns gegen Polen, erklärte Hitler den Anschluß der alten Hansestadt an das Deutsche Reich. Der Anteil der deutschen Bevölkerung betrug zu dieser Zeit 96,5 Prozent.

Bei der »Machtübernahme« kam es in der Danziger Innenstadt nur zu geringen örtlichen Kampfhandlungen. Am 19. September hielt Hitler seinen triumphalen Einzug in die ehemals Freie Stadt.

Hitlers Einzug ►

Panzer überrollen Polen

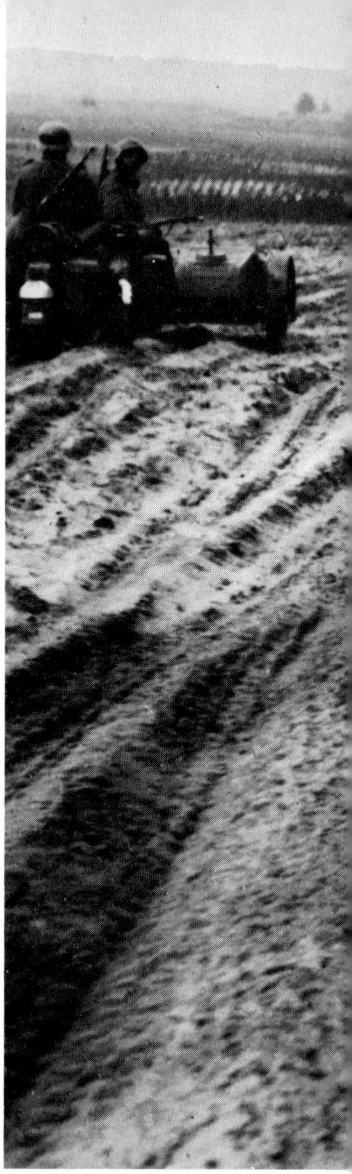

▲ Deutsche Panzer II in Bereitstellung

▼ Gegen Panzer kann die polnische Kavallerie wenig ausrichten

Ein typisches Vormarschbild, bei Graudenz

Durch den raschen Vorstoß motorisierter Truppen der Wehrmacht aus verschiedenen Richtungen wurde die polnische Armee in einzelne Kampfgruppen aufgesplittert, die nicht mehr in der Lage waren, einheitlich zu operieren. Nach wenigen Tagen zeichnete sich bereits die beginnende Einkesselung großer gemischter Verbände des polnischen Heeres ab. In verzweifelten Angriffen liefen die polnischen Regimenter gegen die stählerne Fessel an, die sie auf immer enger werdendem Raum zusammendrängte. Die panikartigen Ausbruchsversuche der einzelnen Truppenteile führten zu schwersten Verlusten. In diesem Stadium der Kämpfe kam es mehrmals zu dem Wahnsinnsunternehmen von Kavallerieattacken auf schwer bewaffnete Panzerrudel und die sie begleitende Infanterie.

Polen begann den Krieg mit 40 unterschiedlich ausgerüsteten Infanteriedivisionen, 11 Kavalleriebrigaden und nur 2 motorisierten Brigaden gegen rund 52 modern bewaffnete deutsche Divisionen, deren Hauptstärke in den 13 Panzer- und motorisierten Divisionen lag. In den Polenkämpfen kamen meist der Panzer I und der Panzer II zum Einsatz. Ihre Wendigkeit und Schnelligkeit wogen gegenüber der geringen Kampfkraft des Gegners die erheblichen Nachteile der zu leichten Bewaffnung und der unzureichenden Panzerung auf.

Luftmacht entscheidet

Der schnelle Vormarsch der deutschen Heeresverbände war deswegen möglich, weil die Luftwaffe schon nach wenigen Tagen die absolute Luftherrschaft errungen hatte.
Am 18. September war mit der völligen Zerschlagung der polnischen Armee und der Flucht der polnischen Regierung nach Rumänien der Krieg praktisch beendet. Nur Polens Hauptstadt erklärte sich zur Festung und versuchte, im Vertrauen auf die militärische Beistandsverpflichtung Englands und Frankreichs, den deutschen Gegner so lange hinzuhalten, bis der erwartete Angriff an der deutschen Westfront begann.

Vor Warschau suchte der von Hitler diffamierte Generaloberst von Fritsch in vorderster Linie den Tod ►

▼ Stukas werden aufgetankt

Warschau im Bombenhagel ►

Die erste Kapitulation

Nach mehr als zehntägiger Beschießung Warschaus durch schwere Belagerungsartillerie, heftigen Infanteriekämpfen und pausenloser Bombardierung durch die mit völliger Luftüberlegenheit operierenden Geschwader der Luftwaffe kapitulierte die Hauptstadt Polens am 27. September 1939. 120 000 polnische Soldaten marschierten nach Deutschland in die Gefangenschaft. Insgesamt fast 700 000 Polen befanden sich in deutscher Hand. Hitlers Triumph schien ohne Beispiel in der deutschen Geschichte. Von nun an war die Siegeszuversicht des »größten Feldherrn aller Zeiten« unerschütterlich. Nach dem Blitzsieg über Polen lehnte er jede Einmischung der Generalität in die Kriegsführung ab und diktierte unkontrolliert die strategischen Grundsatzbefehle.

Die polnischen Verteidiger haben kapituliert ▶

▲ Hitler nimmt in Warschau die Siegesparade ab

▲ Deutsche und sowjetische Offiziere verständigen sich über den Verlauf der Demarkationslinie ▼ Neue Nachbarn

Zweigeteiltes Polen

▲ Der Leidensweg der polnischen Juden beginnt

Am 17. September begann der Einmarsch sowjetischer Truppen in Stärke von drei Armeen in ostpolnisches Gebiet, das im deutsch-sowjetischen Vertrag dem sowjetischen Interessengebiet zugesprochen worden war. Damit war das Schicksal Polens endgültig besiegelt. Am 6. Oktober kapitulierten die letzten regulären polnischen Einheiten.

Den politischen Gewinn des Feldzuges teilten sich Deutschland und die Sowjetunion: Die östlichen Gebiete Polens fielen an Moskau, Litauen wurde als russisches Interessengebiet anerkannt. Die durch den Versailler Vertrag an Polen abgetretenen Gebiete kamen wieder an Deutschland, dazu kamen weitere Teile von Ostoberschlesien, Lodz, Zjechanow. Die Eingliederung Danzigs wurde vertraglich bestätigt. Restpolen wurde Generalgouvernement unter deutscher Führung.

Jetzt standen sich an der Demarkationslinie deutsche und sowjet-russische Truppen gegenüber. Für sie war die deutsch-russische Freundschaft durch den Vertrag von Moskau besiegelt, während Hitler seine Generalität bereits über die Kriegspläne gegen Rußland unterrichtete.

Für die polnische Bevölkerung und noch mehr für die Juden begann der Leidensweg. Der Text zu dem nationalsozialistischen Dokumentarfoto von 1939 (oben) lautete in der zynischen Nazi-Originalfassung: »Mit dem Einmarsch der deutschen Truppen bricht für die polnischen Juden eine neue Zeit an. Endlich leisten sie einmal nutzbringende Arbeit, indem sie unter Aufsicht des deutschen Arbeitsdienstes von polnischen Soldaten gesprengte Straßen ausbessern.«

◄ Polens Generalgouverneur, Dr. Hans Frank

▲ Eine sowjetische Artillerieabteilung im Hafen von Dorpat

▲ Skier und Rentiere machen die finnische Infanterie beweglich

Die Ostsee – Mare sowjeticum?

▲ Finnische Küstenbatterie bei Hangö

Der Drang, der Sowjets, ihren Anteil an der Ostseeküste zu vergrößern und ihre Macht auf die baltischen Staaten und Teile Skandinaviens auszudehnen und damit die Ostsee zu einem sowjetischen Meer zu machen, hatte mehrere Wurzeln. Einmal entsprach er der imperialistischen Tradition des Zarenreiches, die Stalin jetzt fortführte, zum anderen lag ihm die Absicht zugrunde, die nach dem ersten Weltkrieg vom russischen Reich losgelösten Provinzen wiederzugewinnen, und drittens schließlich kam es der Sowjetregierung in Anbetracht der früher oder später erwarteten militärischen Auseinandersetzung mit Deutschland darauf an, die eigenen strategischen Positionen günstiger zu gestalten.

Die Grundlage für die Ausführung dieser Politik war das geheime Zusatzprotokoll des deutsch-sowjetischen Nichtangriffspaktes, in dem Hitler sein Desinteresse an Estland, Lettland, Finnland und Ostpolen erklärte und in dessen Ergänzung nach dem Polenfeldzug auch noch Litauen der sowjetischen Interessensphäre zugesprochen wurde. Auf politischen und militärischen Druck der Sowjetunion hin mußten sich die baltischen Staaten – von Deutschland preisgegeben, von den Westmächten ohnehin nicht unterstützt – der Forderung auf Einräumung von Militärstützpunkten beugen und mit der Sowjetunion sogenannte Beistandspakte schließen. Im Sommer 1940 schließlich wurden sie zu Sowjetrepubliken umgewandelt und der UdSSR einverleibt. Ähnliche Forderungen an Finnland wurden von der finnischen Regierung zurückgewiesen. Da beschloß Stalin den Krieg.

Der Traum von der sowjetischen Expansion

Mit etwa 30 Divisionen begannen die Sowjetstreitkräfte am 30. November 1939 den Angriff auf breiter Front. Der finnische Feldmarschall Mannerheim konnte ihnen 10 Divisionen und 7 gemischte Brigaden entgegenstellen. Sie konnten die sowjetische Aggression bereits grenznah zum Stillstand bringen.
Durch Überlegenheit in der Taktik und des Kampfwertes der Truppe konnten die Finnen den Sowjettruppen schwerste Verluste zufügen. Die Technik des Kesselkampfes, der sogenannten »Motti«, entwickelten sie zur Meisterschaft. Im Dezember 1939 wurde die 163. sowjetische Schützendivision aufgerieben, Anfang Januar die 44. Division völlig vernichtet. Damit hatten die Angreifer 27500 Mann an Toten und 1300 Gefangene bei nur knapp tausend finnischen Gefallenen verloren. Darauf bot das sowjetische Oberkommando im Februar 21 Divisionen und 6 Panzerbrigaden unter Timoschenkos Führung auf, um den Durchbruch durch die nur von 6 finnischen Divisionen verteidigte »Mannerheimlinie« auf der Karelischen Landenge zu erzwingen. Immer noch errangen die finnischen Streitkräfte bedeutende Abwehrerfolge. Angesichts der Kräfterelation war die finnische Regierung aber doch Anfang März gezwungen, Friedensverhandlungen aufzunehmen, die am 12. März zum Frieden von Moskau führten. Zwar mußte Finnland die Karelische Landenge an die Sowjetunion abtreten, doch hatte es wenigstens seine Unabhängigkeit bewahrt.

Das blieb von der 44. sowjetischen Schützendivision ►

▲ Probealarm in einem der Bunker des Westwalls

▼ Nur schwache Verbände können die deutsche Linie besetzen

Sitzkrieg im Westen

▲ Panzerhindernisse an der deutsch-belgischen Grenze

Der von Hitler gefürchtete Angriff an der Westgrenze blieb aus. Trotz starker Überlegenheit (rund 30 schwache Divisionen auf deutscher, 110 Divisionen auf französischer Seite) zögerte Frankreich den Beginn der Kampfhandlungen hinaus und verschaffte damit der deutschen strategischen Führung die Atemfreiheit, mit der geballten Kraft fast aller aktiven Divisionen Polen so rasch niederzuzwingen, daß die Westgrenze durch in Eiltransporten von Polen nach dem Westen verlegte Einheiten schnellstens gesichert werden konnte.

Der »Westwall«, den die deutsche Propaganda als unüberwindliches Hindernis ausmalte, der in Wirklichkeit erst halbfertig und dünn gestaffelt war, hätte für die alliierten Armeen kaum ein entscheidendes Hindernis dargestellt. In seinen Betonbunkern und in der französischen Maginotlinie hatte sich nach den ersten Wochen der Erregung, der Unruhe und der Erwartung eines gegnerischen Großangriffs das Leben allmählich normalisiert. Die Wachbesatzungen wechselten in regelmäßigen Abständen. Die ablösenden Truppen besetzten die Wachstände oder machten es sich in den unterirdischen Kasematten mit Spielkarten und Büchern so bequem wie möglich, und die abgelösten Soldaten marschierten in die dörflichen Quartiere oder in die nächstgelegenen, friedensmäßig geführten Kasernen. Der Krieg hielt seinen Winterschlaf.

Der von Hitler noch vor dem Einbruch des Winters geplante Angriff gegen den Westen mit dem verstärkten rechten Flügel der Heeresgruppe B mußte von Mitte November ab immer wieder verschoben werden. Eine entscheidende Rolle spielte dabei die winterliche Großwetterlage, die die deutsche Luftüberlegenheit nicht voll zur Geltung hatte kommen lassen.
Die deutsche militärische Führung war sich dabei der unausweichlichen Tatsache bewußt, daß jeder Zeitverlust einen erheblichen Gewinn für den Gegner bedeutete, dessen Rüstung auf Hochtouren arbeitete, der seine Befestigungen verbessern, seine neu eingezogenen Rekruten und Reservisten drillen und seine Stellungen durch die allmählich herangezogenen neun englischen Divisionen verstärken konnte.
Am 9. Oktober bereits hatte Hitler in einer Geheimanweisung erklärt: »Ein längeres Abwarten (an der Westfront) führt nicht nur zu einer Beseitigung der belgischen, vielleicht auch der holländischen Neutralität zugunsten der Westmächte, sondern stärkt auch die militärische Kraft unserer Feinde in zunehmendem Maße, läßt das Vertrauen der Neutralen auf einen Endsieg Deutschlands schwinden und trägt nicht dazu bei, Italien als militärischen Bundesgenossen an unsere Seite zu bringen . . .«

▼ Psychologischer Krieg an der Rheinfront ▼

▲ Am Westwall: Elsässer laufen zu den deutschen Linien über

▲ Blick in die Montagehalle einer deutschen Panzerfabrik

Das deutsche Rüstungswunder

Seit Beginn des Krieges hatte sich in Deutschland, wie in allen kriegführenden Ländern, das Gesicht des Alltags entscheidend gewandelt. In den Industriehallen, in denen früher Maschinen für friedlichen Gebrauch oder chromblitzende Autos vom Band liefen, wurden Panzer und geländegängige Fahrzeuge, Kanonen, Mörser, Haubitzen und Granatwerfer gefertigt. Der Krieg hatte von allen Bereichen des Daseins Besitz ergriffen. Der Arbeiter hatte seine berufliche Freizügigkeit verloren und war an seinen Arbeitsplatz gebunden. Schule und Berufsbildung traten in den Hintergrund gegenüber der vormilitärischen Ausbildung, die verstärkt einsetzte. Der Tagesablauf und alle Bereiche des öffentlichen Lebens wurden immer stärker von den Kategorien des Krieges bestimmt.

▲ Vormilitärischer Unterricht bei der Hitlerjugend

Hitler spricht vor Rüstungsarbeitern ▼

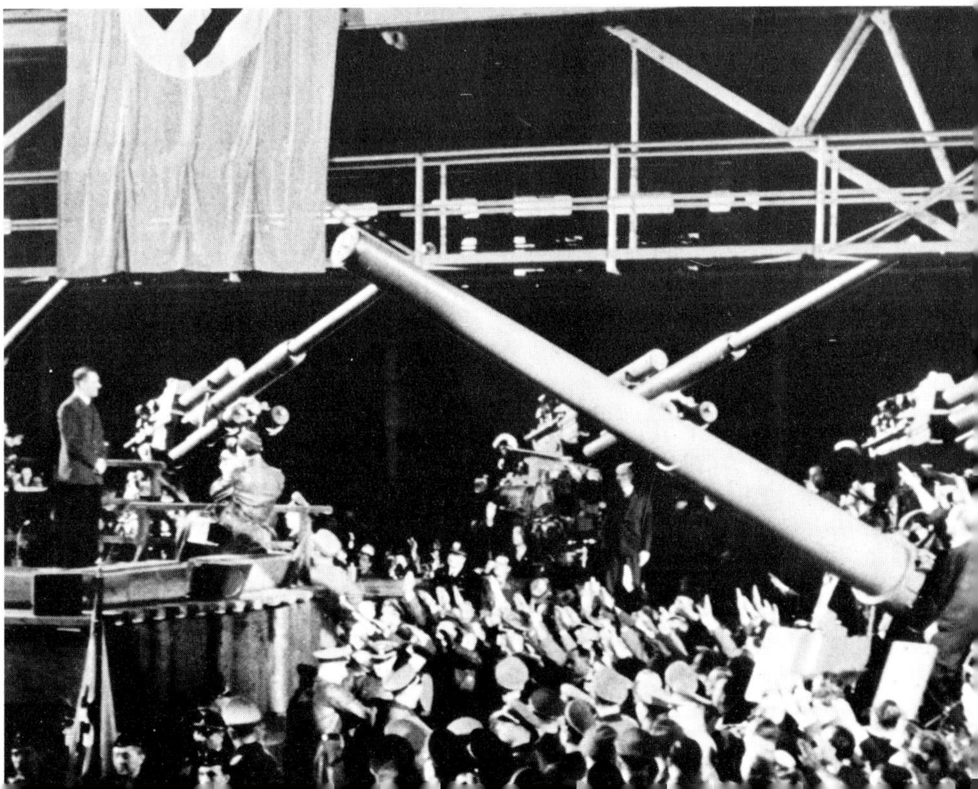

▲ Statt der Zugmaschine ein Zirkuselefant

Berliner Verkehrsschutzmann während der Verdunkelung ►

Berlin 1939

Die Anforderungen des Krieges machten sich bald überall in der Privatwirtschaft und im täglichen Leben bemerkbar. Die bereits vor dem Krieg eingeführte Rationierung bestimmter Grundnahrungsmittel (Göring: »Kanonen statt Butter«) wurde auf fast alle Verbrauchsgüter ausgedehnt, ohne daß allerdings bis kurz vor Kriegsschluß eine bedrohliche Notlage in Deutschland entstand.
Schärfster Rationierung unterlag der Treibstoffverbrauch, da die Mineralölversorgung einer der neuralgischen Punkte der deutschen Kriegführung war. Die triumphierende Feststellung der alliierten Mächte nach dem ersten Weltkrieg, daß sie »auf einer Woge von Öl zum Sieg geschwommen« seien, war in Deutschland unvergessen.
Noch vor Beginn des Krieges hatte man bedeutende Lagervorräte an Treibstoffen angelegt. Die Förderung aus innerdeutschen Ölfeldern wurde mit allen Mitteln vorangetrieben, und in dem – wie man glaubte – vom Feind ungefährdeten Mitteldeutschland wuchsen Anlagen zur Gewinnung von synthetischem Treibstoff aus dem Boden.

Treibgas ersetzt Benzin ►

◄ Plakatthemen des ersten Kriegswinters

▲ Fla-MG am Berliner Flughafen Tempelhof

▼ Einschränkung auch in Frankreich: Taxis werden beschlagnahmt

In Erwartung alliierter Luftangriffe wurden um die deutschen Großstädte Abwehrringe mit mehr oder weniger zusammenhängenden Flakstellungen angelegt. Auf den Einsatzflughäfen in der Nähe der Großstädte und wichtiger Industriegebiete wurden ständig schnelle Jagdverbände zum Alarmstart bereitgehalten. Erst die spätere Entwicklung des intensiven Luftkrieges zeigte, wie unvollständig und behelfsmäßig die deutschen Maßnahmen noch waren und daß sie vor allem besser koordiniert werden mußten. So wurden beispielsweise zu Anfang des Krieges noch Maschinengewehre als Behelfswaffen gegen Tieffliegerangriffe eingesetzt. Sie waren von sehr geringer Wirksamkeit. Die Standard-Waffen-Ausrüstung der Luftwaffen-Flakartillerie bestand aus dem 2-cm-Geschütz, der 3,7-cm-Flak, der 8,8-cm-Flak und (zuerst nur mit wenigen Batterien) der 10,5-cm-Flak. Ihre Schlagkraft nahm ständig zu.

Schlachtschiff »Bismarck« von achtern

Marinepolitik einer Landnation

Schweres Küstengeschütz der Marine-Artillerie beim Feuern

Im deutsch-englischen Flottenabkommen vom Juni 1935 hatte England zwar entgegen den Forderungen der Alliierten des ersten Weltkrieges der deutschen Aufrüstung zur See zugestimmt, jedoch die Rüstungsgrenze mit 35 Prozent der englischen Flottenstärke festgelegt. Diese Prozentzahl war noch längst nicht erreicht, als die Marine durch den Kriegsausbruch in ihrem Bauprogramm überrascht wurde.
1939 waren nur drei Schwere Kreuzer der »Deutschlandklasse« einsatzbereit, nämlich die »Deutschland«, die »Admiral Graf Spee« und die »Admiral Scheer«; die Schlachtkreuzer »Scharnhorst« und »Gneisenau« wurden in Dienst gestellt. Der einzige Flugzeugträger »Graf Zeppelin« befand sich 1939 zwar in Ausrüstung, doch wurde die Fertigstellung abgebrochen.
Zu dieser Streitmacht kamen noch einige Kreuzer, 22 Zerstörer, Torpedo- und Schnellboote, 56 Unterseeboote und eine Reihe anderer Schiffe.
Insgesamt gesehen war die deutsche Flotte den alliierten Verbänden kräftemäßig weit unterlegen.

▲ Von U 37 versenkter englischer Handelsdampfer

Im ersten Kriegsabschnitt von September bis Dezember 1939 errang die deutsche Kriegsmarine im Kampf gegen die englischen Flotteneinheiten beachtliche Erfolge, die in der ganzen Welt Aufsehen erregten. Panzerschiffe griffen überraschend auf weit entlegenen Schiffahrtsstraßen des Nord- und Südatlantik feindliche Handels- und Kriegsschiffe an und fügten dadurch der englischen Wirtschaft schwere Verluste zu. Gefürchtet waren auch die deutschen Hilfskreuzer, die überraschend vor fremden Küsten auftauchten und Jagd auf jeden Dampfer machten, der unter englischer Flagge fuhr.
Die meisten Verluste jedoch fügten die U-Boote der gegnerischen Handels- und Kriegsflotte zu. Zwar waren unmittelbar vor Kriegsausbruch nur 21 Boote auf Bereitschaftsposition in Nordsee und Atlantik ausgelaufen, doch waren bis Ende September bereits 48 alliierte Handelsschiffe mit insgesamt 178644 BRT versenkt.

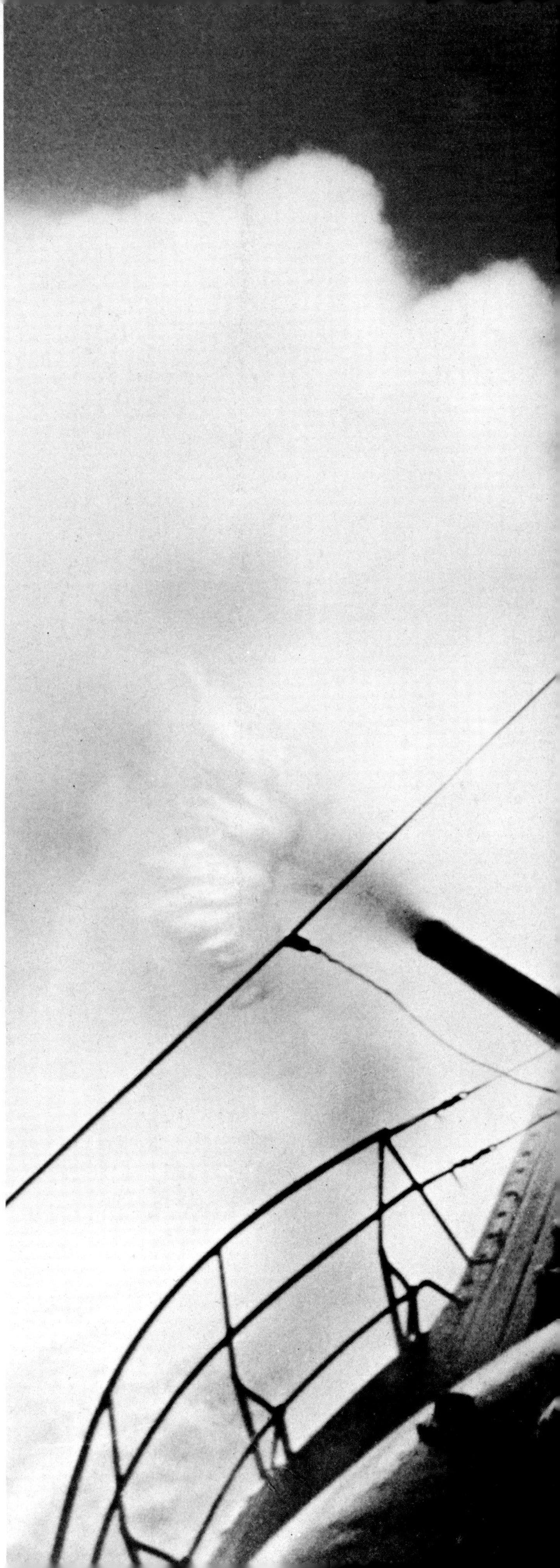

▲ Ein deutscher U-Boot-Jäger auf Vorpostenfahrt
◄ Ein deutsches U-Boot im Überwassergefecht

Der U-Boot-Krieg beginnt

Das Bild auf der nächsten Doppelseite zeigt ein von der »Admiral Hipper« versenktes Schiff mit den letzten Überlebenden ►

8
0

8
16
16
8
0

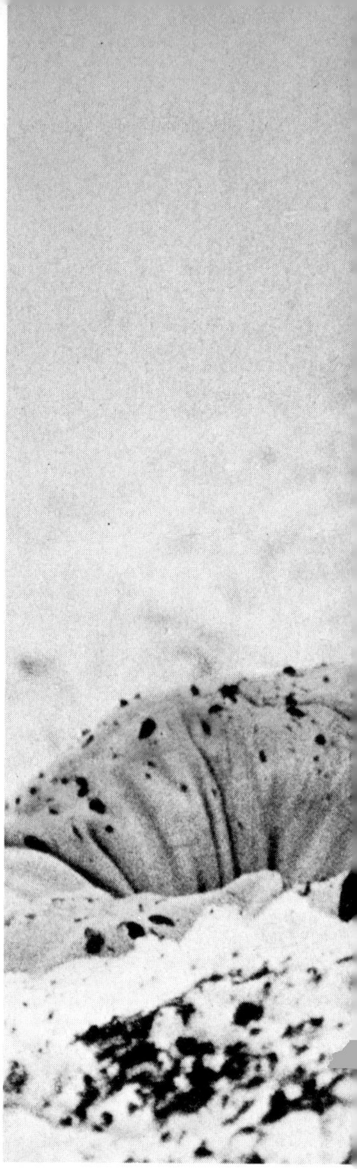

▲ Übungen, hier in der Eifel, überbrücken die Zeit bis zum Beginn des deutschen Angriffs ▼

▲ So stellte man sich damals den Winterkrieg vor ▼

Hinter dem Westwall

Die im Schutz des Westwalls aufmarschierten deutschen Divisionen warteten von einem Monat zum anderen auf den Angriffsbeginn gegen Frankreich. Offizierkuriere brachten aus dem Führerhauptquartier immer neue Termine für die Stunde Null, die wenig später wieder für ungültig erklärt wurden, weil die notwendige Übereinstimmung von Wetter, Straßenverhältnissen, Bewölkung und vielen anderen Momenten in diesen Wintermonaten niemals erreicht wurde. Insgesamt 29mal wurde der Termin zum Losbrechen verschoben – eine harte Nervenprobe für Führung und Truppe.
Frankreichs Heerführung war entschlossen, den Ansturm der Deutschen abzuwarten. Der Mythos von der Unbezwingbarkeit der Maginotlinie war für jeden französischen Offizier ein unantastbares Sakrament der Strategie. Man glaubte, daß der Gegner an den stark armierten Festungen und Bunkern bluten würde.
Hitlers Plan, die Schwerkraft des Vormarsches dem rechten Flügel der Heeresgruppe B zu übertragen, erfuhr im Laufe des Winters 1939/40 eine generelle Änderung. Unter Zugrundelegung von Plänen des Chefs des Generalstabes der Heeresgruppe A, von Manstein, wurde beschlossen, den Schwerpunkt in die Mitte der Front zu verlegen, die französische Festungslinie zu durchbrechen und mit schnellen Truppen unter Einschließung der belgischen Armee, der englischen Divisionen und der französischen Hauptkräfte bis an den Kanal vorzuprellen.

▲ Winston Churchill, der erste Seelord Großbritanniens

Politisches Zwischenspiel

Der französische Ministerpräsident Edouard Daladier ►

Die Politiker des Westens hatten mit vielen Belastungen der politisch-militärischen Allianz zu kämpfen. Eine unglückliche Rolle spielte Edouard Daladier, 1934 bis 1938 französischer Kriegsminister und vom März 1938 bis zum März 1940 Ministerpräsident. Er befürwortete eine Entspannungspolitik gegenüber Deutschland, unterzeichnete im September 1938 das Münchner Abkommen, erklärte am 3. September 1939 ohne Zustimmung des Parlaments den Krieg an Deutschland und wurde 1940 nach der französischen Niederlage gestürzt. In einem Schauprozeß wurde ihm der Vorwurf gemacht, als Kriegsminister die Rüstung vernachlässigt zu haben.

Die Vereinigten Staaten von Nordamerika, die von 1933 bis 1945 von Franklin Delano Roosevelt als Präsident geführt wurden, sympathisierten eindeutig mit den alliierten Westmächten. Friedensbemühungen Washingtons in Europa dienten mehr innerpolitischer Propaganda, als daß man sich im Weißen Haus tatsächlich Erfolge erhoffte. Im Frühjahr 1940 besuchte Roosevelts Vertrauter, Unterstaatssekretär Sumner Welles, England und Deutschland. Die deutsche Haltung blieb unverändert. Winston Churchill hatte frühzeitig vor der Gefährlichkeit eines Hitler-Deutschland gewarnt. Als seine Voraussagen durch den Kriegsausbruch Wirklichkeit wurden, war Chamberlain gezwungen, ihm die Führung der Kriegsmarine als Erstem Lord der Admiralität zu übertragen, von 1940 bis 1945 war er Premier.

Sumner Welles vor der Reichskanzlei ►

▲ Das deutsche Versorgungsschiff »Altmark« im Jössingfjord

▼ Minenleger bei der Arbeit

Deutsche U-Boote ►

Deutsch-britische Gegensätze

Zu einem militärischen Wettlauf, bei dem es fast um Stunden ging, entwickelte sich die für den Eventualfall als »Weserübung« längst geplante Besetzung Norwegens und Dänemarks. Sowohl für die Alliierten wie für Deutschland war Skandinavien strategisch wichtig. Wer die Häfen und Luftstützpunkte Westskandinaviens besaß, kontrollierte einen großen Teil der Nordsee und wichtige Schiffahrtswege des Nordatlantik. Für Deutschland bestand im Fall einer englischen Besetzung Dänemarks und Norwegens zudem die Gefahr, daß die Lieferung der kriegswichtigen Erze aus Schweden in Zukunft verhindert werden konnte.
Auftakt und propagandistischer Aufhänger für beide kriegführenden Parteien war der Überfall eines englischen Zerstörers auf das deutsche Hilfsschiff »Altmark« in norwegischen Hoheitsgewässern.
Am 8. April 1940 liefen die englischen Schiffe mit nördlichem Kurs aus. Knapp 24 Stunden später überschritten deutsche Truppen die dänische Grenze. Sie erreichten in schnellem, fast kampflosem Vormarsch Kopenhagen. Dänemark kapitulierte nach Überreichung eines deutschen Ultimatums. Schwere Verluste kosteten die Kämpfe in Norwegen. Erst nach heftiger Gegenwehr durch die norwegische Armee und angelandete alliierte Truppen fiel das Land in die Hände der deutschen Divisionen.

Wettlauf nach Skandinavien

◄ Kurz vor dem Start

▲ Ein deutsches Truppengeleit auf dem Marsch

Nachdem sie am 7. März ausgelaufen waren, dampften die deutschen Truppentransporter, geleitet von schweren Einheiten und Zerstörern, in höchster Fahrt ihren Zielhäfen in Norwegen entgegen. Insgesamt waren 11 Kriegsschiffgruppen gebildet, die unter anderem Narvik, Drontheim, Bergen, Kristiansand, Oslo, Nyborg und Kopenhagen anlaufen sollten. Dafür und zur Sicherung der Operationen waren 2 Schlachtkreuzer, 3 Schwere und 4 Leichte Kreuzer, 14 Zerstörer, 31 U-Boote und zahlreiche weitere Fahrzeuge eingesetzt. Ein großer Teil der Erfolgschancen des gewagten Unternehmens beruhte auf dem Überraschungsmoment, da die noch in der Aufrüstung begriffene und unerprobte deutsche Kriegsmarine einem offenen Seegefecht nicht gewachsen war.

Die deutsche Luftwaffe unterstützte mit fast 900 Flugzeugen die Land- und Seetruppen. Über Kopenhagen kreisende Bombergeschwader bestärkten die dänische Regierung in ihrem Entschluß, zu kapitulieren.

◄ Das britische Expeditionskorps wird eingeschifft

▲ Flugzettel statt Bomben: Deutsche Flugzeuge über Kopenhagen

▲ Infanterie zeigt der Luftwaffe ihr Vorrücken an

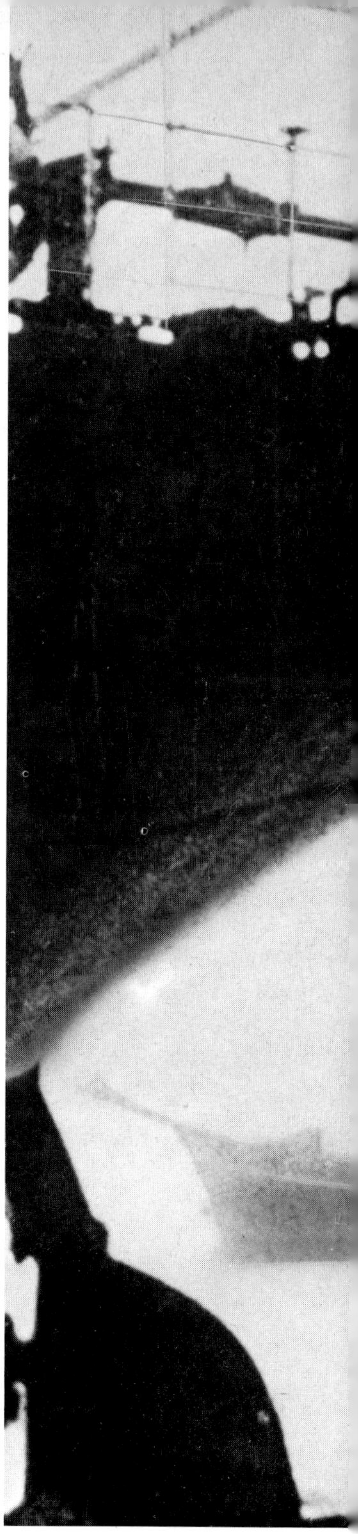

Dänemark wird besetzt

Truppenausladung im Hafen von Kopenhagen

Die Besetzung Dänemarks durch zwei deutsche Infanteriedivisionen und eine Brigade ging reibungslos und nahezu ohne dänischen Widerstand vor sich. Die dänische Regierung protestierte zwar gegen das deutsche Vorgehen, doch fügte sie sich in Anbetracht der Stärke der deutschen Militärmacht in das Unvermeidliche. Überdies war die Überreichung eines Ultimatums durch den deutschen Gesandten in Kopenhagen von der Zusage begleitet, die Souveränität des Landes so wenig wie möglich anzutasten. Dieses Versprechen ist im allgemeinen auch gehalten worden. Die deutsche Besatzungsmacht begünstigte zunächst nicht einmal die dänischen Nationalsozialisten, die deswegen kaum Bedeutung erlangten. Die Demobilisierung der dänischen Armee war bis zum 20. April abgeschlossen.

Verlustreiche Landungen

◄ In einem norwegischen Fjord wird die Ladung eines deutschen Transportschiffes gelöscht

▲ Ein Schiffbrüchiger eines versenkten deutschen Transporters wird aus dem Wasser geborgen

Die deutsche Kriegsmarine erlitt bei den Landemanövern in Norwegen schwere Verluste, die während der ganzen Dauer des Krieges nicht mehr ausgeglichen werden konnten. Insgesamt gingen bei den Kämpfen die Kreuzer »Karlsruhe«, »Blücher« und »Königsberg«, zehn Zerstörer, ein Torpedoboot, sechs U-Boote und eine Reihe von kleineren Schiffen verloren. Zwar hielten die alliierten Verluste den deutschen fast die Waage, doch fielen sie wegen des bestehenden Kräfteverhältnisses und der alliierten Materialüberlegenheit kaum ins Gewicht.

Das Bild auf der nächsten Doppelseite zeigt einen deutschen Zerstörer im Nordatlantik ►

Deutscher Zerstörer im Einsatz

▲ Französische Fremdenlegionäre werden in Norwegen eingesetzt

Die ersten gefangenen Briten dieses Krieges ▼

Wer beherrscht den Norden?

Zu spät eintreffende britische Flotteneinheiten hatten die Landung der deutschen Gebirgsjäger unter Generalmajor Dietl durch die Kriegsschiffgruppe 1 in dem nordnorwegischen Erzhafen Narvik bereits am ersten Tag des Norwegenunternehmens nicht verhindern können. Erst nach beendeter Ausschiffung der Truppe wurden die zehn als schnelle Transporter dienenden deutschen Zerstörer vernichtet oder von den Besatzungen selbst versenkt.
Dietls Gebirgsjäger und schnell aus Marinesoldaten gebildete und als Infanterie eingesetzte Einheiten stießen bei Narvik auf den hartnäckigen Widerstand der 6. norwegischen Division (Fleischer), die am 14. April durch die Anlandung der 24. britischen Brigade (Fraser) nördlich der Stadt verstärkt wurde. Die Lage für die deutschen Verteidiger Narviks wurde kritisch.

Vormarsch durch unwegsames Gelände ►

▲ Eine deutsche Infanteriespitze erhält Feuer

▲ Ein norwegischer Brigadekommandeur unterzeichnet die Kapitulation seiner Einheit

◄ Nach dem Abzug der britischen Truppen

▲ Nachtkampf in einem norwegischen Dorf

Norwegen in deutscher Hand

Zwei weitere britische Divisionen, dazu kleinere Kontingente französischer und exilpolnischer Truppen des Generals Sikorski wurden Mitte April noch bei Namsos und Andalsnes an Land gesetzt. Zwar machten sie den deutschen Truppen schwer zu schaffen, doch war ihr Schicksal besiegelt, als sich Ende April die von Oslo nach Norden vorgestoßene 196. deutsche Infanteriedivision bei Dombaas mit der von Drontheim nach Süden vorrückenden 181. Infanteriedivision vereinigte und damit die Landverbindung der deutschen Truppen herstellte. In den ersten Maitagen wurden Namsos und Andalsnes von den britischen Truppen geräumt, norwegische Einheiten kapitulierten. Nur noch in Narvik wurde nach Zuführung weiterer alliierter Verstärkung schwer gekämpft.

Am 17. April wollte Hitler Generalmajor Dietl aufgrund der kritischen Lage den Übertritt nach Schweden anheimstellen, befahl dann aber doch im Hinblick auf den bevorstehenden Westfeldzug das »Halten so lange wie möglich«.
Am 13. Mai trat das inzwischen 24000 Mann starke alliierte Expeditionskorps zum Generalangriff gegen die mittlerweile nur durch schwache Fallschirmverbände verstärkte deutsche Abwehrfront an. Nach zwei Wochen schwerster Kämpfe drangen die Alliierten in die Stadt ein, unterstützt von schwerer Artillerie der Marine.

Am 28. Mai mußte Dietl dem überlegenen Druck des Gegners weichen und Narvik aufgeben, doch hielt seine Truppe sich weiter an der Erzbahn östlich der Stadt. Seine hartnäckigen Gegenangriffe und die panikartige Flucht der englischen Kontinentalarmee nach der Einschließung Dünkirchens am 4. Juni veranlaßten das englische Oberkommando zum Abbruch der Kämpfe in Nordnorwegen. Am 8. Juni begann die Wiedereinschiffung der britischen Expeditionstruppen. Dabei wurde der englische Flugzeugträger »Glorious« von den Schlachtschiffen »Scharnhorst« und »Gneisenau« vernichtet.

In Schnee und Eis Dietls Gebirgsjäger ►

Dietl hält Narvik

◄ Deutsche Fallschirmjäger werden bei Narvik abgesetzt ▲

▲ Eine Frauengruppe der »Nasjonal Samling« auf dem Marsch durch Oslo

▲ Vidkun Quisling im Gespräch mit dem Reichsführer SS Himmler

Besatzung und politische Experimente

Der dänische König beim Ausritt in Kopenhagen

Nach der Waffenniederlegung der dänischen Armee blieb die Regierung in Kopenhagen offiziell im Amt. Das Verhältnis zwischen Bevölkerung und Truppe war in den ersten Jahren nahezu ohne Reibungen. Erst das Erstarken der dänischen Widerstandsbewegung nach der Kriegswende 1942/43 und die Einsetzung eines »Reichsbevollmächtigten« als Wahrer deutscher Interessen machten dem »Burgfrieden« ein Ende.

Die norwegischen Minister waren mit König Haakon nach der Kapitulation der Armee nach London geflohen und hatten dort eine Gegenregierung gebildet. Der ehemalige norwegische Kriegsminister Vidkun Quisling übernahm in Oslo die neue Scheinregierung in enger Zusammenarbeit mit Hitlers Reichskommissar Terboven. Die meisten Norweger sahen in Quisling und seinen Parteianhängern in der »Nasjonal Samling« Verräter an der Sache des Vaterlandes.

▲ Deutsches Flugabwehrgeschütz an der norwegischen Küste

Luftlandeübungen auf dem »Truppenübungsplatz Norwegen« ►

Skandinavien wird zur strategischen Basis

Die Besetzung und militärische Nutzbarmachung des eroberten Teils von Skandinavien durch die deutsche Wehrmacht brachte ihr eine beträchtliche Erweiterung der strategischen Möglichkeiten im Kampf gegen Großbritannien ein. Die Schiffahrtswege des Nordatlantik und der Nordsee waren besser zu kontrollieren. Auf den Lofoten und in Kirkenes wurden Flugbasen angelegt, die eine wirksame Bekämpfung der alliierten Eismeergeleite für die Sowjetunion erlaubten. Die taktischen Entfernungen wurden kürzer: Von Stavanger aus hatten die Flugzeuge der Luftwaffe nach Schottland nur noch 500 km statt der vorher 800 km von der deutschen Küste aus zurückzulegen.

Der Krieg im Westen, im Mittelmeerraum und auf den Weltmeeren

Vizeadmiral a. D. Prof. Friedrich Ruge

Das Norwegenunternehmen lenkte von dem ereignislosen Krieg im Westen ab (»phony war« bei den Engländern genannt, »drôle de guerre« bei den Franzosen). Es zeigte aber auch, wie unvermittelt und mit welcher Wucht sich die Spannung zwischen den gewaltigen militärischen Potentialen entladen konnte. Wenn es nach Hitler gegangen wäre, hätte sich das im Westen bereits im Herbst 1939 ereignet. Am 9. Oktober gab er Weisung, einen Großangriff vorzubereiten, der am Nordflügel der Westfront durch die Niederlande, Belgien und Luxemburg führen sollte. Hier waren, militärisch gesehen, die Aussichten auf einen Erfolg wesentlich größer als beim Versuch, die sehr stark befestigte Maginot-Linie zu durchbrechen. Diese erstreckte sich, tief gestaffelt, von der Schweizer Grenze durch das Elsaß und Lothringen bis zur Maas bei Sedan. In Belgien war dieser Fluß von Lüttich abwärts durch feste Werke ebenfalls zum Hindernis ausgebaut.

Hitler trug keine Bedenken, die Neutralität der drei Nachbarstaaten zu verletzen. England hatte sich bereits entschieden, im Gegensatz zu 1914, als der Einmarsch in Belgien der britischen Regierung den Entschluß erleichterte, Deutschland den Krieg zu erklären. Schon damals war der Sinn des Durchmarsches durch neutrales Gebiet, mit sehr starkem Flügel die französischen Befestigungen zu umfassen. Das gelang, aber die Kräfte genügten dann nicht, um die Schlacht an der Marne durchzuschlagen, und es kam zu vier Jahren verlustreichen Stellungskrieges. Die Operationen des sogenannten Schlieffenplanes wurden nach dem ersten Weltkrieg vom politischen und vom militärischen Standpunkt aus vielfach abgehandelt, waren jedem Generalstäbler genau bekannt und beeinflußten daher das Denken auf beiden Seiten.

Die Führer des deutschen Heeres planten ähnlich wie 1914, durch das nördliche Belgien mit seinem guten Wegenetz und flachem Gelände vorzugehen. Sie waren nicht optimistisch, denn sie wußten – auch nach den Erfahrungen des Krieges in Polen –, daß das seit 1935 schnell vergrößerte Heer durchaus noch kein vollkommenes Instrument war. In Belgien waren mehrere befestigte Fluß- und Kanallinien zu überwinden, und so rechneten sie mit einem langsamen Vordringen unter schweren Verlusten. Die Marine, die sich Gedanken über den weiteren Verlauf machte, erhielt die Auskunft, daß es ein halbes Jahr dauern könnte, bis Boulogne und Calais erreicht seien. Am 29. 10. 1939 war der erste Operationsplan fertig. Zur gleichen Zeit beschäf-

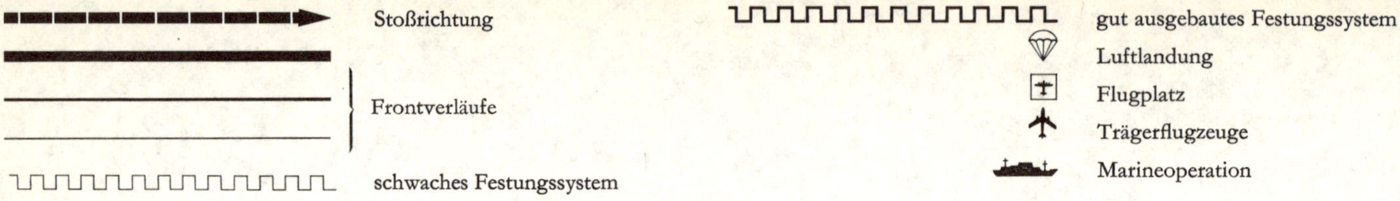

Schwarz bezeichnet Bewegungen der deutschen und verbündeten Truppen, Rot die der Alliierten

tigten sich der englische und der französische Generalstab mit den entsprechenden Problemen und kamen wenig später zu dem Entschluß, 4 Armeen, die Masse der beweglichen Reserven, an die belgisch-französische Grenze zu verlegen, um bei einem deutschen Angriff sofort in Belgien einrücken zu können, mit dem Ziel, die Linie Maas–Namur–Antwerpen zu halten.

Von Anfang November bis Ende Januar mußte Hitler zwölfmal einwilligen, den Termin des Angriffs zu verschieben, anfangs, weil die Vorbereitungen nicht beendet waren, dann wegen der Wetterlage, die eine ausreichende Mitwirkung der Luftwaffe unmöglich machte. Schließlich erzwang der harte Winter, den Angriff bis zum Frühling zurückzustellen. In diesen Monaten setzte sich die Konzeption des Generals von Manstein durch, der den Gedanken vertrat, den Gegner dadurch zu überraschen, daß die Masse der Panzer aus der Linie Aachen–Trier durch die Ardennen zur Maas vorging, diese zwischen Namur und Sedan überschritt, bis zum Englischen Kanal zwischen Sommemündung und Boulogne vorstieß und damit den in Belgien stehenden Kräften den Rückzug abschnitt. Die Ardennen waren unwegsam, aber auch schwach verteidigt. Guderian und Manstein trauten der Panzerwaffe diese Operation zu, der Führung des Heeres erschien sie zu riskant, Hitler entschied sich dafür. Zu diesem Entschluß trug bei, daß der »konventionelle« Operationsplan in Teilen bekannt geworden war, als im Januar 1940 ein Flugzeug, das befehlswidrig zwei Offiziere mit Aufmarschbefehlen nach vorn brachte, bei Mechelen/Maas in Belgien notlanden mußte.

Auch ohne diesen Zwischenfall konnte nicht ausbleiben, daß einiges aus den deutschen Plänen dem Gegner bekannt wurde, unter anderem das beabsichtigte Vorgehen durch die Ardennen. Indiskretionen und bewußte Unterrichtung durch Gegner Hitlers sorgten dafür. Auch hier war es für den Verteidiger schwierig, aus der Fülle der Informationen das herauszufinden, was wirklich zutraf. Zudem war der Aufmarsch der Panzerdivisionen so gut getarnt, daß die westliche Luftaufklärung seinen Schwerpunkt nicht erkannte. So kam es, daß der deutsche Angriff im ganzen doch überraschend erfolgte, als er nach weiteren Verschiebungen (insgesamt 29 Mal) am frühen Morgen des 10. 5. 1940 auf der Front zwischen Luxemburg und Nimwegen losbrach.

Die Kräfte, die sich an der gesamten Westfront gegenüberstanden, waren zahlenmäßig nicht sehr verschieden. An Divisionen verfügte jede Seite über 137, allerdings sehr unterschiedlicher Stärke und Bewaffnung. An Flugzeugen waren die Deutschen mit 3834 gegen 2372 den Alliierten merklich überlegen, dagegen an Panzern schwächer (2445 gegen 3373). Diese waren aber in 10 Panzerdivionen zusammengefaßt und im Zusammenwirken in großen Verbänden und mit der Luftwaffe geübt, dank der Schulung durch General Guderian. Bei den Franzosen hatten sich die Ansichten des Obersten de Gaulle über die konzentrierte Verwendung von Panzern noch nicht verwirklicht, die Mehrzahl war der Infanterie zugeteilt; General Gamelin, der alliierte Oberbefehlshaber, verfügte an größeren Verbänden nur über zwei französische Panzerdivisionen und ein britisches Tankregiment.

Bei dem gegebenen Kräfteverhältnis mußten außer der Haltung der Truppe Schwerpunktbildung, operative und taktische Überraschung sowie richtiger Ansatz der neuen technischen Waffen die Entscheidung bringen. Es gelang der deutschen Führung unter Generaloberst v. Brauchitsch mit dem Generalobersten Halder als Chef des Großen Generalstabs diese Vorteile in fast vollendeter Weise auszunutzen. Luftlandungen in den Niederlanden (zwischen Den Haag und Leiden wie bei den Moordijkbrücken südlich Rotterdam), Landung mit Lastenseglern auf dem starken belgischen Sperrfort Eben-Emael und Handstreiche gegen eine Anzahl wichtiger Brücken dicht hinter der Grenze leiteten die Offensive ein. Die Unternehmen aus der Luft packten den Gegner mit unerwarteter Taktik an Stellen, wo er so früh mit Angriffen nicht gerechnet hatte. Trotzdem gerieten die Fallschirmspringer in Holland zeitweise in schwere Bedrängnis, General Student wurde schwer verwundet. Es gelang auch nicht, alle Brücken zu sichern, aber Moordijk war fest in deutscher Hand, und Eben-Emael fiel am 11. 5. mittags.

Diese Operationen verschleierten den deutschen Hauptstoß. Alliierte Gegenbewegungen nach Belgien hinein, noch auf einen »normalen« Schlieffenplan abgestimmt, liefen planmäßig an, wurden dann aber durch Angriffe von nahezu 1500 Kampfflugzeugen auf Flugplätze, Brücken,

Der deutsche Operationsplan für den Westfeldzug sah in der ersten Phase den schnellen Stoß starker gepanzerter Kräfte, durch die Ardennen und Südflandern ausholend, bis zur Nordseeküste vor (»Sichelschnitt«).

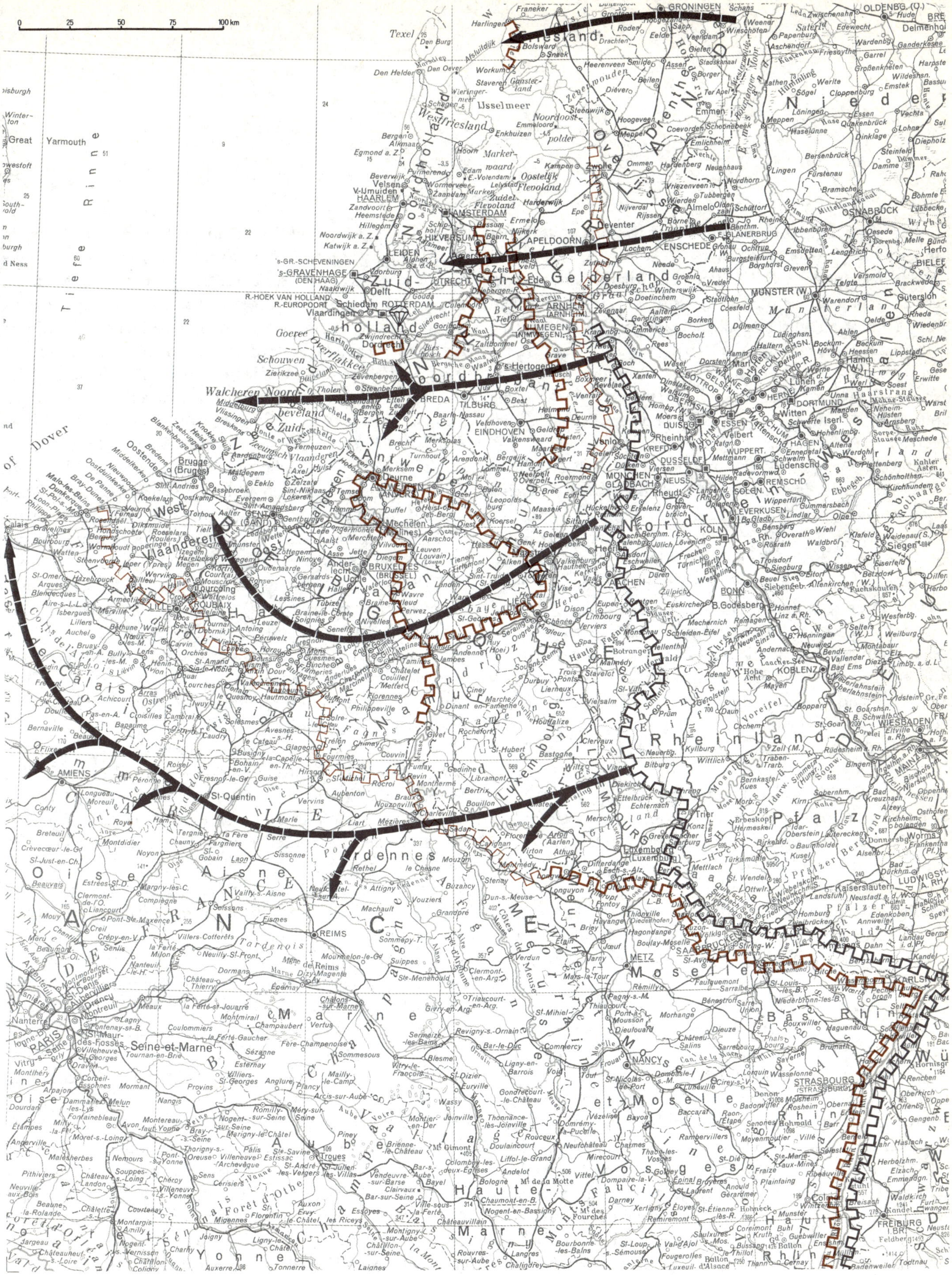

0 25 50 75 100 km
Great Yarmouth
Tiefe Rinne
Texel
Den Helder
Harlingen
Franeker
GRONINGEN
Friesland
Sneek
Drachten
Assen
Emmen
Drenthe
IJsselmeer
Westfriesland
Noordholland
Alkmaar
HAARLEM
AMSTERDAM
Flevoland
Zwolle
Overijssel
Deventer
Almelo
ENSCHEDE
APELDOORN
HILVERSUM
LEIDEN
's-GRAVENHAGE
(DEN HAAG)
Delft
ROTTERDAM
R. HOEK VAN HOLLAND
R.-EUROPOORT
UTRECHT
Gelderland
ARNHEM
NIJMEGEN
Zuid-holland
Goeree
Schouwen
Walcheren
Noord-beveland
Zuid-beveland
Middelburg
Vlissingen
BREDA
TILBURG
EINDHOVEN
's-Hertogenbosch
Noordbrabant
Venlo
Roermond
Maastricht
Antwerpen
Mechelen
BRUXELLES
(BRUSSEL)
Leuven
Liège
Namur
Charleroi
Mons
Tournai
Brugge
(Brugge)
Oostende
GENT
West-Vlaanderen
Oost-Vlaanderen
Kortrijk
LILLE
ROUBAIX
Calais
Dover
Pas-de-Calais
Arras
Cambrai
AMIENS
St-Quentin
Somme
Aisne
Oise
Laon
Soissons
REIMS
Épernay
Marne
Ardennes
Charleville
Mézières
Sedan
Verdun
METZ
Moselle
NANCY
Meurthe-et-Moselle
Vosges
Épinal
Meuse
Bar-le-Duc
Chaumont
Haute-Marne
Troyes
Aube
Seine-et-Marne
PARIS
Melun
FRANCE
Luxembourg
Luxembourg
Arlon
Bastogne
Eifel
Rheinland-Pfalz
Trier
KOBLENZ
Saarbrücken
Kaiserslautern
STRASBOURG
Bas-Rhin
Haut-Rhin
Colmar
Mulhouse
FREIBURG
Baden-Württemberg
KARLSRUHE
MAINZ
WIESBADEN
BONN
KÖLN
AACHEN
DÜSSELDORF
ESSEN
DUISBURG
DORTMUND
Nordrhein-Westfalen
MÜNSTER (W.)
OSNABRÜCK
BIELEFELD
Niedersachsen
OLDENBG. (O.)
Emsland
Lingen
Meppen
Münsterland
Sauerland
Siegen
Hunsrück
Pfalz

Straßenkreuzungen und andere wichtige Punkte stark behindert.
Die Heeresgruppe A (von Rundstedt) trat am 10. 5. morgens zwischen Aachen und Trier zum Angriff an, mit dem Schwerpunkt auf ihrem südlichen Flügel. Hier rollte die Panzergruppe Kleist mit den Korps Guderian und Reinhardt gegen geringen Widerstand zügig durch die Ardennen. Teilweise aus der Luft versorgt, erreichten die Spitzen bereits am 13. 5. die Maas und schufen die ersten Brückenköpfe bei Sedan und nördlich davon.
Am gleichen Tage erklärte Churchill in London dem britischen Volk, daß er ihm nur »Blut, Schweiß und Tränen« zu bieten habe, daß der Kampf aber weitergehen werde, zu Wasser, zu Lande und in der Luft, bis der Sieg errungen sei. Er hatte am 10. 5. die Führung einer Kriegskoalitionsregierung übernommen, nachdem Premierminister Chamberlain unter dem Eindruck des Mißerfolges in Norwegen und des großen deutschen Angriffs zurückgetreten war. Auch Frankreich befand sich wegen des norwegischen Rückschlages in einer Regierungskrise, Ministerpräsident Paul Reynaud stellte sein Amt zur Verfügung und ließ sich nur durch die dringenden Bitten des Staatspräsidenten Albert Lebrun dazu bewegen, die Regierungsgeschäfte weiterzuführen.
Die Lage Hollands wurde schnell kritisch. Der 9. deutschen Panzerdivision gelang es, südlich der Maas bis zu den Moordijkbrücken durchzustoßen. Damit wurde die Lage des tapfer verteidigten Rotterdam aussichtslos, die Stadt kapitulierte, aber die bereits angesetzten Bombengeschwader konnten wegen unzulänglicher Fernmeldeverbindungen nur zum Teil zurückbeordert werden. Das K.G. 34 (Lackner) lud seine Bombenlast ab, die Innenstadt wurde zerstört. Versuche, englische und französische Truppen über See heranzubringen, kamen zu spät. Am 15. 5. unterzeichnete der holländische OB, General Winkelman, die Kapitulation, die Königin und die Regierung gingen nach England ins Exil.
Inzwischen lief nach einer Luftschlacht bei Sedan im Süden des Kampfgebietes der »Sichelschnitt« erfolgreich weiter. Westlich der Maas erreichten die Spitzen ideales Panzergelände und stürmten dem Meere zu. Es kam zu einzelnen harten Gefechten, aber meist trafen sie auf Reserveformationen, die weder ausgerüstet noch ausgebildet waren, um Panzer zu bekämpfen. Die alliierte Führung entschloß sich nur zögernd zu Gegenmaßnahmen, denn auch an der Front im östlichen Belgien nahm der deutsche Druck stetig zu. Männer wie Rommel (7. Panzerdivision) erkannten die Gunst der Lage; in rücksichtslosem Einsatz holten sie gegenüber dem unsicher gewordenen Feind das Höchste heraus. Die Verbindung zur mühsam folgenden Infanterie riß zeitweise ab, die Panzerverbände operierten mit offenen Flanken tief im Rücken des Gegners. Ein Gegenangriff, der die dünnen Versorgungslinien durchschnitt, konnte verhängnisvoll werden. Dieses Lagebild machte die oberste deutsche Führung und besonders Hitler selbst immer nervöser. Mehrere Versuche, die Bewegung anzuhalten, um durch die nachfolgenden Kräfte die Flanken zu sichern, umging die mittlere Führung durch selbständiges Handeln und großzügige Auslegung der erteilten Befehle. In der Abenddämmerung des 20. 5. erreichte die 2. Panzerdivision (Veiel) Abbéville an der unteren Somme, und wenige Stunden später standen Teile der 8. Panzerdivision (Kuntzen) bei Montreuil am Englischen Kanal.
Im westlichen Lager kam es inzwischen zu schweren Auseinandersetzungen. Eine der ersten Maßnahmen Churchills war es, im typischen Verhalten der Seemacht die Masse der britischen Jäger zum Schutze der Inseln zurückzuhalten, obgleich die Verbündeten sie immer dringlicher anforderten. Gamelin wurde durch General Weygand, den Sieger von Warschau 1920, ersetzt. Bis dieser aus Syrien eintraf, versuchten die alliierten Befehlshaber, die Flanken des deutschen Panzerkeiles einzudrücken. Ihre Operationen konnten aber in der Eile nicht aufeinander abgestimmt werden. Es kam zu schweren Gefechten, so im Wald von Mormal, aber nicht zu einem durchschlagenden Erfolg. Dieser blieb auch Weygand versagt. De Gaulle führte die 4. französische Panzerdivision nach seinen Ideen, aber er war zu schwach, um etwas Entscheidendes zu erreichen.
Inzwischen drängte von Osten her die Heeresgruppe B (von Bock) die belgische Armee und die mit ihr fechtenden Verbündeten über mehrere Stellungen zurück und begann, die Schelde trotz heftiger Gegenwehr zu überschreiten. Die Panzergruppe Kleist drehte im Artois nach Norden, dann nach Nordosten ein. Am 23. 5. schnitt sie bereits Boulogne und Calais ab, am 24. 5. schloß sie mit Front nach Osten zur Aa auf, einem kanalisierten Flüßchen zwischen St. Omer und Gravelines. Ein Kessel großen Ausmaßes begann sich abzuzeichnen, jedes weitere Vordringen mußte die verzweifelte Lage der stark angeschlagenen alliierten Kräfte weiter verschärfen.

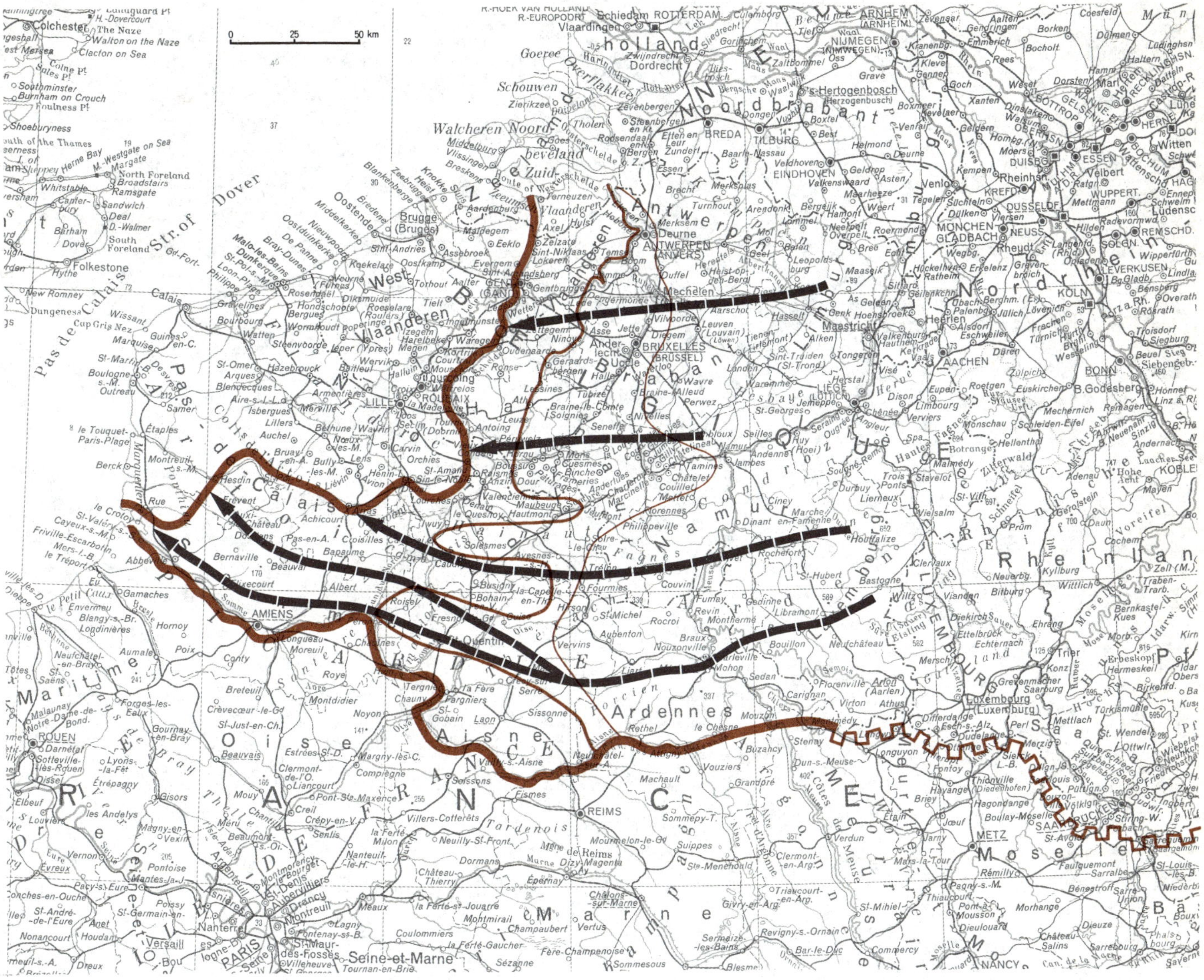

Diese Karte zeigt das deutsche Vordringen während der Schlacht in Flandern in seinen drei Phasen in der Zeit vom 16. bis 21. Mai 1940.

Da erhielten die Panzerdivisionen den ihnen unverständlichen Befehl, mitten im siegreichen Vorgehen anzuhalten. Etwa die Hälfte der Panzer Kleists waren ausgefallen; Rundstedt, der an die nächste Phase des Feldzuges dachte, beantragte daher, haltzumachen. Hitler stimmte zu, weil ihm das Gelände in Flandern für Panzer wenig geeignet schien und weil Göring sich zutraute, mit seiner Luftwaffe die eingeschlossenen Armeen vollends zu zerschlagen, und diese Operation für sich beanspruchte. So erhielt auch der Gegner eine Atempause, die er geschickt ausnutzte, um Abwehrfronten aufzubauen und einen großen Teil seiner Truppen aus dem Raum Arras-Lille in einen flachen Brückenkopf um Dünkirchen und La Panne zurückzuziehen.

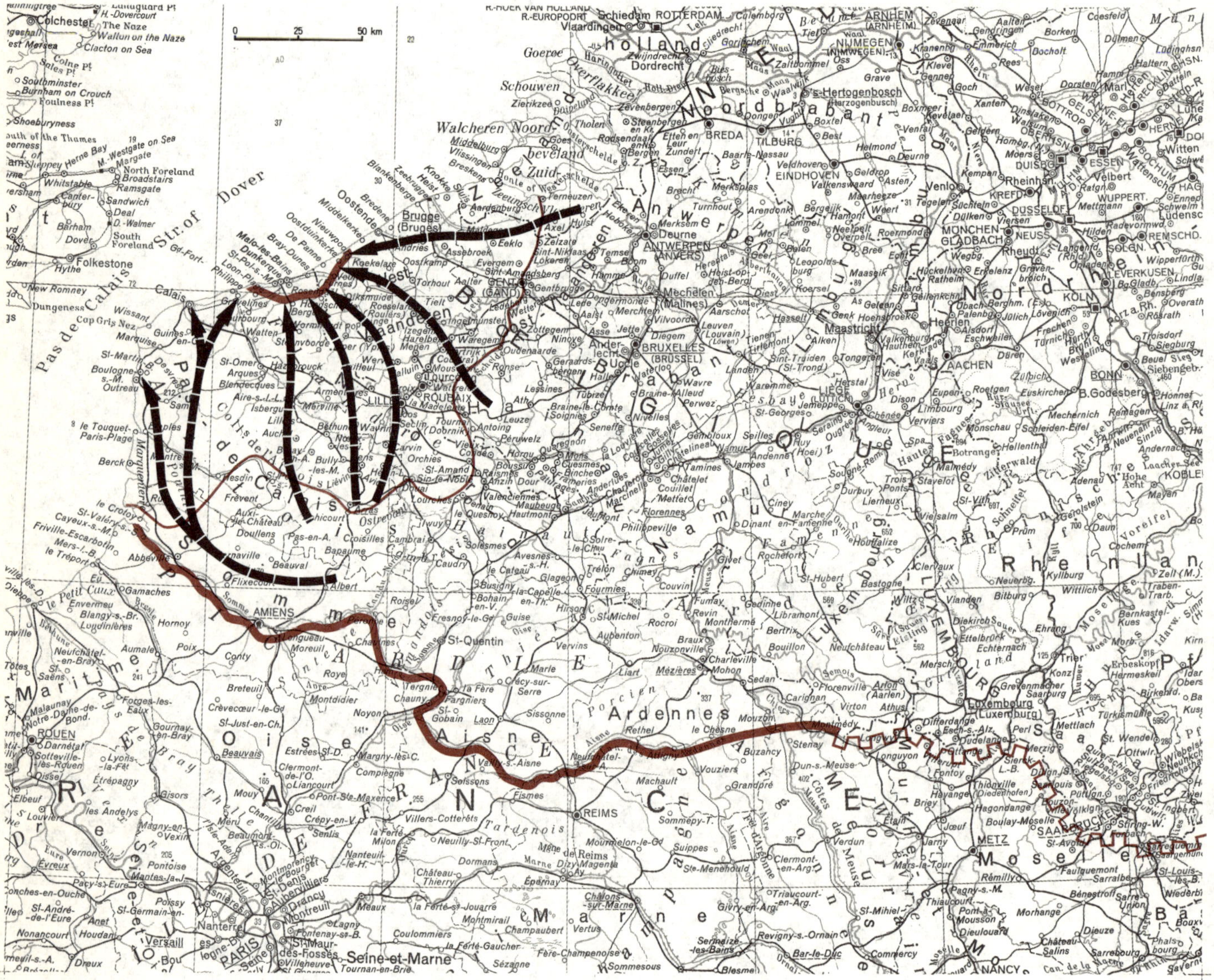

Im weiteren Verlauf der Schlacht in Flandern (hier dargestellt vom 21. Mai bis zum 4. Juni 1940) wurden die Alliierten immer mehr an die Calais-Küste gedrückt und in Dünkirchen eingeschlossen.

Seit dem Einbruch der Deutschen in das Artois hatte Lord Gort, der Oberbefehlshaber des britischen Expeditionsheeres, mehr auf den Rückzug über das Meer hingearbeitet als auf einen Gegenangriff zusammen mit den Franzosen. Weygands Befehl zum Vorgehen nach Süden befolgte er nicht, sondern nur den, ein befestigtes Lager um Dünkirchen zu schaffen. Das war nicht im Sinne von General Ironside, dem Chef des Empire-Generalstabes. Es entsprach aber der Auffassung Churchills, daß jetzt alles darauf ankomme, die Verteidigung der Britischen Inseln zu stärken. Er ersetzte daher Ironside durch Sir John Dill. Die Ereignisse überstürzten sich jetzt. Der Erste Seelord und der Kommandierende Admiral Dover ergriffen energische Maßnahmen, um alle Schiffe und Boote heranzuholen, die geeignet waren, Truppen vom Festland zu bergen. Es war dies ein buntes Gemisch aller Typen vom Zerstörer und Bäderdampfer abwärts bis zur Barkasse und Privatjacht. Am 25. 5. begann »Operation Dynamo«, der Rücktransport des Heeres über See aus dem Raume Dünkirchen. Am folgenden Tage gab Hitler den Panzerkräften wieder den Angriff frei, aber die geschenkten zwei Tage hatten genügt, um die Masse der abgeschnittenen Truppen in die Nähe der Küste zu bringen und die Verteidigung zu organisieren. Zwei französische Korps, die diesen Rückzug deckten, wurden bei Lille eingeschlossen und zur Übergabe gezwungen. Schon vor ihnen, in der Nacht vom 27. zum 28. 5., kapitulierte die belgische Armee, deren Lage hoffnungslos geworden war. König Leopold weigerte sich, ins Exil zu gehen. Es schien ihm würdiger, auch in der Niederlage das Schicksal seines Volkes und seiner Truppen zu teilen.

Der Luftflotte 2 (Kesselring) gelang es nicht, den Abzug aus Dünkirchen über See zu verhindern. Es zeigte sich vielmehr, daß Göring schon hier die Kraft Englands weit unterschätzt hatte. Seine angreifenden Verbände trafen auf die Jäger, die Churchill bisher zurückgehalten hatte. Zwar gelang es, die Stadt Dünkirchen in Brand zu werfen und schließlich auch die Hafenanlagen nahezu unbrauchbar zu machen. Auch beschädigten oder versenkten die deutschen Flugzeuge zahlreiche von den 848 Schiffen, welche die Truppen abholten. Die Menschenverluste blieben aber gering, denn an Land waren die Wirkungen der Bomben im sandigen Dünengelände schwach, auf See war immer jemand zur Hand, um die Männer eines sinkenden Schiffes aufzunehmen. Ruhiges und stark diesiges Wetter begünstigte den großen Rückzug. Es gelang, in Dünkirchen 240000 Mann und dann über den Strand noch fast 100000 Mann einzuschiffen (darunter 123000 Franzosen), obgleich 272 zumeist kleinere Schiffe sanken oder aufgegeben werden mußten.

Die deutsche Marine griff ziemlich spät mit Schnellbooten und kleinen U-Booten an. Die Planung des »Sichelschnittes« hatte die Küste als Grenze des Gefechtsfeldes ausgenutzt, die Möglichkeiten der See aber nicht weiter berücksichtigt. Die Marine war so wenig einbezogen, daß die Minensuchverbände in der Deutschen Bucht Beginn und Fortgang der Offensive lediglich aus dem Rundfunk erfuhren und dann ohne Befehl begannen, den Weg nach Westen minenfrei zu machen, den die Schnellboote und U-Boote benutzen mußten, um eingreifen zu können. Die Luftwaffe warf nach eigenen Plänen eine große Zahl von Magnetminen in und vor den Häfen der Kanalküste, vielfach ungenau und im ganzen ohne Abstimmung mit den taktischen Notwendigkeiten des Seekrieges. Das erschwerte dann das Freiräumen für eigene Zwecke und verzögerte den Ansatz der Schnellboote und U-Boote gegen Dünkirchen. Die Stadt fiel am 4. 6., 40000 Franzosen gerieten dabei in Gefangenschaft.

Der erste Teil der Offensive war beendet. Die deutschen Streitkräfte hatten mit einer zweckmäßigen Strategie und neuartigen Taktik unter erträglichen Verlusten gewaltige Erfolge errungen; die Grundlage zu weiterer Kriegführung war nachhaltig verbessert, die Ausgangsstellung gewonnen, um den Angriff fortzusetzen. Daß die Masse des englischen Heeres entkommen war, erschien dagegen nur als Schönheitsfehler, zumal das gesamte Material in deutsche Hand gefallen war. Später erwuchs aber aus dem Anhalten vor Dünkirchen ein entscheidender Nachteil. Ohne die geretteten 224585 ausgebildeten Männer wäre es den Engländern nicht möglich gewesen, die Truppen aufzustellen, die dann 1941–1943 in Nordafrika, Griechenland und bei den großen Landungen eingriffen.

Churchill zog rücksichtslos die Konsequenzen aus der Lage. Vordringlich war ihm, die verbliebenen Kräfte auf den britischen Inseln zu konzentrieren, um von dort aus den Krieg weiterzuführen, die indirekte Strategie der Seemacht anzuwenden und Bundesgenossen zu gewinnen. Er ließ daher Narvik räumen, obgleich es nur noch eine Frage von Tagen war, bis das deutsche Landungskorps unter Dietl kapitulieren oder sich in Schweden internieren lassen mußte.

Während der Schlacht um Dünkirchen stellten sich deutsche Großverbände an Somme und Aisne bereit, um den Angriff so bald wie möglich fortzuführen. Die Franzosen versuchten, die fünf Brückenköpfe einzudrücken, die in deutscher Hand waren. Es gelang bei keinem; nur de Gaulle, inzwischen zum General befördert, erzielte einen Teilerfolg, der sein Ansehen weiter hob. Der Premierminister bot ihm darauf die Wahl zwischen dem Kommando über die französischen Panzerkräfte und der Stellung als Unterstaatssekretär für Nationale Verteidigung an. De Gaulle zog diese vor, da der noch vorhandene Rest der Panzerkräfte weit verstreut war. General Weygand war mit Erfolg bemüht, die Verteidigung auf bessere Grundlagen zu stellen. Südlich der Somme und Aisne brachte er seine Divisionen (einschließlich der Maginotlinie noch 66, dazu 2 britische) tiefgestaffelt in einer Zone unter, in der die Dörfer und Waldstücke gegen Panzerangriffe befestigt wurden. Sie sollten gehalten werden, damit die dort befindlichen Truppen sich dann zwischen die deutschen Panzer und die Infanterie schieben konnten, um sie getrennt zu schlagen.

Der deutsche Angriff über die Somme begann nur einen Tag (5. 6.) nach dem Fall von Dünkirchen. Der französische Widerstand war so wirksam, daß es anfangs nur gelang, aus dem Brückenkopf bei Abbéville auszubrechen. Hier griff das Panzerkorps Hoth an, und Rommel umging mit seiner Division den Gegner, dessen Stellungen er genau erkundet hatte, so daß er tief ins Hinterland vorstoßen konnte. Bei Amiens und Péronne kam der deutsche Angriff dagegen nicht vorwärts. Rundstedt, der am 9. 6. beiderseits Rethel antrat, stellte seine Taktik um und ließ zuerst die Infanterie angreifen. Das kostete Zeit und brachte Verluste, aber die Truppe zeigte sich ihnen gewachsen. Dann war der Weg frei für durchschlagende Operationen großer Panzerverbände.

Schon nach drei Tagen erreichte das Panzerkorps Hoth die untere Seine bei Rouen und besetzte diese Stadt. Rommels Division drückte 12000 Engländer und Franzosen bei St-Valéry-en-Caux an die Küste und zwang sie durch schnelles Zugreifen zur Übergabe, ehe sie sich auf dem Seewege entfernen konnten. Dann rückte er in Eilmärschen durch die Normandie und besetzte den großen Kriegshafen Cherbourg.

Im Mittelabschnitt fiel Reims am 10. 6. Was für die Franzosen noch schwerer wog als die Geländeverluste, war die Tatsache, daß ihre Reserven nach tapferen Gegenangriffen verbraucht waren, während die Deutschen praktisch noch volle Kampfstärke besaßen. Die Schutzstellung vor Paris konnte nicht mehr verteidigt werden, die Regierung erklärte es zur offenen Stadt. Am 14. 6. rückte die 18. Armee (Küchler) dort ein. Während Guderians Panzer westlich der Maginot-Linie nach Süden stürmten, griffen andere Verbände über den Oberrhein und vom Saargebiet aus die Befestigungen an, um die Besatzungen festzuhalten. Am 17. 6. erreichten Guderians Spitzen die Schweizer Grenze, der französische Zusammenbruch war vollkommen, ohne daß der Kriegseintritt Italiens (am 10. 6.) fühlbar dazu beigetragen hätte. In der Nacht vom 16. 6. zum 17. 6. bat die französische Regierung Deutschland, drei Tage später auch Italien, um Waffenstillstand.

Erst freundschaftliche, dann heftige Aussprachen zwischen den Verbündeten waren vorausgegangen, um einen Weg aus der Niederlage zu finden. De Gaulle nahm am 9. 6. in London Verbindung mit seinen Landsleuten Pleven, Monnet und Monick auf und ging zur Regierung, um Unterstützung durch die englische Luftwaffe zu erhalten. Churchill begab sich zwei Tage später mit einigen Generalen zu Besprechungen mit Reynaud und Lebrun nach Frankreich. Sie erörterten verschiedene Pläne, so die Bretagne zu verteidigen oder mit der Regierung nach Nordafrika zu gehen. Churchill weigerte sich nach wie vor, seine Luftwaffe einzusetzen, und stellte nur einige Heeresverbände zur Verfügung. Im übrigen schlug er vor, die Reste der französischen Armee aufzulösen und zum Partisanenkrieg überzugehen. Reynaud wandte sich an Roosevelt, der ihm materielle Hilfe zusagte, nicht aber den Eintritt der USA in den Krieg. Weygand forderte, den aussichtslosen Kampf einzustellen.

Am 16. 6. ging de Gaulle erneut nach London und traf sich dort mit Churchill. Zuerst besprachen sie Maßnahmen, damit die französische Flotte auf keinen Fall in deutsche Hände fiele. Dann brachte de Gaulle den Plan einer politischen Union zwischen den beiden Ländern vor, den er offenbar bei seinem ersten Besuch von Pleven und dessen Freunden angenommen hatte, die sämtlich Anhänger einer engeren europäischen oder atlantischen Zusammenarbeit waren. Jetzt handelte es sich darum, für beide Länder eine gemeinsame Staatsbürgerschaft, Außenpolitik und Verteidigung zu schaffen. Churchill rief sofort sein Kabinett zusammen, und dieses stimmte nach zweistündiger Beratung dem ungewöhnlichen Plan zu. Reynaud, der sich in Bordeaux befand, wurde telefonisch unterrichtet, die beiden Staatsmänner verabredeten, sich am nächsten Tage in Concarneau an der Küste der Bretagne zu treffen.

Diese Zusammenkunft kam jedoch nicht zustande, weil das französische Kabinett sich nicht entschließen konnte, den kühnen Schritt zur politischen Union zu machen. Reynaud trat zurück, Marschall Pétain folgte ihm als Chef der Regierung. Zugleich verlor de Gaulle sein Amt als Unterstaatssekretär. Reynaud sorgte aber dafür, daß er ein Flugzeug und Geld erhielt, um nach London zu gehen. Hier erklärte er sich zum »Führer der Freien Franzosen«

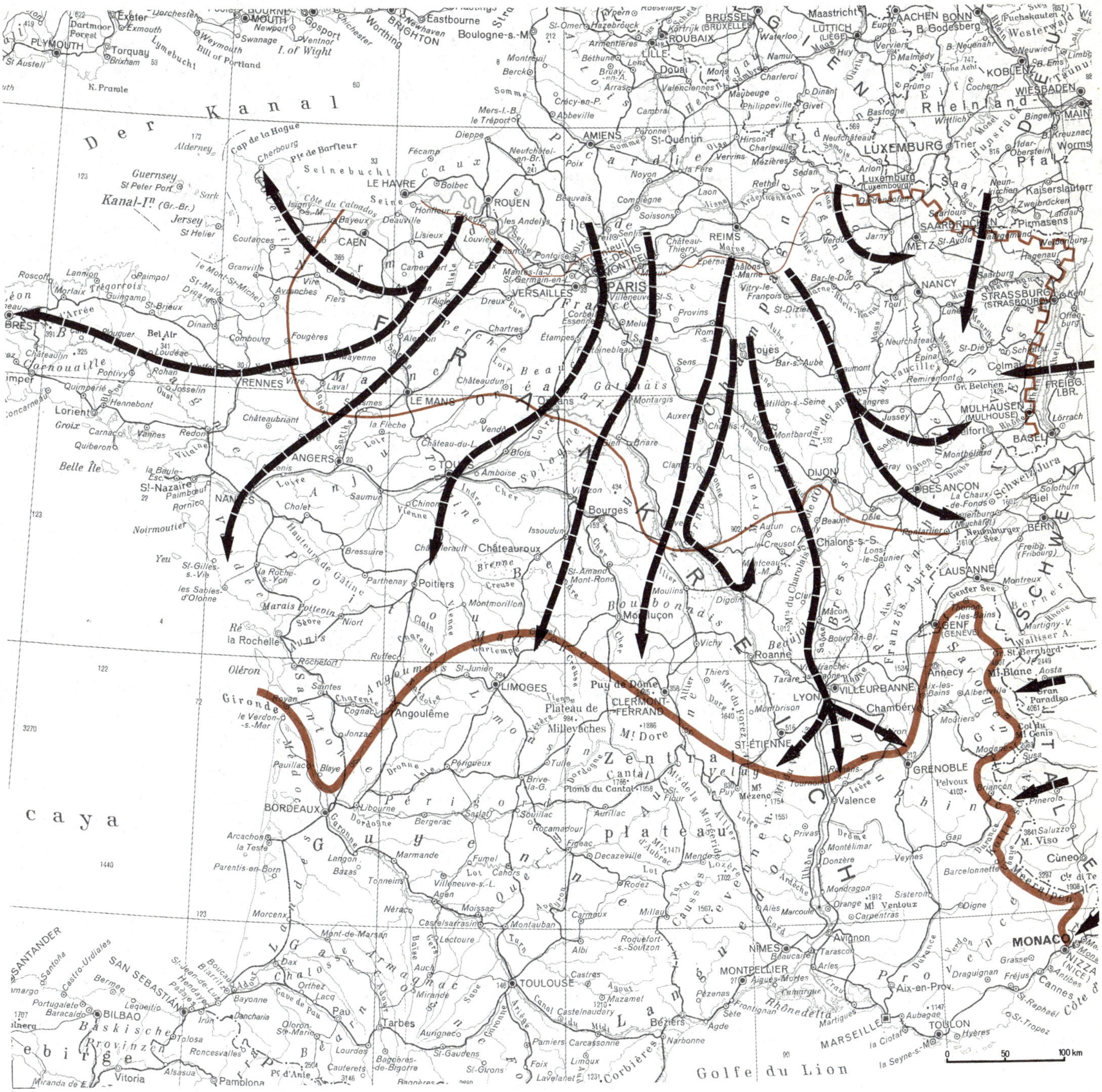

Im weiteren Verlauf der »Schlacht um Frankreich« wurde in der zweiten Junihälfte 1940 in der hier gezeigten Zweiphasenoperation das Schicksal der französischen Armee besiegelt.

und forderte am 18. 6. durch die BBC alle französischen Soldaten und Techniker auf, nach England zu kommen, um weiter Widerstand zu leisten. Hierbei sagte er wörtlich: »... Frankreich ist nicht allein. Es hat ein großes Reich hinter sich. Es kann mit dem Britischen Imperium einen Block bilden, der die See beherrscht und den Kampf fortsetzt. Es kann, wie England, unbegrenzt die ungeheure Industrie der Vereinigten Staaten ausnutzen.«
Die Regierung Pétain war damit nicht einverstanden und stellte de Gaulle in Abwesenheit vor ein Kriegsgericht, das ihn zum Tode verurteilte. Am 22. 6. wurde in Compiegne der Waffenstillstand abgeschlossen, nach dem deutsche Kräfte die gesamte Küste bis zur spanischen Grenze und das Hinterland bis zur Linie Genf–Dôle–Tours–Mont de Marsan besetzten. Die Regierung Pétain ging nach Vichy, sie behielt ein Heer aus Freiwilligen und schwache Luft- und Seestreitkräfte. Die Masse der Marine rüstete ab, soweit die Schiffe nicht in außerfranzösische Häfen gegangen waren. Zwei Tage später schlossen die Italiener ebenfalls Waffenstillstand.
Der Westfeldzug lief als große Operation eines europäischen Krieges ab, mit seinen politischen Folgen leitete er bereits zum Weltkrieg über. In Französisch-Indochina sicherte sich Japan durch Druck auf den Gouverneur eine starke Stellung. Die Amerikaner waren noch zu schwach, um das zu verhindern. Roosevelt zweigte, in seiner Eigenschaft als Oberbefehlshaber, ohne den Kongreß zu befragen, große Mengen von Kriegsmaterial für England ab und brachte zugleich ein riesiges Marineprogramm ein.
Die größte Sorge Churchills war, daß keine französischen Kriegsschiffe in deutsche Hand fielen. Er gab daher der in Gibraltar stationierten Kampfgruppe (Force H) den Befehl, das Geschwader in Mers-el-Kebir bei Oran außer Gefecht zu setzen. Beim Überfall am 3. 7. flog das Schlachtschiff »Bretagne« unter schweren Verlusten in die Luft, andere Schiffe wurden stark beschädigt, einige konnten nach Toulon entkommen. In England und in Ägypten liegende französische Schiffe wurden zur gleichen Zeit entwaffnet. Einige Tage später griffen die Engländer auch Dakar an und setzten ein dort liegendes Schlachtschiff vorübergehend außer Gefecht. Darauf verstärkte Vichy im Einvernehmen mit den Deutschen die dortige Verteidigung. Ende September griffen Engländer und freie Franzosen den Hafen erneut an, wurden aber unter Verlusten zurückgeschlagen.
Die deutsche wie die italienische Führung waren der Ansicht, daß England sich nicht wieder erholen könne und daß der Krieg endgültig gewonnen sei. Hitler machte in seiner Reichstagsrede am 19. 7. 1940 ein Friedensangebot, aber in solcher Form, daß auch eine weniger entschlossene Regierung als die Churchills es nicht angenommen hätte. Klare Pläne über den Sieg in Frankreich hinaus hatten weder Hitler noch die Führer des Heeres und der Luftwaffe. Die See und damit die Verhaltensweise der ihnen gegenüberstehenden Seemacht waren ihnen fremd. Großadmiral Raeder regte wiederholt an, den Schwerpunkt in den Mittelmeerraum zu verlegen. Es gelang ihm aber nicht, Hitler und die landgebundenen Generäle von den Vorteilen zu überzeugen, die sich hier noch boten, und von der Notwendigkeit, den schwachen Bundesgenossen Italien tunlichst zu entlasten. Es bestand nicht einmal ein gemeinsamer Kriegsplan der beiden Diktatoren. Das wirkte sich um so nachteiliger aus, als Mussolini überstürzt und ohne eigenen strategischen Plan in den Krieg eintrat, um sich an der Ernte zu beteiligen. Von 6 Großkampfschiffen, über die er wenige Monate später verfügt hätte, waren nur zwei fahrbereit, von der italienischen Handelsflotte befand sich ein Drittel, und zwar die modernsten Schiffe, außerhalb des Mittelmeeres, um gewinnbringende Fracht zu fahren. Die italienische Wehrmacht unternahm bei Kriegsbeginn keine der sich anbietenden Operationen, die die Position für einen Luft-See-Krieg verbessern konnten. In Frage kam ein Vorstoß nach Ägypten, um den Suezkanal in die Hand zu bekommen, oder Tunesien, um die Sizilienstraße zu beherrschen. Malta, nur 100 km von Sizilien entfernt, war mit wenigen Bataillonen und vier Jägern ganz schwach besetzt und konnte einem energischen Angriff nicht widerstehen. Nach einigem Zögern griffen die Italiener in den Seealpen an, als das Schicksal Frankreichs bereits entschieden war und wo keinerlei strategische Wirkung erzielt werden konnte. Der Angriff, unternommen, um die eigenen Ansprüche anmelden zu können, kam gegen entschlossenen französischen Widerstand nur mühsam vorwärts und brachte nicht den erhofften Gewinn. Das italienische Zögern erleichterte Churchill den Entschluß, fast die Hälfte der größeren Schiffe der Royal Navy im Mittelmeer zu belassen und mit Energie daranzugehen, Malta und Ägypten zu verstärken.
Die ersten Operationen in See, besonders das unentschiedene Gefecht zwischen Schlachtschiffen und Kreuzern

beider Seiten bei Punta Stilo am 9. 7. 1940, zeigten deutlich die Mängel der italienischen Seekriegführung. Die Flotte war für das Taggefecht taktisch und materiell gut vorbereitet, nicht aber für den Kampf bei Nacht. Die italienische Marine besaß keine eigenen Luftstreitkräfte, sondern war auf die Zusammenarbeit mit der selbständigen Luftwaffe angewiesen. Diese klappte durchaus nicht, die Aufklärung war unzuverlässig. Nur Hochbomber griffen mit großer Verspätung an und erzielten nicht einen wirkungsvollen Treffer. Zehn Tage später wurden italienische Kreuzer bei Kap Spada wegen mangelhafter Aufklärung überrascht, einer versenkt. Schon im Juli und August konnten die Engländer mehrere Geleitzüge mit Verstärkungen an Menschen und Material nach Ägypten und nach Malta ohne Verluste durchbringen.

Der Besitz der Küste am Kanal und an der Biscaya verbesserte die deutsche Position zum Atlantik erheblich. Die Mehrzahl der Häfen war nach kurzer Zeit benutzbar, die wichtigsten bald durch Flak und Küstenbatterien gesichert. Etwa 250 vorgefundene Fahrzeuge vom Fischdampfer bis zum Hummerboot dienten dazu, örtliche Minensuch-, Vorposten- und Geleitverbände aufzustellen, um den rund 2000 km langen Küstenweg laufend zu kontrollieren. Dazu kamen einige eingefahrene Flottillen aus der Heimat, die beweglicher waren und Schwerpunkte für besondere Fälle, wie etwa das Durchbringen von Hilfskreuzern oder größeren Handelsschiffen, bilden konnten.

Vordringlich war, an der Biscaya eine neue Basis für den U-Boot-Krieg zu schaffen. Mitte Juli lief in Lorient das erste Boot zur Überholung nach Fernfahrt ein. Während des Norwegenunternehmens waren die Erfolge gegen die Handelsschiffahrt naturgemäß stark zurückgegangen. Im Juni erreichten sie dann mit 355000 BRT den Höhepunkt des Jahres; die zweite Hälfte 1940 erbrachte insgesamt knapp 1,5 Millionen BRT. Für die geringe Zahl der U-Boote (durchschnittlich standen 10 bis 15 im Operationsgebiet) war das ein gutes Ergebnis, es genügte aber nicht, um England niederzuzwingen. Der Druck mußte verstärkt werden, doch Neubauten waren in größerer Zahl erst 1941 zu erwarten.

Der Gedanke lag nahe, in England zu landen. Die Geschichte ermutigte allerdings nicht sehr zu diesem Versuch. Auf jeden Fall mußte es eine Operation größten Stils werden, denn das Erscheinen deutscher Truppen am Kanal hatte begreiflicherweise die Engländer angespornt, alle Arten von Maßnahmen zur Abwehr einer Landung zu treffen. Der Angreifer mußte damit rechnen, daß sie trotz ihrer Materialverluste auf dem Kontinent eine beträchtliche Streitmacht in Südostengland bereitstellen würden. Ihre Flotte hatte einige Verluste erlitten, war aber voll einsatzfähig und der deutschen weit überlegen. Es war daher für die Deutschen unerläßlich, die Luftherrschaft über dem Kanal zu erringen und dadurch die Seestreitkräfte zu zwingen, sich zurückzuhalten.

Ein anderer Weg, England zu bekämpfen, wäre gewesen, durch die Luftwaffe Handelsschiffe und die größeren Häfen angreifen zu lassen. Der englische Einfuhrbedarf lag bei 43 Millionen Tonnen im Jahr. Im Kampf gegen den dazu erforderlichen Transportraum konnten Luftwaffe, U-Boote und Überwasserschiffe ihre Kräfte vereinigen. Hitler war sich offenbar nicht ganz klar, welches Verfahren er bevorzugen sollte. Am 16. 7. befahl er durch Führerweisung Nr. 16 den drei Wehrmachtsteilen, eine Landung in England vorzubereiten, ohne daß ein Termin gesetzt wurde. Führerweisung Nr. 17 erschien am 1. 8. und forderte, den Luft- und Seekrieg gegen England zu verstärken.

Der Drang zur Landung in England war am größten beim Heer. Dort unterschätzte man die Schwierigkeiten der Operation beträchtlich, denn man glaubte, sie wie einen Flußübergang großen Stils durchführen zu können. Anfänglich war geplant, 40 Divisionen auf einer Breite von 300 km (von westlich der Isle of Wight bis zur Themsemündung) hinübergehen zu lassen. Es war aber völlig unmöglich, die Transporttonnage für diese Truppenzahl fristgerecht bereitzustellen. Auch konnte der Übergang in dieser Breite weder aus der Luft noch auf See auch nur einigermaßen ausreichend gesichert werden. Man einigte sich schließlich auf 13 Divisionen und eine Front von ca. 140 km (etwa von Folkestone bis Eastbourne).

Es erwies sich als großer Nachteil, daß die Wehrmachtsteile sich nicht mit der Taktik der amphibischen Operationen beschäftigt hatten. Der Band des Admiralstabswerkes, der die Landung auf der Insel Oesel im Oktober 1917 behandelte, erschien erst 1966! Man hatte keine besonderen Landungsfahrzeuge entwickelt, wie es die Japaner und die Amerikaner getan hatten, und mußte sich nun mit Küsten- und Binnenfahrzeugen behelfen, die in Eile notdürftig hergerichtet wurden. Für den Übergang in der verkleinerten Form versammelte die Marine:

155 Transporter von zusammen 700000 BRT,
rd. 1300 Prähme und Leichter (von 2000 erforderlichen),
470 Schlepper, da viele Prähme usw. keinen Antrieb hatten,
rd. 1200 Motorboote.

Der Entzug dieses Transportraumes verursachte in der Heimat Störungen im Transport von Nahrungsmitteln und Erz. Eine Anzahl Prähme wurden mit Hilfe von ausrangierten Flugzeugmotoren beweglich gemacht, so viele wie möglich erhielten eine Bugklappe, die auf den Strand herabgelassen werden konnte.

Angesichts der besonderen Verhältnisse im englischen Kanal mit seinen starken Gezeiten und Strömungen war vieles nur ein Notbehelf. Schon mittlerer Seegang konnte die Überfahrt eines erheblichen Teils der Landungsflotte verhindern. Die Sicherung auf dem Wasser war höchst problematisch. Nach den schweren Verlusten in Norwegen verfügte die Kriegsmarine nur über 4 fahrbereite Kreuzer, 9 Zerstörer und eine Anzahl von Schnellbooten und Minensuchbooten, die Royal Navy dagegen über 14 schwere Schiffe, 5 Flugzeugträger, 62 Kreuzer und 180 Zerstörer. Es war zwar wahrscheinlich, daß es gelingen würde, Minensperren zu legen, die die Flanken des Übergangs schützen sollten, aber diese Minen waren verhältnismäßig leicht zu räumen und boten wegen ihres Unterschnitts bei starkem Strom nur einen unsicheren Schutz.

Volle Luftherrschaft konnte das bei Tage bis zu einem gewissen Grad ausgleichen, nicht aber bei Nacht. Für die geschleppten Prähme rechnete man mit mindestens 15 Stunden für die Überfahrt, die Dampfer mußten zum Entladen 36 Stunden vor der Küste zu Anker liegen. Es war sicher, daß die Engländer diese Gelegenheiten ausnutzen würden, um unter dem Schutz der Dunkelheit anzugreifen.

Anfang August begann die Luftwaffe mit 2355 Flugzeugen die Operationen gegen die Flugplätze in Südostengland, dann gegen London. Zahlreiche Magnetminen, die vor den Häfen geworfen wurden, hatten wenig Erfolg. Bei den ersten Würfen Ende 1939 waren Minen auf so flaches Wasser gefallen, daß sie von den Engländern geborgen und studiert werden konnten. Das erleichterte das Räumen. Die Konzentration der Luftangriffe dort, wo die Engländer an Jägern und durch Radar besonders stark waren, führte zu schweren Verlusten und brachte nicht den erhofften Erfolg. Mitte September war die RAF (Royal Air Force) noch so stark, daß sie zu Gegenangriffen übergehen konnte, bei denen sie von der inzwischen in den Häfen am Kanal bereitgestellten Transportflotte rund 10 Prozent vernichtete. Die Luftherrschaft war also durchaus nicht gesichert, und es bestand keine Aussicht, sie noch zu erreichen. Bis Ende Oktober betrugen die deutschen Verluste an Flugzeugen 1733, die englischen 915. Viele Piloten konnten sich mit Fallschirm retten. Da die Luftkämpfe meist über England stattfanden, gerieten die deutschen Piloten in Gefangenschaft, während die englischen weiterkämpfen konnten. Hitler mußte sich entschließen, das Unternehmen »Seelöwe« auf das folgende Frühjahr zu verschieben, Raeder erreichte, daß es weitgehend abgebaut wurde, weil Schiffsraum und Besatzungen anderweitig gebraucht wurden. Die für England gebildeten Stäbe wurden aufgelöst, die Lage entwickelte sich dann so, daß das Unternehmen nicht mehr stattfand. Es war ernsthaft vorbereitet worden, es hatte aber nie Aussicht auf Erfolg gehabt, denn es fehlten die geeigneten Landungsfahrzeuge, die Seestreitkräfte zur Sicherung und eine Luftwaffe, die etwas vom Seekrieg verstand. Eine besondere Wirkung des »Seelöwen« lag zweifellos darin, daß die vielseitigen Maßnahmen, mit denen die Wehrmachtsteile die große Operation vorbereiteten, Hitler den Vorwand gaben, keine anderen Pläne zu verfolgen. So wurde verdeckt, daß er weder ein klares Bild hatte, wie man den Krieg militärisch fortsetzen noch wie man ihn politisch beenden könnte. Dieser Mangel an konstruktivem Denken, seine Ideologie und eine auf das Festland beschränkte Strategie führten zu der Zwangsvorstellung, mit einem Sieg über Rußland auch England zu treffen.

Während der Vorbereitungen zum Unternehmen »Seelöwe« und der Luftschlacht über England liefen eine Reihe anderer Entwicklungen weiter. Anfang September schloß Präsident Roosevelt mit England einen Tauschvertrag ab, nach dem die USA fünfzig alte Zerstörer abgaben. Als Gegenleistung erhielten sie das Recht, Stützpunkte auf Neufundland, den Bermudas, in Westindien und Britisch-Guyana zu benutzen. Die Zerstörer verbesserten die Sicherung der Geleite im Atlantik fühlbar.

In Nordafrika begann am 13. 9. die italienische Offensive (Berti) in ägyptisches Gebiet, machte aber bereits am 16. 9. bei Sidi Barrani halt, 120 km von der libyschen Grenze entfernt. Die Italiener hatten zwar 250000 Mann gegen nur 36000 Mann englischer Truppen, und weitere 350000 Mann in Äthiopien und Eritrea. Aber ihre Ausrüstung

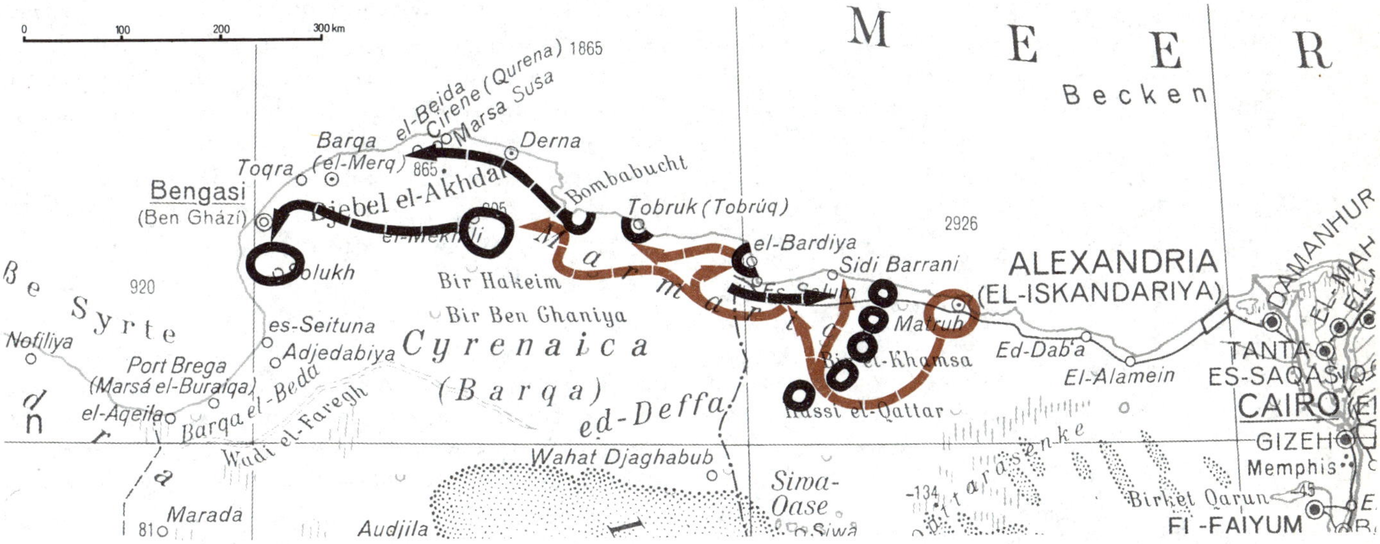

Mitte September 1940 führte Grazianis Offensive nach Sidi Barrani (schwarz), die Gegenoffensive Lord Wavells (rot) trieb die Italiener zwischen Dezember 1940 und Anfang Februar 1941 bis nach Bengasi zurück.

war veraltet, und vor allem konnten sie die Nachschubwege über See nicht kontrollieren. Die Kräfte in Äthiopien eroberten Britisch und Französisch Somaliland, blieben aber beim Vormarsch in den Sudan bald stecken.

Das französische Mandat Syrien erkannte die Regierung Pétain in Vichy an, im Irak gewann ein Aufstand gegen die Engländer vorübergehend die Oberhand, der ganze Osten war in Unruhe. Hitler war aber bereits mit Plänen für einen Krieg mit der Sowjetunion beschäftigt und sah im Mittelmeer nach wie vor nur einen Nebenkriegsschauplatz. Erst Ende Oktober traf er sich mit dem französischen Ministerpräsidenten Laval, mit General Franco und mit Pétain. Es gelang ihm nicht, Franco zum Eintritt in den Krieg zu bewegen. Dieser wußte aus eigener Erfahrung, was Schwäche zur See bedeutete, und sah, daß die Engländer nach wie vor das Mittelmeer beherrschten. Da die Achsenmächte offensichtlich nicht stark genug waren, um Ägypten oder England zu erobern, versagte sich Franco. Die Operation »Felix«, die Hitler hatte vorbereiten lassen, um Gibraltar zu nehmen, fand nicht statt.

Pétain und Laval waren für eine deutsch-französische Zusammenarbeit, im Interesse Frankreichs, um die Folgen der Niederlage zu mildern. Sie lehnten es aber ab, den Deutschen die jetzt gewünschten Positionen in Nordafrika zu überlassen, denn es fehlte die Gegenleistung. Was unter dem unmittelbaren Eindruck des Westfeldzuges und des rücksichtslosen Vorgehens der Engländer gegen die französische Flotte vielleicht gelungen wäre, war ein Vierteljahr später schon nicht mehr möglich. Auch das am 27. 9. 1940 abgeschlossene Bündnis zwischen Deutschland, Italien und Japan war kein Mittel gegen Rückschläge, denn es brachte keine einheitliche Strategie der Partner.

Ohne Deutschland zu unterrichten, suchte Mussolini den ausgebliebenen Gewinn in einem Feldzug gegen Griechenland. Der Angriff (OB Visconti-Prasca) begann überhastet am 28. 10. 1940, war strategisch wenig sinnvoll gegen Nordgriechenland gerichtet und blieb bald stecken. Eine der ersten Folgen war, daß die Engländer in der Suda-Bucht auf Kreta einen Flottenstützpunkt einrichteten und den Verkehr zwischen Italien und dem Dodekanes völlig unterbanden. Später schickten sie Flugzeuge und schließlich etwa 60000 Mann auf das Festland. Die griechische Armee (OB Papagos) ging zum Gegenangriff über und eroberte am 21. 11. ein Drittel Albaniens. Das italienische Heer geriet in schwere Bedrängnis und bedurfte großer Verstärkungen an Menschen und Material. Die italienische Kriegs- und Handelsmarine brachten diese fast ohne Verluste über die Adria, aber zu Lasten des Nachschubs für

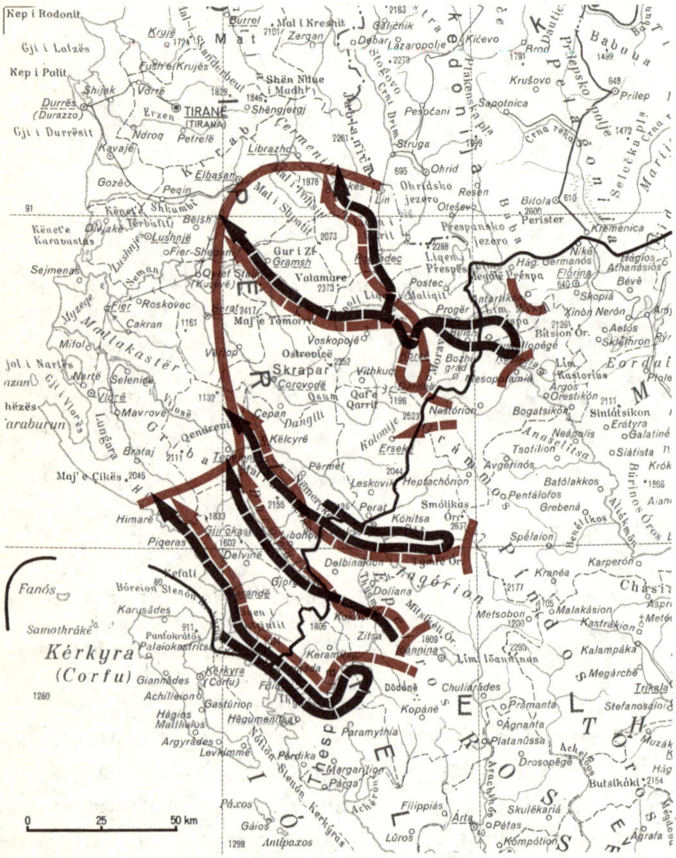

Auf dieser Karte werden der geringe Raumgewinn der italienischen Offensive gegen Griechenland und der große Erfolg der griechischen Gegenoffensive (rot) deutlich.

Libyen. Die Schlachtflotte konnte mit 6 Schlachtschiffen und zahlreichen Kreuzern die Transporte ausreichend sichern. Auf der Reede ihres Stützpunktes Tarent wurde sie aber am 6. 11. 1940 Ziel eines Angriffs englischer Trägerflugzeuge, die durch Torpedos (für Abwurf auf flachem Wasser besonders vorbereitet) ein Schlachtschiff völlig und zwei für ein halbes Jahr außer Gefecht setzten. Die Flotte zog sich nach Neapel zurück, die Engländer besaßen wieder eindeutig die Seeherrschaft im Mittelmeer. Ihre Transporte liefen nahezu ungestört, ihre wenigen Schlachtschiffe beschossen Häfen in Nordafrika und sogar Valona in Albanien. Fünfzig neue Panzer, fast die Hälfte des englischen Bestandes, die Churchill in nüchterner Beurteilung der geringen Aussichten des Unternehmens »Seelöwe« nach Ägypten schickte, nahmen noch den Weg um das Kap der Guten Hoffnung. Nach ihrem Eintreffen griff General Wawell am 9. 12. mit nur 31000 Mann, aber voll motorisiert und mit 225 Panzern, die Italiener bei Sidi Barrani an und überrannte sie im ersten Ansturm. Von See her gut unterstützt, erreichten die Briten am 5. 1. 1941 Bardia und eroberten Ende Januar das stark befestigte Tobruk. Anfang Februar kam ihr Vormarsch bei El Agheila an der Großen Syrte vorerst zum Stehen.

Die Italiener hatten sich so unterlegen gezeigt, daß keinerlei Aussicht für sie bestand, einen erneuten Angriff abzuwehren. Diese Lage erzwang nun eine engere Zusammenarbeit der Achsenpartner im Mittelmeerraum. Unmittelbar nach Beginn der englischen Offensive kam man überein, deutsche Flieger nach Süditalien und Sizilien zu verlegen. Hierzu wurde das X. Fliegerkorps (General Geisler) bestimmt. Etwas später beantragte das Commando Supremo eine deutsche Panzerdivision für Nordafrika. Beide Maßnahmen ergänzten sich. Die Flieger erzielten ihren ersten Erfolg Anfang Januar 1941 beim Angriff auf ein Geleit für Malta. Sie versenkten einen Kreuzer und beschädigten den einzigen Träger so schwer, daß er nur mit Mühe nach Alexandria entkam. Repariert wurde er auf einer amerikanischen Werft. Die Briten hielten sich nun stark zurück; die Überführung der deutschen Truppen nach Afrika, die Anfang Februar begann, ging fast bis zum Schluß ohne Verluste vor sich. Am 12. 2. übernahm Generalleutnant Rommel in Tripolis das Kommando über eine leichte und eine Panzerdivision (leider hatte man ihm »aus organisatorischen Gründen« seine eigene nicht gegeben). Sein Auftrag war lediglich, die Verteidigung zu verstärken.

Es war unverkennbar, daß Roosevelt sich immer stärker bemühte, Großbritannien zu unterstützen und die Kriegführung der Achse zu erschweren. Anfang Januar 1941 verkündete er seine »Vier Freiheiten« der Meinungsäußerung, der Religion, von Furcht und von Not, deutlich gegen die Diktatoren gerichtet. Wenige Tage später fanden Besprechungen der beiden Generalstäbe statt, die bald zu gemeinsamen Planungen führten. So konnte Roosevelt mit der Unterzeichnung des Pacht- und Leihgesetzes vom 11. März die Briten mit Material unterstützen und ihre Kriegsschiffe in den USA reparieren lassen. Die dort liegenden Handelsschiffe der Achse wurden beschlagnahmt. Anfang April griff ein Zerstörer der neu aufgestellten US-Atlantischen Flotte bei Island erstmalig ein deutsches U-Boot mit Wasserbomben an, die USA erklärten den

26. Grad Westlänge zur Grenze der westlichen Halbkugel, die somit bei Island, den Azoren und den Capverden begann. Am 27. 5. erklärte Roosevelt den »Nationalen Notstand«, im Juli ließ er die englischen Truppen auf Island durch Amerikaner ablösen. Zugleich übernahmen seine Seestreitkräfte die Sicherung aller Geleite bis dorthin. Das führte zu mehreren Zusammenstößen mit deutschen U-Booten. Abgerundet wurden diese Maßnahmen durch das Ölembargo gegen Japan und durch die Atlantik-Charta vom 12. August, praktisch das Bündnis mit England, dem andere Staaten beitreten konnten.
Hitler hatte dieser Aktivität nichts entgegenzusetzen und sah die Lösung im Feldzug gegen Rußland, zu dem die Vorbereitungen seit dem Herbst 1940 liefen. Durch den mißglückten Angriff Italiens auf Griechenland war aber auf dem Balkan eine Lage entstanden, die vor der großen Offensive bereinigt werden mußte. Bündnisse mit Ungarn, Rumänien und Bulgarien sicherten dafür die Ausgangsstellungen, wie auch für den Feldzug in die Ukraine. Es gelang, Jugoslawien durch einen Vertrag neutral zu halten, bis der Regent Prinz Paul am 27. 3. 1941 durch deutschfeindliche Verschwörer gestürzt wurde. Hitler ließ nun den Angriff auf Griechenland um einige Tage verschieben, den auf die Sowjetunion um vier bis sechs Wochen, konzentrierte starke Kräfte gegen Jugoslawien und schlug am 6. 4. 1941 los. Mit schnellen Operationen sehr beweglicher, zum Teil gepanzerter Kräfte führte dieser Feldzug in drei Wochen zum vollen Erfolg. Jugoslawien und das griechische Festland wurden gegen heftigen Widerstand besetzt, die Heere zum großen Teil gefangengenommen. Nur einige Einheiten setzten den Kampf als Partisanen fort.
Den Engländern gelang es, in geschickten nächtlichen Unternehmen die Masse ihrer Truppen unter tragbaren Verlusten einzuschiffen und abzutransportieren. Die italienische Marine versenkte zwar Ende März durch Kleinkampfmittel in der Suda-Bucht einen Kreuzer und zwei Transporter, sie griff aber in den Balkanfeldzug mit schweren Streitkräften nicht ein. Vom 28. zum 29. 3. kam es infolge völligen Versagens der Luftaufklärung zu einem unerwarteten Nachtgefecht bei Cap Matapan, bei dem die Italiener (noch ohne Radar) 3 schwere Kreuzer und 2 Zerstörer verloren, ohne den Engländern auch nur Treffer beibringen zu können.
In Nordafrika nutzte Rommel die Bindung der Engländer in Griechenland dazu aus, um ein Ende März begonnenes, örtliches Unternehmen gegen El Agheila zur großen Offensive zu steigern. Mit seinem ausgeprägten Gefühl für die schwachen Stellen beim Gegner gelang es ihm, die Briten völlig aus dem Gleichgewicht zu bringen. Innerhalb von zwei Wochen standen seine Truppen wieder an der ägyptischen Grenze, nur Tobruk blieb in britischer Hand. Versuche, es durch einen Handstreich zu nehmen, mißlangen; es folgte eine Belagerung von 242 Tagen. Hierbei hatten die Verteidiger den Vorteil, daß sie laufend über See versorgt wurden, während das Afrikakorps für seinen Nachschub auf den sehr langen Landweg angewiesen war. Die Engländer nutzten ihre Seeherrschaft aus, um Tripolis mit Schlachtschiffen zu beschießen und schwere Schäden an Schiffen und Anlagen anzurichten. Zerstörer vernichteten die letzte Transportstaffel des Afrikakorps; das gesamte Material und über die Hälfte der 3000 Mann gingen verloren.
Die Rückschläge in Griechenland und Nordafrika hinderten die Engländer nicht, ihre im Januar 1941 begonnene Offensive gegen die italienischen Kolonien in Nordostafrika fortzusetzen. Bereits am 5. Mai konnte Kaiser Haile Selassie wieder in seiner Hauptstadt Addis Abeba einziehen. Fast gleichzeitig landeten indische Truppen im Irak und vertrieben eine Regierung achsenfreundlicher Nationalisten, die von wenigen deutschen Flugzeugen nur schwach unterstützt wurden. Anschließend griffen die Briten die französischen Truppen in Syrien an, die wegen fehlender Seeverbindungen ebenfalls nicht verstärkt werden konnten und nach kurzem Widerstand kapitulieren mußten. Die britische Position um den Suezkanal war im ganzen gefestigt, Minenwürfe deutscher Flugzeuge unterbrachen die lebenswichtige Wasserstraße nur vorübergehend.
Allerdings gelang es der Achse, sich durch die Eroberung von Kreta die Ägäis und damit den Zugang sowohl zum Dodekanes wie für ihre Handelsschiffe zu den türkischen Meerengen und den Verbündeten am Schwarzen Meer zu sichern. Das Unternehmen »Merkur« (Löhr) war auf Luftherrschaft und Überraschung aufgebaut. Dieses mißlang aber, da sich der britische Nachrichtendienst ein gutes Bild der mehrfach verschobenen Operation gemacht hatte. Beim Angriff am 20. 5. 1941 gelang es den Fallschirmspringern nicht, auch nur einen der drei Flugplätze der Insel zu nehmen. Sie und die nachfolgenden Luftlandetruppen erlitten schwerste Verluste, bis in zähem Ringen

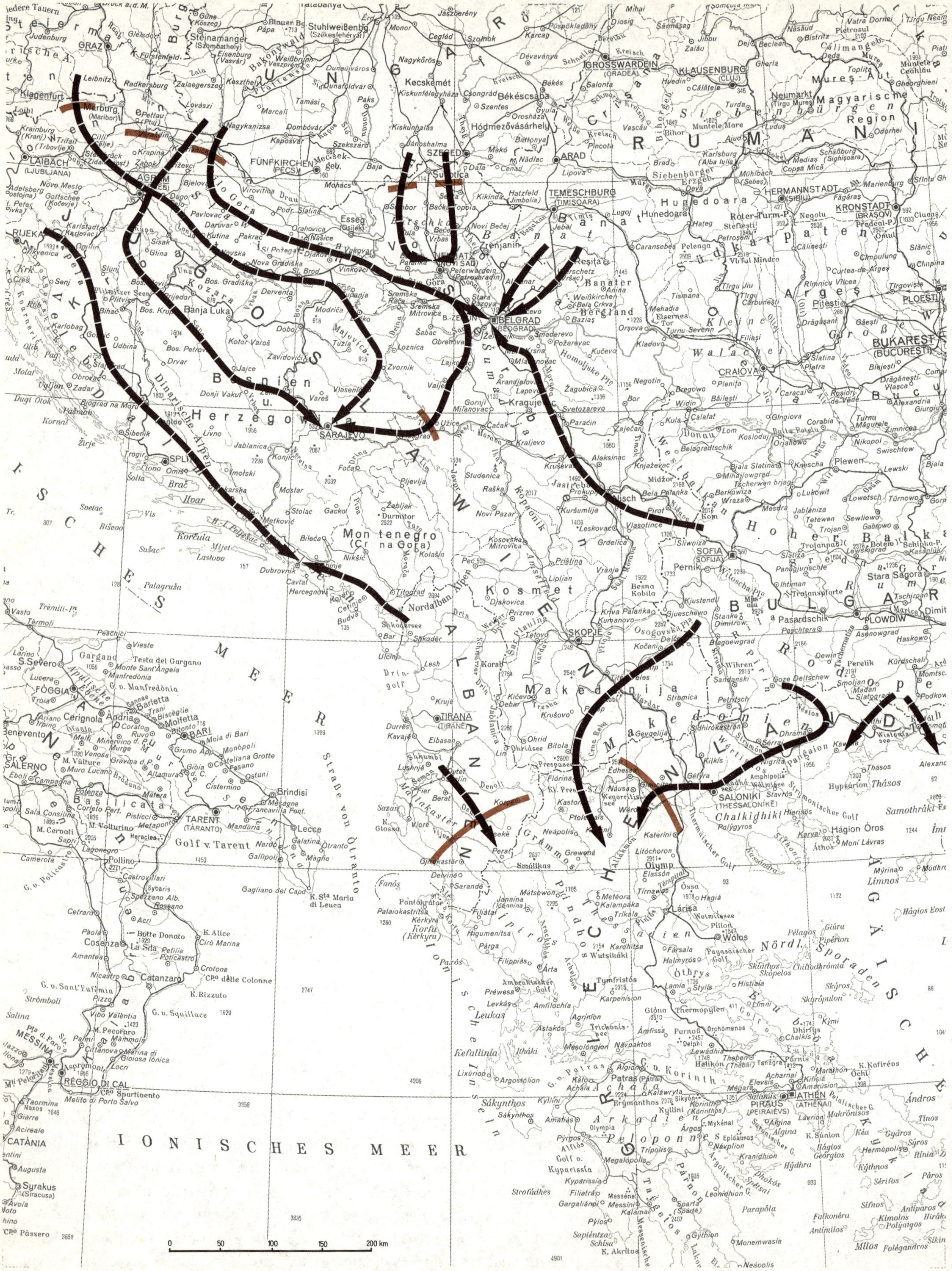

Steiermark
GRAZ
Klagenfurt
Marburg (Maribor)
LAIBACH (LJUBLJANA)
AGRAM
RIJEKA
FÜNFKIRCHEN (PECS)
SZEGED
Subotica
Esseg (Osijek)
Banja Luka
Bosnien u. Herzegowina
SARAJEVO
SPLIT
Dalmatien
Dinarische Alpen
Montenegro (Crna Gora)
Dubrovnik
BELGRAD (BEOGRAD)
Kragujevac
Kosmet
SKOPJE
Makedonija
Nordalban. Alpen
TIRANA
Albanien
GROSSWARDEIN (ORADEA)
KLAUSENBURG (CLUJ)
Siebenbürgen
TEMESCHBURG (TIMISOARA)
Banat
HERMANNSTADT (SIBIU)
KRONSTADT (BRASOV)
Südkarpaten
Rumänien
CRAIOVA
BUKAREST (BUCURESTI)
PLOESTI
Walachei
Donau
SOFIA (SOFIJA)
Bulgarien
Balkan
PLOWDIW
Rhodope
SALONIKI (THESSALONIKE)
Chalkidiki
Olymp
Larisa
Wolos
Pindos
Thessalien
Patras
Korinth
ATHEN (ATHENAI)
PIRAUS (PEIRAIEVS)
Peloponnes
Arkadien
Kerkyra
Korfu
Kefallinia
Ionische Inseln
Adriatisches Meer
Golf v. Tarent
Straße von Otranto
Ionisches Meer
Ägäisches Meer
BARI
Brindisi
TARENT (TARANTO)
FOGGIA
SALERNO
Basilicata
Calabria
Catanzaro
MESSINA
REGGIO DI CAL.
CATÂNIA
Syrakus (Siracusa)
0 50 100 150 200 km

◀ In der Zeit vom 6. bis 17. April 1941 stießen die Achsentruppen von Deutschland, Ungarn, Rumänien und Bulgarien aus zügig durch Jugoslawien und erreichten Nordgriechenland.

Bis Ende April 1941 war auch Griechenland bezwungen. Die Besetzung des Peleponnes wurde durch den Übergang über den Golf von Patras und eine Luftlandung am Isthmus von Korinth ermöglicht.

ein Flugplatz einigermaßen gesichert war. Zwei Geleitzüge aus kleinen Dampfern und Motorseglern wurden nachts auf dem Wege zur Insel von britischen Seestreitkräften gestellt. Zwei italienische Torpedoboote setzten sich mit größter Tapferkeit und solchem Geschick ein, daß die Verluste erträglich blieben. Bei Hellwerden brachten Sturzkampfflieger der englischen Flotte schwere Verluste bei und zwangen sie zum Rückzug. In siebentägigen harten Kämpfen gelang es schließlich, auf der von 42640 Mann verteidigten Insel so festen Halt zu gewinnen, daß die Engländer sich über See zurückzogen. 12000 gerieten in Gefangenschaft, durch Luftangriffe verloren sie 3 Kreuzer und 6 Zerstörer; der einzige Flugzeugträger, 3 von 4 Schlachtschiffen und zahlreiche kleinere Fahrzeuge wurden beschädigt.

Mit dieser Luft-See-Operation gegen Kreta, dem Erreichen des Halfayapasses durch Rommel und der Wegnahme des Irak und Syriens durch die Engländer hatte sich ein neues,

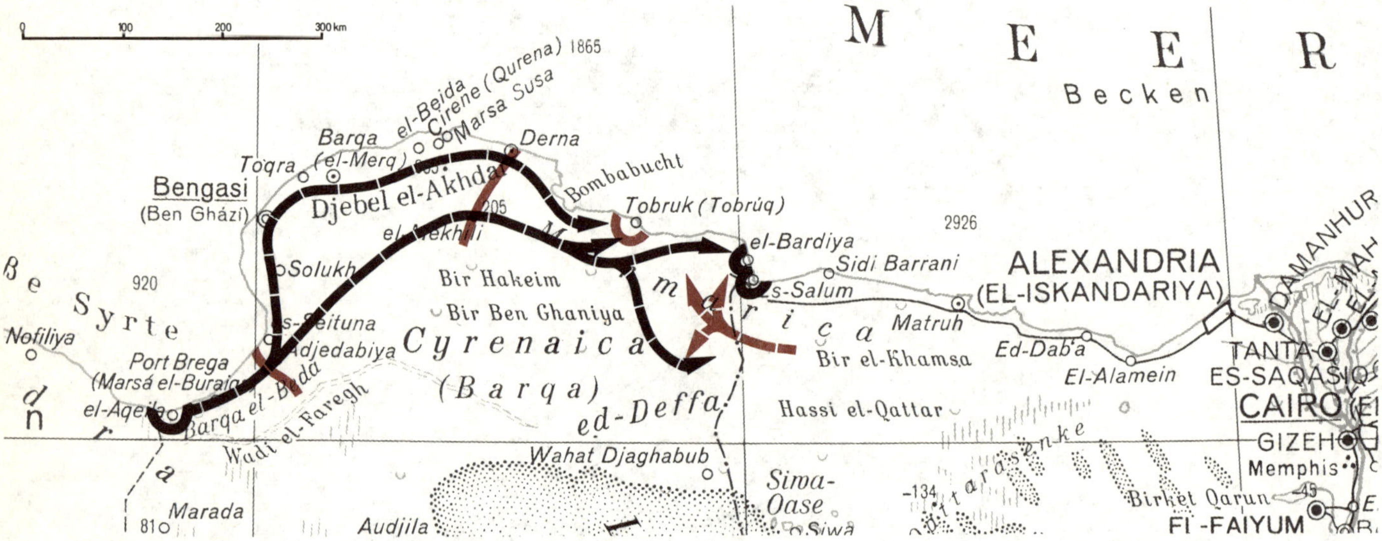

Ende März 1941 begann GFM Rommel seine erste Offensive in Nordafrika, die bis Sollum (Es-Salum) führte. In Tobruk wurden die Briten eingeschlossen. Ein Gegenangriff Wavells (roter Pfeilfächer) scheiterte.

labiles Gleichgewicht im Mittelmeer eingestellt. Die weitere Entwicklung mußte davon abhängen, wem es besser gelang, seine lebenswichtigen Seeverbindungen zu sichern, den Engländern Gibraltar–Malta–Suez, den Achsenmächten die Strecke Italien–Nordafrika.

Im Krieg gegen die britischen Seeverbindungen auf dem Atlantik ergab sich etwa zur gleichen Zeit ebenfalls eine Zäsur. Die Luftwaffe, die die geringe Zahl der U-Boote hätte ausgleichen können, beteiligte sich nach Aufgabe des Unternehmens »Seelöwe« nur nebenbei am Tonnagekrieg. Für Göring war der Atlantik bestenfalls Nebenkriegsschauplatz. Mit Mühe gelang es den Admiralen Raeder und Dönitz, wenigstens eine gewisse Aufklärung durch Langstreckenflugzeuge zu erreichen. Diese war unerläßlich, denn unter der englischen Küste wurde die Unterwasserabwehr fühlbar stärker. Der Verlust der drei besonders erfolgreichen Kommandanten Prien, Kretschmer und Schepke Anfang 1941 war zwar ein Zufall, aber im ganzen wurden die Boote immer weiter hinausgedrängt. Bei ihrer geringen Zahl (nur 10 im Durchschnitt auf Position) und begrenzten Sichtweite waren sie auf Luftaufklärung angewiesen, um Geleitzüge planmäßig bekämpfen zu können. Die Luftwaffe aber sah ihr Hauptziel im Bombenkrieg gegen englische Industrie- und Hafenstädte. Die Royal Air Force griff in steigendem Maße deutsche Städte an. Nach Beginn des Rußlandfeldzuges überwogen die englischen Operationen die deutschen bei weitem.

Bei Kriegsbeginn plante die Seekriegsleitung, die wenigen Überwasserschiffe (3 Schlachtschiffe, 2 Schwere Kreuzer, 3 Panzerschiffe) und getarnte Handelsschiffe gegen die feindlichen Seeverbindungen anzusetzen, um die Zeit zu überbrücken, bis mehr U-Boote kamen. Am besten geeignet waren an sich die drei Westentaschenpanzerschiffe wegen des großen Fahrbereichs (bis zu 18000 Seemeilen), den ihnen ihre Dieselanlagen gaben. »Graf Spee« war aber nach dem Gefecht vor der La-Plata-Mündung von der eigenen Besatzung versenkt worden, »Lützow« (Ex-Deutschland) nach kurzer Kreuzfahrt zu Kriegsbeginn mit Motorenschaden in die Werft gegangen und dann beim Norwegenunternehmen durch einen U-Boot-Torpedo schwer beschädigt worden. »Admiral Scheer« (Kpt. z. S. Krancke) begann Ende Oktober 1940 eine fünfmonatige Operation, bei der er bis in den Indischen Ozean ging und 17 Schiffe mit 113000 BRT versenkte oder aufbrachte. Nach ihm lief der Schwere Kreuzer »Hipper« aus (Kpt. z. S. Meisel), wegen hohen Brennstoffverbrauchs und störanfälliger Maschinenanlage wenig geeignet. Er wurde in Brest repariert, versenkte dann aus einem Geleitzug 7 Schiffe mit 33000 BRT und ging etwa gleichzeitig mit

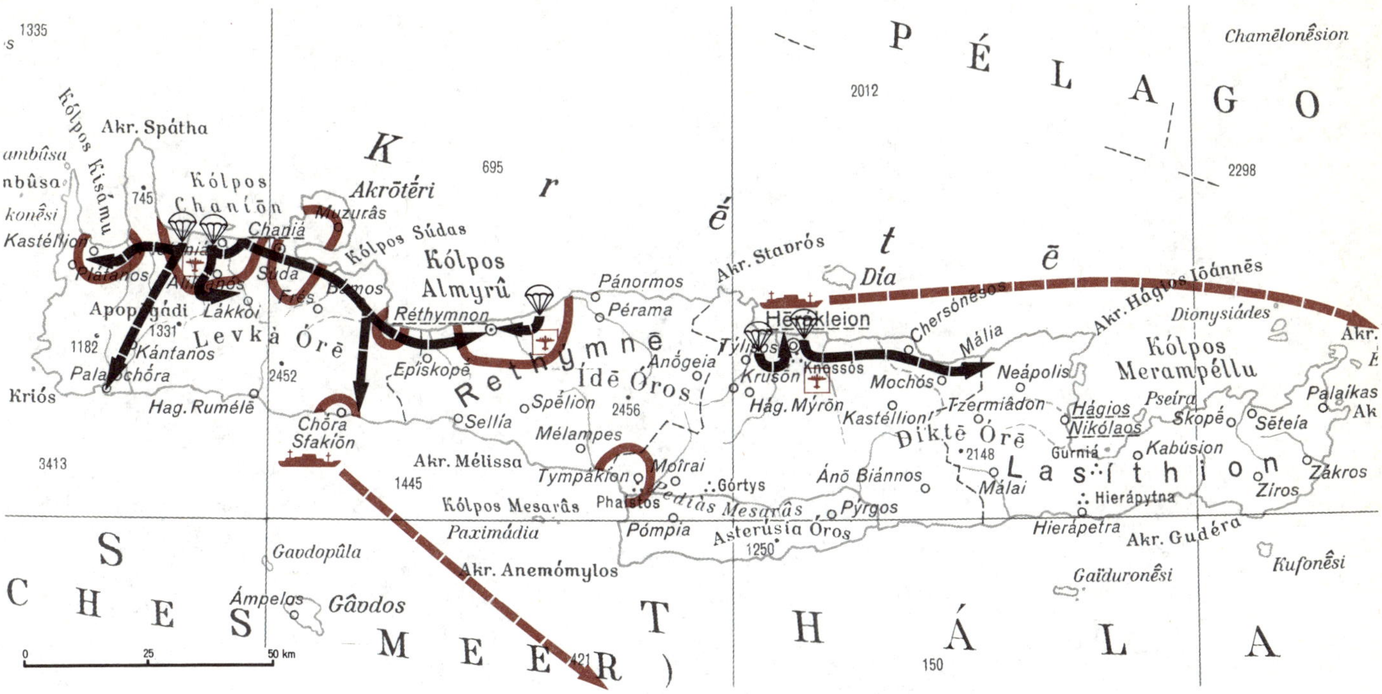

Zwischen dem 20. und 30. Mai 1941 wurde Kreta aus der Luft erobert. Nur zögernd gelang den Fallschirmjägern der Ausbruch aus den Landeräumen; doch schließlich mußten die Briten auf dem Seeweg evakuieren.

»Scheer« durch die Dänemarkstraße zurück. Dagegen blieben die Schlachtschiffe »Scharnhorst« und »Gneisenau« nach einer Fahrt von zwei Monaten in Brest, bei der sie unter Admiral Lütjens, dem Flottenchef, im Atlantik 22 Schiffe mit 115000 BRT versenkt hatten. Sie sollten sich für weitere Operationen mit dem neuen Schlachtschiff »Bismarck« (42000 Tonnen) bereit halten. Dessen Auslaufen verzögerte sich aber bis Mitte Mai, weil der Schwere Kreuzer »Prinz Eugen«, der es begleiten sollte, durch Ferndetonation einer Mine leicht beschädigt wurde. Die Schiffe, wieder unter der Führung von Lütjens, wurden früh von der britischen Aufklärung erfaßt, die schwere Streitkräfte heranholte. Im Westausgang der Dänemarkstraße stieß die »Bismarck«-Gruppe auf 2 Schlachtschiffe. Im Artilleriegefecht flog die »Hood« (42000 Tonnen) nach wenigen Minuten in die Luft, die »Prince of Wales« (35000 Tonnen) konnte beschädigt entkommen, da Lütjens sie nicht verfolgte. Die »Bismarck« hatte durch einen Treffer Öl verloren und steuerte daher nicht die vorbereitete U-Boots-Aufstellung und einen Tanker bei Grönland an, sondern versuchte, in großem Bogen Brest zu erreichen, während die »Prinz Eugen« zum Handelskrieg entlassen wurde. Der Durchbruch schien zu gelingen, als nach mehreren vergeblichen Luftangriffen ein Flugzeug im letzten Abendlicht einen Torpedotreffer erzielte, der die Ruder in Hartlage verklemmte. 400 Meilen vor dem Ziel konnte das große Schiff sich nur noch im Kreis bewegen, englische Schlachtschiffe holten es ein und versenkten es. »Scharnhorst« und »Gneisenau« konnten nicht zu Hilfe kommen, da sie durch Luftangriffe beschädigt worden waren. Weitere Unternehmungen hatten nach den Erfahrungen mit der »Bismarck« keine Aussicht mehr auf Erfolg. Als die Schiffe wieder fahrbereit waren, wurden sie im Februar 1942 in die Heimat zurückgenommen, zusammen mit »Prinz Eugen«, die mit Maschinenschäden ebenfalls in Brest eingelaufen war. Sie gingen durch den Englischen Kanal, da sie dort am besten gesichert werden konnten. Auf diesen Weg war die englische Admiralität vorbereitet, nicht aber auf den Zeitplan, der das Passieren der Dover-Enge auf den 12. 2. 1942 mittags verlegte. Die Überraschung gelang, die Batterien schossen zu spät, Luft- und Seeangriffe waren zersplittert, trotz einiger Schäden durch Grundminen erreichten die Schiffe die Elbe. Bei der Reparatur in Kiel wurde die »Gneisenau« durch Bombentreffer und Munitionsbrand kriegsunbrauchbar. Die »Scharnhorst« sank im Gefecht am Nordkap Ende Dezember 1943. Das Gelingen des Kanalmarsches war taktisch ein Erfolg, strategisch aber endgültig der Rückzug der großen Schiffe aus dem Handelskrieg. Diesen führten bis in den Herbst 1943 die Handelsstörer fort, mittelschnelle Handelsschiffe

Im Frühjahr 1941 war fast der ganze europäische Kontinent von den Achsenmächten kontrolliert. Nur Großbritannien und das von ihm besetzte Island blieben ausgespart.

von den Achsenmächten besetzt — britisch besetzt — sowjetischer Machtbereich

mit großem Fahrbereich, mit verdeckt aufgestellter starker Bewaffnung, geschickt getarnt, um Schiffe vorzutäuschen, die in ihrem jeweiligen Operationsgebiet zu Hause waren. Von Frühjahr 1940 bis Herbst 1943 operierten insgesamt 9 solcher Hilfskreuzer in allen Weltmeeren und versenkten oder kaperten zusammen 136 Handelsschiffe mit 840000 BRT. Jede Fahrt wurde so angelegt, daß sie den Gegner zu neuen Anstrengungen zwang. Die Seekriegsleitung führte durch Funkkurzsignale, um gegenseitige Störungen zu vermeiden. »Komet« (Eyssen) ging um Nordsibirien und durch die Beringstraße in den Pazifik, die anderen durch die Dänemarkstraße oder auch durch den Englischen Kanal und die Biscaya in den Atlantik. »Thor« (Kähler) schoß drei Hilfskreuzer zusammen, »Kormoran« (Detmers) mußte nach einem Gefecht, in dem er den australischen Kreuzer »Sydney« vernichtete, schwer beschädigt aufgegeben werden. »Pinguin« (Krüder) entzog dem Gegner durch Kaperung und Minen 32 Schiffe mit insgesamt 155000 BRT. 3 Walkochereien mit Öl für einige Monate Margarineration der ganzen Bevölkerung schickte er als Prise nach Westfrankreich. Im Indischen Ozean erlag er einem Schweren Kreuzer. Auch die sehr erfolgreiche »Atlantis« (Rogge) erlitt das gleiche Schicksal im Südatlantik, aber U-Boote brachten die Besatzung in die Heimat. Die bis zu 18 Monaten dauernden Reisen brachten psychologische Aufgaben, die gerade Rogge besonders überlegt löste.

Die Häfen an der Biscaya erwiesen sich für diese Art von Kriegführung als besonders vorteilhaft. Aus ihnen liefen die Tanker aus, welche die Überwasserkriegsschiffe bei ihren Operationen mit Öl versorgten. Hier liefen Prisen aller Art ein, Tanker voll Öl, die Walkochereien, Walfänger und Schiffe mit wertvoller Ladung. Einige Handelsstörer rüsteten in den guten französischen Werften zur zweiten Fahrt aus. Blockadebrecher gingen nach Japan und kehrten mit Ladungen von kriegswichtigen Rohstoffen zurück. Eine ganze Anzahl von ihnen kam ungesichtet durch, aber 1943 stiegen die Verluste derart, daß die Fahrten eingestellt wurden. Sie hatten 114000 Tonnen Fracht ergeben, darunter allein 45 000 Tonnen Rohkautschuk, der als Beigabe für den künstlichen Gummi unentbehrlich war.

Die Konzentration der Kräfte für den Rußlandfeldzug machte sich naturgemäß auf den anderen Kriegsschauplätzen fühlbar, besonders stark im Mittelmeer. Nach Abzug des X. Fliegerkorps kam Malta schnell wieder zu Kräften, der Nachschub nach Nordafrika erlitt immer stärkere Verluste. Im Juni 1941 gelangten 125 000 Tonnen bei einem Verlust von 6 Prozent hinüber, im November waren es nur noch 33 000 Tonnen, 63 Prozent waren unterwegs vernichtet worden. Am 18. 11. 1941 traten die Engländer zum Angriff an. Das Afrikakorps konnte wegen Mangels an Brennstoff nicht beweglich operieren und mußte sich bei El Agheila zurückziehen. Einsatz der ganzen italienischen Flotte brachte Verluste und wenig Entlastung. Benzintransport durch Kriegsschiffe führte zum Untergang von zwei Kreuzern. Als erste Maßnahme verlegte die deutsche Führung nun alle verfügbaren U-Boote ins Mittelmeer, unter Aufgabe des Tonnagekrieges im Atlantik. Mehrere Boote gingen verloren, es gelang aber, den Flugzeugträger »Ark Royal« und das Schlachtschiff »Barham« zu versenken. Dann setzten italienische Kampfschwimmer in Alexandria zwei Schlachtschiffe für mehrere Monate außer Gefecht. Auf See war damit die Lage sehr verbessert, aber ohne Luftstreitkräfte genügte das nicht. Hitler gab daher Anfang Dezember 1941 Befehl, trotz der sowjetischen Gegenangriffe die Luftflotte II unter GFM Kesselring von der Ostfront nach Süditalien zu verlegen. Jetzt wendete sich das Blatt. In den nächsten Monaten kam Malta in schwere Bedrängnis, und Rommel konnte im Februar 1942 wieder zum Angriff übergehen, der ihn bis westlich Tobruk brachte. Im Mai war er stark genug, um erneut anzugreifen. Er erreichte die ägyptische Grenze, überrumpelte Tobruk und versuchte den Durchbruch bis Alexandria, blieb aber 100 km vor dem Ziel bei El Alamein liegen, weil das OKW der Operation keine Priorität gab. Auch die Pläne für den Angriff auf Malta, die der erste gemeinsame deutsch-italienische Stab bearbeitete, wurden nicht weiter verfolgt. Mit zunehmender Reichweite der Flugzeuge spielte die Insel ab Sommer 1942 die Rolle eines unsinkbaren Flugzeugträgers mitten zwischen den Nachschublinien für Nordafrika. Die Geleite mußten immer größere Umwege machen, die sie um so länger der U-Boots-Gefahr aussetzten.

Beim Ausbruch des Krieges zwischen Japan und den USA erklärte Hitler ohne Not den Amerikanern den Krieg. Das erleichterte Roosevelt den Ansatz starker Kräfte gegen Europa. Trotz aller Vorbereitungen brauchte es aber seine Zeit, bis die gewaltige amerikanische Kriegsproduktion auf vollen Touren lief. Die ersten Anstrengungen galten der Sicherung der Geleite und des Nachschubs für die Sowjetunion. Amerikanische Bomber machten es möglich, den Luftkrieg gegen Deutschland zu verschärfen. Lufthauptmarschall Sir Arthur Harris, Befürworter der Terrorangriffe auf die Bevölkerung, setzte Ende Mai 1942 zum erstenmal 1000 Bomber gegen eine einzige Stadt an und traf Köln schwer. Der Aufbau der deutschen Nachtjagd unter General Kammhuber war im Prinzip das richtige Gegenmittel, aber materiell zu schwach. Görings Unfähigkeit, eine moderne Luftwaffe im Krieg weiterzuentwickeln und zu führen, wurde immer offenkundiger, aber Hitler löste den Parteigenossen und alten Kämpfer nicht ab. Weder der Selbstmord Udets, des Generalluftzeugmeisters, noch später der Jeschonneks, des Chefs des Generalstabes der Luftwaffe, konnten das ändern.

Die Amerikaner beschäftigten sich bereits 1942 mit Plänen für eine Landung in Nordfrankreich. Die Halbinsel Cotentin schien ein geeignetes Ziel, aber die Mittel und Kräfte reichten für eine entscheidende Operation noch nicht aus. Um den Sowjets die dringend nötige Entlastung zu verschaffen, sollten die Deutschen durch überfallartige Unternehmen veranlaßt werden, stärkere Kräfte für die

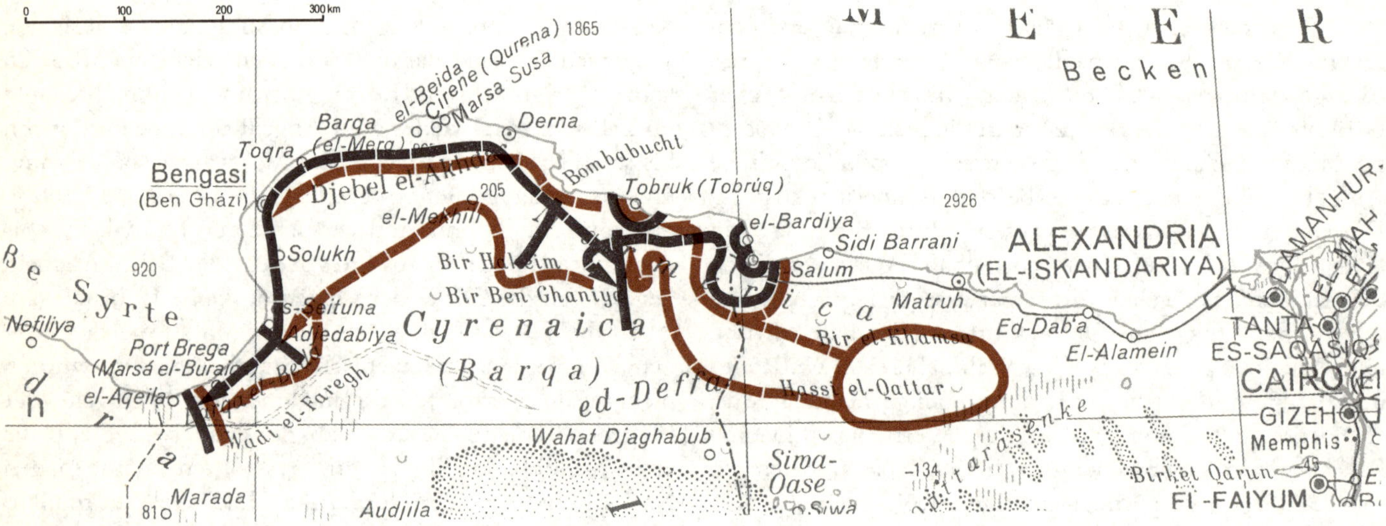

In der Zeit von Mitte November 1941 bis zum Jahresende führte eine neue britische Offensive unter Auchinleck zu großen Erfolgen, die Achsentruppen mußten bis El Agheila zurück.

Verteidigung der französischen Küste vorzusehen. Soweit ging die Rechnung auf, aber die Verteidiger wurden wirkungsvoll auf ihre Schwächen hingewiesen und lernten viel. Der Angriff auf St.-Nazaire am 28. 3. 1942 kam völlig überraschend und erreichte sein Ziel, die große Schleuse zu zerstören. Die in eigenen Nahkampfschulen ausgebildeten Besatzungen der deutschen Minensuchboote zeigten sich aber den britischen Kommandotruppen gewachsen, und St.-Nazaire blieb als U-Boot-Stützpunkt durchaus intakt. Der Raid gegen Dieppe am 19. 8. 1942 wurde ein völliger Fehlschlag, da hier die in St.-Nazaire gewonnenen Erkenntnisse bereits verwertet waren. Eindruck machte auf die Stäbe des Besatzungsheeres die Schnelligkeit, mit der ein Angriff von See sie treffen konnte. Allerorts begannen sie, die Verteidigung zu verbessern, allerdings vorerst ohne einheitliche Planung.

Das Verhältnis zwischen Besatzungsmacht und besetztem Land hatte sich in Frankreich allmählich verschlechtert, trotz guter Zusammenarbeit an vielen Stellen. Diese führte u. a. dazu, daß die französische Schiffahrt nach Nord- und Westafrika und sogar nach Indochina wiederaufgenommen wurde und große Mengen von Rohstoffen und Nahrungsmitteln für die Bevölkerung heranbrachte. Hitler glaubte aber, die Lage des Waffenstillstandes konservieren zu können. Er schloß daher weder den von den Franzosen gewünschten Vorfrieden ab, noch machte er andere Zugeständnisse. Die Vichy-Regierung zog sich daher von der »collaboration« auf den »attentisme« zurück. Der Krieg gegen Rußland brachte auch die französischen Kommunisten auf die Seite der Gegner der Besatzungsmacht. Es entstand allmählich eine aktive Widerstandsbewegung, in der sich gute Ansatzpunkte für de Gaulles Freie Franzosen ergaben. Die Ereignisse in Nordafrika beschleunigten diese Entwicklung.

Anfang November 1942 nahmen die Briten und die Amerikaner Italienisch-Nordafrika in eine sehr weite, aber wirkungsvolle Zange. Am 2. 11. griff die 8. britische Armee (Montgomery) mit starken Panzer- und Luftstreitkräften das schlecht versorgte Afrikakorps bei El Alamein an, zerschlug die Verteidigung systematisch und brach schließlich durch. Rommel, dem Hitler den rechtzeitigen Rückzug untersagt hatte, gelang es, die Masse der deutschen Truppen zurückzubringen, obgleich der Gegner die See und die Luft beherrschte. Auf Unterstützung konnte er nicht mehr rechnen, denn wenige Tage nach dem Angriff Montgomerys hatten die Alliierten 107000 Mann in Marokko und Algier gelandet. Dieser Operation waren lange Verhandlungen vorangegangen. Roosevelt hatte Stalin die Errichtung einer zweiten Front für 1942 versprochen, fand aber bei den Engländern keine Gegenliebe für die amerikanischen Pläne einer Landung in Frankreich. Schließlich einigte man sich auf den Kompromiß, in drei Gruppen bei Casablanca, Oran und Algier an Land zu gehen und Tunesien über Land zu besetzen, ehe deutsche Truppen sich dort zur Verteidigung einrichten konnten.

Um dem Vorwurf des Neutralitätsbruches zu entgehen, hatten die Amerikaner de Gaulle nicht beteiligt, wohl aber Verbindungen mit führenden Franzosen in Nordafrika und Vichy angeknüpft. Trotzdem leisteten die französischen Streitkräfte fast überall Widerstand und erlitten erhebliche Verluste. Admiral Darlan, der Oberbefehlshaber der Vichy-Streitkräfte, befand sich zufällig in Algier und vermittelte einen Waffenstillstand. Die Regierung Pétain war in einer schwierigen Lage. Sie sah in der Landung eine Verletzung ihrer sorgfältig eingehaltenen Neutralität, sie sah aber auch, wie die Sache der Achse sich immer mehr verschlechterte. Auf ein deutsches Bündnisangebot ging sie daher nicht ein. Zum weiteren Handeln kam sie nicht, denn vier Tage nach der alliierten Landung rückten deutsche Truppen in das bisher unbesetzte Frankreich ein. Die Flotte in Toulon versenkte sich, als SS-Truppen versuchten, entgegen einer Abmachung zwischen den Admiralen Raeder und Darlan die Schiffe zu besetzen. Gleichzeitig landeten schwache deutsche und italienische Kräfte aus der Luft und über See in Nordtunesien und bauten eine Abwehr gegen die langsam heranrückenden Alliierten auf. Am 15. 11. kam es 50 km westlich Biserta zur ersten Gefechtsberührung, die zeigte, daß es nicht mehr möglich war, Tunesien ohne größere Kraftanstrengung zu nehmen. Der Angriff mußte auf das Frühjahr 1943 verschoben werden.

Inzwischen rückte Montgomery planmäßig an der Küste nach Westen vor, nahm im November Tobruk, erreichte Ende Januar Tripolis und stand Ende Februar vor der Mareth-Linie in Südtunesien. Die Achsenmächte hatten inzwischen eine Armee in Tunesien gebildet und machten verzweifelte Versuche, sie mit Nachschub zu versorgen. Es war ein hoffnungsloses Beginnen. Italienische und deutsche Sicherungsfahrzeuge erlitten bei tapferem Einsatz schwerste Verluste, ganze Verbände von Transportflugzeugen fielen den Jägern von Malta zum Opfer. Handelsschiffe und Fährprahme mit fast 600000 BRT wurden in den Häfen oder auf See zerschlagen, die Menge des Nachschubs, der Tunesien erreichte, sank unaufhaltsam von 70000 Tonnen im Januar auf knapp 30000 Tonnen im April, bei einem Monatsbedarf von 150000 Tonnen. Statt an Kämpfern abzutransportieren, was möglich war, ließ Hitler bis Anfang Mai Truppen hinüberbringen, wo sie mit leichten Infanteriewaffen feindlichen Panzerarmeen gegenüberstanden. Am 11. 5. kapitulierten 130000 Deutsche und 120000 Italiener, auf engem Raum östlich der Stadt Tunis zusammengedrängt. Vom Mittelmeer her, dessen strategische Bedeutung die deutsche Führung nicht verstanden hatte, waren nun Italien, Frankreich und Griechenland bedroht. Die Wirkung der Niederlage auf die italienische Führung und Bevölkerung war stark.

Als die USA in den Krieg eintraten, war ein großer Teil der deutschen U-Boot-Waffe im Mittelmeer gebunden, so daß der Befehlshaber der U-Boote die neue Lage nicht sofort ausnutzen konnte. Erst Anfang 1942 konnte er beginnen, Boote an die amerikanische Küste zu schicken. Wie zu erwarten, war dort der Verkehr groß und die Abwehr noch schwach. Die Jagd hier ließ die Versenkungen insgesamt von 116000 BRT im Dezember 1941 auf 700000 BRT im Juli 1942 steigen, bei sehr geringen eigenen Verlusten. In dem Maße, wie die amerikanische Abwehr sich einspielte, erweiterte der BdU das Operationsgebiet nach Süden. Das wurde durch die »Milchkühe« möglich, große U-Boote, die zu Tankern ohne Bewaffnung umgebaut waren und an geheimen Treffpunkten die an der brasilianischen Küste oder in der Karibischen See operierenden Boote mit Brennstoff versorgten. Neue Boote mit sehr großem Fahrbereich gingen bis zum Kongo und schließlich in das Seegebiet am Kap der Guten Hoffnung. In den fernen Gebieten gab es anfangs immer reichliche Beute, aber An- und Abmarsch dauerten so lange, daß die »Tagestonnage«, d. h. die insgesamt versenkte Tonnage durch die Zahl der Tage der ganzen Operation geteilt, stetig sank. Im Nordatlantik war der Kampf an den Geleitzügen sehr hart geworden, vor allem durch die zunehmende Luftüberwachung.

Gegen Ende des Jahres 1942 mehrten sich die Fälle, daß außerhalb des Kampfgebietes aufgetaucht marschierende U-Boote überraschend von Flugzeugen aus den Wolken und sogar bei Nacht angegriffen wurden. Sie bedienten sich offensichtlich eines Radargerätes. Die deutschen Konstruktionen waren für Flugzeuge noch viel zu schwer und sperrig. Anfang 1943 wurde in einem über Rotterdam abgeschossenen Bomber ein solches neues Gerät gefunden. Es arbeitete mit Zentimeterwellen, gegen die nun für die

U-Boote ein Funkbeobachtungsgerät entwickelt wurde. Dieses befähigte sie, rechtzeitig wegzutauchen. Die Gefahr war aber damit nicht gebannt, denn meist waren sie noch geortet worden, und das Flugzeug konnte U-Jagdverbände heranholen, die das unter Wasser sehr langsame Boot aufspüren und mit verbesserten Mitteln bekämpfen konnten.
Die Zahl der Boote im Atlantik war inzwischen auf über 100 gestiegen, die Rudeltaktik, d. h. die taktische Zusammenarbeit mehrerer Boote gegen einen Geleitzug, wurde nun voll wirksam. Im März 1943 kam es zur größten Geleitzugschlacht des Krieges, bei der 40 U-Boote bei nur einem eigenen Verlust aus einem Geleitzug von 50 Schiffen 21 mit 141000 BRT herausschossen. Aber die nächsten Monate brachten mit schwersten Verlusten den Umschwung; 38 U-Boote im Mai verloren (von insgesamt 118), 21 im Juni, 33 im Juli bedeutete das Ende. Die Erfolge gingen entsprechend zurück und blieben von dieser Zeit an unter 100000 BRT im Monat (absolutes Minimum: ein mittlerer Dampfer für Oktober 1944). Im 3. Quartal 1942 hielten sich für die Alliierten Verluste und Neubauten mit rund 2 Millionen BRT die Waage, im 3. Quartal 1943 überstiegen die Neubauten die Versenkungen um 3 Millionen BRT.
Großadmiral Dönitz, der Anfang 1943 Oberbefehlshaber der Kriegsmarine geworden war, aber die U-Boot-Operationen weiter leitete, schickte zwar noch Boote zu Unternehmungen in Seegebiete, wo sie weniger gefährdet waren, aber nicht in der Hoffnung auf große Erfolge, sondern um den Gegner zu zwingen, den riesigen Apparat in Dienst zu halten, mit dem er den Atlantik unter Kontrolle gebracht hatte. Die Mengen von Flugzeugen, die hier festgelegt waren, konnten nicht deutsche Städte angreifen. Es war aber nur zu klar, daß das U-Boot, besser Tauchboot, keine kriegsentscheidende Waffe mehr war.
Die nationalsozialistische Regierung suchte die Rückschläge durch scharfe Konzentrierung aller Kräfte aufzufangen. Hitler erklärte Anfang 1943 die totale Mobilisierung, dann den totalen Krieg, auch die Frauen und älteren Schüler wurden für Kriegsaufgaben erfaßt. Gauleiter Sauckel organisierte die Menschenkräfte der besetzten Gebiete für den Arbeitseinsatz, Minister Speer wurde mit der Leitung der gesamten Rüstung betraut. Zugleich steigerte sich die Propaganda und die Unterdrückung. Es begann sich der Widerstand gegen die Gewaltherrschaft zu regen. Das erste Attentat gegen Hitler schlug fehl.
Roosevelts Forderung auf bedingungslose Kapitulation, die er bei der Konferenz von Casablanca im Januar 1943 unüberlegt vor Journalisten aussprach, erschwerte das Vorhaben der Kräfte des Widerstandes. Versailles wirkte noch zu stark nach.
Der U-Boot-Krieg zusammengebrochen, Nordafrika verloren, Italien stärkstens bedroht, schwere Niederlagen in Rußland, das Heimatgebiet immer mehr aus der Luft heimgesucht: all das zeigte, wie wenig die deutsche Führung es verstanden hatte, die durch den so erfolgreichen Westfeldzug geschaffene günstige Lage für eine konstruktive Politik und Strategie auszunutzen. Anzeichen, daß nun endlich die richtigen Folgerungen gezogen würden, bestanden nicht. Der Krieg ging weiter, obgleich er sinnlos geworden war. Es waren keinerlei Mittel vorhanden, ihn in absehbarer Zeit zu gewinnen. In den USA war aber seit Dezember 1942 der erste Atomreaktor in Betrieb.

Der Krieg der »Achse« gegen das »Empire«

Ein Major vertagt den Krieg

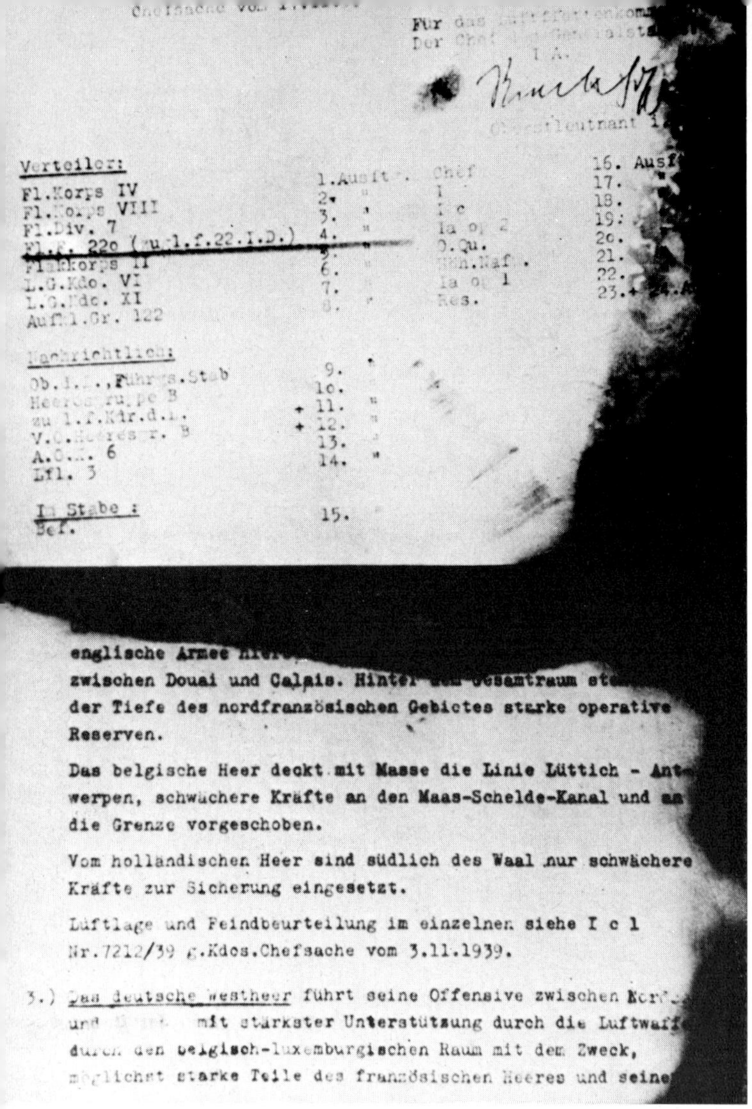

Für das
Der Chef
I. A.
Oberstleutnant

Verteiler:

Fl.Korps IV	1.Ausf.	Chef	16. Ausf.
Fl.Korps VIII	2.	I	17.
Fl.Div. 7	3.	I c	18.
Fl.K. 22o (zu 1.f.22.I.D.)	4.	Ia op 2	19.
Flakkorps II	5.	O.Qu.	2o.
L.G.Kdo. VI	6.		21.
L.G.Kdo. XI	7.	Ia op 1	22.
Aufkl.Gr. 122	8.	Res.	23.+

Nachrichtlich:

Ob.d.L., Führgs.Stab	9.
Heeresgruppe B	10.
zu 1.f.Kdr.d.L.	+ 11.
V.O.Heeresgr. B	+ 12.
A.O.K. 6	13.
Lfl. 3	14.

Im Stabe :
Bef. 15.

englische Armee
zwischen Douai und Calais. Hinter dem Gesamtraum st
der Tiefe des nordfranzösischen Gebietes starke operative Reserven.

Das belgische Heer deckt mit Masse die Linie Lüttich - Antwerpen, schwächere Kräfte an den Maas-Schelde-Kanal und an die Grenze vorgeschoben.

Vom holländischen Heer sind südlich des Waal nur schwächere Kräfte zur Sicherung eingesetzt.

Luftlage und Feindbeurteilung im einzelnen siehe I c 1 Nr.7212/39 g.Kdos.Chefsache vom 3.11.1939.

3.) Das deutsche Westheer führt seine Offensive zwischen
und mit stärkster Unterstützung durch die Luftwaff
durch den belgisch-luxemburgischen Raum mit dem Zweck,
möglichst starke Teile des französischen Heeres und seine

◄ Bei Mechelen fiel der deutsche Aufmarschplan in belgische Hände

▼ Vorsichtshalber machte auch die Schweizer Armee mobil

▼ Niederländische Reservisten am Bahnhof einer kleinen Garnison

Der schwebende Kriegszustand zwischen Frankreich und Deutschland und die Ungewißheit über Angriffspläne, Angriffsrichtung und Angriffsbeginn versetzten die Nachbarn des Großdeutschen Reiches in schwerste Sorgen. Der Einmarsch des deutschen Heeres in Belgien unter Bruch der Neutralität im Sommer 1914 lag wie ein unheilverkündender Schatten über Regierung und Volk der Niederlande, der Schweiz und Belgiens.

Vor allem Belgien war durch seine geographische Lage prädestiniert für einen flankierenden Vorstoß der deutschen Armeen. In Bern, Den Haag und Brüssel machte man sich keinerlei Illusionen darüber, daß Hitler alle Neutralitätsrechte brechen würde, wenn es militärisch zweckmäßig und zu seinem Vorteil war. Mit verzweifelten Anstrengungen, aber mit völlig unzulänglichen Mitteln suchte man sich in Verteidigungszustand zu setzen. Die Westalliierten hatten Einzelheiten über die deutschen Aufmarschpläne erfahren, als am 10. Januar 1940 ein deutsches Kurierflugzeug mit den Luftwaffenmajoren Reinberger und Hönmanns, die die Unterlagen über die geplante Offensive im Westen mit sich führten, bei Mechelen/Maas in Belgien notlanden mußte. Daraufhin wurde der Westfeldzug noch einmal verschoben, Belgien und die Niederlande ordneten militärische Bereitschaft an.

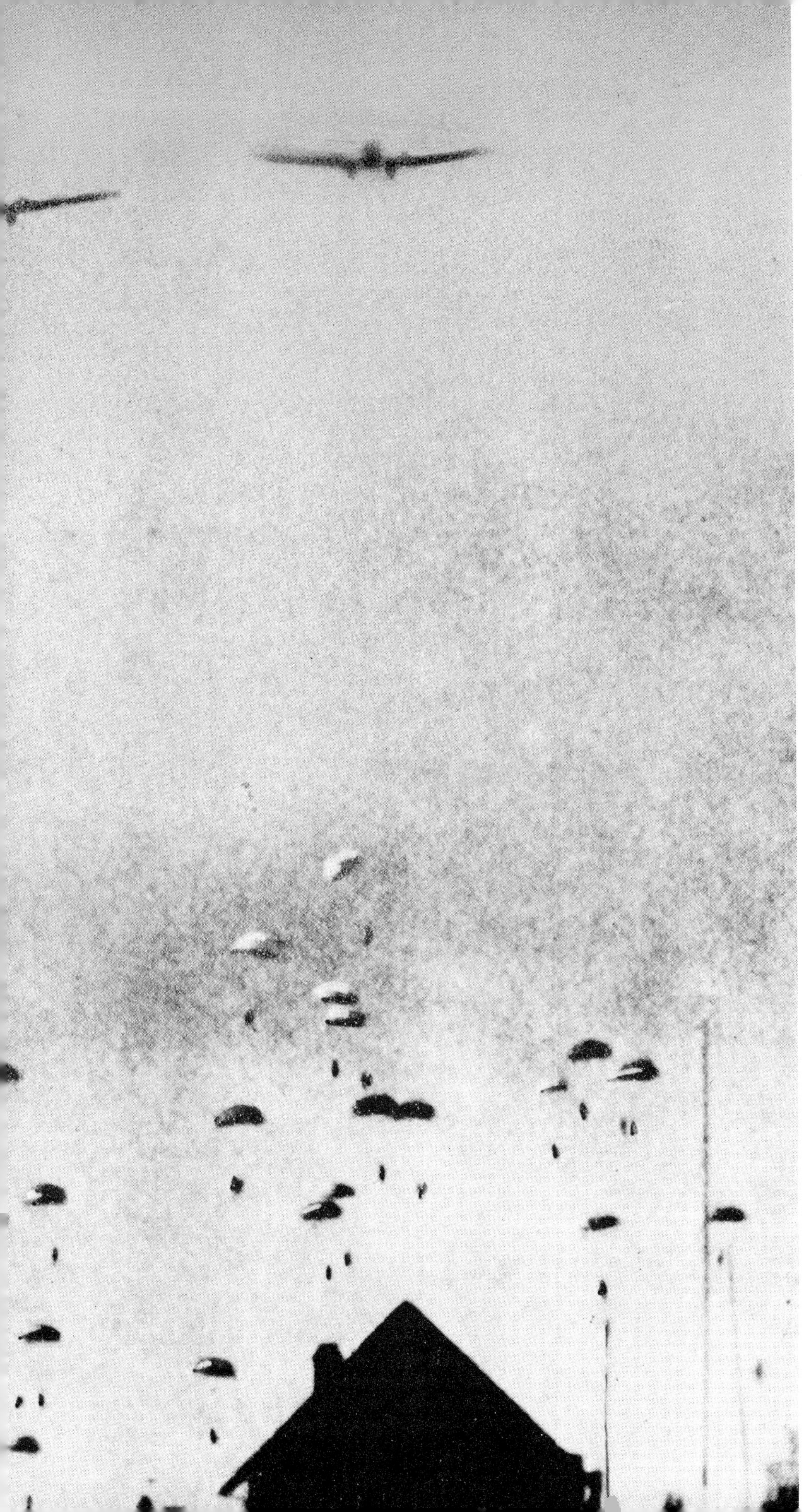

»Festung Holland«

Am 10. Mai 1940, morgens um 5.30 Uhr, begann der immer wieder aufgeschobene deutsche Angriff gegen den Westen mit dem schnellen Vormarsch gegen Nordbelgien und die Niederlande (Heeresgruppe B unter Generaloberst von Bock) und gegen Südbelgien und Luxemburg (Heeresgruppe A unter Generaloberst von Rundstedt). Die vor der Maginotlinie aufmarschierte Heeresgruppe C unter Führung von Generaloberst von Leeb wartete ab, bis sich der strategische Erfolg der eingeleiteten Operationen abzeichnete. Die Forcierung des ersten Angriffszieles Rotterdam wurde von Luftlandeaktionen unterstützt. Als sich der holländische Widerstand in der Hafenstadt versteifte, kam es zum Luftangriff auf die Stadt. Während bereits angelaufener Kapitulationsverhandlungen konnte das anfliegende K.G. 54 (Lackner) nicht mehr rechtzeitig angehalten werden, weil die Schleppantennen bereits eingezogen waren. Nur etwa die Hälfte der 100 eingesetzten He 111 konnte durch Leuchtsignale abgedreht werden, der Rest warf 97 t Sprengbomben auf die Stadt, die durch entstehende Brände zum großen Teil zerstört wurde.

◄ Fallschirmjäger springen über der »Festung Holland« ab

◄ Behelfsmäßige niederländische Abwehrstellung (linke Seite)

Fallschirmjäger sichern Brücken

Von entscheidender Bedeutung für das blitzschnelle und überraschende Vortragen der Angriffe an der Westfront waren die Fallschirmjäger der Luftwaffe unter Führung von General der Flieger Student. Sie wurden an Schwerpunkten der Front von Transportflugzeugen oder mit Lastenseglern im Rücken oder in unmittelbarer Nähe des Angriffsobjekts abgesetzt und bei länger anhaltenden Kämpfen aus der Luft mit Verpflegung und Munition versorgt.
Bei der Niederringung des holländischen Widerstandes spielten sie eine wichtige Rolle in den Kämpfen um Den Haag und Rotterdam. Sie erzwangen den Maasübergang und sicherten die zur Sprengung vorbereitete Maasbrücke bei Moerdijk, bis deutsche Panzerspitzen als Entsatzkräfte herangeführt waren.

◄ ▲ Fallschirmjäger überqueren mit Schlauchbooten die Maas, um am anderen Ufer einen Brückenkopf zu bilden ▼

▲ Fallschirmjäger haben niederländische Gefangene eingebracht

Eben Emael – »das stärkste Fort der Welt«

Eine bedeutsame militärische Leistung der Fallschirmjägertruppe war die Öffnung der Maaslinie bei Maastricht und die Eroberung des starken belgischen Sperrforts Eben Emael des Festungsbezirks Lüttich, das von den Belgiern für praktisch uneinnehmbar gehalten wurde. Das Fort hatte eine Besatzung von 1200 Mann, die in Kasematten und Panzerkuppeln geschützt war und über 42 Geschütze und zahllose MG verfügte. Dieses »stärkste Fort der Welt« sollten Fallschirmjäger »knacken«. Das gelang genau 78 Mann, die mit Lastenseglern mitten in der Festung landeten und sie später im Zusammenwirken mit dem I. R. 151 bis zum 11. Mai mittags eroberten. Der Handstreich auf Eben Emael bewies die militärische Verwendbarkeit der jungen Fallschirmtruppe.

◄ Mit Flammenwerfern werden die Bunker des Forts Eben Emael bekämpft

▲ Ein deutscher Stuka wird munitioniert

Aus der Luft vernichtete französische Kolonne ►

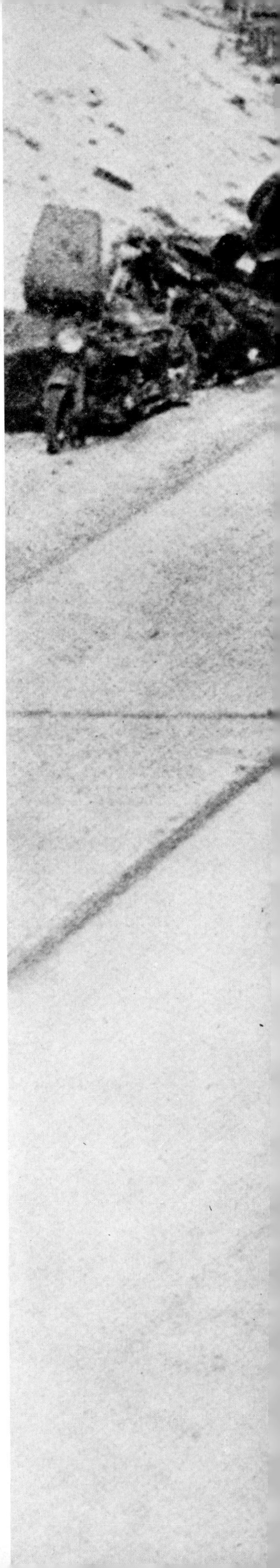

Der »Blitz« über Frankreich

Vom ersten Tag des Frankreichfeldzuges an beherrschte Deutschland mit der Übermacht seiner Kampfflugzeuge, Sturzkampfbomber und Jäger die Luft über dem Frontgebiet und dem feindlichen Hinterland. Die Alliierten verfügten über 2400 Flugzeuge unterschiedlichster Qualität. Ihnen standen über 3800 deutsche Maschinen gegenüber, davon die knappe Hälfte Bomber und Stukas. In pausenlosen, rollenden Angriffen auf die Befestigungswerke der Maginotlinie, auf Bereitstellungsräume feindlicher Infanterie- und Panzerverbände, auf Artilleriestellungen, Straßen und Eisenbahnen bahnten sie den vorrückenden Armeen den Weg. Die gegnerische Luftwaffe wurde oft noch vor ihrem Einsatz auf den Feld- und Heimatflugplätzen am Boden zerstört.

▼ Die alliierte Luftwaffe wurde größtenteils am Boden zerstört

T99793

▲ Am Strand von Dünkirchen, Szene aus einem britischen Dokumentarfilm

▼ Immer wieder trägt die Infanterie die Hauptlast des Kampfes

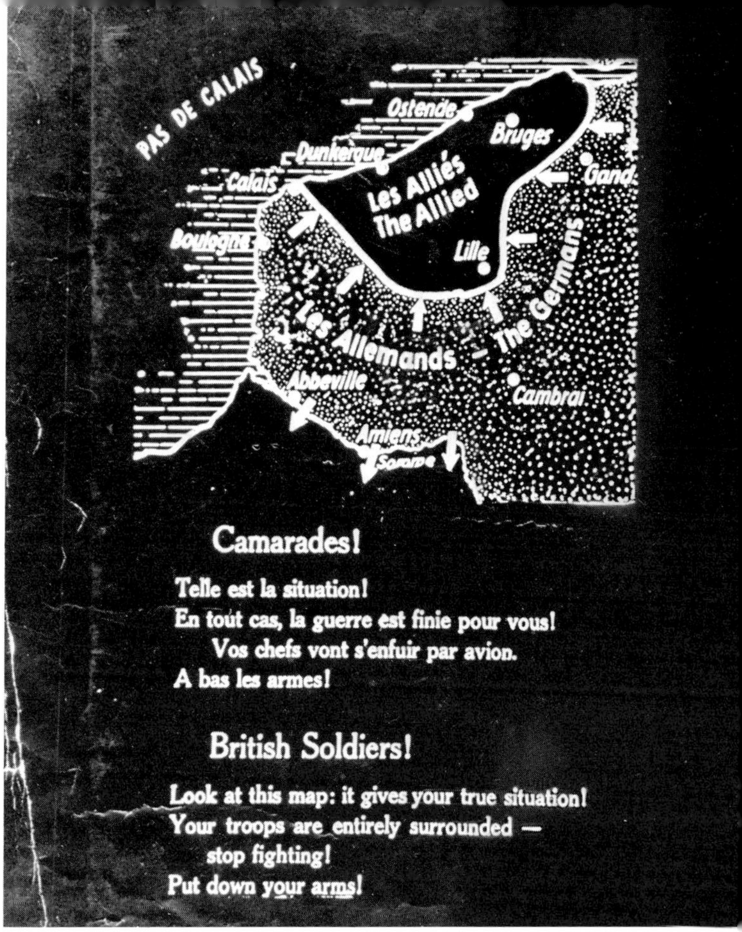

▲ Deutsches Flugblatt

Dünkirchen

Bei Dünkirchen am Ärmelkanal vollendete sich ab 26. Mai das Schicksal der englischen Expeditionsarmee und von Teilen der französischen Streitkräfte. Aus dem von deutschen Panzereinheiten umschlossenen Brückenkopf des Kanalhafens flüchteten die Geschlagenen mit Einheiten der britischen Flotte und auf schnell zusammengerafften Privatschiffen und -booten unter Zurücklassung der gesamten Ausrüstung und zahlreicher Gefangener nach England (Operation »Dynamo«).
Bis zum 4. Juni 1940 waren auf 848 Schiffen insgesamt 338 226 Mann alliierter Truppen aus Dünkirchen abtransportiert, darunter 123 000 Franzosen. Sie waren der Grundstock für den Aufbau schlagkräftiger Armeen, die später bei der Invasion zum Einsatz kamen. Dagegen wogen die Verluste von 272 Schiffen, darunter 9 Zerstörer, kaum.

Deutsche Panzer II und III in Nordfrankreich

Rückgrat der neuen »Strategie der weiten Räume« waren die Panzerverbände des deutschen Heeres, die in Operationen weit in das Hinterland des Feindes eindrangen, in »Kesselschlachten« schnelle Entscheidungen herbeiführten und ganze Festungssysteme, wie die Maginotlinie, von ihren rückwärtigen Nachschublinien abschnitten. Die deutsche Wehrmacht verfügte zu Beginn des Westfeldzuges über mehr als 2500 Panzerkampfwagen. Jeden Monat rollten aus den Rüstungswerken 100 bis 150 neue Panzer zu ihren Einsatzorten. Zahlenmäßig entsprach die französische durchaus der deutschen Panzerstärke, war ihr sogar mit einer Gesamtzahl von fast 3400 überlegen. Sie war jedoch in der Wendigkeit des Einsatzes, der Ballung an Schwerpunkten und der strategischen Planung unterlegen. Wäh-

▲ Panzergeneral Guderian in seinem Befehlswagen

Panzerstrategie an Aisne und Somme

▼ Für die Panzersoldaten gibt es kaum noch Einsatzpausen

rend die deutschen Panzer zu zehn selbständigen Panzerdivisionen zusammengefaßt waren und damit ihre Kampfkraft entscheidend vervielfältigt wurde, waren die alliierten Panzerkräfte zersplittert den Infanterieverbänden zugeteilt. »Klotzen, nicht kleckern«, war die Devise der deutschen Panzerstrategie. In Frankreich hatte sich Oberst de Gaulle mit ähnlichen Gedanken nicht durchsetzen können.

▲ Die wichtigen Rüstungsfabriken Schneider-Creuzot sind besetzt

▲ An zerstörten Fahrzeugen vorbei fliehen Zivilisten vor dem Krieg

Zwischen den Fronten

▲ In ihren Gesichtern spiegelt sich das Entsetzen

In den gleichen Tagen, da aus den Lautsprechern in den Straßen der deutschen Städte Siegesfanfaren und Wehrmachtberichte die umjubelten militärischen Erfolge meldeten, zog das endlose Heer der Obdachlosen und Evakuierten über die mit den Trümmern der geschlagenen Armee besäten Landstraßen Frankreichs. Ihre Häuser waren zerbombt und verbrannt, ihre Habe bis auf das wenige, was sie mit sich trugen, vernichtet. Kein Mensch in Königsberg, Breslau, Berlin, Hamburg oder München ahnte etwas davon, daß dieses unsägliche Unglück einmal in vielfacher Stärke das eigene Land heimsuchen würde. »Der Krieg« – so meinte man einst – »ist der Vater aller Dinge«, in Wahrheit ist er in seinem verbrecherischen Wahnwitz auch die Ursache des größten menschlichen Elends.

In dem am 22. Juni 1940 abgeschlossenen Waffenstillstand wurde Frankreich politisch geteilt. Deutschland hielt den Norden und Westen des Landes bis zur spanischen Grenze, also die gesamte Atlantikküste, besetzt, der Süden und Osten mit der Mittelmeerküste blieben unter französischer Herrschaft der Regierung von Vichy unter dem greisen Marschall Pétain, dem »Sieger von Verdun«. In der Überzeugung, seinem Vaterland durch Anerkennung der durch den Waffenstillstand geschaffenen politischen Lage so am besten zu dienen, arbeitete er mit den Deutschen zusammen. Den alten Parolen der Republik, »Freiheit, Gleichheit, Brüderlichkeit«, setzte er die Losung »Arbeit, Familie, Vaterland« entgegen. Von den freifranzösischen Kreisen um de Gaulle wurde er gehaßt, Großbritannien befürchtete auch die militärische Kollaboration mit Deutschland.
Aus diesem Grunde vernichtete am 3. Juli die englische Flotte das vor Oran liegende französische Mittelmeergeschwader, um es nicht in deutsche Hände fallen zu lassen.

▲ Eine Kammersitzung beschließt das Waffenstillstandsangebot

▲ Die französische Flotte vor Oran wird von den Briten versenkt

▲ »Vergeßt nicht Oran«, französisches Plakat 1940

Zweimal Frankreich

Frankreich und England kämpfen Seite an Seite

in noch stärkerer Verbundenheit als 1914—18, enger vereint, als je zwei Nationen in der Geschichte Europas.

Frankreich und England traten in diesen Krieg ein unter einem **vereinigten Oberkommando!**

(Im letzten Krieg wurde ein vereinigtes Oberkommando erst im dritten Kriegsjahr geschaffen.)

Frankreich und England schufen bereits im dritten Monat des Krieges die **Vereinigung ihrer Wirtschaftssysteme!**

(Im letzten Krieg wurde die englisch-französische Wirtschaftseinheit erst im vierten Kriegsjahr geschaffen.)

In diesem Krieg, ebenso wie im letzten Krieg, werden

Frankreich und England siegen!

▲ Churchill plante, aus Frankreich und England einen Staat zu bilden

▲»Sterben für die Engländer«, antienglische Ressentiments in Frankreich

◄ General de Gaulle machte sich in London zum Führer der »Freien« Franzosen

De Gaulle wider die Sieger

Noch vor Abschluß des deutsch-französischen Waffenstillstandes hatte General de Gaulle von London aus die Franzosen zum Widerstand und zur Fortführung des Kampfes gegen den deutschen Sieger aufgerufen.

Bei Ausbruch des Krieges war de Gaulle Führer einer Panzerbrigade und wurde bald zum Unterstaatssekretär im Verteidigungsministerium ernannt. Von der englischen Emigration aus versuchte er, die Kräfte des Widerstandes, die den extremsten politischen Richtungen angehörten, zu organisieren und zentral zu führen. Obwohl er unter den französischen Offizieren wenig Freunde besaß, weil er in der Armee als arrogant verschrieen war, gelang es ihm doch bald, von den Führern des aktiven Widerstands und den Alliierten anerkannt zu werden.

▲ Radartürme an der britischen Küste im deutschen Scherenfernrohr

▼ Einschiffungsübungen an der Kanalküste

Unternehmen »Seelöwe«

▼ Zur Bezwingung der britischen Steilküsten waren Gebirgsjäger vorgesehen

▼ Das Verladen auf Landeprahme wird geübt

Trotz aller Erfolge auf dem Kontinent konnte Hitler den Krieg nicht gewinnen, solange England nicht niedergekämpft war. Im August 1940 sollten deshalb die sieggewohnten Divisionen der Wehrmacht mit einem Blitzsprung über den Kanal den Krieg auf britischen Boden tragen. Bei der Ausarbeitung der strategischen und taktischen Pläne ergaben sich jedoch unlösbare Probleme: Abhängigkeit vom Wetter, das im Kanal von einer Stunde zur anderen umschlagen kann, Gefährdung der Angriffstruppen und des Nachschubs durch Luftangriffe und Einwirkung der zum Gegenschlag in den Heimathäfen bereitliegenden englischen Heimatflotte.

Das Unternehmen »Seelöwe«, wie der Invasionsplan genannt wurde, wurde immer wieder verschoben. Schließlich beschloß man, den britischen Gegner erst aus der Luft zu bekämpfen.

▲ Großbritannien wird allein weiterkämpfen

▼ Hier wird die Abwehr von Panzerangriffen geübt

Churchill gibt nicht auf

In England hatte man den schweren Schock der Katastrophe von Dünkirchen schnell überwunden. Man vertraute auf die Einsatzbereitschaft der Luftwaffe, besonders der schnellen Jäger, auf die Stärke der Flotte, die der deutschen Kriegsmarine um mehr als 80% überlegen war, und auf die in der englischen Geschichte immer wieder bewährte Insellage Großbritanniens.

Die »Home Guard«, eine Art »Volkssturm«, wurde ins Leben gerufen und die Insel zur Verteidigung eingerichtet.

▲ Britische Home Guard

▼ Ölinseln, im Ernstfall Flammenriegel vor der britischen Küste

Alarmstart eines britischen Spitfire-Geschwaders

Luftschlacht um England

Wie sich die Bilder gleichen: Einsatz-Alarm auf einem deutschen Fliegerhorst an der Kanalküste

Die deutsche militärische Führung war zu der Entscheidung gekommen, einen unmittelbaren Angriff auf England über den Kanal so lange zu verschieben, bis die britische Luftwaffe ausgeschaltet war und die Invasion nicht mehr gefährden konnte. Am 1. August 1940 erließ Hitler die Weisung Nr. 17 an Luftwaffe und Kriegsmarine, in der unter anderem verlautbart wurde:

»Die deutsche Fliegertruppe hat mit allen zur Verfügung stehenden Kräften die englische Luftwaffe möglichst bald niederzukämpfen. Die Angriffe haben sich in erster Linie gegen die fliegenden Einheiten, ihre Bodenorganisation und Nachschubeinrichtungen, ferner gegen die Luftrüstungsindustrie einschließlich der Industrie zur Herstellung von Flakgerät zu richten.«

Ungleiche Chancen

Seit dem 13. August 1940, der in den vorbereitenden Befehlen den Decknamen »Adlertag« erhielt, griff die deutsche Luftwaffe in pausenlosen Großeinsätzen die britische Insel an – zuerst vor allem die Militärflugplätze und die Luftwaffen-Zulieferungsindustrie. In den ersten Tagen meldeten die Wehrmachtsberichte erhebliche Feindverluste. Es schien so, als ob die Schwärme der deutschen Jäger und Zerstörer, die in dieser Phase der Luftschlacht noch der Royal Air Force überlegen waren, wie im Frankreichfeldzug in kurzer Zeit die absolute Luftüberlegenheit erringen würden. Damit hätte die Aktion »Seelöwe«, die geplante Landeoperation in England, Erfolgschancen gehabt.

▲ Eine getroffene Spitfire trudelt ab

▲ Über dem Kanal abgeschossene deutsche Flieger mit der gelben Seenotflagge

Eine deutsche Besatzung geht in Gefangenschaft ►

Ein Luftkampf über Südengland

Die Hauptlast der Luftschlacht um England trugen die Luftflotten 2 (Kesselring) und 3 (Sperrle). Zum Teil wurde auch die Luftflotte 5 (Stumpff), die in Norwegen stationiert war, eingesetzt. Insgesamt konnten beim »Adlertag« 2355 Flugzeuge eingesetzt werden, von denen 34 verlorengingen. Die Besatzungen der Kampf- und Jagdflugzeuge standen Tag und Nacht im Einsatz gegen den sich mit zäher Verbissenheit wehrenden Gegner. Es gab englische Piloten, die in diesen Tagen und Wochen zwanzig und mehr Einsätze am Tag flogen, die abgeschossen wurden, mit dem Fallschirm landeten, sich zum nächsten Flugplatz bringen ließen und mit einer anderen Maschine wieder aufstiegen.

Schwerste Opfer an Menschen und Material mußten auf beiden Seiten gebracht werden. Die deutsche Luftwaffe hatte den Kampf gegen die Royal Air Force mit überlegenen Kräften begonnen. In den ersten drei

Nachtstart eines deutschen Bombers nach England

Wochen verlor sie rd. 800 Flugzeuge. Allein in der Katastrophenwoche vom 15. bis 21. September büßte sie 120 Flugzeuge ein.
Im September konzentrierten sich die Angriffe auf den Großraum London, der jetzt auch nachts angeflogen wurde. Beabsichtigt war auch die totale Blockade der britischen Insel, die aber wegen der geringen vorhandenen Marinekräfte ziemlich lückenhaft blieb. Immerhin wurden britische Häfen und die Themsemündung vermint.

Die große Bomber-Offensive

Die Besatzung einer über dem Kanal von deutschen Jägern abgeschossenen »Thunderland« macht die Schlauchboote klar

Nach Dünkirchen hatte Churchill die bisher vernachlässigte britische Kriegsindustrie auf Hochtouren gebracht. Trotz der Verluste durch deutsche U-Boote floß ein stetiger gewaltiger Strom von Rohstoffen aus den britischen Kolonien und Dominions und aus den USA in die englischen Heimathäfen. Auf dem Höhepunkt der Luftschlacht um England verließen monatlich mehr als 450 Flugzeuge die Fertigungswerkstätten und rollten auf die Einsatzflughäfen. Der besorgniserregende Ausfall an gefallenen Piloten wurde allmählich durch sorgfältig ausgebildete Flugzeugbesatzungen, die in Kanada geschult worden waren, ausgeglichen.

Bis zum »Adlertag«, dem ersten Tag der Luftschlacht um England, galt die deutsche Luftwaffe als unbesiegbar. Sie hatte sich von Polen bis zum Atlantik und von den Pyrenäen bis zum Nordkap die unbestrittene Herrschaft über den europäischen Luftraum erkämpft – dank

Militärisches Zeremoniell bei der Rückkehr vom tausendsten Feindflug

Die Luftwaffe wird besiegt

der vorzüglichen Schulung und Tapferkeit ihrer Besatzungen und der überlegenen Technik der Jäger und Bomber.
In den schweren Kämpfen über der britischen Insel traf die Luftwaffe zum erstenmal auf einen Gegner, der ihr gewachsen war. Die von Hitler geforderte schnelle Niederwerfung der Royal Air Force wurde zu einem Fehlschlag, der dem gesamten Kriegsgeschehen eine neue, für Deutschland gefährliche Wendung gab.

Schweres britisches Küstengeschütz beim Feuern

Beginn des Bombenkrieges

Bombenwurf auf britische Stellungen an der Themse

Bis zum Jahre 1941 hatte die deutsche Luftwaffe das Versprechen ihres Oberbefehlshabers Hermann Göring, den deutschen Luftraum von Feindflugzeugen frei zu halten, im allgemeinen erfüllen können. Mit der Ausweitung der Kriegsschauplätze mußte jedoch das Heimatgebiet mehr und mehr von Jagdflugzeugen entblößt werden. Die Flakartillerie, die die Abwehraufgaben übernehmen sollte, war diesen Anforderungen nicht in vollem Maß gewachsen. Die Treffsicherheit ihrer Geschütze war – besonders im Bereich der kleinen und mittleren Kaliber – wegen der veralteten Meßmethoden und ungenügenden Richtgeschwindigkeit zu gering, um einen ausreichenden Erfolg zu gewährleisten. Sie konnte die Bomberverbände nicht abwehren. In der ersten Phase der Luftschlacht um England richteten sich die Angriffe der deutschen Bombengeschwader in der Hauptsache gegen die britischen Stützpunkte und Verteidigungsanlagen an der Themsemündung. Da es sich meist um Punktziele handelte, die einen genauen Zielanflug erforderten, wurden die Angriffe bei Tag geflogen. Ab September lag der Großraum London bei Tag und Nacht unter dem Bombenhagel der deutschen Verbände. Immer noch galten die Angriffe vorwiegend den Rüstungs- und Hafenanlagen, Radarstellungen und Flugplätzen.

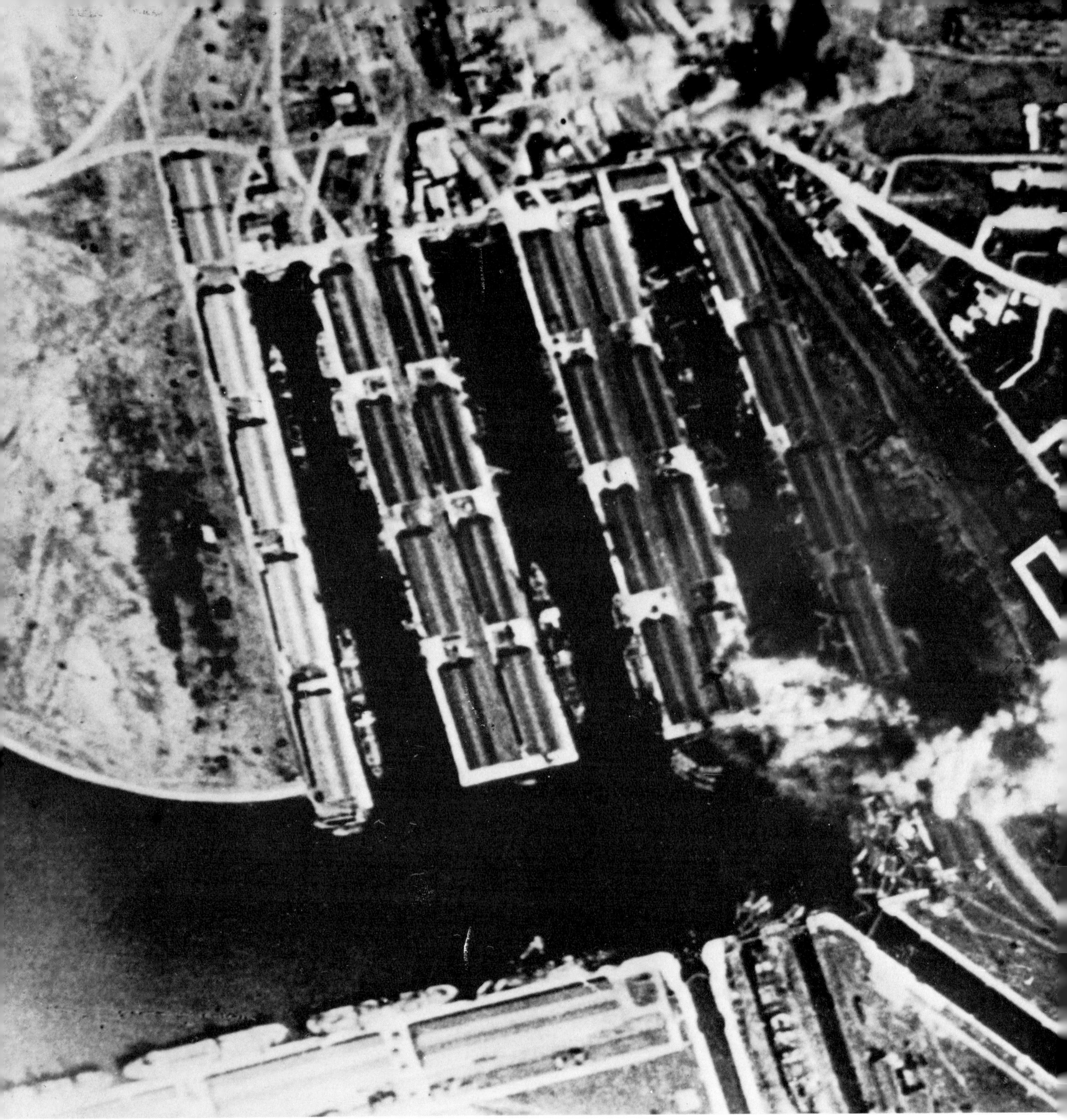

Luftaufnahme der Londoner Docks während eines deutschen Angriffs

Luftkrieg gegen Städte

Englands Premierminister Winston Churchill hatte zu Beginn des Krieges den Briten in schonungsloser Offenheit »Blut, Mühsal, Tränen und Schweiß« angekündigt. Die Schrecken des Krieges bekam England zu spüren, als die geschlagene Kontinentalarmee aus Dünkirchen ans jenseitige Kanalufer flüchtete, gejagt von Bombern, Jägern und Zerstörern. Sie setzten sich fort in den schweren Verlusten der englischen Kriegs- und Handelsmarine durch deutsche U-Boote und sie erreichten ihren vorläufigen Höhepunkt in den Tagen und Nächten der Luftschlacht um England. Die in aller Eile errichteten Luftschutzräume reichten bei weitem nicht aus, um der Zivilbevölkerung ausreichenden Schutz zu gewähren.

▲ Brennende Häuser in der Nähe der Pauls-Kathedrale in London

·ie Stationen der Untergrundbahn dienen als
·uftschutzkeller ▶

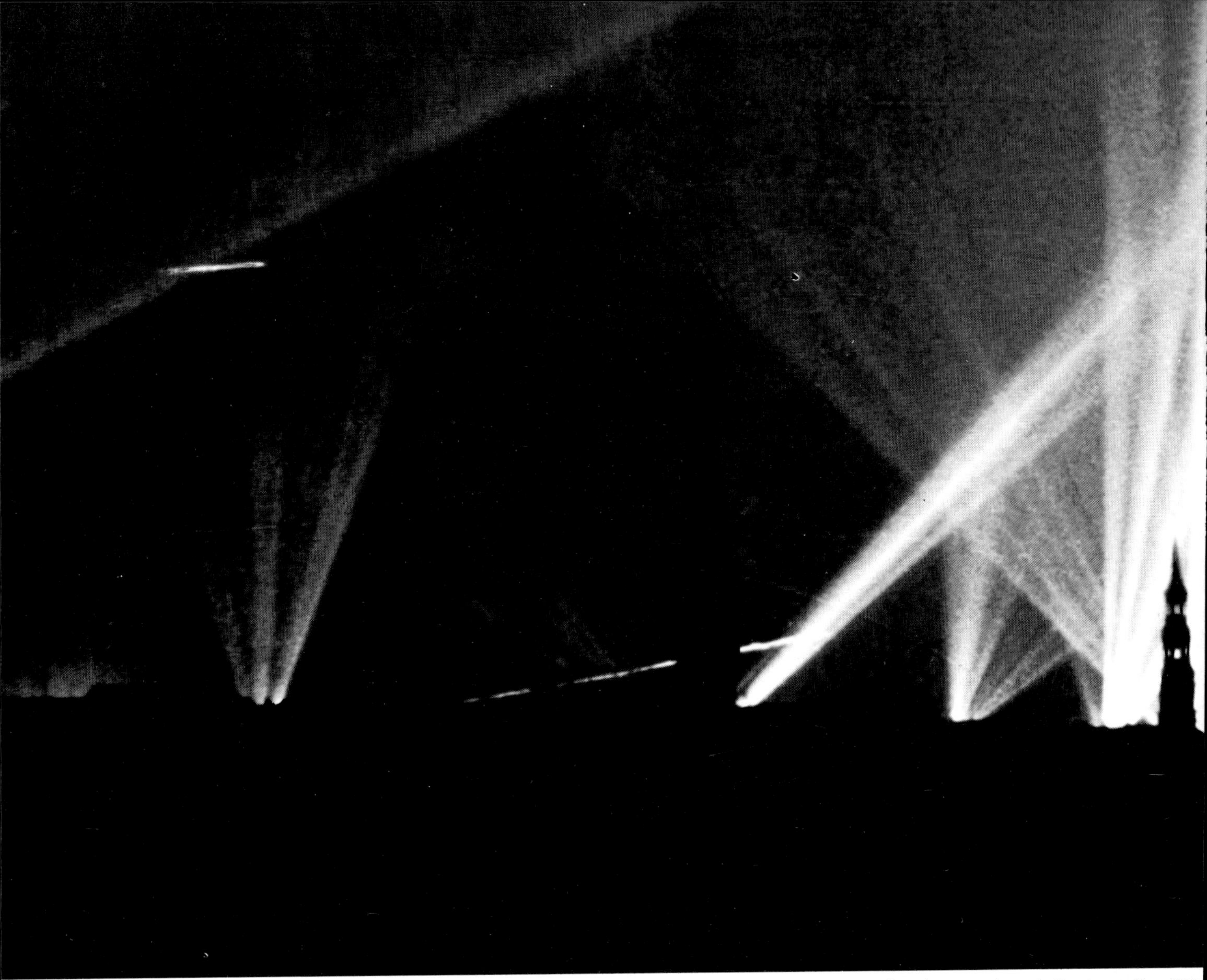

▲ Scheinwerferbatterien suchen den Himmel über Hamburg ab

▼ Bomben werden mit Sprengstoff gefüllt

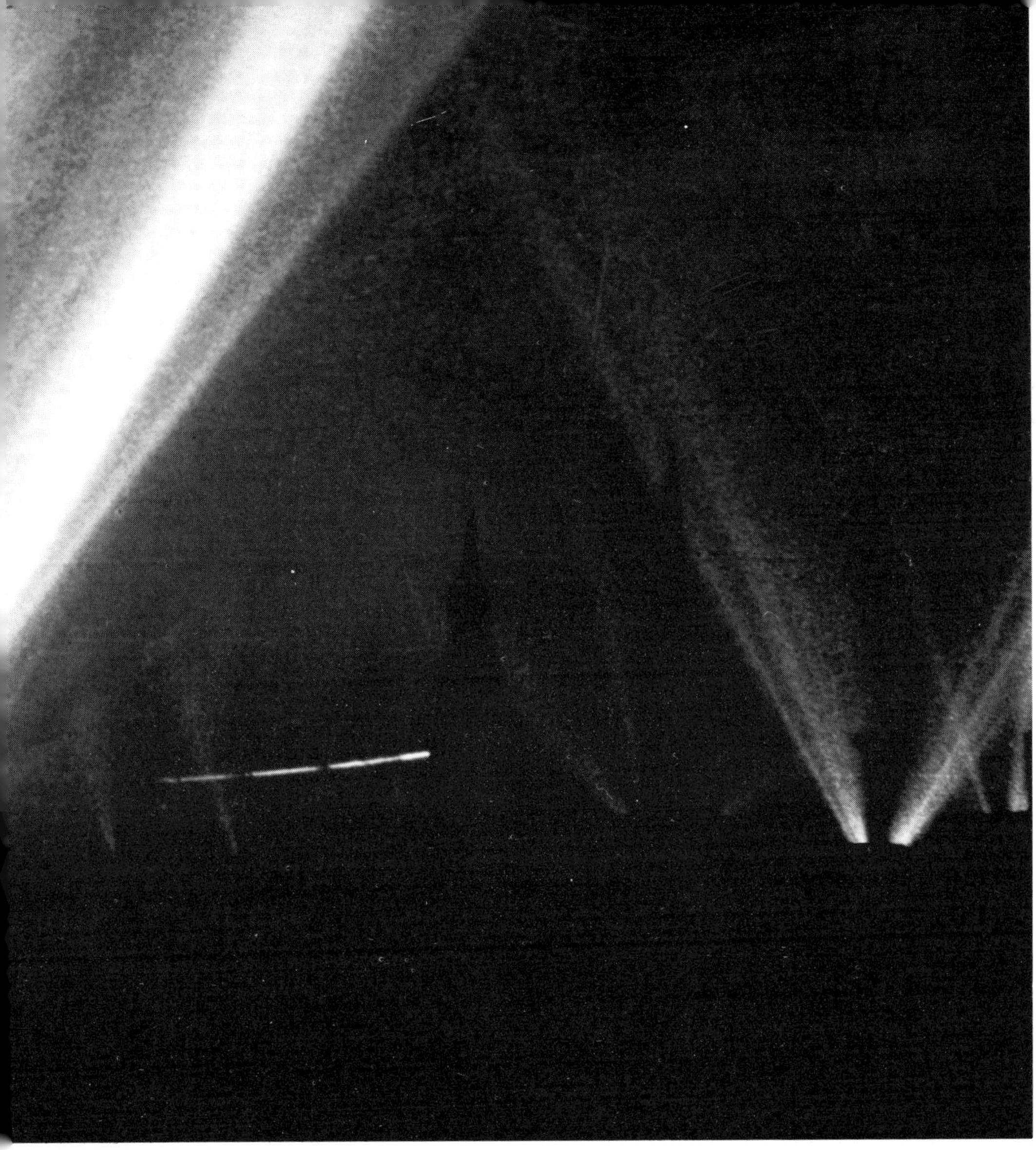

Eskalation des Schreckens

▼ Die Berliner Staatsoper Unter den Linden nach einem britischen Bombenangriff

Während die deutsche Luftwaffe bis zum Juni 1940 keine einzige Bombe über der britischen Insel abwarf, griffen seit Kriegsbeginn 1939 britische Flugzeuge in nächtlichen Einzelunternehmungen militärische Ziele und Versorgungsanlagen auf deutschem Boden an. Dabei gab es durch Fehlwürfe zahlreiche Opfer unter der Zivilbevölkerung. Im Mai 1940 beschloß das britische Kabinett den vollen Luftkrieg gegen das deutsche Hinterland. Als sich die Luftangriffe gegen Berlin und andere deutsche Städte mehrten, schlug die deutsche Luftwaffe zurück. Ihre Ziele waren vor allem Industriestädte mit kriegswichtigen Rüstungsbetrieben.

Hafen- und Industriestädte wie beispielsweise Hamburg gehörten seit Anfang des Krieges zu den bevorzugten Angriffsobjekten der Royal Air Force. Die Städte waren von einem dichten Flak-Kordon umgeben, dessen Scheinwerfer in den Angriffsnächten den Himmel absuchten.

▼ Britische Truppen sichern eine Straßenkreuzung im Innern Islands

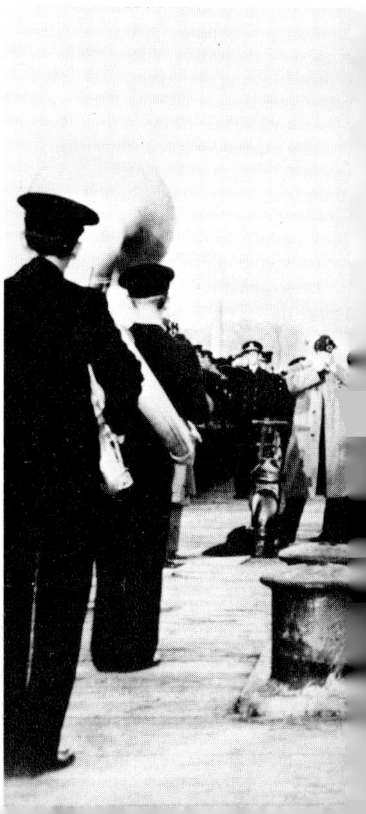

Amerikanische Hilfsmaßnahmen

▲ Im Juli 1941 lösen Amerikaner die britische Besatzung ab

Unmittelbar nach Ausbruch des Krieges hatten die Vereinigten Staaten ein Ausfuhrverbot für Waffen und Kriegsgerät verhängt. Unter dem Eindruck der Niederlage Frankreichs, der britischen Flucht aus Dünkirchen und der dringenden Hilferufe Londons nach Waffen und Material wurde im Oktober 1940 das Waffenembargo zugunsten Englands aufgehoben. Die britischen Rüstungsbehörden konnten jetzt mit vollen Händen aus dem riesigen Arsenal der USA schöpfen, unter Einhaltung der Cash- und Carry-Klausel, nach der alle Käufe sofort bar bezahlt und mit eigenen Schiffen transportiert werden mußten. Da Englands Devisen bald aufgebraucht waren, erließ Roosevelt im März 1940 das Leih- und Pachtgesetz, das ihm ermöglichte, die Alliierten mit Kriegsgütern in unbeschränkter Höhe zu unterstützen.

Im September 1940 lieferten die USA auf Grund eines Tauschvertrages im Gegengeschäft für die Einräumung von Stützpunkten auf den den USA vorgelagerten britischen Inseln 50 Zerstörer und einige U-Boote an die britische Marine. Um den Nachschub über den Atlantik zu sichern, hatten britische Truppen bereits im Mai 1940 Island besetzt. Sie wurden im Juli 1941 von amerikanischen Einheiten abgelöst.

◄ Ein amerikanisches U-Boot wird der britischen Marine übergeben

▲ Deutscher Redakteur und französischer Setzer umbrechen die »Deutsche Zeitung in Paris«

▼ Wiedereröffnung des Louvre in Paris

▲ General von Falkenhausen

Deutsch-französische Verständigung: Ein mißlungener Versuch

In den von der deutschen Wehrmacht besetzten Ländern Europas schien sich – von der Oberfläche her gesehen – das Leben wieder zu normalisieren. Im Untergrund aber organisierte sich langsam der Widerstand, die Résistance. In Geschützen oder Fahrzeugen, die aus französischen Rüstungswerken zur Truppe rollten, fanden sich Stahlspäne statt Öl in den Lagern, Zeitbomben explodierten in deutschen Truppenunterkünften oder Soldatenkinos, und Wachposten verschwanden spurlos. Der heimliche, gnadenlose Haßkrieg zeigte sein Schreckensantlitz mit Terroraktionen auf der einen, mit Bluturteilen und Geiselerschießungen auf der anderen Seite.

Die von Hitler eingesetzten Militärverwaltungen, allen voran die für Belgien und Nordfrankreich unter General von Falkenhausen, versuchten anfangs zu vermitteln, aber ihre Ausgleichsbemühungen wurden immer mehr von den Gewaltaktionen des Widerstandes torpediert und ihre Macht im Lauf des Krieges immer mehr durch die politische NS-Führung und den Sicherheitsdienst der SS eingeengt.

▲ Ein Bild aus der Zeit der »Kollaboration«

Paris 1940

Als der Westfeldzug beendet und der Waffenstillstand geschlossen war, zog das Gros der deutschen Armeen wieder zurück nach Osten. Die Soldaten aber, denen es vergönnt war, als Besatzung in Frankreich oder gar in Paris zu bleiben, waren lange der Gegenstand sehnsuchtsvoller Landserträume. Hier gab es auf dem Schwarzmarkt und im Tauschverkehr Dinge, die man zu Hause bereits als Seltenheiten schätzte. Findige Kantinenunteroffiziere und Kasinooffiziere wußten genau die Wege, wie man an die gehorteten Wein- und Schnapsvorräte herankam und wie man den Speisezettel der Küche mit illegalen Lebensmitteln bereicherte. Die Stammannschaften und Offiziere der Besatzungstruppen teilten das gute Leben mit einer hochgekommenen Neureichenschicht der Zivilbevölkerung, die ihre Geschäfte mit den Siegern machte. Die Masse der Bevölkerung aber, die von dem leben mußte, was sie auf Karten kaufen konnte, hatte nur das Allernötigste zum Dasein.

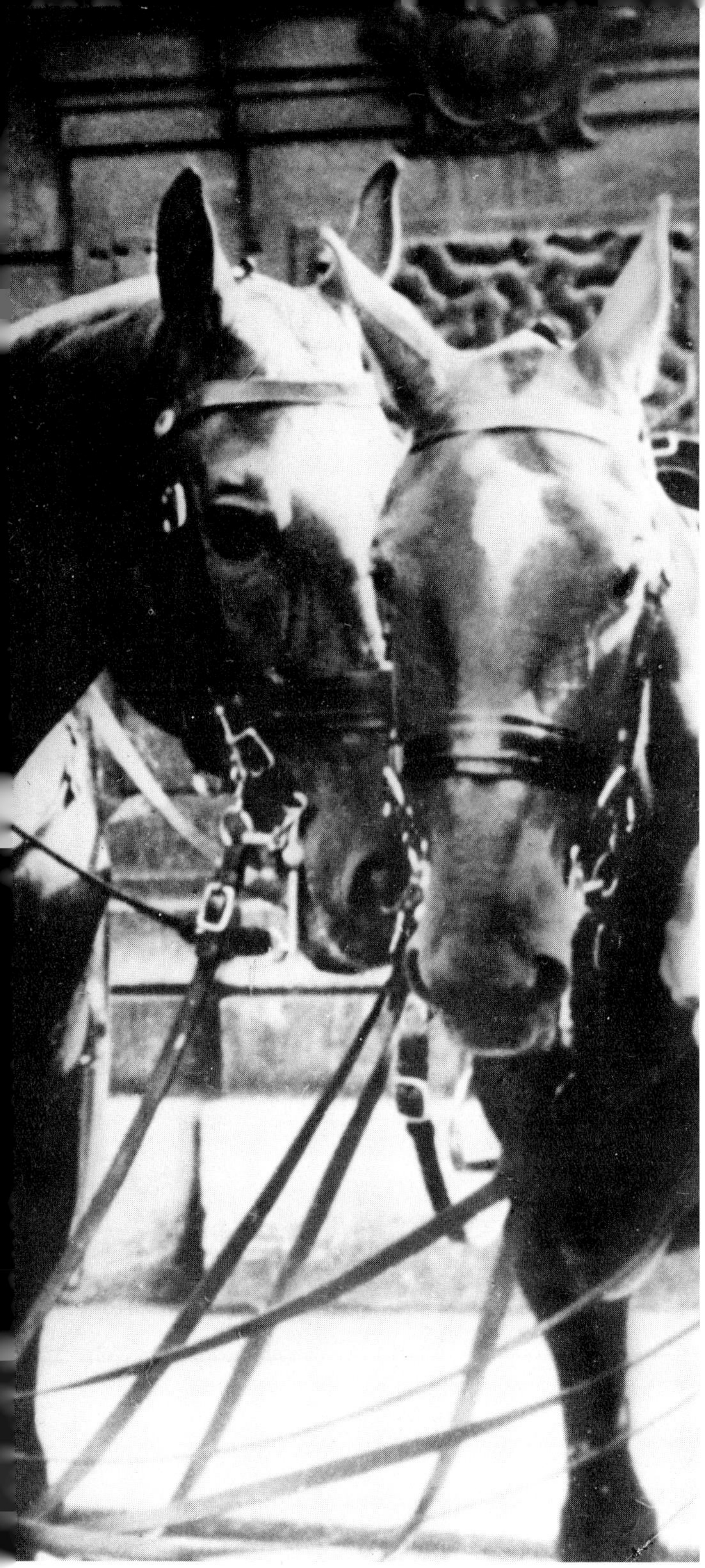

▲ Café in den Champs-Elysées: Die Uniform bestimmt das Bild

Merkblatt für den Aufenthalt in Paris

1. Auf Befehl des Oberkommandos der Wehrmacht ist der Aufenthalt in der Stadt Paris nur denjenigen Soldaten und deutschen Zivilpersonen gestattet, deren Anwesenheit aus zwingenden dienstlichen Gründen notwendig ist.

   Der Aufenthalt in Paris ohne einen von der 30. Division (Kommandant der Stadt Paris) ausgegebenen Personen- und Kraftfahrzeug-Ausweis ist streng verboten und wird bestraft.

2. **Zapfenstreich in Paris für Uffz. und Mannschaften 22 Uhr.**

3. Rauchen auf der Strasse und im Kraftwagen ist verboten!

4. Abstand von der französischen Zivilbevölkerung halten!

   Mitnehmen von Französinnen im Dienstwagen und Unterhaken von weiblichen Personen ist verboten.

   Keine Autoraserei in der Stadt! Verkehrsdisziplin halten!

   Scharf rechts heranfahren beim Halten und Parken!

6. Puppen, Beutestücke u. dergl. an Fahrzeugen sind zu entfernen!

7. Einwandfreies Verhalten auf Lkw. und Kraftomnibussen, Kopfbedeckung auf, Marscherleichterungen jeder Art sind verboten.

8. Jede Beschlagnahme **einschl. Kraftfahrzeuge** und jeder Einkauf ist untersagt.

9. Betriebstoffausgabe in der Innenstadt Paris findet nicht statt.

10. Kein Papier, Obstreste usw. wegwerfen!

11. Alle einreisenden Soldaten und deutschen Zivilpersonen haben sich im ehem. Marineministerium, Place de la Concorde, bei der Kraftfahrkontrollstelle (Ausgabe von Personal- und kfz. Ausweisen) und der Unterkunftsabteilung (Zuweisung von Quartier) zu melden.

Für den Aufenthalt in Paris wurden besondere Richtlinien erlassen ►

▲ Elsässische Flüchtlinge sind in ihre Orte zurückgekehrt, in eine andere Welt

VILLE DE LIEGE

LE BOURGMESTRE,

porte à la connaissance de la population que l'Autorité occupante arrête que l'

HEURE

DE L'EUROPE CENTRALE

est dorénavant obligatoire.

Les horloges doivent donc être avancées de 60 MINUTES.

Liége, le 17 mai 1940.

Le Bourgmestre,
Joseph Bologne

◄ Durch Erlaß der Besatzungsbehörden wird die mitteleuropäische Zeit eingeführt, hier ein Plakat aus Lüttich

▲ Der Chef des Hauses Rothschild konnte seine unschätzbare Gemäldesammlung vor dem deutschen Zugriff retten, nur leere Rahmen blieben zurück

Die deutsche Politik gegenüber Frankreich war sehr zerfahren und uneinheitlich. Bis 1942 versuchte Hitler noch, die Regierung des Marschalls Pétain zur Zusammenarbeit zu gewinnen und alles zu unterlassen, was zur Verstimmung der Franzosen hätte führen können. Aus diesem Grunde vermied er lange den Anschluß des deutschsprachigen Elsaß an das Deutsche Reich, wenn auch die nationalsozialistische Agitation alles tat, um ihn vorzubereiten. Seit Jahrhunderten war es das Schicksal dieses Grenzlandes, der Zankapfel zwischen beiden Anrainern zu sein. Während seiner Zugehörigkeit zum Reich 1871 bis 1918 mißtraute man seiner Loyalität zu Deutschland. Nach 1918 befürchtete man in Paris das Anwachsen prodeutscher Tendenzen.

▲ Ein aufgetauchtes deutsches U-Boot bei schwerer See

▼ Deutsches Propagandaplakat über die Schlacht im Atlantik

Höhepunkte der Atlantikschlacht

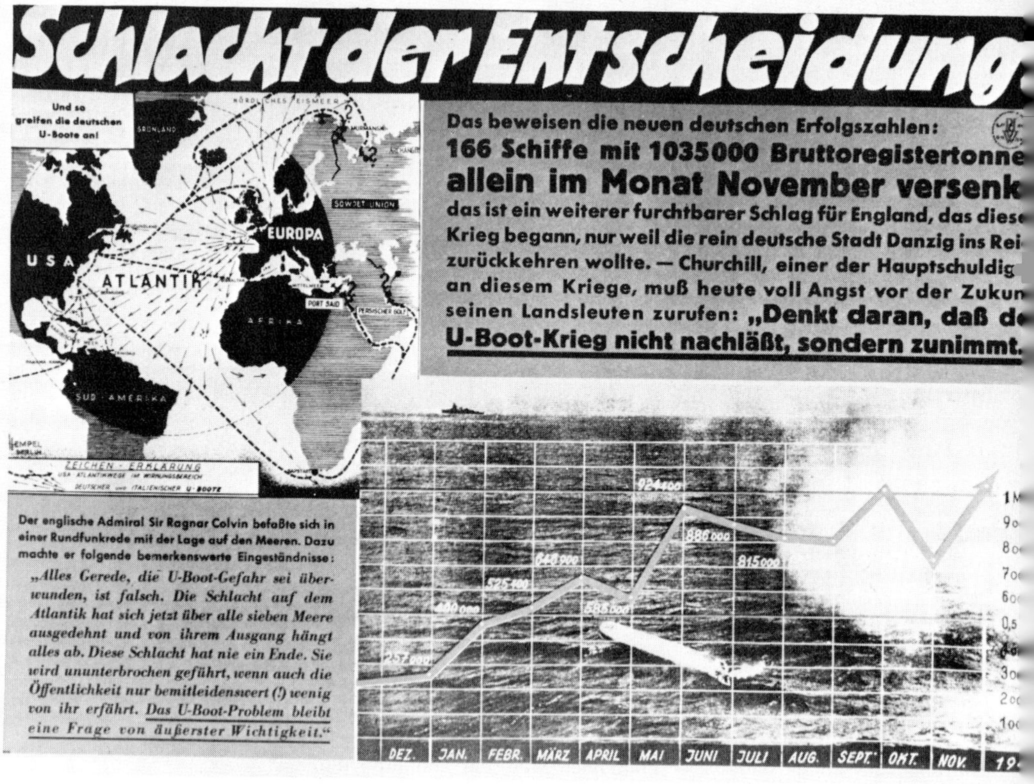

Britische Schiffbrüchige werden von einem deutschen Kriegsschiff an Bord genommen ▶

Hitler richtete sofort nach Ausbruch des Krieges die Hauptstoßkraft der Kriegsmarine gegen die empfindlichste Stelle Großbritanniens: seine Verbindungswege über See. Angesichts der unantastbaren Machtüberlegenheit der englischen Flotte konnte es kein zweites Skagerrak mehr geben. Das Schwergewicht wurde deshalb auf die Aktionen der U-Boote und auf Einzelunternehmen der schweren Einheiten gelegt. Hilfskreuzer operierten weit in Übersee gegen die britische Handelsschiffahrt. Bei Kriegsbeginn verfügte die deutsche Kriegsmarine über 52 U-Boote, davon gingen im August 1939 einundzwanzig Boote auf Kampfpositionen gegen die britische Kriegs- und Handelsmarine. Bis zum März 1940 wurden durch U-Boote mehr als 750 000 BRT versenkt, weitere rd. 400 000 BRT gingen der britischen Flotte durch Angriffe anderer Marineeinheiten und der Luftwaffe verloren.

Sie fuhren »gegen Engeland«

▲ Der Schlachtkreuzer »Scharnhorst« auf Feindfahrt

Blick in eine deutsche U-Boot-Werft ▶

Das von Bord eines Torpedobootes aufgenommene Bild (oben) zeigt den Schlachtkreuzer »Scharnhorst« auf Feindfahrt. Zusammen mit seinem Schwesterschiff »Gneisenau« war er einer der wenigen großen »Pötte«, die bei Kriegsausbruch bereits in Dienst gestellt und einsatzbereit waren. Die »Scharnhorst« hatte rd. 32000 ts Standard und entwickelte eine Höchstgeschwindigkeit von 31,5 Knoten. Neun 28-cm-Kanonen, zwölf 15-cm-Kanonen und eine Flakbestückung von vierzehn 10,5-cm-Geschützen und massierten leichten und mittleren Kalibern gaben dem Schiff eine imponierende Feuerkraft. Die Kopfstärke der Besatzung betrug rd. 1800 Mann. Da keine Aussicht bestand, selbst mit forciertem Bauprogramm der britischen Flotte auf offenem Meer mit Aussicht auf Erfolg begegnen zu können, wurde der Neu- oder Weiterbau schwerer Einheiten zugunsten einer Verstärkung der U-Boot-Waffe erheblich eingeschränkt.

Fougasse
"Strictly between you + me...."
CARELESS TALK COSTS LIVES

◄ Ein Plakat aus der englischen Serie »Sorglos reden kostet Leben« ▲ »Pst! Feind hört mit«, ein deutsches Gegenstück

»Feind hört mit«

Der Nachrichtendienst gewann im zweiten Weltkrieg bei allen kriegführenden Staaten eine entscheidende Bedeutung. In Deutschland waren zunächst alle Einzelgruppen im »Amt Ausland/Abwehr«, das zum OKW gehörte und von Admiral Canaris geführt wurde, zusammengefaßt. Später trat das Reichssicherheitshauptamt der SS konkurrierend dazu. Frankreich besaß als Abwehrorganisation das »Deuxième Bureau«, Großbritannien den »Secret Service« und »Intelligence Service«. Um die Tätigkeit feindlicher Nachrichtendienste im eigenen Land möglichst zu erschweren, klärte man die Bevölkerung durch großangelegte Propagandaaktionen über feindliche Spionage auf.

Mussolinis »mare nostro«

▲ Italienische Flotteneinheiten auf dem Marsch im Mittelmeer

Mussolini, der faschistische Diktator Italiens, glaubte an seine Sendung als Erbe der Cäsaren des römischen Reiches. So wie einst Rom die Küstenländer rings um das Mare Internum beherrscht hatte, gedachte der Duce, das moderne Italien wieder zur Führungsmacht im »mare nostro«, im Mittelmeer, zu erheben. Dazu war 1939 Albanien annektiert worden, trat Mussolini nach anfänglicher Neutralität auf deutscher Seite in den Krieg gegen Frankreich und England ein (der Siegespreis sollte der Gewinn weiter Gebiete in den französischen und englischen Kolonien sein), begann Italien im Oktober 1940 den Krieg gegen Griechenland und vier Wochen vorher den verlustreichen Vorstoß in Nordafrika.
Grundlage der italienischen Machtposition schienen eine vermeintlich stark gerüstete Mittelmeerflotte und die Luftwaffe zu sein. Die Luftwaffe verfügte im italienischen Mutterland zwar über 3300 Maschinen, doch war nur die Hälfte einsatzbereit. Die Marine besaß immerhin 6 Schlachtschiffe, davon allerdings nur zwei einsatzklar, 7 Schwere und 12 Leichte Kreuzer, 59 Zerstörer, 67 Torpedo-Boote und 116 U-Boote. Das war eine imposante Streitmacht, doch war sie der britischen keineswegs gewachsen.

Italienische Truppen vor der französischen Alpengrenze, Juni 1940 ►

▼ Mit Schaukarten beschwört Mussolini die einstige römische Größe

Die britische Stellung im Mittelmeer

Nach dem Scheitern des Unternehmens »Seelöwe« beschloß Hitler, Großbritannien an seiner am meisten gefährdeten und empfindlichsten Außenposition, der Machtstellung im Mittelmeer, anzugreifen. Er kam damit den Wünschen Mussolinis entgegen. Nach Absprachen mit Spanien sollte Gibraltar mit überschweren Geschützen von der Landseite her eingenommen und damit den britischen Stützpunkten im Mittelmeer die Zufuhren von See abgeschnitten werden (Unternehmen »Felix«). Der Plan scheiterte am Widerstand Francos. Großbritannien war im Mittelmeerraum außenpolitisch stark engagiert und vor allem mit der Flotte militärisch präsent. Im Sommer 1940 standen im östlichen Mittelmeer 4 Schlachtschiffe, 1 Flugzeugträger, 9 Leichte Kreuzer, 25 Zerstörer und 6 U-Boote, in Malta weitere 6 U-Boote und 1 Zerstörer. In Gibraltar lagen 1 Schlachtschiff, 1 Flugzeugträger, 1 Leichter Kreuzer und 9 Zerstörer. Heerestruppen waren in Ägypten, Palästina, Kenya, Aden, in Somaliland und im Sudan stationiert.

Es war klar, daß Großbritannien sein koloniales Lebensinteresse mit aller Kraft im Mittelmeer verteidigen würde.

▲ Arabische Aufstände in dem mit Englands Zustimmung von den Juden beanspruchten Palästina wurden von britischen Truppen niedergeworfen

Alarmübung der Besatzung von Gibraltar ▶

Attacke einer libyschen Kavallerieeinheit

Libyen – Auftakt zum Wüstenkrieg

Italienische Truppen in der Wüste bei Sollum

Ab 4. August 1940, zwei Monate nach seinem Eintritt in den großen Krieg, begann Italien mit einer großangelegten Offensive in Nordafrika. Sie hatte drei strategisch-politische Leitmotive: Sicherung des italienischen Kolonialbesitzes in Afrika, Ausdehnung seiner Grenzen auf Kosten der gegnerischen Kolonialmächte und Angriff auf Ägypten. In einem vierzehntägigen Kampf unterwarf der Vizekönig von Abessinien, der Herzog von Aosta, mit einer Armee aus italienischen und einheimischen libyschen Truppen Britisch-Somaliland, das allerdings nur von 1500 Mann britisch-somalischer Truppen verteidigt wurde.
Am 13. September 1940 überschritten die Vorhuten der italienischen 10. Armee (Berti) die libysch-ägyptische Grenze. Die Offensive selbst führte Marschall Graziani, der über 6 Infanteriedivisionen und 8 Panzerbataillone unterschiedlichen Wertes verfügte. Fernziel des kühnen, aber unzulänglich vorbereiteten Unternehmens war der Suezkanal, eine der Hauptschlagadern des britischen Weltreiches. Nachdem die Sperrung des westlichen Tores zum Mittelmeer mit der geplanten Eroberung Gibraltars mißlungen war, sollte die östliche Ausfahrt aus dem »mare nostro« in das Rote Meer und den Indischen Ozean für die britische Kriegs- und Handelsflotte verriegelt werden. Zwar eroberten die Italiener am 16. September Sidi Barrani, doch kam ihre Offensive zwei Tage später wegen mangelnden Nachschubs zum Stehen.

▲ Überrollte italienische Stellung

▼ Britische Infanterie geht im Morgengrauen vor

▲ Britische Panzer im Gefecht

Britische Erfolge

In Erwartung eines italienischen Angriffes auf Ägypten und den Suezkanal hatten die Engländer rechtzeitig starke Kräfte zusammengezogen, die am 9. Dezember 1940 zum Gegenstoß antraten. General Wavell, der Oberkommandierende der Offensive, verfügte über eine Panzerdivision, eine Infanteriebrigade und je eine indische und australische Division, insgesamt über 31 000 Mann und 225 Panzer. Bei Sidi Barrani trafen die Fronten aufeinander. In erbitterten Gefechten warfen die für den Wüstenkrieg ausgezeichnet gerüsteten und ausgebildeten Briten den Gegner zurück und zwangen ihn teilweise zu regelloser Flucht unter Zurücklassung der Waffen und Geräte. Am 11. Dezember fiel Sidi Barrani, am 17. Sollum.

Der Rückzug Grazianis von Ägypten bis zur Großen Syrte hatte in Italien tiefste Bestürzung und Verwirrung ausgelöst. Von der faschistischen Propaganda war dem italienischen Volk eingehämmert worden, daß seine stolzen Armeen von keinem Feind zu besiegen seien. Die Scharte konnte nur durch einen neuen siegreichen Vormarsch in Afrika ausgewetzt werden. Mussolini wandte sich daher an Deutschland mit der dringenden Bitte um materielle und militärische Hilfe. Hitler zögerte nicht mit seiner Unterstützung. Versorgungsgüter jeder Art rollten aus Deutschland und Frankreich in die Häfen Italiens und wurden dort auf deutsche und italienische Frachter umgeladen, die in Geleitzügen die gefahrvolle, von britischen Kreuzern, Zerstörern und U-Booten bedrohte Fahrt nach Nordafrika antraten. Waffen und Kriegsmaterial wurden von deutschen Flugzeugen in das Kampfgebiet eingeflogen. Am 9. Januar hatte Hitler beschlossen, zur Unterstützung der Italiener einen deutschen Panzerverband nach Libyen zu entsenden. Auch in Anbetracht des italienischen Griechenlandabenteuers war der »Parallelkrieg« Mussolinis nur durch deutsche Teilnahme unter Kontrolle zu bringen.

Unterstützung für Italien

Deutsche See-Transportflugzeuge ►

▼ Deutsches Transportschiff im Mittelmeer

▼ Ju 52 werden mit Benzinfässern für Afrika beladen

▼ Verladen von Versorgungsgütern für den Afrika-Krieg

Die Metaxas-Linie

◄ Befestigung der griechischen Metaxas-Linie

▲ Griechische Flak rollt an die Front

Nach den geringen Erfolgen gegen die Engländer in Nordafrika suchte Benito Mussolini nach neuen Möglichkeiten, um die Lorbeeren zu gewinnen, die er zur Wiederherstellung seines verblaßten Cäsarenruhmes brauchte. Als potentielles Objekt eines leichten Sieges und Machtzuwachses im Mittelmeerraum bot sich Griechenland an, das eines entschlossenen Widerstandes nicht fähig schien. Günstige Ausgangsposition war das 1939 von Italien annektierte Albanien. Am 28. Oktober 1940 begann der Angriff auf Griechenland. Der italienische Oberbefehlshaber General Visconti-Prasca konnte nur eine leichte Panzerdivision, eine Gebirgs- und sechs Infanteriedivisionen, insgesamt etwa 150000 Mann, ansetzen.

Hitler, der von einem Übergreifen des Kriegsbrandes auf den Balkan eine gefährliche Zersplitterung seiner gegen Rußland aufmarschierenden Truppen und eine Gefährdung der rumänischen Ölfelder befürchtete, war über das Vorgehen Mussolinis bestürzt, mußte sich jedoch zum Eingreifen entschließen, als britische Einheiten in Griechenland und auf Kreta landeten.

Mussolini glaubte an eine rasche militärische Niederwerfung Griechenlands. Die innenpolitische Zerrissenheit des Landes und eine uneinige Führungsschicht schienen einen schnellen, spektakulären Sieg der italienischen Waffen und einen Triumph des Duce zu garantieren. Die griechische Luftwaffe war sehr schwach, ihre Flugzeuge zum größten Teile schon veraltet. Einsatzbereit waren nur 44 Jäger, 39 Bomber und 66 Aufklärer – ein geringes Aufgebot angesichts der Übermacht Das Heer verfügte über eine Kavallerie- und über 14 Infanteriedivisionen. Bei voller Kriegsstärke im Mobilmachungsfall waren dies immerhin 430000 Mann. Unter dem Oberbefehl des energischen Generals Papagos konnten sie es wohl mit den italienischen Invasoren aufnehmen.

▲ Italienische Infanterie auf dem Vormarsch

◄ Herbstregen und Schlamm, Helfer der Griechen

▼ Italienische Bomber greifen feindliche Nachschublager an

Mussolinis Balkanträume

Ἐμπρός
τῆς
Ἑλλάδος
παιδιά

Die griechische Armee behauptet sich

◄ Griechisches Propagandaplakat ruft die Jugend zu den Waffen

▼ Ein griechisch-orthodoxer Bischof segnet britische Soldaten

Der unerwartet starke Widerstand der griechischen Armeen ließ den Vormarsch der Italiener nach einigen Anfangserfolgen bald ins Stocken geraten. Der zur Verteidigung hervorragend geeignete felsige Charakter des albanisch-griechischen Grenzgebietes stellte die italienischen Truppen vor ungeahnte Schwierigkeiten. Aus dem erhofften stürmischen Vormarsch entwickelte sich ein verlustreicher Rückzug bis tief in das italienische Albanien hinein und ein harter Stellungs-Winterkrieg. Die griechische Gegenoffensive hatte schon am 2. November begonnen, als das II. Korps den am weitesten auf griechisches Gebiet vorgedrungenen linken Flügel der 11. italienischen Armee (Geloso) im Raum Vovuza–Kerasovon stoppte und zurückwarf. Vom 14. bis 22. November schlugen dann die griechischen Korps I, II und III die Italiener bis weit nach Albanien hinein zurück und eroberten Koritza. Eine zweite italienische Offensive im Frühjahr 1941 wurde ebenfalls abgeschlagen.

Gemäß der englischen Sicherheitsgarantie erklärte sich London unmittelbar nach Kriegsbeginn zur militärischen Unterstützung Athens bereit. Um eine Landung italienischer Einheiten auf dem Boden des griechischen Kernlandes zu verhindern, verminten britische Schiffe die invasionsgefährdeten Küstenstreifen. Die englische Flotte und die Royal Air Force errichteten Stützpunkte auf Kreta. Ab März 1941 wurde auf Wunsch der Griechen ein britisches Expeditionskorps angelandet.

Propagandaplakate werben für rumänisch-deutsche Freundschaft

Ausweitung des Krieges

Hitlers zweimaliger Versuch, nach Ausbruch des italienisch-griechischen Krieges durch streng geheime Verhandlungen mit Athen den Frieden wiederherzustellen und damit das von Deutschland erwünschte Gleichgewicht der Kräfte auf dem Balkan zu erhalten, schlug fehl.
Griechenland war fest entschlossen, die erfolgreiche Gegenoffensive gegen Italien mit Hilfe britischer Truppen siegreich zu beenden. Wenn jedoch einmal das Feuer unter dem Hexenkessel dieser ewig brodelnden Landmasse zwischen der Adria, Kleinasien und Sowjetrußland entfacht war, mußte es früher oder später die Öltürme Rumäniens erreichen, von denen der schwarze Lebensstrom in die Adern des sich immer weiter ausdehnenden Krieges der Achsenmächte gegen die Alliierten floß. Falls England begann, das große Spiel zwischen Athen, Belgrad, Sofia und Bukarest zu wagen, mußte Hitler zwangsläufig der Gegenspieler werden. Unter dem Decknamen »Marita« war für den Eventualfall die schnelle Besetzung Griechenlands vorgeplant. Ab 2. März 1941 wurden deutsche Truppen dafür in Bulgarien bereitgestellt, nachdem das Land am Tag vorher dem Dreimächtepakt beigetreten war.

▼ Beitritt Jugoslawiens zum Dreimächtepakt (25. 3. 41). 2 Tage später: Sturz der Regierung ▲

▲ Deutsche Panzer im Vormarsch

◄ Jugoslawische Stadt, zerstört durch Bomben und Artillerie

Der Belgrader Umsturz und seine Folgen

Der Beitritt der jugoslawischen Regierung zum Dreimächtepakt in Wien am 25. März 1941 brachte den seit langem aufgehäuften innenpolitischen Zündstoff zur Detonation. Das Kabinett wurde – ein vermut-ich von Moskau gesteuerter Vorgang – gestürzt, die Minister wurden n Haft genommen. Der neue Regierungschef König Peter II. brach mit der bisherigen achsenfreundlichen Politik seines Landes und schloß am 5. April einen Nichtangriffspakt mit der Sowjetunion. Hitler zog unmittelbar nach dem Umsturz schärfste Konsequenzen. Am 27. März erklärte er in der geheimen »Weisung Nr. 25«: »Der Militärputsch in Jugoslawien hat die politische Lage auf dem Balkan geändert. Jugoslawien muß ... als Feind betrachtet und daher so rasch wie möglich zerschlagen werden.« Am 6. April begann der Balkanfeldzug.

Der Jugoslawienfeldzug – Wettlauf mit der Zeit

Im Balkanfeldzug gegen Jugoslawien und Griechenland wirkten die deutschen Armeen 2 (Weichs) und 12 (List) sowie die Panzergruppe 1 (Kleist) mit ungarischen und italienischen Verbänden zusammen, unterstützt von den 780 Flugzeugen der Luftflotte 4 (Löhr), darunter 400 Stukas und Bomber. Jugoslawien konnte 32 Divisionen und 9 Brigadeverbände sowie 400 Flugzeuge in den Kampf werfen. Die Kampfkraft der Truppen war auf Grund der vorhandenen Spannungen zwischen den verschiedenen Volksgruppen gering. Nach einem Blitzfeldzug von knapp 12 Tagen kapitulierte Jugoslawien vor dem überlegenen Gegner. Der achtzehnjährige König Peter II. und sein Ministerium flohen nach London und bildeten dort eine Exilregierung. In die Hauptstadt Jugoslawiens, die alte, einst vielumkämpfte Grenzfestung zwischen Orient und Okzident, Belgrad, marschierten die Kolonnen der 11. Panzerdivision ein.

▲ Durch den Fluß in die Gefangenschaft: versprengte serbische Soldaten

▼ Menschen und Motoren aufs äußerste beansprucht

Nachschub rollt ►

»Barbarossa« wird verschoben

Der Jugoslawien-Feldzug stellte schwerste Anforderungen an Menschen und Material. Gebirge, schlechte Straßen, aufgeweichte Wege und gesprengte Brücken verlangten der Truppe äußerste Anstrengungen ab. Die Regimenter und Divisionen, die hier ihre Panzer- und Lkw-Motore überforderten und verschlissen, waren wenige Monate später den erhöhten Belastungen des Rußlandkrieges nur noch halb gewachsen. Die nachhaltigste und vielleicht welthistorische Folge des Balkankrieges war jedoch die Verschiebung des Falles »Barbarossa«, des Angriffs gegen die UdSSR, um vier Wochen. Darüber hinaus band die Besetzung und Befriedung Jugoslawiens wegen der bald beginnenden Kämpfe mit Partisanen starke deutsche Kräfte.

▲ Immer wieder greifen Partisanen deutsche Truppen an

▲ Kroatische Freiwillige im Gespräch mit deutschen Offizieren

Volksdeutsche Zivilbevölkerung empfängt deutsche Truppen ►

◄ Deutsche Artillerie in Feuerstellung ▼ Übersetzen nach Patras ▲ Deutsche Kampfflugzeuge über Athen

Fernziel: Athen

Gleichzeitig mit dem Angriff auf Jugoslawien entfaltete sich der deutsche Vormarsch gegen Griechenland und seine britischen Hilfstruppen. Der Hauptstoß der deutschen 12. Armee (List), die von starken Verbänden der Luftflotte 4 (Löhr) unterstützt wurde, erfolgte von der bulgarisch-griechischen Grenze, durch jugoslawisches Gebiet ausholend, nach Süden mit dem Fernziel Athen. Im Vertrauen auf die Widerstandskraft der Metaxas-Linie standen dem Gros der deutschen Truppen nur sechs Divisionen und zwei Brigaden gegenüber. In der Tiefe waren Festungstruppen und drei Divisionen des britischen Hilfskorps gestaffelt. Sie wurden zum Teil erst nach härtesten Kämpfen bezwungen.

Wavell räumt Griechenland

Die Leibstandarte-SS »Adolf Hitler« hatte sich den Übergang über das Pindosgebirge im Westen Griechenlands erkämpft, den Golf von Patras auf Fischerbooten überquert und durch den Sperriegel, den sie damit gegen die griechische Epirusarmee errichtete, zur Niederlage der feindlichen Streitkräfte entscheidend beigetragen. Lord Wavell mit seinen Einheiten mußte Griechenland räumen.

Der Versuch der britischen Hilfstruppen, den deutschen Vormarsch auf Athen am Thermopylen-Paß aufzuhalten, scheiterte. Unter Zurücklassung von 12000 Gefallenen und Gefangenen setzten sich die Reste der beiden britischen Infanteriedivisionen und eine Panzerbrigade zur Einschiffung in die bereitliegende Transportflotte ab.

Nach der Einnahme Athens besetzten deutsche Truppeneinheiten den gesamten Peloponnes und anschließend die vorgelagerte Inselwelt. Am 11. Mai war das Unternehmen »Marita« abgeschlossen.

Britische Truppen verlassen Griechenland

Lord Wavell weist seinen Stab in der Sudabucht (Kreta) ein

Die erste Absprungwelle deutscher Fallschirmjäger landet auf Kreta

Kreta – erste strategische Luftlandung der Geschichte

Mit Ju 52 werden Verstärkungen nachgezogen

Nach dem Abschluß des Griechenlandkrieges am 11. Mai 1941 blieb die griechische Insel Kreta weiter in der Hand der dort gelandeten britischen Truppen. Mit ihren in den letzten Monaten stark ausgebauten Militärflugplätzen und Flottenstützpunkten bildete sie einen gefährlichen Sperriegel im östlichen Mittelmeer. 42000 Mann alliierter Truppen unter Generalleutnant Freyberg waren auf der Insel.
Die von Hitler unter dem Decknamen Operation »Merkur« angeordnete Eroberung Kretas begann am 20. Mai 1941 mit einem Massenabsprung deutscher Fallschirmjäger der 7. Flieger-(Fallschirm)-Division (Süßmann). Das gewagte Unternehmen, das von General der Flieger Student geleitet wurde, erhielt Unterstützung durch Luftlandetruppen und Gebirgsjägereinheiten des Heeres.
Die von der militärischen Führung erwartete handstreichartige Eroberung Kretas schlug fehl. In schweren, verlustreichen Gefechten in zum Teil fast unzugänglichem Felsgelände mußten sich die Truppen – unter ihnen wieder die bewährten Gebirgsjäger – vorwärtskämpfen. Besonders schwierig gestaltete sich der Nachschub, da die Flugplätze der Insel vier Tage in britischer Hand blieben.

▲ Feldartillerie beschießt britische Stellungen

▼ Die ersten britischen Gefangenen

Alle deutschen Anstrengungen mußten sich darauf konzentrieren, einen der Flugplätze in die Hand zu bekommen. Bei Malemes stürmten die Fallschirmjäger immer wieder gegen die gut ausgebauten Stellungen des 22. neuseeländischen Bataillons und zwangen es bis zum Morgen des 21. Mai bis an den anderen Rand des Flugplatzes zurück. Damit war der Platz Niemandsland geworden, aber er lag unter dem deckenden Feuer britischer Artillerie. Trotz allem gelandete Transportmaschinen konnten nicht entladen werden, da die neuseeländische Infanterie noch nicht vertrieben war. Eine neue Absprungwelle der Fallschirmjäger bereinigte bis zum Abend des 21. die Lage. Eine Ju 52 nach der anderen konnte nun Gebirgsjäger landen. Das war die Wende.

Deutsche Pioniere mit Flammenwerfern im Angriff

Um den Besitz der Flugplätze

Deutscher Küstenschutz auf Kreta

Massengrab für deutsche Fallschirmjäger

Teurer Sieg auf Kreta

In der Nacht zum 29. Mai begann Freyberg mit der Evakuierung. 17000 Briten wurden eingeschifft und bedeuteten eine wertvolle Hilfe für die ägyptische Front. Aber auch 12000 Gefangene blieben in deutscher Hand. Die deutsche Luftwaffe fügte der britischen Mittelmeerflotte im Verlauf der Kämpfe um Kreta schwere Verluste zu: 3 Kreuzer und 6 Zerstörer wurden versenkt, 3 Schlachtschiffe, der einzige Flugzeugträger, 6 Kreuzer, 5 Zerstörer schwer beschädigt.

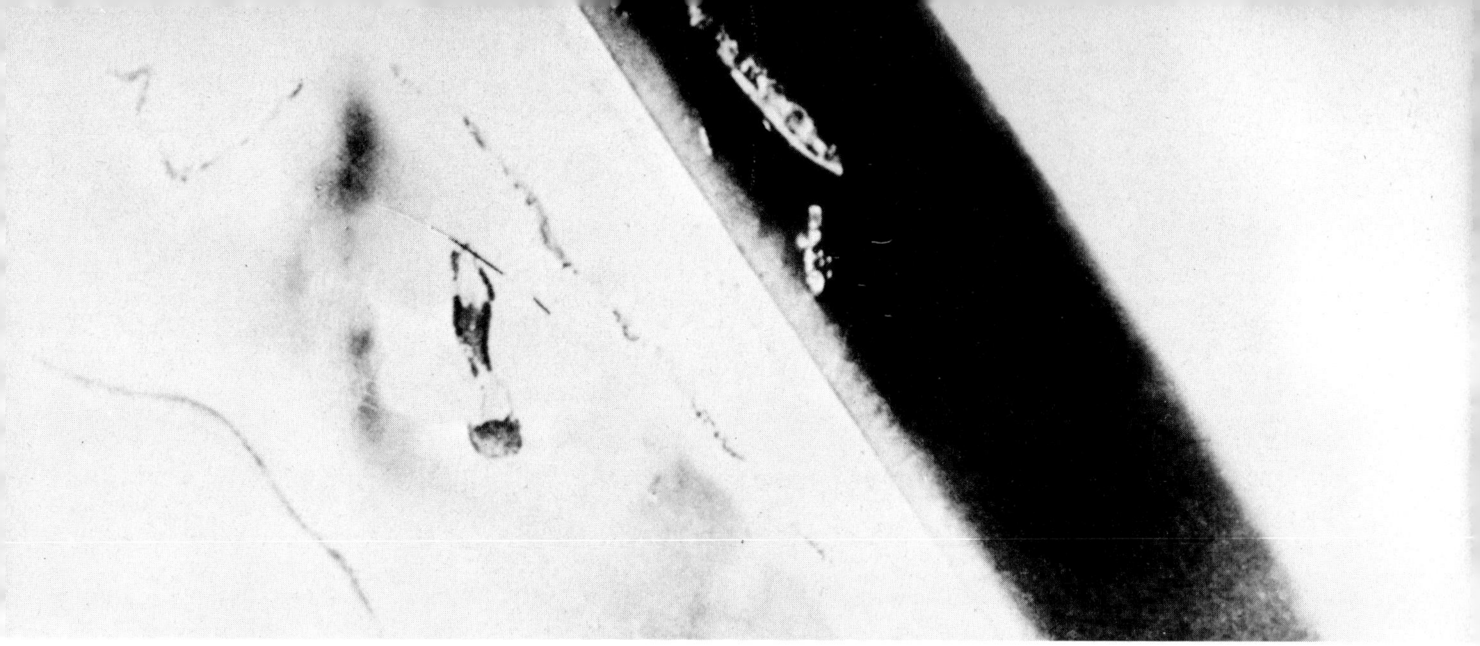

▲ Suezkanal: deutsche Flugzeuge greifen britisches Handelsschiff an

▼ Italienische Bomber bekämpfen englischen Konvoi

▼ Bruchlandung einer Spitfire

Sicherungsschiffe eines deutschen Geleitzuges im Mittelmeer ►

Schwieriger Nachschub über See

Seit dem Übergreifen des Krieges nach Nordafrika war ein mit hohen Verlusten verbundener See- und Luftkrieg zwischen Italien und Deutschland auf der einen und England auf der anderen Seite entbrannt. Ziel der Operationen waren die Transportschiff-Konvois, mit denen die Achsenmächte ihre Truppen in Libyen und England die entscheidend wichtige Seefestung Malta mit Nachschubgütern versorgten.
Ein Plan der Achse zur Eroberung Maltas (Unternehmen »Herkules«) wurde immer wieder verschoben, nicht zuletzt in Erinnerung an die schweren Verluste bei der Luftlandung in Kreta. Der Verbleib der Inselfestung in britischer Hand wirkte sich strangulierend auf die Achsentruppen in Nordafrika aus.

821
822

▲ Rommel begrüßt Einheiten des Afrikakorps in Tripolis

Das Afrikakorps

Nach dringenden Bitten Mussolinis befahl Hitler in der »Weisung Nr. 22« vom 11. Januar 1941 die Aufstellung eines deutschen Panzersperrverbandes und dessen Entsendung nach Libyen. Für die Italiener wurde dort die Lage immer ernster, vor allem nach der Einnahme Tobruks und Benghasis durch die Briten. Ab März 1941 griff das deutsche Afrikakorps unter Generalfeldmarschall Rommel in das Kriegsgeschehen in Nordafrika ein. Die Engländer hatten ihren Vormarsch an der Großen Syrte beendet und waren zum Stellungskrieg übergegangen, nachdem das Oberkommando der Briten große Truppenmengen nach Griechenland abgezogen hatte. Am 14. Februar waren die ersten Einheiten des Afrikakorps in Tripolis gelandet. Sechs Wochen später traten die Deutschen zusammen mit den Italienern zum Angriff an.
Generalfeldmarschall Rommel, hochtalentierter Panzeroffizier, konnte durch seine bewegliche, den Gegner täuschende Kampfführung Erfolge gegen die oft überlegenen britischen Verbände erringen. Ein erster Aufklärungsvorstoß Rommels führte am 24. März zur Einnahme von El Agheila.

◄ Deutsche Panzer paradieren durch Tripolis

◄ Generalfeldmarschall Erwin Rommel, Befehlshaber des Afrikakorps

▲ Pause auf dem Vormarsch durch die Wüste

Rommels schwierigstes Problem

Das schwierigste Problem für die Truppenführung in Afrika war die Nachschubfrage. Aus dem Lande selbst war fast nichts zu ergänzen. Verpflegung, Waffen, Munition, Fahrzeuge, Ersatzteile, ganze Reparaturwerkstätten – alles mußte über See herangeführt werden. Die aus Italien kommenden Schiffskonvois waren ständigen Angriffen von feindlichen schweren Einheiten, U-Booten und Torpedofliegern ausgesetzt. Standort dieser gefürchteten Konvoijäger war die britische Insel Malta, deren Befestigungen und schwer bestückte unterirdische Batterien jeden Angriff von Luft oder See her zu einem Wagnis machten.
Trotz des opfervollen Einsatzes des X. Fliegerkorps der Luftwaffe und der Verstärkung der Mittelmeer-Luftstreitkräfte durch Teile der 2. Luftflotte wurden zahlreiche deutsche und italienische Transportschiffe versenkt. Von Juni bis November 1941 gingen insgesamt 44 Schiffe mit über 222000 BRT verloren.

◄ »Panzer rollen in Afrika vor . . .«

▲ Panzer und Infanterie gehen gemeinsam vor

▼ Britische leichtmotorisierte Artillerie bei der Verteidigung Tobruks

▼ Italienische Infanterie im feindlichen Artilleriefeuer

Tobruk

Aus dem erfolgreichen Aufklärungsvorstoß gegen El Agheila entwickelte Rommel am 30. März 1941 eine Offensive. Der deutsch-italienische Vormarsch kam zügig voran, obwohl es in den großen Weiten und bei den langen Nachschubwegen überall an Panzern und Kraftfahrzeugen fehlte. Nacheinander fielen Agedabia, Benghasi, Derna und Sollum.

Knapp vierzehn Tage nach Angriffsbeginn war die gesamte Cyrenaica wieder in der Hand der Achsenmächte. Das von britischen Seestreitkräften unterstützte und versorgte Tobruk blieb von einem dichten Belagerungsring umschlossen.

Erst Mitte April kam die Offensive der Achsentruppen im Raum Sollum an der ägyptischen Grenze zum Stehen.

▲ Sturmangriff der Briten durch eine Lücke im Stacheldraht

Kampf um die Cyrenaika

▼ Menschen und Panzer auf dem glühenden Schlachtfeld der Wüste

Bei Sollum leisteten die Briten starken Widerstand und gingen zeitweilig zum Gegenangriff über. Rommels Panzer verharrten an der libysch-ägyptischen Grenze, mußten jedoch Mitte November unter dem starken britischen Druck der 8. Armee (Cunningham) den Rückmarsch antreten. Der Belagerungsring um das hart umkämpfte Tobruk wurde aufgesprengt, Sollum, Bardia und El Gazala fielen wieder in die Hand der Engländer, ebenso das bereits zu einem Begriff gewordene Benghasi. Die unter schweren Opfern zurückgewonnene Cyrenaica mußte von neuem aufgegeben werden. Die Auffangstellung der Achsenmächte bei Agheila beendete den englischen Siegesmarsch. Den britischen Verlusten von mehr als 17000 Mann standen Verluste der Achse von 33000 Mann gegenüber.

Am 21. Januar 1942 brachen die Achsenmächte nach Auffüllung ihrer Verluste zu einem neuen Gegenvorstoß los. Auf den längst bekannten Straßen alter Siege und Niederlagen, vorüber an ausgebrannten Panzern und den zusammengeschossenen Wracks der Autokolonnen rollten die Fahrzeuge nach Osten mit dem strategischen Ziel Ägypten. Der erste Angriffsschwung trug die Kolonnen durch die Cyrenaica bis El Gazala. Vier Monate später, nach Heranführung der nötigen Nachschubgüter, griff Rommel von neuem an und trieb die britische 8. Armee über Tobruk und Marsa Martruk auf ägyptisches Gebiet, bis 100 km vor Alexandria (El Alamein-Stellung).

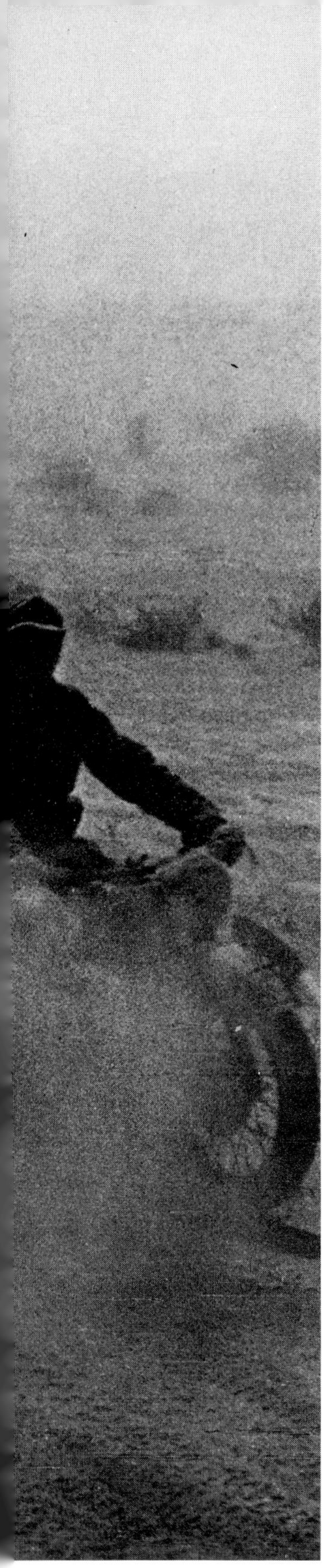

▲ Wolken von Wüstensand hüllen die Kradschützen ein

▲ Beduinen helfen beim Tarnen eines Pakgeschützes

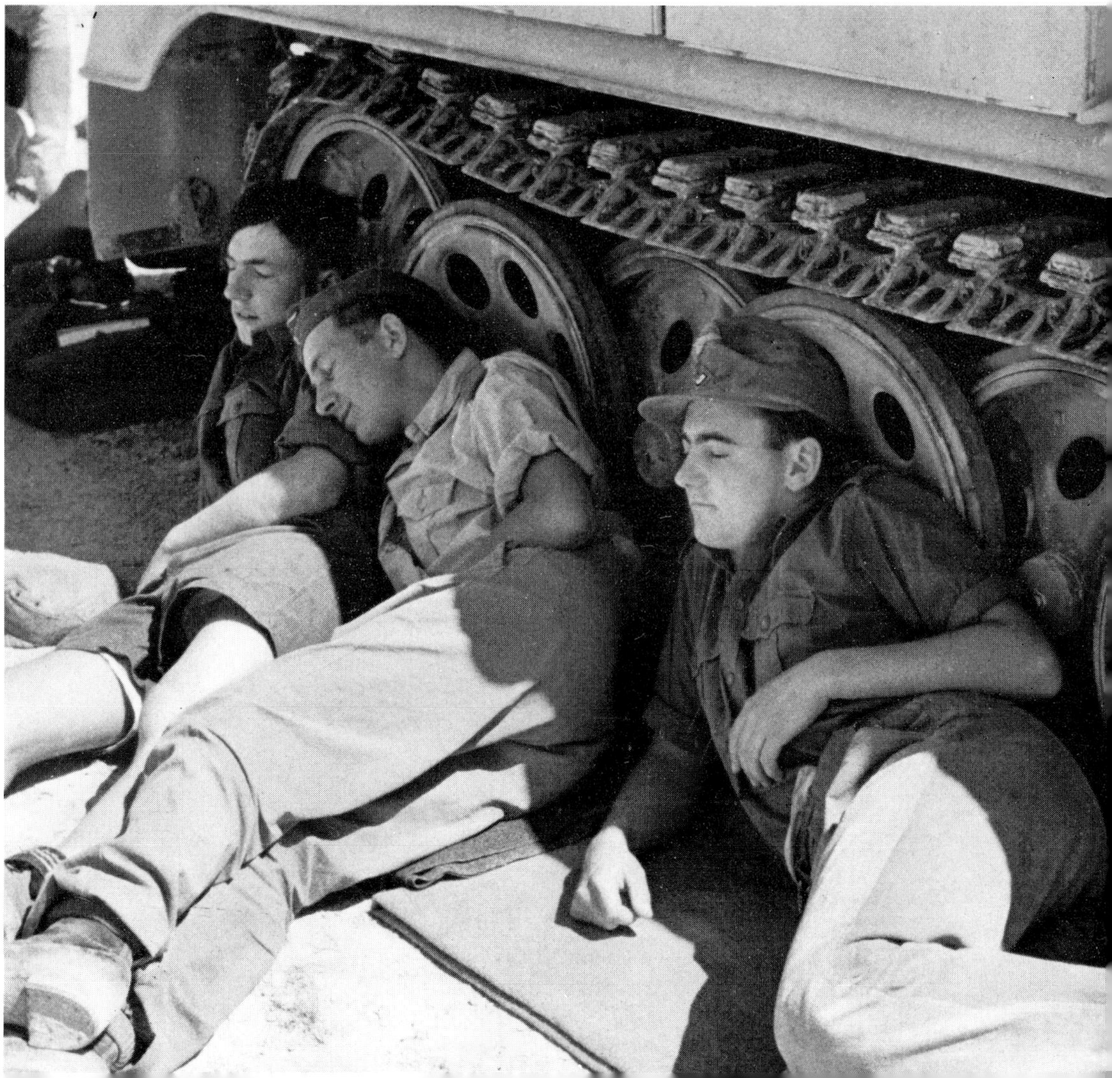

Rast im Schatten eines Panzers ▶

▲ Deutsche 8,8-cm-Flak in Erwartung eines britischen Panzerangriffs

Im Oktober 1942 warf General Montgomery seine weit überlegenen Kräfte (500 deutsche und italienische Panzer gegen 1100 britische) gegen die deutschen Stellungen. An der deutsch-italienischen Front fehlte es an allen Nachschubgütern, vor allem an Benzin. Überall brach der Widerstand zusammen, die Cyrenaica ging von neuem verloren, und nach der amerikanisch-britischen Landung in Algerien und Marokko sahen sich Generalfeldmarschall Rommel und seine italienischen Verbündeten einem Zweifrontenkrieg gegenüber. Nach dem Verlust Libyens bildeten sie Anfang 1943 einen ausgedehnten, verteidigungsfähigen Brückenkopf in Tunesien.

▲ Italienische Infanteriestellung im tunesischen Brückenkopf

▲ Der Wassernachschub war im Wüstenkrieg genau so wichtig wie die Munition

Die Briten holen auf

Die Achse verliert Tunesien

Soldatengräber im Wüstensand

Nachdem die Alliierten in Nordafrika gelandet waren, entschloß sich Hitler seinerseits zur Bildung eines Brückenkopfes in Tunesien. Mit Mussolini stimmte er überein, daß Afrika auf jeden Fall zu halten sei. Dabei hätte der tunesische Brückenkopf in der Hauptsache nur noch den Sinn haben können, als Aufnahmestellung für die geschlagenen Achsenverbände zu dienen, um von da aus ihren geregelten Rücktransport einzuleiten. Statt dessen wurden noch mehr Kräfte nach Afrika gepumpt. Die Transporte erfolgten hauptsächlich durch die Luftwaffe. So kamen die Verbände großenteils ohne Panzer und schwere Artillerie an, die erst auf dem Seeweg durch Geleitzüge hätten nachgezogen werden können. Das führte zu schwersten Verlusten, da die britische Flotte von Malta und Gibraltar aus die See beherrschte, hauptsächlich deswegen, weil die noch immer starken italienischen Einheiten wegen dauernden Treibstoffmangels nicht auslaufen konnten. Dazu kam die absolute Luftherrschaft der Briten.

Bis Anfang Mai 1943 gelang es Montgomery, die Divisionen der

Britisches Kampfflugzeug greift deutschen Lkw an

»Achse« auf eine eng an den Tunis umgebenden Höhenkranz angelehnte Linie zurückzudrängen. In der Nacht zum 5. Mai wurde der Brückenkopf gespalten. Immer noch sollte sich die HGr. Afrika bis zur letzten Patrone schlagen. Generaloberst von Arnim, der wegen eines Genesungsurlaubs Rommels die deutschen Kräfte in Afrika befehligte, gab diesem Befehl eine realistische Interpretation und erlaubte den Kommandeuren, in auswegloser Lage zu kapitulieren. Am 12. Mai war das Ringen in Afrika zu Ende.

Britisches Kampfflugzeug wird bei El Alamein mit Bomben beladen

Der Weltanschauungskrieg gegen die Sowjetunion

Dr. Hellmuth Günther Dahms

»Alles, was ich unternehme, ist gegen Rußland gerichtet; wenn der Westen zu dumm und zu blind ist, um dies zu begreifen, werde ich gezwungen sein, mich mit den Russen zu verständigen, den Westen zu schlagen und dann nach seiner Niederlage mich mit meinen versammelten Kräften gegen die Sowjetunion zu wenden.« Schon am 11. August 1939 hatte Hitler nach Carl Jakob Burckhardts Aufzeichnungen seine künftige Strategie vorweggenommen.
Dieser Gedanke war kein festumrissener Plan, sondern eine von verhaltenen Wünschen getragene Sentenz, die der Schweizer Gesprächspartner womöglich als Warnung vor Kriegsbeginn nach London und Paris weiterleiten sollte. Zugleich aber enthüllte der Satz gewisse Axiome des deutschen Diktators: Teilaspekte einer unverrückbaren Ideologie sowie das Prinzip, für deren Verwirklichung in wendiger Taktik schrittweise Kapital zu schlagen.
Hitlers Weltanschauung, ein aus pseudowissenschaftlichen Rassentheorien hergeleiteter Sozialdarwinismus, berief sich vielfach auf »Erlebnisse« der Jahre 1914–1918. Zu ihren Mythen gehörte die Vorstellung, daß »Judentum« und »Bolschewismus« eine »Weltverschwörung« angezettelt hätten. Sie lieferte nicht einfach den Vorwand für die deutschen Eroberungszüge; spätestens mit dem »Kommissarbefehl« und der »Endlösung« wurde das vermeintliche Schrecknis zum Stachel fanatischer Ausrottungskampagnen.
Freilich hatte Hitler auch seit langem betont, daß die Vernichtung des »jüdisch-bolschewistischen Todfeindes« einem »neuen Germanenzug« nach dem Osten gleichkommen und die »Lösung der deutschen Raumfrage« bringen würde. Sein Imperium, von dem er träumte, sollte außer Polen das europäische Rußland einbeziehen. Diese an keinen bestimmten Termin gebundene Programmatik war beim Abschluß des deutsch-sowjetischen Paktes im August 1939 verstummt, ohne deshalb vergessen zu sein.
Hitlers Wehrmacht war nur begrenzt und einseitig gerüstet. Drei »Erfahrungen« des ersten Weltkrieges ließen es ihrem Obersten Befehlshaber daher geraten erscheinen, sich mit Stalin zu verständigen und seinem in Aussicht genommenen Rußlandabenteuer überfallartige Blitzfeldzüge vorzustaffeln – Besinnung auf die strangulierende Wirksamkeit einer britischen Seeblockade, das entscheidende Eingreifen Amerikas und die hoffnungslose Ermattung der deutschen Kräfte im Mehrfrontenringen.

Die getroffene Übereinkunft erwies sich als folgenschwer. Dem Nichtangriffspakt und seinem geheimen Zusatzprotokoll, die im September 1939 durch einen Grenz- und Freundschaftsvertrag ergänzt wurden, war das mindestens ebenso bedeutende Kreditabkommen vom 19. (20.) August vorausgegangen. Dies alles schwächte die gegen Deutschland gerichtete Blockade ab und gestattete Hitler zweiundzwanzig Monate lang triumphale militärische Erfolge.

In Ermangelung ausreichender Unterlagen können wir nicht mit Sicherheit feststellen, welches Kalkül den Kreml bewogen hat, die Hemmnisse für Hitlers Amoklauf zu beseitigen. Wahrscheinlich ist, daß Stalin (wie schon am 19. Januar 1925 verkündet) bei Entstehung eines »imperialistischen Krieges« als letzter das entscheidende Gewicht in die Waagschale werfen wollte. Vielleicht hoffte der sowjetische Diktator auch, die für Rußland drohende Gefahr eines Zweifrontenkrieges gegen Deutschland und Japan zu bannen.

Waren dies wirklich Stalins Beweggründe, so fehlte es dem Kremlherrscher an strategischem Weitblick. Konnte doch Hitler (ob mit oder ohne Japan) seinen Angriff auf die Sowjetunion überhaupt erst vorbereiten, nachdem er Polen niedergeworfen und die Westmächte mattgesetzt hatte. Beides ermöglichte ihm Stalin, der durch die sowjetische Verständnispolitik vom August 1939 praktisch das Herannahen des Rußlandkrieges beschleunigte.

War sich der Kreml dessen bewußt? Die kommunistische Geschichtsschreibung scheint davon überzeugt, und westliche Historiker pflichten ihr bei, wenn sie geltend machen, Stalin habe die ihm zugestandene »Interessensphäre« (Finnland, Estland, Lettland, Litauen, Ostpolen und Bessarabien) als Kompensation beziehungsweise Verteidigungsglacis gegenüber dem gefährlich erstarkenden Deutschland Adolf Hitlers benötigt.

Man vergißt, daß Moskau diese »Interessensphäre« schon vorher, in Verhandlungen mit den Westmächten über eine gemeinschaftliche Garantie für Polen, gefordert hatte und seit Hitlers Zugeständnis immer weiter auszudehnen trachtete. Von Sicherheitswünschen war wohl stets die Rede, doch wurde die sowjetische Hauptverteidigungslinie nicht auf dem Territorium der okkupierten Länder, sondern zwischen Peipussee und Odessa eingerichtet.

Der Sowjetimperialismus verfolgte die Expansionsziele des Zarenreichs. Allein schon das mit Deutschland geschlossene Kreditabkommen war dazu ein Instrument. Eine Klausel dieses Handelsvertrages gab der UdSSR das Recht, bei deutschen Lieferungsrückständen ihre Rohstoff- und Lebensmitteltransporte so lange anzuhalten, bis die Konten aufgefüllt wären. Stalin konnte damit die Reichsregierung unter Druck setzen und gegebenenfalls neue politische Zugeständnisse erzwingen.

Gleichzeitig betrieb Moskau die Ausdehnung sowjetischer Macht – den Einfall nach Ostpolen und die Besetzung der baltischen Republiken, den finnischen Winterkrieg und die Abtrennung von Bessarabien – dermaßen geschickt, daß Stalin nicht unbedingt als Komplice Hitlers gelten mußte. Unter diesen Umständen vermied Großbritannien eine scharfe Konfrontation mit der UdSSR, obwohl es wegen seiner Garantien für Polen und Rumänien eigentlich zur Kriegserklärung an Sowjetrußland verpflichtet war.

Der neue britische Botschafter in Moskau konnte nicht gleich den 1939 abgerissenen Verhandlungsfaden weiterspinnen. Er gewann jedoch langsam an Boden, als Stalin über die deutsch-sowjetische Interessengrenze hinweggriff und außer Bessarabien die Nordbukowina und das Gebiet von Herta besetzen ließ und Rumänien wie auch erneut Finnland mit Krieg bedrohte, so daß nunmehr Hitler voller Unmut erste Gegenmaßnahmen einleitete.

Rumänien und Finnland waren für das Deutsche Reich kriegswichtige Rohstofflieferanten. Hitler, der in wirtschaftlichen Fragen besonders empfindlich reagierte, versammelte bewegliche Kräfte um Wien und befahl, die norwegisch-finnische Grenze zu befestigen. Beide Absprungbasen sollten nötigenfalls zur Sicherung der Erdölfelder von Ploesti beziehungsweise des Nickelbergbaugebietes bei Petsamo dienen. Die Entsendung sogenannter Lehrtruppen nach Rumänien und ein Transitabkommen mit Finnland ergänzten diese Schritte. Beide Länder atmeten erleichtert auf. Zugleich aber mußte Stalin verdrossen sein. Denn Finnland fiel nach dem geheimen Zusatzprotokoll in seine »Interessensphäre«, und über Rumänien hätten gemäß Artikel III des deutsch-sowjetischen Paktes vor Befolgung des rumänischen Ersuchens um Lehrtruppen erst zwischen Berlin und Moskau diplomatische Konsultationen gepflogen werden müssen. Eine deutsch-italienische Garantie für Rumänien verstimmte im Kreml noch mehr.

Andererseits fühlte sich Hitler in seiner Bewegungsfreiheit nicht nur durch Stalin eingeengt. Mindestens ebenso beklemmend mußte er die Weiterentwicklung des seit Mai/Juni 1940 bestehenden de-facto-Bündnisses zwischen Großbritannien und den Vereinigten Staaten empfinden. Die USA gehörten offensichtlich zu den Nothelfern, mit denen Churchill rechnete, als er das deutsche Friedensangebot zurückweisen ließ und den Krieg fortsetzte.

Eine Alternative, die Hitler indessen noch meinte ergreifen zu können, war die Schaffung einer großen Koalition. Die Aussichten dazu hatten sich, was den Kreml anging, dauernd verschlechtert, zuletzt durch eine sowjetische Demarche wegen des Zusammentritts der Internationalen Donaukommission. Immerhin bot ein Kurswechsel Japans, das aus dem französischen Zusammenbruch in Südostasien Nutzen ziehen wollte, neue Möglichkeiten.

Am 27. September 1940 schlossen Deutschland, Italien und Japan den Dreimächtepakt. Er richtete seine Spitze eindeutig gegen die Vereinigten Staaten und gab der Sowjetunion Gelegenheit zum Beitritt. Nahm Stalin diese Chance wahr, so blieb die UdSSR freilich als Führungsmacht von Ostasien und Europa ausgeschlossen und mit ihren expansionistischen Ambitionen nach Süden, in Richtung auf Persien, Afghanistan und Indien, verwiesen.

Hitlers Vorhaben scheiterte. Weder ließ sich die Sowjetunion von ihren wichtigsten Expansionszielen abdrehen noch überhaupt zum »Mitmachen« bewegen. Der Kreml schlug Bulgarien einen Beistandspakt nach baltischem Muster vor und betonte das sowjetische Interesse am Balkan noch mehr, indem er ungeachtet der Rumänien gegebenen deutsch-italienischen Garantie eine Inselgruppe der Donaumündung okkupieren ließ.

Auch der Versuch einer »Generalbereinigung« des bestehenden Gegensatzes brachte kein konkretes Ergebnis. Als Wjatscheslaw M. Molotow am 12. November 1940 auf Einladung der Reichsregierung nach Berlin kam, wandte er sich in seinen Gesprächen mit Hitler und Ribbentrop vorzugsweise dem »großostasiatischen Raum«, Europa und Kleinasien zu. Alle Bemühungen, den sowjetischen Regierungschef und Außenkommissar für das sogenannte Südmotiv der deutschen Politik zu gewinnen, waren vergebens.

Molotow wollte wissen, ob der bestehende Pakt noch im Hinblick auf Finnland gelte und wie es um die Berücksichtigung der sowjetischen Balkaninteressen stehe, besonders was Rumänien, Bulgarien und die Türkei betreffe. Er beschwerte sich über die Rumänien gegebene Garantie und forderte nicht nur die Südbukowina, sondern auch freie Hand gegenüber Finnland und der Türkei zur Errichtung russischer Stützpunkte an den Dardanellen.

Die Vorlage des Entwurfs für ein Abkommen zwischen den Dreierpaktmächten und der Sowjetunion nebst zwei geheimen Zusatzprotokollen veranlaßten Molotow, seine Bedingungen weiter hinaufzuschrauben. Plötzlich interessierten ihn nicht mehr allein Finnland, die Südbukowina und Bulgarien, sondern ebenso Ungarn, Jugoslawien und Griechenland, ferner die Zukunft Polens, die schwedische Neutralität und das Problem der Ostseeausgänge.

Daß Stalin eine »zweite Etappe« sowjetischer Expansionspolitik eingeleitet hatte, wurde vollends durch seine Note vom 25. November deutlich. Sie nannte als Bedingungen für den Beitritt der UdSSR zum Dreimächtepakt, daß die deutschen Truppen aus Finnland verschwänden, Bulgarien einen Beistandspakt mit Moskau abschlösse, Rußland Dardanellenstützpunkte erhielte, seine Aspirationen im Hinblick auf den Persischen Golf anerkannt würden und Japan die Bergwerkskonzessionen in Nordsachalin abtrete.

Trotz wiederholter Mahnungen hat Hitler diesen Schriftsatz nicht beantwortet. Er sah sich außerstande, Japan zur Hergabe seiner Naphtha- und Kohlengruben zu zwingen. Er wollte Finnland nicht preisgeben, weil sonst das Nickel ausblieb und die Ostsee aufhörte, Übungsgebiet der deutschen U-Boot-Waffe zu sein. Bulgarien den Sowjets überlassen hieß das rumänische Erdöl Stalins Zangengriff ausliefern und auf ein Vorschwenken nach Griechenland verzichten, wo Deutschland Mussolini aus der Klemme helfen mußte.

Hitler spürte seit Monaten, daß ihm trotz der 1939/40 errungenen Blitzsiege kaum noch Entscheidungsfreiheit blieb und die Zeit gegen Deutschland arbeitete. Alle Mittel zur »Ausschaltung« der praktisch zwischen den Angelsachsen bestehenden Allianz waren erschöpft. Für Großbritannien wie die USA schien der prekäre Zustand des deutsch-sowjetischen Verhältnisses ein Faktor berechtigter Zuversicht. Beide bewerteten die UdSSR als ihren künftigen »Festlandsdegen«.

Diese Situation legte Hitler den Gedanken nahe, Großbritannien und den Vereinigten Staaten durch Zerschlagung der Sowjetunion die »letzte Hoffnung« zu nehmen, England direkt, Amerika indirekt. Nach einem deutschen

Stoßrichtung
Frontverläufe
schwaches Festungssystem
gut ausgebautes Festungssystem
Luftlandung
Flugplatz
Trägerflugzeuge
Marineoperation

Schwarz bezeichnet Bewegungen der deutschen und verbündeten Truppen, Rot die der Alliierten

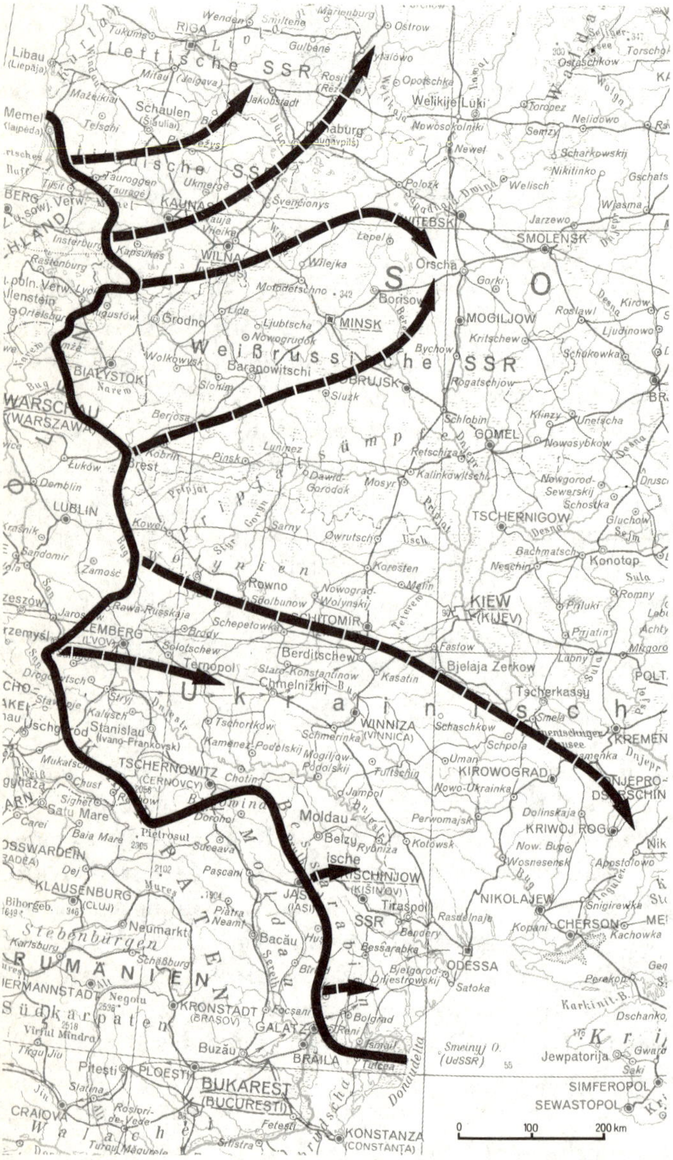

Diese Karte zeigt den deutschen Operationsplan für den Barbarossafeldzug, mit der nördlichen Stoßrichtung auf Leningrad, den Zangenplänen Richtung Moskau und dem weiten Ausgreifen in die Ukraine.

Triumph über Rußland konnte das Inselreich auf dem eurasiatischen Kontinent keinen Bundesgenossen mehr finden und mußte Japan so weit entlastet sein, daß es sich der Rohstoffzone im südwestlichen Pazifik zuwandte und damit die USA irritierte.

Der Gedanke, die Enge des politisch-strategischen Bewegungsraumes durch Ausbruch nach dem Osten zu sprengen, beschäftigte Hitler seit Juli 1940, hatte sich aber nicht stetig entwickelt, sondern war mehrfach zurückgedrängt und abgewandelt worden. Erst beim offensichtlichen Fiasko des Dreimächtepaktes und zur Zeit des Molotow-Besuches, bis 5. Dezember 1940, reifte die Entscheidung. Damit trat auch die militärische Planung in ihre letzte Phase.

Im Unterschied zur Vorgeschichte des Westfeldzuges kam es zwischen Hitler und seinen hohen Militärs zu keinem harten Ringen um den Entschluß und die Beurteilung der Durchführbarkeit eines Rußlandkrieges. Brauchitsch und Halder, Keitel und Jodl, Göring und Raeder unterschätzten den Gegner ebenso wie die ab 3. beziehungsweise 22. Juli 1940 mit Studien und ersten Operationsentwürfen beauftragten Generalstabsoffiziere und deren Informanten. Oberst Hans von Greiffenberg, Oberstleutnant Gerhard Feyerabend und General Erich Marcks (OKH), Oberstleutnant Bernhard von Loßberg (OKW) und General Friedrich Paulus (OKH) rechneten mit einem Blitzkrieg. Marcks meinte, daß man die äußerste Linie des Vordringens in 9–17 Wochen erreichen könne, während Hitler immerhin 21–22 Wochen veranschlagte. Dabei gab es keine zuverlässigen Informationen über Stärke und Absichten des Gegners. Die Planer verließen sich ganz auf das eigene Überlegenheitsgefühl.

Ein zweiter folgenschwerer Fehler war, daß konträre Ansichten über Ansatz und Schwerpunkt der Operationen bestehen blieben. Brauchitsch und Halder wollten unverzüglich auf Moskau zustoßen. In seiner Weisung vom 18. Dezember 1940 erklärte hingegen Hitler, daß die Mitte der Gesamtfront nur »Voraussetzungen für das Eindrehen« schneller Truppen nach Leningrad und dem Donezbecken schaffen solle. Der Kräfteansatz blieb gleichwohl unverändert.

Der Raum, in den man eindringen wollte, öffnete sich zwischen Kaukasus und Weißem Meer trichterförmig zur Breite von fast 3000 km und drohte jeden Angriff aufzusaugen, wenn es nicht gelang, den Gegner grenznah auszuschalten. Dort aber war das Operationsgebiet durch die 600 km tiefen und 200 km breiten Pripjetsümpfe geteilt. Alles mußte davon abhängen, ob es gelang, die Schwerpunkte an den Pripjets vorbeizuführen und später so aufeinander abzustimmen, daß der letzte Absprung nach Moskau gelang.

Träger der Operationen sollten schnelle Verbände sein. Sie mußten durch geschlagene Breschen keilförmig in die Tiefe streben, den Gegner von rückwärtigen Verbindungen abschneiden und so am Ausweichen hindern. Marschierenden Truppen oblag die taktische Aufgabe der Einkesselung. Erst wenn ein solcher Erfolg gewährleistet war, konnten die motorisierten Kräfte erneut nach Osten vorstoßen. Für diesen Rhythmus gab es naturgemäß keinen genauen Zeitplan.
Das größte Problem in den Relationen zwischen Zeit und Kraft war die mutmaßliche Entwicklung der personellen Ersatzlage. Die bisherigen Ausfälle (rund 100000 Mann) hatten leicht gedeckt werden können. Für den Personalausgleich während des voraussichtlich sehr verlustreichen Rußlandfeldzuges standen jedoch einschließlich der bereits eingezogenen Geburtsjahrgänge 1921 und 1922 nur 450000 Soldaten zur Verfügung. Die Entscheidung mußte darum 1941 fallen. Später gab es keine ausreichenden Reserven mehr.
Ein ungünstiges Bild zeigte auch die Materiallage. Obwohl die Zahl der Panzerdivisionen verdoppelt worden war, besaß das deutsche Heer lediglich 756 Kampfwagen mehr als zu Beginn des Westfeldzuges. Zugleich bestand ein Engpaß für Treibstoff. Da die sowjetischen Lieferungen infolge des Angriffs wegfielen (bei 6000 t Bedarf mindestens 4000 t), konnte allein noch mit Rohöl aus Rumänien und der eigenen synthetischen Fertigung gerechnet werden. Die hierfür ermittelten Zahlen gestatteten keine sichere Vorhersage.
Weitgehende Ungewißheit herrschte ferner über die Waffengefährten. Japan blieb außer Betracht, zumal Außenminister Matsuoka nach seinem Berliner Besuch in Moskau einen Nichtangriffspakt schloß. Bulgarien mußte aus volkspsychologischen Gründen abseits stehen. Andere dem Dreimächtepakt beigetretene Staaten, wie Italien, Ungarn und die Slowakei, wollte Hitler erst ganz zum Schluß einweihen. Nur Finnland und Rumänien galten von vornherein als Bundesgenossen.
Als Hitler den ursprünglichen Decknamen des Unternehmens (»Fritz«) in »Barbarossa« abänderte, wollte er die Erinnerung an einen Kreuzzug wachrufen. Sein Ziel war die Vernichtung der Andersgläubigen und Inbesitznahme ihres Landes. Zu diesem Zweck wurden am 13. März 1941 »Richtlinien auf Sondergebieten zur Weisung Nr. 21« ausgefertigt und damit dem Reichsführer SS und Chef der deutschen Polizei Heinrich Himmler außerordentliche Vollmachten erteilt.
Nur etwa 200 versammelten Offizieren enthüllte Hitler einen Teil seiner Absichten. Es handle sich, sagte er, um einen Rassen- und Weltanschauungskrieg, der ohne Schonung geführt werden müsse; namentlich die feindlichen Kommissare – Träger der bolschewistischen Idee – stünden außerhalb der für die Behandlung von Kriegsgefangenen gültigen Regeln. Generalfeldmarschall Walther von Brauchitsch wandte sich gegen diesen Vorsatz, doch am Ende ließ er den »Kommissarbefehl« vom OKH entwerfen, in der Hoffnung, ihn dabei abzumildern.
Ein bis zu den untersten Dienststellen verbreiteter »Disziplinarerlaß« hatte denn auch bewirkt, daß der Befehl Hitlers, die Sowjetkommissare samt und sonders zu ermorden, weithin ignoriert wurde. Dennoch ließ sich der Anspruch des deutschen Soldaten auf gerechte Würdigung seines Verhaltens nach diesem Vorgang nicht mehr so unbefangen vertreten wie ehedem, zumal das nationalsozialistische Regime noch andere verbrecherische Maßnahmen ergriff.
Alle Vorbereitungen des Unternehmens »Barbarossa« sollten bis 15. Mai 1941 abgeschlossen sein. Als der Balkanfeldzug zur Niederwerfung von Jugoslawien und Griechenland die Versammlung des Ostheeres um fünf Wochen verzögerte, wurde der Angriffstermin auf den 22. Juni 1941 festgesetzt. Währenddessen rollten die Eisenbahntransporte mit 17000 Zügen. Das Ausladen erfolgte westlich der Linie Radom–Warschau–Neidenburg. Anfang Mai begannen größere Verbände gegen die deutsch-sowjetische Demarkationsgrenze aufzuschließen.
So starke Kräftebewegungen blieben nicht verborgen. Angehörige sowjetischer Auslandsvertretungen machten ihre Beobachtungen, zogen Informationen ein und berichteten darüber dem Kreml. Das umfängliche, auf Genf, Brüssel, Paris und Tokio gestützte Spionagenetz der UdSSR bestätigte und ergänzte diese Meldungen. Auch Churchill und die Regierung der USA hatten erfahren, was Hitler im Schilde führte, und warnten Stalin.
Angesichts dieser Tatsachen bleibt unverständlich, wieso von der UdSSR immer wieder das Bild eines ahnungslosen, friedfertigen Landes gezeichnet wird. Wenn es noch weiterer Gegenargumente bedarf, so liefert sie die am 5. Juni 1941 gehaltene Rede des sowjetischen Staatsoberhauptes Mihail J. Kalinin vor Kommissaren der Militärpolitischen

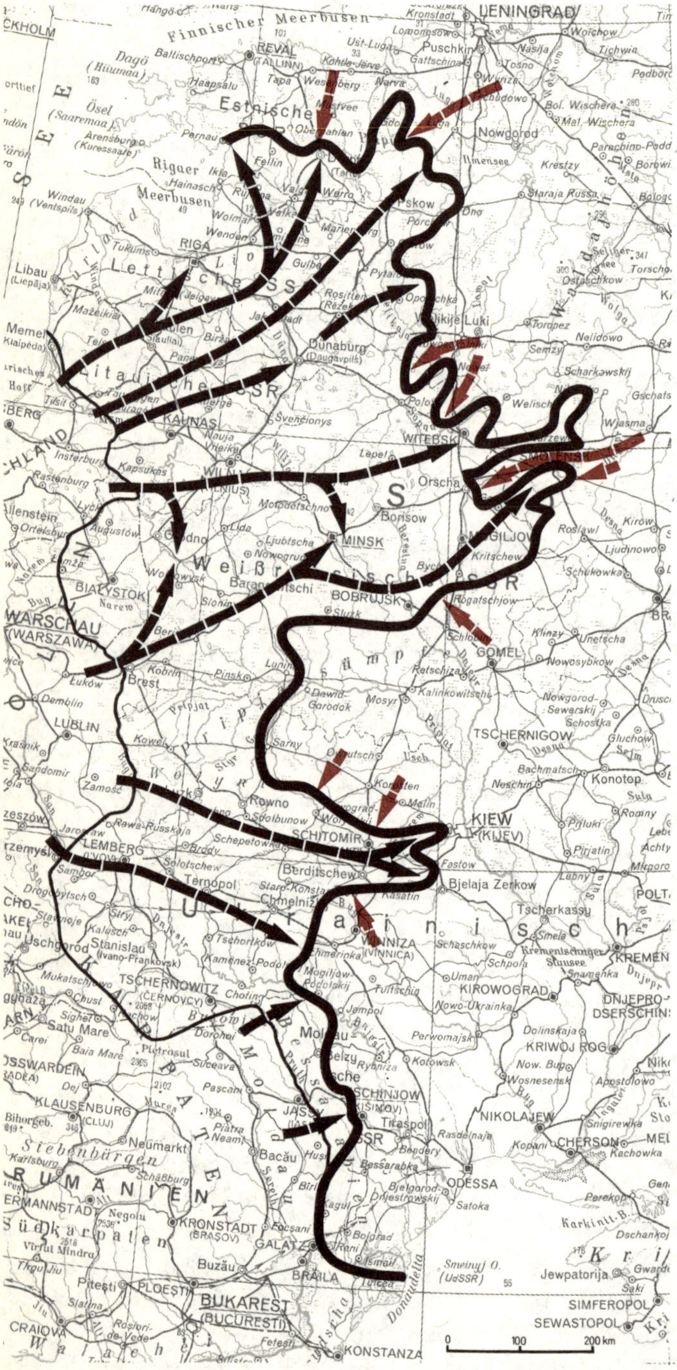

Bis Ende Juli 1941 war im Norden die Linie Pernau-Dorpat-Pleskau, in der Mitte der Raum Witebsk–Smolensk, im Süden die Linie Schitomir–Kischinew (Kischinjow) erreicht. Die Sowjets hatten nur örtliche Erfolge.

Akademie in Moskau. »Die Deutschen«, sagte Kalinin, »stellen sich bereit, uns anzugreifen. Wir warten darauf... Denn wir wollen ihnen die Hälse umdrehen.«

Stalin hatte mit Hitler nicht paktiert, um dem Krieg auf die Dauer fernzubleiben. Anhand seiner Äußerungen könnte man leicht belegen, daß die Absicht der UdSSR, mit Deutschland Krieg zu führen, seit August 1939 bestand. Der Herr des Kreml achtete das Völkerrecht so wenig wie sein Widerpart. Auch ihn beseelte der Wille zur Aggression – das hatte sein Vorgehen gegen Polen, Finnland, Estland, Lettland, Litauen und Rumänien gezeigt, dazu lagen seit Molotows Berliner Besuch überdies weitere Ankündigungen vor.

Wegen des bevorstehenden deutschen Angriffs befahl der NKWD-Kommissar Josef A. Serow neue Massenverhaftungen unzuverlässiger Polen, Westukrainer und Balten. Hunderttausende wurden deportiert, aus Estland, Lettland und Litauen allein 59103 Menschen. Tausende von Gefängnis- und Lagerinsassen grenznaher Gebiete wurden niedergemetzelt, viele andere, unter ihnen 14987 gefangene polnische Offiziere, nachträglich umgebracht.

Am 22. Juni 1941 brach die deutsche Offensive zwischen den Karpaten und der Ostsee los. Den rechten Flügel bildete die HGr. Süd (Rundstedt) mit der 17. Armee (Stülpnagel), Panzergruppe 1 (Kleist) und 6. Armee (Reichenau). Zu ihrer Linken war die HGr. Mitte (Bock) mit zwei Schwerpunkten, der 4. Armee (Kluge) und Panzergruppe 2 (Guderian) sowie der Panzergruppe 3 (Hoth) und 9. Armee (Strauß) angetreten. Aus Ostpreußen drang die HGr. Nord (Leeb), bestehend aus der 16. Armee (Busch), Panzergruppe 4 (Hoepner) und 18. Armee (Küchler), vor.

An den Außenflügeln, in Rumänien und Finnland, begann der Angriff einige Tage später. Hinter dem Pruth war die Armeegruppe Antonescu mit zwei rumänischen Armeen und einem deutschen Großverband zusammengezogen. Beiderseits des Ladogasees schloß eine finnische Armee gegen die Grenze auf, während zwei Korps des AOK Norwegen (Falkenhorst) durch Lappland vorgingen. Nach dem 27. Juni wurde zwischen Rundstedt und Antonescu das ungarische Schnelle Korps eingeschoben.

Die Slowakei stellte eine Division, Italien ein Expeditionskorps, Kroatien entsandte nacheinander mehrere Kontingente. Größere Freiwilligenformationen bildeten sich in Spanien und Frankreich, kleinere kamen aus Norwegen und Dänemark, den Niederlanden und Belgien, zunächst etwa 50000 Mann, darunter auch einzelne Schweden und Schweizer. Die sogenannten Germanen holte Himmler zur Waffen-SS; alle anderen wurden vorläufig dem Heer überlassen.

Die deutsche Luftwaffe war mit drei beziehungsweise vier Großverbänden am Unternehmen »Barbarossa« beteiligt: der Luftflotte 4 (Löhr) bei der HGr. Süd (Rundstedt), der Luftflotte 2 (Kesselring) bei der HGr. Mitte (Bock) und der Luftflotte 1 (Keller) bei der HGr. Nord (Leeb). Die Verbände der kleineren Luftflotte 5 (Stumpff) standen auf norwegischem Boden und konnten daher nicht vollwirksam zuschlagen. Insgesamt hatte Göring nur 1945 Flugzeuge aufgeboten, 61 Prozent der vorhandenen Maschinen.

Die Rote Armee gliederte sich an den Westgrenzen der Sowjetunion in vier Heeresgruppen, die »Nordfront« (Popow), »Nordwestfront« (Kusnezow), »Westfront« (Pawlow) und »Südwestfront« (Kirponos), mit insgesamt 246 Divisionen gegenüber 145 deutschen und 40 rumänischen und finnischen Divisionen. Hinter ihnen stand ein »zweites Treffen«, dessen Stärke nicht annähernd geschätzt werden konnte. Schließlich vermochte Stalin nach Klärung der japanischen Haltung noch etwa 33 Divisionen und fünf Brigaden aus Ostasien heranzuziehen.

Für die sowjetischen Streitkräfte bestand seit 21. Juni 1941 Alarmstufe 1 (»volle Kriegsbereitschaft«). Am 22. Juni, 2.32 Uhr, war ihnen eine »letzte Warnung« zugegangen. Dem Angreifer glückte die taktische Überraschung darum nicht an allen Abschnitten. Teile der HGr. Süd (Rundstedt) stießen auf einen wohlvorbereiteten, verbissen kämpfenden Gegner. Die roten Flieger schossen sofort 322 deutsche Flugzeuge ab.

Immerhin waren die für den Beginn raumgreifender Panzeroperationen unentbehrlichen Flußübergänge bei Radymno, Koden, Brest und Pratulin, Gargzdai, Tauroggen und Kybartei schnell in deutscher Hand. Hier zumindest schien der Gegner außer Fassung zu sein. Anscheinend behielten jene Angriffsplaner recht, die »dem Russen« auf Grund der Erfahrungen von 1914–1917 und 1939–1940 keine hohen militärischen Qualitäten zutrauten.

Die Panzergruppe 2 (Guderian) bildete den rechten, die Panzergruppe 3 (Hoth) den linken Greifer einer stählernen Zange, die sich zuerst um Bialystok und dann noch einmal im Raum von Minsk schloß. Am 9. Juli 1941 meldete das OKW 328898 Gefangene, 3102 erbeutete Geschütze und 3332 zerstörte Kampfwagen (so viele Panzer, wie das deutsche Ostheer besaß). »Mit dem Fortschreiten unserer Armeen«, schrieb Halder optimistisch in sein Tagebuch, »wird der Versuch des Widerstandes wahrscheinlich bald zusammenbrechen.«

Die beiden anderen Heeresgruppen konnten allerdings keine solchen Erfolge melden, hatten sie doch nur je eine Panzergruppe, deren Kampfwagen, solange das hochsommerliche Wetter andauerte, unter motorenfressender Staubentwicklung litten und später, bei tagelangen Regenfällen, durch den Morast der grundlosen Wege festgehalten wurden. Auf beiden Flügeln entzog das sowjetische Oberkommando seine Kräfte der Einkesselung und gab dazu die Westukraine und Litauen, Bessarabien und die Dünalinie preis.

Mit welchen Schwierigkeiten Stalin rang, zeigten die Erschießung fast aller höheren Offiziere der zerschlagenen Heeresgruppe »Westfront« (Pawlow) und zahlreiche personelle Umbesetzungen. Zugleich wandelten sich die Ost-West-Beziehungen. Am 12. Juli 1941 schlossen Großbritannien und die UdSSR ein Bündnisabkommen, das durch Roosevelt wertvolle Ergänzung erfuhr, als dieser das mittlerweile verabschiedete Leih-Pacht-Programm der USA zugunsten Rußlands ausdehnte.

England und Amerika setzten Finnland unter Druck und erreichten, daß Feldmarschall Carl Gustav Mannerheim den Vormarsch deutscher Gebirgstruppen durch Lappland auf Murmansk nicht länger förderte. Ferner fielen britische und sowjetische Verbände über Persien her, um es zu besetzen. Schon nach wenigen Wochen erreichten Geleitzüge mit amerikanischem Kriegsmaterial für die Sowjetunion den Persischen Golf und das fest in russischer Hand gebliebene Murmansk.

Indessen war der deutsche Vormarsch weitergegangen. Die HGr. Süd (Rundstedt) hatte bei Uman mehrere Armeen vernichtet und beherrschte den Dnjepr-Bogen. Die HGr. Mitte (Bock) nahm Smolensk, wo sie der wieder aufgefüllten sowjetischen HGr. »Westfront« (Timoschenko) eine schwere Niederlage zufügte. Die HGr. Nord (Leeb) erreichte den Luga-Abschnitt, isolierte Nordestland, das, ebenso wie die vorgelagerten Inseln, erobert wurde, und riegelte Anfang September Leningrad im Süden und Osten ab.

Doch nun hatte sich zu rächen begonnen, daß die Grundprobleme des Unternehmens »Barbarossa« nicht restlos geklärt worden waren. Brauchitsch und Halder wollten *einen* Schwerpunkt beibehalten und den Gegner vor seiner Hauptstadt zur letzten Entscheidung zwingen. Hitler dagegen glaubte, die Rote Armee zerschlagen und *gleichzeitig* in exzentrischen Operationen wirtschaftliche Ziele erreichen zu können: die Isolierung der für Erztransporte aus Schweden gefährlichen Rotbannerflotte in Kronstadt und eine Inbesitznahme aller südrussischen Getreideanbaugebiete, Erzlagerstätten und Erdölfelder.

Die Folge war ein verwirrendes Spiel mit mehreren Schwerpunkten. Zuerst hatte Hitler die Panzergruppe 3 (Hoth) zur HGr. Nord (Leeb) abgedreht. Nun wurde auch die Panzergruppe 2 (Guderian) verschoben, um die noch immer sehr starke sowjetische HGr. »Südwestfront« (Budjennyi) im Dnjepr-Desna-Bogen vernichten zu helfen. So konnten Leningrad und Kronstadt isoliert und ein neuer großer Sieg bei Kiew mit 665 000 Gefangenen und 2718 Beutegeschützen errungen werden.

Die Sowjets mußten daraufhin das von rumänischen Kräften belagerte Odessa räumen und den größten ukrainischen Industriebezirk preisgeben, wo kurz hintereinander Taganrog, Stalino und Charkow fielen. Gleichzeitig verloren sie außer Sewastopol alle Gebiete der Halbinsel Krim. Immerhin kam ihnen zustatten, daß Hitlers Panzerverbände infolge des Hin und Her auf schlechten Straßen und über große Entfernungen erheblich unter Verschleiß zu leiden hatten.

Die Jahreszeit war weit fortgeschritten, aber es gab kein Zurück, Hitler setzte alles auf eine Karte. Den wieder der HGr. Mitte (Bock) unterstellten Panzergruppen blieb kaum Gelegenheit zur Auffrischung. Sie sollten nach Moskau vorstoßen, ehe Herbstschlamm und Winterwetter operative Bewegungen verhinderten. Schon Anfang Oktober eröffneten die Panzer von Guderian, Hoth und Hoepner neue Kesselschlachten bei Brjansk und Wjasma; 663 000 Gefangene, 1242 eroberte Kampfwagen und 5412 erbeutete Geschütze meldete diesmal das OKW.

Dabei legten die angreifenden Verbände zusammen mit der 2. Armee (Weichs), 4. Armee (Kluge) und 9. Armee (Strauß) zwei Drittel des Weges nach Moskau zurück. Bald fielen Kaluga und Kalinin, die Eckpfeiler einer 300 km langen Schutzstellung. Das Politbüro, nahezu alle Behörden und Diplomaten, eine Million Menschen

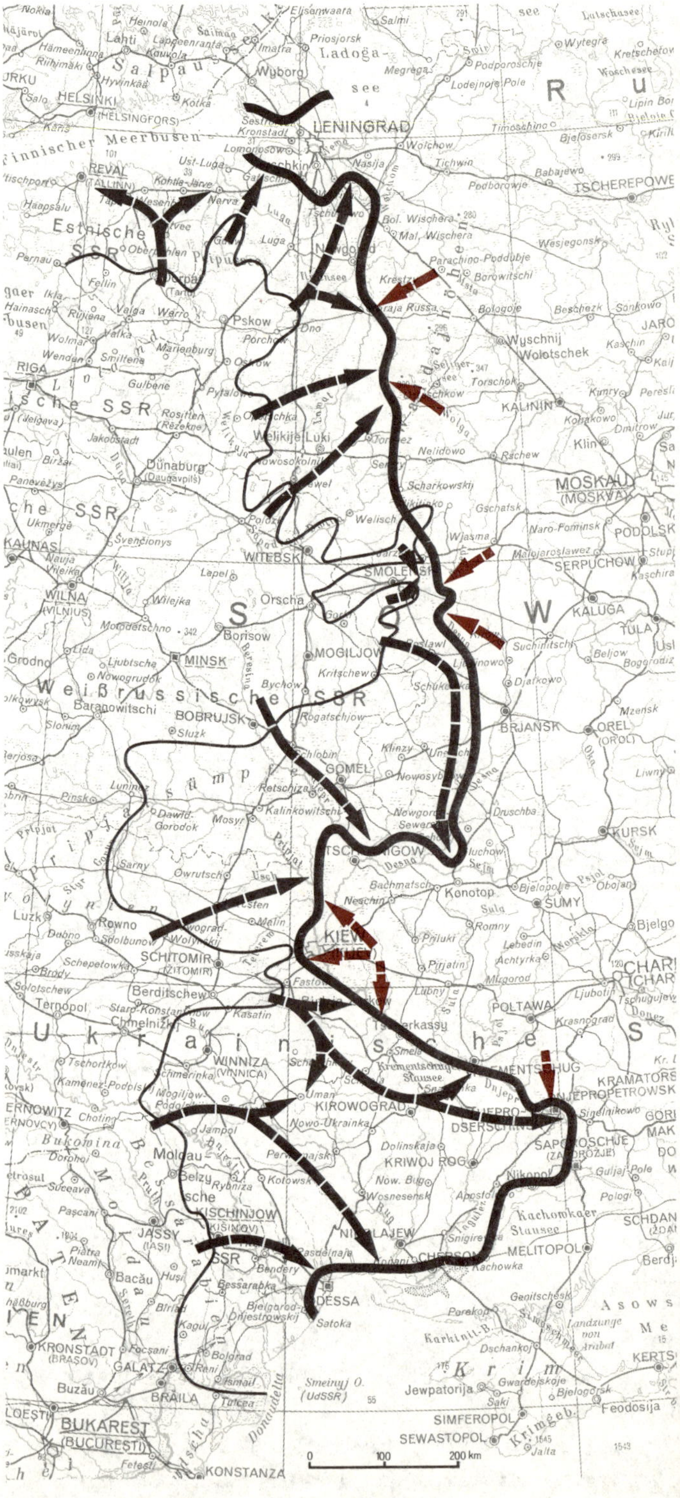

Operationen vom 2. bis 15. Oktober 1941

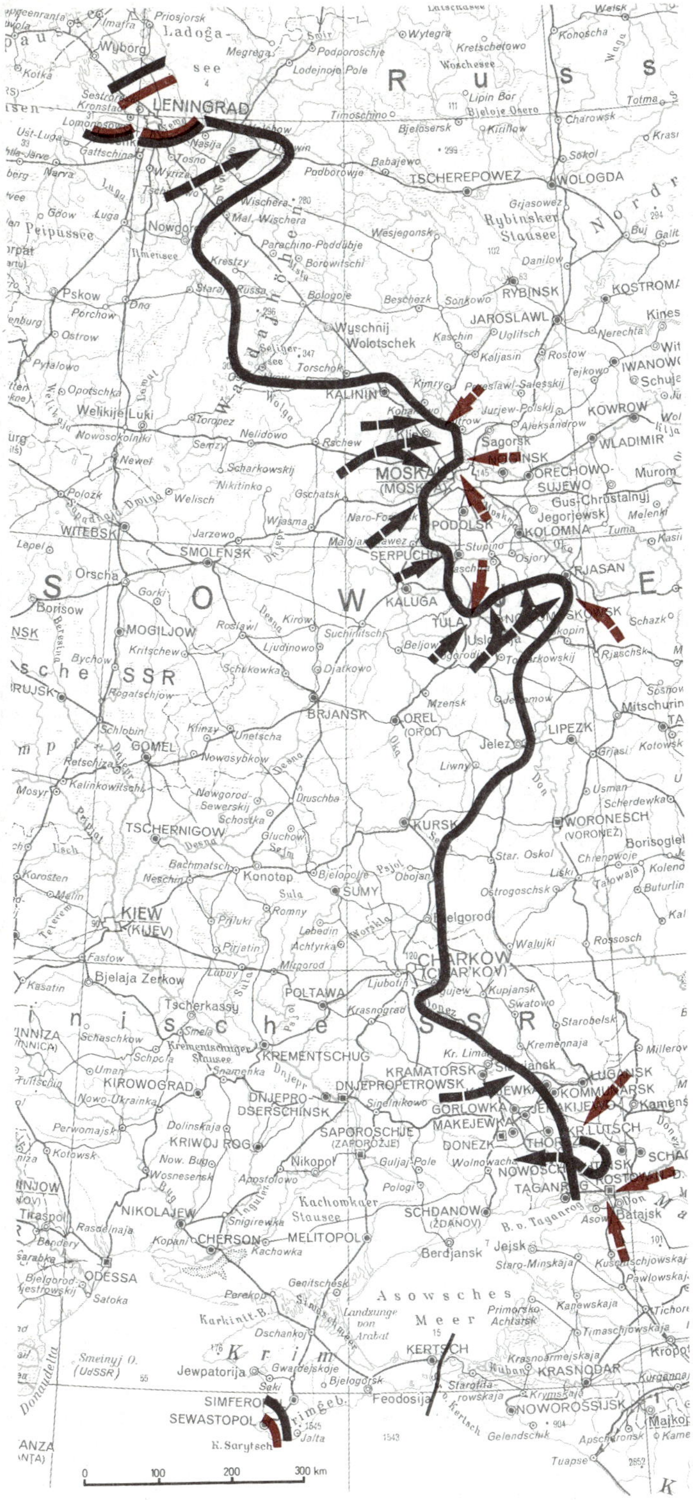

Operationen vom 16. Oktober bis 15. November 1941

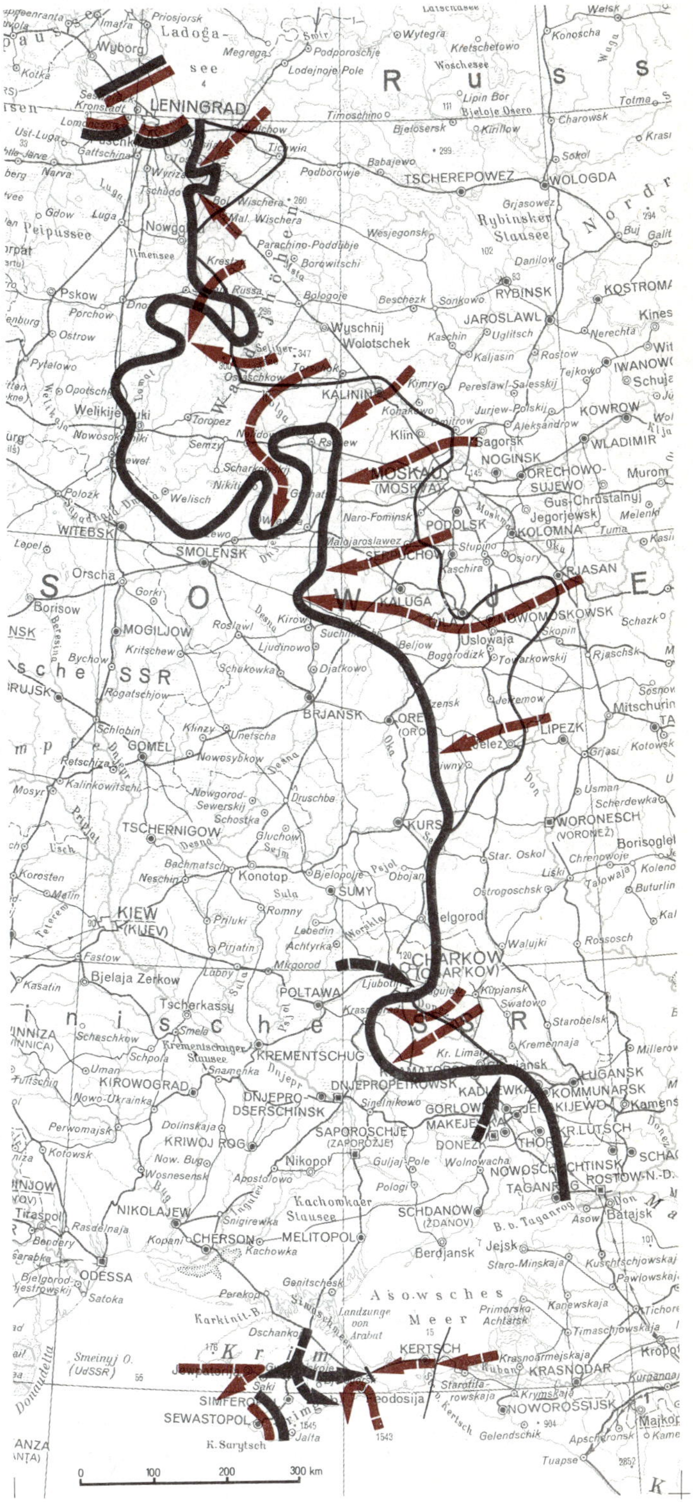

Die sowjetische Gegenoffensive vom 6. Dezember 1941 bis 7. März 1942

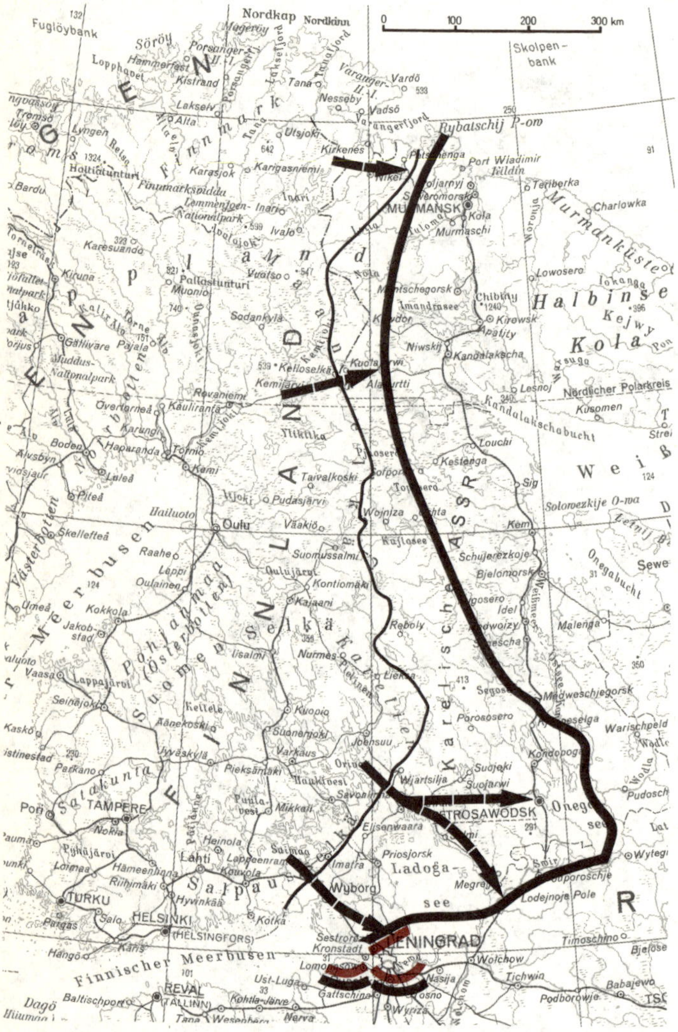

Finnische Truppen waren im Frühjahr 1942 zwischen Ladoga- und Onegasee bis an den Swir vorgedrungen, hatten das ehedem abgetretene Wyborg zurückerobert und bis Leningrad aufgeschlossen.

verließen die bedrohte Hauptstadt. Daß Stalin blieb, Marschall Semjon K. Timoschenko durch General Georgij K. Schukow ablösen ließ, 500000 Männer und Frauen zur Schanzarbeit befahl und 106000 neue Kämpfer heranzog, zeigte seine Entschlossenheit.

Wichtig schien dem sowjetischen Oberkommando auch, daß Leningrad und Sewastopol, die Flügelenden der Gesamtfront, hielten. Beide Städte waren von den Landseiten her eingeschlossen; ihre Bevölkerung litt unsäglich unter Kälte, Hunger, Krankheiten, Bomben und Granaten. In Leningrad befanden sich 3 Millionen Menschen, von denen fast ein Drittel umkam. Sewastopol hatte 180000 Einwohner, denen das Schlimmste noch bevorstand.

Gleichwohl stand es um diese Städte besser, als man auf deutscher Seite annahm. Leningrad wurde durch die in Kronstadt liegende Baltische Rotbannerflotte (Tribuz) vor einem deutsch-finnischen Angriff über das Eis der Bucht bewahrt; auch konnte General Fedor N. Lagunow für die Newa-Metropole eine Eispiste auf dem Ladogasee bahnen, so daß sie nicht mehr völlig abgeschnitten war. Sewastopol, das General Iwan J. Petrow verteidigte, hatte an der Schwarzmeerflotte (Oktjabrskij) Rückhalt.

Für Moskau mochte Stalin Hoffnung schöpfen, als Richard Sorge, einer seiner Agenten, am 15. Oktober 1941 aus Tokio meldete, daß Japan entschlossen sei, nach Süden auszugreifen. Sibirien war nun nicht mehr gefährdet, und so konnten starke Teile der sowjetischen Fernostarmee abgezogen werden. Ehe sie vor der Hauptstadt eingriffen, öffneten sich die Schleusen des Himmels. Die unfertigen Abschnitte der Smolensker Rollbahn wurden zu breiten Bändern grundlosen Morastes. Kraftfahrzeuge und Geschütze versanken darin bis über die Räder.

Die Fehlstellen der deutschen Divisionen betrugen durchschnittlich 2500 Mann. Die Gefechtskraft der Panzerverbände hatte sich um 65 bis 75 Prozent verringert. Trotzdem marschierte die Infanterie vorwärts, notdürftig verpflegt aus Kartoffelmieten und Panjewagen, als die Temperaturen plötzlich auf 20 Grad, bald sogar 40 Grad unter Null sanken. Diesen Kälteeinbruch konnte das angreifende Heer nicht auch noch ertragen. Es fehlte an Winterkleidung. Panzer, Maschinenwaffen und Funkstellen fielen aus. Die Kessel der Lokomotiven platzten. Begünstigt durch vorübergehenden Frostrückgang, wurde der deutsche Angriff noch einmal erneuert. Panzer und Infanterie nahmen Klin, bildeten einen Brückenkopf über den Wolga-Kanal und umfaßten Tula. Doch dann blieben auch diese Stöße im verminten Vorgelände der sowjetischen Hauptstadt stecken. Starke Gegenangriffe führten zu tiefen Einbrüchen, örtlichen Rückschlägen und der Umzingelung kleinerer Verbände. Dem Gedanken einer rechtzeitigen Frontbegradigung hatte sich Hitler verschlossen.

Um die Monatswende November/Dezember durchbrachen starke Kräfte des Gegners die Flügel der HGr. Mitte

(Bock) und schoben sich aus zwei Richtungen zangenförmig zur Smolensker Rollbahn westlich Wjasma vor. In schweren, monatelangen Abwehrkämpfen mußte diese lebenswichtige Nachschublinie verteidigt werden, während sich immer neue Krisen abzeichneten. Denn die Sowjets erweiterten ihre Gegenoffensive und schlugen abschnittsweise an allen Fronten los, in Lappland, vor Leningrad, am Wolchow und Ilmensee, gegen Demjansk, Cholm und Welikije Luki, bei Charkow und Rostow, auf der Halbinsel Krim.

Zur Enttäuschung der Finnen, die zwischen Ladoga- und Onegasee bis an den Swir vorgedrungen waren und gehofft hatten, nach der Vereinigung mit deutschen Kräften ihr Heer großenteils demobilisieren zu können, mußten nach Tischwin gelangte Spitzen der 16. Armee (Busch) hinter den Wolchow zurückgenommen werden. Im Südabschnitt verlor die 1. Panzerarmee (Kleist) Rostow. Auf der Halbinsel Kertsch landeten starke sowjetische Verbände und gelangten bei dem vergeblichen Versuch, Sewastopol zu entsetzen, bis Parpatsch.

Der »Barbarossa«-Feldzug war ein Fehlschlag. Die von Hitler angestrebte Linie Astrachan–Archangelsk lag in weiter Ferne; der Gedanke an vernichtende Bombenangriffe auf die den Sowjets verbliebenen Industriebezirke konnte nicht weiter verfolgt werden. Die deutschen Luftflotten hatten bei der pausenlosen Unterstützung des Heeres schwere Einbußen erlitten und mußten gerade jetzt größere Verbände nach Italien abgeben.

Die Gründe für das Scheitern des »Barbarossa«-Feldzuges sind bekannt. Bestimmend waren die falschen Voraussetzungen, unter denen von Hitler der Entschluß zum Angriff auf die Sowjetunion gefaßt worden war. Aber nicht nur Hitler allein, der mit seiner diktatorischen Amts- und Führergewalt gleichwohl die volle Verantwortung trug, sondern sämtliche mit der »Barbarossa«-Planung befaßten OKW- und OKH-Stellen hatten die wirklichen Gegebenheiten verkannt.

Raumweite und Landesnatur, Klima- und Verkehrsverhältnisse, Rohstoffvorkommen und Industriepotential, Menschenreservoir und Heeresstärke der UdSSR wie auch die Leidensfähigkeit und der Widerstandsgeist des größten Teils ihrer Kämpfer entzogen sich jeder sicheren Beurteilung. Trotzdem plante Hitler, der Brauchitsch entlassen hatte und nun selbst den Oberbefehl über das Heer führte, einen zweiten Rußland-Feldzug.

Während er Rundstedt, Bock und Leeb, Strauß, Hoepner, Guderian und andere Generale ihrer Posten enthob oder versetzte und Truppenführer wie Heinrici und Model mit schier unlösbaren Verteidigungsaufgaben im Mittelabschnitt betraute, dem hart angeschlagenen Ostheer das Äußerste abverlangte und Transportverbände der Luftwaffe ungeachtet schwerer Verluste rücksichtslos zur Versorgung abgeschnittener Kräfte einsetzen ließ, gelang es ihm, die brüchig gewordene Front langsam zu stabilisieren.

Hitlers Rußland-Abenteuer hatte die Welt verändert. Die angelsächsischen Mächte waren Bundesgenossen der UdSSR geworden und leisteten Stalin durch umfangreiche Materialsendungen wertvolle Hilfe. Indes nützte Japan die spürbar gewordene Entlastung an seinen kontinental-asiatischen Grenzen, um im Pazifik loszuschlagen. Allerdings schien der damit zum Globalgeschehen ausgeweitete Krieg die für Deutschland drohende Gefahr einer Invasion der Briten und Amerikaner noch einmal hinauszuzögern.

Von Vorüberlegungen abgesehen, kamen die Dreierpakt-Mächte zu keiner gemeinsamen Strategie. Der Gedanke an zwei weither von West und Ost in den reichen Rohstoffgebieten Südasiens zusammenlaufenden Operationen mußte verlockend erscheinen (und beschäftigte Raeder), zumal die Japaner durch Burma und den Indischen Ozean vorstießen und Rommels Panzerarmee gegen Ägypten erneut an Boden gewann. Für Hitler blieb dennoch Rußland das brennende Problem.

»Die Zielsetzung auf weite Sicht«, hieß es in seinen Richtlinien vom Januar 1942, »bleibt unverändert . . .« Drei Monate später fügte die Weisung Nr. 41 hinzu, daß »die den Sowjets . . . verbliebene Wehrkraft« zu vernichten sei. Bei »Verhaltung der Heeresmitte« müsse Leningrad genommen und auf dem Südflügel der »Durchbruch in den Kaukasusraum« erzwungen werden. Die »Abschlußlage nach der Winterschlacht« erlaube freilich nur ein etappenweises Operieren.

Die HGr. Süd (Bock) sollte zuerst losschlagen, die sowjetischen Armeen »vorwärts des Don« vernichten, das Erdölgebiet besetzen und den Kaukasus überschreiten. Ein Stoß auf Woronesch mußte diese Offensive eröffnen. Nach Bildung einer Abwehrflanke hatten motorisierte Kräfte auf dem Westufer des Don stromabwärts fortzusetzen und sich mit anderen Elementen, die bei Taganrog-Artomowsk

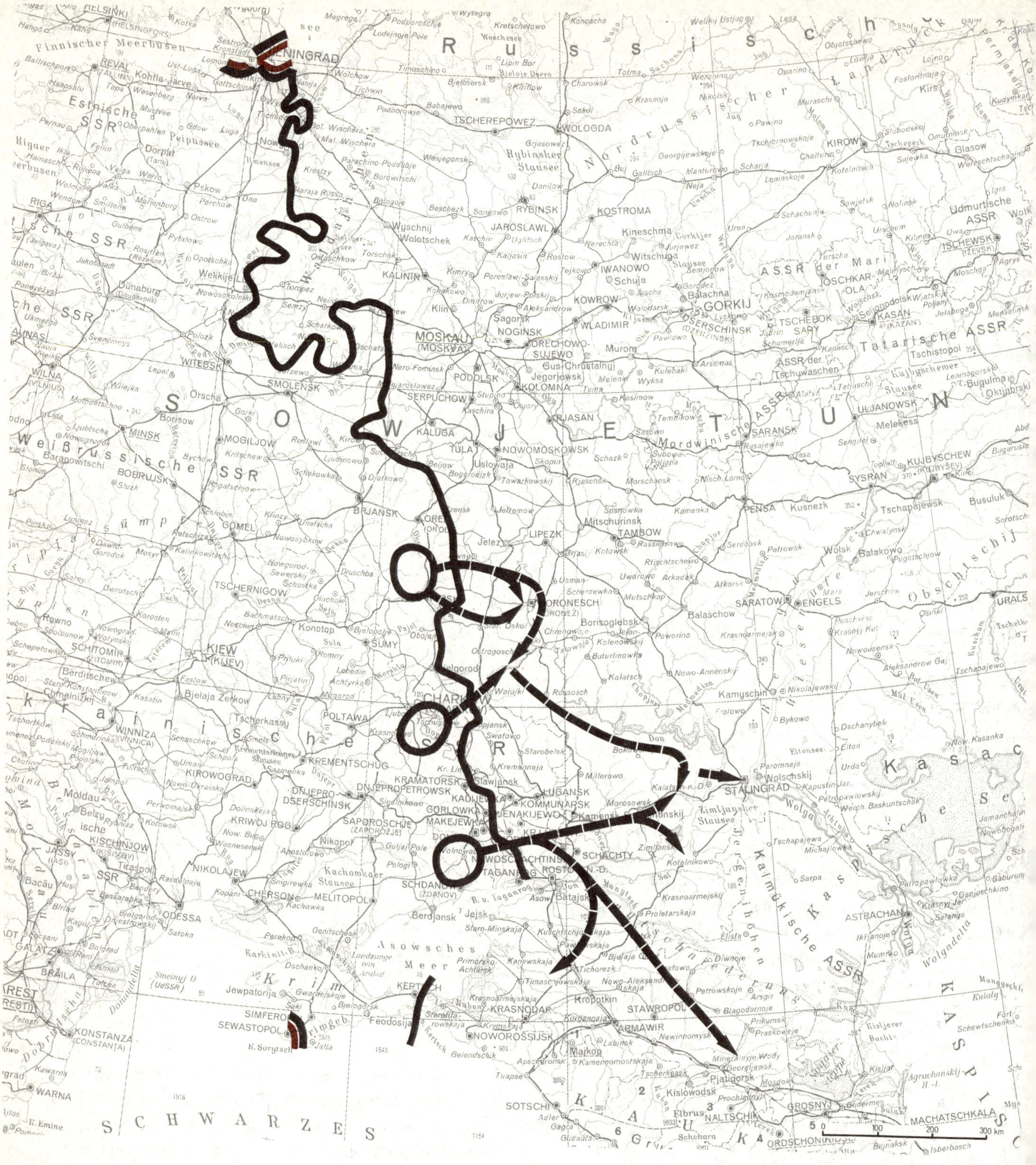

Diese Karte zeigt den Frontverlauf zu Beginn der deutschen Sommeroffensive 1942 und die geplanten Operationen mit der allgemeinen Stoßrichtung auf Stalingrad und zum Kaukasus.

antraten, »um Stalingrad« zu vereinigen (Unternehmen »Blau«).
Während zusätzlich 41 divisionsstarke Verbände, darunter 21 verbündete Divisionen, deren Zahl später auf 52 stieg, an der Südfront konzentriert wurden, waren vorbereitende Angriffe gegen Kertsch (Unternehmen »Trappenfang«), Sewastopol (Unternehmen »Störfang«) und Isjum (Unternehmen »Fridericus«) geplant. Diese der Bereinigung noch bestehender Enklaven und Einbruchsräume geltenden Teiloffensiven waren so aufeinander abgestimmt, daß die Luftflotte 4 (Löhr) den Schwerpunkt ihrer Operationen erst zur Krim und dann wieder nach Isjum legen konnte.
Das Unternehmen »Trappenfang« führte trotz schwieriger Ausgangslage zum vollen Sieg der 11. Armee (Manstein). Als Kertsch fiel, hatte die sowjetische HGr. »Südwestfront« (Timoschenko), um dem deutschen Hauptangriff zuvorzukommen, bei Charkow angegriffen. Bock konnte den eingebrochenen Gegner jedoch einkesseln und vernichten. Er meldete rund 240000 Gefangene, 1247 zerstörte Panzer und 2026 Beutegeschütze, während Manstein 168198 Gefangene, 284 Kampfwagen und 1398 Geschütze verzeichnete.
Der Angriff gegen das stark befestigte Sewastopol konnte nur abschnittsweise vorgetragen werden und endete trotz Hinzuziehung des VIII. Fliegerkorps (Richthofen) und schwerer Heeresartillerie erst am 4. Juli 1942. Nur wenige Verteidiger entkamen; etwa 97000 Gefangene wurden diesmal von der 11. Armee (Manstein) und ihren rumänischen Verbündeten gezählt. Indessen hatte die große Sommeroffensive schon begonnen.
Sie entwickelte sich, wie vorgesehen, vom linken Heeresgruppenflügel aus mit Fortschritten der 2. Armee (Weichs), 4. Panzerarmee (Hoth) und ungarischen 2. Armee (Jány) seit 28. Juni und wurde ab 30. Juni durch das Vorrücken der 6. Armee (Paulus) ergänzt. Doch wenige Tage später band der sich plötzlich versteifende Widerstand des Gegners starke deutsche Panzerverbände in Woronesch. Die 6. Armee (Paulus) fand darum nicht genügend Unterstützung und erreichte vorerst nur Rossosch.
Hitler teilte nunmehr die Heeresgruppenfront. Ihr Nordflügel – jetzt HGr. B genannt – blieb dem Generalfeldmarschall Fedor von Bock. Der Südflügel erhielt die Bezeichnung HGr. A und wurde fortan durch Generalfeldmarschall Wilhelm List geführt. Der Oberste Befehlshaber wollte so stärkeren Einfluß auf die am 11. Juli mit der 1. Panzerarmee (Kleist) begonnene Zangenoperation nehmen. Nach wie vor konnte sich jedoch die Masse des Gegners dem Zugriff entziehen.
Kurz darauf nahm Hitler die Verzögerungen und Fehlschläge zum Anlaß seines Entschlusses, Bock durch Generaloberst Maximilian Freiherr von Weichs abzulösen. Gleichzeitig forderte er den Stoß nach Stalingrad zur Abdeckung der »Hauptoperation«. Diese selber war für ihn jetzt der »Einbruch in den Kaukasus«. Der Oberste Befehlshaber negierte so den Grundgedanken seiner Weisung Nr. 41 und opferte die gestaffelte Abfolge der verschiedenen Offensiven dem zeitlich gleichgeschalteten Angriff auf *alle* großen Ziele.
Die ursprünglich in zwei Zügen hintereinander geplanten Abschnitte 3 und 4 des deutschen Angriffs wurden zeitlich zusammengeworfen. Ohne Rücksicht auf das schwierig gewordene Nachschubproblem befahl Hitler ein exzentrisches Auseinanderzweigen beider Heeresgruppen (A und B) unter verändertem Kräfteansatz (erst: 4 Armeen zum Kaukasus, eine nach Stalingrad; jetzt: 3 Armeen zum Kaukasus, 2 nach Stalingrad). Diese Anordnung ließ voraussehen, daß die Vorwölbung des deutschen Südabschnittes eines Tages 2000 km betragen, jede Gruppe aber nur 600 km Frontbreite einnehmen würde.
Unter diesen Umständen mußte der operative Zusammenhang zwischen den inneren Flügeln verlorengehen. Der Nachschub hatte dann von den Ausgangsbasen bis zur vordersten Linie 150 km, 450 km, 700 km und 900 km zurückzulegen, und das, obwohl mit einer baldigen Ausbesserung des größtenteils zerstörten Eisenbahnnetzes nicht gerechnet werden durfte. Je weiter die Entfernungen wurden, desto weniger Aussicht bestand auch, bewegliche Kräfte kurzfristig hin und her zu schieben.
Die HGr. A (List), bestehend aus der rumänischen 3. Armee (Constantinescu), 17. Armee (Ruoff) und 1. Panzerarmee (Kleist), marschierte mit dem eroberten Rostow als Drehpunkt nach Süden zum westlichen Kaukasus. Von der HGr. B (Weichs) hielten die 2. Armee (Salmuth), ungarische 2. Armee (Jány) und gleichfalls aufschließende italienische 8. Armee (Gariboldi) längs des Don eine länger werdende Abwehrflanke, während die 6. Armee (Paulus) langsam nach Stalingrad vorrückte.
Hitler wähnte den Feind geschlagen. Daß die Sowjets aber noch immer aus dem vollen schöpften, bewies ihre

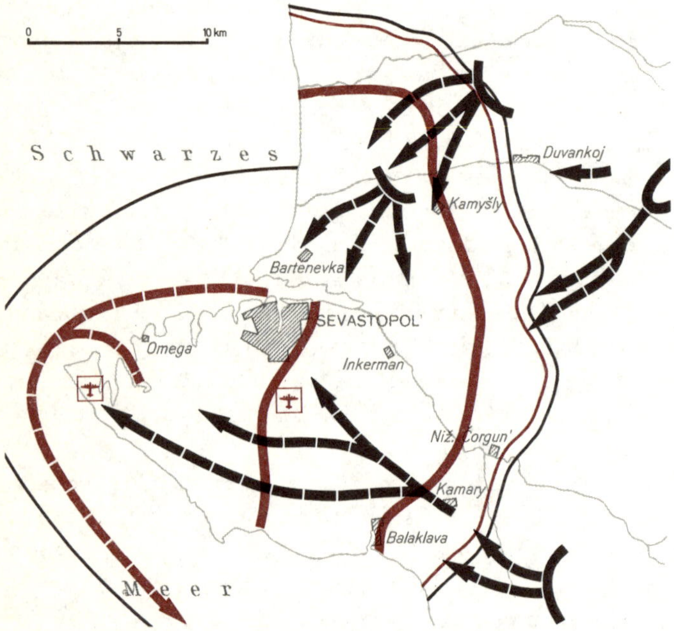

Das stark ausgebaute Befestigungssystem von Sewastopol (Sevastopol) wurde bis 4. Juli 1942 von Mansteins 11. Armee in drei Phasen erobert. Nur wenige sowjetische Verteidiger wurden über See evakuiert.

Aktivität an allen übrigen Frontabschnitten. Obwohl ein seit dem Winter bestehender Wolchowkessel südlich Leningrad zerschlagen worden war, griffen russische Großverbände dort wieder an und erzielten beiderseits Schlüsselburg tiefe Einbrüche. Ähnliche Krisen entstanden für die HGr. Mitte (Kluge).

Im Süden ging die deutsche Offensive nur noch zähflüssig weiter. List konnte zwar mit Hilfe deutsch-rumänischer Verbände, die von Kertsch übersetzten, den dichtbewaldeten Westkaukasus durchdringen und bis Noworossijsk vorrücken. Der Angriff über die Paßhöhen mußte jedoch eingestellt werden, und am linken Flügel, bei der 1. Panzerarmee (Kleist), begann sich Treibstoffmangel auszuwirken. Für einen neuen Stoß aus dem unter schweren Verlusten erkämpften Terekbrückenkopf genügten die eigenen Kräfte nicht mehr.

Stalingrad sollte durch einen Zangenangriff der 6. Armee (Paulus) und 4. Panzerarmee (Hoth) genommen werden. Hitler wollte so die für den Öltransport scheinbar wichtige Wolgaschiffahrt unterbinden. Doch Paulus mußte erst noch westlich Kalatsch eine mehrtägige Schlacht gewinnen, und Hoth waren seine schnellen Truppen größtenteils entzogen worden. Als sich beide endlich ihrem Ziel zuwenden konnten, hatte sich dort ein starker, zu allem entschlossener Gegner verschanzt.

Stalingrad war keine »Festung«, wie die deutsche Propaganda behauptete, sondern eine wirre Ansammlung von Wohnsiedlungen, Industriequartieren und Verschiebebahnhöfen, 35 km lang und 8 km breit. Kreuz und quer laufende Balkas (Trockenschluchten), Eisenbahndämme und -einschnitte erleichterten die Verteidigung ebenso wie ausgedehnte Werkanlagen, Verwaltungsgebäude, Silos und Wassertürme. Als sich Paulus näherte, standen dort bereits zwei sowjetische Armeen.

Deutsche Divisionen eroberten, unterstützt von Sturzkampfbombern des VIII. Fliegerkorps (Fiebig), Teile der brennenden Stadt und bahnten sich einen Weg zur Wolga. Obwohl damit ihr Angriffsziel erreicht war, ließ Hitler den Kampf um Stalingrad ohne wesentliche Verstärkungen aus Prestigegründen fortsetzen. Die pausenlose Abnützungsschlacht, zu der dieses Ringen ausartete, enthielt alle Voraussetzungen einer Katastrophe.

Dabei war offenkundig, daß der deutsche Sommerfeldzug wieder ohne kriegsentscheidendes Ergebnis endete. Abermals versuchte Hitler alle Schuld auf andere Schultern abzuladen. Er hatte Generalfeldmarschall Wilhelm List seiner Befehlsgewalt enthoben und ließ nun auch die längst fällige Trennung von Generaloberst Franz Halder vorbereiten, an dessen Stelle General Kurt Zeitzler trat. Selbst die Ablösung von Keitel und Jodl schien bevorzustehen.

In überdehnten Fronten, mit nicht mehr zu lösenden Transportschwierigkeiten und bei fortwährendem Raubbau an den eigenen Kräften, drohte eine Niederlage, weit schlimmer noch als das Zersplittern der deutschen Front vor Moskau 1941. Sie hätte abgewendet werden können, wenn der Oberste Befehlshaber bereit gewesen wäre, beide Heeresgruppen (A und B) auf den unteren und mittleren Don zurückzunehmen. Aber der Diktator erlaubte keine Diskussion dieser Ausweichmöglichkeiten.

Unbelehrbar hatte er den anfangs erklärlichen, mittlerweile korrekturbedürftigen Irrtum zur fixen Idee erhoben, der Feind sei geschlagen und daher zu einer Gegenoffensive außerstande. Am 14. Oktober 1942 behauptete Hitler, der »zweite russische Winter« finde die deutsche Wehrmacht »rechtzeitig und besser vorbereitet« als zu Beginn

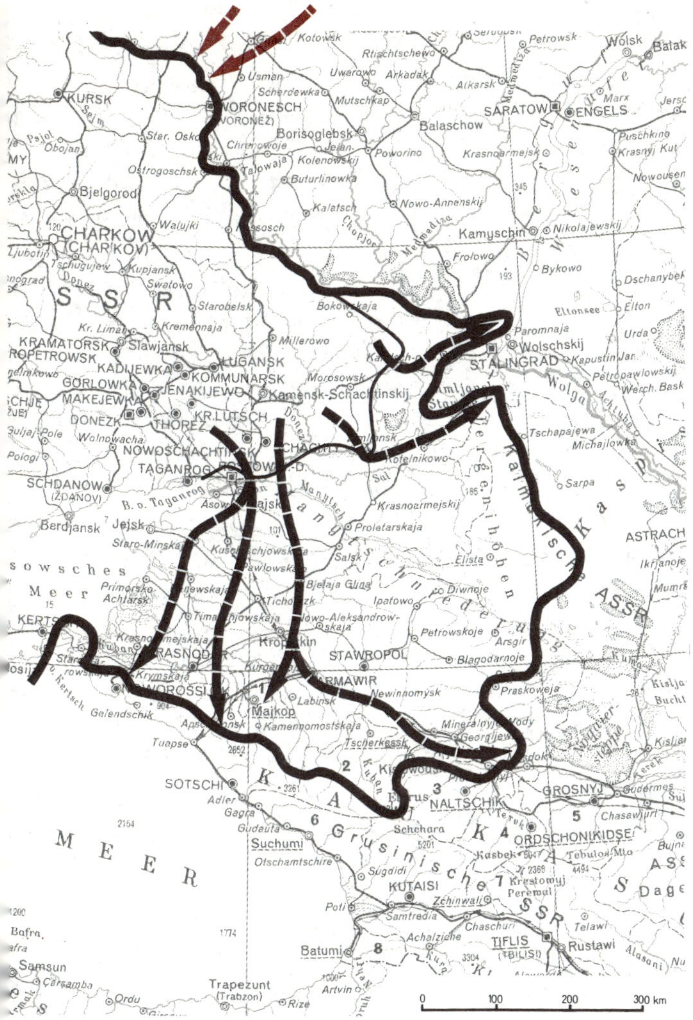

Im Verlauf der deutschen Sommeroffensive (hier die Phase in der Zeit vom 23. Juli bis zum 23. August 1942) sollte das kriegswirtschaftlich entscheidende Erdölgebiet des Kaukasus (vor allem Grosnyj) erreicht und gesichert werden.

Nach der Einschließung Stalingrads wurde die deutsche Front weit nach Westen zurückgedrängt. Unsere Karte zeigt mit der rechten schwarzen Linie den früheren Frontverlauf, mit der linken den zur Jahreswende. Der Entsatzangriff Hoths auf Stalingrad ist deutlich zu erkennen.

des ersten. Die »erreichten Linien« müßten »auf jeden Fall« gehalten werden. »Abgeschnittene oder eingeschlossene Teile« hätten sich »so lange zu verteidigen«, bis sie entsetzt würden (Operationsbefehl Nr. 1).

Als die ersten Schneefälle einsetzten, hatte sich bei der HGr. B (Weichs) wenig geändert. An der Spitze des zur Wolga vorgetriebenen Keils rang noch immer die 6. Armee (Paulus) um Stalingrad. Ihren linken, nach Nordwesten zurückgebogenen Flügel deckten die vom Asowschen Meer herangezogene rumänische 3. Armee (Dumitrescu) und, weiter anschließend, die italienische 8. Armee (Gariboldi) und ungarische 2. Armee (Jány). Zur Rechten standen die reduzierte 4. Panzerarmee (Hoth) und die rumänische 4. Armee (Constantinescu).

Diese ungünstige, mit Problemen des Koalitionskrieges belastete Kräfteverteilung inspirierte das sowjetische Oberkommando zu großen Entwürfen. Unter Stalins Vorsitz wurde beschlossen, nicht nur die rumänischen Schwächestellen auszunützen, sondern den doppelseitigen Angriff über alle Südabschnitte weiter zu entwickeln. Vor

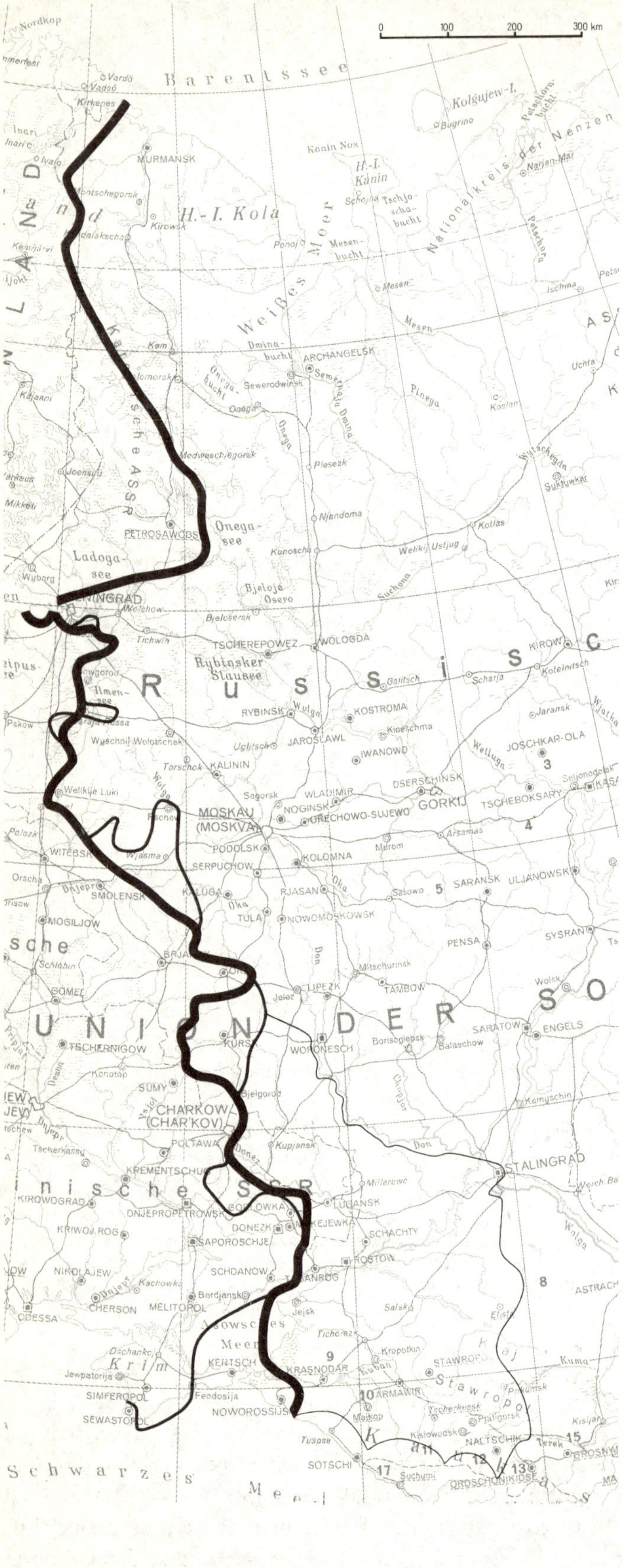

Diese Karte veranschaulicht das Vorrücken der sowjetischen Front von Ost nach West während der Zeit vom Mai 1942 bis zum Juli 1943 (stärkste schwarze Linie).

allem sollten gut ausgerüstete Panzerverbände zur Donmündung durchbrechen und bei Rostow der im Kaukasus stehenden deutschen Heeresgruppe den Rückweg abschneiden.

Am 19. November 1942 zerschlugen die Armeen des Generalobersten Nikolaj F. Watutin das rumänische Stellungssystem zwischen Dewjatkin und Kletskaja. Vierundzwanzig Stunden später entfesselte Generaloberst Andrej I. Jeremenko südlich von Stalingrad einen zweiten Großangriff. Schon im Verlauf des folgenden Tages schlossen russische Panzerkräfte die Greifer ihrer Zange bei Kalatsch. Damit waren die 6. Armee (Paulus), Teile der 4. Panzerarmee (Hoth) und zwei rumänische Divisionen, insgesamt 250000 Mann, eingeschlossen.

Weichs und Paulus hielten einen Ausbruch der umklammerten Verbände für geraten, solange Watutin und Jeremenko bei Kalatsch erst über begrenzte Kräfte verfügten. Auf Grund des Operationsbefehls Nr. 1 konnte jedoch außer Hitler selbst niemand darüber entscheiden. Paulus hatte außerdem zu berücksichtigen, daß seinen ausgemergelten Truppen ohne wirksame Unterstützung der Erfolg versagt sein mußte und ein Fehlschlag noch andere Armeen in die dann weit größere Katastrophe hineinreißen würde.

Hitler schwankte kurze Zeit, dann fällte er einen »Führerentscheid«, der die abgeschnittenen Verbände an ihren Einschließungsraum fesselte. Er setzte alle Hoffnung auf Göring, Manstein und Hoth. Göring hatte ihm versichert, daß man Stalingrad durch Lufttransporte versorgen könne. Manstein übernahm das neugeschaffene »Heeresgruppenkommando Don«, dem die bisher betroffenen Armeen unterstellt wurden, und ließ Hoth aus südlicher Richtung einen Angriff zum Entsatz des Stalingrader Kessels führen.

Aber keine der notwendigen Voraussetzungen wurde erfüllt. Die Luftwaffe konnte nicht, wie gefordert, täglich 600 t, sondern lediglich 300 t einfliegen, bald nur noch 97,3 t. Hoths Befreiungsangriff entbehrte der Mitwirkung eines zweiten Stoßes aus westlicher Richtung, weil inzwischen die italienische 8. Armee (Gariboldi) zusammenbrach und deutsche Kräfte auch dort eingreifen mußten, um das Schlimmste zu verhüten, nämlich den Durchbruch nach Rostow, wohin erst am 29. Dezember motorisierte Kaukasusverbände abzufließen begannen.

Unterdessen erlangte Generaloberst Alexander M. Wassilewskij, der Koordinator des sowjetischen Oberkommandos, von Stalin die Zustimmung für eine noch weiter ausholende Operation in Richtung Charkow-Isjum, um so zu erreichen, was bisher mißlungen war: die Umfassung des gesamten Südflügels der deutschen Ostfront. Auch diese Offensive hatte durchschlagenden Erfolg. Die Ungarn wurden vom Schlachtfeld gefegt, wie vor ihnen Rumänen und Italiener.

Für den Stalingrader Kessel bestand keine Hoffnung mehr. Langsam erlahmte die Gegenwehr der Eingeschlossenen. Am 29. Januar meldete Moskau 16800 Gefangene, beim Erlöschen des letzten Widerstandes am 2. Februar 1943 weitere 91000. Da Paulus seine Truppenstärke nach dem Ausfliegen eines Teils der Verwundeten auf 220000 Mann beziffert hatte, dürfte die Zahl der Gefallenen oder durch Krankheit, Erfrieren und Selbstmord umgekommenen Deutschen bei 70200 liegen.

Während sich als Rest der HGr. A (Kleist) die 17. Armee (Ruoff) aus dem Kaukasus zurückzog und einen Brückenkopf beiderseits des Kuban behauptete, verhinderte Generalfeldmarschall Erich von Manstein mit den über Rostow abgezogenen Panzerkräften durch kühne Rochaden in dem 300 km breiten Einbruchsraum am Donez und Mius weitere sowjetische Erfolge, zuerst bei Krasnoarmejskoje und Pawlowgrad, dann um Charkow sowie kraft eines letzten, kurz vor Beginn der Schlammperiode gerade noch möglichen Gegenstoßes auf Bjelgorod.

Seine überlegene Feldherrenkunst schloß den Dammbruch, konnte aber niemandem verbergen, daß Deutschland die schwerste Niederlage seiner neueren Geschichte erlitten hatte. Nicht das pflichtgetreue Ausharren einer Armee auf verlorenem Posten, sondern die falsche Anlage des vorausgegangenen Sommerfeldzuges, das Festhalten an Stalingrad, die rücksichtslose Verwendung der schlecht ausgerüsteten Bundesgenossen und Hitlers Operationsbefehl Nr. 1 waren Ursachen dieser Katastrophe.

Ihre Ausmaße sind vielfach überschätzt worden. Der Name von Stalingrad bezeichnet nicht die Wende des Ostkrieges. Wer Ziffern und Daten des »Barbarossa«-Feldzuges berücksichtigt, wird (wie Hitler selbst) erkennen, daß die Entscheidung schon vor Moskau gefallen war. Die große Winterschlacht 1942/43 erwies sich jedoch zusammen mit anderen Ereignissen auf See und in Übersee als wirksamer Zwischenakt eines Zerstörungsprozesses, dem die Dreierpakt-Mächte schließlich erliegen mußten.

Die anglo-amerikanische Invasion, der gefürchtete Zweifrontenkrieg auf dem Festland, rückte näher, und niemand hatte dafür ein feineres Gespür als die vielfach enttäuschten Bundesgenossen des Reiches. Während sie geheime Kontakte zu den Westmächten verstärkten, teilweise auch schon ihren Abfall von Deutschland vorbereiteten, sah sich Hitler gezwungen, seine Ost-Strategie der heraufziehenden Gefahr anzupassen.

Er bedurfte eines nachhaltigen Erfolges. Der sowjetische Gegner mußte noch vor Beginn der Invasion im Westen oder Süden des Kontinentes durch einen neuen deutschen Großangriff auf längere Sicht gelähmt werden (Unternehmen »Zitadelle«). Bei dieser Gelegenheit wollte Hitler die infolge von Masseneinberufungen zur Wehrmacht entstandenen Lücken mit russischen Arbeitskräften – Kriegsgefangenen und verschleppten Bevölkerungsteilen – schließen.

Der so beginnende Circulus vitiosus war unüberwindlich. Jede Offensive erforderte verjüngte, gut ausgestattete Divisionen. Wenn aber das Ersatzheer frische Truppen abstellte, mußten wiederum Soldaten einrücken, verschlechterte sich also weiter die Arbeitskräftebilanz der Wirtschaft, ohne durch Fremdarbeiter vollwertig ausgeglichen zu werden, Ersatzheer und Wirtschaft benötigten gleichzeitig hochqualifizierte Ausbildungskader. Keinesfalls konnten sie genügend Kämpfer für die Front frei machen.

Hinzu kam die Panzerfrage. Fehlendes Personal, knappe Rohstoffe und Bombenschäden verursachten erhebliche Verzögerungen bei dem vom Reichsminister für Rüstung und Kriegsproduktion Albert Speer und Generalinspekteur der Panzertruppen Heinz Guderian gemeinsam verwirklichten »Adolf-Hitler-Programm« zur Fertigung der neuen Kampfwagen »Tiger I«, »Panther« und »Ferdinand«. Guderian schlug daher vor, das Unternehmen »Zitadelle« abzusagen.

Für einen solchen Entschluß sprach auch die annähernd richtig erkannte Kräfteverteilung des Gegners. Die Sowjets verfügten an der 2600 km langen Front gegenüber den 159 deutschen und 22 verbündeten Divisionen über nicht weniger als 513 Schützendivisionen, 41 Kavalleriedivisionen und 290 Schnelle Brigaden mit 7100 Panzern. Ihre besten Verbände waren in Hitlers Angriffsraum um Kursk zusammengefaßt, wo das über die deutschen Pläne wieder vorzüglich unterrichtete Oberkommando

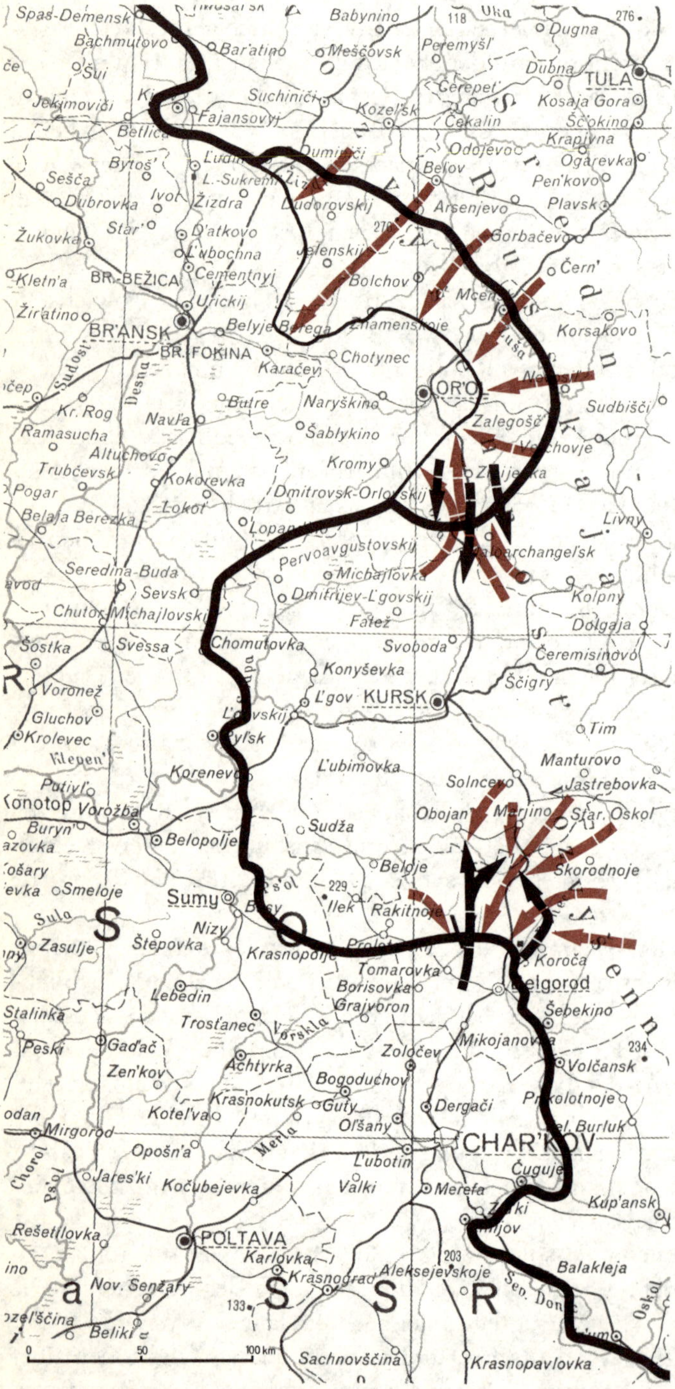

In der Schlacht von Kursk und Orel (Or'ol) entschied sich endgültig das Schicksal der deutschen Ostfront. Aus dem Raum Bjelgorod (Belgorod) und von Orel aus begann der deutsche Angriff. Eine sowjetische Offensive in Richtung Brjansk (Br'ansk) überflügelte ihn.

der Roten Armee zudem ein tiefgegliedertes Stellungssystem anlegen ließ.

Dennoch löste Hitler das Unternehmen »Zitadelle« nach zweimonatiger Verschiebung am 5. Juli 1943 aus. Zwei deutsche Großverbände – Teile der HGr. Süd (Manstein) und HGr. Mitte (Kluge) – suchten den sowjetischen Frontbogen von Bjelgorod und Orel her abzukneifen. Der Angriff entfaltete sich nur langsam, zumal der Feind starke Gegenstöße führte und namentlich den linken deutschen Flügel bei Orel unter empfindlichen Verlusten lahmlegte.

Am 13. Juli wurden die Generalfeldmarschälle Erich von Manstein und Hans-Günther von Kluge ins Führerhauptquartier befohlen, wo Hitler erregt auf die mittlerweile erfolgte Sizilien-Landung anglo-amerikanischer Verbände und den schnellen Zusammenbruch der italienischen Gegenwehr verwies. Manstein meinte, man könne die Offensive trotzdem fortsetzen. Aber seine Bilanz von 1800 abgeschossenen Panzern überzeugte nicht recht. Auch die 34000 eingebrachten Gefangenen zählten kaum, nachdem die deutschen Angreifer ihrerseits 20700 Mann verloren hatten.

Die Schlacht von Kursk mußte abgebrochen werden. Der letzte Versuch, noch einmal die Initiative zu gewinnen, war fehlgeschlagen. Bei der Bedrängnis, in die Hitler jetzt geriet, verlor der russische Kriegsschauplatz seinen bisherigen Vorrang. Das deutsche Ostheer mußte immer wieder Kräfte nach dem Westen und Süden abgeben. Die Front wurde fadenscheinig. Sie gab nach und sollte trotz aller Anstrengungen nicht mehr zum Halten kommen.

Struktur und Leistungsfähigkeit des blockadefesten »Großraumes«, den Hitler auf Kosten der osteuropäischen Völker zu schaffen sich vorgenommen hatte, bildeten, so wie es um sie stand, einen schlechten Rückhalt. Die organisatorischen Maßnahmen zum Aufbau dieses Imperiums waren schon 1939 beziehungsweise kurz vor und nach Beginn des »Barbarossa«-Feldzuges eingeleitet worden. Ihre Konzeption gewährleistete jedoch keine verläßliche Ordnung.

Die 1939 unterworfenen, 1941 nach Osten erweiterten Gebiete Polens – das Generalgouvernement – hatte Hitler als »Beuteland« zu behandeln und »rücksichtslos auszupowern« befohlen. Das polnische Volk führte seitdem ein Helotendasein. Als die veränderte Kriegslage andere Grundsätze erheischte, kamen dem Generalgouverneur

Hans Frank manche Zweifel an seiner bisherigen Politik. Aber jetzt war es für eine Umkehr zu spät.

Eine destruktive, von Rassendünkel und Sendungsbewußtsein bestimmte Herrschaft lastete auch auf dem anschließenden Ostraum. Er sollte ein »deutsches Indien« werden, geteilt und bezwungen durch die Eroberer. Leningrad hatte Hitler dem Erdboden gleichmachen und den Finnen überlassen wollen. Die Ländermasse zwischen der Kronstädter Bucht und dem Schwarzen Meer, abzüglich des »rückwärtigen Heeresgebietes« und einer rumänischen Besatzungszone, waren Alfred Rosenberg unterstellt.

Sie gliederte sich in zwei Reichskommissariate: »Ukraine« (Koch) und »Ostland« (Lohse). Letzteres umfaßte vier Generalkommissariate – Estland (Litzmann), Lettland (Drexler), Litauen (Renteln) und Weißrußland (Kube) –, denen, abgestuft von Norden nach Süden, mehr oder weniger autonome Einrichtungen zugestanden worden waren. Estland besaß eine relativ weit fortgeschrittene Selbstverwaltung, Weißrußland so gut wie keine.

Der in Minsk herrschende NS-Gauleiter Walter Kube hatte zwar entgegen Hitlers Vorstellungen schon viele Russen zur politischen Mitarbeit herangezogen. Als er Jugendgruppen gründete und einen Landtag, die Rada, einberufen wollte, entsandte jedoch das sowjetische Oberkommando den Kapitän Nikolaj W. Schoschlow, auf dessen Geheiß das Dienstmädchen des Ehepaares Kube den Generalkommissar am 22. September 1943 ermordete. Gegen Erich Koch, den Unterdrücker aller nationalen Regungen in der Ukraine, wäre ein solches Attentat vom Standpunkt Moskaus die falsche Maßnahme gewesen. Ließ er doch die Delegierten einer illegal berufenen Nationalversammlung erschießen, sowjetische Einrichtungen wie Kolchosen und Sowchosen beibehalten, die Bodenreform drosseln und kirchliche Institutionen beseitigen, so daß die früher deutschfreundlichen Kreise des Landes nunmehr erbitterten Widerstand leisteten.

Die Lage im Generalgouvernement und den Reichskommissariaten ist damit erst skizzenhaft umrissen. Denn außer Frank, Rosenberg und ihren Mitarbeitern übten noch viele andere Männer die deutsche Herrschaft aus: Heinrich Himmler, Hermann Göring und Martin Bormann, ein Rußlandkomitee des Auswärtigen Amtes, der Generalbevollmächtigte für den Arbeitseinsatz, das Propagandaministerium, Dienststellen und Stäbe der Wehrmacht.

Sie alle – Doktrinäre und Pragmatiker, Starke und Schwache, Fähige und Unfähige, Russenfreunde und -verächter – intrigierten widereinander, schlossen Zweckbündnisse, entzweiten sich aufs neue und verfolgten dabei divergierende Absichten. Obwohl zahllose Fremdarbeiter für die deutsche Industrie und Landwirtschaft mobilisiert und gleichzeitig alle Bodenschätze und Agrarflächen der unterworfenen Gebiete ausgebeutet wurden, glich dieses Treiben weithin einem Chaos.

Am weitesten gingen die Auffassungen über den Wert »landeseigener Verbände« auseinander. Trotz der vielfach bekundeten Abneigung des Obersten Befehlshabers gegen solche Formationen gab es seit 1941 bei fast jedem deutschen Truppenteil sogenannte Hilfswillige (»Hiwis«), die als Fahrer, Pferdepfleger, Flickschuster, Sattler, Köche, Träger, Sanitäter oder Dolmetscher arbeiteten, auch Freiwilligenbataillone kämpfender Esten, Letten und Ukrainer.

Außer einigen zivilen Ostexperten und Admiral Wilhelm Canaris nahmen sich besonders die Generale Reinhard Gehlen und Henning von Tresckow dieser Kräfte in dem Bestreben an, Hitlers verstiegene Besatzungspolitik zu überwinden. So förderten sie vor allem den 1942 am Wolchow gefangengenommenen sowjetischen General Andrej A. Wlassow, der die Russen zum Kampf gegen Stalin aufgerufen und damit starken Widerhall gefunden hatte.

Doch Generalfeldmarschall Wilhelm Keitel, Heinrich Himmler und Martin Bormann mißtrauten diesem Mann. Und hohe Beamte in Rosenbergs Ostministerium, die sich bereits auf einen Kurs festgelegt hatten, der Ukrainern, Esten und Letten sowie den Georgischen und Turkestanischen Nationalkomitees zugute kommen sollte, fürchteten, daß Wlassow letzten Endes das russische Großreich wiederherstellen und die kleineren Ostvölker unterwerfen würde.

Am 8. Juni 1943 befahl Hitler, die national-russische Freiheitsbewegung »abzuwürgen«. Wlassow wurde als »Ehrenhäftling« nach Berlin-Dahlem verbannt. Erst eine unter den vielen Rückschlägen eintretende Sinneswandlung bestimmter Führungskreise der SS, die zum Zwecke umfassender Rekrutierungsmaßnahmen ihre rassen-ideologischen Vorsätze über Bord warfen und alle Freiwilligen, auch »Nichtgermanen«, einstellen sollten, bot Wlassow neue, wenn auch hoffnungslos verspätete Chancen.

Hitler blieb indessen bei seiner Konzeption. Während zahlreiche Beamte und Militärs bemüht waren, die deutsche Ostpolitik in vernünftige Bahnen zu lenken, ließ er Himmler freie Hand zur konsequenten Ausübung der ihm erteilten Vollmachten. Nach einem von Otto Hofmann und Konrad Meyer-Hetling entworfenen »Generalplan Ost« wollte der Reichsführer SS in wenigen Jahrzehnten die »klare Eindeutschung« und »lückenlose Integration« weiter Gebiete Rußlands erreichen.

Die vorgesehenen Siedlungsobjekte schienen harmlos, gemessen an Himmlers Polizeiaktionen. Wie zu Beginn des Polenfeldzuges hatte er auch im Kampf gegen die UdSSR sogenannte Einsatzgruppen des SD bilden lassen, bestehend aus SS-Personal und angeworbenen Ukrainern, Litauern und Letten. Dienstlich verlautete gegenüber der Wehrmacht, daß diese Verbände wichtige Objekte und Funktionäre sicherstellen würden. Sehr bald waren die Einsatzgruppen jedoch zur Erschießung zahlloser Menschen, vorwiegend Juden, Zigeuner und Kommissare, kommandiert worden.

Judenverfolgungen hatten schon mit Hitlers Machtergreifung begonnen und sich stufenweise vom Boykott (1933) und den Nürnberger Gesetzen (1935) über Pogrome (1938) und Austreibungen (1938/39) bis zur Drangsal des ersten Kriegsjahres (1939/40) gesteigert. Nach dem Polenfeldzug waren die 3,2 Millionen Juden des Generalgouvernements in Ghettos zusammengepfercht und deren Glaubensgenossen aus anderen Gebieten großenteils dorthin verschleppt worden.

Ende Juli 1941 hatte Hitler noch einmal den SS-Obergruppenführer Reinhard Heydrich mit der »Endlösung« hinsichtlich des »deutschen Einflußgebietes in Europa« beauftragen lassen. Von ihm, dem Chef des Reichssicherheitshauptamtes, kamen alle organisatorischen Maßnahmen, stammte die Terminologie und ergingen Befehle zur strengen Geheimhaltung, während das Amt IV A, 4b der Gestapo unter SS-Obersturmbannführer Adolf Eichmann die Deportationen fortsetzte.

Am 20. Januar 1942 hatte Heydrich in Wannsee eine Anzahl nationalsozialistischer Funktionäre versammelt und erklärt, daß anstelle der Auswanderung nun als eine weitere Möglichkeit die »Evakuierung ... nach dem Osten« bestehe. Die Betroffenen würden »in geeigneter Weise ... zum Arbeitseinsatz kommen« und »straßenbauend« vorgeführt werden, »wobei ... ein Großteil durch natürliche Verminderung ausfallen« dürfte. Den »allfällig ... verbleibenden Restbestand« müsse man entsprechend behandeln.

Proteste deutscher Wehrmachtsdienststellen, Transportschwierigkeiten, vielleicht auch Heydrichs Ermordung durch Beauftragte der tschechoslowakischen Exilregierung, verhinderten, daß dieses Programm verwirklicht wurde. Grundsätzlich änderte sich aber nichts an der Ausrottung. Im Gegenteil: sie ging jetzt erst ihren Höhepunkten entgegen. Während Einsatzgruppen fast alle russischen Ghettos liquidierten, töteten andere Kommandos mit den Auspuffgasen der Verbrennungsmotoren sogenannter S-(Spezial)-Wagen.

Den entscheidenden Schritt zur Industrialisierung des Mordens soll SS-Obersturmbannführer Rudolf Höß durch Einwerfen des kristallinen »Zyklon B« unternommen haben. Entwicklung und Ausbau leistungsstarker Installationen besorgte SS-Obergruppenführer Heinz Kammler. Er baute die Ausladerampen und die als Badeanstalten getarnten Vergasungsräume von Auschwitz-Birkenau, Chelmno, Belzec, Treblinka und Sobibor samt anliegenden Krematorien und Aschenmühlen – regelrechte Fabriken des Todes.

Die SS stellte das Verwaltungs- und Aufsichtspersonal, Ärzte und Techniker; alles übrige wurde durch Ukrainer, Litauer und Kommandos jüdischer Zwangsarbeiter verrichtet. Die Leitung der Judenvernichtung in den fünf Lagern hatte SS-Brigadeführer Odilo Globocnik. Er war Himmler verantwortlich, sorgte für Auswahl, Verteilung und Liquidation der Opfer und erreichte dabei immer höhere Rekordziffern. Wie viele Juden umgebracht wurden, konnte später nicht genau ermittelt werden. Schätzungen schwanken zwischen 4194000 und 5721000.

Die Betroffenen leisteten zumeist keinen Widerstand. Eine Ausnahme bildete der Aufstand im Warschauer Ghetto 1943, wo bewaffnete Kampfbünde entstanden waren. Namentlich die jüngeren Juden dieses Stadtteils schlugen sich mit dem Mute der Verzweiflung. Erst nach vier Monaten konnte eine bunt zusammengewürfelte Polizei- und Söldnertruppe unter SS-Brigadeführer Jürgen Stroop die Erhebung niederwerfen und Überlebende der Ausrottungsmaschinerie zuführen.

Bei diesem aufsehenerregenden Kampf, der das System sorgfältiger Geheimhaltung wirksamer durchbrach als jeder Hilferuf, kam den Nationalsozialisten zustatten, daß ein russischer Bauer die Geheimnisse des Waldes von Katyn enthüllte. Es handelte sich um eine Reihe großer Massengräber mit polnischen Offizieren, die den Sowjets zum Opfer gefallen waren. Um von den Warschauer Vorgängen abzulenken, wies Joseph Goebbels das Weltgewissen auf die Untaten des NKWD hin.

Die Propagandaschlacht von Katyn nahm einen dramatischen Verlauf. Während Stalin die Teilnahme einer Kommission des Internationalen Roten Kreuzes unterband, holte Goebbels alle erreichbaren Gerichtsmediziner, Kriminalexperten und Journalisten zusammen und ließ ihnen die Funde zeigen. Sie erkannten bald, daß nicht, wie behauptet, 10000 ermordete Offiziere, sondern 4143 in den geöffneten Gräbern lagen und außerdem noch etwa 600 unter zwei benachbarten Hügeln ruhen mochten.

Die Exhumierung verfehlte ihren Zweck. Ein Bericht des Befehlshabers der Sicherheitspolizei aus dem Generalgouvernement stellte fest, daß die Nachricht bei den Polen »keine für Deutschland günstigen Auswirkungen gezeitigt« hätte. Es bestünden ja die Judenvernichtungslager, »wo gleichfalls ein Massenmorden« stattfinde. Die 50060 unter den Augen der Warschauer niedergemetzelten oder zur Liquidierung abtransportierten Ghetto-Insassen wogen ungleich schwerer.

Jetzt erst begannen die Verantwortlichen auf deutscher Seite zu erkennen, wie es um ihre Ausrottungspolitik stand. Katyn stimmte viele nachdenklich. Auf ihre Vorstellungen hin ließ Himmler alle polnischen Ghettos räumen und die Überlebenden wirtschaftlichen Betrieben zuweisen. Eine Sondergruppe beseitigte die Spuren der Massaker in Rußland. Andere Kommandos sprengten die Vernichtungslager Chelmno, Belzec, Sobibor und Treblinka.

Dringenden Anlaß zur Einschränkung des Rassenmordes gab auch das weitere Vorrücken des sowjetischen Heeres. Gleich nach dem Abbruch der Schlacht von Kursk waren seine Verbände auf breiter Front angetreten. Während die deutsche HGr. Mitte (Kluge) unter starkem Druck aus dem Orelbogen in eine ostwärts Brjansk geschaffene Sehnenstellung zurückwich, zeichneten sich bei der HGr. Süd (Manstein) um Stalino, Charkow, Achtyrko und Gadjatsch tiefe Einbrüche ab.

Vergebens drängte Manstein auf rechtzeitige Preisgabe des Donezbeckens. Hitler war strategischen Rückzügen grundsätzlich nicht abgeneigt; er hatte eine Auffangstellung zu bauen befohlen, deren Linien von der Krim nach Saporoschje, den Dnjepr entlang bis Orscha und Witebsk verlaufen und schließlich im Norden den Verhältnissen angepaßt werden sollten. Solange dieser »Ostwall« nicht fertig war, schien ihm jedoch zähe Abwehr ostwärts des Dnjepr geboten.

Bald nahmen die sowjetischen Angriffe das Ausmaß operativer Durchbrüche an. Kurz hintereinander fielen Sjewsk und Gluchow, Achtyrko und Charkow, Stalino und Taranrog. Die deutschen Ausfälle betrugen fast 133000 Mann. Aber auch jetzt ließ sich Hitler keinen anderen Entschluß abringen. Er genehmigte lediglich die Räumung des seit Ende vergangenen Jahres von den restlichen Kaukasusverbänden gehaltenen Kubanbrückenkopfes (Unternehmen »Krimhild«).

In knapp fünf Wochen wurden 249669 Soldaten (darunter 50139 Rumänen und 28486 »Hiwis«), 16311 Verwundete und 27456 Zivilpersonen, 115477 t Wehrmachtsgut, 49971 Fahrzeuge, 1815 Geschütze, 74 Panzer und Sturmgeschütze, 74657 Pferde und 6255 Stück Vieh durch Pionierfähren und Einheiten der Kriegsmarine über die Straße von Kertsch nach der Halbinsel Krim evakuiert sowie weitere 15661 Soldaten und 1153,8 t Gerät ausgeflogen.

Spürbare Entspannung an den übrigen Abschnitten brachte dieser Abzug nicht, denn entgegen allen Erwartungen hemmte das Vordringen des Gegners nur eine kurze Schlammperiode. Im Unterschied zu den früheren Jahren konnten die Sowjets ihre Offensive mit vier Schwerpunkten wiederaufnehmen: beiderseits von Kertsch und westlich Mariampol, zwischen Saporoschje und Krementschug sowie nördlich Kiew, um Gomel, Newel und Witebsk.

In der Ukraine, namentlich an den Dnjepr-Übergängen, verschafften ihnen Partisanen beträchtliche Vorteile. Doch nirgends waren diese Freischärler reger als hinter den Frontlinien der HGr. Mitte (Busch), wo ausgedehnte Wälder und Sümpfe ihre Tätigkeit begünstigten. Das scharfe Durchgreifen des SS-Obergruppenführers Erich von dem Bach-Zelewski, der Einsatz von Polizeiverbänden, fünf ungarischen Sicherungsdivisionen, landeseigener Jagdkommandos – kein noch so großer Aufwand konnte sie bezwingen.

Es gelang den Sowjets nicht, die Naht zwischen HGr. Mitte (Busch) und HGr. Nord (Küchler) aufzutrennen und Witebsk zu nehmen. Im Süden jedoch stießen Armeen des Generals Fedor I. Tolbuchin durch die Nogaische Steppe vor und isolierten deutsche Kräfte auf der Krim, während weiter nördlich Marschall Nikolaj F. Watutin den Dnjepr überwand, Kiew nahm und einen heftigen Gegenangriff unter schweren Verlusten abfing.

Damit war Hitlers Ostwall-Konzeption durchkreuzt. Die Sowjets unterbanden eine kräftesparende Begradigung der deutschen Ostfront und verhinderten, daß Rußland zum Nebenkriegsschauplatz wurde. Dieses Ergebnis, zusammen mit den der ganzen Welt imponierenden Siegen, deren sich Moskau rühmen konnte, gab Stalin bei seinen Verhandlungen in Teheran eine starke Position, auf die er sich auch durch Propaganda und eine umsichtige Diplomatie vorbereitet hatte.

Die Konferenz von Teheran (28. November bis 1. Dezember 1943) begann mit unterschiedlichen Auffassungen der Anglo-Amerikaner. Roosevelt glaubte, er könne Stalin, ohne ihn bisher gesehen zu haben, besser verstehen als der britische Premier. Kurz vorher hatte der Präsident geäußert: »Mir ist so, als ob Stalin nichts anderes als Sicherheit für sein Land wünscht, und ich sage mir, wenn ich ihm alles gebe . . ., dann wird er sich – noblesse oblige – nichts einverleiben und für eine Welt der Demokratie und des Friedens arbeiten.«

Churchill teilte diese Illusion nicht, doch er war der schwächere von beiden westlichen Partnern, denn Roosevelt betrachtete ihn als den kurzfristigen Kriegspremier eines vergehenden Weltreichs, dessen antiquierte Sorge um das Mächtegleichgewicht künftige Friedensregelungen erschwere. Schon bei seiner ersten Unterredung mit Stalin ließ der Präsident dies durchblicken und sich seine Offenheit mit dem Konferenzvorsitz honorieren.

Hauptsächlich drei Themen standen zur Debatte: die »Zweite Front«, das polnische Problem und die Deutschlandfrage. Stalin forderte eine baldige Landung an der französischen Küste. Er verwarf die Balkanpläne des britischen Premiers und meinte, Amerika brauche sich über den Pazifik nicht weiter zu sorgen, weil die Sowjetunion nach Deutschlands Niederlage ungeachtet ihres Nichtangriffspaktes starke Kräfte gegen Japan einsetzen werde.

In der polnischen Frage hielt sich Roosevelt zurück. Dagegen ging Churchill auf Stalins Vorschläge ein, Polen zugunsten der UdSSR nach Westen zu verschieben. Er legte drei Streichhölzer im gleichen Abstand nebeneinander und versetzte dann das rechte Holz auf die linke Seite, um eine polnische Kompensation für jene Moskauer Gebietsansprüche zu demonstrieren, denen schon Hitler 1939 entsprochen hatte. Das Ergebnis war die Oder-Neiße-Linie.

Deutschland sollte nach dem Willen der »Großen Drei« zerstückelt werden. Aber jeder verband damit andere Vorstellungen. Stalin wünschte ein Mitteleuropa hilfloser Kleinstaaten. Roosevelt pflichtete bei, ohne die Grenzfragen zu diskutieren. Churchill wollte »Preußen« isolieren und Süddeutschland mit Österreich (womöglich auch Ungarn, Rumänien und Teilen Jugoslawiens) in einer »Donauföderation« vereinigen.

Von diesen Plänen war Stalins Absicht gewiß die hinterhältigste. Churchill muß sie gefürchtet haben, als er sich mit seinem Streichhölzchenspiel auf verkürzte Linien zurückzog, die, wie er meinte, gehalten werden könnten, wenn gleichzeitig Südosteuropa festen Halt in einer Art Rekonstruktion des alten Österreich-Ungarn fände. Doch während er noch von einem unabhängigen Polen sprach, dachte Stalin bereits an einen polnischen Satellitenstaat.

Das Instrument zur Errichtung dieses Scheingebildes, mit dem sich die Sowjetmacht nach Mitteleuropa vorzuschieben gedachte, hatte Moskau zu schaffen begonnen: Organisationen kommunistischer Exilpolen. Eine Garantie dafür, daß zu gegebener Zeit kein Brite oder Amerikaner hinter der Curzon-Linie – dem ursprünglich mittleren Hölzchen Churchills – stehen würde, bot Stalin die nunmehr ausgesprochene Verpflichtung, eine anglo-amerikanische Invasion 1944 am entgegengesetzten Ende des Kontinentes einzuleiten.

Auch sonst konnte Stalin mit den Angelsachsen zufrieden sein. Roosevelt hatte den mehrfach unterbreiteten Vorschlag, die Lieferungen nach Rußland als Druckmittel zu handhaben, stets zurückgewiesen und dafür gesorgt, daß diese Transporte immer wiederaufgenommen wurden. Bis Ende August 1943 waren der UdSSR aus Amerika 6207 Flugzeuge zugeführt worden. Die Zahl der Kraftfahrzeuge lag etwa bei 138000. Hinzu kamen zahlreiche Schiffe, Panzer und Geschütze, 912000 t Stahl und 1,5 Millionen t Lebensmittel.

Große Teile dieser Lieferungen erreichten fast ohne Ausfälle die Häfen am Persischen Golf und gelangten von dort durch den Iran nach Südrußland. Auch die seit

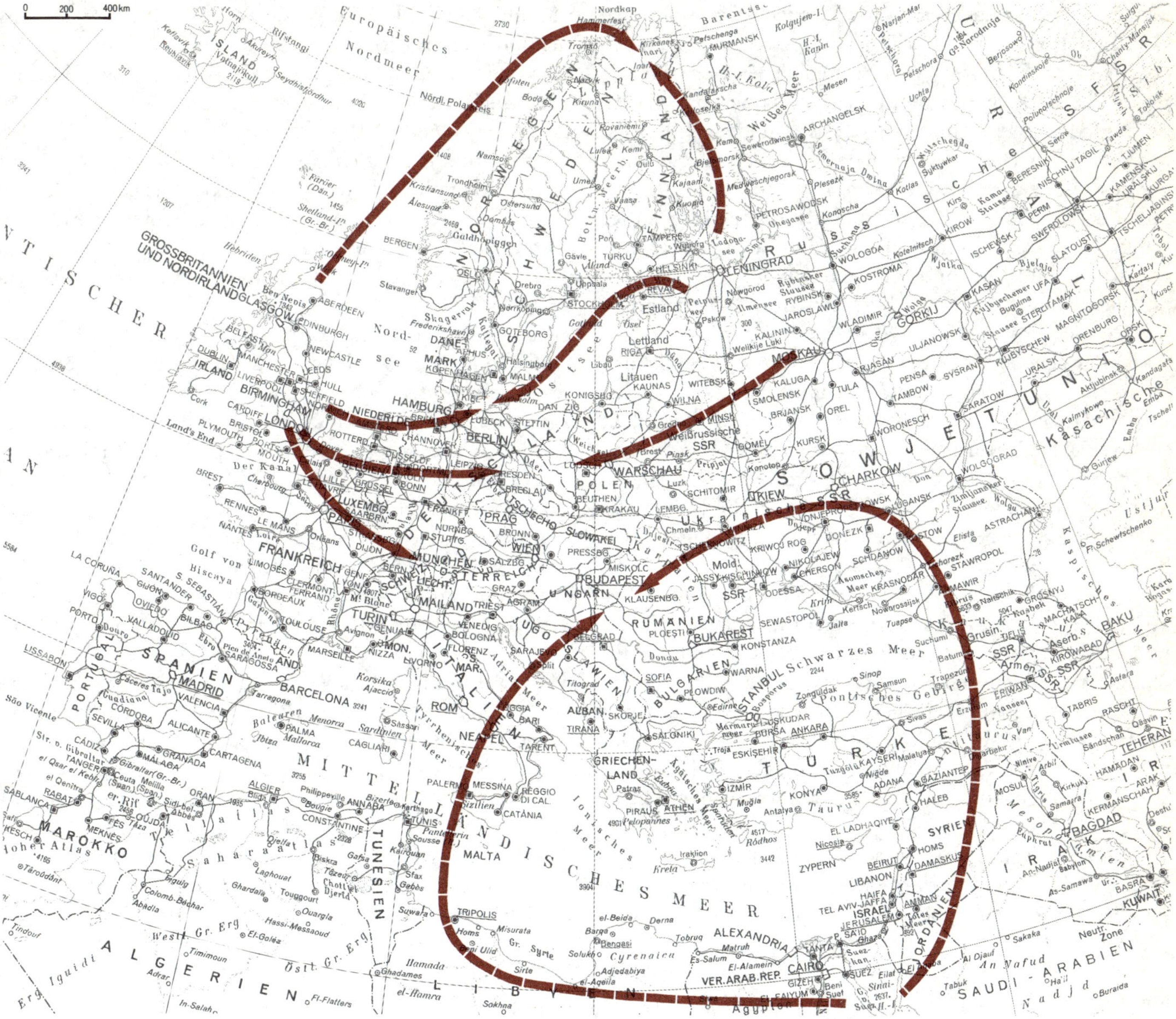

Hier werden die verschiedenen Möglichkeiten einer umfassenden Zangenstrategie in der Zusammenarbeit zwischen den Westalliierten und den Sowjets deutlich.

Oktober 1943 wiederaufgenommenen Eismeergeleite verloren kaum noch Transporter. Unterdessen trat Hitlers widersinnige Strategie mit aller Deutlichkeit zutage; jede Frontbegradigung, auch die kleinste, mußte ihm in nervenaufreibendem Hader abgerungen werden.

Besonders drei Notwendigkeiten wollte Hitler nicht einsehen: den Zwang zum Abzug der HGr. Nord (Küchler) aus dem Raum von Leningrad, die dringend gebotene Preisgabe des Bergbaugebietes um Nikopol und Kriwoj Rog sowie das Erfordernis, die Verteidiger der Krim

rechtzeitig zu evakuieren. Wirtschaftliche und politische Gesichtspunkte – wesentliche Positionen zur Behauptung der »Festung Europa« – verschärften seinen Starrsinn.
Einen Rückzug von Leningrad hielt Hitler für gleichbedeutend mit Finnlands Ausscheiden und dem Verlust des Petsamo-Nickels und Schweden-Erzes. Auch das Mangan des Bergbaubezirkes um Nikopol und Kriwoj Rog schien ihm unersetzlich. Vom Verlust der Krim befürchtete er politische Rückwirkungen auf die Uferstaaten des Schwarzen Meeres und eine fortan zwischen Foggia und Sewastopol pendelnde Bomberoffensive alliierter Luftstreitkräfte zur Vernichtung des Erdölgebietes bei Ploesti.
Da Hitler alles festhalten wollte, vermochte er schließlich nichts zu verteidigen. Bei der fast immer nur verspäteten Erlaubnis zur Aufgabe unhaltbar gewordener Stellungen traten schwere Verluste ein und wurden niemals genügend Kräfte frei, mit denen man hätte Durchbrüche auffangen und die notwendigen Reserven gewinnen können. Dieser Fehler prägte allen weiteren Kampfhandlungen den Stempel der Aussichtslosigkeit auf.
Am Weihnachtsabend brachen die Dämme. Die HGr. »Erste Ukrainische Front« (Watutin) stieß aus dem Raum von Schitomir vor, drehte zwischen Fastow und Berditschew nach Süden und Südosten ein und trieb beiderseits Korosten zwei Panzerkeile gegen Rowno weiter. Als auch die HGr. »Zweite Ukrainische Front« (Konjew) losschlug, wurde Mansteins stehengebliebener Flügel unweit Tscherkassy von zangenartig zufassenden Panzerverbänden eingeschlossen.
Die Luftversorgung der abgeschnittenen deutschen Truppen scheiterte an widrigen Witterungseinflüssen unter schweren Verlusten, ebenso ein doppelseitiger Entsatzangriff. In der Nacht des 17. Februar 1944 begannen daher 50000 Mann auszubrechen. Aber nur 30000 Deutsche und wallonische Freiwillige erreichten den Brückenkopf der eigenen Panzer bei Lissjanka, erschöpft, fast ohne Waffen, nach Aufgabe sämtlicher Feldlazarette, Fahrzeuge und Geschütze.
Zu alledem hatte auch noch die HGr. Nord (Küchler) einen katastrophalen Rückschlag erlitten. Brückenköpfe bei Oranienbaum und Leningrad, westlich der Lowat und des Wolchow dienten den Sowjets als Ausgangsstellungen. Die 18. Armee (Lindemann) mußte sich stellenweise in panischer Hast unter Preisgabe der Heeresartillerie absetzen. Erst Ende Februar, dank der begonnenen Schlammperiode, kamen ihre Verbände zwischen Pleskau, Peipussee und Narwa wieder zum Stehen.
Der eigentliche Schwerpunkt des sowjetischen Vordringens zeichnete sich indessen im Süden ab, wo Tarnopol und Kowel eingeschlossen wurden und die 1. Panzerarmee (Hube), zweiseitig umfaßt, als Wanderkessel nur mehr mühevoll nach Westen an Boden gewann, während sie schnelle Truppen des Gegners umfluteten und zum Karpatenwall aufschlossen, so daß bereits für Ungarn und Rumänien höchste Invasionsgefahr zu bestehen schien.
Hitler behauptete, die sowjetische Offensive habe ihren Höhepunkt überschritten, die sowjetischen Verbände seien »abgenutzt und auseinandergezweigt.« Denselben Zweckoptimismus bekundete die Umbenennung der bisherigen Heeresgruppen »A« und »Süd« in »Südukraine«. und »Nordukraine«, geradeso, als würden beide noch einmal nach Rußland vordringen. Gleichzeitig wurden Manstein und Kleist durch Generalfeldmarschall Walter Model und Generaloberst Ferdinand Schörner abgelöst, denen der Ruf rücksichtsloser Energie vorausging.
Schörner blieb allerdings nur acht Tage lang bei seiner zur Schau getragenen Zuversicht, dann ließ er Hitler wissen, daß man, wenn nicht alles verlorengehen solle, die Krim räumen müsse. Am 8. April 1944 griffen dort starke sowjetische Kräfte die 17. Armee (Jaenecke) an. Der Abtransport wurde genehmigt. Bis zum 20. April konnte die Kriegsmarine 124233 Soldaten – Heerespersonal, rumänische Kavallerie, Kriegsgefangene und Ostlegionäre – über See evakuieren.
Es blieben vorerst noch 19591 Mann, denn Hitler hatte plötzlich beschlossen, Sewastopol wenigstens »für die nächste Zeit« zu halten. Mit diesen geringen Resten konnte der weitläufige, nur provisorisch armierte Festungsring aber nicht behauptet werden. In der Nacht zum 7. Mai 1944 bereitete ein Trommelfeuer aus 1086 Rohren den Einbruch des angreifenden Gegners vor. Vierundzwanzig Stunden später harrten die letzten Verteidiger ihres Abtransportes von den Klippen der Halbinsel Chersonnes.
Trotz des rasenden Feuers hoben noch 50 Ju 52 von der dort geschaffenen Piste ab, schoben sich letzte deutsch-rumänische Geleitzüge unter die Felsenküste. Ihre Schiffe und Prähme retteten keine vollwertigen Einheiten mehr. Die 17. Armee (Jaenecke) hatte zu bestehen aufgehört. Mit

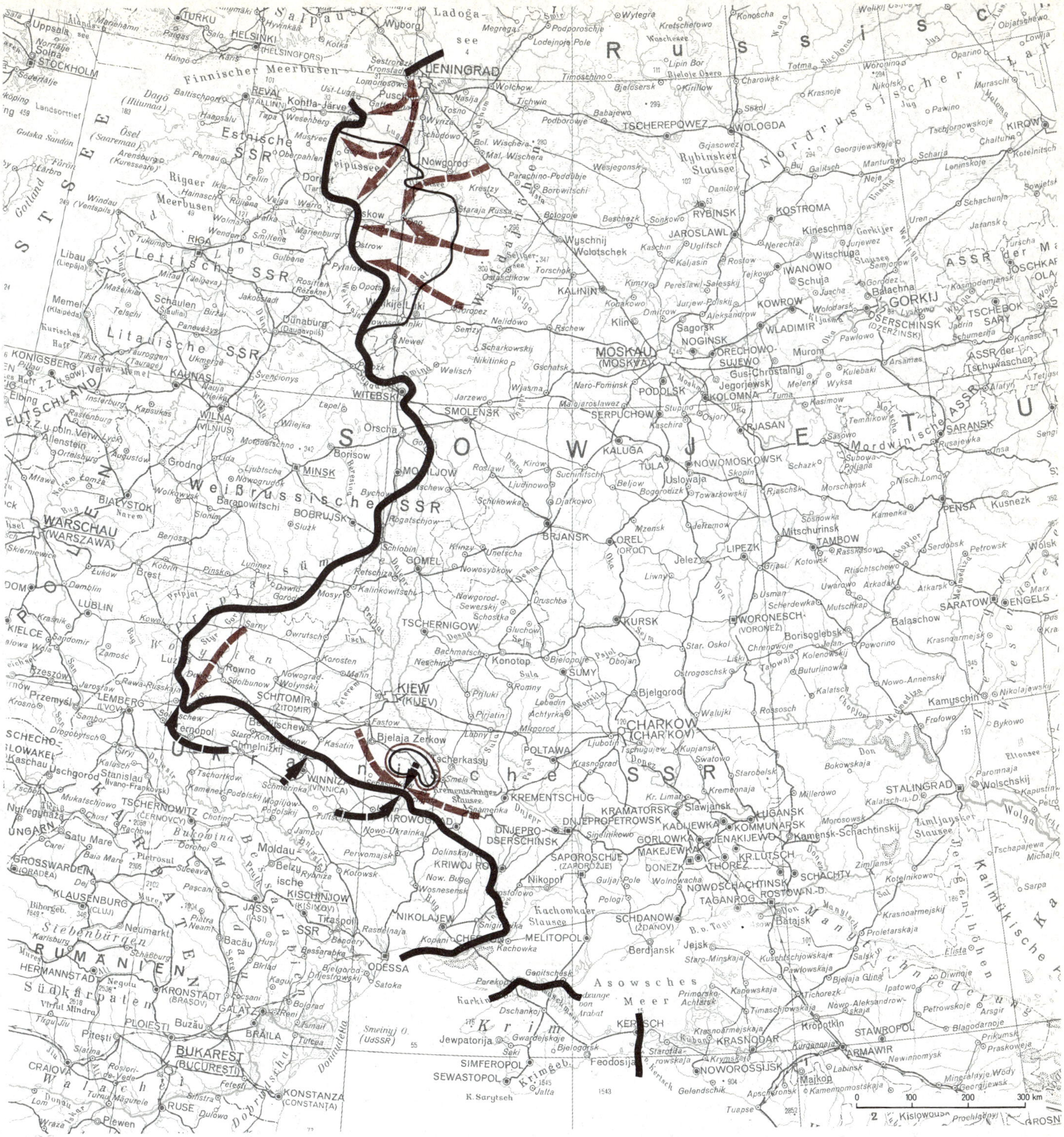

Die sowjetische Winteroffensive 1943/44 (hier ihr Verlauf bis zum 1. März 1944) riß die deutsche Front im Süden auf und drang in der Mitte bis Wolynien vor. Bei Tscherkassy wurden deutsche Kräfte eingekesselt; ein Ausbruchversuch gelang unter schweren Verlusten.

einer Verblendung, die den Bomberstrom gegen Ploesti keinen Tag aufhielt und an der türkischen Politik nicht das geringste änderte, war sie von Hitler hingeopfert worden.

Nachdem auch Odessa wieder den Besitzer gewechselt hatte, entstand die neue, in krisenreichem Ringen von je zwei deutschen und rumänischen Armeen geschlossene Front der HGr. »Südukraine« (Schörner) am unteren Dnjestr und beiderseits des mittleren Pruth. Über die Karpaten hinweg, zwischen Borsa und Jasinja, war die ungarische 1. Armee (Naday) eingeschoben worden. Ebenso wie die 4. Panzerarmee (Raus) und die sich langsam aus der Umklammerung freikämpfende 1. Panzerarmee (Hube) gehörte sie zur HGr. »Nordukraine« (Model).

Deren linkem Flügel war es gelungen, eine in Kowel eingeschlossene Division herauszuhauen und wieder Anschluß bei der HGr. Mitte (Busch) zu finden. Generalfeldmarschall Ernst Busch verteidigte mit der 2. Armee (Weiß), 9. Armee (Jordan), 4. Armee (Tippelskirch) und 3. Panzerarmee (Reinhardt) einen übermäßig ausladenden Frontbalkon, dessen Balustrade ostwärts Witebsk–Orscha–Mogilew lag, südlich des Pripjet 400 km weit nach Westen zurückbog und auf der anderen Seite, bei Polozk, nur lockere Verbindung zur HGr. Nord (Lindemann) hatte.

Die Stellungen dieses Großverbandes zogen sich von Polozk über Opotschka und Pleskau, das Westufer des Peipussees und der Narwa bis zur Küste. Unter Einbeziehung von Freiwilligenformationen aus Lettland und Estland, Belgien und den Niederlanden standen hier die 16. Armee (Hansen), 18. Armee (Loch) und eine Armee-Abteilung Narwa (Frießner). Das finnische Heer verharrte noch, ohne direkten Zusammenhang mit der Hauptfront, in seinen 1941/42 erreichten Positionen beiderseits des Ladogasees.

Seit Italien (1943) und Frankreich (1944) zu Kriegsschauplätzen geworden waren, befand sich nur noch die Hälfte der deutschen Heeresverbände im Osten, zusammen mit den Finnen (15 Divisionen und 3 Brigaden), Rumänen (22 Divisionen und 6 Brigaden), Ungarn (11 Divisionen und 3 Brigaden) und Slowaken (1 Division), eine Masse von 180 Divisionen. Doch außer der zum Schutze des Petsamo-Nickels eingesetzten 20. Gebirgsarmee (Dietl) handelte es sich um ausgelaugte Verbände ohne genügende Fliegerunterstützung.

Demgegenüber bildeten die sowjetische Hauptfront 294 Divisionen mit zahlenmäßig weit überlegener Artillerie und Panzerwaffe. Hinter ihnen entfaltete sich eine machtvoll gesteigerte Industrieproduktion. Auch die allmählich den Endziffern zustrebenden Leih-Pacht-Lieferungen aus Amerika (14798 Flugzeuge, 438637 Lkw und Traktoren, 15631 Geschütz- und Kampffahrzeuge, 6289 Kanonen und 131633 Maschinenpistolen) erhöhten das Gewicht dieser Angriffskräfte.

Für weitere Pläne des sowjetischen Oberkommandos war neben Kräfteverteilung, Frontverlauf und erreichbaren Zielen die Gesamtlage mit ihren psychologischen Rückwirkungen auf Deutschlands Waffengefährten ausschlaggebend. Den ersten Schlag führte die HGr. »Leningrader Front« (Goworow) gegen das seit längerer Zeit untätige und einem Ansturm daher nicht mehr gewachsene Finnenheer. Als Vipurii verlorenging, forderte Feldmarschall Mannerheim deutsche Hilfe.

Hitler schickte Ribbentrop nach Helsinki und verlangte, ehe er Verstärkungen zusagte, ein Bündnis auf Gedeih und Verderb. Er mußte sich mit einem Schreiben des finnischen Staatspräsidenten begnügen, das nur diesen und die von ihm eingesetzten Persönlichkeiten verpflichtete, nicht aber spätere Regierungen. Ehe die daraufhin gewährte Hilfe wirksam wurde, hatte eine zweite sowjetische Heeresgruppe losgeschlagen, Petrosawodsk erobert, die Kirowbahn und den Weißmeerkanal geöffnet.

Der nächste, von den Marschällen Georgij K. Schukow und Alexander M. Wassilewskij koordinierte Großangriff sollte die deutsche Zentralfront zum Einsturz bringen. Hitler meinte, daß hier höchstens Nebenaktionen bevorstünden, und hatte daher Busch fast alle Schnellen Truppen entzogen sowie den Stellungsbau auf verkürzten Linien am rechten Beresina-Ufer untersagt. Für den Fall einer feindlichen Offensive waren »Feste Plätze« zur Rundumverteidigung bestimmt. Die Schlacht in Weißrußland begann mit Bombenangriffen und Partisanenunternehmungen großen Stils. Sowjetische Kampfgeschwader zerstörten frontnahe Brücken und Flugplätze. Partisanen sprengten in einer Nacht die Eisenbahngleise an nicht weniger als 10500 Stellen und legten den Betrieb auf ihnen vierundzwanzig Stunden und länger lahm. Am 22. Juni 1944 durchbrachen zwei Armeen die Front bei Witebsk. Ebenso erfolgreich entwickelte sich ein zweiter Teilangriff nordostwärts Orscha.

Zu spät beantragte Busch eine Änderung des bisherigen Kampfauftrages. Erst drei Tage danach genehmigte ihm Hitler das Zurückgehen hinter den panzersicheren Dnjepr. Die oberste Führung hatte längst den Boden der Tatsachen verlassen. Ihr Entschluß war oft schon überholt, ehe neue Befehle hinausgingen, so auch die Erlaubnis zum Absetzen auf das westliche Beresina-Ufer, denn inzwischen hatten Kräfte des Gegners zwei Korps der 9. Armee (Vormann) abgeschnitten.

Großverbände der Sowjets – die HGr. »Zweite Weißrussische Front« (Tschernjakowskij) und HGr. »Erste Weißrussische Front« (Rokossowskij) – schoben sich mit

Panzerkeilen in einem doppelseitigen Umgehungsmanöver nach Minsk vor. Model, der Busch abgelöst hatte, suchte die waldfreien Lücken beiderseits dieser Stadt für die abflutenden deutschen Heerestrümmer offenzuhalten. Aber nur Teile der 9. Armee (Vormann) und 4. Armee (Tippelskirch) sowie etliche tausend Versprengte konnten sich dort der Vernichtung entziehen.

Die 2. Armee (Weiß) verlor Slusk, Baranowitschi und Pinsk, grub sich hastig hinter dem oberen Njemen ein, mußte aber auch weichen. Reste der fast aufgeriebenen 3. Panzerarmee (Reinhardt) gingen bei Švenčionys über die litauische Grenze zurück. Zwischen ihnen und dem abgebogenen Flügel der 16. Armee (Hansen) stießen starke feindliche Panzerverbände durch, ohne sich um Polozk zu kümmern, das als »Fester Platz« verteidigt werden sollte.

Stellenweise wurde der sowjetische Vormarsch durch den Nalibocki-Wald kanalisiert und daher verlangsamt. Doch schon am 7. Juli war Wilna eingeschlossen, entwickelten sich neue Angriffskeile in Richtung auf Schaulen, Kaunas, Bialystock und Brest-Litowsk. Am 13. Juli begann, wie nach dem Fortgang früherer Offensiven nicht anders zu erwarten, die Ausweitung des Großangriffs zwischen Düna und Peipussee, Pripjet und Dnjestr.

Ein großer Teil der anrollenden Reserven mußte dorthin abgezweigt werden. Indessen stellte Model fest, daß selbst bei Zuführung der ihm versprochenen Kräfte immer noch 160 sowjetische Divisionen gegen 16 entsprechende Verbände seiner Heeresgruppe anrennen würden. Die Stabilisierung der geborstenen Front war daher ausgeschlossen. Ihr Zusammenhang konnte allenfalls noch einmal behelfsmäßig hergestellt werden.

Vier Wochen nach Beginn des Großangriffs meldete der russische Rundfunk als Ergebnis 158480 deutsche Gefangene, darunter 22 Generale. Diese Zahlen dürften der Wahrheit nahegekommen sein, waren doch von insgesamt 40 Divisionen der HGr. Mitte (Model) 28 aufgerieben und seit dem 22. Juni 1944 etwa 350000 Mann ausgefallen. Die deutschen Verlustziffern lagen doppelt so hoch wie bei Stalingrad.

Nachdem die Westalliierten am 6. Juni 1944 in der Normandie Fuß gefaßt hatten und keine Aussicht bestand, sie zurückzuwerfen, andererseits sowjetische Verbände sich bereits den Reichsgrenzen näherten, mußten die Auswirkungen jetzt weitaus stärker sein als zur Zeit der Kata-

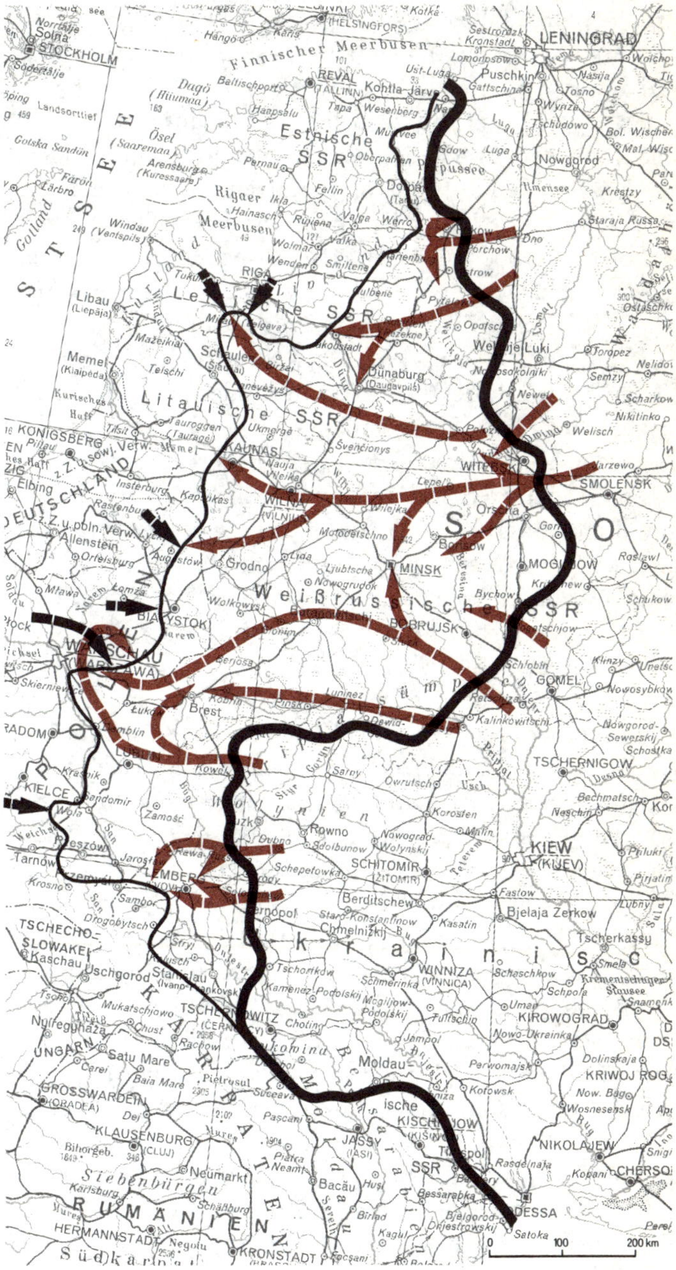

Die sowjetische Sommeroffensive vom 23. Juni bis zum 7. August 1944 führte zum völligen Zusammenbruch der deutschen Heeresgruppe Mitte. Die Front mußte bis vor Warschau und bis ins Baltikum zurückgenommen werden.

strophe von Stalingrad. Ihre unmittelbare Folge waren das Attentat gegen Hitler am 20. Juli 1944, Aufstände und Seitenwechsel.

Hitler hatte Zeitzler nach dem 20. Juli durch Guderian ablösen lassen. Auch der neue Generalstabschef konnte nur kräftesparende Frontverkürzungen empfehlen. Möglichkeiten dazu bestanden noch bei der HGr. Nord (Schörner). Doch bald ging Pleskau verloren, sah sich die 16. Armee (Laux) bis Dünaburg zurückgeworfen, strömten sowjetische Panzer nach Lettland hinein, wo sie Tukkum erreichten und die Heeresgruppe abschnitten.

Vorrangige Ziele des Gegners waren indessen Ostpreußen, die Narew-Weichsel-Niederung und der Beskidenkamm. Allein die HGr. »Erste Ukrainische Front« (Konjew) verfügte dementsprechend über vier schnelle Verbände. Ihr gewaltiger Rammstoß, der auf Lemberg zielte, hatte sich in einer minenverseuchten Kampfzone festgerannt, dann jedoch Keile zwischen 1. Panzerarmee (Raus) und 4. Panzerarmee (Nehring) getrieben und schließlich die galizische Hauptstadt zu Fall gebracht.

Auch diesmal waren deutsche Infanterieverbände eingeschlossen worden und zum Teil wieder ausgebrochen. Ein Korps des Generals Erich Raus wurde nach Süden abgedrängt und hielt zusammen mit Ungarn und Slowaken vor den Beskidenpässen. Die 4. Panzerarmee (Balck) mußte über die Weichsel zurück. Rechts von ihr suchten Kräfte der neu aufgestellten 17. Armee (Schulz) die Lücke zu schließen. Zur Linken kämpften bei Warschau die notdürftig verstärkten Reste der 9. Armee (Vormann).

Polen war nicht nur wieder Schlachtfeld geworden, sondern nach wie vor ein verworrenes Problem der Politik. Seine Exilregierung hatte den Anspruch auf Unabhängigkeit des Landes und die Grenzen von 1939 niemals preisgegeben. Darum gab es für sie zwei Gegner: Deutschland und die UdSSR. Beide Mächte zu besiegen schien unmöglich. Dennoch verfolgte der Ministerpräsident dieses Ziel, als er den geheimen Regierungsbeauftragten in Warschau zur Erhebung drängte. Dieser Aufstand war Sache der 350000 Mann starken »Armia Krajowa« (AK), einer bewaffneten Untergrundorganisation. Er sollte nach Maßgabe des sowjetischen Vordringens abschnittsweise beginnen, erst zwischen Lemberg und Wilna, dann um Bialystok und Lublin, zuletzt in Warschau. Der Sinn dieses Unternehmens »Burza« war, vollendete Tatsachen zu schaffen, ehe die Russen kamen.

Am 1. August 1944 erhoben sich die Warschauer AK-Einheiten unter General Tadeuz Komorowski-Bor. Sie trafen auf einen rechtzeitig alarmierten, gut vorbereiteten Gegner, der seine schwachen Punkte kannte und gesichert hatte. Die Aufständischen metzelten zahlreiche Gefangene nieder, überwiegend Parteifunktionäre, Polizisten und Ostsöldner. Außer dem »Prudential«-Hochhaus und einem Elektrizitätswerk eroberten sie jedoch kein wichtiges Objekt.

Auch sonst wurde die Londoner Exilregierung bitter enttäuscht. Stalin wollte die AK nicht anerkennen; er ließ schon seit Wochen alle östlich der Weichsel festgenommenen AK-Führer erschießen und verwehrte britischen Flugzeugen, die über Warschau Versorgungsbomben abwarfen, jede Zwischenlandung hinter den sowjetischen Linien. Offenkundig wünschte der Diktator, daß die aus seiner Sicht »bourgeoise« Elite des polnischen Volkes im Kampf gegen die Deutschen zugrunde ging.

Den Schwerpunkt der Operationen hatte er inzwischen zur rumänischen Grenze verlagert, wo Marschall Semjon K. Timoschenko die Heeresgruppen »Zweite Ukrainische Front« (Malinowskij) und »Dritte Ukrainische Front (Tolbuchin) zusammenfaßte. Demgegenüber war der 645 km breite Abschnitt des Generalobersten Hans Frießner unverändert. Die rumänische 3. Armee (Constantinescu), 6. Armee (Fretter-Pico), 8. Armee (Wöhler) und rumänische 4. Armee (Avramescu), verteidigten ihn.

Doch diese verbündeten Kräfte waren geschwächt. Die rumänische Regierung hatte bereits Friedensfühler ausgestreckt. Hitler gab sich währenddessen Illusionen über den am 2. August erfolgten Abbruch der deutsch-türkischen Beziehungen hin. Er hielt ihn für die Vorstufe zu einem Ost-West-Konflikt und spürte nicht, wie sehr dadurch alle oppositionell eingestellten Rumänen Auftrieb erhielten, die jetzt mit der Nähe britischer Machteinflüsse rechneten.

Der Abfall vom deutschen Bundesgenossen wurde seit Monaten von General Mihai Racovitza vorbereitet. Er hat wohl auch in der Nacht zum 22. August 1944 für die

Vom 8. August bis Mitte September 1944 durchbrachen die 2. und 3. Ukrainische Front den Karpatenwall und besetzten unter Einschließung starker deutscher Teilkräfte fast ganz Rumänien und drangen nach Bulgarien ein.

Gävle
Turku
Helsinki
Kotka
Wyborg
Leningrad
Wolchow
Bjelosersk
Tscherepo
Rybinsker Stausee
Hagfors
Dalälven
Uppsala
Moss
Karlstad
Västerås
Åland
Finnischer Meerbusen
Puschkin
Tichwin
Vänern
Örebro
Stockholm
Reval (Tallinn)
Narva
Norrköping
Estnische SSR
Peipus-see
Nowgorod
Vättern
Linköping
Dagö
Dorpat
Ilmen-see
Borås
Göteborg
Jönköping
Ösel
Rigaer Meerb.
Pskow
Staraja Russa
Uglitsch
Visby
Gotland
Windau
Wolga
Wyschnij Wolotschek
Kalinin
Halmstad
Cēsis
Torschok
Kalmar
Öland
Riga
Hälsingborg
Karlskrona
Lettische SSR
Welikije Luki
Libau
Rositten
Newel
Rschew
Moskau (Moskwa)
Malmö
Schaulen
Dünaburg
Memel
Litauische SSR
Düna
Polozk
Witebsk
Wjasma
Serpuchow
Bornholm (Dän.)
Memel
Kaunas
Rügen
Rostock
Gdingen
Tilsit
Orscha
Dnjepr
Smolensk
Kaluga
Stolp
Königsberg
Wilna (Vilnius)
Molodetschno
Borisow
Kolberg
Danzig
Mogiljow
Neman
Minsk
Stettin
Allenstein
Grodno
Brjansk
Bromberg
Berlin
Landsberg
Weißrussische SSR
Bialystok
Bobrujsk
Schlobin
Posen
Baranowitschi
Weichsel
Warschau (Warszawa)
Gomel
Frankfurt (O.)
Polen
Brest
Pinsk
Mosyr
Kalisch
Dresden
Lodsch
Radom
Pripjat
Tschernigow
Görlitz
Lublin
Desna
Konotop
Sumy
Oder
Kowel
Korosten
Aussig
Reichenberg
Breslau
Tschenstochau
Bug
Psjol
Charkow
Beuthen
Rowno
Luzk
San
Schitomir
Kiew (Kijew)
Prag (Praha)
Gleiwitz
Kattowitz
Dnjepr
Pilsen
Krakau
Lemberg
Berditschew
Poltawa
Olmütz
Ostrau
Neu Sandez
Tarnopol
Tscherkassy
Przemysl
Galizien
Brünn
Chmelnizkij
Krementschug
Tschechoslowakei
Karpaten
Drohobytsch
Winniza
Stanislau
Krems
Kaschau
Ukrainische
Linz
Kirowograd
Dnjepropetrowsk
Pressburg
Wien
Tschernowitz
Dnjestr
Bug
Kriwoj Rog
Miskolc
Moldau
Graz
Satu Mare
Budapest
Debrecen
Sereth
Moldauische SSR
Nikolajew
Kachowka
Klagenfurt
Ungarn
Großwardein
Kischinjow
Marburg
Jassy
Cherson
Fünfkirchen
Kecskemét
Theiß
Klausenburg
Szeged
Odessa
Neumarkt
Agram
Arad
Siebenbürgen
Rumänien
Kagul
Dschankoj
Krim
Subotica
Drau
Save
Rijeka
Neusatz
Hermannstadt
Galatz
Ismail
Temeschburg
Jewpatorija
Jugoslawien
Südkarpaten
Braila
Simferopol
Banja Luka
Tuzla
Ploiești
Sewastopol
Belgrad (Beograd)
Turnu Severin
Walachei
Bukarest (București)
Zadar
Sarajevo
Morava
Craiova
Konstanza
Split
Kragujevac
Ruse
Schwarz
Mostar
Drina
Donau
Plewen
Nisch
Balkan
Warna
Dubrovnik
Peć
Bulgarien
Titograd
Priština
Sofia (Sofija)
Sliwen
Burgas
0
100
200
300 km

Gävle
Dalälven
Hagfors
Uppsala
Västerås
Karlstad
Moss
Orebro
Vänern
STOCKHOLM
Norrköping
Vättern
Linköping
Borås
GÖTEBORG
Jönköping
Visby
Gotland
Kalmar
Öland
Karlskrona
Halmstad
Hälsingborg
MALMÖ
Bornholm
(Dän.)
Rügen
ROSTOCK
TURKU
HELSINKI
Kotka
Wyborg
LENINGRAD
Wolchow
Bjelosersk
Puschkin
Tichwin
TSCHEREPO
Rybinsker
Stausee
Åland
Finnischer Meerbusen
REVAL
(TALLINN)
Narva
Dagö
Estnische
SSR
Ösel
Peipus-
see
Dorpat
Nowgorod
Ilmen-
see
RYBI
Rigaer
Meerb.
Windau
Walga
Pskow
Staraja Russa
Wuschnij Wolotschek
Uglits
Cēsis
Torschok
KALININ
Wolga
RIGA
Lettische SSR
Libau
Rositten
Welikije Luki
Newel
Rschew
MOSKAU
Dünaburg
Schaulen
Memel
Litauische SSR
Düna
Polozk
WITEBSK
Wjasma
SERPUCHO
KALUGA
KAUNAS
Tilsit
GDINGEN
Stolp
KÖNIGSBERG
DANZIG
Kolberg
WILNA
(VILNIUS)
Molodetschno
Borisow
Orscha
Dnjepr
SMOLENSK
MOGILJOW
Allenstein
Grodno
Neman
MINSK
STETTIN
BROMBERG
BRJANSK
BERLIN
Lands-
berg
Weißrussische
SSR
BIALYSTOK
Baranowitschi
BOBRUJSK
Schlobin
POSEN
Weichsel
WARSCHAU
(WARSZAWA)
GOMEL
Frankfurt (O.)
POLEN
Brest
Pinsk
Mosyr
Pripjat
UNIO
Kalisch
LODSCH
RADOM
TSCHERNIGOW
DRESDEN
Görlitz
LUBLIN
Kowel
Korosten
Konotop
SUMY
Oder
BRESLAU
Reichenberg
Aussig
STOCHAU
Bug
San
Luzk
Rowno
SCHITOMIR
KIEW
(KIJEW)
Desna
Psjol
CHARK
PRAG
(PRAHA)
BEUTHEN
GLEIWITZ
KATTOWITZ
KRAKAU
LEMBERG
Berditschew
PILSEN
TSCHECHOSLOWAKEI
Olmütz
OSTRAU
Neu Sandez
Przemyśl
Tarnopol
Chmelnizkij
WINNIZA
Tscherkassy
KREMENTSCH
BRÜNN
Drogobytsch
Stanislau
Ukrainische
Krems
LINZ
Karpaten
Kaschau
KIROWOGRAD
DNJEPROPE
PRESSBURG
TSCHERNOWITZ
Dnjestr
WIEN
MISKOLC
Moldau-
ische
SSR
KRIWOJ ROG
GRAZ
BUDAPEST
DEBRECEN
Satu Mare
Sereth
Pruth
NIKOLAJEW
Kachowk
Klagenfurt
UNGARN
GROSSWARDEIN
KISCHINJOW
Marburg
Kecskemét
Theiß
KLAUSENBURG
Mureş
JASSY
CHERSON
FÜNF-
KIRCHEN
SZEGED
Neumarkt
AGRAM
ARAD
Siebenbürgen
ODESSA
Drau
Sobotica
RUMÄNIEN
Kagul
Dschankoj
RIJEKA
NEUSATZ
TEMESCHBURG
HERMANNSTADT
GALATZ
Ismail
Krim
JUGOSLAWIEN
Südkarpaten
BRĂILA
Jewpatorija
SIMFEROPOL
Banja Luka
Tuzla
PLOIEŞTI
SEWASTOPOL
BELGRAD
(BEOGRAD)
Turnu
Severin
BUKAREST
(BUCUREŞTI)
Zadar
SARAJEVO
Morava
Walachei
CRAIOVA
KONSTANZA
SPLIT
Kragujevac
RUSE
Mostar
Drina
Donau
Plewen
Schwarz
WARNA
Nisch
Balkan
Dubrovnik
BULGARIEN
Peč
Titograd
Priština
SOFIA
Sliwen
Burgas
0
100
200
300 km

Öffnung rumänischer Frontabschnitte gesorgt. Unter Ausnützung solcher Lücken eröffnete Timoschenko seine große Offensive. Rasch wurde westlich des Pruth ein deutsches Korps, ostwärts der Stromlinie die 6. Armee (Fretter-Pico) mit ihren Trossen eingekesselt.

Marschall Antonescu hielt nun einen Waffenstillstand für unumgänglich. Um diesen Schritt des Regierungschefs, der die Monarchie und alle Gruppen der Opposition ausgeschaltet hätte, zu vermeiden, legte König Mihai I. das Datum des von ihm geplanten Staatsstreiches auf den 23. August. Seine letzte Unterredung mit Antonescu war sehr heftig. Kurz nach Eröffnung des Gespräches ließ er den Marschall durch die Schloßwache verhaften.

Später befahl der Monarch seinen Soldaten, den Kampf einzustellen; das Land habe die alliierten Waffenstillstandsbedingungen angenommen. Dem deutschen Gesandten erklärte König Mihai, wie sehr er »als Hohenzoller die Entwicklung der Dinge« bedauere; die deutschen Truppen mögen Rumänien verlassen und so der bisherigen Verbundenheit beider Heere »das Schwerste ersparen«. Auch der neue Außenminister sicherte eine unbehinderte Räumung zu.

Als Hitler gleichwohl dem Kommandierenden General der Luftwaffe befahl, Bukarest zu nehmen, entwickelten sich Kämpfe mit Rumänen, denen die eingesetzten Flaktrupps nicht gewachsen waren, obwohl auch Stukas herangezogen wurden. Vergebens rang Frießner um die Freiheit des Handelns. Er blieb an Weisungen des OKH gebunden. Schließlich konnte er nur noch kurze Zeit den Paß von Buzau für abgesplitterte deutsche Verbände offenhalten.

Lediglich Reste seiner Heeresgruppe gelangten über die Karpaten nach Siebenbürgen. Eine Donaufahrt zahlreicher Kleinkampfschiffe, Schlepper, Transportfahrzeuge und Leichter mit mehr als 5000 Soldaten und Zivilflüchtlingen endete am Eisernen Tor, das sowjetische Panzerspitzen bereits erreicht hatten. Viele Deutsche und Ostlegionäre, die sich weiter durchschlagen wollten, wurden von Tito-Partisanen getötet.

Die Niederlage in Rumänien bedeutete für Hitler den Verlust der Erdölfelder um Ploesti. Die UdSSR hatte den größten Sieg ihrer Geschichte erfochten, bemerkenswert nicht allein wegen der exakten Durchführung des Feldzuges, sondern mehr noch, weil mit ihm vorgezeichnete imperialistische Bahnen beschritten und eine revolutionäre Aktivität größten Ausmaßes verbunden wurden. Der rumänische Umsturz enthielt alle Elemente einer Machtergreifung durch sowjetische Agenten. Entsprechend sollte es der Slowakei, Bulgarien und Ungarn ergehen.

Schon entfesselte Oberst Leonid P. Asmolow, ein mit dem Fallschirm abgesprungener Emissär des Kreml, in Banská Bystrica einen slowakischen Aufstand, dem sich General Ferdinand Čatloš und reguläre Truppenteile des Landes anschlossen. Da die Preßburger Regierung die Revolte nicht niederschlagen konnte, mußten Wehrmachtsverbände eingreifen. Die Kämpfe dauerten Monate und endeten erst, nachdem 4123 Slowaken umgekommen waren.

Bulgarien stand seit dem plötzlichen Tod des Zaren Boris III. (1943) am Rande des Abgrundes. Vergebens hatte der für den unmündigen Thronfolger eingesetzte Regentschaftsrat mit Großbritannien und Amerika verhandelt. Vergebens suchte der neue Ministerpräsident durch überstürzte Kriegserklärung an Deutschland den Wechsel ins alliierte Lager zu vollziehen. Truppen des Marschalls Fedor I. Tolbuchin besetzten das Land. Ein Partisanenputsch unter dem Schutz ihrer Bajonette beseitigte die rechtmäßige Regierung.

Das bulgarische Drama zwang die auf griechischem Boden stehende HGr. E (Löhr) zum abenteuerlichen Rückzug durch Mazedonien, Albanien, Montenegro und Südserbien. Die Inselbesatzungen von Kreta, Rhodos, Leros, Kos und Piskopi konnten nur teilweise evakuiert werden. Das Gros erreichte später nach schweren Gefechten mit Partisanen, Bulgaren und den bis Jugoslawien vorschwenkenden Sowjets die Neretva, Mostar und Sarajewo.

Auch im hohen Norden mußten deutsche Truppen ihre Stellungen räumen. Finnlands bisheriger Präsident war zurückgetreten, so daß der Ribbentrop-Pakt hinfällig wurde und Mannerheim als neues Staatsoberhaupt freie Hand bekam. Mit einem an Hitler gerichteten Brief erläuterte er die Notwendigkeit seines Abschwenkens. Der am 19. September 1944 geschlossene Waffenstillstand verwies Finnland hinter die Grenzen von 1940, nahm ihm Porkkala und Petsamo und gebot die Vertreibung der 20. Gebirgsarmee (Rendulic) aus Lappland.

Bis Mitte Dezember 1944 hatten die Ausläufer der sowjetischen Sommeroffensive im Norden das Baltikum gewonnen, die deutsche Front im Raum Schaulen-Tukkum geteilt, im Süden bis Budapest und Belgrad aufgeschlossen.

Um Suursaari flammten heftige Kämpfe zwischen den alten Waffengefährten auf. Gleichzeitig lösten sich alle deutschen Kräfte aus dem Abschnitt von Narwa und strömten durch Nordestland nach Süden. Ein Geleit mit 23 262 Flüchtlingen verließ Reval. Auch Moon, Dagö und Ösel gingen verloren. Nur Sworbe, den waldreichen Südzipfel der Insel Ösel, hielten deutsche Truppen noch längere Zeit dank des Einsatzes einer Gruppe Schwerer Kreuzer.

Als letzter Bundesgenosse machte Ungarn den Versuch, sich von Deutschland zu trennen, war es doch nach dem Zusammenbruch der nun wieder in »Süd« umbenannten HGr. »Südukraine« (Frießner) nicht gelungen, zwischen Nordkarpaten und Eisernem Tor eine neue Front aufzubauen. Zwar behaupteten noch Reste der 8. Armee (Wöhler) und die ungarische 1. Armee (Miklós-Dálnoki) alle wichtigen Beskidenpässe. Aber weiter südlich mußten die ungarische 2. Armee (Veres) und Verbände des AOK 6 (Fretter-Pico) Siebenbürgen räumen.

Während Rumänien an Ungarn den Krieg erklärte, drangen starke Kräfte der HGr. »Zweite Ukrainische Front« (Malinowskij) und die rumänische 1. Armee (Anatasiu) über den Rote-Turm-Paß und das Marostal in die Donau-Theiß-Ebene ein. Ihr rechter Flügel wurde Ende September durch kühne Gegenangriffe deutscher Panzer bei Großwardein zurückgeworfen. Bald jedoch meisterten die Sowjets diese Krise und erreichten das Ostufer der Theiß, wo sie sich für den Stoß auf Budapest bereitstellten.

Der ungarische Reichsverweser Miklós Horthy schickte General Gábor Faraghó zu Waffenstillstandsverhandlungen nach Moskau und beauftragte Feldmarschalleutnant Szilárd Bakay mit einem Handstreich gegen alle deutschen Dienststellen der Hauptstadt. Indes wurde eine zweite Verschwörung ruchbar. Hitler entsandte daher SS-Obergruppenführer Erich von dem Bach-Zelewski, der am 2. Oktober die Warschauer Aufständischen zur Übergabe gezwungen hatte, und ließ Bakay verhaften.

Als Horthy den Abschluß des Waffenstillstandes durch eine Rundfunkproklamation in Aussicht stellte, wurde auch er von SS-Sturmbannführer Otto Skorzeny festgenommen. Die Übergabe der Staatsgewalt an den von deutscher Seite vorgeschobenen Major Ferenc Szálasi vollzog sich äußerlich legal. Der Reichsverweser widerrief seine letzte Verlautbarung und forderte das ungarische Heer zur Fortsetzung des Kampfes gegen die Sowjetunion auf.

In jenen Tagen griff der Rußlandkrieg zum ersten Male auf deutsches Reichsgebiet über. Unbehindert durch das eingeschlossene Memel und den zwischen Libau und Tukkum entstandenen Kurlandbrückenkopf der HGr. Nord (Schörner), schoben sich die Panzerspitzen des Generalobersten Iwan D. Tschernjakowskij in Richtung Königsberg bis Gumbinnen, Nemmersdorf und Goldap vor. Sie wurden von der 4. Armee (Hoßbach) zerschlagen.

Dabei sah man, was an Schreckensbildern bereits aus den Randstaaten und Ostpolen, Rumänien, Siebenbürgen und Ungarn nach dem Westen gedrungen und von geflohenen jugoslawischen Kommunisten bestätigt worden war, nun aber weiten Gebieten Deutschlands bevorstand: geplünderte Wohnstätten, geschändete Frauen und Mädchen, niedergemetzelte Flüchtlingsscharen, erschlagene französische Kriegsgefangene und polnische Knechte.

Der den Sowjets widerfahrene Rückschlag entspannte die Lage. Sie mußten ihre Kräfte zwischen der Ostsee und den Karpaten umgruppieren und eine Pause zur Auffrischung einlegen. Für das deutsche Ostheer bedeutete dies wenig. Zum Untergang verurteilt, stand es mit der Masse seiner abgekämpften Verbände weit hinter den Ausgangsstellungen des vor dreieinhalb Jahren entfesselten Angriffs auf die Sowjetunion. Der Rußlandkrieg war zu Ende. Es folgte der Zusammenbruch des Reiches.

»Schicksalskampf im Osten«

Die scheinheilige Allianz

Das deutsch-sowjetische Zweckbündnis vom August 1939 hatte für Deutschland die Gefahr eines Zweifrontenkrieges gebannt und Hitler die Auseinandersetzung mit Polen und den Westmächten erleichtert, ein vorangegangenes Kreditabkommen der deutschen Kriegswirtschaft die notwendigen Rohstoffe zugeführt und die geregelte Nahrungsmittelversorgung von Truppe und Bevölkerung gewährleistet. Im Gegengeschäft gingen deutsche Industrie- und Rüstungsgüter in die Sowjetunion. Unter anderem wurde auch der erst halbfertige Schwere Kreuzer »Lützow« an die Sowjetunion verkauft und im Dezember 1939 nach Leningrad geschleppt.

Trotzdem war es allen Einsichtigen bereits damals klar, daß der Hitler-Stalin-Pakt von beiden Seiten nur auf Zeitgewinn angelegt war. Zwei in ihrer Substanz unvereinbare Weltanschauungen, widersprechende Lebensinteressen und der Ausdehnungsdrang des deutschen und des sowjetischen Imperiums stellten sich einer dauerhaften Partnerschaft hindernd in den Weg. Vor allem im Balkanraum prallten die Gegensätze aufeinander. Im Oktober 1940 entsandte Hitler eine Militärmission mit Lehrtruppen nach Rumänien und war damit in diesem kriegswirtschaftlich wichtigen Raum auch militärisch präsent. Das in der Folge weiter zunehmende Mißtrauen zwischen Stalin und Hitler konnte auch der Besuch des sowjetischen Außenministers Molotow im November 1940 in Berlin nicht zerstreuen. Der taktische Vertrag zwischen den beiden ideologisch grundverschiedenen Diktaturen konnte nicht mehr von langer Dauer sein. Hitler beschloß endgültig, den scheinheiligen Pakt zu brechen und die Sowjetunion zu überfallen. Am 18. Dezember 1940 erließ er die Weisung Nr. 21 »Barbarossa«.

▲ Gemeinsame Parade deutscher und sowjetischer Truppen in Brest-Litowsk, 1939

▲ Der Schwere Kreuzer »Lützow« wird nach Leningrad geschleppt

▲ Die japanische Delegation unterzeichnet den Beitritt zum Dreimächtepakt

Panzereinheiten der deutschen Lehrtruppen auf der Fahrt durch Siebenbürgen ►

Mit dem Decknamen »Barbarossa« wollte Hitler die Erinnerung an die Kreuzzüge wachrufen. Das Ziel des Feldzuges sollte die Vernichtung des Bolschewismus und die Kontrolle und Nutzbarmachung des russischen Raumes bis zur Linie Astrachan–Archangelsk sein. Hitler rechnete mit einem Blitzkrieg und veranschlagte 21 bis 22 Wochen. OKH und OKW meinten sogar, den sowjetischen Gegner in noch kürzerer Zeit niederwerfen zu können. Die kühnste Berechnung lag bei 9 Wochen. Damit wurden die Kraft der Sowjetarmee und die Schwierigkeiten des zu überwindenden Raumes weit unterschätzt. Einschließlich rumänischer und finnischer Verbände war für den Angriff eine Armee von etwa 3 Millionen Mann bereitgestellt, die über 3000 Panzer und fast 2000 Flugzeuge verfügte. Stalin, der über die deutschen Pläne wohl informiert war, hatte etwa 4,7 Millionen Mann zusammengezogen. Am 22. Juni 1941 begann der deutsche Angriff.

▲ Deutsche Truppenbereitstellung in Ostpreußen

▲ Ribbentrop gibt im Reichstag den Beginn des Rußlandkrieges bekannt

»Von Finnland bis zum Schwarzen Meer...«

Hitler mit v. Brauchitsch und Keitel vor der Lagekarte, Paulus zweiter von links ▶

◄ Feuerschlag schwerer Artillerie

▼ Eine 3,7-cm-Panzerabwehrkanone beim Feuern

▲ Ein deutscher Panzerangriff entfaltet sich

Der Angriff rollt

Das Rezept des Blitzkrieges sah operative Vorstöße schneller Panzerverbände vor, die den Gegner möglichst grenznah umfassen und ausschalten sollten. Alle Kalkulationen waren auf Tempo und Überraschung aufgebaut. Um 3.15 Uhr morgens begann – zeitlich gestaffelt – der deutsche Angriff zuerst bei der HGr. Mitte und am südlichen Flügel der HGr. Nord. Die taktische Überraschung gelang fast überall. Vorstöße aus Rumänien und Finnland schlossen sich an. Am Abend des ersten Angriffstages waren die 4. sowjetische Armee bei Brest-Litowsk zerschlagen und der wichtige Übergang über die Dubissa gesichert. Die deutschen Truppen waren teilweise bis 60 km tief in den sowjetischen Raum vorgedrungen.

An der Ostfront setzt die Luftwaffe anfangs sogar noch Doppeldecker ein

Geschwaderkommodore vor dem Start ▼

Kampf um die Luftherrschaft

Sturzkampfbomber haben einen sowjetischen Nachschubzug zerstört

Schon die vorangegangenen Feldzüge in Polen, im Westen und im Südosten hatten deutlich gezeigt, daß großräumige Landoperationen nur möglich waren, wenn die Luftwaffe des Gegners ausgeschaltet war und die eigenen Luftstreitkräfte die Bewegungen des Heeres durch einen dichten Luftschirm decken konnten.

Zu Beginn des Unternehmens Barbarossa hatte die deutsche Luftwaffe im Osten nur 1945 Flugzeuge aufgeboten, darunter 290 Stukas, 510 Bomber, 40 Zerstörer, 440 Jäger und 120 Fernaufklärer. Von dieser Streitmacht waren am ersten Angriffstag allerdings nur etwa zwei Drittel einsatzbereit. Je eine Luftflotte war den Heeresgruppen zugeteilt, und zwar die Luftflotte 4 (Löhr) der HGr. Süd, die Luftflotte 2 (Kesselring) der HGr. Mitte und die Luftflotte 1 (Keller) der HGr. Nord. Die Zahl der sowjetischen Flugzeuge wurde vom deutschen OKL mit 6000 Flugzeugen erheblich unterschätzt. Aller Wahrscheinlichkeit nach stand den Sowjets das Zwei- bis Dreifache zur Verfügung. Die Verbände waren jedoch weit über das Riesenreich auseinandergezogen, die frontnahen wurden taktisch schlecht eingesetzt, die meisten Typen mußten im Vergleich mit den deutschen als veraltet betrachtet werden oder waren noch nicht frontreif. Trotzdem waren die deutschen Kräfte gering und reichten nicht aus, jeden sowjetischen Flugplatz wirksam mit Bomben zu belegen. Deshalb drang schon einige Zeit vor dem Angriffstermin eine erste Welle mit ausgesuchten Besatzungen in großer Höhe unbemerkt tief in sowjetisches Gebiet ein und ließ pünktlich um 3.15 Uhr einen Regen von Splitterbomben auf die wichtigsten sowjetischen Flugbasen im Hinterland niedergehen. Fast 1500 Maschinen wurden am Boden zerstört, weitere beim oder unmittelbar nach dem Start erfaßt und abgeschossen. Die Luftwaffe hatte wenigstens vorläufig die Luftherrschaft errungen. Ihre Verluste betrugen allerdings 322 Maschinen, die von roten Fliegern in Luftkämpfen vernichtet wurden.

Rumänien: Antonescu

Slowakei: Dr. Tiso

Finnland: Mannerheim

Die Verbündeten der Achse

Für den Waffengang mit der Sowjetunion konnte Hitler auf zahlreiche »natürliche« Bundesgenossen zählen. Die Finnen entsannen sich des sowjetischen Überfalls vom Winter 1939 und betrachteten das Unternehmen Barbarossa nun als einen »Fortsetzungskrieg«. Das schloß freilich ein, daß Finnland die Bindung an Deutschland lockern würde, wenn die eigenen Kriegsziele erst einmal erreicht und die an die Sowjetunion abgetretenen Gebiete wiedergewonnen waren.

Rumänien unter Marschall Ion Antonescu hatte an die Sowjetunion Bessarabien und die Bukowina abtreten müssen und pochte auf seine alten Rechte. Für den Angriff trat die »Armeegruppe Antonescu«, die von dem Marschall selbst befehligt wurde, mit der 3. rum. Armee (Dumitrescu) und der 4. rum. Armee (Ganea) zur deutschen Heeresgruppe Süd. Ab 24. Juni befand sich das Land auch förmlich im Kriegszustand mit der Sowjetunion, die Truppen Antonescus eroberten Brückenköpfe jenseits des Pruth.

Einen Tag vorher hatte auch Mussolini den Krieg erklärt, und er entsandte eine motorisierte, zwei Infanterie- und eine Kavalleriedivision, die zum »Italienischen Expeditionskorps in Rußland« zusammengefaßt waren, auf den Kriegsschauplatz. Schließlich trat am 27. Juni auch Ungarn auf Betreiben des Reichsverwesers Horthy der Kriegskoalition bei und schickte ein »Schnelles Korps« (Szombathelyi).

Der kleinste Bündnispartner war die nach dem Zerfall des tschechoslowakischen Staates selbständig gewordene Slowakei. Das kleine Land beteiligte sich an dem Feldzug mit seiner »Schnellen Division« (Catlos), der nach einiger Zeit zwei Sicherungsdivisionen folgten.

Das Verhältnis zwischen den deutschen und verbündeten Truppen war nicht immer ohne Belastungen. Häufig mutete Hitler den großenteils schlecht ausgerüsteten und oft nur mit halbem Herzen kämpfenden Verbündeten zuviel zu und bezog sie als unsichere Werte in seine Überlegungen ein.

▲ Finnischer Stoßtrupp geht in Karelien vor

▼ Stellungswechsel slowakischer Artillerie

▲ Verabschiedung flämischer SS-Freiwilliger in Antwerpen

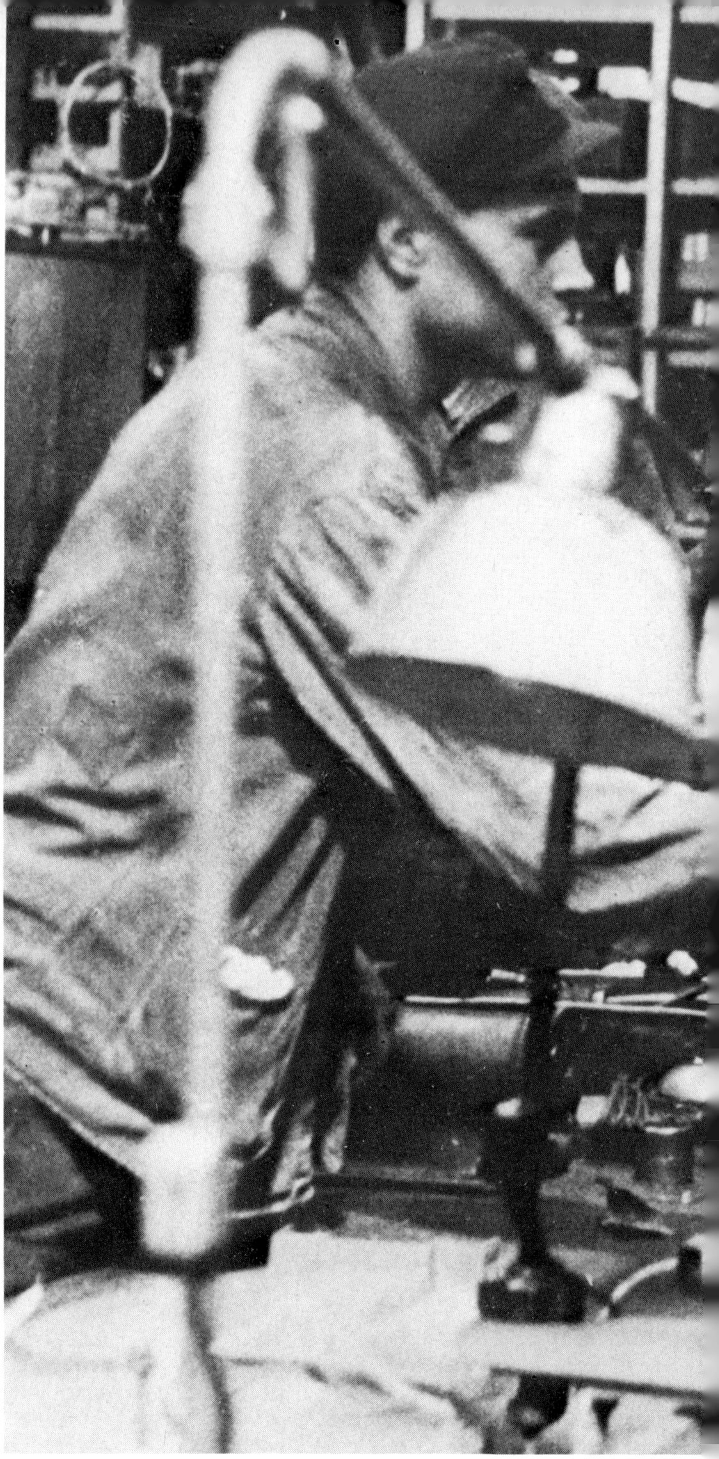

Der »Kreuzzug« gegen den Bolschewismus

◄ Spanier der »Blauen Division« werden ausgezeichnet

▲ Degrelle besucht in Berlin wallonische Rüstungsarbeiter

Auch Spanien schickte für den »Kreuzzug« gegen den Bolschewismus 15000 Soldaten, die »Blaue Division« (Muñoz Grandes). Damit wollte Franco seine Dankesschuld für die während des Bürgerkrieges erhaltene deutsche Unterstützung begleichen. Stärker aber wollte er sich nicht engagieren. Vor allem konnte er sich gegenüber den Vereinigten Staaten und Großbritannien nicht kompromittieren.
Auch in den übrigen Ländern Europas meldete sich eine große Zahl Freiwilliger. Die aus den germanischen Ländern wurden der Waffen-SS eingefügt, die aus Frankreich, Kroatien und anderen »nicht-germanischen« Staaten vorläufig dem Heer oder der Marine überstellt. Die Werbung für diese Verbände begann bereits vor dem Rußlandfeldzug. Nach Abschluß der Besetzung Skandinaviens wurde, noch im April 1940, aus dänischen und norwegischen Freiwilligen die Standarte »Nordland« gebildet, einen Monat später aus Niederländern und Flamen die Standarte »Westland«. Beide wurden noch im gleichen Jahr mit dem deutschen Regiment »Germania«, sowie Finnen, Schweden und wenigen Schweizern zur 5. SS-Panzergrenadierdivision »Wiking« (Steiner) vereinigt. Eine zweite Werbewelle setzte verstärkt nach Beginn des Rußlandkrieges ein und führte bald zur Bildung weiterer, meist regimentsstarker Verbände, »Legionen zum Kampf gegen den Bolschewismus«. Es gab je eine wallonische, flämische, französische, niederländische und kroatische. Diese Freiwilligenverbände wurden mit gutem Erfolg eingesetzt. Ihre Soldaten kämpften so schwungvoll und tapfer, daß sie bald an Brennpunkten der Front als »Feuerwehr« eingesetzt wurden. Bereits im Dezember 1941 hob der Wehrmachtsbericht ihre Bewährung hervor.

Um eine neue Ordnung

Die Motive der europäischen Freiwilligen für ihre Meldung waren von der verschiedensten Art. Verbindlich war für die meisten die Abneigung gegen den Bolschewismus, bei vielen kamen Abenteuerlust oder materielle Gesichtspunkte dazu. Gläubige Katholiken wollten den »Antichrist« bekämpfen, baltische Emigranten das Schicksal ihrer Völker rächen, viele Flamen durch ihren Kriegsbeitrag die Unabhängigkeit ihres Landes erwerben. Viele hatten sich auch der nationalsozialistischen Ideologie geöffnet, besonders die Anhänger verschiedener Nationalistenführer, die dem Nationalsozialismus verwandtes Gedankengut propagierten:
Léon Degrelle in Wallonien, Jef van de Wiele in Flandern, Adriaan Mussert in den Niederlanden, Vidkun Quisling und Jonas Lie in Norwegen. Hier begegneten die ziemlich verschwommenen Vorstellungen von germanischer Gemeinsamkeit und »Verwandtschaft des Blutes« gleichen Gedanken. Bald entstand die »Germanische SS«, ihre Verbände wurden zu einem geschlossenen »Germanischen SS-Korps« zusammengefaßt. Das entsprach völlig der Linie nationalsozialistischer Raumpolitik, die die gewonnenen Gebiete im Osten neu besiedeln und die verbliebene Bevölkerung mit einer Herrenschicht überlagern wollte. Andere Pläne sahen auch die Bildung einer germanischen Provinz im Westen vor, die Flandern,

▼ Bericht aus dem »Völkischen Beobachter«

Begeisterte Kriegsbereitschaft in ganz Europa

„Norwegische Legion" zum Kampf gegen Moskau

Eigener Bericht des „Völkischen Beobachters"

rd. **Oslo**, 29. Juni

Reichskommissar Terboven gab am Sonntagabend über alle norwegischen Sender bekannt, daß der Führer den Wunsch des norwegischen Volkes erfüllt und der sofortigen Aufstellung einer „Norwegischen Legion" zugestimmt habe. Die Norwegische Legion wird als einheitlicher und geschlossener Verband unter ausschließlich norwegischer Führung nach norwegischen Richtlinien ausgebildet und im Kampf gegen Sowjetrußland eingesetzt werden.

Der Reichskommissar wies in seiner Erklärung vom Sonntagabend darauf hin, daß aus zahlreichen Lagern des norwegischen Arbeitsdienstes, aus den Reihen des Sports, aus der Polizei und aus allen anderen Kreisen der Bevölkerung eine Flut von Bitten, Wünschen und Forderungen an ihn herangetragen wurde, dem norwegischen Volk die Möglichkeit zu geben, an dem Kampf Deutschlands gegen die Sowjetunion aktiv teilzunehmen. Er habe diesen Wunsch dem Führer übermittelt, der dann der Gründung der „Norwegischen Legion" zugestimmt habe.

In Spanien:

Fast 50.000 Freiwillige am ersten Tag

dnb. **Madrid**, 29. Juni

Von 9 Uhr morgens bis 10 Uhr abends passierte am Samstag ein ununterbrochener Strom von Rußlandfreiwilligen die Madrider Meldebüros. Man schätzt, daß sich allein am Freitag, dem ersten Einschreibungstag, zwischen 40.000 und 50.000 Freiwillige gemeldet haben. In den Schlangen vor den Musterungsstellen finden sich alle Klassen und Altersstufen bis zu alten Männern von 60 Jahren, die hoffen, sich irgendwo nützlich machen zu können.

„Freikorps Dänemark"

tc. **Kopenhagen**, 29. Juni

In der Sonntagausgabe von „Faedrelandet" ruft die Leitung des am Samstag durch einen Kreis bekannter dänischer Offiziere gegründeten „Freikorps Dänemark" alle militärisch ausgebildeten waffenfähigen Männer zum Eintritt für den Kampf gegen den Bolschewismus auf.

Das neue Korps steht unter der Leitung des Chefs der 5. dänischen Artillerieabteilung Oberstleutnant Kryssing und seines Stabschefs Infanterie-Hauptmann Thor Joergensen. Offiziere und Unteroffiziere des dänischen Heeres bilden die Führung.

Tagesbefehl Mannerheims

Finnlands heiliger Krieg

dnb. **Helsinki**, 29. Juni

Am Sonntag früh wurde ein Tagesbefehl des Feldmarschalls Mannerheim bekanntgegeben, in dem es u. a. heißt:

▼ Werbeplakat der SS-Sturmbrigade Langemarck

◄ Frankreichs Informationsminister Henriot spricht zu französischen Arbeitern in Berlin, Juni 1944

die Niederlande und Nordfrankreich umfassen sollte.

Die Freiwilligen waren in Status und materieller Sicherung den reichsdeutschen Soldaten gleichgesetzt. Sie stellten teilweise selbst ihre Offiziere, die manchmal auch deutsche Soldaten befehligten. Sie haben aber auch im gleichen Umfang Opfer gebracht und sich tapfer geschlagen. Einige Beispiele mögen das unterstreichen:

1943 haben Panzerjäger der niederländischen Legion in der Schlacht südlich des Ladogasees bedeutende Abwehrerfolge errungen. Der blutjunge Freiwillige Gerardes Mooyman schoß an einem Tag dreizehn sowjetische Panzer ab und wurde dafür als erster Soldat dieser Einheiten mit dem Ritterkreuz ausgezeichnet.

Im Februar 1944 deckte die »Sturmbrigade Wallonie«, damals schon unter dem Befehl Degrelles, den Ausbruch der deutschen Verbände aus dem Kessel von Tscherkassy und erlitt dabei schwerste Verluste. Unter den letzten Soldaten, die 1945 die Berliner Reichskanzlei verteidigten, waren Franzosen der später aufgestellten SS-Division »Charlemagne«.

Es gehört zur Tragik dieser Soldaten, daß sie derselben Organisation angehörten, der auch die Töterkommandos der Konzentrationslager unterstanden. In ihren Heimatländern wurden sie nach dem Krieg, soweit sie ihn überlebten, als Landesverräter bestraft.

▼ »Die wallonische Legion, Armee des Volkes«

▼ Plakat für die Ausstellung »Der Antichrist«

▲ Panzer überqueren die Düna

▼ Im Baltikum werden die deutschen Truppen als Befreier begrüßt

▼ Begegnung im Panzergraben

Heeresgruppe Nord: Ziel Leningrad

Die deutschen Armeen waren in drei Heeresgruppen aufmarschiert, von denen die HGr. Nord unter Generalfeldmarschall Ritter von Leeb die kräftemäßig schwächste war. Ihr gehörten zwei Armeen und nur eine Panzergruppe an, nämlich die 16. Armee (Busch), die 18. Armee (Küchler) und die Panzergruppe 4 (Hoepner).
Das Ziel war ein schnelles Vorgehen durch die baltischen Länder mit allgemeiner Stoßrichtung auf Leningrad. Der Vormarsch ging zügig voran, hing aber gegen die HGr. Mitte etwas nach. Immerhin hatten Hoepners Panzer bereits am ersten Angriffstag den wichtigen Übergang über die Dubissa gesichert.
Den deutschen Absichten kam zugute, daß es hinter der sowjetischen Front zu mehreren Aufständen kam. Der NKWD, unter den Kommissaren Jegorow und Kumm, hatte in Litauen und Weißrußland, Estland und Lettland nicht enden wollende Liquidierungen der potentiellen Gegner des Bolschewismus durchgeführt. Die bürgerlichen Oberschichten dieser vom Sowjetimperialismus unterdrückten Völker wurden furchtbar dezimiert. In den Gefängnissen von Kaunas, Lemberg und Dorpat fanden die deutschen Truppen Tausende von Leichen durch Genickschüsse liquidierter und verstümmelter Balten, Polen, Ukrainer und Juden. Diese Greueltaten verschafften den antikommunistischen Aktivisten den für die geplanten Aufstände notwendigen Rückhalt bei der Bevölkerung. Am 23. Juni begann die Erhebung des litauischen Generals Kubiliunas, der über 20000 Mann verfügte. In Lemberg versuchte Stefan Banderas »Organisation Ukrainischer Nationalisten« durch einen Handstreich auf das Gefängnis die politischen Gefangenen zu befreien.
Von diesen Unruhen im eigenen Hinterland wohl beunruhigt, aber vorerst kaum behindert, begannen die Sowjets noch am 23. mit drei mechanisierten Korps einen Gegenangriff im Raum südlich Schaulen, der bald steckenblieb. Die Verbände der Panzergruppe 4 stießen weiter nach Osten und Norden vor, ihr LVI. Panzerkorps (Manstein) erkämpfte sich den Weg nach Dünaburg, eine Kommandogruppe der »Brandenburger« sicherte die für den weiteren Vormarsch wichtigen Brücken. Jetzt aber mußte Manstein, der sofort nach Pleskau weiterstoßen wollte, verhalten, weil die zur Sicherung der Flankenräume vorgesehenen Infanterieverbände wegen des hartnäckigen sowjetischen Widerstandes vorerst liegenblieben.
Nachdem jedoch Verbände der 18. Armee im Zusammenwirken mit lettischen Aufständischen auch Riga erobert, in breiter Front zur Düna aufgeschlossen und sie an weiteren Stellen überschritten hatten, war der Weg für neue Operationen frei.

▲ Bespannte schwere Artillerie auf dem Vormarsch

▲ Überschwerer sowjetischer Panzer vom Typ »Klim-Woroschilow«

◄ Der in Gefangenschaft geratene Sohn Stalins beim Verhör

Minsk, Smolensk und Witebsk

Die Heeresgruppe Mitte sollte unter der Führung von Generalfeldmarschall von Bock den Hauptstoß vom südlichen Ostpreußen und vom nördlichen Generalgouvernement aus in Richtung Minsk, Smolensk und Moskau führen. Ihr waren deswegen mehr Panzerkräfte als den Flügeln zugeteilt, nämlich die Panzergruppen 2 (Guderian) und 3 (Hoth). Das war ein beträchtlicher strategischer Vorteil. Die Heeresgruppe verfügte damit über die schnellen Verbände, die die beiden Backen für Zangenoperationen abgeben konnten. Hier mußte es einfacher sein, den Gegner zu umfassen und einzukesseln, als bei den benachbarten Heeresgruppen, die nur über je einen Panzergroßverband verfügten.
Außerdem gehörten zur Heeresgruppe Bocks noch die 4. und 9. Armee (Kluge und Strauß), die hinter den gepanzerten Verbänden aufzuschließen, die Flankenräume zu sichern und den überrollten Gegner niederzukämpfen hatten.
Nachdem bei Brest-Litowsk die 4. sowjetische Armee zerschlagen war, ließ Bock seine Panzerkeile weit ausgreifend und ohne Rücksicht auf die Sicherung der Flanken 300 km tief in den russischen Raum eindringen und östlich Minsk zusammentreffen. Vier sowjetische Armeen saßen im Kessel. Anfang Juli war die Schlacht beendet, das OKW meldete fast 330000 Gefangene und eine Beute von 1809 Geschützen und 3332 Panzern, mehr als das deutsche Ostheer besaß.
Am 9. Juli nahmen die Panzer Hoths Witebsk, eine Woche später wurde Smolensk von der 29. mot. Division (Boltenstern) erobert.

▲ Sturmgeschütze unterstützen das Vorgehen der Infanterie

▼ Grenadiere der Waffen-SS mit dem MG 34

▼ Vorbei an einem der üblichen Lenindenkmäler — eine brennende ukrainische Stadt wird besetzt

Kesselschlachten

In mehreren gewaltigen Kesselschlachten bahnten sich die deutschen Armeen ihren Weg nach Osten. In der vierwöchigen Schlacht östlich von Smolensk brachte die HGr. Mitte Anfang August 310 000 Gefangene ein, 3205 sowjetische Panzer und etwa die gleiche Anzahl Geschütze wurden erbeutet oder zerstört, die »Westfront« der Roten Armee war weit aufgerissen. Wenige Tage später wurden im Kessel von Uman weitere drei sowjetische Armeen vernichtet. 103 000 Gefangene, 317 Panzer und fast 1100 Geschütze meldete diesmal der Erfolgsbericht des OKW.

Diese deutschen Erfolge verblaßten jedoch vor dem Ergebnis der beiden größten Kesselschlachten des Rußlandkrieges überhaupt: Ende September vernichteten die beiden Heeresgruppen Süd und Mitte, die als die beiden Arme einer Zange zusammenwirkten, die sowjetische »Südwestfront«, die 665 000 Gefangene, über 3000 Geschütze und fast 900 Panzer verlor.

Im Laufe des Oktober schließlich gewannen die Verbände der HGr. Mitte – bereits im Rahmen der ersten Operationsphase des Unternehmens »Taifun« – die Doppelschlacht von Wjasma und Brjansk. 673 000 Gefangene wurden eingebracht, 5412 Geschütze und 1242 Panzer erbeutet oder zerstört.

Angesichts dieser geradezu astronomischen Verluste hielten auch skeptische Militärs die Rote Armee für erledigt. Immerhin waren ja etwa zwei Drittel des Weges nach Moskau zurückgelegt. Hitler ließ seinen Reichspressechef Dietrich verkünden, die militärische Entscheidung im Osten sei gefallen.

Im Jubel der Siegesfanfaren verlor sich die Meldung, daß das deutsche Ostheer bis zum 8. 10. selbst mehr als 500 000 Mann an Gefallenen, Verwundeten und Vermißten registrierte.

▲ Bei Perekop: Tücher gegen Leichengeruch

▼ Sowjetische Marineinfanterie hält bei Sewastopol

Perekop: Der Schlüssel zur Krim

Die Halbinsel Krim stellte ein natürliches Reduit der Sowjetstreitkräfte dar. Von der Landseite her war sie nur über die schmale Landenge von Perekop zu betreten, die See beherrschte noch immer die sowjetische Schwarzmeerflotte.
Zur Öffnung der stark ausgebauten Perekoper Landenge wurde die 11. deutsche Armee unter Mansteins Führung angesetzt. Ihre Offensive begann am 24. September 1941 und kam zunächst gut voran. Am 29. war der Tatarengraben in deutscher Hand. Dann aber mußte Manstein den Angriff abbrechen, um den inzwischen bei der 3. rum. Armee am Asowschen Meer durchgebrochenen Gegner zunächst abzufangen.
Als der Angriff wieder aufgenommen werden konnte, hatten die Sowjets die verstrichene Zeit durch weiteren Ausbau ihrer Stellungen und Zuführung neuer Reserven genutzt. Erst am 27. Oktober war nach überaus blutigen Kämpfen der Zugang zur Krim in deutscher Hand. Weit ausfächernd wurde die Halbinsel nun in zügigem Vorgehen besetzt. Nacheinander fielen Simferopol, Feodosia und Kertsch. Nur die Festung Sewastopol konnte sich halten. Erst im Sommer 1942 wurde sie erobert.

▼ Das Schlachtschiff »Parischkaja Kommuna« bei der Verteidigung Odessas

◄ Infanterie stößt durch ein brennendes Dorf vor

▲ Ein sowjetischer Bahnhof wird erstürmt

Auf dem Weg nach Moskau

Gegen den Widerstand seiner Heerführer hatte Hitler den entscheidenden Stoß auf Moskau lange zurückgestellt. Es schien ihm wichtiger, in großen Kesselschlachten die sowjetische Wehrkraft zu vernichten und die Rüstungsindustrie der Ukraine in die Hand zu bekommen. Dabei hätte man mit der Eroberung Moskaus den Sowjets nicht nur einen lebenswichtigen Nachschubknoten genommen, sondern auch einen psychologischen Erfolg ersten Ranges erzielt.

Als Hitler sich endlich entschloß, die Operation »Taifun« in Gang zu setzen, war die Jahreszeit weit fortgeschritten. Zwar waren für den Angriff 70 Divisionen bereitgestellt, doch behinderte die bereits am 8. Oktober einsetzende Schlammperiode die deutschen Bewegungen entscheidend. Und es war der Schlamm und nicht die Rote Armee, der Moskau rettete. So war jedenfalls die Meinung der deutschen Generale.

▲ Eine Batterie »Stalinorgeln« beim Feuern

▼ Deutsche Raketengeschütze, »Nebelwerfer«, vor Moskau

▲ Pferde ersetzen Motoren

Im Schatten Napoleons: Beresina 1941

Durch grundlosen Schlamm und gegen sich versteifenden Widerstand kämpften sich die deutschen Verbände weiter an die sowjetische Hauptstadt heran. Mitte Oktober waren Kaluga und Kalinin, die beiden Eckpfeiler der Moskauer Schutzstellung, der Roten Armee entrissen. Deutsche Panzerspitzen drangen bis an die Außenbezirke der Moskauer Vorstädte heran. Hitler verbot die Entgegennahme der Kapitulation der sowjetischen Hauptstadt, falls jemand sie anbieten sollte.

▼ Deutsche Birkenkreuze neben dem Zarendenkmal für den Sieg über Napoleon bei Borodino

▲ Sturmlauf sibirischer Infanterie

▼ Moskau ungebrochen: Panzerparade zum Jahrestag der Oktoberrevolution

▼ Einwohner Moskaus beim Errichten von Sperren

Das Ende des Blitzkrieges

Stalin ließ indessen die Verteidigung Moskaus vorbereiten. Regierung und diplomatisches Korps siedelten nach Kujbyschew an der Wolga über. Sogar Lenins einbalsamierter Leichnam verschwand aus seinem Mausoleum am Roten Platz. In der Bevölkerung kam es zu Unruhen, einzelne Kommunisten verbrannten ihr Parteibuch. NKWD-Verbände griffen ein, erschossen Meuterer und leerten auf ihre Weise die Gefängnisse. Stalin selbst, Teile des Zentralkomitees der Kommunistischen Partei und das Oberkommando der Streitkräfte blieben in Moskau. General Schukow bildete aus über 100000 Einwohnern mehrere Milizdivisionen zur unmittelbaren Verteidigung der Stadt, eine halbe Million Moskauer baute Straßensperren und hob Gräben aus. Eine Million nicht benötigter Zivilisten wurden aus der Hauptstadt nach Osten evakuiert. Aus Persien und aus dem Fernen Osten wurden frische Verbände herangeführt. Die Meldung des kommunistischen Spions Richard Sorge aus Tokio, die Japaner würden den Krieg gegen die Vereinigten Staaten beginnen, hat diese Entscheidung Stalins erleichtert. Zustatten kam ihm auch die mangelnde deutsche Ausrüstung für den Krieg bei extrem kalten Temperaturen: Den deutschen Panzern froren die Motoren ein, den Maschinenwaffen die Schlösser, die Landser hockten in leichten Sommeruniformen in eisigen Löchern. Ende November sank das Thermometer auf minus 40 Grad und noch darunter. Die lange Unentschlossenheit Hitlers, das zu späte Auslösen der Operation »Taifun«, rächte sich bitter an den tapferen Soldaten der Heeresgruppe Mitte. Am 5. 12. begann die Offensive der sowjetischen »Kalininfront« (Konjew), am Tag darauf schlug die »Westfront« (Schukow) los. Die Wehrmacht war in der Defensive.

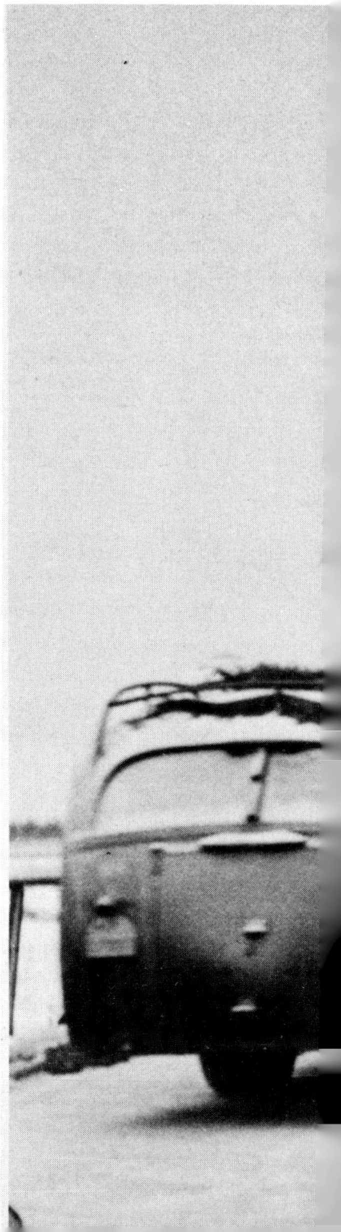

Gegenstoß im Graben

Winterkrise der deutschen Ostfront

Die sowjetischen Divisionen waren für den Winterkrieg hervorragend ausgerüstet. Ihre Offensive gewann schnell an Boden, die Wehrmacht räumte bis Mitte Dezember Kalinin, Jelez, Tichwin und Tula. Hitler übernahm selbst den Oberbefehl über das Heer und verpflichtete die Soldaten der Ostfront zu »fanatischem Widerstand«. Die deutsche Front wurde an vielen Stellen aufgerissen. Bis zum Februar wurden im Raum Demjansk 100 000 Mann eingekesselt, im eingeschlossenen Cholm verteidigte sich erfolgreich die Kampfgruppe des Generals Scherer. Hitler untersagte den vorgeschlagenen Ausbruch und ließ die eingeschlossenen Verbände aus der Luft versorgen. Seine strategische Absicht war es, soviel Feindkräfte wie möglich zu binden, um wenigstens den Zusammenhang der Front zu erhalten. Das gelang. Die Kessel wurden im April und Mai entsetzt.

▲ Fliegersichttücher werden ausgelegt

▼ Cholm: Humoristische Kesselgeographie

Narvikschild 1940 (Deutschland)

Cholmschild 1942 (Deutschland)

»Bewährte Freiwillige der Ostvölker« werden ausgezeichnet

Die Kämpfer der Ostfront, die die schwere Winterkrise überstanden hatten, wurden mit der Medaille »Winterkampf im Osten« ausgezeichnet, von den Landsern mit grimmigem Humor nur die »Gefrierfleischmedaille« genannt. Den in den Kesseln von Cholm und Demjansk Eingeschlossenen wurden Erinnerungsschilder verliehen. Für alle möglichen Einsätze und Kriegsschauplätze gab es bald ein besonderes Ehrenzeichen. Das Ritterkreuz blieb als höchster deutscher Orden besonderen Leistungen vorbehalten. Es wurde bei 15 Millionen Soldaten der Wehrmacht nur in etwa 7200 Fällen verliehen. 52 Prozent davon gingen an Soldaten, Unteroffiziere und Leutnante, nur 6 Prozent an Marschälle und Generale.

Im Ausland, vor allem in den Vereinigten Staaten, war die Ordensflut wenigstens genauso groß wie in Deutschland. Die Tafel auf der gegenüberliegenden Seite gibt davon einen knappen Eindruck.

Orden

v. l. n. r.

Sturmabzeichen (Deutschland)

Ritterkreuz mit Eichenlaub und Schwertern (Deutschland)

Panzerkampfabzeichen (Deutschland)

Abzeichen der Garde (UdSSR)

Medaille Winterschlacht im Osten 1941/42 (Deutschland)

Orden des Vaterländischen Krieges (UdSSR)

Silver Star (USA)

Pazific Star (Neuseeland)

Air Medal (USA)

Kriegserinnerungsmedaille (Belgien)

Medaille de Liberation (Frankreich)

Kriegsgefangenenmedaille (Belgien)

KOM OOK
IN DEN GERMAANSCHEN
LANDDIENST
IN HET OOSTEN

Propaganda

▲ Deutsches Propagandaplakat 1942

▲ Sowjetische Hitlerkarikatur

◄ Werbung für den »germanischen Landdienst«

▲ »Dieses Mal direkt nach Berlin«

Propaganda war eine der wichtigsten »Geheimwaffen« des zweiten Weltkrieges. Alle technischen Kommunikationsmittel wurden ausgenutzt, Rundfunk und Lautsprecher, Flugblattraketen, Frontzeitungen für den Feind. Fast immer wurden der Gegner verteufelt, seine Führer karikiert, die eigene Sache verherrlicht, die eigenen Erfolge übertrieben. Die nationalsozialistische Propaganda witterte eine »jüdische Weltverschwörung« und stempelte die Juden zu »Weltbrandstiftern« ab. Der unnatürlichen Allianz zwischen »westlichen Plutokraten« und den »östlichen Bolschewisten« setzte man die Schlagworte von »germanischer Gemeinsamkeit« und »Schicksalskampf des Abendlandes« entgegen. Die Sowjets versuchten kaum, ihren abgrundtiefen Haß gegen den deutschen Eindringling zu verbergen.

Häufig verblaßte die Raffinesse der Propagandaabteilungen vor den archaischen Mitteln der Front: Als in einem grimmigen Winterkampf die Soldaten eines deutschen Bataillons einigen gefangengenommenen und zitternden Rotarmisten eine gehörige Portion Schnaps verabreichten und sie wieder zu den eigenen Linien zurückschickten, konnten sie sich bald vor Überläufern nicht mehr retten.

Von der Fabrik rollen die Panzer direkt an die Front

Während die Soldaten der Heeresgruppe Mitte sich im Unternehmen »Taifun« bis vor die Tore Moskaus kämpften, hatten die verstärkten Panzerverbände von Leebs Heeresgruppe Nord den Stoß auf Leningrad vorangetrieben. Das XXXXI. Panzerkorps (Reinhardt) überwand zwei ausgebaute Sperriegel, von den Duderhofer Höhen zeigte sich den deutschen Artilleriebeobachtern deutlich die Silhouette der Stadt. Am 8. September 1941 eroberten Oberst Harry Hoppes Panzer die Stadt Schlüsselburg. Leningrad war auf allen Seiten abgeriegelt. Leeb forderte die schnelle Eroberung. Hitler entschied dagegen. Er erkannte richtig, welch schwere Verluste den deutschen Panzerverbänden beim Kampf in der Millionenstadt entstehen mußten und befahl die Belagerung und langsame Zermürbung. Einmal eingeschlossen, so meinte er, müsse Leningrad früher oder später fallen »wie ein welkes Blatt«.
Er unterschätzte die Widerstandskraft der Leningrader und vor allem den harten und menschenverächterischen Durchhaltefanatismus A. A. Schdanows, des örtlichen Vorsitzenden der Kommunistischen Partei. »Der Augenblick ist gekommen«, so rief er den Leningradern zu, »in dem wir unseren bolschewistischen Willen und die Kraft unter Beweis stellen können, ohne viel Worte hart zu arbeiten und Leningrad zu verteidigen. Unsere Aufgabe ist es jetzt, so schnell wie möglich die wichtigsten und wirkungsvollsten Techniken des Kämpfens zu erlernen: Schießen, Handgranatenwerfen, das Ausheben von Schützengräben, die Technik des Straßenkampfes.«
Das war die Levée en masse. Aus 300 000 Arbeitern der Fabrikbetriebe wurden schnell 20 »Volksmilizdivisionen« zusammengestellt und ziemlich provisorisch bewaffnet. Eine Million zwangsverpflichteter Zivilisten baute Panzerfallen, Gräben, Drahtverhaue, Bunker und Dekkungslöcher. Das brennendste Problem war jedoch die Ernährung der

Erst im Frühjahr können die Leichen Verhungerter begraben werden

mehr als zweieinhalb Millionen Einwohner: Mehl war nur für 35 Tage vorhanden, Fleisch für 33, Fett für 45 und Zucker für 60 Tage. »Wir werden den Gürtel enger schnallen müssen!« hatte Schdanows Aufruf verkündet. Das sollte sich bald als eine bittere Untertreibung herausstellen: Fast 4000 verhungerten am Weihnachtstag, im Monat Dezember insgesamt über 50000. Vier Monate lang war Leningrad völlig von der Außenwelt abgeschnitten, dem intensiven Bombardement durch deutsche Luftwaffe und Artillerie ausgesetzt. Trotz Bomben, Kälte und Hunger aber hielt die Stadt aus: Nicht nur den ersten schrecklichen Winter, sondern insgesamt 900 Tage lang. Aber um welchen Preis: Die Lebensmittelration für Arbeiter betrug zeitweise nur ein Zehntel der normalen. Wer nicht arbeiten konnte, bekam in der härtesten Zeit überhaupt keine Zuweisung. Nach sowjetischen Angaben sind während der Belagerung insgesamt 632000 Einwohner verhungert.

Eckpfeiler Leningrad

Landseralltag hinter der Front

Landser im Frontkino: Kurze Stunden des Vergessens ►

Nach Beendigung der großen Vormarschbewegungen im Osten und dem Rückzug auf feste Verteidigungslinien wurde auch der Bereich der Rußlandfront stärker in das Wehrbetreuungsprogramm einbezogen. Seit Kriegsanfang hatte das Propagandaministerium im Zusammenhang mit Wehrmachtsstellen eine Organisation ins Leben gerufen, die auf allen Gebieten des Kulturlebens den kämpfenden Soldaten an der Front, den Besatzungstruppen in den eroberten Ländern und den Einheiten des Heimatkriegsgebietes Erholung und Abwechslung in ihr oft entbehrungsreiches oder freudlos langweiliges Dasein bringen sollte. Diese Betreuungsaktion hatte darüber hinaus einen getarnten politischen Zweck: Sie sollte den Wehrwillen des deutschen Soldaten wecken und festigen, sollte ihn durch das Aufzeigen der inneren Werte des eigenen Volkes immun machen gegen die Einflüsse der fremden Umwelt oder ihm nationalsozialistisches Gedankengut in geschickt verschleierter, unterhaltsamer Form nahebringen.

Diesen Zielen dienten alle Formen der Wehrbetreuung, das Fronttheater, der Film, das Varieté und Kabarett, Vorträge und Schulungskurse. Mit Eisenbahn, Flugzeug und Kraftwagen wurden die Mitglieder der Wehrbetreuungsgruppen bis zu den vordersten Troßstellungen der Front gebracht. In den großen Etappenzentren wurden ständige Bühnen eingerichtet, die bekannte Schauspieler vom Theater und vom Film als Gäste sahen. Der Landser, der oft seit vielen Monaten kein irgendwie ansehnliches weibliches Wesen gesehen hatte, war hingerissen vom Anblick einer schönen Schauspielerin oder Filmheldin und verzaubert von dem Liebesgeschehen auf der Bühne oder der Leinwand, das so weit entfernt war von dem, was seit Jahren sein Alltag war. Eine Welt des Schönen und der Sehnsucht tat sich auf, die das Heimweh nach der friedlichen Vergangenheit wieder schmerzlich zum Bewußtsein brachte und den von der Propaganda bezweckten Wunsch wach werden ließ, der Heimat ihren Frieden zu erhalten und den Krieg durch verstärkten Einsatz so schnell wie möglich zum siegreichen Ende zu bringen. Später, als sich die Katastrophe Deutschlands abzuzeichnen begann, als sich von allen Seiten die feindlichen Heere den deutschen Grenzen näherten, griff die gelenkte Propaganda zu anderen Mitteln, um den Durchhaltewillen anzufeuern. In technisch hervorragenden und gut inszenierten Filmen wurde an historischen Beispielen gezeigt, daß der Widerstand bis zum äußersten, bis zum letzten Mann und bis zur letzten Kugel belohnt werde und zum Siege führe (»Kolberg«). Der Film »Der Sieg im Westen«, der durch alle Frontkinos lief, sollte den Soldaten stolz machen auf seine eigene Leistung und ihm die Überlegenheit der deutschen Kriegsmaschinerie demonstrieren.

▼ Ein Holzscheit: Eintrittsgeld fürs Frontkino

▼ Kaukasische Schauspielerinnen bei einer frontnahen Einheit

▼ Heli Finkenzeller und Will Dohm planen eine Gastspielreise im Osten

▲ Kaffeekonzert in einer Etappenkantine im Osten ▼ Frontzeitung aus den Anfangstagen des Ostfeldzuges

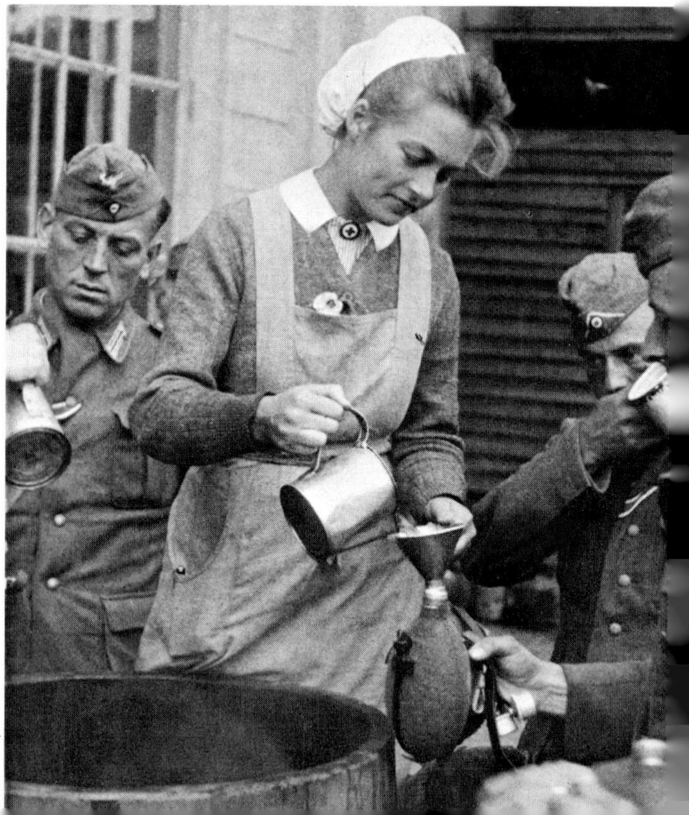

Unterricht in der Schule für Feldköche

Zu den Wehrbetreuungsmaßnahmen gehörte auch die Einrichtung von Kantinen und Erholungsheimen, in denen mit den wenigen zur Verfügung stehenden Mitteln versucht wurde, der Truppe ein möglichst behagliches »Zuhause« in den kampf- oder dienstfreien Stunden und Tagen zu schaffen. Die Speise- und Getränkekarte – soweit sie überhaupt vorhanden war – bot meist nur klägliche Surrogate an. Es gab Tee und Kaffeersatz mit Süßstoff, gefärbte Heißgetränke und Ersatzstoffsuppen, bei denen der Appetit schon beim Geruch gestillt war. Wen die Kriegsfortuna an eine der wenigen »Butterfronten« verschlug, etwa nach Dänemark, oder – in den ersten Kriegsjahren – nach Frankreich, Holland und Belgien oder in die Balkanstaaten, konnte mit etwas Geschick die Truppenverpflegung ausreichend mit unter der Hand gehandelten Lebensmitteln verbessern. Gegen die deutsche Mark, das Löhnungsgeld, war kaum etwas zu kaufen. Man mußte Tabakwaren, Alkoholika, Photo- und Filmapparate auf dem Schwarzmarkt anbieten, um dagegen die gewünschten Waren einzuhandeln.

Die Truppe hatte oft Hungerzeiten durchzustehen, wenn der Vormarsch dem Nachschub davonfuhr, oder wenn unter Feinddruck schnelle, überstürzte, fluchtartige Absetzbewegungen vorgenommen wurden. Aus dem durch die durchziehenden Regimenter längst ausgesaugten Land war kaum noch etwas zu holen. Das Fleisch gefallener Pferde bespannter Einheiten wurde dann zur Delikatesse. Im allgemeinen aber, und besonders in Zeiten der Ruhe und des Stellungskrieges, war die Verpflegung ausreichend. Der Frontverpflegungssatz war wesentlich besser als die Zuteilung an die Zivilisten in der Heimat oder an die Besatzungssoldaten in den eroberten Ländern.

◀ Teeausgabe auf einem russischen Bahnhof

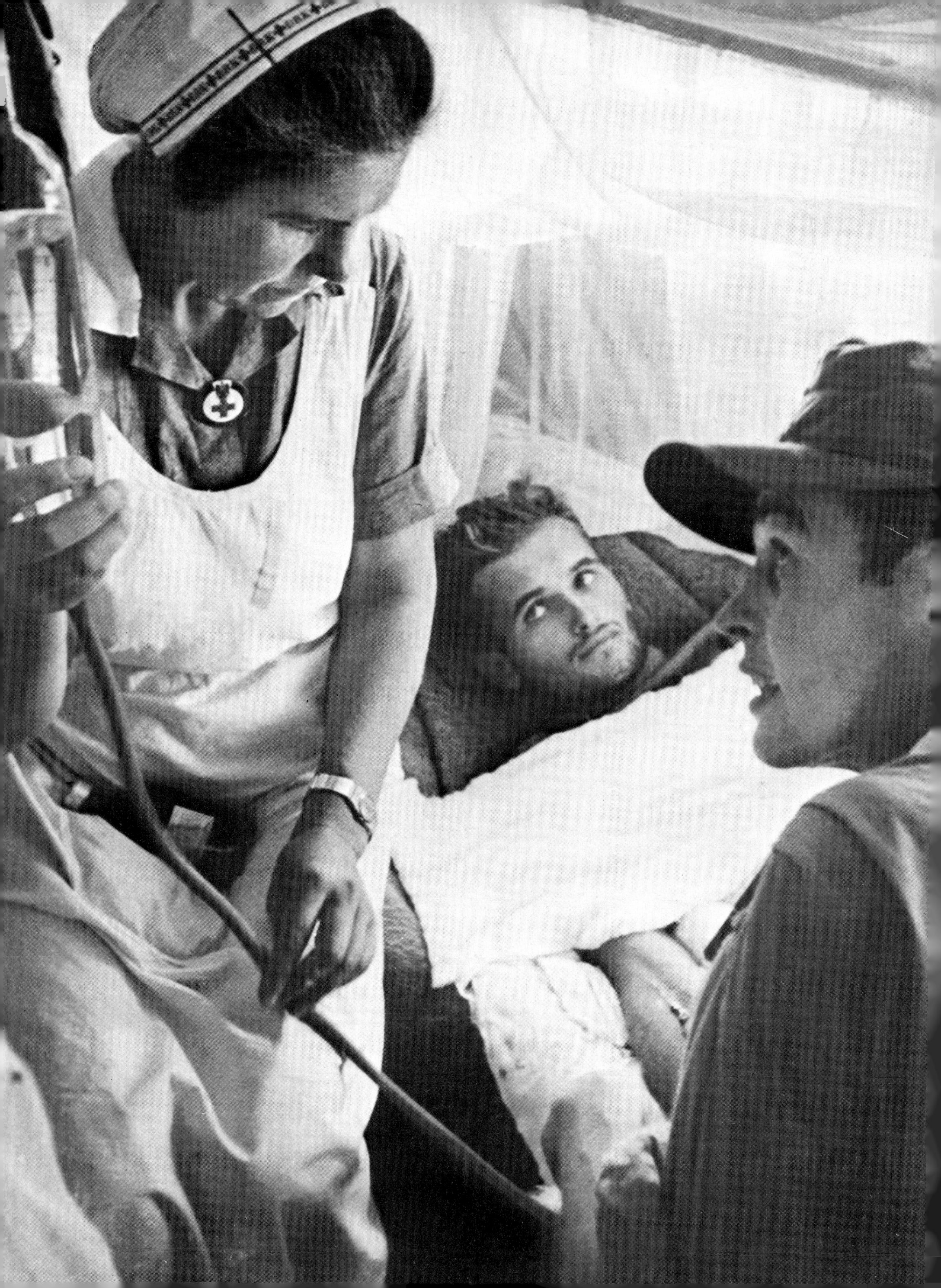

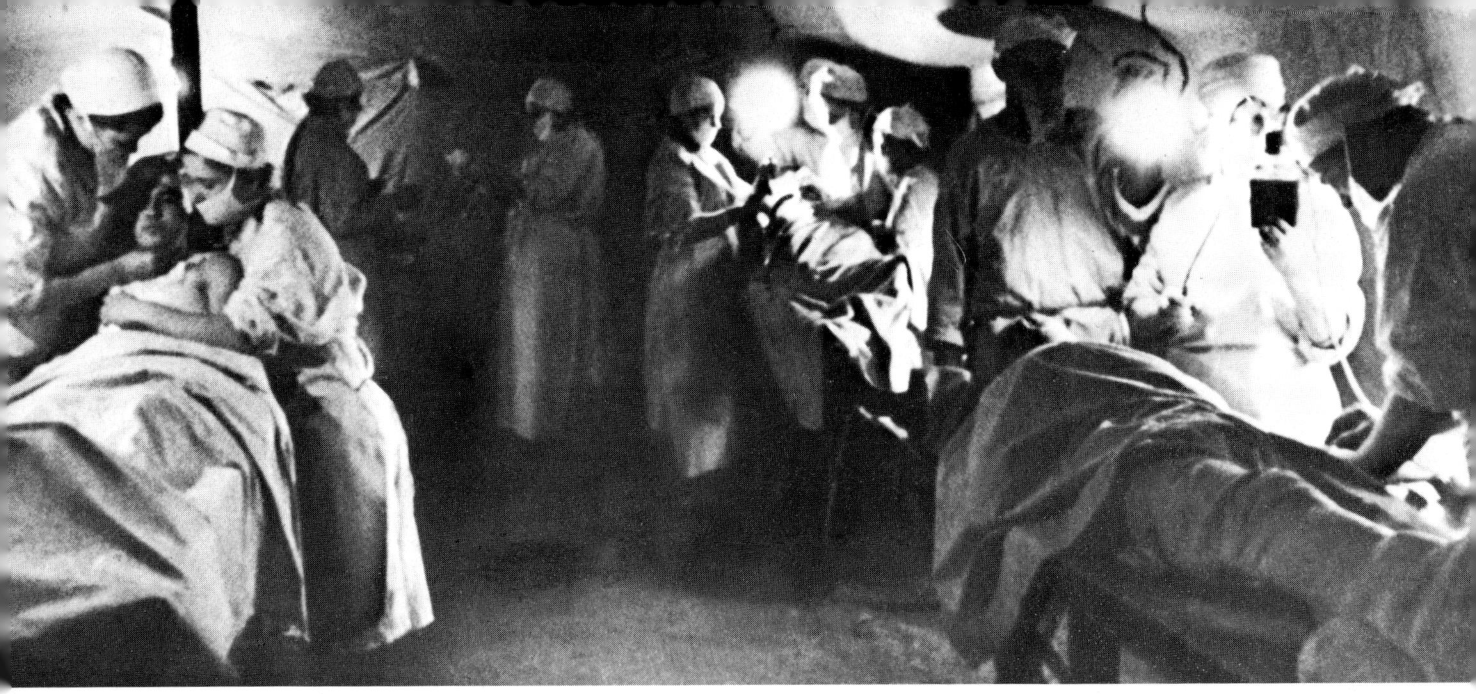

◄ Versorgung eines verwundeten Fallschirmjägers

▲ Operation in einem sowjetischen Sanitätszelt

▲ Ju 52 versorgen die frontnahen Verbandplätze mit Blutkonserven

Im Wehrmachtsbericht nicht erwähnt

In den Sanitätszelten und den Unterständen der Verbandplätze staute sich das ganze Elend des Krieges. Mit behelfsmäßigen Mitteln versorgten hier in aufopferndem Einsatz die Truppenärzte, die Sanitäter und Krankenschwestern die Verwundeten. Leichtverwundete kamen meist wieder zur Truppe. Schwerverwundete wurden in Heimatlazarette überführt.

▲ »Hitler, der Befreier«

▼ Sowjetische Maifeier mit roten Fahnen und Wehrmachtsverpflegung, Ukraine 1942

Verspielte Chancen

Als die deutschen Truppen in die Sowjetunion einmarschierten, wurden sie vielerorts als Befreier begrüßt. In den Dörfern hießen die Bürgermeister die deutschen Soldaten mit Brot und Salz willkommen. Zu sehr hatten der Druck der bolschewistischen Kommissare, die Wegnahme des Ackerlandes und die Sowchosen- und Kolchosenwirtschaft auf der Bevölkerung gelastet, als daß sie die Niederlage der Roten Armee hätte betrauern müssen. Vom deutschen Befreier wurden nun die Rückgabe des Bodens und weitgehende Kulturautonomie erwartet. Der deutsche Antibolschewismus hatte seine besten Chancen in Rußland selbst. Trotz vieler guter Ansätze im einzelnen wurden sie unwiderbringlich verspielt. Hitler und Rosenberg betrachteten den Ostraum als ein »deutsches Indien«. Er wurde in zwei Reichskommissariate aufgeteilt: »Ukraine« (Koch) und »Ostland« (Lohse). Koch, ein undurchsichtiger emporgekommener »Goldfasan«, erstickte durch Terror und Unverständnis die nationalen Bestrebungen der Ukrainer und damit auch jede deutschfreundliche Regung. Der Gauleiter Weißrußlands, Kube, hingegen war ein vernünftiger Mann des Ausgleichs: Er zog die Russen zur Mitarbeit heran, gründete einen Landtag und Jugendgruppen und war auf dem besten Weg, die Russen für die deutsche Sache zu gewinnen. Ein Abgesandter des sowjetischen Oberkommandos ließ ihn deshalb ermorden.

◄ Ukrainische Bauern erhalten Land aus aufgelösten Staatsgütern zugeteilt

Unaufhörlich rollen amerikanische Nachschubkonvois für die Rote Armee durch Persien

Amerikanische Hilfe

Sowjetische Truppen passieren die persische Grenze

Die materialverschleißenden Großkämpfe des Sommers und Herbstes 1941 hatten die Rote Armee an den Rand des Zusammenbruchs gebracht. Die im Kiewer Kessel zerschlagenen Sowjetverbände hatten bereits mit mangelhafter Ausrüstung gekämpft. Das veranlaßte Stalin, auf die Solidaritätserklärungen und Bündnisangebote der Westmächte vom Monat Juni zurückzukommen. Am 12. Juli war ein britisch-sowjetisches Bündnis geschlossen worden, Roosevelt hatte angeboten, die Pacht- und Leihlieferungen auch auf die Sowjetunion auszudehnen. Am 30. Juli empfing Stalin Roosevelts Sonderbeauftragten Harry Hopkins in Moskau und führte Gespräche über die Lieferung amerikanischen Kriegsmaterials. Bei dieser Gelegenheit kam man auch auf das Problem der Transportwege zu sprechen. Stalin hielt die Route über das Eismeer für günstig. Trotzdem wurde beschlossen, auch das neutrale Persien zu unterwerfen und sich so einen zweiten Transportweg zu eröffnen. »Inter armas silent leges«, meinte Churchill, »im Krieg schweigen die Gesetze«. Am 25. August marschierten zwei britische und drei sowjetische Divisionen nach Persien ein und eroberten es nach viertägigem Kampf. Nun konnte der Nachschub für die Rote Armee ungehindert rollen. Insgesamt lieferten die USA während des zweiten Weltkrieges 13 303 Panzer, 427 284 Lastkraftwagen, weitere 40 000 Fahrzeuge aller Art, sonstige Rüstungsgüter, Lebensmittel, Ausrüstungsstücke und Rohstoffe ohne Gegenleistung an die Sowjetunion.

Heroisierung des Krieges

◄ Ein sowjetischer Soldat küß
feierlich seine Waffe

▼ Ein Denkmal für den deutschen Kriegshund, Aschaffenburg ▲ »Helden«-Figuren des Wiener Bildhauers Drobil

Die Heroisierung des Kampfes um Weltanschauungen, um die »Ehre der Nation«, um den »Lebensraum des Volkes«, um »Friede und Freiheit« hatte vor allem in Deutschland und in der Sowjetunion schon längst vor dem Kriege begonnen. »Süß und ehrenvoll ist es, für das Vaterland zu sterben . . .«, diese uralte Verfälschung der wirklichen Opferidee wurde in tausend Abwandlungen der Hitlerjugend ebenso gepredigt wie den vormilitärischen Kadern der UdSSR. Mit dem Beginn des zweiten Weltkrieges verstärkte sich die lautstarke und unüberhörbare Wehrpropaganda von Jahr zu Jahr. Sie stellte den Rundfunk, die Presse, den Film, Kunst und Kultur und das gesamte öffentliche Leben in ihren Dienst. Von den Litfaßsäulen und Häuserwänden, von den großen, über die Straßen gespannten Transparenten blickten die heroischen Gestalten der unter wehenden Fahnen in Sieg und Tod stürmenden Soldaten. Das große Sterben an der Front wurde zum Symbol der Treue, zur strahlenden Gloriole des Heldentums – überall in der vom Krieg erfaßten Welt, von Tokio bis New York und von Moskau bis Berlin und Rom. Im nationalsozialistischen Deutschland sorgte Hitlers Propagandaminister Joseph Goebbels mit bemerkenswerter Intelligenz dafür, daß selbst nach den schweren Rückschlägen ab 1942 die Kriegs- und Opferbereitschaft wachgehalten wurde. So erschienen nach dem Fall von Stalingrad nur noch wenig Todesanzeigen von Gefallenen in den Zeitungen, und die Texte dieser Anzeigen waren vorgeschrieben; sie durften nicht lauten »An der Ostfront starb mein Sohn . . .«, sondern »Mein Sohn fiel auf dem Felde der Ehre für Führer und Volk«.

Rückblick auf den Winter 1941/42: Reste einer deutschen Kolonne auf der Wolokolamsker Chaussee

Unter schwersten Verlusten und nicht zuletzt wegen des drastischen Haltebefehls Hitlers hatte die deutsche Ostfront trotz der Wucht der sowjetischen Offensive wenigstens den Zusammenhalt bewahrt und sich die Ausgangspositionen für einen neuen Feldzug halten können. Bis zum April 1942 waren die eingeschlossenen deutschen Teilkräfte wieder freigekämpft, die angeschlagenen Armeen wieder aufgefüllt. Äußerst fühlbar waren jedoch die Ausfälle an noch friedensmäßig ausgebildetem Rahmen- und Spezialpersonal. Materialverluste waren immer noch zu spüren, besonders bei der Luftwaffe. Seit Beginn des Ostfeldzuges hatte sie an der Ostfront fast 3000 Flugzeuge verloren, weitere 2000 waren beschädigt. Es war jedermann klar, daß die Wehrmacht und ihre Verbündeten jetzt einen längeren Erschöpfungskrieg zu führen hatten, den man hatte vermeiden wollen.

Am 5. April 1942 erließ Hitler die Führerweisung Nr. 41 für die neue deutsche Sommeroffensive. Unter Verhalten des nördlichen und mittleren Flügels sollte der südliche Flügel der Ostfront in vier Operationsphasen offensiv werden, mit dem Endziel, zum Kaukasus vorzustoßen, das Erdölgebiet um Baku zu gewinnen und die iranische Grenze zu erreichen. Mit der Eroberung von Stalingrad sollte eines der wichtigsten sowjetischen Rüstungszentren ausgeschaltet und mit der Abschnürung der Wolga die Heranführung amerikanischen Kriegsmaterials aus Persien unterbunden werden. Hitler selbst faßte seine Weisung für den Sommerfeldzug zusammen: »Das Ziel ist, die den Sowjets noch verbliebene lebendige Wehrkraft endgültig zu vernichten und ihnen die wichtigsten kriegswirtschaftlichen Kraftquellen so weit als möglich zu entziehen.«

Deutsche Spähwagen in der Donezsteppe, Sommer 1942

Der zweite deutsche Aufmarsch

Die Weisung legte bereits fest, daß nach dem Abschluß der geforderten Operationen eine Verteidigungsfront am Don zu errichten war, die im Norden die Ungarn, anschließend die Italiener und am weitesten südlich die Rumänen besetzen sollten. Hitler ordnete an, die Verbündeten zu eigenen Armeen zusammenzufassen und sie nur geschlossen einzusetzen. Das sollte sich später bei Stalingrad verhängnisvoll auswirken. Die Offensive mußte durch die Wegnahme des wichtigen Aufmarschschlüssels Woronesh eingeleitet werden. Amerikaner und Briten besprachen sich inzwischen über die Errichtung einer zweiten Front in Europa und hielten es immerhin für notwendig, Sofortmaßnahmen für den Fall des völligen sowjetischen Zusammenbruchs zu besprechen. Daß sie nicht eingeleitet werden mußten, war damals nicht abzusehen.

▲ Sturmgeschütz im Ortskampf

▼ Vom Laufwerk des eigenen Panzers erfaßter Rotarmist

▼ Deutscher Soldatenfriedhc

Lagebesprechung im Führerhauptquartier. Deutlich sind (v. l. n. r.) Weichs, Hitler, Keitel, Paulus und Löhr zu erkennen

Sommerfeldzug 1942

Der Operationsplan für den Sommerfeldzug 1942 (Fall »Blau«) war in seinen wesentlichen Teilen eine Schöpfung Hitlers. Er ging davon aus, daß die Sowjets sich weiterhin den umklammernden Zangen der deutschen Armeen stellen würden und daß vor allem die deutschen und verbündeten Kräfte ausreichen konnten, eine Front von 3000 Kilometern Luftlinie zu gewinnen und zu halten.

Drei die Hauptoperation vorbereitende »Bereinigungsoffensiven« schienen diese Hoffnungen zunächst zu bestätigen. Unternehmen »Trappenfang«, das die während des Winters entstandenen Einbrüche auf der Halbinsel Kertsch bereinigen sollte, wurde Mitte Mai 1941 von der 11. Armee unter Mansteins Führung erfolgreich durchgeführt. Fast 170000 Gefangene wurden eingebracht.

Im Raum Isjum–Charkow sollten im Unternehmen »Fridericus I« die 17. Armee (Hoth) und die 1. Panzerarmee (Kleist) den sowjetischen Donezbrückenkopf beseitigen. Eine sowjetische Großoffensive der Südwestfront (Timoschenko) kam am 9. Mai den deutschen Plänen zuvor. Aus »Fridericus« wurde nun eine Gegenoffensive, in deren Verlauf im Zusammenwirken der dafür bereitgestellten Kräfte mit der von Süden eindrehenden 6. Armee (Paulus) die sowjetischen Verbände südlich Charkow eingekesselt wurden. Am 28. Mai war die Kesselschlacht beendet. Die Sowjets verloren drei Armeen, die deutsche Beute betrug 240000 Gefangene, 1250 Panzer und etwa 2000 Geschütze.

Die Schlacht von Charkow war noch im Gange, als Manstein bereits das Unternehmen »Störfang«, das die Wegnahme der starken Festung Sewastopol zum Ziele hatte, vorbereitete. Am 7. Juni begann der Angriff der 11. deutschen Armee und von zwei rumänischen Divisionen. Mit gewaltiger Artillerieunterstützung gelang es Infanterie und Gebirgsjägern, Sewastopol zu erobern. 97000 Rotarmisten wurden gefangen.

Wenige Tage vor dem Ende der Kämpfe in der Festung, am 28. Juni um 2.15 Uhr morgens, begann dann die Heeresgruppe Süd (Bock), der die »Armeegruppe v. Weichs« und die 6. Armee unterstanden, östlich der Linie Kursk–Charkow die eigentliche Sommeroffensive »Blau«, später »Braunschweig« genannt. Die schnellen Verbände (drei Panzer- und drei motorisierte Divisionen) gewannen schnell an Boden, erzielten tiefe Einbrüche in die sowjetische Front und jagten hinter dem geschlagenen Gegner her. Anstatt an Woronesh vorbeizustoßen, wurde es am 6. Juli zeitraubend besetzt. Dann wurden die Panzerverbände eilig nach Süden abgedreht, erreichten und überschritten in schnellem Vormarsch den Donez und eroberten Rostow.

▲ Panzer mit aufgesessener Infanterie hetzen nach Süden

▼ Marschpausen gibt es kaum

äger mit dem Gebirgsgeschütz 36 im Hochkaukasus

Die Wehrmacht im Kaukasus

ɪzwischen war die Heeresgruppe Süd in die Heeresgruppe A (List) nd in die Heeresgruppe B (Bock) geteilt worden, und Hitler hatte in er Weisung Nr. 45 für die Fortsetzung der Operation »Braunschweig« as gleichzeitige exzentrische Vorgehen gegen den Kaukasus und talingrad befohlen. Das Ziel des Feldzuges war bisher keineswegs rreicht. Die Sowjets hatten planmäßig Raum geopfert, um ihre Verände intakt zurückzuführen und für einen großen Schlag bereitustellen. Die kaum 100000 Gefangenen, die die deutschen Armeen einbringen konnten, waren keineswegs ein operativer Erfolg. Durch die von Sowjettruppen nahezu entblößte Donsteppe brausten die schnellen Verbände der Heeresgruppe A zu den Ölfeldern des Kaukasus. »Wenn ich das Öl von Maikop und Grosnij nicht habe, muß ich diesen Krieg beenden«, so hatte Hitler seine Weisung begründet. Das wußten auch die Sowjets. Während sie sich bisher kaum zum Kampf gestellt hatten, versteifte sich ihr Widerstand im Kaukasus. Ruoffs Divisionen blieben stecken.

Entscheidungs-schlacht Stalingrad

Im geplanten Operationsverlauf der Sommeroffensive 1942 hatte die Heeresgruppe B (Bock) zum mittleren Don vorzustoßen, ihn zu überschreiten, den Angriff auf Stalingrad zu forcieren und damit zugleich die Flanke der Kaukasusarmee zu decken. Hauptträger des Kampfes war die 6. Armee (Paulus), die durch von Süden eingedrehte Teile der 4. Panzerarmee (Hoth) Verstärkung erhielt. Zügiges Vorrücken, das die Lage erforderte, wurde immer wieder durch Betriebsstoffmangel bei den schnellen Verbänden verzögert. So ging wertvolle Zeit verloren, die der Gegner nutzte, um im westlichen Vorfeld von Stalingrad Riegelstellungen auszubauen und die bereits am 12. Juli neugebildete Heeresgruppe »Stalingradfront« mit der 62., 63. und 64. Armee zu verstärken. »Keinen Schritt zurück! Hinter uns gibt es kein Land«, lautete am 28. Juli der Befehl des sowjetischen Oberkommandos der »Stalingradfront.«
Am 10. August erreichten die deutschen Vorausabteilungen die Außenbezirke der Stadt, am 19. August erteilte Paulus der 6. Armee den Befehl zum Angriff, vier Tage später hatten Angriffsspitzen das Ufer der Wolga erreicht, die Maschinen des VIII. Fliegerkorps (Fiebig) flogen massive Unterstützung. Das sowjetische Oberkommando verkündete den Belagerungszustand, am 13. September begann der »endgültige Eroberungsstoß« der deutschen Truppen. In Frontmitte erzwangen sie zwar den Durchbruch, doch stoppten die letzten sowjetischen Reserven den Schwung. Der deutsche Vorstoß war gescheitert. Am 30. September erklärte Hitler im Berliner Sportpalast, daß der deutsche Soldat nirgends weichen werde.

◄ In immer neuen Sturmangriffen verbluten die Divisionen

In Ruinen der Häuserblocks wird die Hakenkreuzfahne gehißt ►

▲ Deutscher Stoßtruppführer

▼ Infanterie beobachtet die Wirkung der Stukas

Am 4. Oktober ließ Paulus einen weiteren Angriff beginnen mit dem Ziel, Stalingrad völlig in Besitz zu nehmen und die Sowjets vom rechten Wolgaufer zu vertreiben. Immer verbissener wurde gemäß der Weisung des STAWKA (des sowjetischen Oberkommandos) der Widerstand. Besser als eine Festung boten die Straßenschluchten, die Hochhäuser und Fabriken, die Wohnblöcke und Wassertürme der riesigen Stadt alle Voraussetzungen für eine erfolgreiche Verteidigung. Weiträumiges Operieren war nicht mehr möglich, die Armee löste sich in Stoßtrupps auf, die sich in blutigsten Häuserkämpfen jeden Schritt teuer erkaufen mußten. Es besagte wenig, daß Hitler verkündete, Stalingrad solle nicht das Verdun des zweiten Weltkrieges werden. Denn nicht die Rote Armee nutzte ihre Kampfkraft ab, wie Hitler hoffte. Bei den Sowjets waren die Verluste schnell auszugleichen, während der Ausblutungsprozeß der 6. Armee unaufhaltsam war. Zwar gelang es den ausgebrannten deutschen Verbänden, mit letzter Kraft bis Ende Oktober neun Zehntel von Stalingrad zu nehmen, doch zeichnete sich die nahende Katastrophe bereits ab.

Das verwüstete Stalingrad ►

▲ Die Wirklichkeit: Massengrab für deutsche Gefallene

▼ GFM Paulus nach seiner Gefangennahme

Schon Mitte Oktober hatte die deutsche Luftaufklärung die Ballung starker sowjetischer Verbände im Raum von Stalingrad und den anschließenden Flügelräumen gemeldet. Darüber hinaus hatten die Sowjets ihre Kräfte an Don und Wolga neu gegliedert.
Von Süden nach Norden folgten jetzt die Heeresgruppen »Stalingradfront« (Jeremenko), »Donfront« (Rokossowskij) und »Südwestfront« (Watutin) aufeinander. Das alles ließ auf eine bevorstehende sowjetische Großoffensive schließen. Sie mußte um so gefährlicher erscheinen, als die langen Flanken der Heeresgruppe B von rumänischen und italienischen Verbänden gedeckt wurden, deren Kampfwert nicht entfernt dem deutschen gleichkam. Die deutschen Divisionen waren ausgeblutet und litten unter empfindlichsten Nachschubschwierigkeiten. Das im Stalingrader Raum eingesetzte VIII. Fliegerkorps der Luftflotte 4 war mit seinen 370 Flugzeugen den beiden gegenüberstehenden sowjetischen Luftarmeen hoffnungslos unterlegen.
Nach einem Feuerschlag aus 3500 Rohren begannen die Sowjets am 19. November, fünf Uhr morgens, die Operation »Uranus«. Nordwestlich und südlich von Stalingrad durchbrachen sie die Linien der 3. und 4. rumänischen Armee und vereinigten sich fünf Tage später westlich der 6. Armee im Raum Kalatsch. Zwanzig deutsche und zwei rumänische Divisionen mit insgesamt 250000

Das Ende der 6. Armee

▼ Sowjetische Propaganda nutzt den Sieg

Pathetische Heroisierung der Tragödie in Deutschland

Mann waren eingeschlossen. Noch am Abend des 22. befahl Hitler: »Die 6. Armee igelt sich ein.« Paulus bat um Handlungsfreiheit. Noch konnte er über 100 Panzer, 1800 Geschütze und rund 10000 Kraftfahrzeuge verfügen. Hitler ordnete an, Stalingrad zu halten und sagte Entsatz von außen zu; Göring versprach die Luftversorgung mit täglich 300 t. Nur ein Tagesdurchschnitt von knapp 95 t ließ sich eine Zeitlang verwirklichen. Generalfeldmarschall von Manstein übernahm die Führung einer neuen Heeresgruppe Don und begann am 12. Dezember mit Teilen der 4. Panzerarmee (Hoth) einen Entsatzangriff aus dem Raum Kotelnikowo. Hoths Panzer kämpften sich bis auf 50 km an Stalingrad heran, dann zwang sie eine sowjetische Offensive gegen die 8. italienische Armee (Gariboldi) in Richtung Tschir–Rostow zur Einstellung des Angriffs. Ein vorbereiteter Gesamtdurchbruch der 6.Armee (Unternehmen »Donnerschlag«) als letzte Möglichkeit wurde von Hitler untersagt. Die Kampfkraft der Armee war wegen der katastrophalen Versorgungslage ohnehin stark geschwächt. Am 10. Januar begannen die Sowjets mit der Zerschlagung des Kessels (Operation »Ring«) und spalteten ihn in zwei Teile. Der Südkessel mit Generalfeldmarschall Paulus kapitulierte am 31. Januar, der Nordkessel zwei Tage später. Die Sowjets zählten 91000 Gefangene, etwa 70000 deutsche Soldaten waren gefallen. Die 6. Armee bestand nicht mehr.

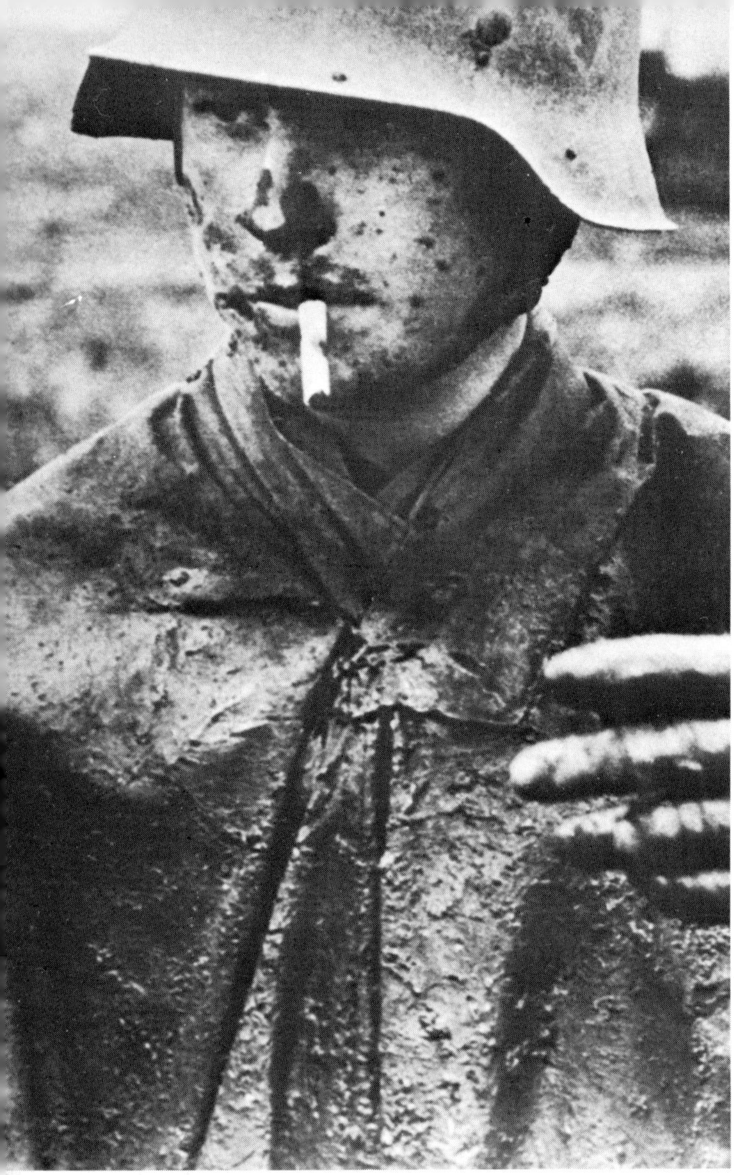

Die Leistungen des deutschen Frontsoldaten in fast sechs Jahren Krieg streiften oft die Grenze des Faßbaren und Möglichen. Die Gnadenlosigkeit dieser Zeit überforderte ihn bis zur letzten Erschöpfung, sie preßte und glühte ihn aus und stürzte ihn jeden Kampftag von neuem in hundert Qualen und Ängste. Doch immer wieder faßte er Mut, griff von neuem an oder richtete sich zur Verteidigung ein, um jeden Fußbreit Boden mit dem Gegner ringend. Eine Stellung »bis zum letzten Schuß und zum letzten Mann zu halten«, konnte kein Befehl erzwingen. Wenn es trotzdem geschah, und es geschah öfter, als es in den Divisionstagebüchern aufgezeichnet ist, dann kam der Wille zum Opfer aus dem klaren Bewußtsein von Männern, die erkannten, daß ihr Ausharren an dieser Stelle notwendig war, um die Vernichtung größerer Verbände und damit auch die eigene abzuwenden.

Vorgesetzter dieser Männer zu sein, war schwierig und erforderte viel Einfühlungsgabe. Rangabzeichen respektierten sie nur in der äußerlichen Geste, später an der Ostfront oft überhaupt nicht mehr. Nur die wahre Führerpersönlichkeit konnte ihr Vertrauen erringen. Man mußte ihren Alltag leben, ihre Gedanken kennen, man mußte im Bereich des Möglichen für sie sorgen und man durfte ihnen keine Befehle erteilen, deren Sinn sie nicht verstanden oder die nicht in all ihren Folgen durchdacht waren.

Je länger der Krieg dauerte, desto stärker glichen sich die Gesichter der Landser, die von Anfang an dabei gewesen waren. Das gleiche Schicksal, die gleichen Entbehrungen und Anstrengungen, die stete, allmählich gleichgültig machende Nähe des Todes, die schlaflosen Nächte und Tage hinterließen deutliche Spuren.

Das Gesicht des Infanteristen

Wer die großen Schlachten mitgeschlagen und die tausend Gefechte mitgekämpft hatte, verfügte über einen fast tierhaft feinen Instinkt für die Gefahr, der meist nicht bewußt war. Der Landser hätte selbst nicht begründen können, weshalb er plötzlich blitzschnell eine Stellung wechselte, in ein anderes Loch sprang, während drüben an dem Platz, den er vor zwei Sekunden verlassen hatte, die Erdfontäne einer krepierenden Granate hochspritzte.
Die schwerste Last von allen Truppengattungen trug der Infanterist, der nach langen Märschen in Staub und Sonnenglut oder durch metertiefen Schnee in den Kampf geworfen wurde und mit keuchenden Lungen, mit letzter Kraft, den Sprunglauf in das feindliche Feuer wagte, um ohne Rast wieder anzutreten, wenn der Feind geworfen war oder der Rückzug weiter ging.

Man hat den zweiten Weltkrieg den »Krieg der Fabriken« genannt. Je länger der Krieg dauerte, um so zwangsläufiger mußte diejenige Partei Endsieger des Ringens werden, die die meisten Panzer und Geschütze auf die Schlachtfelder werfen, die höchste Zahl von Flugzeugen in die Luft bringen und mit der größten Flotte die See beherrschen konnte.

Bis zum Ausbruch des Krieges hatte Deutschland fast die gleiche Waffenkapazität wie seine Gegner. Dieses ausgewogene Verhältnis blieb auch noch im ersten Kriegsjahr bestehen. Ab 1941 begann die Waagschale schnell zugunsten der Alliierten zu steigen. Obwohl Deutschland über genügend Rohstoffe verfügte und seine Rüstungskraft imstande gewesen wäre, das Doppelte und Dreifache zu leisten, verharrte es auf den Produktionszahlen von 1940. Die bisherigen überwältigenden Siege auf allen Kriegsschauplätzen, der schnelle Vormarsch in Rußland und der Zukunftsoptimismus der militärischen und politischen Führung ließen ein schnelles Ende des Krieges erwarten und boten keinen Anlaß mehr, die Fertigungsziffern zu erhöhen. Wie falsch man noch in einer Zeit, als die ersten Krisenzeichen bereits deutlich bemerkbar waren, die Gesamtlage beurteilte, geht daraus hervor, daß man die Munitionsproduktion, die nach dem

▲ Vierlings-Flugabwehrkanonen vor dem Verladen

◄ Rüstungsbetriebe werden unter die Erde verlagert

▼ Sturmgeschütze in der Endmontage

Frankreichfeldzug fast auf die Hälfte der bisherigen Erzeugung herabgesetzt wurde, noch bis zum Sommer 1942 laufend absinken ließ. Als man – zu spät – erkannte, daß der Gegner im Osten keineswegs gebrochen und zermürbt war, sondern mit massierten Kräften und mit an Zahl und teilweise an Qualität überlegenen Waffen von der Verteidigung zum Gegenangriff überging, wurde die deutsche Waffenproduktion zu Höchsttouren angekurbelt. Mit der Übertragung von Sondervollmachten an den Minister für Bewaffnung und Munition, Albert Speer, Anfang 1942, begann eine neue Ära der Rüstung, die bis 1944 das Dreifache ihrer bisherigen Fertigung auslieferte.

▲ Auschwitz: Hermetisch war die »Todesfabrik« nach außen abgeriegelt ▼ Die Verbrennungsöfen in den KZ-Lagern gingen nicht meh

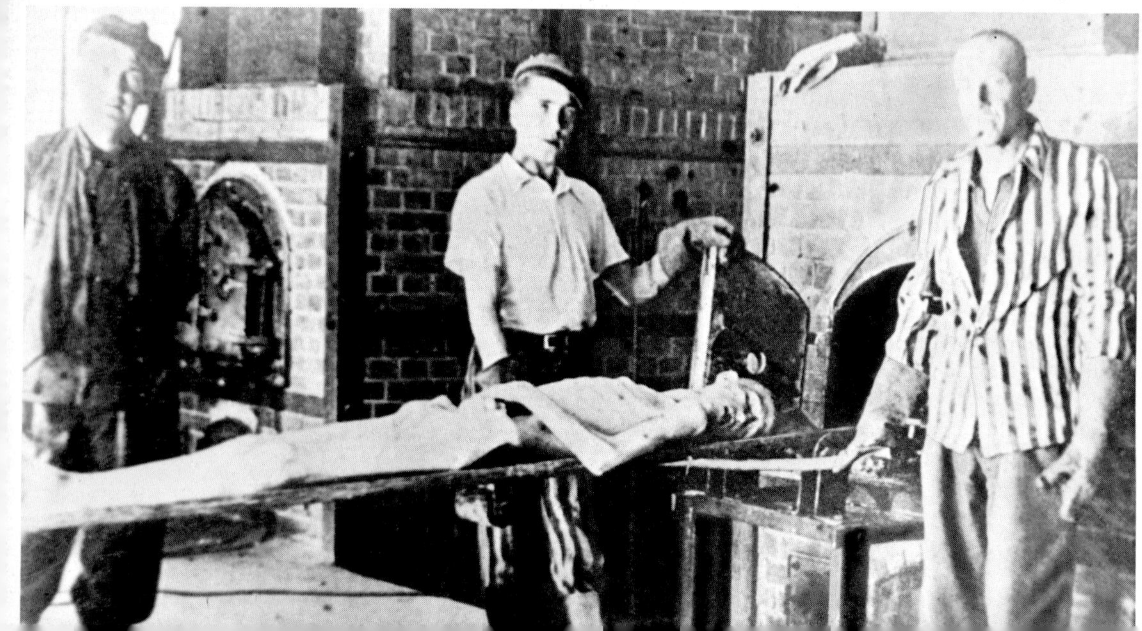

Endlösung?

Die Juden, in Deutschland schon seit dem Machtantritt der Nationalsozialisten Bürger zweiter Klasse, wurden nach Beginn des Rußlandfeldzuges von den der Truppe folgenden »Einsatzkommandos« wahllos aufgegriffen und ermordet. Am 20. Januar 1942 organisierte die »Wannsee-Konferenz«, eine Zusammenkunft der Staatssekretäre der wichtigsten deutschen Ministerien unter Vorsitz des Chefs des Reichssicherheitshauptamtes Heydrich, die sogenannte »Endlösung« der Judenfrage, die planmäßige Aussiedlung der Juden in den besetzten Osten und ihre mechanisierte Ermordung. Im Warschauer Ghetto erhoben sich im April 1943 Kampfgruppen der noch übriggebliebenen 60000 Einwohner. Der Aufstand wurde von Polizeiverbänden des SS-Gruppenführers Stroop blutig niedergeschlagen, der verbliebene Rest der jüdischen Bevölkerung dem Vernichtungslager Treblinka zugeführt.

Ebenfalls Anfang April 1943 fand man bei dem Dorf Katyn, 20 km westlich von Smolensk, Massengräber mit über 4000 von den Russen erschossenen polnischen Offizieren. Goebbels, der die Chance erkannte, mit dieser Dokumentation sowjetischer Barbarei die Empörung der freien Welt von den Grausamkeiten in den KZ und von der Massenvernichtung der Juden abzulenken, ließ seine Propagandamaschinerie auf Hochtouren laufen. Sachverständige, Journalisten und Fotografen, Ärzte und Kriminalisten aus Deutschland und dem neutralen Ausland stellten übereinstimmend fest, daß die Ermordungen noch vor dem deutschen Einmarsch stattgefunden hatten. Die von Goebbels gehegten Hoffnungen auf einen Umschwung der Weltmeinung erfüllten sich jedoch nicht. Die Nachrichten über die Ausmordung des Ghettos von Warschau und die Massenliquidationen in den Konzentrationslagern überlagerten das Grauen von Katyn.

Eine internationale Kommission besichtigt ein Massengrab bei Katyn ►

Die Partisanenführerin Soja Kosmodemjanskaja nach der Hinrichtung

Der Partisanenkampf war die unheimlichste Erscheinungsform des Krieges. Er wurde auf beiden Seiten mit schonungsloser Grausamkeit geführt, die kein Pardon kannte. Die Partisanen waren äußerlich nicht kenntlich, sie trugen weder Uniform noch Abzeichen. Der Bauer auf dem Feld, die weibliche Arbeitskraft in der Kompanieküche, der Dorfschmied oder der Quartiergeber konnten zu ihren Kadern gehören. Grauenhaft war das Schicksal von Gefangenen, die in die Hand der Partisanen fielen. Sie wurden gefoltert, um Auskünfte über Angriffspläne, Truppenbewegungen und Bewaffnung zu erpressen, und schließlich liquidiert. Lebend ist kaum ein deutscher Soldat den Händen dieser selbst nicht auf Gnade rechnenden Untergrundkämpfer entkommen.

Hatte irgendwo eine Aktion des Widerstandes stattgefunden, dem deutsche Soldaten zum Opfer gefallen waren, griffen die zur Bekämpfung des »Bandenwesens« hinter der Front eingesetzten Wehrmachtsteile und die Dienststellen des SD zu harten Vergeltungsmaßnahmen. Zeitweise wurden z. B. in Jugoslawien auf Führerbefehl für jeden getöteten Angehörigen der Besatzungstruppe 50 bis 100 willkürlich ausgewählte Geiseln erschossen. Die Namen der Delinquenten wurden zur Abschreckung öffentlich bekanntgegeben.

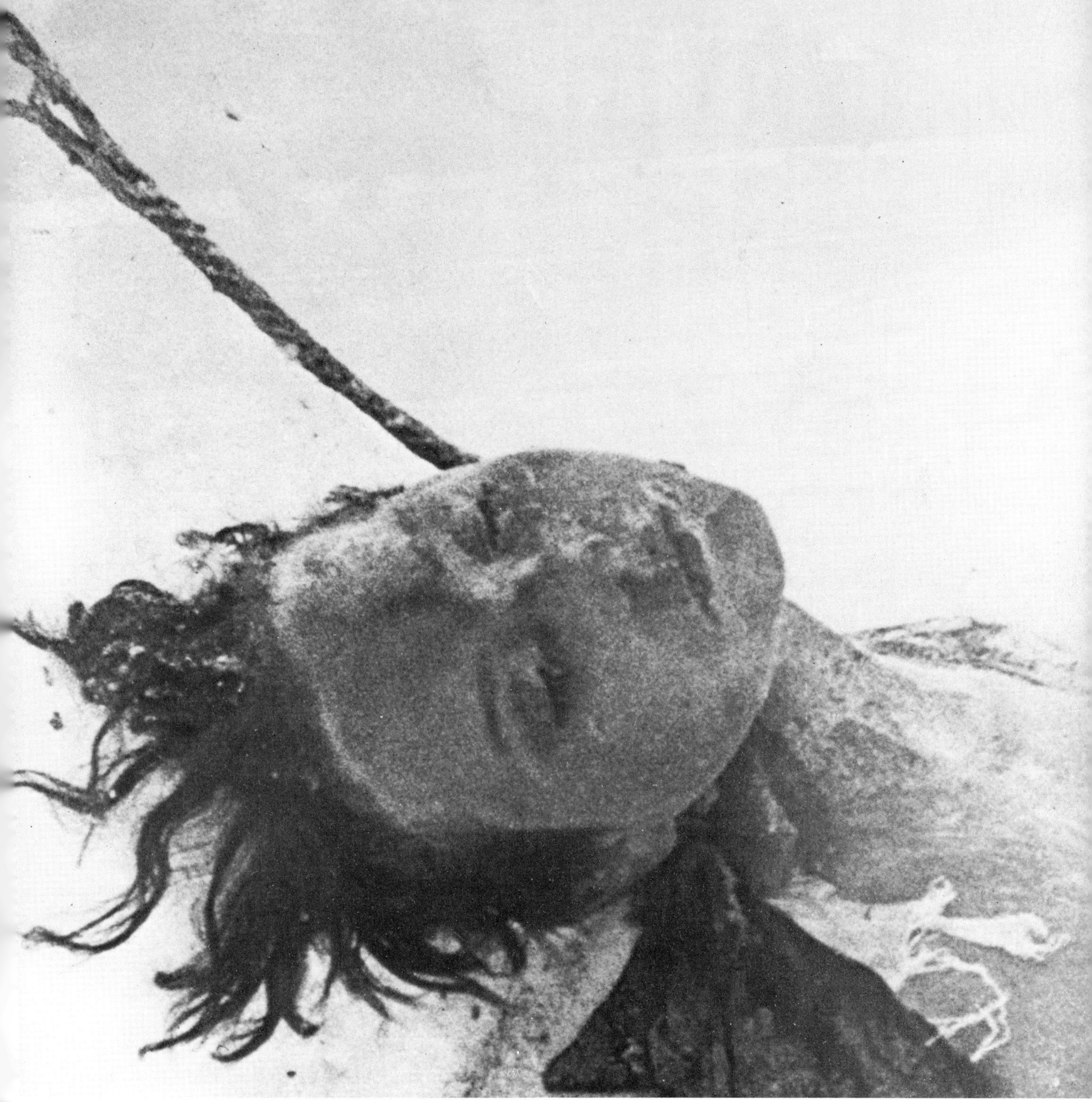

So finden die Sowjettruppen die spätere »Heldin der Sowjetunion« vor

Das internationale Kriegsrecht, für das immer noch die Haager Landkriegsordnung aus dem Jahre 1907 gültig war, schützte den aus dem Hinterhalt kämpfenden Freischärler nicht. Er stand außerhalb jedes Rechtsschutzes. Für sein Vaterland war er ein tapferer Freiheitsheld, für den Soldaten im Feindesland aber war er ein Mörder, der feige und hinterlistig tötete und gegen den jedes Mittel der Abwehr recht erschien.

Nur mit tiefster Erschütterung kann man die beiden Bilder dieser Doppelseite betrachten. Alle Gnadenlosigkeit und Ausweglosigkeit, alles Leid und Elend des Krieges werden hier deutlich.

Bandenkampf: Krieg ohne Konvention

▲ Nach einem Sprengstoffanschlag schwärmt die Zugbegleitmannschaft aus

»Jagd« auf Partisanen ►

Partisanen – Jäger und Gejagte

Partisanen nannte man die Widerstandskämpfer in den von der deutschen Wehrmacht besetzten Gebieten, die als Irreguläre in vereinzelten Aktionen Überfälle und Attentate verübten. Je länger der Krieg dauerte, desto organisierter und wirkungsvoller wurde der Kampf aus dem Untergrund. In Frankreich war es die »Résistance«, zu deren Niederhaltung zahlreiche deutsche Einheiten eingesetzt werden mußten, in Italien nach dem Sturz Mussolinis die meist kommunistisch orientierte Untergrundbewegung, in Griechenland Freischärlerorganisationen mit ganz unterschiedlichen Zielen und Weltanschauungen. Am bedrohlichsten entwickelten sich die Partisanenbewegungen in Jugoslawien und Sowjetrußland, wo ganze Divisionen zu ihrer Bekämpfung herangeführt werden mußten. In Jugoslawien zersplitterten sich, wie in Griechenland, die Organisationen in verschiedene, sich gegenseitig bekämpfende Gruppen. Die Führung glitt später immer mehr in die Hände der kommunistischen Partisanen unter ihrem Chef Josip Broz, genannt Tito. Er hielt sich aus den Interessenkämpfen zwischen Kroaten, Serben und Muselmanen heraus und versammelte allmählich eine Streitmacht von 120000 bis 150000 Mann unter seinem Kommando.

In Rußland war bereits kurz nach Kriegsbeginn von Moskau zum allgemeinen »vaterländischen« Krieg gegen die Eroberer aufgerufen worden. Im Juli wurde ein »Stab der zentralen Partisanenbewegung« aufgestellt, von dem aus die Bewegung der Freischärler und ihre Kampfhandlungen geleitet wurden (später durch die sowjetische Heeresführung). Größere Partisanenverbände in undurchdringlichen Wald- und Sumpfgebieten wurden aus der Luft mit Waffen und Lebensmitteln versorgt. Sie bildeten eine stete Gefahr für die Soldaten in den besetzten Gebieten und störten empfindlich den Nachschub zur Front, indem sie Eisenbahnzüge und Lastwagenkonvois angriffen, Brücken und Schienenwege zerstörten.

▲ Landeseigener Verband bei einem Patrouillenritt

▼ Russische Wehrmachtsfreiwillige fordern Sowjetsoldaten zum Überlaufen auf

Sowjetvölker gegen Stalin

▼ Muselmanisches Turkmenenbataillon der SS bei der Gebetsübung

Schon bald nach Beginn des Krieges gegen die Sowjetunion kamen aus den Lagern, wo jeweils viele Tausende russischer Kriegsgefangener unter schwierigsten Bedingungen zusammenlebten, Gesuche von einzelnen und Gruppen zur Übernahme in den Hilfsdienst der Wehrmacht oder zum Einsatz mit der Waffe an der Front. Bei den Kriegsdienstwilligen handelte es sich meist um Angehörige von Volksgruppen der Sowjetunion, die der bolschewistischen Weltanschauung aus politischen oder religiösen Gründen ablehnend gegenüberstanden oder die aus historisch oder völkisch motiviertem Freiheitsbewußtsein mit Hilfe Deutschlands ihr Volk und Land aus der straffen Zentralgewalt Moskaus zu lösen hofften.

Hitler und der größte Teil der nationalsozialistischen Führungsgremien standen diesen Bestrebungen ablehnend und feindlich gegenüber. Sie sahen in den eroberten, weiten und fruchtbaren Gebieten ein Beuteland, das nicht nur die deutsche Raumnot für alle Zukunft beseitigen, sondern als Siedlungsgebiet für Millionen von Einwanderern aus den »germanischen« Ländern des europäischen Westens und Nordens dienen sollte.

Diesen Zukunftsplänen konnte jede Unterstützung von nationalen Bestrebungen und Freiheitsidealen in dem besetzten Ostgebiet nur schaden. Erst sehr viel später, unter dem Druck der russischen Offensiven seit 1944, hat Hitler seinen Widerstand gegen die Bildung von russischen Bataillonen innerhalb der deutschen Wehrmacht aufgegeben.

Entgegen dieser Grundhaltung des »Führers und Obersten Befehlshabers« hat die Wehrmacht, besonders das Heer, im »rückwärtigen Heeresgebiet« die Übernahme von Hilfswilligen (Hiwis) als Arbeitskräfte geduldet. Hohe Offiziere, wie die Generale Gehlen und von Tresckow, Oberstleutnant Graf von Stauffenberg, die Obersten Herre, von Roenne und andere, befürworteten ausdrücklich die Aufstellung von bewaffneten Einheiten aus einheimischen Freiwilligen, die wegen ihrer Landes- und Sprachkenntnisse besonders im Partisaneneinsatz verwendet werden sollten. Unter der Protektion dieser deutschen Offiziere begannen der 1942 gefangengenommene General Andrej Wlassow und der Oberst Wladimir Bojarskij mit einer großangelegten Werbungsaktion für die Aufstellung einer nationalrussischen Armee. Der überraschende Erfolg weckte die Gegnerschaft der NS-Funktionäre, die bei Hitler ein Verbot jeder weiteren Tätigkeit Wlassows erwirkten. Der General wurde in »Ehrenhaft« nach Berlin gebracht.

Trotz aller Widerstände wurden russische Freiwilligenverbände weiter an der Front eingesetzt und lobend im Wehrmachtsbericht erwähnt. Unter ihnen waren Großrussen, Weißruthenen, Esten, Litauer, Ukrainer, Bessarabier und Tataren. Mit hervorragender Tapferkeit kämpften die Kosaken vom Terek, vom Kuban und vom Don, die bereits unter dem Zaren als Elitesoldaten galten. Sie hatten eine alte Rechnung mit dem Bolschewismus zu begleichen, der ihnen alle Sonderrechte genommen hatte. Die verwegenen Reiter wurden besonders im Späh- und Aufklärungsdienst und zur Partisanenbekämpfung verwendet.

1943/44 wurden die meisten Freiwilligenverbände in die Waffen-SS eingegliedert. Mitte 1944 gab es an der Ostfront etwa 160 Bataillone mit rund 300000 russischen Legionären.

▲ Tigerpanzer gehen in Richtung Prochorowka vor

▲ Ein vorgeschobener Beobachter der Artillerie bei der Feuerleitung

Kursk und Orel: Moskau siegt durch Spione

Nach den schweren Verlusten im Winter 1942/43 konnte Deutschland im Osten keine umfassende Großoffensive mehr führen. Man mußte sich auf räumlich begrenzte Angriffe beschränken, die den Gegner zermürben sollten. Im Rahmen dieser »Abnützungsstrategie« wurde für das Frühjahr 1943 das Unternehmen »Zitadelle« geplant, das in der Geschichte des Rußlandfeldzuges einen besonderen Platz einnimmt, da es die letzte größere deutsche Offensive war. Der Operationsplan sah vor, daß mit starken Kräften der Heeresgruppen Süd und Mitte, deren Schwerpunkt 21 schnelle Divisionen bildeten, der weit in die deutsche Frontlinie hineinragende russische Bogen von Kursk von beiden Flanken aus eingeschnürt und abgedrückt wurde. Dadurch sollten mehrere Ziele zugleich erreicht werden: die Zerschlagung

▲ Zwei abgeschossene deutsche Panzer IV, davor die gefallene Besatzung

Nächste Seite: »Der Stoßtrupp«, Krieg im PK-Stil ▶

der hier versammelten, starken russischen Verbände, Vernichtung herangeführter sowjetischer Reserven, eine Verkürzung der Front und Erbeutung von dringend benötigten Fremdarbeitern für die deutsche Rüstung aus Kriegsgefangenen und zwangsverpflichteten Zivilisten. Der Angriff sollte ursprünglich am 3. Mai beginnen, mußte aber schließlich auf den 5. Juli verschoben werden. Dadurch hatte der Gegner, der durch Agentenmeldungen über alle Einzelheiten des Unternehmens unterrichtet war, Zeit, seine Verteidigungsanlagen auszubauen und Verstärkungen heranzuziehen. Gleichzeitig bereitete er sich vor, an jenen Stellen der deutschen Front, die durch Abzug von Divisionen für »Zitadelle« geschwächt waren, von sich aus anzugreifen. Das Kräfteverhältnis Wehrmacht - Rote Armee sah folgendermaßen aus: Truppen 900 000 : 1 300 000, Panzer 2700 : 3600, Geschütze 10 000 : 20 000, Flugzeuge 2000 : 2400. Am 5. Juli traten die Armeeabteilung Kempf, die 4. Panzerarmee (Hoth) und die 9. Armee (Model) zum Vormarsch an. Unmittelbar vor der dem Feind bekannten Stunde X eröffnete die russische Artillerie das Feuer auf die deutschen Stellungen, während sowjetische Kampfflugzeuge die Panzerversammlungsräume mit Bomben belegten. Nach anfänglichen Teilerfolgen blieb der Angriff bald vor der Abwehrfront des übermächtigen Gegners stecken. Als dann die Sowjets mit einer Offensive auf den im Rücken der 6. Armee gelegenen Bogen von Orel begannen, mußte das Unternehmen »Zitadelle« nach schweren deutschen Verlusten am 13. Juli abgebrochen werden.

▲ Mit solchen Troßgefährten ging der Rückzug nur langsam vonstatten

▲ Unter unvorstellbaren Schwierigkeiten werden Truppe und Gerät zurückgeführt

Trotz der bitteren Erfahrungen, die die deutsche Ostfront mit der starren Strategie des »Haltens um jeden Preis« gemacht hatte, verweigerte Hitler auch weiterhin seine Zustimmung zu den von den Armeeführern dringend vorgeschlagenen Frontzurücknahmen und Frontverkürzungen. Immer noch beherrschte ihn die Vorstellung eines »Ostwalles« von Leningrad bis zum Schwarzen Meer, der alle Angriffe der Russen zurückweisen und in dessen Vorfeld sich die Sowjetarmee in einem ständigen Ausblutungsprozeß zerreiben sollte.
Den die Wirklichkeit ignorierenden Wunschträumen Hitlers standen die Realitäten einer zutiefst erschöpften und zermürbten, dezimierten deutschen Front gegenüber, gegen die vom Sommer 1943 bis zum Frühjahr 1944 an zahlreichen Stellen sowjetische Offensiven mit weit überlegenen Kräften heranfluteten. In der zweiten Julihälfte 1943 konnte zwar der gefährliche Großangriff russischer Truppen in den Rücken der gegen Kursk operierenden 9. Armee abgefangen werden, der Druck des in drei Keilen vorgehenden Gegners wurde jedoch so unhaltbar, daß die große Ostausbuchtung mit Orel und Karatschew aufgegeben werden mußte.
Die Divisionen wurden in der »Hagenoperation« auf eine begradigte Sehnenstellung zurückgezogen, die knapp ostwärts von Brjansk verlief. Die Hoffnung, daß die dadurch frei werdenden 10 bis 20 Divisionen die schwierige Lage an anderen Frontabschnitten der Heeresgruppe Mitte, besonders bei der bedrängten 4. Armee, bereinigen konnten, erfüllte sich nicht. Indessen hatte sich nämlich die Situation bei der Heeresgruppe Süd alarmierend gewandelt. Massierte Armeen der russischen Südwest- und Südfront drangen gegen das Donezgebiet vor, erzielten einen Einbruch bei Stalino und stellten sich am Nordabschnitt der Heeresgruppe zu einer Großoffensive bereit.

▲ Zarentradition in der Roten Armee: Der Fahnenschwur

Der Weg zurück

Von nun an zwang der Gegner den deutschen Armeen das Gesetz des Handelns auf. Auf der ganzen Linie mußten die Verbände den Rückzug antreten. Das Donezgebiet und der Kubanbrückenkopf wurden geräumt, Kiew mußte aufgegeben werden, Nikopol und Kriwoj Rog gingen verloren, in Nordrumänien drang der Russe ein, und bis Anfang April 1944 war die ganze Südukraine in der Hand der Sowjets. Der russische Vormarsch erreichte Galizien und die Tschechoslowakei. Die Heeresgruppe Mitte mußte bis an den Nordrand der Pripjetsümpfe zurückgehen, die Heeresgruppe Nord verschanzte sich hinter dem Peipussee und der Narwa.

Die Krim mit Sewastopol hielt sich in aussichtsloser Lage noch bis Anfang Mai 1944. Bei der viel zu spät einsetzenden Räumung über See fielen fast 30000 deutsche und 7000 rumänische Gefangene in russische Hände.

x-mal Stalingrad

◄ Auch die Sowjets haben schwere Verluste

▲ Transportflugzeug Me 321 »Gigant« bei Tscherkassy

Bei besonnener Führung und einem einigermaßen ausgeglichenen Kräfteverhältnis hielten die Divisionen dem russischen Ansturm stand. Das zeigte sich besonders deutlich bei der Heeresgruppe Mitte, die sich durch ihre verkürzte Front Dnjepr-Orscha-Witebsk – Raum Welikije Luki die Flanken gesichert hatte. In schweren Abwehrschlachten schlugen die 4. Armee und die 3. Panzerarmee bei Orscha den Gegner zurück. Der Heeresgruppe Nord gelang es, aus ihrer Verteidigungslinie hinter dem Peipussee und der Narwa den Sowjetarmeen den Zugang nach Lettland zu sperren. Eine glänzende Waffentat war die Aufsprengung des Kessels von Tscherkassy Mitte Februar 1944. Dort wurden durch einen schnell vorgetragenen Panzerangriff zum Dnjepr 7 Divisionen der 8. Armee, die sich nach Westen durchzukämpfen versuchten, aus der russischen Umklammerung befreit. So wurde zwar der Zusammenhang der Front bewahrt, doch betrugen die deutschen Verluste ein Vielfaches derer bei Stalingrad.

◄ »Panzerknacker« mit Haftmine

Während sich im Westen und Süden der Kriegsfront große westalliierte Erfolge mit der geglückten Invasion und dem Vorrücken auf Rom abzeichneten, bereitete das sowjetische Oberkommando den großen Schlag gegen die deutsche Ostfront vor. Mehr als 160 sowjetische Divisionen wurden bereitgestellt, um die 40 Divisionen der HGr. Mitte (Busch) umfassend zu vernichten. Obwohl Hitler ein zutreffendes Feindlagebild vorgelegt wurde, versagte er sich doch der sinnvollen Maßnahme, die Front auszudünnen, um so eine starke operative Reserve, so unzureichend sie auch sein mochte, zu schaffen. Vielmehr befahl er Busch, seine Divisionen an die zu »Festen Plätzen« bestimmten Frontstädte, vor allem Witebsk, Mogilew, Bobruisk und Orscha zu klammern, in der trügerischen Hoffnung, der Feind werde an diesen »Wellenbrechern« zerschellen. Am 22. Juni schlugen die Sowjets los, durchstießen ohne Mühe die deutsche Front und kesselten mehrere Großverbände ein. Ihr Vorrücken wurde hervorragend unterstützt durch den geballten Einsatz von mehr als 200 000 sowjetischen Partisanen im Hinterland, die das deutsche Nachschub-Schienennetz an mehr als 10 000 Stellen unterbrachen. Der Zusammenbruch der HGr. Mitte war vollständig. Nach vier Wochen hatte sie 350 000 Mann verloren. Die Sowjets zählten fast 160 000 Gefangene, darunter 22 Generale. Der Weg zu den Reichsgrenzen war offen.

Abwehr und »Feste Plätze«

▲ Deutsche Abwehrstellung im Narwa-Brückenkopf

◄ Völlig erschöpfte Soldaten in einer Gefechtspause

▼ Durchhalteaufruf des Kampfkommandanten von Kriwoj Rog

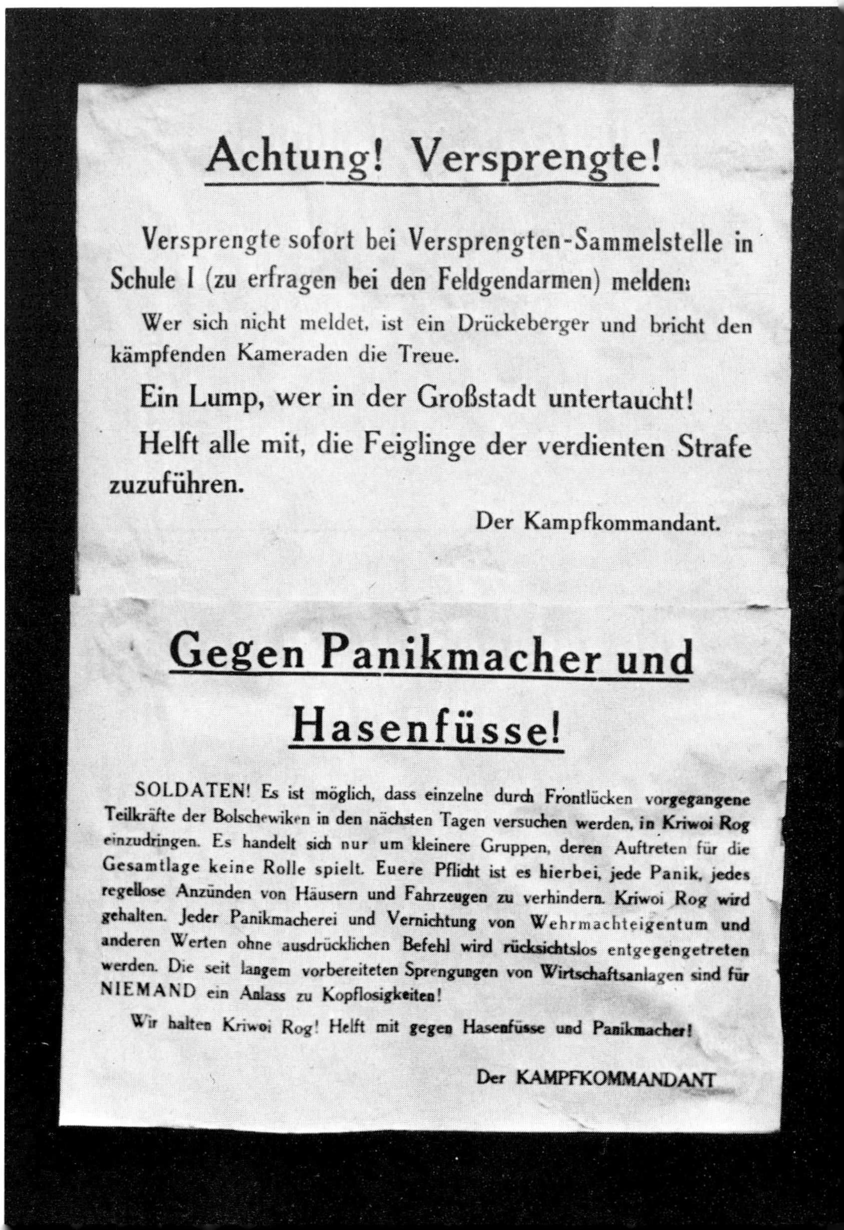

Achtung! Versprengte!

Versprengte sofort bei Versprengten-Sammelstelle in Schule I (zu erfragen bei den Feldgendarmen) melden:

Wer sich nicht meldet, ist ein Drückeberger und bricht den kämpfenden Kameraden die Treue.

Ein Lump, wer in der Großstadt untertaucht!

Helft alle mit, die Feiglinge der verdienten Strafe zuzuführen.

Der Kampfkommandant.

Gegen Panikmacher und Hasenfüsse!

SOLDATEN! Es ist möglich, dass einzelne durch Frontlücken vorgegangene Teilkräfte der Bolschewiken in den nächsten Tagen versuchen werden, in Kriwoi Rog einzudringen. Es handelt sich nur um kleinere Gruppen, deren Auftreten für die Gesamtlage keine Rolle spielt. Euere Pflicht ist es hierbei, jede Panik, jedes regellose Anzünden von Häusern und Fahrzeugen zu verhindern. Kriwoi Rog wird gehalten. Jeder Panikmacherei und Vernichtung von Wehrmachteigentum und anderen Werten ohne ausdrücklichen Befehl wird rücksichtslos entgegengetreten werden. Die seit langem vorbereiteten Sprengungen von Wirtschaftsanlagen sind für NIEMAND ein Anlass zu Kopflosigkeiten!

Wir halten Kriwoi Rog! Helft mit gegen Hasenfüsse und Panikmacher!

Der KAMPFKOMMANDANT

Der Pazifikkrieg

Vizeadmiral a. D. Prof. Friedrich Ruge

Die Insellage und das Nachwirken des Feudalismus sind die Faktoren, die das politische und militärische Verhalten Japans vor und im zweiten Weltkrieg stark beeinflußt haben. Das Land ist dem asiatischen Kontinent ähnlich vorgelagert wie England dem europäischen. Für beide haben sich daraus vielfache Wechselbeziehungen mit dem Festland ergeben, bis zu Expeditionen dorthin und Invasionen (oder Versuchen dazu) auf den Inseln. So schlug Japan die Angriffe mongolischer Flotten zur Zeit Kublai Khans ab, unterstützt vom »Göttlichen Wind« (Kamikaze), dem vernichtenden Taifun. Es versuchte, Korea zu unterwerfen, stieß aber auf den Widerstand der Chinesen und mußte sich zurückziehen. Es trieb blühenden Handel mit dem Festland und sogar mit europäischen Kaufleuten, die sich, wie auch Jesuiten, in Japan niederlassen durften. Ab 1637 schloß sich das Land dann aus innerpolitischen Gründen fast völlig von der Außenwelt ab. Nur eine kleine holländische Handelsstation blieb, in Nagasaki gelegen, das auch als einziger Hafen für den Chinahandel diente. Das Christentum wurde ausgerottet.

Ebenfalls in der Mitte des 17. Jahrhunderts schuf Cromwell eine starke Flotte und machte England damit zur führenden Seemacht. Es behauptete diese Stellung fast 300 Jahre lang und nutzte sie dazu aus, das Emporkommen einer Hegemonialmacht auf seinem Kontinent zu verhindern und ein riesiges Kolonialreich zu erwerben. Während England mit allen seefahrenden Staaten wirtschaftlich und geistig verbunden war, entwickelte in der Abschließung von der Außenwelt der japanische Feudalismus seine besonderen und sehr ausgeprägten Formen. Die Kaiser aus dem Geschlecht des Jimmu Tenno, der das Reich angeblich 660 v. Chr. gründete, hatten nur repräsentative Aufgaben. Die wirkliche Regierung führten die Shogune (Generalissimi), Hausmeier oder Reichsverweser aus der Familie der Tokugawa. Sie richteten eine Verwaltung nach militärischen Gesichtspunkten ein. Unter ihnen standen die Daimyo, Feudalherren, etwa unseren Rittern vergleichbar, in ihrem Gebiet sehr selbständig, aber vom Shogun genau überwacht. Japan war ein gut durchorganisierter, feudaler Militär- und Polizeistaat. Hier liegen die Wurzeln der hohen Kampfmoral bis zur Selbstaufopferung, aber auch der Überheblichkeit, der Auffassung des Krieges als eines rein militärischen Zweikampfes, der Landstrategie auch für Seeoperationen, des Respekts für den Kämpfer und der Verachtung für den, der sich gefangen gibt.

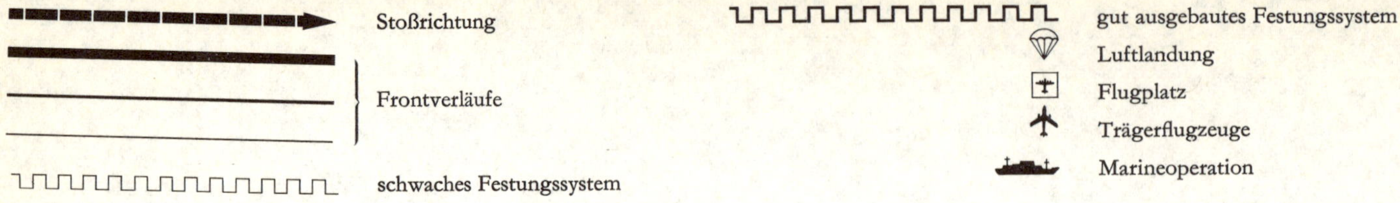

Schwarz bezeichnet Bewegungen der deutschen und verbündeten Truppen, Rot die der Alliierten

In diese mittelalterliche Gesellschaft brach 1853/54 das neue technische Zeitalter ein, in Gestalt eines US-Geschwaders von sieben Schiffen unter Commodore M. C. Perry. Unter Hinweis auf seine militärische Macht erzwang dieser die Öffnung von zwei Häfen für den amerikanischen Handel. Andere Seemächte folgten diesem Beispiel, und alle sicherten ihren Staatsbürgern Sonderrechte, nicht zur Freude der Japaner. Sie gingen soweit, japanische Batterien, die die Durchfahrt der Handelsschiffe hindern wollten, durch das Feuer ihrer Kriegsschiffe zu zerstören. Die offensichtliche Schwäche des Shogun, die sich bei diesen Vorgängen zeigte, trug zu seinem Sturz durch einige der großen Familien (besonders Choshu und Satsuma) bei. Diese gaben dem Kaiser wieder größere Rechte, behielten selbst aber starken Einfluß auf die Staatsgeschäfte. Die Choshu besetzten lange Zeit die führenden Stellen im Heer, die Satsuma in der Marine.

Unter Kaiser Mutsuhito (Meiji, 1867–1912) gingen die führenden Männer energisch daran, das Land zu modernisieren und zu industrialisieren. Dieser tiefgehende Wandel brachte schwierige wirtschaftliche und geistige Probleme mit sich, in manchem mit denen Deutschlands in der Periode des Imperialismus vergleichbar, nur noch einschneidender. Es blieb der Einfluß der großen Familien und des landmilitärischen Denkens, auch wenn bald eine moderne Marine geschaffen wurde. Diese siegte 1894 über die chinesische Flotte und sicherte 1904 die Seeherrschaft, die den Feldzug in der Mandschurei und die Eroberung von Port Arthur erst möglich machte. In mehreren Schlachten schlug sie die russische Ostasienflotte und vernichtete dann bei Tsushima die aus der Ostsee herangekommenen Geschwader. Im 1. Weltkrieg nahmen japanische Kräfte nach kurzem Kampf Tsingtau und besetzten die bis dahin deutschen Karolinen, Marianen und Marschall-Inseln.

Es ist nicht überraschend, daß sich ein kräftiger Imperialismus entwickelte. Dieser richtete sich gegen das scheinbar zerfallende chinesische Reich, von dem Rußland bereits große Stücke abgerissen hatte. Außer Korea sicherten sich die Japaner die Halbinsel Liautung und die südliche Mandschurei. Ihr Eingreifen in Sibirien nach der russischen Revolution brachte ihnen keinen bleibenden Gewinn. Im Flottenvertrag von Washington (1922) mußte Japan in das Kräfteverhältnis von 5:5:3 für USA:Großbritannien:Japan einwilligen. Dafür verzichteten die Angloamerikaner darauf, ihre Stützpunkte im westlichen Pazifik auszubauen und zu befestigen (Philippinen, Hongkong, Guam usw.). Singapur war hiervon ausgenommen.

Damit konnte sich Japan vor einem Angriff sicher fühlen, auch wenn das Kräfteverhältnis nicht den Wünschen der führenden Männer entsprach. Beim damaligen Stand der Technik war es nicht möglich, große Flotten längere Zeit ohne eigene Stützpunkte operieren zu lassen. Allerdings war 1908/09 die US-Schlachtflotte mit 16 Linienschiffen und einer Anzahl von Kreuzern um die ganze Erde marschiert, als Demonstration der Stärke gerade auch Japan gegenüber, aber sie hatte Brennstoff und Vorräte in den Häfen der Nationen ergänzt, die sie besuchte.

Gefahren für Japans Zukunft lagen im Lande selbst, in der geistigen Haltung der führenden Schicht. Die großen militärischen Erfolge erzogen nicht gerade zur Selbstbescheidung, und man faßte die außenpolitischen Probleme zum Teil undiplomatisch und ungeschickt an. Tradition im Umgang mit anderen Völkern fehlte, militärische Formen waren für den internationalen Verkehr nicht unbedingt geeignet, der Einfluß des Heeres auf die Politik war immer noch groß. So konnte der Kriegsminister, grundsätzlich ein aktiver General, jederzeit das Kabinett stürzen. Das Parlament war zerstritten und Korruption griff um sich. Als Reaktion entstanden höchst nationalistische Geheimbünde unter den Offizieren sowie eine ebenfalls sehr nationalistische soziale Bewegung. Alle Richtungen einschließlich der einflußreichen Wirtschaftskreise waren sich in dem Willen einig, auf dem Festland Machtpolitik zu treiben. Wirtschaftlicher Rückgang nach dem 1. Weltkrieg und das große Erdbeben im September 1923 hemmten nur vorübergehend die Pläne, das japanische Imperium zu vergrößern. Die chinesische Gegenküste behielt ihre Anziehungskraft, vor allem auf die Vertreter des Heeres.

Im Londoner Flottenvertrag von 1930 erreichte Japan das Verhältnis 10:10:7 für Kreuzer und Kräftegleichheit für U-Boote, aber trotzdem verlor die Marine an Ansehen und damit an Einfluß, weil sie einwilligen mußte, den Bau von Schlachtschiffen bis 1936 zu unterlassen. Der Radikalismus verschärfte sich weiter. Es kam zu Attentaten auf gemäßigte Staatsmänner. Jüngere Offiziere versuchten, durch Ermor-

Auf dieser Karte werden das bis 1937 von Japan erworbene asiatische Festland (graue Fläche) und der Verlauf der japanischen Offensive nach China während des Jahres 1937 verdeutlicht.

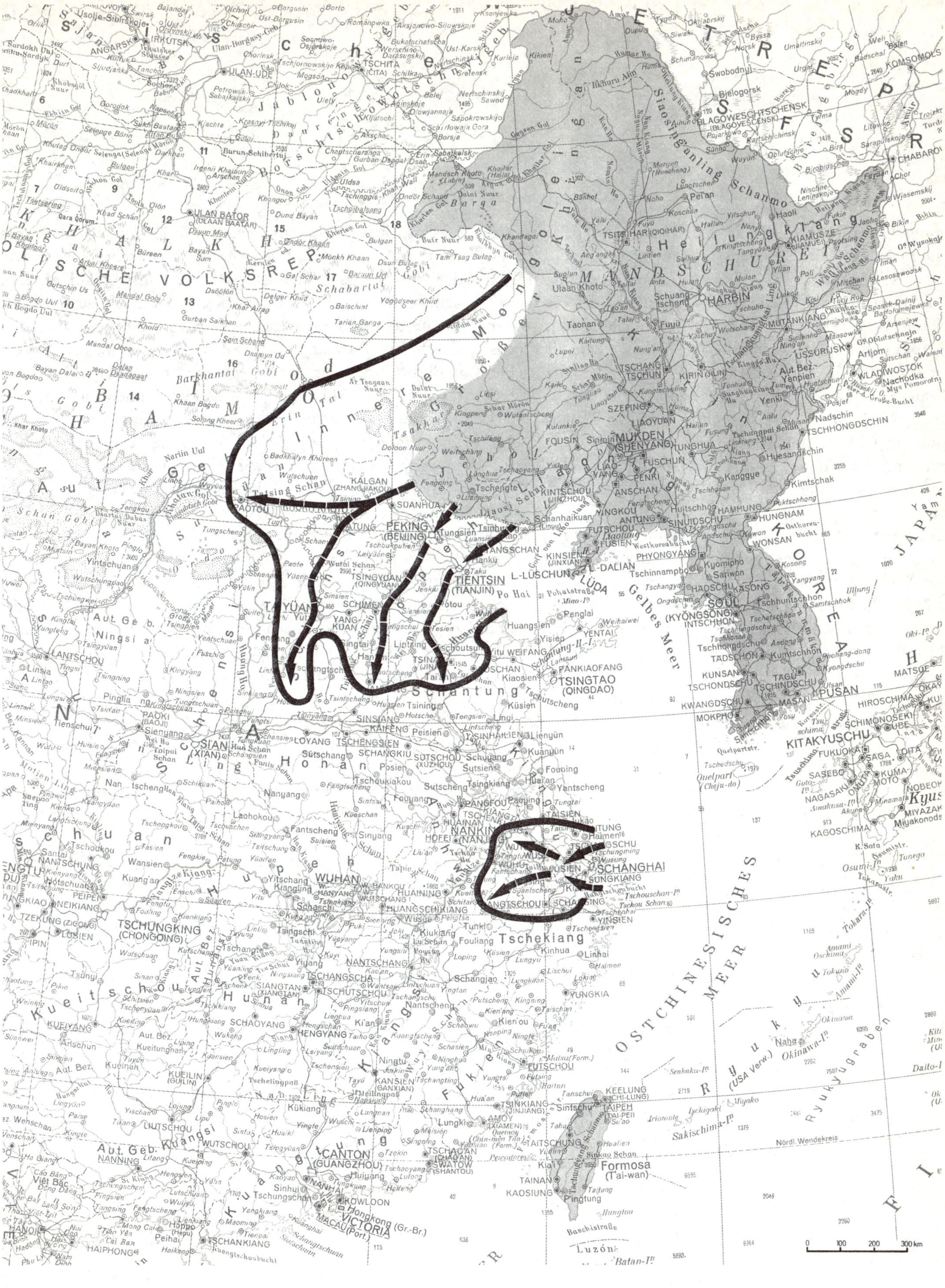

MANDSCHUREI
HARBIN
MUKDEN (SHENYANG)
PEKING (BEIJING)
TIENTSIN (TIANJIN)
KALGAN (ZHANG JIAKOU)
PAOTOU
TAIYÜAN
Schantung
TSINGTAO (QINGDAO)
Po Hai
Gelbes Meer
KOREA
SOUL
PUSAN
PHYONGYANG
NANKING
SCHANGHAI
HANGTSCHOU
WUHAN
Tschekiang
Honan
Hupeh
Hunan
TSCHUNGKING (CHONGQING)
CANTON (GUANGZHOU)
Hongkong (Gr.-Br.)
VICTORIA
MACAU (Port.)
Formosa (Tai-wan)
TAIPEH
OSTCHINESISCHES MEER
Ryukyu
ULAN BATOR (ULAAN BAATAR)
IRKUTSK
ULAN-UDE
WLADIWOSTOK
CHABAROWSK
KOMSOMOLSK
Heilungkiang
Innere Mongolei
Gobi
SIAN (XIAN)
LANTSCHOU
HANOI
NANNING
KUEILIN (GUILIN)
AMOY (XIAMEN)
FUTSCHOU
KAGOSCHIMA
NAGASAKI
Nördl. Wendekreis
0 100 200 300 km

dung Tschang-Tso-Lins, der die Mandschurei beherrschte, die Besetzung dieses Landes zu erzwingen. Die Führer der japanischen Politik gingen einen anderen Weg. Sie setzten einen Schattenkaiser ein und sicherten sich die Herrschaft damit geräuschloser. Im eigentlichen China kam es zu heftigen Kämpfen in Schanghai. Insbesondere die Intervention der USA erzwang aber den Abzug der japanischen Truppen. Das verschlechterte das Verhältnis zwischen beiden Ländern weiterhin. Seit der kalifornischen Gesetzgebung gegen die japanische Einwanderung war es ohnehin nie gut gewesen. Seit 1922 war schließlich auch der Hauptteil der amerikanischen Flotte an der Westküste der USA stationiert.

Die Lage verschärfte sich weiter, als die Japaner 1937 einen Feldzug begannen, der ganz China unterwerfen sollte, »um die Wohlstandssphäre Ostasien zu gründen«. Dieses Ziel wäre vielleicht mit Diplomatie und Takt unter der Fahne des Anti-Kolonialismus zu erreichen gewesen. Militärische Mittel waren dazu wenig geeignet, der japanische Generalstab unterschätzte die Schwierigkeiten eines Krieges in so großen Räumen gegen eine zunehmend feindliche Bevölkerung. Der Ausbruch des Krieges in Europa 1939 brachte eine gewisse Erleichterung, aber nun stellten sich die USA unter der Führung Roosevelts auf die Seite der Chinesen. Im Mai 1940 wurde die Schlachtflotte nach Hawaii verlegt, also 2000 sm näher an Japan heran.

Die Amerikaner belieferten nicht nur Tschiang-Kai-Schek mit Waffen, sie unterbanden auch die Ausfuhr von Schrott (wichtig für die Stahlerzeugung) und Öl nach Japan. Zugleich begannen sie gewaltig aufzurüsten. 1941 setzten sich die Japaner in Indochina fest, über das die französische Regierung in Vichy keine wirkliche Herrschaft mehr ausübte. Nun erklärten die USA, England und die Niederlande ein Embargo gegen Japan und froren dessen Auslandsguthaben ein. Damit stand das Land vor dem wirtschaftlichen Ruin und konnte sich aus dieser Lage nur durch große politische Zugeständnisse oder durch Krieg befreien.

An diesem versuchte die japanische Diplomatie vorbeizukommen, fand aber bei Roosevelt kein Entgegenkommen. Als Hitler Rußland angriff, beteiligte sich Japan nicht, denn es hatte mit den Sowjets einen Nichtangriffspakt abgeschlossen, trotz des Antikominternpaktes von 1936 und des Dreimächtepaktes von 1940. Das japanische Heer war sicher, den langwierigen Krieg gegen China gewinnen und sich gegen die USA und Großbritannien halten zu können. Es besetzte Stützpunkte im südlichen Indochina und bedrohte damit Malaya und Indonesien. Die japanische Marine, von der der Ausgang der Operationen weitgehend abhing, kannte die Stärke Amerikas besser als das Heer und versuchte den Krieg zu vermeiden. Das Heer setzte sich aber durch, im Oktober 1941 wurde General Tojo, bisher Verteidigungsminister, auch Ministerpräsident und Innenminister, also Führer der Außen- und Innenpolitik. Ende November fiel die endgültige Entscheidung für den Krieg. Die straffe Führung Japans ermöglichte es, die Kriegführung technisch und wirtschaftlich gut vorzubereiten und zu bevorraten. Das konnte aber nur ein Behelf sein, denn das rohstoffarme Land mußte im Frieden mindestens 50 Prozent der Nahrungsmittel, 80–90 Prozent des Eisenerzes und Öles und 100 Prozent an Gummi und anderen kriegswichtigen Produkten einführen. Der Kriegsplan sah daher vor, als erste Phase die »südlichen Rohstoffgebiete« zu besetzen, d.h. Malaya und Indonesien, um Nahrungsmittel, Öl, Zinn usw. zu sichern. Zugleich sollten Positionen gewonnen werden, um ein zusammenhängendes Verteidigungsgebiet zu schaffen, begrenzt von einer Linie, die von der Westgrenze Burmas über die Andamanen, südlich um Indonesien bis zum Bismarckarchipel, von da über die Marshallinseln und Wake zu den Kurilen verlief. In diesem Bereich waren See- und Luftstützpunkte auszubauen, zwischen denen die Flotte operieren konnte, um die zu erwartenden Gegenangriffe abzufangen. Ein japanisches Vorgehen gegen Amerika selbst hatte keinerlei Aussicht auf Erfolg. Man wollte aber dem Gegner bei seinen Angriffen so schwere Verluste beibringen, daß er des Kampfes müde wurde. Die riesigen Entfernungen von der amerikanischen Basis (San Francisco – Hawaii 4000 km, Hawaii – Marshallinseln 4000 km) sprachen für Erfolg bei der Verteidigung des eroberten Gebietes, auch wenn die Entfernungen von Tokio zu den Außenposten zwischen 3500 und 5500 km betrugen.

Das Kräfteverhältnis der Flotten als Grundlage dieser Strategie war für die japanischen Pläne noch recht günstig. In den folgenden Jahren mußte sich das ändern, denn Roosevelt hatte den deutschen Sieg in Frankreich 1940

Außer dem bis 1938 eroberten Teil von China (graue Fläche) stießen die Japaner 1938 und 1939 noch bis zur Provinz Hunan vor und besetzten durch Landungen alle wichtigen Häfen.

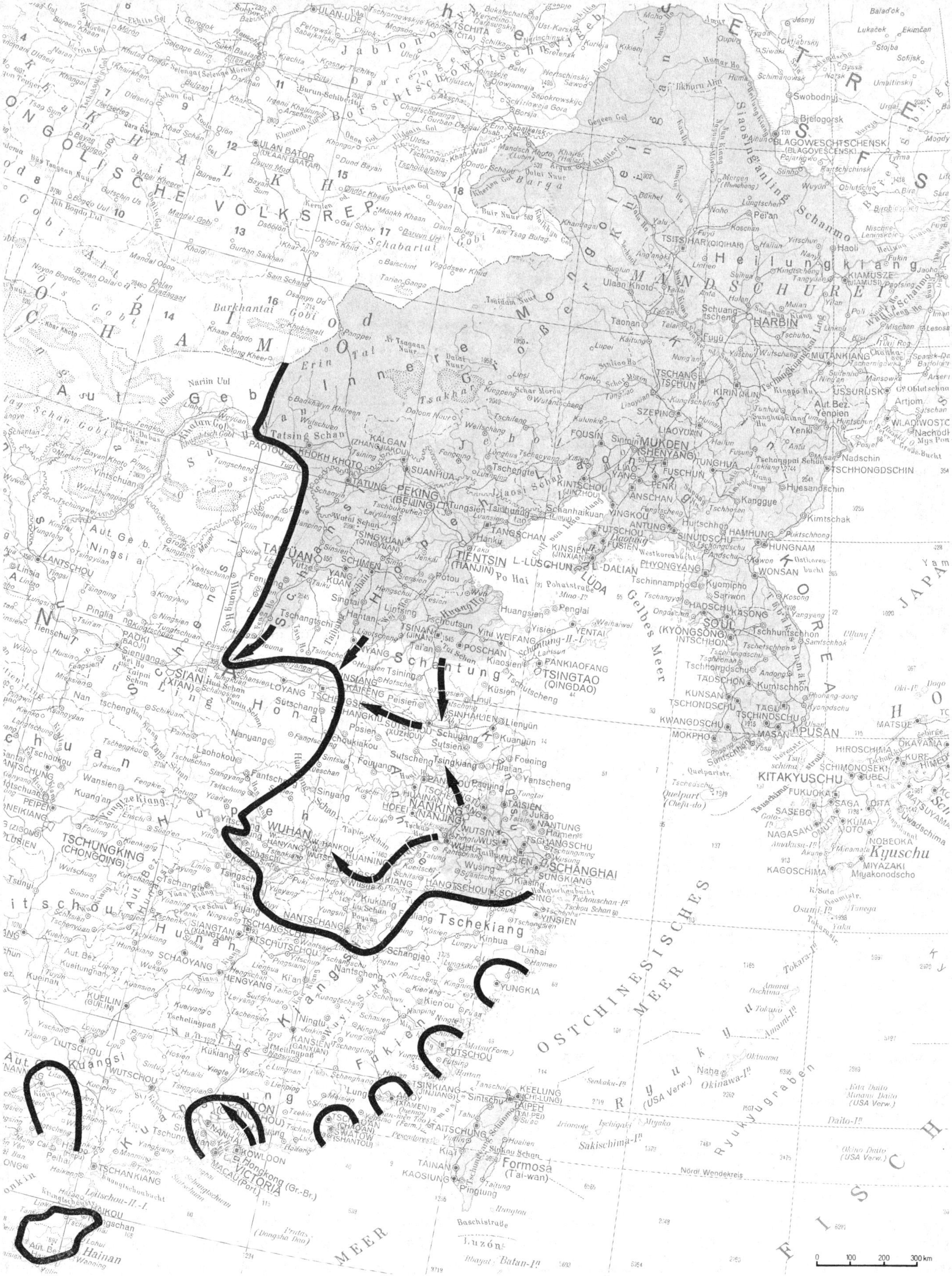

ULAN-UDE
TSCHITA (ČITA)
ULAN BATOR (ULAAN BAATAR)
MONGOLISCHE VOLKSREP.
BLAGOWESCHTSCHENSK (BLAGOVEŠČENSK)
TSITSIHAR (QIQIHAR)
Heilungkiang
MANDSCHUREI
HARBIN
KIAMUSZE (JIAMUSI)
MUTANKIANG
TSCHANGTSCHUN
KIRIN (JILIN)
USSURIJSK
WLADIWOSTOK
SZEPING
LIAOYUAN
FOUSIN
MUKDEN (SHENYANG)
FUSCHUN
ANSCHAN
TUNGHUA
YINGKOU
ANTUNG
FUTSCHOU
SINUIDSCHU
HAMHUNG
HUNGNAM
PHYONGYANG
WONSAN
SOUL (KYÖNGSONG)
INTSCHON
KORE A
TAEGU
PUSAN
MASAN
KWANGDSCHU
MOKPHO
KUNSAN
Gelbes Meer
KALGAN (ZHANGJIAKOU)
KHOKH KHOTO
PAOTOU
TATUNG
PEKING (BEIJING)
TANGSCHAN
TIENTSIN (TIANJIN)
L.-LÜSCHUN
L.-DALIAN
LÜDA
TAIJÜAN
SCHIMEN
TSINAN (JINAN)
TSINGTAO (QINGDAO)
Schantung
SI'AN (XI'AN)
PAOKI (BAOJI)
LOYANG
KAIFENG
Honan
LANTSCHOU
NANKING (NANJING)
WUHAN
HANKOU
HANYANG
SCHANGHAI
HANGTSCHOU
NANTSCHANG
Tschekiang
TSCHANGSCHA
SIANGTAN (XIANGTAN)
Hunan
TSCHUNGKING (CHONGQING)
KUEILIN (GUILIN)
Kuangsi
WUTSCHOU
KANTON (GUANGZHOU)
KOWLOON
VICTORIA
Hongkong (Gr.-Br.)
MACAU (Port.)
TSCHANKIANG
HAIKOU
Hainan
SWATOW (SHANTOU)
AMOY (XIAMEN)
FUTSCHOU
Fukien
YUNGKIA
KEELUNG (CHI-LUNG)
TAIPEH
Formosa (Tai-wan)
TAINAN
KAOSIUNG
OSTCHINESISCHES MEER
Ryukyu
Okinawa-I.
Kyuschu
KITAKYUSCHU
FUKUOKA
NAGASAKI
KAGOSCHIMA
HIROSCHIMA
SIMONOSEKI
OKAYAMA
MATSUE
Luzón
0 100 200 300 km

dazu ausgenutzt, Senat und Kongreß mit angeblichen deutschen Angriffsabsichten auf Amerika selbst zu schrekken und sich 1,35 Mio t Neubauten bewilligen zu lassen, d. h. die Stärke der US-Navy zu verdoppeln. Dann begann er, die Truppen auf den Philippinen so zu verstärken, daß ab Mitte 1942 eine wirkungsvolle Verteidigung möglich erschien. Den Japanern blieben diese Vorgänge naturgemäß nicht unbekannt, und sie bezogen sie in ihre Überlegungen ein.

Als Hauptkampfschiff galt noch das Schlachtschiff, stark gepanzert und mit schwerster Artillerie bewaffnet. Im Seekrieg im Atlantik und Mittelmeer hatten sich Flugzeugträger als brauchbar erwiesen, aber noch keine wirklichen Entscheidungen auf hoher See herbeigeführt. Die Japaner verfügten 1941 über 10 zwar alte, aber modernisierte Schlachtschiffe, die Amerikaner über 17, davon 8 im Pazifik. Die britische Admiralität verlegte im Herbst 1941 die »Prince of Wales« und »Repulse« von der Heimat nach Singapur, nachdem die Amerikaner einen erheblichen Teil der Sicherung der Seewege im Atlantik übernommen hatten. Nach Erlöschen des Vertrages von Washington Ende 1936 konstruierten die Japaner einen Schlachtschifftyp von 64000 t (voll ausgerüstet 75 000 t) mit neun 46-cm-Geschützen (gegen 40,6-cm bei den anderen Nationen). Zwei dieser Riesenschiffe waren nahezu fertig, zwei begonnen. In den USA waren 2 Schlachtschiffe von 35 000/45 000 t fast fertig, 8 im Bau.

Eindeutig überlegen waren die Japaner an Flugzeugträgern. Sie hatten 6 große und 4 kleinere in Dienst, mit zusammen rund 550 Flugzeugen an Bord, gegen 6 große Träger der Amerikaner mit rund 400 Flugzeugen. Nur 4 waren im Pazifik stationiert. Die Engländer beabsichtigten, mit den beiden Schlachtschiffen auch einen Träger nach Singapur zu verlegen, konnten aber keinen freimachen, nachdem die »Ark Royal« am 11. 11. 1941 von einem deutschen U-Boot versenkt worden war. Dieses Ereignis zeigte deutlich die Wechselwirkung zwischen ganz entfernten Seegebieten. Die Japaner mußten damit rechnen, daß sich das Kräfteverhältnis auch bei den Trägern verschlechtern würde, denn sie hatten nur 2 im Bau, die Amerikaner 12. An Kreuzern, Zerstörern und Unterseebooten waren beide Seiten im Pazifik ungefähr gleich stark.

Sicher war, daß die japanische Marine die Hauptlast des Kampfes tragen mußte, vielleicht unterstützt von Luftstreitkräften des Heeres. Eine selbständige Luftwaffe gab es nicht. Das Heer, stark in China gebunden, hatte die Aufgabe, die Südgebiete zu erobern und die Stützpunkte zu besetzen. Die erforderlichen Truppenzahlen waren im Einzelfall nicht groß, summierten sich aber und benötigten beträchtlichen Transportraum.

Die amerikanisch-englischen Planungen kamen den Absichten der Japaner entgegen. Bereits 1937 veranlaßten die beiden Regierungen, daß sich ihre höchsten militärischen Stäbe über eine gemeinsame Strategie besprachen. Ein Stabsabkommen vom März 1941 legte fest, den Schwerpunkt gegen Deutschland zu bilden und den Krieg im Pazifik strategisch defensiv zu führen. Angesichts der Schwäche der deutschen Flotte wurde nur ein Teil der US-Navy für den Atlantik bestimmt, die Pazifische Flotte schien für offensive Vorstöße aus der Defensive stark genug zu sein. Sie sollte daher bei Kriegsbeginn die Marshallinseln angreifen und dort Stützpunkte schaffen, um die japanische Flotte von den bedrohten Südgebieten wegzuziehen.

Trotz dieser Vorbereitungen waren die Japaner im Vorteil, denn sie führten einheitlich und konnten den Zeitpunkt des Angriffs wählen, während die Verbündeten erst daraufhin ihr gemeinsames Oberkommando ABDA (*A*merican, *B*ritish, *D*utch, *A*ustralian) aufstellten, das den Befehl im ganzen Raum von den Philippinen bis Burma führen sollte, aber kaum zum Zuge kam. Außerdem entwickelten sich die Ereignisse anders als erwartet, weil Admiral Yamamoto, der fähige und energische Oberbefehlshaber der japanischen Marine, es für notwendig hielt, einem Flottenvorstoß der Amerikaner zuvorzukommen. Deshalb bereitete er den Überfall auf Pearl Harbor, den Hauptliegehafen der US-Flotte, vor und erzwang die Annahme dieses Planes, dessen politische Tragweite er offenbar unterschätzte. Er wurde auch im politischen Bereich als »rein militärisch« und damit als technische Angelegenheit nur der Marine behandelt. Tojo, der Premierminister, wurde erst wenige Tage vor Ausbruch des Krieges unterrichtet und hatte offenbar keine Einwände.

In der zweiten Novemberhälfte ließen die Japaner die ersten Geleitzüge mit Truppen für die Landungen in Malaya und Indonesien ohne besondere Geheimhaltung nach Süden gehen. Um so sorgfältiger verbargen sie die Vorbereitungen zum Überfall auf Flotte und Flugplätze auf Oahu, Hawaii. In einem abgelegenen Stützpunkt auf den Kurilen versammelten sie eine Kampfgruppe aus 6 großen Trägern, 2 schnellen Schlachtschiffen, Kreuzern, Zerstörern und

Aus verschiedenen Häfen sammelte die japanische Flotte bei den Kurilen, lief ostwärts aus, drehte nach Südosten ein und ließ am 6. 12. 1941 nördlich Hawaii ihre Trägerflugzeuge zum Angriff auf Pearl Harbor starten.

Tankern. Diese lief am 26. 11. aus und marschierte 3000 sm, zuerst nach Osten, dann nach Südost, bis sie am 6. 12. abends unentdeckt 500 sm nördlich Oahu stand. Nach einem Nachtmarsch mit hoher Fahrt ließ Admiral Nagumo am frühen Morgen von seinen stark stampfenden Schiffen die erste Welle der rund 350 Angriffsflugzeuge starten, unter dem Jubel der Besatzungen. Nach einem Flug von 275 sm überraschten sie Flotte und Flieger des Gegners vollständig. Es war Sonntagmorgen, und auch das Sichten einiger Kleinstunterseeboote vor der Hafeneinfahrt (wohin sie von großen U-Booten gebracht worden waren) hatte nicht genügt, um Alarm auszulösen. Einem Soldaten, der ein neu aufgestelltes Radar aus persönlichem Eifer besetzte, glaubte man nicht, als er eine Stunde lang den Anflug eines riesigen Verbandes meldete.

Die Wucht des Angriffs richtete sich gegen die Flugplätze und die acht Schlachtschiffe. Von diesen setzten Torpedos und Bomben fünf ganz oder für Jahre außer Gefecht, drei wurden beschädigt, über die Hälfte der 300 Flugzeuge vernichtet. Außerdem wurde eine geringe Zahl kleinerer Schiffe zerstört oder beschädigt. Mit einem eigenen Verlust von 29 Flugzeugen und 5 Kleinstunterseebooten gelang es den Japanern, den Gegner schwer zu schädigen und seine Schlachtflotte bis auf weiteres zu lähmen. Dieser große taktische Erfolg erhöhte sich noch, als am 10. 12. die in Indochina stationierten Marineflieger die beiden nicht aus der Luft gesicherten britischen Schlachtschiffe östlich der malayischen Halbinsel versenkten. Der Weg für die großen Landungen war frei.

Hinter diesen Schlägen trat vorerst zurück, daß die Amerikaner keinen Flugzeugträger eingebüßt hatten. Diese standen beim Angriff auf Pearl Harbor in See, die Japaner versuchten nicht, sie zu fassen, obgleich sie der ganzen Welt eindringlich vor Augen geführt hatten, was diese Waffe leisten konnte.

Der Überfall brachte alle Amerikaner einig hinter Roosevelt. Entgegen manchen Behauptungen hatte dieser den Zeitpunkt und Plan des Angriffs nicht gekannt. Daß ihm aber die Auswirkungen gelegen kamen, ist nicht zweifelhaft. Von nun an war der Krieg gegen Japan die ureigene

Angelegenheit der ganzen Nation. Ohne den Überfall auf Pearl Harbor, mit einer Kriegserklärung von amerikanischer Seite, wäre das nicht so leicht zu erreichen gewesen. Der für diesen Fall geplante Vorstoß zu den Marshallinseln hätte sicher zu schweren Verlusten, wenn nicht zu einer Niederlage der US-Flotte geführt.
Der japanische Angriff auf die Südgebiete erfolgte in einer großen Zahl von amphibischen Unternehmen, die genau geplant, gut abgestimmt und sorgfältig vorbereitet waren. Sie fanden immer in Reichweite landbasierter Fliegerverbände statt, die in jedem Fall die Luftherrschaft errangen. Die Flugzeuge einer sich bereit haltenden Kampfgruppe aus zwei Trägern und zwei schnellen Schlachtschiffen brauchten nicht einzugreifen. Da der Transportraum und die Zahl der Landungsfahrzeuge (mit Rampe am Bug, für China entwickelt) begrenzt war, fanden die Operationen in mehreren Abschnitten statt. Bei Kriegsbeginn gingen japanische Truppen in Malaya an der Grenze von Thailand und in Luzon, der Hauptinsel der Philippinen, an Land. In der zweiten Dezemberhälfte folgten Landungen in Mindanao (südliche Philippinen) und auf Nord-Borneo, im Januar in ganz Borneo, Celebes und den Inseln östlich davon. Im Februar rundete dann die Besetzung der Großen Sundainseln einschließlich Timors und der Andamanen und der Einmarsch in Burma den Feldzug nach Süden und Westen ab. In einigen Seegefechten versuchten die ABDA-Streitkräfte (Kreuzer und Zerstörer) vergeblich, im Kampf mit etwa gleichstarken Verbänden das Vorgehen des Gegners aufzuhalten. Sie erlitten dabei schwere Verluste, ABDA löste sich auf. Singapur fiel überraschend schnell bereits am 15. 2. 1942. Der letzte geordnete Widerstand auf den Philippinen endete, als die Japaner am 5. 5. die Inselfestung Corregidor stürmten. General MacArthur wurde vorher auf Befehl des US-Präsidenten mit einem U-Boot nach Australien gebracht, um das Kommando über die Operationen im Südpazifik zu übernehmen.
Nach Osten besetzten die Japaner die Gilbertinseln, den Bismarckarchipel und Anfang März 1942 die Häfen von Lae und Salamaua an der Nordostküste von Neuguinea. Sie erlitten nur einen einzigen Rückschlag, als ihr Angriff auf die Insel Wake unter Verlusten scheiterte. Sie nahmen sie dann mit stärkeren Kräften. Mit einem Verlust von rund 15000 Mann, 400 Flugzeugen, 200000 BRT Transportraum und einigen Zerstörern und U-Booten gelang es ihnen, in einem Vierteljahr die gesteckten Ziele zu erreichen und das ganze riesige Gebiet vorerst zu sichern. Die Amerikaner blieben in dieser Phase durchaus nicht untätig. Zuerst herrschte begreiflicherweise einige Verwirrung. Admiral Kimmel, der Chef der angeschlagenen Pazifik-Flotte, versuchte vergeblich, Wake zu unterstützen. Dann löste ihn Admiral Nimitz ab, der bis zum Ende des Krieges den Oberbefehl im mittleren und nördlichen Pazifik führte, MacArthur gleichgeordnet. Den Oberbefehl über die ganze Marine erhielt Admiral King, ein hervorragender Mann. Unter den Admiralen, die in See führten, zeichneten sich besonders der lebendige »Bull« Halsey und der nüchterne Spruance aus. Im Januar 1942 stießen Trägerkampfgruppen bereits zu den Gilbert- und Marshall-Inseln vor, die Inseln Marcus (nur 1000 sm vor Tokio) und Wake sowie die Stützpunkte in Neuguinea waren ebenfalls Ziele von Luftangriffen. Diese Operationen wurden dadurch erleichtert, daß die Japaner sowohl die Werft wie die riesigen Ölvorräte in Pearl Harbor völlig unbeschädigt gelassen hatten. Den Höhepunkt bildete ein Luftangriff auf Tokio am 18. 4. 1942. Er war nur durch den Kniff möglich, Heeresbomber mit großer Reichweite von einem Träger starten zu lassen. Sie konnten nicht wieder auf ihm landen und flogen nach dem Angriff nach Nationalchina weiter. Der angerichtete Schaden war nicht groß, aber die Japaner wurden völlig überrascht und zogen falsche Schlüsse über die Reichweite der amerikanischen Bomber.
Ihre Trägerflotte war inzwischen in den Indischen Ozean vorgestoßen und hatte Anfang April bei Ceylon und im Golf von Bengalen zwei Schwere Kreuzer, einen kleinen Träger und 140000 BRT Handelsschiffe versenkt, sowie die Werftanlagen auf Ceylon stark beschädigt. Ein britischer Verband von fünf Schlachtschiffen und zwei Trägern entging ihnen nur durch Zufall. Weitere Operationen in Richtung auf das Rote Meer wären vom Standpunkt der deutsch-italienischen Kriegführung sehr erwünscht gewesen, denn sie hätten die Versorgung der britischen Armee in Ägypten und Libyen bedroht, vielleicht unterbrochen. Aber genausowenig, wie Deutschland und Italien eine gemeinsame Strategie entwickelt hatten, kamen sie dazu, sich mit Japan auf eine solche zu einigen. Druck der Japaner auf Sibirien und Nordafrika hätte dazu führen können, daß sie selbst später durch deutsch-italienische Operationen entlastet wurden. So einigte man sich nur über die Abgrenzung der beiderseitigen Operationsgebiete.
Auch in der Seekriegführung unterschieden sich die Auf-

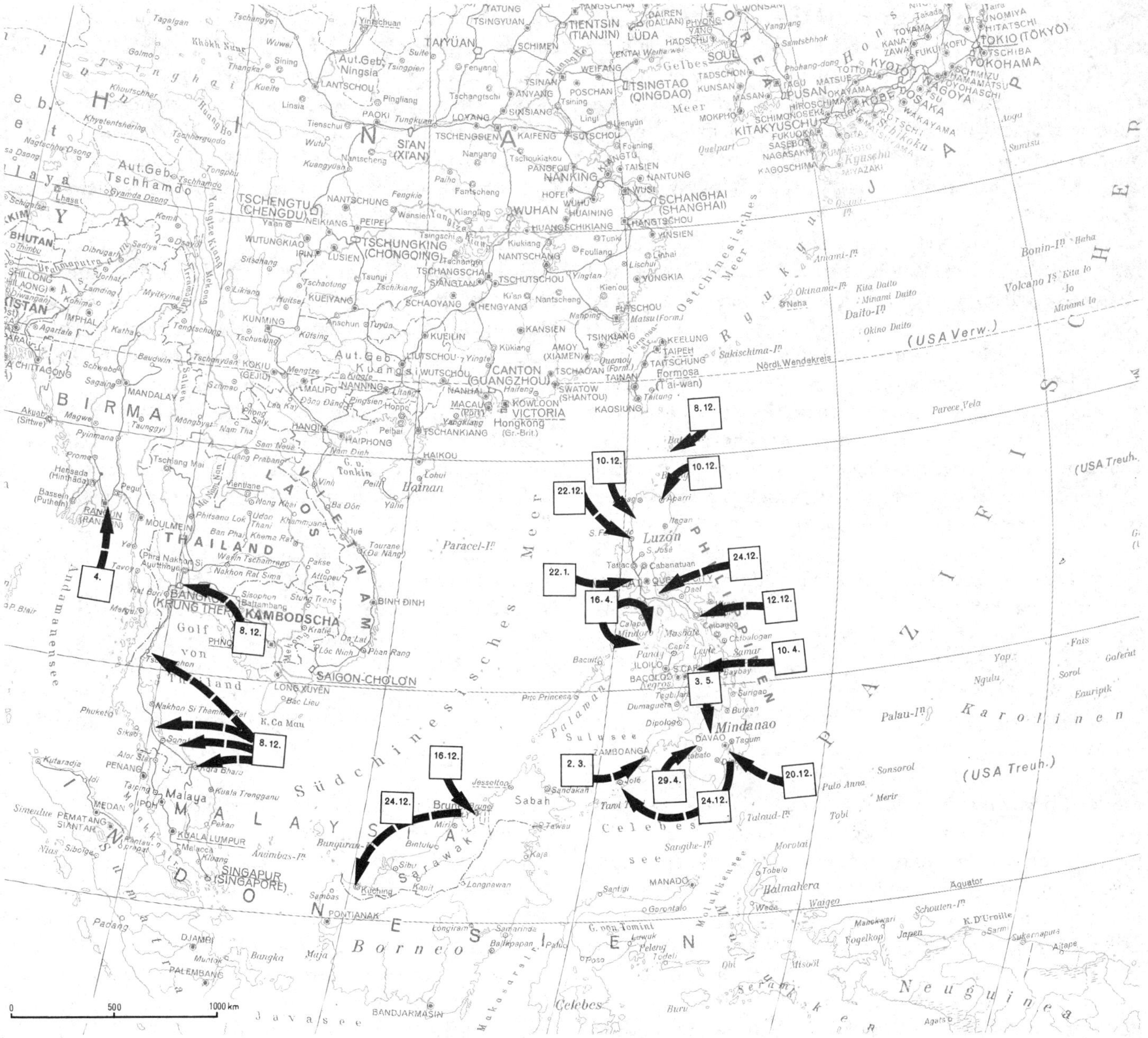

Diese Karte zeigt die japanischen Landeoperationen vom 8. Dezember 1941 bis zum 5. Mai 1942, die Zahlen in den Quadraten geben das jeweilige Landedatum an.

fassungen. Die Deutschen sahen eine wichtige Aufgabe darin, durch ihre U-Boote und Handelsstörer möglichst viel Transporttonnage des Gegners zu vernichten, weil dessen Hauptstärke darin lag, daß er die großen Seewege beherrschte und für sich ausnutzte. Die Japaner stellten überhaupt keine Handelsstörer in Dienst und verwendeten ihre U-Boote fast ausschließlich gegen rein militärische Ziele. So ließen sie in der ersten Verwirrung des Gegners ausgezeichnete Gelegenheiten unausgenutzt, viel Schiffsraum zu vernichten. Zahlreichen Schiffen mit insgesamt etwa 300000 BRT gelang es, die angegriffenen Gebiete zu verlassen.

Die amerikanischen Vorstöße waren nur Nadelstiche, aber sie wirkten. Nach den Bomben auf Tokio wendeten die Japaner ihre Aufmerksamkeit verstärkt nach Osten. Sie glaubten, den besetzten Raum noch erweitern zu müssen. Daher beschlossen sie, in den nächsten Monaten zu besetzen:

a) Tulagi und Guadalcanal in den östlichen Salomonen
b) Port Moresby als einzigen Hafen an der SO-Küste von Neuguinea
c) Midway, westlichste Insel der Hawaiigruppe
d) einige der Aleuten

Als zweite Phase sollten dann folgen:

e) die Neuen Hebriden
f) die Fidschi-Inseln
g) die Samoa-Gruppe

Wie schon beim ersten Vormarsch planten sie sowohl in bezug auf die Mittel als auf die Zeiten sehr knapp. Daß sich die zu überspannenden Räume erneut riesig erweiterten (z.B. Bismarckarchipel – Samoa rd. 4000 km), ohne daß mehr Transportraum und Seestreitkräfte zuflossen, wurde offenbar wenig berücksichtigt. Die östlichen Salomonen und Port Moresby sollten Anfang Mai gleichzeitig angegriffen, die Unternehmen gegen Midway und gegen die Aleuten nur einen Monat später ebenfalls kombiniert werden, obgleich die Endpunkte fast 8000 km voneinander entfernt waren. Der Grundsatz der Schwerpunktbildung wurde vernachlässigt, die Mai-Operation nur von einer Kampfgruppe mit zwei großen Trägern (126 Flugzeuge) gedeckt, die sich zwischen den Salomonen und Port Moresby aufhielt, das für diesen Hafen bestimmte Truppengeleit von Kreuzern und einem kleinen Träger (21 Flugzeuge). Die Amerikaner hatten aus dem japanischen Funkverkehr dieses Ziel der Unternehmung erkannt. Den großen Träger »Saratoga« hatte der Torpedo eines U-Bootes beschädigt, nur »Yorktown« und »Lexington« (143 Flugzeuge) waren einsatzbereit und gingen in die Korallensee südöstlich von Neuguinea. In den ersten Tagen des Mai trafen die Gegner dort aufeinander, wobei sich zeigte, daß man die neue Taktik noch nicht beherrschte. Die beiden Gruppen ergänzten nur 70 sm voneinander Öl, ohne etwas vom Gegner zu merken. Am 7. 5. stießen die Staffeln beider Seiten an der feindlichen Hauptmacht vorbei. Die Japaner versenkten einen großen Tanker, die Amerikaner den leichten Träger »Shoho«. Nachts geriet man so nahe aneinander, daß japanische Flugzeuge versuchten, auf amerikanischen Trägern zu landen. Am 8. 5. kam es dann zur ersten Trägerschlacht der Geschichte. Auf eine Gefechtsentfernung von rund 200 sm wurde ein japanischer Träger so beschädigt, daß er für drei Monate in die Werft ging. Die »Yorktown« erhielt nur einen Treffer, die »Lexington« mehrere Bomben und zwei Torpedos. Gerade, als es gelungen war, sie wieder in Fahrt zu bringen, ereignete sich durch einen Bedienungsfehler eine schwere Benzinexplosion tief im Inneren des Schiffes, die Brände konnten nicht mehr gelöscht werden, es mußte aufgegeben werden. Damit lag der taktische Erfolg bei den Japanern. Ihr Geleitzug hatte aber nach dem Untergang der »Shoho« kehrt gemacht, Port Moresby war nicht mehr bedroht, die Amerikaner hatten ihren strategischen Zweck erreicht. Von besonderer Bedeutung war, daß die beiden japanischen Träger dann bei Midway fehlten, während die »Yorktown« zur Stelle war.

In der letzten Woche des Mai 1942 verließen die japanischen Verbände ihre Stützpunkte zur nächsten Doppelunternehmung. Der Angriff auf das Atoll Midway bezweckte, die Reste der amerikanischen Flotte zum Kampf zu zwingen. Sie mußte sich stellen, denn dieser Flugplatz, nur 2000 km von Oahu entfernt, durfte nicht in japanische Hände fallen. Yamamoto bot seine ganze Flotte auf, 11 Schlachtschiffe, 4 große Träger (272 Flugzeuge), 4 leichte Träger (121 Flugzeuge), 18 Kreuzer, 61 Zerstörer, 21 U-Boote, zahlreiche Transporter, Tanker, Landungs- und kleinere Fahrzeuge. Nicht logisch war, daß er zwei der leichten Träger mit 90 Flugzeugen für die Nebenoperation gegen die Aleuten abzweigte, obgleich ihm zwei seiner großen Träger fehlten. Der ausgezeichnete amerikanische Funkbeobachtungsdienst ermittelte Midway richtig als das nächste japanische Ziel. Nimitz verzichtete auf seine wenigen Schlachtschiffe und verließ sich auf seine drei Träger. Die Japaner rechneten nur mit zwei, die »Yorktown« wurde aber in drei Tagen repariert, bei einem ersten Terminvoranschlag der Werft von drei Monaten. 8 Kreuzer und 28 Zerstörer bildeten die Sicherung, 25 U-Boote gingen frühzeitig auf Position, und die Träger liefen so rechtzeitig aus, daß sie die japanischen U-Boot-Linien vermieden.

Yamamoto leitete die Gesamtoperation vom Schlachtschiff »Yamato« (64000 t) aus, Nagumo führte den Angriff auf Midway am Morgen des 4. 6. 1942. Er war an Flugzeugen etwas schwächer als die Amerikaner, da diese eine Anzahl Jäger, Stukas und Aufklärer auf Midway stationiert hatten. Durch sie erlitt die erste Welle der Japaner erhebliche Verluste, Midway blieb durchaus kampffähig. Nagumo befahl daher, die für den Kampf gegen amerikanische Schiffe bereitgehaltenen Staffeln für einen zweiten Bombenangriff auf die Insel umzurüsten. Kurz darauf meldete ein verspätet aufgestiegener Aufklärer einen US-Träger. Während man fieberhaft bemüht war, nun wieder gegen Schiffsziele umzurüsten, kamen die Flugzeuge zurück, die Midway angegriffen hatten. Nagumo war gezwungen, gegen den Südostpassat zu laufen, um sie aufzunehmen. Unmittelbar vor dem Start seiner Angriffsstaffeln traf ihn der wuchtige Angriff der Amerikaner.

Admiral Spruance hatte sich vorbildlich in den Gegner hineingedacht und faßte ihn, als seine Decks und Hallen voll von Flugzeugen standen. Noch war die Zusammenarbeit nicht ganz eingespielt. Ein Teil der amerikanischen Staffeln stieß am Ziel vorbei, die Torpedoflugzeuge mußten ohne Jagdschutz angreifen und erlitten schwerste Verluste, ohne einen einzigen Treffer zu erzielen. Ihr Opfer war aber nicht vergeblich, denn sie zogen die Aufmerksamkeit und die japanischen Jäger auf sich, so daß der Weg für die nun eintreffenden Sturzkampfflugzeuge frei war. Die Japaner hatten noch kein Radar und erkannten die Gefahr zu spät. Innerhalb weniger Minuten erhielten drei ihrer Träger zahlreiche schwere Treffer, riesige Benzinbrände brachen aus, Munition detonierte, bald waren die stolzen Schiffe nur noch rauchende Wracks. Ein Träger flog in die Luft, dem zweiten gab ein amerikanisches U-Boot den Rest, der dritte brannte ganz aus und wurde von den Japanern versenkt. Der letzte, der beim Angriff in einer Regenbö gestanden hatte, führte dann mit der »Yorktown« auf große Entfernung einen Zweikampf, bei dem beide schwere Schäden erlitten. Der Japaner brannte aus und mußte versenkt werden, der Amerikaner blieb nach mehreren Treffern mit schwerer Schlagseite liegen. Die Besatzung stieg aus, zu früh, wie sich herausstellte. Am nächsten Morgen schwamm er noch, Reparaturgruppen nahmen ihn wieder in Betrieb. Jetzt war aber ein japanisches U-Boot heran und versenkte ihn sowie einen längsseits liegenden Zerstörer durch eine Torpedosalve. Zu dieser Zeit befand sich die japanische Flotte bereits auf dem Rückmarsch. Yamamoto hatte nach dem Verlust der Träger die Operation abbrechen müssen; seine Schlachtschiffe hatten keinen Schuß aus ihren schweren Geschützen gefeuert und waren völlig intakt, aber gegen die feindlichen Träger hilflos. So blieb nur der Rückzug übrig. Amerikanische Flieger erreichten einen beschädigten Schweren Kreuzer und versenkten ihn.

Die Seeschlacht von Midway war für den weiteren Verlauf des Krieges entscheidend. Mit den vier Trägern verloren die Japaner die Masse ihrer erfahrenen Piloten. Es gelang ihnen nicht mehr, einigermaßen gleichwertigen Ersatz auszubilden. Auch in der Weiterentwicklung ihrer zunächst guten Flugzeuge blieben sie hinter dem Gegner zurück. Die Flotte war so geschwächt, daß sie die ihr zugedachte Rolle bei der Verteidigung der eroberten Gebiete nicht mehr spielen konnte. Nur noch ein Träger kam in die Front, zwei fielen Ende 1944 U-Booten zum Opfer, als sie gerade fertig gebaut waren, zwei weitere konnten wegen Mangels an Flugzeugen und Piloten nicht mehr in Dienst gestellt werden. Die Amerikaner bildeten bis zu 9000 Piloten im Jahr aus, ihre Trägerflotte wuchs ständig. Der Sieg mit noch unterlegenen Kräften war ein starker Ansporn.

Nur die Nebenoperation gegen die Aleuten gelang den Japanern, die die Inseln Attu und Kiska besetzten. Diese erwiesen sich aber als Danaergeschenk, denn sie beanspruchten starke Kräfte, ohne die erhofften Vorteile zu bringen. 1943 gingen sie wieder verloren.

Bei den Aleuten trifft der warme Kuro-Shiwo-Strom auf Wasser aus dem Polarmeer, ziemlich warme und feuchte ozeanische Winde mischen sich mit arktischer Kaltluft. Die Folge ist völlig unberechenbares Wetter mit plötzlichen Stürmen, extremen Sprüngen der Sicht und sehr viel Nebel zu jeder Jahreszeit. Das behinderte die japanische Luftaufklärung, die noch kein Radar hatte, aufs stärkste. So gelang es ihr nicht, amerikanische Kreuzer zu erfassen, die gegen den Nachschub für die Inseln operierten. Um ihn zu sichern, mußten die Japaner Geleitzüge bilden. Um einen solchen entwickelte sich am 23. 4 1943 eine Seeschlacht bei den Kommandorski-Inseln, in der sich zwei Verbände aus Kreuzern und Zerstörern in Kiellinie auf große Entfernung mit Artillerie bekämpften, ohne Beteiligung der Luftwaffen. Die schwächeren Amerikaner erlitten starke Beschädigungen, aber der japanische Geleitzug machte kehrt, ohne sein Ziel zu erreichen. Zwei Wochen später nahmen die Amerikaner Attu nach hartem Kampf. Nun räumten die Japaner auch Kiska in einer geschickten Operation. Diese wurde dadurch erleichtert, daß die inzwischen erheblich verstärkte US-Kampfgruppe einem Feind, der sich später als Radarreflektionen entfernter Bergspitzen erwies, ein wütendes Nachtgefecht lieferte und dann Munition ergänzen mußte. Insgesamt brachte der ein Jahr dauernde Besitz der westlichen Aleuten den Japanern erhebliche Verluste an Menschen und Material, ohne strategischen Gewinn.

Als erste Folge der Schlacht von Midway gaben die Japaner ihre Pläne für ein weiteres Vorgehen in der Richtung Samoa auf. Dagegen blieb Port Moresby ihr Ziel, und sie begannen auf Guadalcanal einen großen Flugplatz zu bauen, als vorgeschobene Sicherung für das inzwischen stark befestigte Rabaul. Dieses sollte zusammen mit Wewak an der Nordküste von Neuguinea und Truk in den Karolinen die Hauptkampflinie bilden, soweit dieser Begriff im amphibischen Krieg gilt. Die amerikanischen Führer waren sich einig, daß sie den Japanern keine Zeit lassen durften, sich von ihren Verlusten zu erholen. MacArthur stimmte dafür, Rabaul anzugreifen. Das war zweifellos zu kühn gedacht, denn für Landungen stand nur die allerdings sehr kampfkräftige 1. Marine-Division zur Verfügung. An Schlachtschiffen und Kreuzern war man den Japanern noch unterlegen, an Trägern nur wenig stärker. Entsprechend der gemeinsamen Strategie der Verbündeten wurden vor allem starke Sicherungsstreitkräfte im Atlantik belassen. Von den riesigen Neubauprogrammen (1942 kamen allein Zerstörer mit einer Verdrängung von insgesamt 900000 t in Auftrag) kamen gerade die ersten Schiffe in Dienst. Der Besitz eines Flugplatzes für Jäger, Aufklärer und Stukas konnte örtlich für die Land- und Seeoperationen entscheidend sein. Admiral Nimitz schlug deshalb vor, auf Guadalcanal zu landen, das nur schwach besetzt und dessen Flugplatz fast fertig war. King setzte sich ebenfalls für dieses Unternehmen ein, Nimitz erhielt den Auftrag, es durchzuführen. Das mußte geschehen, ehe die Japaner den Flugplatz in Betrieb nehmen konnten. Unter äußerstem Druck gelang es, Transport- und Landemittel bereitzustellen, so daß die Landung mit einer Woche Verspätung am 7. 8. 1942 stattfinden konnte. Die 2000 Japaner auf Guadalcanal, in der Hauptsache Bautruppen, hatten keinerlei Vorbereitungen getroffen, sich zu verteidigen, und wurden völlig überrascht. Ein besonderer Landungsverband (aus dem sich später eine ganze Flotte entwickelte) unter Admiral Turner setzte die Truppen glatt an Land, der Flugplatz war am nächsten Tag fest in ihrer Hand. Die Reste der japanischen Besatzung zogen sich in den Nordwestteil der Insel zurück. Die Amerikaner fühlten sich nicht stark genug für eine Offensive in dem sehr schwierigen Gelände, das von tropischem Regenurwald oder mannshohem Gras mit messerscharfen Kanten bedeckt war, und bildeten einen Brückenkopf um den Flugplatz. Ihre »Seebienen« (Wortspiel: C.B.s – die Anfangsbuchstaben von »Construction Battalions« – klingt genau wie »Sea Bees«) bauten ihn schnell fertig und verteidigten ihn auch. Es war der erste Einsatz dieser neu geschaffenen Truppe aus erfahrenen Technikern, die nicht nur zum Bauen, sondern auch zum Kämpfen ausgebildet und ausgerüstet waren. Sie bewährten sich sehr, ihre Stärke wuchs im Laufe des Krieges auf 250000 Mann.

Die Japaner unterschätzten die Stärke des gelandeten Gegners und reagierten nicht einheitlich. Das Heer legte zwar Wert darauf, den Flugplatz zurückzuerobern, sah das Hauptziel aber weiterhin in Port Moresby. Es gelang weder, diesen Hafen über See mit Zwischenstation in Milne Bay zu erreichen, noch über Land auf dem sogenannten Kokodapfad. Die Luftlinie von den neu besetzten Orten Buna und Goa an der Nordostküste Papuas betrug nur 160 km, aber der Weg führte durch tropischen Urwald und Hochgebirge. Unter größten Mühen gelangte die japanische Vorhut bis auf 30 km an den Flugplatz von Port Moresby heran, aber ohne schwere Waffen und völlig ungenügend versorgt. Nach kurzer Zeit mußte sie sich vor dem wachsenden Druck des Gegners zurückziehen.

Japanische Marineflieger griffen schon am Landungstag mit Bomben und Torpedos an und richteten einigen Schaden an, hatten aber auch hohe Verluste, da der Jagdschutz fehlte. Ein am gleichen Abend aus Rabaul ausgelaufener Kreuzerverband überraschte in der folgenden Nacht fünf US-Kreuzer, die zusammen mit Zerstörern den Brückenkopf nach Westen sicherten. Die Japaner hatten noch kein Radar, waren aber ausgezeichnet für das Nachtgefecht ausgebildet und schossen mit mündungsfeuerfreiem Pulver. Die Amerikaner, die beiderseits der Insel Savo auf und ab standen, verließen sich auf das Radar eines vorgeschobenen Zerstörers. Dieses war offenbar nicht in Ordnung, die Japaner umgingen ihn, versenkten vier Kreuzer und beschädigten den fünften. Bei den Japanern erhielt nur das Flaggschiff einige Treffer, sie verloren aber den taktischen Zusammenhalt. Ihr Admiral verzichtete darauf, gegen die ungeschützten Transporter und Landungsstellen einige Meilen weiter östlich vorzugehen. Beim Rückmarsch verlor er einen Kreuzer durch U-Boot-Angriff.

Nach diesem schweren Rückschlag der Amerikaner war die Lage im Brückenkopf ein Vierteljahr lang stark gefährdet. Die Japaner beschossen fast jede Nacht die amerikanischen Stellungen von See her und führten in steigendem Maße Verstärkungen und Nachschub heran, bis Anfang November beide Seiten rund 30000 Mann zählten.

Beim Kampf um die Insel kam es zu weiteren vier nächtlichen Seegefechten und zwei weiträumigen Seeschlachten. In der ersten, »bei den östlichen Salomonen«, 23.–25. 8. 1942, verloren die Japaner den leichten Träger »Ryujo« (37 Flugzeuge), und es gelang ihnen nicht, einen Geleitzug mit Verstärkungen durchzubringen. Er mußte unter schweren Verlusten kehrtmachen. Sie arbeiteten nun mit kleinen, schnellen Transportern, die nachts durch den »Schlauch« gingen, die Wasserstraße zwischen den beiden Reihen der Salomonen. Das geschah fast fahrplanmäßig, die Amerikaner sprachen vom »Tokyo-Expreß«.

Nach Mißlingen mehrerer Gegenangriffe fühlte sich das japanische Heer Mitte Oktober stark genug, um den Flugplatz (inzwischen »Henderson-Field« genannt) zurückzuerobern. Ihre Flotte sollte die dabei entstehende günstige Lage ausnützen. Der Angriff mißlang, die Nachricht kam aber zu spät an die Flotte durch. Diese stieß vor, es entwickelte sich eine Trägerschlacht »bei den Santa-Cruz-Inseln«, 25. und 26. 10. 1942. Die Amerikaner waren mit nur zwei Trägern (161 Flugzeuge), einem Schlachtschiff und sechs Kreuzern den Japanern unterlegen, die mit vier Trägern (212 Flugzeuge), vier schnellen Schlachtschiffen und zehn Kreuzern herankamen. Im Luft-See-Kampf über große Entfernungen erlitten ein großer japanischer und beide amerikanischen Träger Beschädigungen, ebenso mehrere andere Schiffe. Die Amerikaner mußten sich zurückziehen und das brennende Wrack eines Trägers zurücklassen, das die Japaner schließlich durch Torpedos versenkten.

Nachdem der Großangriff auf Henderson-Field abgeschlagen war, entstand für die Amerikaner eine neue Krise, als die Japaner Schwere Kreuzer und schließlich sogar Schlachtschiffe dazu verwendeten, um den Flugplatz nachts mit hochbrisanter, dünnwandiger Sondermunition zu beschießen. Hierbei gelang es ihnen, zahlreiche Flugzeuge zu beschädigen oder zu zerstören. Da keine anderen Kräfte zur Stelle waren, warfen die Amerikaner in der Nacht zum 13. 11. einem japanischen Verband, dessen Kern zwei Schlachtschiffe bildeten, fünf Kreuzer und acht Zerstörer entgegen. Die beiden Gruppen prallten in einem wilden Gefecht aufeinander, die Amerikaner verloren einen Kreuzer und vier Zerstörer, die meisten anderen Schiffe erlitten Beschädigungen. In ihrem konzentrierten Feuer blieb aber auch das Schlachtschiff »Hijei« liegen. Es schwamm noch den ganzen Tag und wurde dann nach weiteren Luftangriffen aufgegeben. Unter dem Schutz dieser Vorgänge versuchten die Japaner, ein Truppengeleit durchzubringen, verloren dabei aber sieben von elf Dampfern und einen Schweren Kreuzer. In der Nacht zum 15. 11. versuchte ein Verband aus einem Schlachtschiff und vier Kreuzern wieder Henderson-Field zu beschießen. Jetzt waren aber zwei neue US-Schlachtschiffe heran. Nach Radar geschickt geführt, vernichtete das Flaggschiff »Washington« das japanische Schlachtschiff »Kirishima«. Die letzten vier Transporter setzten sich auf Strand und erlagen Luftangriffen, ehe sie ihr Material gelandet hatten. Von da an kamen nur noch kleine Mengen an Nachschub durch, die Lage wurde für die Japaner hoffnungslos. Anfang Februar 1943 holten sie in drei geschickt durchgeführten Nachtoperationen die überlebenden 12000 Mann von der Insel ab.

Von 36000 Mann hatten sie etwa 15000 Mann im Kampf und 9000 Mann durch Krankheiten verloren, die Amerikaner von 60000 Mann nur 1600 Tote und 4200 Verwundete. Ihr größter Gewinn war wahrscheinlich, daß sie gelernt hatten, es mit dem gefürchteten japanischen Dschungelkämpfer aufzunehmen. Die Verluste an Kriegsschiffen hielten sich fast genau die Waage, 130000 t bei den Amerikanern (2 große Träger, 8 Kreuzer, 14 Zerstörer, 3 U-Boote) gegen 135000 t der Japaner (2 Schlachtschiffe, 1 leichter Träger, 4 Kreuzer, 11 Zerstörer, 6 U-Boote). Dazu kamen rund 300000 BRT Transportraum und etwa 1000 Flugzeuge. Das waren insgesamt Verluste, die sie nicht völlig ausgleichen konnten, während die Amerikaner immer mehr Nachschub an Schiffen, Flugzeugen und Piloten erhielten.

Sprungweise eroberten die Amerikaner die pazifische Inselwelt zurück. Die Karte zeigt die Operationen bis zum Dezember 1944.

Die amerikanische Rechnung war aufgegangen, wohl selten hat der Einsatz einer einzigen Division, die im Verlauf der Kämpfe zum Armeekorps verstärkt wurde, den Gegner so stark gebunden und geschädigt. Das war nur dadurch möglich, daß man den Seeweg ausnutzte, um die Japaner exzentrisch anzugreifen und zu einem starken Verschleiß ihrer begrenzten Kampfmittel zu zwingen. Es ist eine Erfahrungstatsache, daß Seemacht anstrebt, eine indirekte Strategie zu verfolgen und weit über die Begriffe des Landkrieges hinaus den Gegner zu umfassen. Die Amerikaner waren auch dadurch im Vorteil, daß bei ihnen Flotte, Trägerluftwaffe und landbasierte Flugzeuge von einer Stelle aus einheitlich angesetzt wurden. Das war bei den Japanern nicht der Fall. Erst Mitte September entschlossen sie sich, den Schwerpunkt von Port Moresby auf Guadalcanal zu verlegen, und auch dann waren ihre Operationen nicht genügend aufeinander abgestimmt. Ferner zeigte sich der große Einfluß etwas früherer oder späterer technischer Entwicklung. In den Nachtgefechten ging der Vorteil der vorzüglichen japanischen Nachtausbildung verloren, weil die Amerikaner technisch mit dem Radar wesentlich weiter waren und jetzt lernten, es auch taktisch gut auszunutzen. Gerade im Seekrieg kann technischer Rückstand besonders schwere Folgen haben. Das erfuhren jetzt die Japaner.

MacArthur übernahm den Oberbefehl über das weitere Vorgehen. Er hatte die starke Bindung der Japaner dazu benutzt, um ihre Truppen in Ostpapua zurückzudrängen und hatte Buna und Goa genommen. Hier ließ er sofort Feldflugplätze bauen. Anfang März 1943 versuchten die Japaner, ihre Garnisonen am Hüongolf mit einer Division aus Rabaul zu verstärken. Flieger versenkten in der Bismarcksee alle acht Transporter und vier der acht Begleitzerstörer. Da die Überlebenden sich nicht ergeben wollten, wurden sie durch Schnellboote und aus der Luft getötet.

Dann erlitten die Japaner einen schweren Verlust anderen Charakters. Admiral Yamamoto, zutiefst besorgt über die Lage bei den Salomonen, beschloß, sich an Ort und Stelle mit seinen Kommandeuren zu besprechen. Die amerikanische Funkbeobachtung entzifferte Ort und Zeit seines Eintreffens. Es war bekannt, daß er Wert auf größte Pünktlichkeit legte. 16 Langstreckenjäger Typ Lightning trafen über dem Flugplatz Buin auf Bougainville in der gleichen Minute wie sein Flugzeug ein und schossen es ab. Sein Tod traf die japanische Marine schwer, seine Nachfolger füllten die entstandene Lücke nicht aus.

Von Juni bis November 1943 arbeiteten sich die Amerikaner auf den Salomonen vorwärts, ursprünglich in der Absicht, Ausgangsstellungen für den Sturm auf die Feste Rabaul zu gewinnen. Zuerst nahmen sie den Flugplatz Munda auf Georgien. Die Japaner verstärkten darauf die Verteidigung der nächsten Insel, aber der Gegner erwies ihnen nicht den Gefallen, dorthin zu kommen, sondern besetzte eine schwach verteidigte Insel weiter westlich. Er konnte sich das leisten, denn er war in der Luft überlegen, obgleich die Japaner immer wieder neue Staffeln nach nur sechsmonatiger Ausbildung in den Kampf warfen. Die Amerikaner verwendeten dagegen Piloten, die zwei Jahre ausgebildet waren und mindestens 300 Flugstunden nachweisen konnten.

Es kam wieder zu einer Reihe von nächtlichen Seegefechten, bei denen die Amerikaner taktisch geschickter operierten als anfangs bei Guadalcanal. Hier zeichnete sich besonders der Kapitän z. See Arleigh Burke aus, der dann von 1955 bis 1961 Oberbefehlshaber der US-Navy war. Er wurde als »31-Knoten-Burke« bekannt, weil er immer diese Geschwindigkeit meldete, obgleich seine nicht ganz neuen Zerstörer für längere Zeit eigentlich nur 30 kn laufen konnten. Er bildete sein Geschwader in einer sehr beweglichen Taktik aus, die zweimal ohne eigene Verluste zur Vernichtung mehrerer feindlicher Zerstörer führte. Der Feldzug endete mit einer großen Landung in der Kaiserin-Augusta-Bucht Anfang November 1943, wenig mehr als 200 sm von Rabaul entfernt. Das Überspringen starker Stützpunkte legte den Gedanken nahe, dieses Verfahren auch auf Rabaul anzuwenden, denn ohne Flotte und Luftwaffe konnte es nicht gefährlich werden.

An der Nordküste von Neuguinea ging MacArthur in kleinen Sprüngen ähnlich vor. Die Besatzungen einiger ausgesparter Plätze versuchten, sich durch das Innere der unwegsamen Insel zurückzuziehen und erlitten dabei schwere Verluste durch Hunger und Krankheiten. In den ersten Monaten des Jahres 1944 schloß sich der weite Ring um Rabaul durch Landungen auf Neu-Britannien, den Admiralitätsinseln (Manus mit Seeadlerhafen) und einigen kleineren Inseln. 125 000 Japaner waren dort und in einigen anderen Stützpunkten abgeschnitten. Sie übten keinerlei Einfluß mehr auf den Gang des Krieges aus.

Guadalcanal zu erobern, hatte ein halbes Jahr gedauert, und ein Dreivierteljahr, um auf den Salomonen 500 km weiter nach Westen vorzudringen. Auf Neuguinea hatten Mac-

Arthurs Truppen mit starker Hilfe des Seetransports etwa die gleiche Strecke zurückgelegt. Bis Tokio waren es aber in der Luftlinie noch 5000 km, und nach MacArthurs Plänen 7000–8000. Er wollte sich an der Küste in verhältnismäßig kurzen Sprüngen vorarbeiten, dann vom Westteil Neuguineas über dazwischenliegende Inseln Mindanao erreichen, um wahrzumachen, was er beim Verlassen der Philippinen verkündet hatte: »Ich komme wieder.«

Als er diesen Plan Anfang 1943 den US-Oberbefehlshabern (Joint Chiefs of Staff) vortrug, war Admiral King nicht ganz einverstanden. Er schien ihm zu umständlich, zu landmäßig gedacht und nutzte die Schlagkraft und Beweglichkeit der Flotte zuwenig aus. Die Generalrichtung der Operationen mußte bald erkennbar werden, was den Japanern erleichtern würde, die Verteidigung zu verstärken. Klima und Kampfverhältnisse waren in Neuguinea besonders ungünstig.

Die Marine hatte Ende 1941 22 Träger für Angriffszwecke in Auftrag gegeben. Der erste kam im Mai 1943 in die Front, weitere folgten in kurzen Zwischenräumen. Damit erhielt die 5. US-Flotte eine noch nie dagewesene Schlagkraft. Zugleich erhöhte sich ihre Seeausdauer durch den wachsenden Flottentroß. Die unterstellte 5. amphibische Flotte wurde ebenfalls immer stärker. Admiral King schlug vor, diese Kräfte zum Vorgehen quer durch die Inselwelt des Pazifik auszunutzen. Hier lagen die japanischen Stützpunkte so weit auseinander, daß sie sich nur beschränkt gegenseitig unterstützen konnten. Es gab zahlreiche Atolle, die als Liegeplätze für große Flotten geeignet waren, und die nur schwach oder gar nicht befestigt waren. Der Verteidiger konnte nicht voraussehen, wo der nächste Stoß treffen würde, aber es mußte ihm bald klarwerden, daß in diesem Vorgehen eine deutliche Drohung für die japanischen Hauptinseln lag. Ein Vorteil der neuen Strategie war, daß die Truppenzahlen für die einzelnen Schritte gering waren, und daß man keine großen Besatzungen hinter sich zu lassen brauchte, solange man die See beherrschte.

Die Engländer befürchteten, daß bei diesem Verfahren der Atlantik und Europa vernachlässigt würden. MacArthur war auch dagegen, wohl aus Prinzip. Als sich aber zeigte, daß nur Kräfte benötigt wurden, die schon für den Pazifik bestimmt waren, beschlossen die »Kombinierten Stabschefs« (die obersten Stäbe der Engländer und Amerikaner) im Mai 1943 in Washington, das eine zu tun und das andere nicht zu lassen. MacArthur erhielt Weisung, nach seinen Plänen weiterzuoperieren, und zugleich sollte die US-Marine durch den Pazifik nördlich des Äquators vorgehen. Die Aleuten waren durch örtliche Kräfte wiederzunehmen. Die Bewegungen waren so abzustimmen, daß der Gegner immer wieder überrascht wurde und keinen Schwerpunkt in der Abwehr bilden konnte.

Im Herbst 1943 verfügte die 5. Flotte bereits über sechs große und fünf leichte Träger (aus Kreuzerrümpfen gebaut), acht Geleitträger (aus schnellen Handelsschiffen gebaut), dazu 12 Schlachtschiffe, 14 Kreuzer und 56 Zerstörer. Die Angriffsträger führte Admiral Mitscher, als Flottenchefs wechselten sich Spruance und Halsey mit ihren Stäben ab. Das war ungewöhnlich, gab aber immer dem einen die Zeit und Ruhe, um die nächste Operation vorzubereiten. Die erste richtete sich gegen die Gilbertinseln Makin, Tarawa und Abemama, mit gleichzeitigen Landungen am 20. 11. 1943. Abemama sollte lediglich erkundet werden. Als aber eine vom U-Boot »Nautilus« gelandete kleine Abteilung Seesoldaten nur wenige Verteidiger und eine Kanone vorfand, setzte das U-Boot diese mit seinem Geschütz außer Gefecht. Auch Makin war schwach besetzt, die Truppe beherrschte aber die neue Taktik des schnellen Überrennens noch nicht. Das gab den Japanern Zeit, Hilfe heranzuholen. Eins ihrer U-Boote versenkte einen Geleitträger, Torpedoflieger von den Marshallinseln erzielten unter schweren eigenen Verlusten einen Treffer auf einem leichten Träger.

Unerwartet hart war der Kampf auf Betio, der Hauptinsel des Atolls Tarawa. Hier standen Geschütze bis zu 20,3 cm. 3000 Mann Elitetruppen hatten sich geschickt verschanzt, mit Vorstrandhindernissen, Tretminen im Sand und im Wasser und zahlreichen widerstandsfähigen Kampfständen. Das Wasser über dem die ganze Insel umgebenden Korallenriff war selbst für den geringen Tiefgang der Landungsfahrzeuge zu flach, nur die in ungenügender Zahl vorhandenen Schwimmpanzer kamen an Land. Das Bombardement durch Schlachtschiffe und aus der Luft sah eindrucksvoll aus, ließ aber viele Kampfstände intakt. Es gelang nur, an einzelnen Stellen Fuß zu fassen, sämtliche Reserven mußten eingesetzt werden, es dauerte drei Tage, bis der Widerstand im wesentlichen gebrochen war. Von 18000 Angreifern waren über 3000 tot oder verwundet, unverhältnismäßig viel im Vergleich zu den langen Monaten auf Guadalcanal. Das neu gesicherte Seegebiet war aber min-

destens ebenso groß, die teuer erkauften Erfahrungen kamen den nächsten Landungen zugute.
Die nächste große Operation richtete sich gegen die Marschallinseln, japanisches Protektorat seit dem Friedensvertrag von Versailles. Zuerst griffen Trägerkampfgruppen die befestigten Inseln der vorderen Linie an und zerstörten Flugplätze und Flugzeuge. Das Ziel war aber das weiter westlich liegende Atoll Kwajalein, mit zwei Flugplätzen, von 8000 Mann besetzt, davon 2000 Mann Kampftruppen, die übrigen rückwärtige Dienste. Ein Vorteil der neuen Strategie zeigte sich darin, daß beim Aufmarsch der Flottentrosse das unbesetzte Atoll Majuro, nur 250 sm von Kwajalein entfernt, als Liegeplatz benutzt werden konnte. Neu waren die Kampfschwimmer (Under-water Demolition Teams), welche die Landestellen genau erkundeten und Hindernisse beseitigten. Die Beschießung wirkte besser als gegen Tarawa. Zuerst besetzten Vortrupps am 31. 1. 1944 kleine Inseln, auf denen sich keine Japaner befanden (das Atoll hat einen Umfang von gut 200 km!), und öffneten so einen Zugang zur riesigen Lagune im Inneren. Die weiteren Landungen erfolgten dann aus dem ruhigen Wasser und aus einer Richtung, auf die die Verteidiger nicht vorbereitet waren. Das sparte viel Blut und Zeit, die Reserven wurden nicht gebraucht. Infolgedessen beschloß Admiral Spruance, die für Mai geplante Landung auf dem Atoll Eniwetok 300 sm weiter westlich sofort anzuschließen. Zur Vorbereitung griffen seine Trägerkampfgruppen sowohl den großen Stützpunkt Truk in den Karolinen wie die Flugplätze auf den Marianen überraschend an und zerstörten unter geringen Verlusten Hunderte von Flugzeugen, viele Handelsschiffe und einige leichte Kriegsschiffe. Die japanische Hauptmacht hatte sich schon zurückgezogen. Die Landung ging ohne Schwierigkeiten mit ganz geringen Verlusten vonstatten, in einem halben Jahr waren die Amerikaner fast 3000 km vorangekommen. Der härteste Teil des Weges lag allerdings noch vor ihnen.
Wenige Tage nach der Einnahme von Eniwetok landete MacArthur auf den Admiralitätsinseln und schloß damit Rabaul vollends ein. Er dachte noch immer in Begriffen des Landkrieges und mißbilligte das Vorgehen durch den mittleren Pazifik, aber er entschloß sich jetzt auch zu einer großen Umgehung. Anfang April ging er mit 84000 Mann (52000 Mann Kampftruppen) in See, zuerst zur Täuschung nach Norden, dann in großem Bogen nach Südwest, um in Hollandia zu landen, gut 400 km westlich der Festung Wewak, in der 20000 Japaner standen. Die Träger der 5. Flotte zerstörten Flugzeuge, militärische Einrichtungen und Schiffe im Gebiet der Karolinen und Palauinseln. Heeresbomber überraschten Hunderte von Flugzeugen, die auf die drei Flugplätze bei Hollandia verlegt worden waren, weil sie in Wewak zu gefährdet schienen. Die Landungen am 22. 4. trafen auf geringen Widerstand, die Flugplätze waren in wenigen Tagen gesichert und in Betrieb. Ein Regiment landete in Aitape, etwa halbwegs zwischen Hollandia und Wewak, um von dort kommende Gegenstöße abzufangen. Tatsächlich griffen die Japaner bis zum Ende des Krieges mehrfach an, immer vergebens.
Mitte Mai 1944 landete MacArthur auf der Insel Wakde, rund 200 km westlich von Hollandia, und Ende Mai auf Biak, wieder fast 400 km weiter nach Westen. Ohne es zu wissen, drang er hier in das Gebiet ein, das die Japaner unter allen Umständen halten wollten. Biak wehrte sich zäh, Versuche, über See Nachschub heranzubringen, schlugen aber fehl. Nun zogen die Japaner alle verfügbaren Flugzeuge aus dem mittleren Pazifik heran, und ein Flottenverband mit den beiden Riesenschlachtschiffen als Kern stellte sich 500 sm westlich zum Eingreifen bereit. Da erhielt die japanische Führung Nachricht vom Großangriff der Amerikaner auf die Marianen. Diese waren noch wichtiger, Flotte und Flugzeuge gingen dorthin. MacArthur war entlastet, die Wechselwirkung zwischen den beiden Stoßkeilen war unverkennbar. Ohne besonderen Widerstand zu finden, erreichte er Ende Juli Sansapoor im Westen von Neuguinea. Im September brachte ihn die Einnahme der Insel Morotai bis auf 500 km an die Philippinen heran. Inzwischen hatte der Stoß durch den Pazifik reiche strategische Früchte getragen.
Als nächstes Ziel ihres Inselspringens wählten die Amerikaner die südlichen Marianen, reichlich 2000 km von Eniwetok entfernt. Es war bekannt, daß die Hauptinseln Guam, Saipan und Tinian stark besetzt waren. Es war aber nicht möglich, sie auszusparen, denn dort lagen die Flugplätze, die gebraucht wurden, um mit Fernbombern das eigentliche Japan zu erreichen. Zudem waren sie als Stützpunkte für die weiteren Schritte auf die Philippinen und Inseln nördlich von ihnen wertvoll. Es war zu erwarten, daß die Garnisonen erbitterten Widerstand leisten würden, um ihren See- und Luftstreitkräften die Zeit zu verschaffen, heranzukommen. Die Amerikaner führten die Operation daher in großer Stärke durch.

Am 6. 6. 1944, dem Tage der Invasion in der Normandie, verließ eine gewaltige Armada unter Admiral Spruance die Lagune von Majuro. Die Kampfgruppen zählten 93 Schiffe, darunter 7 große und 8 leichte Träger mit insgesamt 820 Flugzeugen, die Landungsflotte unter Turner 540 Schiffe, darunter 11 Geleitträger mit 169 Flugzeugen für Guam, 185 großen Landungsfahrzeugen, 116 Zerstörern und Geleitbooten, 111 Truppen- und Materialtransportern. 127000 Mann Heerestruppen und Marines waren eingeschifft.

Das Oberkommando der japanischen Marine war sich bewußt, wie bedrohlich die Lage war. Es beabsichtigte, alle Kräfte in die Schlacht zu werfen und hoffte, durch das Zusammenwirken der Flotte und der Flugplätze auf den Inseln den Amerikanern eine Niederlage beibringen zu können. Allerdings erwartete man den nächsten Angriff auf den Karolinen und überschätzte die bisherigen Verluste des Gegners erheblich. Die japanische Flotte hielt sich in Tawitawi im Suluarchipel östlich Nordborneo bereit, weil dort die Versorgung mit Öl gesichert war. Durch aufgefundene Dokumente wurde dieser Liegeplatz den Amerikanern bekannt, und sie überwachten ihn durch U-Boote so eng, daß die Japaner ihre Übungen einstellen mußten, zum Nachteil ihrer ungenügend geschulten Fliegerstaffeln. Kern der Flotte waren jetzt die Träger, drei große (die Kämpfer von der Korallensee und »Taiho«, ein Neubau, der als Flaggschiff von Admiral Ozawa diente) und sechs leichte, aus Schnelldampfern und Kreuzern umgebaut, mit insgesamt 430 Flugzeugen. Zusammen mit den landbasierten Staffeln war das eine beträchtliche Macht, aber es fehlte an der Ausbildung, und die Flugzeuge hatten weder selbstschließende Tanks gegen Brandgefahr noch Panzerschutz für die Piloten. Auch an Bord der Träger war die Sicherung gegen Brand und Benzinexplosionen offenbar nicht so entwickelt wie beim Gegner.

Als erste Insel sollte Saipan am 14. 6. 1944 angegriffen werden. Admiral Mitscher lief mit der Trägerflotte am Vortage so an, daß er nachmittags in Reichweite stand. Seine Staffeln überraschten die Flugplätze, denn dort hatte man sich auf Angriffe am Morgen eingestellt. Das kostete eine Menge japanischer Flugzeuge, die am Boden oder beim Start zerstört wurden. Dann entließ Mitscher zwei Kampfgruppen nach Norden, um die Flugplätze auf den Bonin- und Vulkaninseln zu bombardieren und so den Nachschub von Japan zu verzögern. Mit den beiden anderen Kampfgruppen sicherte er die Landungen. Diese verliefen planmäßig, aber 32000 Japaner verteidigten Saipan hartnäckig. Die Verluste wurden so schwer, daß die Reserven eingesetzt werden mußten und die Landung auf Guam verschoben wurde. Der Kampf dauerte einen Monat, auf der Seite der Amerikaner gab es 16500 Tote und Verwundete.

Die japanische Flotte lief am 13. 6. von Tawitawi aus, von einem U-Boot beobachtet. Ein anderes meldete am 15. 6. ihren Standort bei den Philippinen. Dann bekam Spruance keine genauen Angaben mehr. Es schien so, als ob die Flotte sich geteilt habe, wie bei anderen Gelegenheiten auch. Er ging ihr deshalb nicht entgegen, sondern blieb so nahe bei Saipan, daß er die Landungsflotte jederzeit sicher decken konnte. Das erleichterte die japanische Taktik, die Trägerflugzeuge außerhalb der Reichweite der amerikanischen starten zu lassen. Nach dem Angriff auf die US-Flotte hatten sie dann nur noch einen kurzen Weg zu den Marianen, wo sie Brennstoff ergänzten. Beim Rückflug konnten sie dann die Amerikaner erneut angreifen. Diese Rechnung war an sich richtig, aber die amerikanischen Jäger wurden durch Radar so gut geführt und waren an Können und Material so überlegen, daß die Japaner nur wenige Schiffe beschädigten, keins versenkten, aber fürchterliche Verluste erlitten. Am Hauptkampftag, dem 19. 6. 1944, verloren sie von knapp 600 Flugzeugen (einschließlich der an Land stationierten) rund 400, die Masse im Luftkampf, gegen nur 30 der Amerikaner. Deren Seeleute sprachen danach vom »Truthahnschießen bei den Marianen«.

Das waren nicht die einzigen Verluste der Japaner. Ein amerikanisches U-Boot sichtete die Trägerflotte beim Starten der Flugzeuge, hängte sich an und rief ein anderes heran. Jedes der beiden Boote kam zum Schuß auf einen großen Träger. »Taiho« erhielt nur einen Torpedo, es fielen keine wesentlichen Gefechtswerte aus, aber sechs Stunden später zerstörte eine schwere Explosion der Dämpfe ausgeflossenen Benzins das große Schiff. Der andere Träger geriet nach drei Torpedotreffern sofort in Brand und war nicht zu retten.

Ohne vollen Überblick über die Flugzeugverluste zog sich Ozawa nach Westen zurück, um am 20. 6. Öl zu ergänzen. Mitscher versuchte zu folgen, bekam aber erst am Nachmittag Fühlung. Auf äußerste Reichweite ließ er 216 Flugzeuge starten. Sie erreichten die Japaner in der Abenddämmerung, versenkten einen leichten Träger sowie zwei

Tanker und beschädigten vor allem den letzten großen Träger. Auf dem Rückflug ging vielen Flugzeugen der Brennstoff aus, sie mußten ins Wasser, aber es gelang, fast alle Piloten zu bergen, denn die Schiffe ließen alle Rücksichten auf die eigene Sicherheit fallen.

Von mancher Seite wurde das Ergebnis der See-Luftschlacht bei den Marianen als unbefriedigend bezeichnet, weil es nicht gelungen war, die japanische Flotte zu vernichten. Spruance hatte aber seine Hauptaufgabe gelöst, nämlich die Landungen sicher durchgeführt und gedeckt, und die japanische Flotte war vorerst keine Gefahr mehr. Guam und Tinian wurden erst genommen, als Saipan gesichert war. Die Verluste waren wesentlich geringer, obgleich die japanischen Truppen auch hier bis zum letzten Mann kämpften und sogar die Zivilisten es vorzogen, sich selbst zu töten, statt sich gefangen zu geben. Diese fanatische Entschlossenheit schien darauf hinzudeuten, daß Japan ohne Invasion der Hauptinseln nicht zum Frieden zu zwingen sei, zumal die Regierung die Massenmedien in der Hand hatte und die Bevölkerung nicht über die wahre Lage unterrichtete. Auch die Vertreter des verbündeten Deutschland wurden im Unklaren gehalten. Jedoch konnte der Rücktritt General Tojos als Premierminister nicht geheimgehalten werden. Er war die unmittelbare Folge des Verlustes der wichtigen Marianen, der deutlich den Mißerfolg seiner Politik zeigte.

Ursprünglich war die Wiedereroberung der Philippinen das große strategische Ziel der Amerikaner. MacArthur plante, zuerst im Süden, in Mindanao, Fuß zu fassen und dann über Leyte nach Nordluzon zu gehen. Nimitz hielt es für erforderlich, für diese Operationen weitere Stützpunkte für die großen Nachschub- und Landungsflotten zu schaffen. Guam wurde zwar zur Etappe größten Ausmaßes für Menschen und Material ausgebaut, aber sein Hafen konnte vorerst nur wenige Schiffe aufnehmen. Auch die anderen Inseln der Marianen boten keine Liegeplätze, die mit den großen Lagunen der eroberten Atolle vergleichbar waren. Diese aber lagen 4000–5000 km von den Philippinen entfernt. Deshalb erhielt Nimitz im Sommer 1944 die Weisung, mehrere Inseln in den westlichen Karolinen und den Palaus zu besetzen. Inzwischen kamen aber den US-Stabschefs Zweifel, ob man nicht die Philippinen ganz aussparen und sofort nach Formosa oder nach Kiushu, der südlichsten japanischen Hauptinsel, gehen sollte. Hiergegen erhob MacArthur Einspruch, weil es ihm wichtig schien, zu zeigen, daß man die Philippinen nicht sich selbst überließ. Gerade dort gab es eine starke, von den USA unterstützte Bewegung gegen die unter dem Begriff der ostasiatischen Wohlstandsphäre getarnte japanische Herrschaft. Die Japaner hatten ihre Operationen als Kampf gegen den westlichen Kolonialismus erklärt und dadurch selbst in China Kollaborateure gefunden. Jetzt waren sie zunehmend bemüht, die einheimischen Bevölkerungen psychologisch richtig zu behandeln. Den meisten ihrer Militärgouverneure mit ihrer feudalistischen und nationalistischen Denkweise lag das allerdings wenig. Es wurde daher immer wieder deutlich, daß die Japaner ein Großreich schaffen wollten, in dem nur sie zu bestimmen hatten.

Anfang September 1944 beschlossen die Kombinierten Stabschefs, die Karolinen zu überspringen, von den Palaus nur Angaur, Peleliu und Ulithi zu nehmen und dann bereits am 20. 10. auf Leyte zu landen, zwei Monate früher, als bisher geplant. Die bereits nach den Karolinen marschierenden Verbände wurden in Bereitstellungshäfen umgeleitet, die Stäbe arbeiteten fieberhaft, um die Befehle zu ändern, die Landungen auf den Palaus fanden zeitgerecht statt, gedeckt durch eine große Unternehmung der Trägerflotte unter Halsey. Diese traf in den nördlichen Philippinen noch auf einige Stärke beim Gegner, während im Süden fast keine japanischen Flugzeuge mehr einsatzbereit waren. Wie Morotai wurde auch Ulithi ohne Widerstand besetzt. Das riesige Atoll, wenig mehr als 1000 km von den Philippinen entfernt, diente nunmehr als Hauptliegeplatz. Angaur fiel nach kurzem Kampf. Auf Peleliu dagegen traf man auf eine neue Art der Verteidigung, mit vielen voneinander unabhängigen Werken, tief gestaffelt, dem Gelände geschickt angepaßt. 10000 Japaner verteidigten sich mit wütender Entschlossenheit, die Kämpfe dauerten fast ein halbes Jahr und brachten den 18000 Angreifern nahezu 40 Prozent Verluste an Toten und Verwundeten. Der Nutzen der Operation war zweifelhaft. Mehrere noch stärker besetzte Inseln wurden sich selbst überlassen (Halmahera, Babelthuap) und spielten keine Rolle mehr.

Den Oberbefehl für die Landungen auf den Philippinen erhielt MacArthur, alle Verbände traten unter seinen Befehl, bis auf die Trägerkampfgruppen der 5. Flotte. Diese griffen ab 10. 10. Flugplätze auf Okinawa, Formosa und Luzon an und zerstörten bei heftiger Gegenwehr rund 350 Flugzeuge, darunter neue Trägerstaffeln, mit dem Verlust von 89 eigenen Flugzeugen. Japanischen Torpedobombern gelang es,

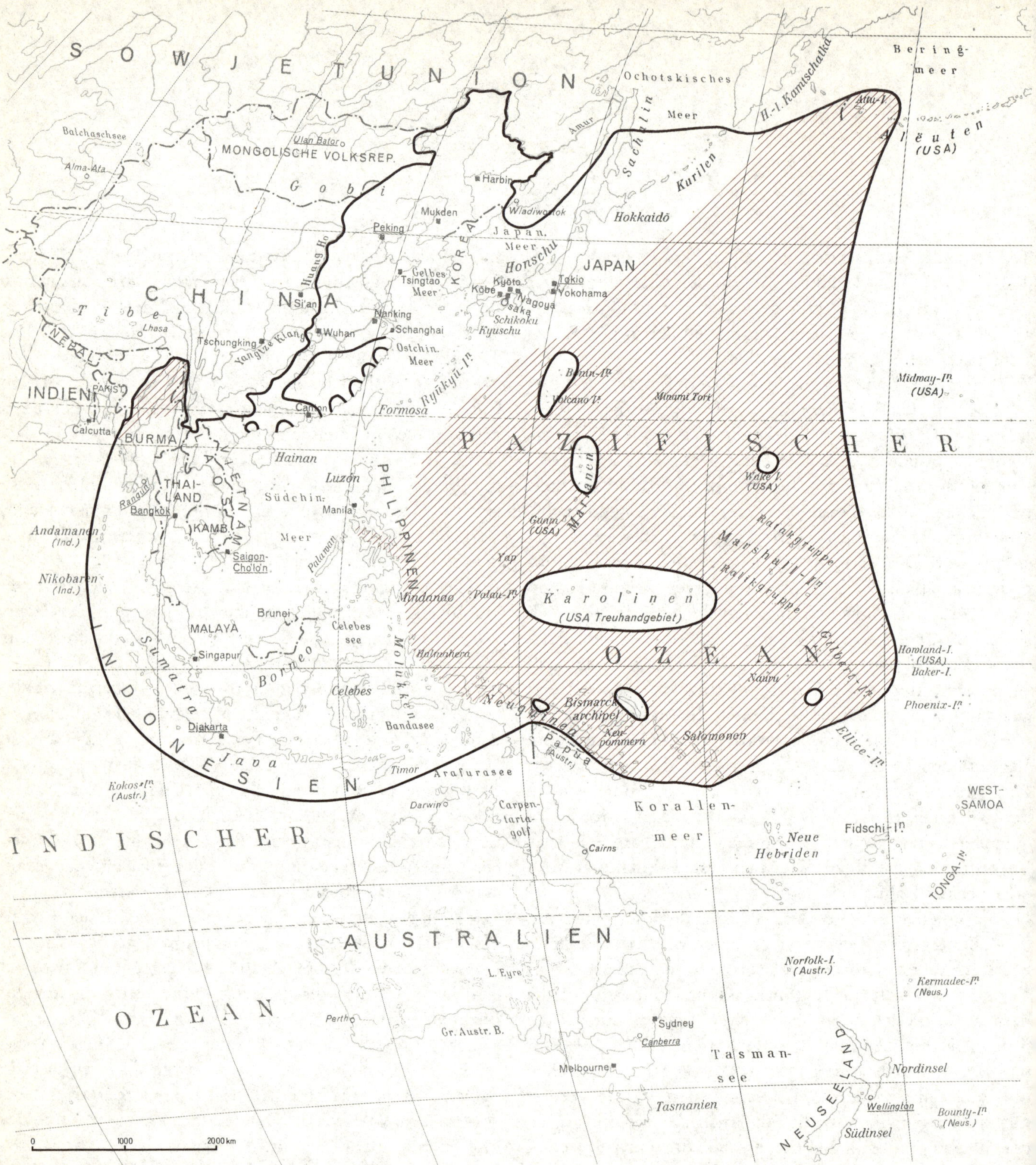

Bis zum Jahresende 1944 war das japanische Herrschaftsgebiet im Pazifik stark zurückgedrängt. Das auf der Karte schraffierte Gebiet wurde eindeutig von den Amerikanern beherrscht, sie waren bereits auf den Philippinen gelandet.

zwei US-Kreuzer so zu beschädigen, daß sie in Schlepp genommen werden mußten. Die Japaner glaubten, daß sie elf Träger und fünf andere Schiffe versenkt hätten, und verkündeten das laut. Diese Selbsttäuschungen wiederholten sich und trugen dazu bei, vor der Bevölkerung die Lage zu verschleiern.

Auf Leyte kamen bis zum Abend des 20. 10. 60000 Mann und 100000 t Material an Land. Die Japaner zogen sich ins Innere zurück, die Kämpfe dauerten aber noch monatelang, da immer wieder Verstärkungen von Luzon kamen. Fünf Tage nach der Landung entstand eine unerwartete Gefahr für den Brückenkopf von See her. Für das japanische Oberkommando bedeutete Verlust der Philippinen auch Verlust des Krieges, es warf daher nach vorbereitetem Plan alle verfügbaren See- und Luftstreitkräfte in den Kampf. Die Flotte war geteilt, die Masse lag im Süden, wo es Öl gab, ein kleiner Kreuzerverband bei den Riukius südlich Japan, die Reste der Trägerflotte unter Ozawa in der Inlandsee. Mit nur noch 100 Flugzeugen und wenig geübten Piloten war ihre Kampfkraft gering. Sie war dazu ausersehen, die gefürchteten US-Träger nach Norden zu locken. Das sollten die Schlachtschiffe und Kreuzer ausnutzen, um nördlich und südlich um Leyte herumzufassen und die Landungsstellen und ihre Deckung anzugreifen.

Dieser komplizierte Plan wäre fast gelungen. Die von Süden herankommende Hauptmacht, fünf Schlachtschiffe und zwölf Kreuzer unter Admiral Kurita, erlitt in den mittleren Philippinen durch U-Boots- und Luftangriffe solche Verluste (u.a. sank das Riesenschiff »Musashi« nach 19 Torpedotreffern), daß sie vorübergehend kehrtmachte. Halsey ging darauf nach Norden, denn es war ihm wichtiger (und entsprach seinen Befehlen), die Träger zu vernichten. Das gelang, aber es entging ihm dabei, daß Kurita wieder den alten Kurs nahm und nun freien Weg nach Leyte hatte. Bei der Landungsflotte war die Aufmerksamkeit aber auf zwei andere Gruppen gerichtet, die von Südwesten herankamen. Die vordere, zwei Schlachtschiffe, ein Kreuzer und vier Zerstörer unter Admiral Nishimura, wurde im Nachtgefecht völlig vernichtet, die zweite, drei Kreuzer mit Zerstörern, machte unter Verlusten kehrt. Trotzdem waren die Amerikaner in einer höchst unangenehmen Lage, als am Morgen des 25. 10. japanische Schlachtschiffe und Kreuzer etwa 50 sm nordöstlich der Leytebucht völlig überraschend auf eine Gruppe von Geleitträgern und Zerstörern stießen und in einem verworrenen Gefecht von zwei Stunden Dauer einige versenkten und andere beschädigten. Die Japaner verloren zwei Kreuzer, Kurita brach das ungleiche Gefecht 25 sm vor der Leytebucht ab und machte kehrt, weil er sich ohne Luftaufklärung kein Bild von der Lage machen konnte.

Wenige Stunden später unternahmen »Kamikazes« (Opferflieger) ihre ersten Angriffe, zufällig auf die gleiche Gruppe, auf die Kurita gestoßen war. Unter Selbstaufopferung der Piloten stürzten sich Flugzeuge mit Sprengladungen an Bord auf die amerikanischen Schiffe, beschädigten mehrere und versenkten einen Geleitträger. Die Kamikazes waren eine Verzweiflungsmaßnahme, die den Gegner zwar schädigte, aber auch das Ende der japanischen Luftwaffe bedeutete. Insgesamt verloren die Japaner in dieser vielseitigen Operation drei Schlachtschiffe, vier Träger, zehn Kreuzer und neun Zerstörer, zusammen rund 300000 t, die Amerikaner drei kleinere Träger und drei Zerstörer, knapp 40000 t. Bis Anfang 1945 kamen an japanischen Verlusten hinzu: ein Schlachtschiff, zwei neue Träger und mehrere Kreuzer, durch U-Boote oder Flugzeuge versenkt. Von der Flotte, die die Grundlage der Machtpolitik bildete, bestanden nur noch Reste, die die Lage nicht wenden konnten. Ende Dezember faßten die Amerikaner Fuß auf Mindoro, Anfang Januar 1945 unternahmen sie eine Großlandung im Nordwesten von Luzon.

Die völlige Eroberung der Philippinen war nur noch eine Frage von Monaten, Ende Februar rückten die Befreier in Manila ein. Das japanische Herrschaftsgebiet war in zwei Teile gerissen, das Kernland vom Öl und den Rohstoffen abgeschnitten. Die Engländer hatten Burma zurückerobert, Landungen in Indonesien hatten begonnen, die Wohlstandssphäre löste sich auf, der Krieg war militärisch entschieden. Wie schwach Japan war, wurde deutlich, als Halsey unmittelbar nach der Landung auf Luzon mit der Trägerflotte ins Südchinesische Meer ging, dort eine Woche lang operierte und mehrere Kriegsschiffe, 234000 BRT Transportraum und zahlreiche Flugzeuge zerstörte, ohne daß ein Gegner auch nur in die Nähe eines seiner Schiffe kam. Die japanische Propaganda machte allerdings ein »Einschließen im engen Seeraum« daraus und unterließ zu erwähnen, daß die US-Flotte diesen völlig unbeschädigt wieder verließ. Zwei schwere Taifune waren gefährlicher und verursachten Schäden und sogar Verluste von Zerstörern, unterbrachen aber die Operationen nur für wenige Tage. Bis zu drei Monaten blieb die Flotte ohne Unterbrechung in See.

Das wurde möglich, weil ein leistungsfähiger Flottentroß für den Nachschub jeglichen Bedarfs sorgte. Die größeren Marinen hatten schon vor dem Kriege geübt, Öl in See zu ergänzen. Die US-Navy entwickelte dann Verfahren, um auch Verpflegung, Munition, Verbrauchsstoffe und sogar Menschen in Fahrt zu übernehmen. Hierzu dampften die zu beliefernden Schiffe auf 30 bis 40 m parallel zu ihrem Versorger, durch eine Anzahl von elastisch aufgehängten Leinen mit ihm verbunden. Diese hielten die Ölschläuche oder dienten dazu, den in Paletten, d. h. standardisierten Behältern verpackten Nachschub hinüberzuhieven. Die Schiffe mußten recht genau Kurs steuern, zumal bei Seegang, aber darin bekamen Wachoffiziere und Rudergänger genügend Übung.

Die Fülle des Materials, die für den Betrieb einer großen Marine im technischen Zeitalter erforderlich war – rund zwei Millionen Einzelposten vom Bolzen und Bleistift bis zur Maschine und zum Funkgerät – wurde durch ein System erfaßt, das die Erfahrungen der großen Warenversandhäuser ausnutzte. Die Schiffe bestellten ihren Bedarf mittels der Kennziffern eines Katalogs, der bei Kriegsende auf 279 Bände angewachsen war, die zusammen über 100 kg wogen.

Die Menschen wurden in Schwebesesseln an »high lines« von Bord zu Bord gezogen. Auf diese Weise gingen Kranke und Verwundete auf die Lazarettschiffe, kam Ersatz für Verluste an Bord und lösten sich ganze Stäbe ab. Die Besatzungen erlangten große Fertigkeit in der Übernahme in See, so daß sie auch bei schwerem Wetter noch planmäßig vor sich ging. Voller Taifun setzte allerdings Grenzen. Drei Zerstörer gingen unter, weil sie nicht rechtzeitig Öl ergänzen konnten, hoch aus dem Wasser lagen und von der Wucht des Wirbelsturmes auf die Seite gedrückt wurden, bis sie durch die Schornsteine volliefen. Ein anderer kam durch, weil die Gewalt des Windes seine Schornsteine rechtzeitig abbrach.

Die Verluste an Transportraum lähmten die japanische Kriegführung zunehmend. Zu Beginn des Krieges war der Bestand rund 6 Mio BRT, was in Anbetracht der Aufgaben und Entfernungen knapp war. Verstärkter Neubau begann erst, als 1943 die Verluste auf 1,8 Mio BRT stiegen. 1944 waren es fast 4 Mio! Geleite mit Sicherung durch Kriegsschiffe wurden erst spät eingerichtet, einheitliche Ausnutzung des Transportraumes, der zwischen Heer, Marine und zivilem Sektor aufgeteilt war, kam überhaupt nicht zustande. Anfang 1945 war die Tonnage auf etwa 3 Mio BRT gesunken; davon befand sich etwa die Hälfte in den Südgebieten.

Ein schweres Erdbeben im Gebiet von Nagoya zerstörte zahlreiche Fabriken, die US-Bomber verursachten schwere Schäden, als sie von Ende 1944 an 66 Städte angriffen und dabei drei Millionen Häuser unter schweren Verlusten an Menschenleben zerstörten. Da die Zahl der Betriebe, die unter Rohstoffmangel litten, ständig wuchs, leisteten die Bomber vielfach nur Doppelarbeit.

Auch die außenpolitische Lage verschlechterte sich. Japan hatte den Angriffspakt mit Rußland genau beachtet. Den Sowjets hatte er den Rücken freigehalten und das Durchstehen des kritischen Winters 1941/42 zumindest sehr erleichtert. Im Oktober 1944 erklärte Stalin in einer öffentlichen Rede Japan zum Aggressor, offenbar, um sich den Weg zum Eingreifen in Ostasien freizumachen. Trotzdem konnte sich auch die neue Regierung Koiso nicht zu entscheidenden Schritten für den Frieden durchringen, denn sie war durch die eigene Tradition und Einstellung gehemmt, wie auch durch die Forderung der Gegner auf bedingungslose Kapitulation. Die japanische Bevölkerung wurde bewaffnet, die Inseln auf die Abwehr von Landungen vorbereitet.

Die USA rechneten daher mit langem Widerstand und dem Zwang, auf den Hauptinseln zu landen. Der nächste militärische Schritt war, sich hierzu Ausgangspositionen zu schaffen. Im Februar 1945 landeten die Amerikaner auf Iwojima 700 sm südlich von Tokio. Hier befanden sich 3 Flugplätze, von denen aus Jäger die von den Marianen kommenden Bomber angriffen. 22000 Japaner hatten die vulkanische Insel vorzüglich befestigt und wehrten sich verzweifelt. Nur 212 waren in Gefangenschaft, als die schweren Kämpfe nach einem Monat zu Ende gingen. Anfang März machte bereits ein beschädigter Bomber eine Zwischenlandung, und bis Ende des Krieges folgten ihm noch 2250.

Bereits bei den Kämpfen um die Salomonen hatte sich gezeigt, wie schwierig es war, die Flotten und Landungsstreitkräfte unmittelbar aus den 800 Depots, Arsenalen und Werften in den USA zu versorgen und instandzuhalten. Zuerst half man sich mit gelungenen Improvisationen. Dann stellte man Standard-Stützpunkte zusammen, einen großen Typ, »Löwe« (Lion) genannt, und einen kleinen Typ, »Das Junge« (Cub). Ein solcher

»Löwe« verfügte etwa über die gleichen technischen und administrativen Einrichtungen wie Pearl Harbor vor dem Kriege und hatte 10000 Mann Personal. Vier Lions und zwölf Cubs wurden aufgestellt. Bald erwies es sich als notwendig, auch Stützpunkte mit einem Flugplatz dabei zu schaffen. Außerdem begannen die Frontstellen entsprechend ihrem Bedarf, der naturgemäß nicht überall der gleiche war, sich aus den Teilen der Standard-Stützpunkte die Einrichtungen zusammenzustellen, die sie für nötig hielten. Man ging deshalb zu einem System von Komponenten über, aus denen jede nur denkbare Art von Stützpunkt zusammengesetzt werden konnte. Schließlich waren es 250 solcher Grundlelemente in 14 Gruppen, von sehr verschiedener Größe, je nach ihrer Aufgabe. Den Kern bildeten die Einrichtungen für Instandhaltung, Reparatur und Nachschub. Dazu kamen Kirchen, Lazarette, Zahnkliniken, Schreibstuben, Feldpostämter, Hafenwachen, Funk- und Radarstationen usw., bis zu Einheiten zur Bekämpfung der Malaria, zur Reparatur von Schreibmaschinen und zum Austausch von Filmen. Dieses System bewährte sich und erlaubte auch, Stützpunkte, die der Krieg hinter sich gelassen hatte, in ihre Einzelteile aufzulösen und diese nach Bedarf wieder einzusetzen. Die Basis Okinawa war besonders groß geplant, weil man von hier zum Sturm auf die japanischen Hauptinseln antreten wollte.

Das nächste Ziel, Okinawa in der Mitte zwischen Kiushu und Formosa, hatte einen ganz anderen Charakter. Die Insel ist etwa 100 km lang und bis zu 25 km breit, mit einer Oberfläche von rund 1600 qkm. Vier Flugplätze waren fertig oder im Bau, die Besatzung mit 120000 Mann viel stärker, als die Amerikaner annahmen. Nach den Erfahrungen auf den anderen Inseln bemaßen sie ihre Kräfte aber reichlich und führten 183000 Mann Kampftruppen heran, dazu 270000 Mann Bodenpersonal, Bautruppen usw., denn Okinawa sollte als Basis für den Angriff auf Japan dienen und dazu acht Flugplätze erhalten.

Die Hauptlandungen am 1. 4. 1945, durch Beschießungen und Trägerangriffe auf Formosa und Japan gut vorbereitet, trafen wider Erwarten auf keinen Widerstand. Die Verteidiger hatten sich im Südteil der Insel verschanzt, um sich zu halten, bis Kamikazes und der Rest der Flotte den Amerikanern eine Niederlage beigebracht hätten. Die Regierung in Tokio glaubte, zu einem besseren Frieden zu kommen, wenn dieses gelänge. Während das US-Heer die Befestigungen angriff, sicherte die Marine mit vorgeschobenen Radarzerstörern gegen die zu erwartenden Luftangriffe. Beim ersten kamen 355 Opferflieger und versenkten und beschädigten mehrere Zerstörer. Man lernte daraus, und die Totalverluste beim Angriff von insgesamt 1900 Kamikazes blieben auf 15 Zerstörer und kleinere Fahrzeuge beschränkt. Allerdings wurden über 200 Schiffe aller Klassen beschädigt, die meisten konnten aber an Ort und Stelle wieder einsatzbereit gemacht werden.

Vom letzten verfügbaren Öl angetrieben, lief das große Schiff »Yamato« mit einem Kreuzer und acht Zerstörern während des ersten Kamikaze-Angriffs aus, um bei Okinawa zu kämpfen. 400 Trägerflugzeuge stellten den Verband, nur vier Zerstörer kamen beschädigt zurück. Die Kämpfe auf Okinawa dauerten bis in den Juni hinein, aber schon nach wenigen Tagen war zu erkennen, daß es nicht gelingen würde, die Amerikaner wieder zu vertreiben. Das Kabinett Koiso trat zurück, Suzuki übernahm die Regierung, ein alter, erfahrener Politiker und Vertrauter des Tenno. Deutschland lag am Boden, die Sowjet-Regierung weigerte sich, den Nichtangriffspakt zu erneuern. Molotow versicherte zwar, daß die Sowjets bis zum Ablaufen des Vertrages im April 1946 nichts unternehmen würden. Aber selbst wenn er die Wahrheit sagte, war die politische Lage Japans ebenso hoffnungslos wie die militärische.

Inselspringen im Pazifik

1941

◄ Wandmosaik in einem japanischen Offiziersheim ▲ Japanfreundliche Indonesier verbrennen Pappfiguren von Roosevelt und Churchill

Asien den Japanern

Die japanische Propaganda zielte auf die Rechtfertigung der eigenen imperialistischen Großraumpolitik und ihre militärische Verwirklichung ab. Unter den Schlagworten »Ostasiatische Wohlstandssphäre« und »Asien den Asiaten« wurden die antieuropäischen Ressentiments der asiatischen Völker mobilisiert, die weißen Kolonialherren, namentlich die Niederländer und Briten, sowie die Amerikaner karikaturistisch verteufelt, die japanischen Militäraktionen, die in Wirklichkeit auf die Ausdehnung der japanischen Macht angelegt waren, zum »Asiatischen Befreiungskrieg« gegen die Herrschaft der »Langnasen« umgemünzt.

Pearl Harbor nach dem japanischen Luftangriff

Der Blick geht vom Bootsanlegeplatz der Marinefliegerstation über den Hafen, in dem die Pazifische Flotte am 7. 12. 1941 vom japanischen Luftangriff überrascht wurde. Im Vordergrund brennt Fliegerbenzin, in der Mitte liegt ein gekentertes Schlachtschiff, dahinter steigt der Ölqualm aus dem brennenden Wrack eines anderen Schlachtschiffs empor. Rechts sieht man einen Schlepper, unbeschädigt wie die meisten Hilfsfahrzeuge und kleineren Kriegsschiffe. Der Angriff war völlig auf die Schlachtschiffe und die Flugplätze konzentriert, und zwar so ausschließlich, daß ein Tanker, der zwischen den Schlachtschiffen lag, sich herausziehen konnte, ohne beschädigt zu werden. Die Werftanlagen blieben unberührt, ebenso die zahlreichen Tanks mit ihren großen Vorräten an Heizöl. Ein Angriff mit Spreng- und Brandbomben auf die Öllager hätte wahrscheinlich den ganzen Hafen in ein Flammenmeer verwandelt und den Stützpunkt für Jahre unbrauchbar gemacht. Der flüssige Brennstoff, der Schiffe und Flugzeuge antreibt, erwies sich zugleich als Quelle der Brandgefahr. Die Amerikaner sicherten ihre Flugzeuge bald durch Einbau von Benzintanks, deren Wände so konstruiert waren, daß sich Durchschußlöcher von selbst wieder schlossen. Die Japaner folgten nicht und verloren viele Flugzeuge durch Brand. Besonders gefährdet waren die Flugzeugträger, solange ihre Staffeln aufgetankt und mit Munition in den Hallendecks standen. Das führte zu vielen Verlusten, so später bei Midway.

Überfall auf Pearl Harbor

Eine der ersten japanischen Landungen

Zur selben Zeit, als die Flugzeuge des japanischen Trägerverbandes ihre Bomben über Pearl Harbor ausklinkten, führten Heeresverbände die ersten Landungen durch, so am Isthmus von Kra. Unter dem Befehl von General Terauchi begannen die Truppen der 15. Armee von Indochina aus den Vormarsch nach Thailand mit der weiteren Stoßrichtung Rangun. Am 8. Dezember war Bangkok besetzt. Am selben Tag begann auch der Angriff der 14. Armee (Homma) auf die Philippinen mit einer Landung im Norden der Hauptinsel Luzon. Der Vorstoß auf den beherrschenden britischen Flottenstützpunkt Singapur wurde, ebenfalls am 8. Dezember in Nordmalaya eingeleitet.

Vom Schlachtschiff zum Träger

Die »Mutsu« in der Mitte des Bildes war mit 33000 ts, acht 40,6-cm-Geschützen und 23 kn ein typischer Vertreter der stark gepanzerten Schlachtschiffe, die zu Beginn des 2. Weltkrieges den Kern der Flotten bildeten. Es kam aber im ganzen pazifischen Krieg nicht zu einer einzigen »klassischen« Seeschlacht zwischen Schlachtschiffgeschwadern, denn die Flugzeugträger erwiesen sich als kampfkräftiger und bestimmten die Taktik. Im Nachtgefecht trafen Schlachtschiffe nur einmal, bei den Salomonen, aufeinander. Die »Mutsu« sank durch Explosion 1943 vor Hiroshima.

▲ Landung in sehr flachem Wasser

Japanisches Lotsenboot geht bei deutschem U-Boot längsseits ►

Japanische Truppen gehen von großen Transportern mit Motorleichtern und Landungsbooten an Land. Die Wassertiefe nimmt so langsam ab, daß auch ganz flachgehende Fahrzeuge weit draußen bleiben und die Soldaten ein großes Stück an Land waten müssen. Ohne feindliches Feuer und in warmen Gewässern ist das in Kauf zu nehmen, auch wenn der Transport des schweren Geräts schwierig ist. Das Bild zeigt deutlich, wie sehr es darauf ankommen kann, daß die Eigenschaften des Landeplatzes vorher genau erkundet werden. So kam die Landung auf Tarawa im November 1943 in größte Gefahr, weil die Boote auf einem Riff vor der Küste strandeten. Danach wurden die Luftaufnahmen verfeinert, gelegentlich die Küste durch Kampfschwimmer erkundet.

Nach dem Westfeldzug kamen zwei große japanische U-Boote mit Diplomaten und Handelsmissionen nach Westfrankreich. Dann gingen einzelne deutsche Boote nach Japan, zwei wurden der japanischen Marine übergeben. Als im Sommer 1943 der U-Boot-Krieg im Atlantik zusammenbrach, schickte Großadmiral Dönitz eine Anzahl von U-Booten mit großem Fahrbereich in den Indischen Ozean, weil dort die Luftüberwachung nicht entfernt so stark war wie im Atlantik. Sie führten erfolgreich und mit geringen Verlusten Tonnagekrieg und gingen dann nach Penang an der Westküste der Malayischen Halbinsel. Hier wurde mit japanischer Hilfe ein Stützpunkt eingerichtet, in dem die Boote überholt werden konnten. Er war noch bis zum Kriegsende in Betrieb.

Schützenhilfe im Fernen Osten: Japan

US-Flugzeug wirft Munition für die Chinesen ab

Mao Tse-tung treibt seine eigene Politik

Schlachtfeld China

Die japanische Führung unterschätzte die Schwierigkeiten, ein sehr großes Land durch Waffen unter Kontrolle zu bringen. Es genügte nicht, die feindlichen Heere zu schlagen und die Hauptstadt zu besetzen. Unter der Führung von Tschiang Kai-Schek wichen die Chinesen aus und verlegten den Sitz der Regierung in den Südwesten des Landes. Die Japaner mußten ihre Kräfte zersplittern, die Nachschublinien dehnten sich. Allerdings bildete sich auch eine Regierung aus Chinesen, die das Heil ihres Landes in der Zusammenarbeit mit den Japanern sahen. Für die Gegner Japans war es daher wichtig, Tschiang Kai-Schek

it Waffen und Munition zu unterstützen. Die Engländer taten das von idien aus, mußten ihre Hilfe aber 1940 auf Druck Japans einstellen. ach Pearl Harbor beteiligten sich die Amerikaner. Sie verlegten ombengeschwader nach Nationalchina und richteten Lufttransporte on Indien ein, da durch den Verlust von Burma die Landverbindung nterbrochen war. Sie zwangen aber auch Tschiang Kai-Schek, die ommunisten unter Mao Tse-tung zu beteiligen, obwohl diese seine bitterten Feinde waren und er sie vor dem japanischen Angriff durch ne überlegene Strategie zu dem berühmten »Langen Marsch« nach Nordchina gezwungen hatte. Jetzt nutzte Mao Tse-tung die ihm gebotene Gelegenheit aus, um nicht in erster Linie gegen die Japaner zu kämpfen, als vielmehr seine eigene Stellung zu stärken und die Kuo-Min-Tang zu unterwandern. Das gelang dem erfahrenen Revolutionär, Agitator und Partisanenführer nur zu gut. Die Erschöpfung der nationalchinesischen Kräfte durch den langen Krieg tat ein übriges. Stalin verhandelte nicht mit Mao, sondern mit Tschiang Kai-Schek, weil er nur von der anerkannten Regierung die Bestätigung seiner Ansprüche auf früheres russisches Gebiet erhalten konnte.

▲ Japanische Infanterie im eroberten Hongkong

Nach der Besetzung von Indochina und Thailand und der Eroberung Indonesiens war das nächste Ziel der Japaner Burma, das Bindeglied zwischen Südostasien und Indien, wirtschaftlich durch Reisanbau wertvoll. Das Land wurde von den Engländern nur schwach verteidigt, der schnelle Fall von Singapur gab den Japanern die notwendige Basis für den Angriff. Sie waren dadurch in jeder Beziehung so überlegen, daß sie einen vollen Erfolg erzielten. Innerhalb weniger Monate besetzten sie das ganze Land, dazu auch die vorgelagerte Inselgruppe der Andamanen, wodurch sie ihren Nachschubverkehr längs der Küste sicherten. Bereits Ende April 1942 nahmen sie Lashio und unterbrachen damit die Burmastraße, über die der Nachschub für Tschiang Kai-Scheks Armeen ging. Burma war das gegebene Sprungbrett für ein schnelles Vorgehen nach Indien, wo Mahatma Gandhis Feldzug des gewaltlosen Widerstandes eine starke Bewegung gegen die Engländer hervorgerufen hatte. Die japanische Führung stellte aber den Angriff auf Indien hinter dem Versuch zurück, das Verteidigungsgebiet im Pazifik zu erweitern. Das führte zur Niederlage von Midway, welche die Flotte so schwächte, daß sie die Seeherrschaft im Indischen Ozean nicht wieder gewinnen konnte. Auch politisch kamen die Japaner zu spät zum Entschluß. Erst im August 1943 wurde Burma selbständig. Die Anfang 1944 begonnene Offensive nach Indien stieß auf einen Gegenangriff und scheiterte. Burma ging verloren.

▲ Beim Vormarsch nach Burma werden Elefanten eingesetzt

Japanische Truppen besetzen den Bahnhof Rangun ►

Der Weg nach Indien

Materialtransport mit Maultieren auf Dschungelpfaden

1943 traten britische Kräfte von Indien aus zum Gegenangriff gegen die Japaner in Burma an, mit dem begrenzten Ziel, das Gebiet von Arakan an der Küste zurückzuerobern. Sie stießen auf den zähen Widerstand der Japaner, die im Dschungel sehr geschickt kämpften. Der britische Vormarsch wurde außerdem durch die Schwierigkeiten stark behindert, die der unwegsame Urwald besonders in der Zeit des Monsuns verursachte. Straßen gab es nicht, der Nachschub mußte mühsam mit Maultieren befördert werden. Es gelang nicht, diese Hindernisse zu überwinden. Die Offensive wurde schließlich abgebrochen, nach fünf Monaten gingen die Briten auf ihre Ausgangsstellungen zurück. Der Dschungel erwies sich nicht nur in Burma als ein Kampfgelände, das nahezu unüberwindliche Hemmnisse entgegenstellte. Auf Guadalcanal beschränkten sich die Amerikaner darauf, einen Brückenkopf um den eroberten Flugplatz zu halten. Wiederholte japanische Angriffe blieben im Regenurwald stecken. Das Abschneiden ihrer Zufuhr über See entschied den Kampf. Ähnlich erging es den Japanern in Neuguinea, wo sie ebenfalls die Frage des Nachschubs durch tropischen Urwald und Gebirge nicht zu lösen vermochten. Sie kamen zwar fast ans Ziel, den Flugplatz von Port Moresby, waren aber zu schlecht bewaffnet und versorgt, um ihn nehmen zu können. Ebensowenig gelang es den Amerikanern, nach der Landung an der Ostküste der Insel Leyte im Oktober 1944 nach dem Westufer durchzustoßen. Sie brachten ihre Truppen auf dem Seewege hinüber. Mechanisierte Heere sind für den Dschungelkampf wenig geeignet. Hier bewährt sich der bewegliche Einzelkämpfer, der die örtlichen Gegebenheiten kennt und aus dem Lande zu leben versteht.

Briten erobern eine japanische Stellung

Dschungelkrieg

▲ Luftspäher überwachen den nordaustralischen Küstenraum

◄ Flugplatz in Nordaustralien

Ausbildung indischer Stationierungstruppen in Australien

Australien – Alliierte Basis

Während der Eroberung Indonesiens unternahm die japanische Trägerflotte einen Vorstoß gegen den nordaustralischen Hafen Port Darwin, richtete schwere Schäden an den Hafeneinrichtungen an und versenkte zwölf Handelsschiffe und mehrere Kriegsschiffe. Australien, das auf einen Angriff kaum vorbereitet war, holte das nun nach, so gut es ging. Jägerstaffeln wurden in den Nordraum verlegt, ein Luftbeobachtungsdienst eingerichtet, vorerst behelfsmäßig, bis Radar aufgebaut war. Das Schicksal des Erdteils hing vor allem davon ab, wer die See beherrschte. Die japanischen Pläne sahen 1942 keine Landung auf dem Festland vor, sondern nur die Besetzung von Port Moresby, dem einzigen größeren Hafen an der Südostküste von Neuguinea. Von dort konnte man die nordaustralischen Gewässer unter Kontrolle halten. Der erste Versuch zur Besetzung von Port Moresby scheiterte in der unentschiedenen Trägerschlacht im Korallenmeer. Eine Wiederholung machten die bei Midway erlittenen Verluste unmöglich. Auch die Versuche, an der Küste mit Zwischenstation in Milne Bay sowie auf geradem Wege durch das Innere der großen Insel den wichtigen Hafen zu erreichen, mißlangen. Die Landung der Amerikaner auf der Salomoneninsel Guadalcanal befreite Australien endgültig von der Drohung einer Invasion. Nur japanische Klein-U-Boote drangen einmal in den Hafen von Sydney ein, ihre Torpedos gingen aber fehl. Australien diente nun als rückwärtiges Gebiet für die Offensiven General MacArthurs. Hier wurden Truppen ausgebildet und bereitgestellt, ein großer Teil des Nachschubs versammelt.

シン ジャワ

Djawa Baroe

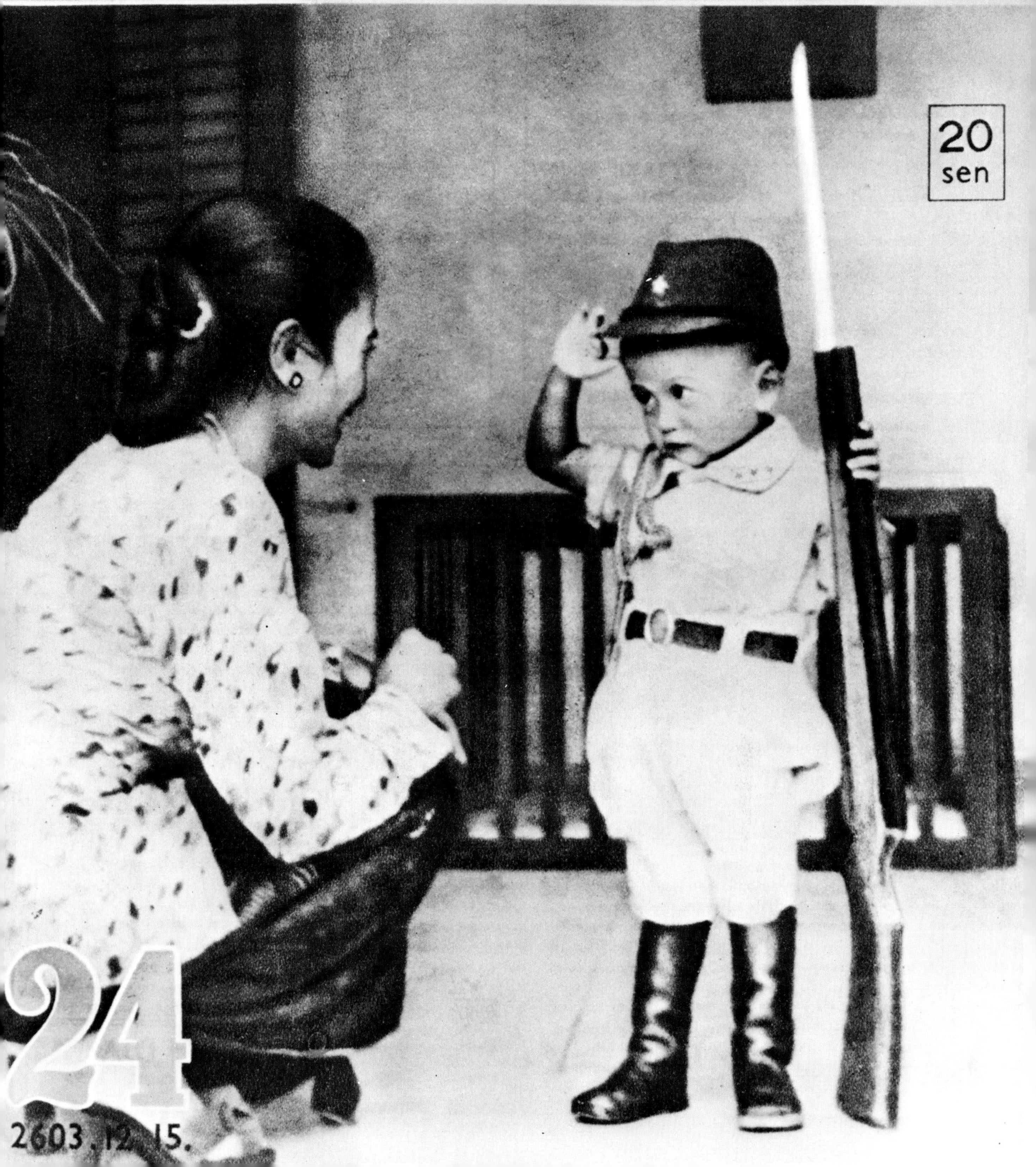

20 sen

24

2603.12.15.

◄ »Das Freie Java«, projapanische Zeitschrift Sukarnos

▲ Das Anlanden mit neuen Booten wird sorgfältig geübt, Florida 1942

Wichtige Operationen

Das hier abgebildete Fahrzeug ist dazu eingerichtet, eine große Zahl von Infanteristen schnell und ziemlich trocken an Land zu bringen. Hierzu dienen zwei bewegliche Rampen an beiden Seiten des Vorschiffs, die beim Erreichen des Ufers herabgelassen werden. Die Landungsstelle ist so gewählt, daß die Wassertiefe gleichmäßig und ziemlich schnell abnimmt. Das Schiff erreicht mit dem Bug fast den Strand, während das Heck mit den Schrauben in tiefem Wasser bleibt. Ist mit starkem Querstrom zu rechnen, muß beim Anlaufen ein Heckanker geworfen werden, der verhindert, daß das Schiff herumschlägt und in seiner ganzen Länge ans Ufer gedrückt wird. Sowie die Truppe an Land ist, zieht sich das Schiff mit den Schrauben und gegebenenfalls durch Einhieven des Heckankers in das tiefe Wasser zurück. Falls das Schiff zu fest sitzt, kann das Lösen des Buges vom Grund dadurch erleichtert werden, daß durch Fluten von Zellen im Heck das Vorschiff etwas gehoben wird. Wo mit Gegenwehr zu rechnen war, war es naturgemäß erforderlich, mit einer großen Zahl von Landungsfahrzeugen in breiter Front anzulaufen und den Gegner durch das Feuer der Kriegsschiffe und die Angriffe von Flugzeugen niederzuhalten. Das bedurfte einer sehr genau abgestimmten Zusammenarbeit aller beteiligten Waffen. Die Amerikaner entwickelten im Laufe des Krieges in vielen Operationen die Mittel und die amphibische Taktik zu großer Vollkommenheit.

NICO BROEKMAN
d'r uit!
INDIË MOÉT BEVRIJD....

Die Burmastraße

Die Burmastraße diente dazu, Nachschub über Land nach China zu bringen, dessen Häfen von den Japanern beherrscht wurden. In einer Länge von 1100 km verband sie Lashio an der Grenze zwischen Burma und China mit Kunming, wo sie Anschluß an das chinesische Verkehrsnetz bekam. Sie führte auf weite Strecken durch Dschungel und überwand hohe Gebirge und reißende Ströme. Als die Japaner Ende April 1942 Lashio besetzten und damit die Burmastraße unterbrachen, richteten die Alliierten Lufttransport von Assam über den »Buckel« ein, wie die Flieger den Himalaja bezeichneten. Später wurden weitere Straßen nach Burma und über Ledo nach China gebaut.

◄ »Raus mit ihnen!«, niederländisches Propagandaplakat

General Doolittles Bluff

Am 18. 4. 1942 starteten 16 US-Bomber unter General Doolittle vom Flugzeugträger »Hornet« 650 Seemeilen vor der japanischen Küste zum Angriff auf Tokio. Da Marineflugzeuge noch nicht die nötige Reichweite besaßen, wurden Heeresbomber verwendet. Diese konnten nicht wieder auf dem Flugdeck landen und flogen daher nach Nationalchina weiter. Da der vorgesehene Flugplatz noch nicht fertig war, mußten die Besatzungen mit Fallschirm abspringen. Die Japaner glaubten Tokio völlig sicher vor Luftangriffen. Die Amerikaner hielten daher die Technik des Unternehmens sehr geheim. Präsident Roosevelt gab bei einer Pressekonferenz als Startplatz »Shangri-La« an, eine geheimnisvolle Stadt in einem bekannten Roman. Später wurde ein US-Flugzeugträger so getauft. Die materielle Wirkung des Angriffs war gering, die strategische dagegen groß. Die Japaner überschätzten die Reichweite der feindlichen Trägerflugzeuge erheblich und beschlossen, ihren äußeren Verteidigungsring viel weiter hinauszuschieben. Das überforderte ihre Kräfte, führte zur Zersplitterung und letzten Endes zur Niederlage von Midway. Diese kostete sie die Flugzeugträger, ohne die sie das riesige von ihnen »besetzte« Gebiet im Inselpazifik nicht wirksam verteidigen konnten.

Tokio wurde 1944/45 durch zahlreiche Angriffe amerikanischer Bomber zum großen Teil zerstört. Diese kamen in der Masse von den Marianen, auf denen nach der Eroberung im Juni 1944 mehrere große Flugplätze gebaut wurden, dazu ein riesiges Nachschublager und eine Werft. Auch von China aus flogen Bomber Angriffe auf Japan. Eine japanische Offensive machte vorübergehend einige der Flugplätze in China unschädlich. Noch im April 1945 wurde der Versuch wiederholt.

◄ **Heeresbomber hebt vom Deck der »Hornet« ab**

Überlegene Technik

Das *rechte Bild* zeigt, wie ein japanisches Flugzeug während der Kämpfe um die Marianen im Juni 1944 abgeschossen wird. Zu dieser Zeit gelang es japanischen Flugzeugen selten, an die amerikanischen Träger heranzukommen. Meist wurden sie früh durch Radar erfaßt und von der sofort startbereiten oder auch schon in der Luft befindlichen Kampfpatrouille abgefangen. Im Sommer 1944 war das so gut eingespielt, daß die Japaner bei den Marianen von rund 600 Flugzeugen 402 verloren, die meisten im Luftkampf, 17 durch die Flak der Schiffe, bei nur 30 amerikanischen Verlusten. Einige Schiffe erlitten Beschädigungen, aber nicht ein einziges wurde außer Gefecht gesetzt. Ganz anders ist die Lage, wenn einzelne Schiffe allein auf ihre Flak angewiesen sind. Das *Bild unten* zeigt den Angriff eines US-Bombers auf einen Geleitzerstörer im Chinesischen Meer im April 1945 während der Kämpfe auf Okinawa. Ohne Unterstützung durch eigene Flugzeuge, noch ohne Raketen, muß ein Schiff viel Glück haben, um den Angreifer abzuwehren. In diesem Falle wurde der Zerstörer beschädigt und von anderen Flugzeugen versenkt.

▼ US-Bomber greift japanischen Geleitzerstörer an

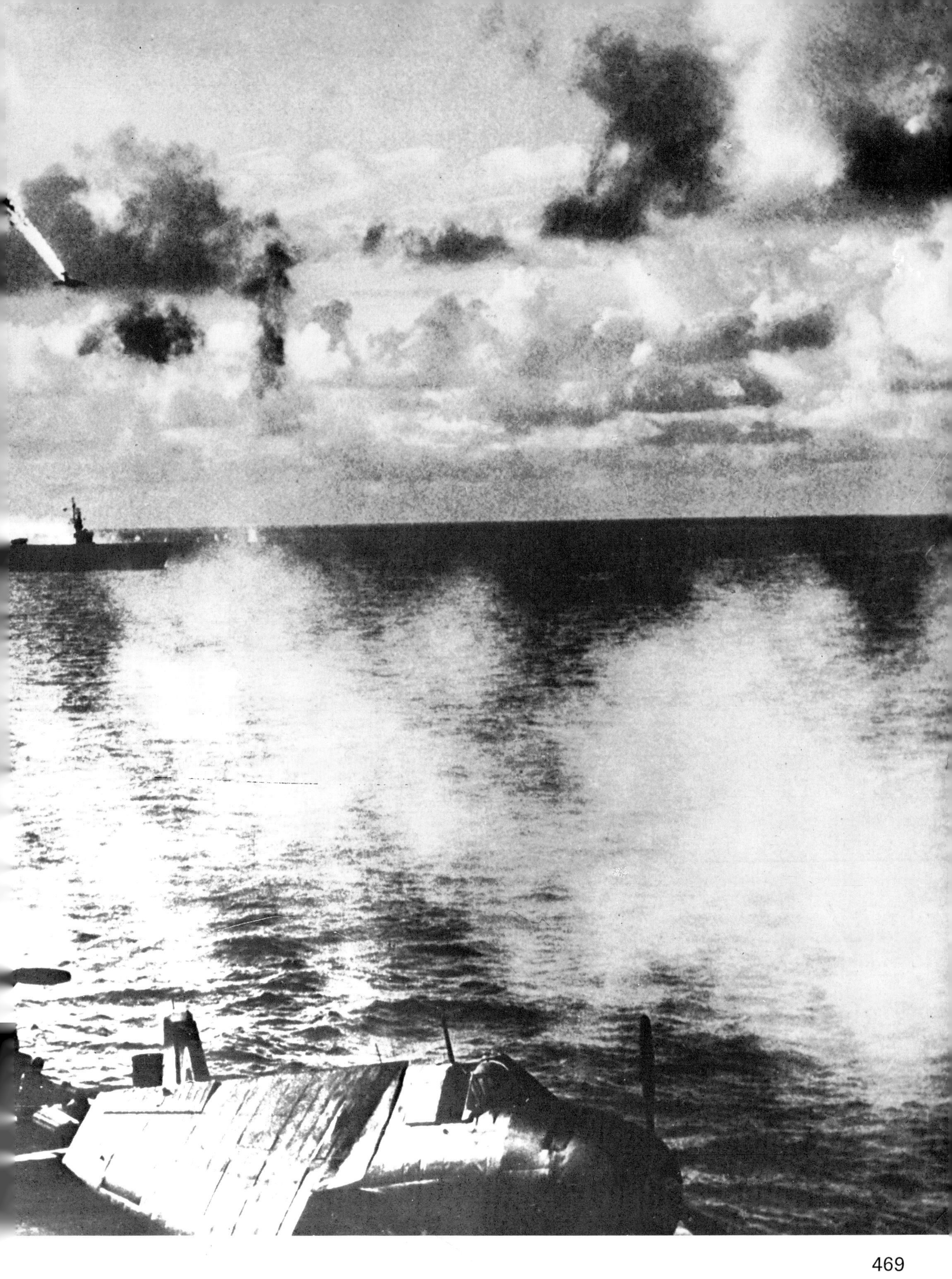

Im Februar 1945 hatte die amerikanische Kunst amphibischer Operationen ihre volle Höhe erreicht. Von Stützpunkten, die Tausende von Kilometern entfernt lagen, versammelten sich vor der Insel gewaltige Kräfte. Nach ausgiebiger Beschießung von See und aus der Luft strebten, wie das Bild zeigt, zahlreiche Landungsfahrzeuge verschiedener Typen dem vorher genau erkundeten Ufer zu. Zwischen den einzelnen Angriffswellen hielten sich größere Schiffe, um Richtung zu geben, den Angriff durch Feuer zu unterstützen und mit weiteren Kräften zu nähren. Auf der vulkanischen Insel war nicht überall Sandstrand zu erwarten. Daher wurde die Truppe durch Übungen an schwieriger Küste vorbereitet (*Bild rechts*). Die Landung auf Iwo-Jima verlief planmäßig, die Kämpfe waren hart, der Gegner kämpfte bis zum letzten Mann. Das Hissen des Sternenbanners auf dem Suribachiberg spornte die Angreifer stark an.

Großlandungen der Amerikaner

An schwieriger Küste wird das Anlanden gedrillt ►

▼ Die Bugwellen der Landungsboote bei Iwo-Jima

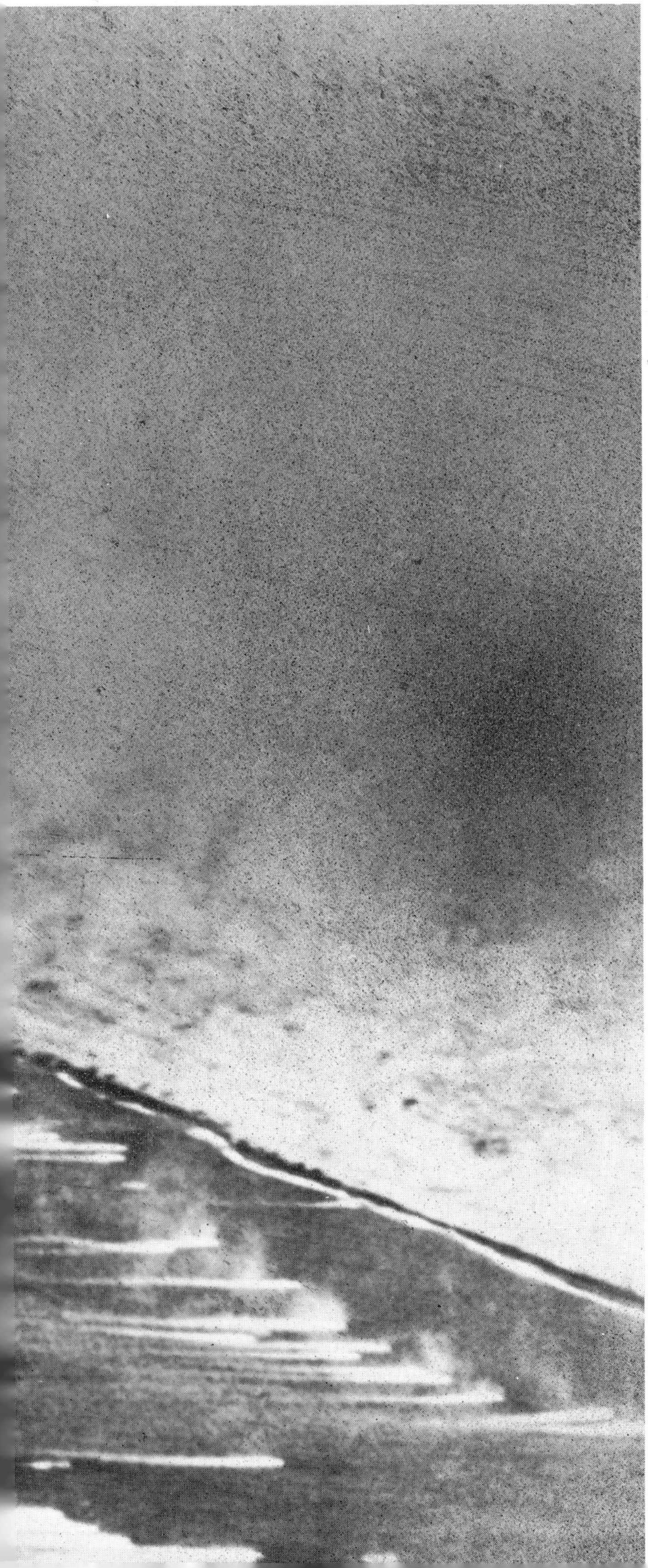

Diese US-Flugzeugträger *(linkes Bild)* wurden nach japanischen Berichten bei Midway versenkt. Es war dies eine der häufigen und erklärlichen Fehlbeobachtungen in der Hitze des Kampfes. Daß die Japaner den Verlust vier eigener Träger nicht erwähnten, war eine bewußte Täuschung ihres Volkes und ihrer Verbündeten. In Wirklichkeit erwiesen sich die amerikanischen Träger als die Beherrscher des Pazifik, ihre Kampfgruppen bildeten das Rückgrat aller Operationen. Sie blieben bis zu drei Monaten ununterbrochen in See, ergänzten Vorräte und Öl in Fahrt und ritten die schwersten Stürme ab.
Der Mißerfolg der Arakan-Operation Anfang 1943 führte dazu, die Offensive gegen Burma ein Jahr später durch die »Long Range Penetration Groups« unter General Wingate zu unterstützen. Dieser hatte bereits gegen die Italiener in Abessinien erfolgreich Dschungelkrieg geführt. Er ließ wichtige Punkte weit im Hinterland durch Fall-

◄ Flugzeugträger entscheiden die Schlacht bei Midway

See- und Luftmacht entscheidet den Krieg

schirmspringer besetzen und dort behelfsmäßige Flugplätze bauen, so daß die Besatzung aus der Luft unterstützt werden konnte. Sie war damit immer stärker als die japanischen Truppen, die den Weg wieder freizukämpfen versuchten. Wingates Verfahren war nur bei Luftherrschaft möglich.
Dieser Blick auf das Oberdeck *(rechts)* eines der vielen Landungsschiffe gibt ein gutes Bild, wie die von den Trägerkampfgruppen gesicherte Rollbahn der See zum Transport größter Mengen von Menschen und Material genutzt wird. Die eng gestauten Lastwagen sind mit Munition und anderem Nachschub beladen. Bei der Landung rollen sie in kürzester Zeit über die Bugrampe ans Ufer. Dort sorgen besondere Strandmeister dafür, daß das Material weiterfließt, ohne den Strand zu verstopfen. Das ist genau durchgearbeitet bis zu den farbigen Markierungen, die den Weg zu den Versammlungsräumen weisen.

▲ Australische Kommandotruppen Wingates warten auf den Abflug

Blick auf das Oberdeck eines amerikanischen Landungsbootes ►

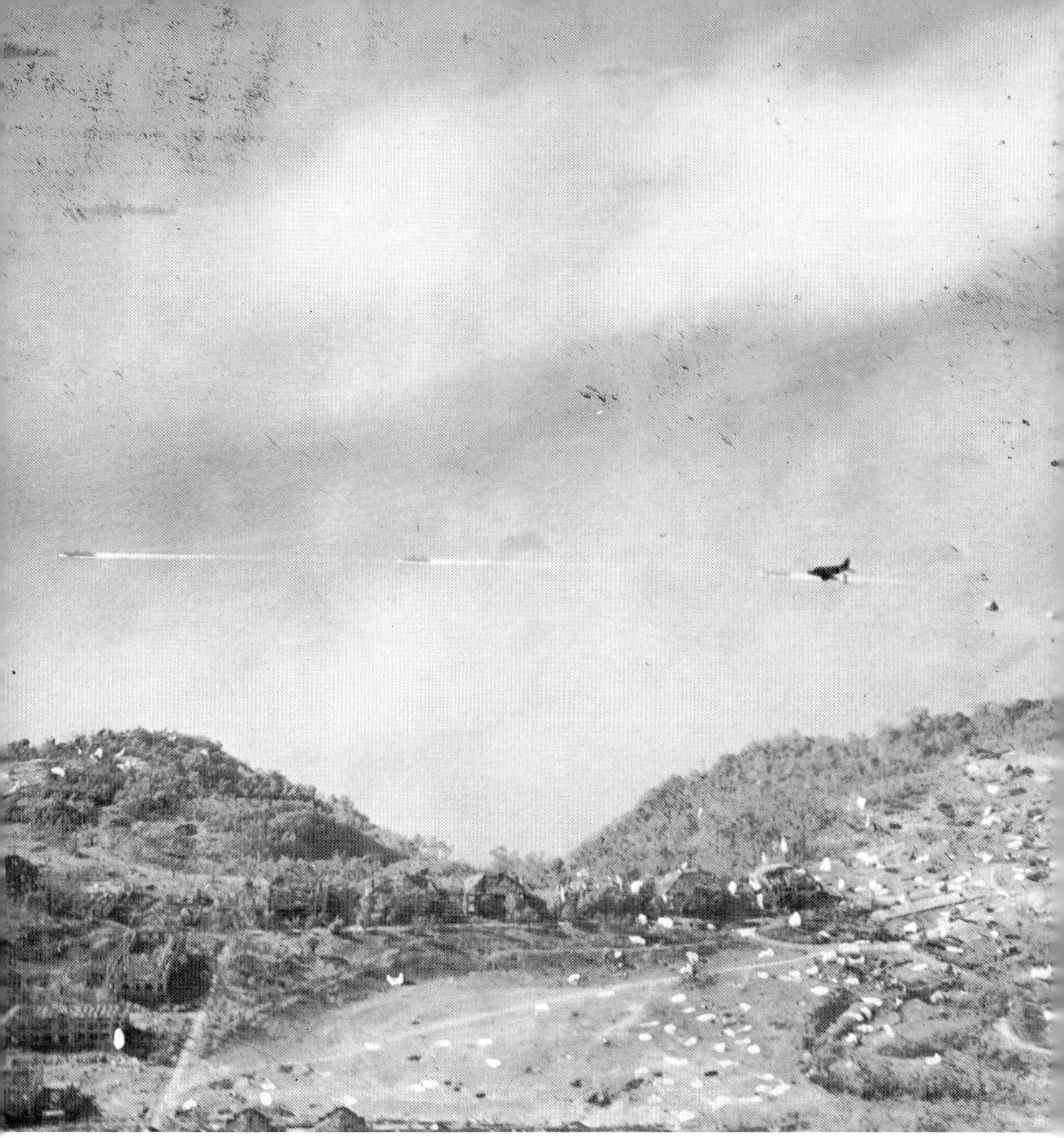

Im Handstreich erobern alliierte Fallschirmjäger eine wichtige Nachschubposition der Japaner in Burma

Das *Bild oben* zeigt eins der Unternehmen, bei dem Fallschirmspringer eine strategische Position in Burma tief im Rücken der Japaner besetzten, ihren Nachschub unterbrachen und in dem wegearmen Land ihre Operationen entscheidend hemmten. Bei dem Vorgehen der Amerikaner über den Pazifik spielten Luftlandungen dagegen keine Rolle, denn im Inselgebiet und in Neuguinea fehlte die Tiefe des Raumes, die solche Unternehmen zweckvoll gemacht hätte. Erst bei der Wiedereroberung der Philippinen kamen Luftlandetruppen zum Zuge. Ihre Haupttat war die Einnahme der Felseninsel Corregidor, die als starke Festung den Zugang zur Bucht von Manila beherrschte. Sie hatte sich am längsten gegen die Japaner gehalten. Ehe sie fiel, war von hier MacArthur, Oberbefehlshaber der amerikanischen und der von ihm organisierten philippinischen Truppen, auf Geheiß des Präsidenten Roosevelt mit einem Schnellboot ausgelaufen, um in Australien den Befehl über die alliierten Streitkräfte zu übernehmen. Bei der Abfahrt hatte er verkündet: »Ich kehre zurück«, und er hielt Wort. Auf Leyte, wo er 40 Jahre vorher als junger Offizier sein erstes Kommando angetreten hatte, betrat er zuerst wieder philippinischen

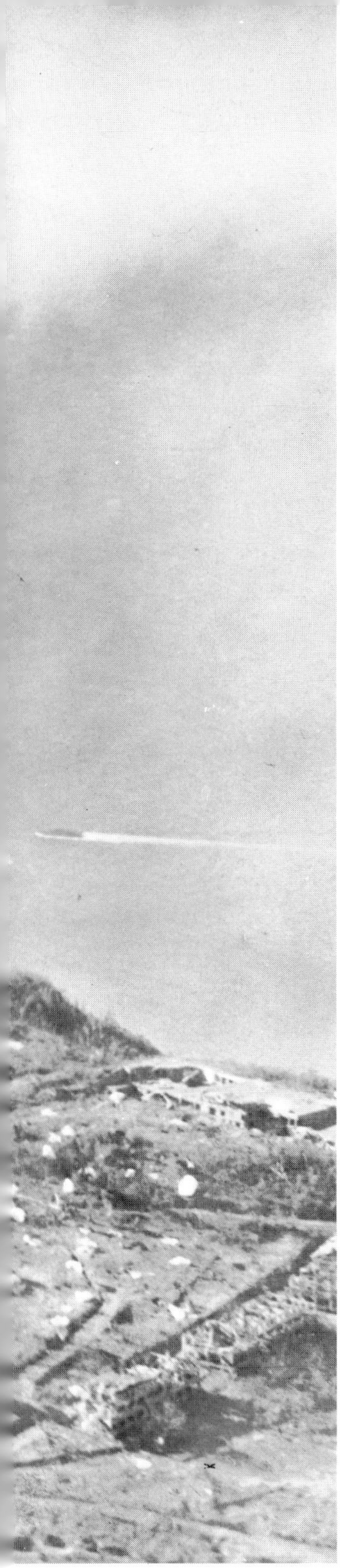

Im wiedereroberten Corregidor wird das Sternenbanner gehißt

MacArthur kehrt zurück

Boden. Das Unternehmen gegen Corregidor setzte den Schlußstrich. 2000 Männer des 503. US-Fallschirmregiments führten es durch. Für die Verteidiger völlig überraschend sprangen sie am 16. 2. 1945 auf zwei ganz kleine ebene Plätze auf dem Felsen. In hartem Kampf, unterstützt von Landungen vom Wasser, gelang es, die Felsenstellungen zu nehmen. In den letzten sprengten sich die letzten japanischen Verteidiger selbst in die Luft. Damit war die nahezu drei Jahre andauernde Besetzung der Insel beendet. An der Flaggenhissung anläßlich des Sieges nahm MacArthur teil.

▲ Japanische Öllager sind getroffen

▼ Okinawa: Amerikanischer Kommandostand

Letzte Operationen

Mit Flammenwerfern werden japanische Widerstandsnester ausgeräuchert

Bei den letzten Operationen in Burma schießen britische Flugzeuge Öltanks in Brand. Die Japaner, in der Luft hoffnungslos unterlegen, wurden durch die Verluste an Treibstoff auch in den Bewegungen auf der Erde stark behindert. Durch die Besetzung Indonesiens hatten sie sich zwar unerschöpfliche Ölquellen gesichert, aber die systematische Zerstörung aller Transportmittel und Öllager hob diesen Gewinn auf. Sie konnten ihre Verteidigung nicht mehr beweglich führen. Anfang Januar 1945 war die Straße von Assam nach China frei, im Mai rückten britische und indische Truppen in der burmesischen Hauptstadt Rangun ein.

Die beiden anderen Bilder zeigen Episoden aus den Kämpfen auf der Insel Okinawa, die das Ziel der letzten großen Landung im April 1945 war. *Oben* greifen Panzer mit Flammenwerfern ein Widerstandsnest an, *links unten* richten US-Truppen einen Kommandostand ein. Die Japaner, 120000 Mann stark, leisteten im Südteil der Insel erbitterten Widerstand. Mittelpunkt ihrer Verteidigung war das Schloß Shuri, ein Bau aus dem Mittelalter, der so fest war, daß er selbst den Granaten der Schlachtschiffe widerstand. Er wurde schließlich durch 1300 Stück 35,6-cm-Panzersprenggranaten eines für solche Aufgaben spezialisierten Schiffes zertrümmert.

Kamikaze-Angriff auf die »Missouri«

Kamikaze

Während auf Okinawa eine japanische Armee sich zäh verteidigte, stürzten sich Kamikaze (Opferflieger) zu Hunderten auf die amerikanischen Schiffe und verursachten schwere Verluste.

In Burma standen die rückwärtigen Verbindungen der Japaner unter dauernden Angriffen aus der Luft. Hier zerstören britische Flugzeuge durch Bomben eine Eisenbahnbrücke.

▲ Unter den Bombenangriffen der Alliierten reißen die japanischen Nachschubstränge ▼

Die Endphase des 2. Weltkrieges und seine Folgen

Prof. Dr. Herbert Michaelis

Alle Kriegsanstrengungen Deutschlands waren angesichts seiner Unterlegenheit zu Lande, zu Wasser und in der Luft aussichtslos geworden. Jeder weitere Kampf stand unter dem unerbittlichen Gesetz der Defensive gegenüber einer Übermacht, die sich mit naturnotwendiger Konsequenz unaufhaltsam zur Geltung brachte. Der Krieg ging nun deutscherseits längst nicht mehr um das offensive Ziel des »Lebensraumes« und einer »Neuen Ordnung Europas« und des Triumphes der »Herrenrasse« über dekadente Demokratien und den »verjudeten Bolschewismus«, sondern um Selbstbehauptung gegenüber der Überlegenheit militanter Demokratien und der Angriffskraft und dem Opfermut des russischen Volkes. Jeder deutsche Sieg hatte nur noch örtlichen Charakter und bedeutete lediglich die Verzögerung des Endsieges der Gegner und der eigenen endgültigen Niederlage.

Hitler war zum Gefangenen seiner Eroberungen, der weite besetzte Raum hinsichtlich der Möglichkeiten, die er den Feinden für den Angriff bot, zu einer schweren Belastung geworden. Der Vorteil der inneren Linie war angesichts des großen Umfanges der zu verteidigenden Gebiete gering. Vor allem hätte es dazu einer großen beweglichen strategischen Reserve und einer starken Luftmacht bedurft. Beide waren nicht vorhanden. Der eroberte Raum war zur »Festung Europa« geworden, die die Gegner berannten.

Seit dem Scheitern des Unternehmens »Zitadelle« bei Kursk im Juli 1943 war der letzte deutsche Versuch, im Osten die militärische Initiative zu behalten, gescheitert. Diese lag fortan und endgültig bei der Roten Armee. Sie hatte längst die Grenzen Polens überschritten und im Sommer und Herbst 1944 die Weichsel erreicht. Seit dem 11. Oktober standen zum erstenmal sowjetische Verbände in Ostpreußen.

Mit der Landung auf Sizilien im Juli 1943 waren die Alliierten im Westen an der schwächsten Stelle in die für uneinnehmbar erklärte »Festung Europa« eingebrochen. Der Sturz Mussolinis und der Abfall des italienischen Bundesgenossen waren die unmittelbaren Folgen. Die Einnahme Roms am 4. Juni 1944 bildete das Signal für die Eröffnung der Invasion in Nordfrankreich zwei Tage später. Mit ihr erfolgte der gewaltige zweite Einbruch in die »Festung Europa«. Er konnte nicht mehr zum Stehen gebracht werden und leitete die eigentliche militärische Endphase des Krieges ein.

Das Problem einer Invasion in Europa hatten die Alliierten

Stoßrichtung

Frontverläufe

schwaches Festungssystem

gut ausgebautes Festungssystem

Luftlandung

Flugplatz

Trägerflugzeuge

Marineoperation

Schwarz bezeichnet Bewegungen der deutschen und verbündeten Truppen, Rot die der Alliierten

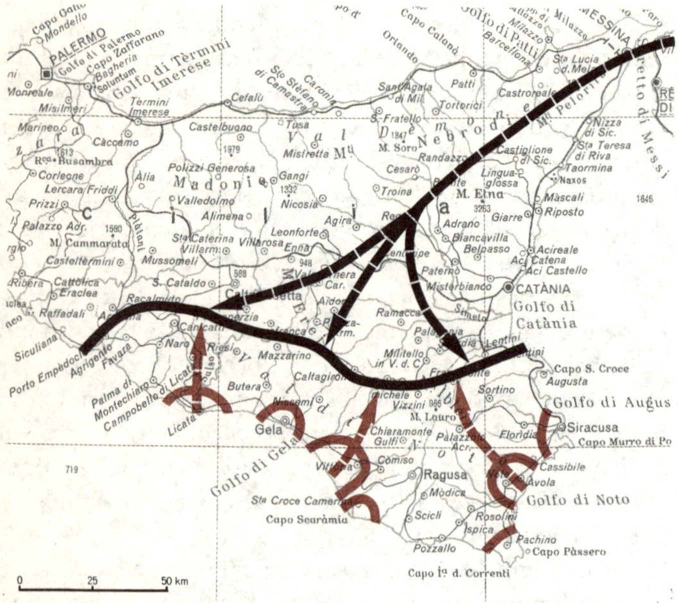

Aus den sizilischen Landeköpfen Licata, Gela, Vittoria und Avola traten die Verbände Montgomerys und Pattons zum Stoß auf die 6. italienische Armee Guzzonis an. Deutsche Verstärkungen wurden in Eilmärschen herangeführt. Die Karte zeigt die Lage am 15. Juli 1943.

jahrelang erörtert. Erst auf der Konferenz in Teheran (Dezember 1943) waren die endgültigen Beschlüsse über die Landung in der Normandie (Overlord) und eine ergänzende Landung an der Riviera (Dragoon) gefallen. Den Oberbefehl über das Unternehmen Overlord erhielt der amerikanische General Eisenhower mit der ausdrücklichen Direktive, daß diese Operationen »gegen das Herz Deutschlands gerichtet sind«.

Der Plan Churchills einer alliierten Landung auf dem Balkan, der zugleich dem kommunistischen Einfluß und dem Vordringen der Roten Armee nach Mitteleuropa einen Sperriegel vorschieben sollte, war abgelehnt worden. Folglich bedeutete die Entscheidung für die Landung in Nordfrankreich die Preisgabe des ganzen osteuropäischen Raumes an Stalin. Jeder Erfolg der Amerikaner und Engländer im Westen war jetzt zugleich ein russischer Sieg und bahnte dem Kommunismus den Weg in das Innere Europas hinein.

Zur Überraschung der deutschen Stellen setzten die Alliierten ihr Landungsunternehmen in der Nacht vom 5. auf den 6. Juni 1944 in Gang, bei verhältnismäßig ungünstiger See und an einem Küstenabschnitt, an dem nach Meinung der deutschen Marine eine Landung nicht zu erwarten und der »Atlantikwall« nur schwach ausgebaut war.

Der Kräfteansatz der westlichen Großmächte demonstrierte deren Stärke in einem Ausmaß, dem man auf deutscher Seite auch nicht im entferntesten begegnen konnte. Allein 14600 fliegende Festungen, zweimotorige Bomber und Jagdflugzeuge, 6697 Schiffseinheiten, zu denen außer den Transportschiffen und über 4000 Landungsbooten 5 Schlachtschiffe, 22 Kreuzer, 93 Zerstörer und Raketenprahme gehörten, waren aufgeboten. Auf deutscher Seite standen nur 350 Flugzeuge eingreifbereit, darunter 185 Jäger; von letzteren gingen gleich beim ersten Einsatz 90 verloren. Dem riesigen Kriegsschiffaufgebot der Gegner konnte der deutsche Marinebefehlshaber lediglich 3 Zerstörer, 34 Schnellboote und 34 Unterseeboote in den Häfen der Biskaya entgegenstellen; nur 6 U-Booten gelang es, in den Ärmelkanal vorzudringen. Auch nach Verstärkung der deutschen Luftwaffe blieb das Kräfteverhältnis gegenüber dem Feind im Juni 1 : 25.

Nach schweren Luft- und Schiffsbombardements auf die deutschen Küstenbefestigungen landete die 21. alliierte Heeresgruppe (Montgomery) nach Absprung von drei Fallschirmjägerdivisionen hinter den deutschen Linien, am Morgen des 6. Juni die 2. britische Armee nebst kanadischen Einheiten westlich der Orne-Mündung nördlich von Caen und die 1. amerikanische Armee östlich und westlich der Vire-Mündung nördlich von St-Lô am Fuß der Halbinsel Cotentin.

Die überraschten deutschen Truppen leisteten erbitterten Widerstand, aber sie waren zu schwach, um die Gegner sofort ins Meer zurückzuwerfen. Wegen der absoluten Luftüberlegenheit der Alliierten fielen die Einsätze der deutschen Luftwaffe und Marine nicht ins Gewicht. Den Gegnern gelang die Bildung von Landeköpfen – der der Engländer an der Orne-Mündung war 25 km breit und 10 km tief – die sie gegen die deutschen Angriffe behaupteten und in die sich fortan, von der deutschen Luftwaffe unbehindert, mit Hilfe künstlicher Wellenbrecher und schwimmender Häfen (Mulberries) weitere Truppen – in den ersten sechs Tagen über 300000 Mann – und riesige Mengen von Kriegsmaterial ergossen. Jetzt rächte sich, daß man sich deutscherseits nicht auf ein festes Prinzip der Invasionsabwehr hatte einigen können: Hitler forderte die Abwehr einer feindlichen Landung an Ort und Stelle, an

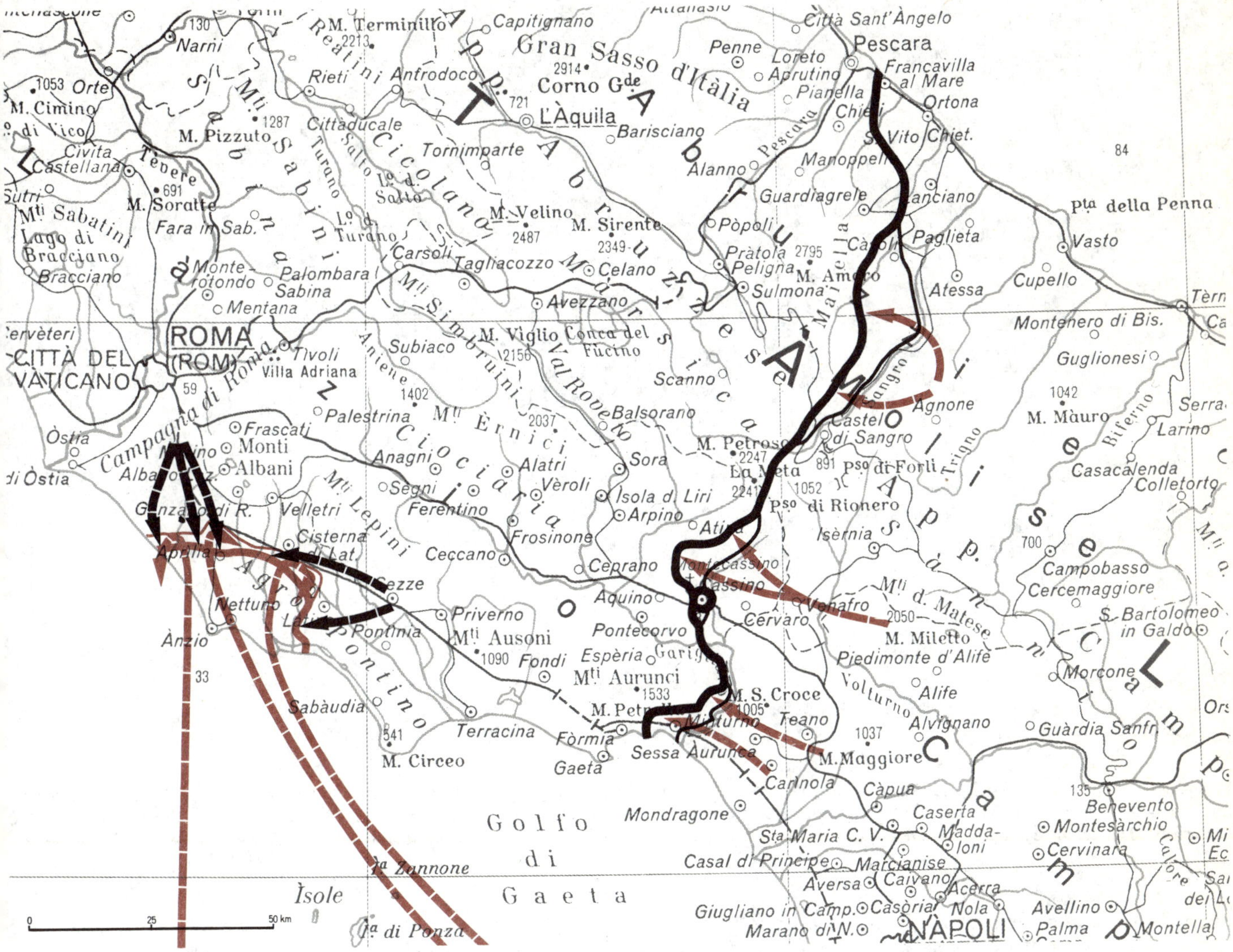

Bis Ende März 1944 hatten die Alliierten den italienischen »Stiefel« bis zur Linie Pescara–Cassino–Gaeta aufgerollt, die deutsche Front durch die Landung bei Anzio und Nettuno überflügelt.

der Küstenlinie, während die Befehlshaber im Westen, vornehmlich Rundstedt, für eine bewegliche Operationsführung eintraten und den gelandeten Gegner in einer zügigen Schlacht auf Frankreichs Boden niederringen wollten. Hitler beharrte auch jetzt auf starrer Verteidigung an Ort und Stelle. Er setzte seine Hoffnung auf die Mitte Juni erstmals eingesetzte »Vergeltungswaffe«, die sogenannte V 1, eine raketengetriebene Flugbombe, von der er sich eine »kriegsentscheidende Wirkung« versprach. Entgegen Rundstedts und Rommels Forderung, diese Waffe gegen den feindlichen Landekopf einzusetzen, ließ er sie in Vernachlässigung der Invasionsfront auf London richten, in dem Glauben, die Engländer durch die Beschießung ihrer Hauptstadt friedensbereit machen zu können. Die auf ganz Frankreich verteilten deutschen Reserven, die wegen der absoluten Luftüberlegenheit der Alliierten in ihren Bewegungen aufs höchste beengt waren, wegen der uneinheitlichen Befehlsverhältnisse und weil man meinte, die

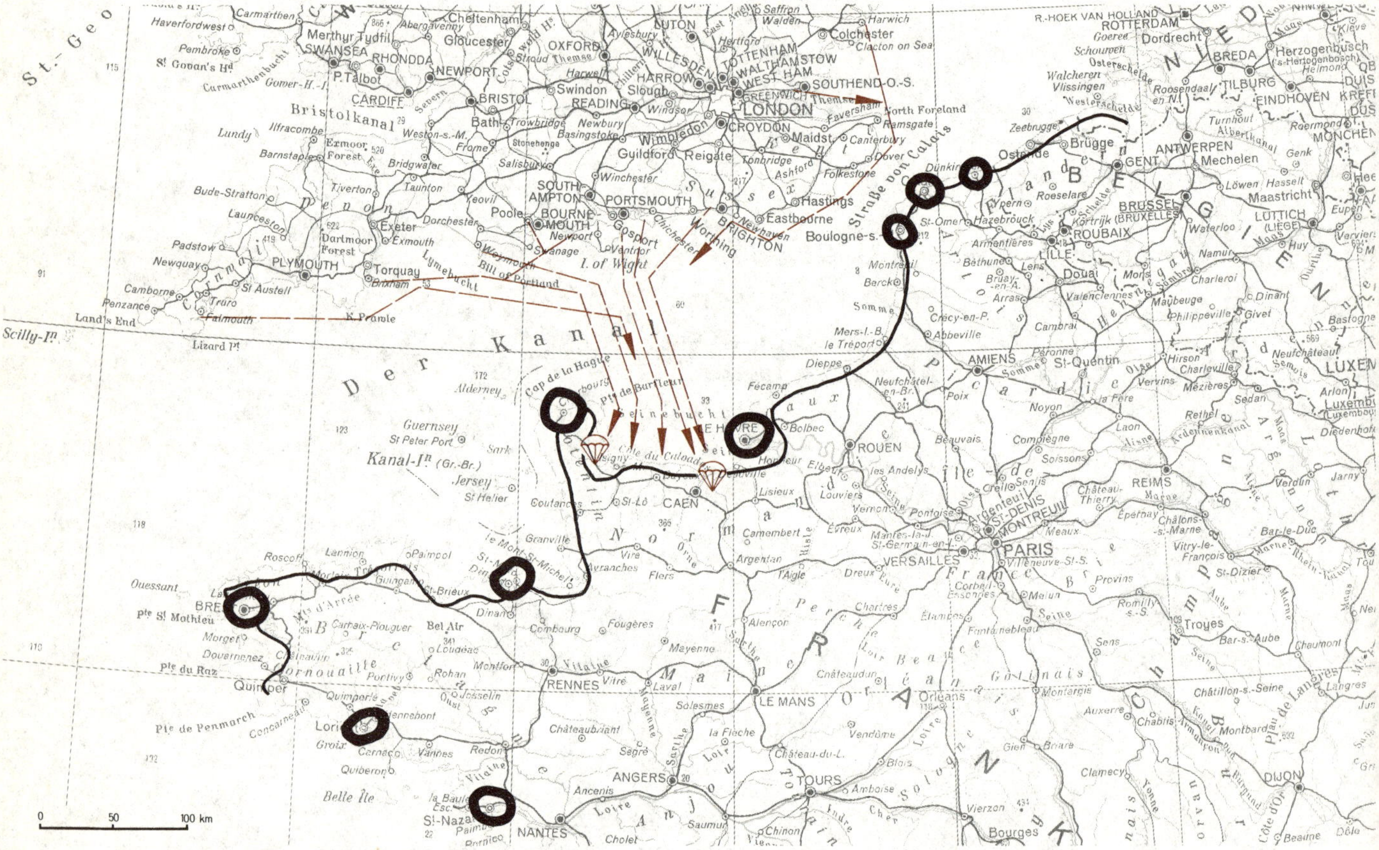

Die Karte zeigt die Ausgangslage bei der alliierten Invasion in Nordfrankreich. Der deutsche Atlantikwall war verhältnismäßig schwach, die wichtigsten Häfen teilweise nur behelfsmäßig zu Festungen ausgebaut. Die Alliierten wollten in der Seinebucht landen, die sie in fünf Strandabschnitte mit den Decknamen Utah, Omaha, Gold, Juno und Sword (v. l. n. r.) einteilten. Zur Unterstützung sollten Luftlandetruppen angesetzt werden.

Hauptlandung der Gegner im Pas de Calais noch erwarten zu sollen, vom OKW nur zögernd und in unzureichendem Maße freigegeben und verspätet eingesetzt wurden, konnten jetzt nicht rechtzeitig zu einem geschlossenen Gegenangriff vereinigt werden. Den Gegnern gelang daher nicht nur die Ausweitung ihrer Brückenköpfe, sondern auch deren Vereinigung zu einem großen Landekopf, der am 12. Juni rund 100 km breit und 30 km tief war. Die feindliche Landung war geglückt. Nach allen Erklärungen, die man auf deutscher Seite über diese Eventualität abgegeben hatte, hieß das: Der Krieg war verloren.

Der Ernst der Situation wirkte um so eindringlicher, als in denselben Wochen, wie geschildert, die Sowjets durch Zertrümmerung der Heeresgruppe Mitte fast die gesamte Ostfront zum Einsturz brachten.

Eine Katastrophe von unübersehbarem Ausmaß zeichnete sich ab. Denn längst hatten auch die Belastungen der Heimat ein kaum noch tragbares Maß erreicht. Vor allem der Luftkrieg traf die Bevölkerung schwer. Die großen Städte lagen fast täglich unter Bombardements; am Ende des Krieges waren mehr als anderthalb Millionen Häuser und 20 Prozent des gesamten Wohnraumes vernichtet. Während im Dreißigjährigen Krieg die Menschen vom Lande hinter die festen Mauern der Städte flohen, ergoß sich jetzt eine Massenflut an städtischer Bevölkerung auf das flache Land, namentlich in die östlichen Provinzen. Dieweil wurden unersetzliche Kunst- und Kulturdenkmäler in weitem Umfang zerstört; in bewußter Absicht wollten die Alliierten ehrwürdiges Erbe der deutschen Geschichte auslöschen.

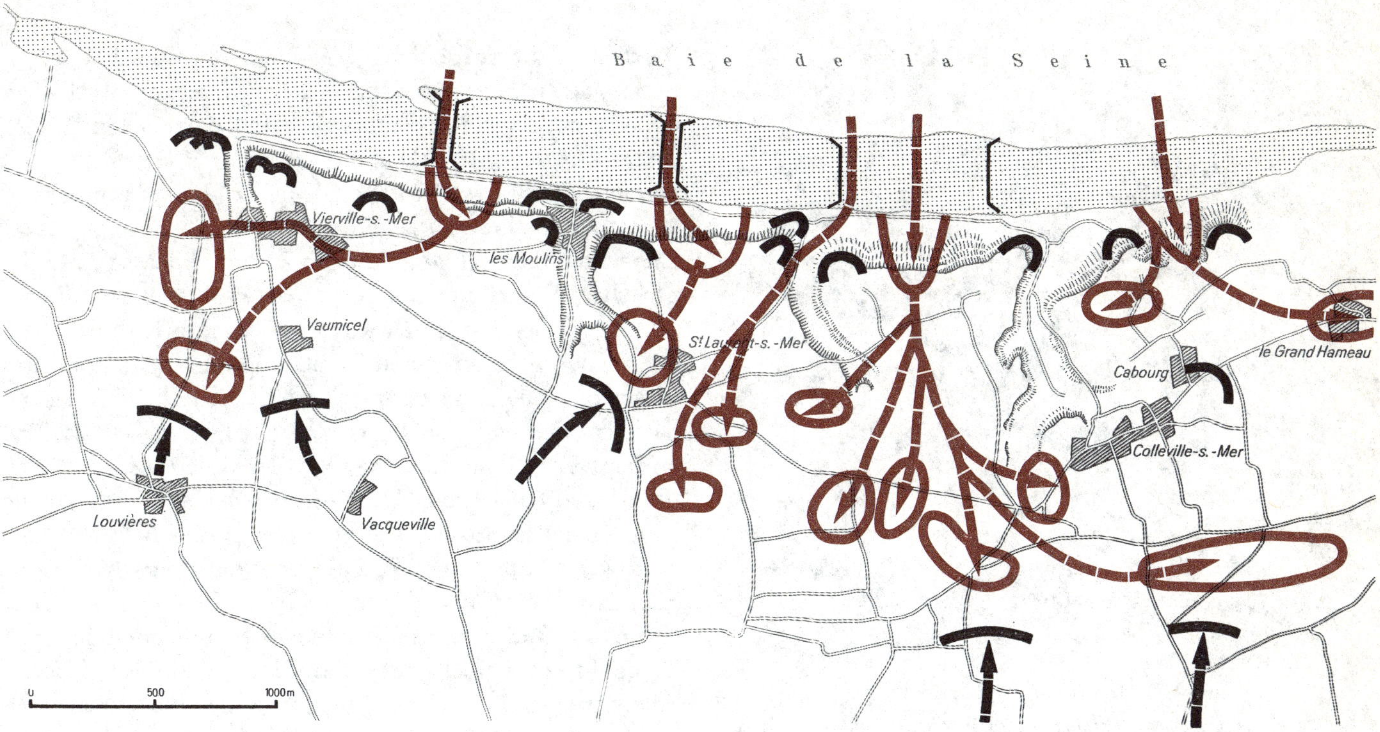

Diese Karte zeigt die Anlandung am Omaha-Strand und die deutschen Gegenbewegungen in allen Details. Durch Minengassen stieß die alliierte Infanterie zwischen den deutschen Stützpunkten durch und richtete bis zum Abend des 6. Juni die durch rote Umrandungen gekennzeichneten Stellungen ein. Schwache deutsche Kräfte konnten nur stellenweise und lückenhaft riegeln.

Der Luftkrieg traf auch die deutsche Kriegsindustrie und Kriegswirtschaft schwer. Auch auf diesen Gebieten war Hitler widerlegt. Der Krieg hatte den Charakter einzelner in sich abgeschlossener Blitzaktionen mit geringem Munitionsverbrauch und geringem Waffen- und Materialverschleiß längst verloren und war, wie der erste Weltkrieg, zu einem langandauernden Ringen geworden, mit zunehmend sich steigerndem Bedarf wie der Notwendigkeit technischer Fortentwicklung. Darum mußte die deutsche Kriegswirtschaft unter äußerster Beschränkung aller nicht unmittelbar der Rüstung dienenden Produktion zu ungeheuren Leistungen angetrieben werden. Trotz der zunehmenden Behinderung durch den Bombenkrieg hatte sie unter der Leitung des Ministers für Bewaffnung und Munition, Speer, vom Frühjahr 1942 bis zum Sommer 1944 eine Steigerung der Rüstungsproduktion um mehr als das Dreifache erzielt. Aber diese erstaunlichen Produktionsleistungen wurden von der Tatsache überschattet, daß sich die Produktionskapazität der Gegner, bei denen die Industrie der USA von Kriegshandlungen völlig unbehindert, die englische nur noch wenig von deutschen Luftangriffen behelligt, arbeiten konnte, ungleich schneller entwickelte, als die deutsche gesteigert werden konnte, so daß sich das Verhältnis zunehmend zu Ungunsten Deutschlands verschob. Da den Gegnern die Rohstoffquellen der ganzen Welt zur Verfügung standen, war im voraus zu berechnen, daß bei weiterer Kriegsdauer alle industriellen Anstrengungen, die Deutschland machte, von der absoluten wirtschaftlichen Überlegenheit der Gegner und von der Erschöpfung der eigenen Rohstoffbestände zunichte gemacht wurden. Dabei spielte das Öl eine zentrale Rolle. Es verdient ausdrückliche Erwähnung, daß die deutsche Kriegsindustrie auf der Höhe des Bombenkrieges 1944 den höchsten Ausstoß erreichte, aber dann rasch absank. Die Hydrieranlagen zur Herstellung von Treibstoff wurden zu etwa 80 Prozent zerstört; das gesamte Transportwesen, der Eisenbahn- und Straßenverkehr waren zuletzt fast völlig gelähmt.

Unter dem Druck dieser Lage bot die Nationalsozialistische Partei alles auf an zum Teil trügerischer Propaganda

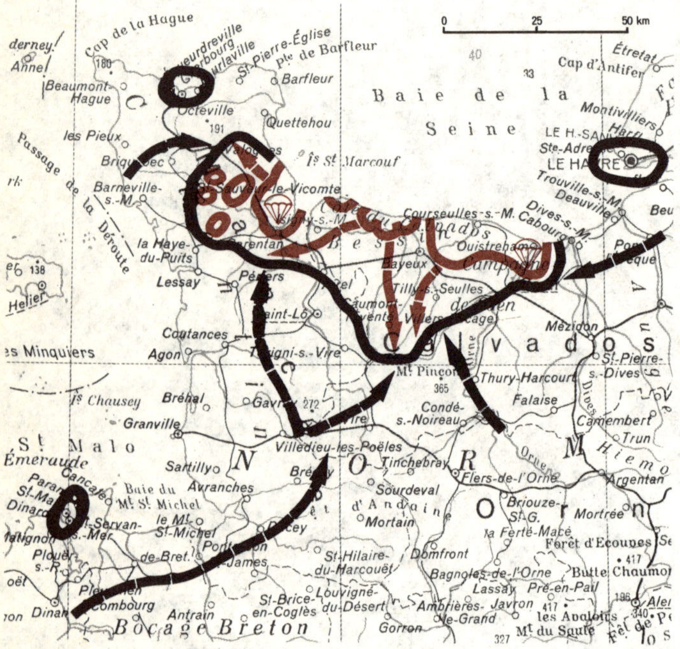

Diese Karte zeigt die Ausdehnung des alliierten Landekopfes bis zum 12. Juni 1944 und seine Umrandung durch eilig von Süden und Osten herangeführte deutsche Kräfte.

wie an Druck auf die Masse des deutschen Volkes, um den Durchhaltewillen aufrechtzuerhalten und den Glauben an den Endsieg zu beleben, aber auch, um sich selber zu behaupten. Die Gestapo (Geheime Staatspolizei) führte einen erbarmungslosen Kampf gegen jede Regung von Defaitismus und jede von der offiziellen Sprachregelung abweichende Gesinnung und Meinungsäußerung.

Die Not der Stunde verlangte eine Entscheidung. Da von Hitler keine Aktion zu noch rechtzeitiger Beendigung des Krieges, aber auch von den Alliierten keine Bereitschaft zu Verhandlungen mit ihm zu erwarten war und er sich in diesen Wochen höchster Not in historische Betrachtungen über den geringen Zusammenhalt von Koalitionen erging und in totaler Verkennung der Situation weiterkämpfen wollte, bis einer der Gegner des Kampfes müde werde, mußten andere versuchen, dem unabwendbaren Schicksal in die Speichen zu greifen: Es galt, drei wesentliche Ziele noch zu erreichen, ehe die Katastrophe eintrat: dem militärisch verlorenen Krieg politisch ein Ende zu setzen und damit der Vernichtung der Substanz des deutschen Volkes und seiner materiellen Werte Einhalt zu gebieten, die Einheit Deutschlands zu retten wie die überkommene Ordnung Europas zu erhalten und angesichts der unverantwortbaren Verbrechen Hitlers und des Nationalsozialismus wieder das Bild wahrer Humanität, den Sinn für Recht und Sittlichkeit und Menschenwürde aufleuchten zu lassen.

Das waren die drei wesentlichen Ziele der deutschen militärischen Widerstandsbewegung, die nun in letzter Minute zu historischer Tat aufgerufen war – ohne sichere Aussicht auf Erfolg, d. h. auf einen Verständigungsfrieden mit den Gegnern, ohne Ermutigung durch das feindliche Ausland, das sich vielmehr mit der Casablanca-Formel der »bedingungslosen Kapitulation« und der Gleichsetzung des deutschen Volkes mit Hitler selber der Handlungsfreiheit begeben hatte. Daß sie diese Ermutigung nicht erhielt, erschwerte ihre Lage, komplizierte den Entschluß zum Handeln, aber es ersparte ihr auch den Vorwurf, mit dem Feind im Bunde zu sein. Zu den hemmenden inneren Zweifeln der Verschwörer kam hinzu, daß die politische Alternative zu Hitlers Regime wohl in den Prinzipien, aber kaum als ausgeformte und realisierbare Idee feststand. Manche von ihnen huldigten dem romantisch-utopischen Gedanken einer Wiedererrichtung der Monarchie in Deutschland! Aber die Not zwang zum Handeln. »Das Attentat auf Hitler muß erfolgen um jeden Preis«, forderte General von Tresckow. »Sollte es nicht gelingen, so muß trotzdem der Staatsstreich versucht werden. Denn es kommt nicht mehr auf den praktischen Zweck an, sondern darauf, daß die deutsche Widerstandsbewegung vor der Welt und der Geschichte unter Einsatz des Lebens den entscheidenden Wurf gewagt hat. Alles andere ist daneben gleichgültig.«

Das Attentat auf Hitler war in den Kreisen der deutschen Widerstandsbewegung, in der sich Männer und Frauen aller Altersstufen, aller Volkskreise, aller Parteiungen, aller Bekenntnisse, aus der Wirtschaft, der Diplomatie und dem Militär zusammenfanden, lange Zeit umstritten. Daher wurde zunächst die Verhaftung Hitlers beabsichtigt, erst zuletzt wurde das Attentat auf ihn als einziger Ausweg erkannt und beschlossen. Eine unsagbar tragische Entscheidung einer Gruppe handlungsentschlossener Offiziere, die in tiefster Gewissensnot mitten im Krieg, im Angesicht der andringenden Feinde, aller überkommenen militärischen Auffassung zuwider, die revolutionäre Auflehnung gegen die Führung wagten, schon nicht mehr, um die un-

vermeidbare Niederlage zu verhüten, sondern um der weiteren sinnlosen Vernichtung von Menschen und Werten Einhalt zu gebieten und die Ehre der Nation vor der Geschichte und vor der Welt zu retten.
Die Aktion des schwer kriegsverletzten Generalstabsobersten Claus Graf Schenk von Stauffenberg in Hitlers Hauptquartier »Wolfsschanze« bei Rastenburg in Ostpreußen am 20. Juli 1944 scheiterte. Ein Zufall rettete Hitler das Leben. Graf Stauffenberg samt drei anderen Offizieren wurde noch am Abend des 20. Juli standrechtlich erschossen. Hitlers Rache war fürchterlich. Die Verschwörer, soweit man ihrer habhaft wurde, wurden vor dem Volksgerichtshof unter seinem Präsidenten Freisler unter unwürdigsten Umständen abgeurteilt. Die Hinrichtungen wurden durch den Strang vollzogen, auch an den Offizieren. Hitler verweigerte ihnen die Kugel. Etwa 200 der unmittelbar beteiligten Offiziere und zivilen Verschwörer wurden hingerichtet oder machten ihrem Leben selber ein Ende. Aus der Zahl der etwa 7000 Verhafteten wurden bis zum Kriegsende ungefähr 5000 weitere Hinrichtungen vollzogen. Keiner der zum engsten Verschwörerkreis Gehörenden ist der Rache Hitlers und dem Tod entronnen, auch nicht General Rommel, der vor die Alternative Volksgerichtshof oder Gift gestellt wurde und das Gift wählte.
Das Ereignis des 20. Juli benutzte Hitler, um Generalstab und Armee vollends der NS-Herrschaft zu unterstellen. Der Reichsführer SS und Chef der deutschen Polizei, Himmler, erreichte mit seiner Ernennung zum Befehlshaber des Ersatzheeres zugleich die Höhe seiner Macht. Fortan war jede Möglichkeit eines Widerstandes ausgeräumt. Das deutsche Volk aber, dem sich nach dem Scheitern des Attentats keine Alternative zu dem NS-Regime darbot, verharrte auch weiterhin wie die kämpfende Front in Gehorsam und Opferbereitschaft, aber auch in hoffnungsloser Dumpfheit hinter der Regierung. Ihm wurden nun noch weitere, härteste Anstrengungen im Dienste der Kriegführung abverlangt. Der Reichspropagandaminister Goebbels wurde »Generalbevollmächtigter für den Kriegseinsatz«. Am 24. August 1944 legte er mit wenigen Ausnahmen den ganzen NS-Kulturbetrieb und das kulturelle Leben in Deutschland still.
Die immer noch mehr gesteigerte Propaganda machte zur Entlastung des NS-Regimes nun erst recht »Verrat und Sabotage« für die Fehlschläge an den Fronten verantwortlich; auf der anderen Seite sollte die Ankündigung von geheimen »Wunderwaffen«, die den Krieg zu Deutschlands Gunsten wenden und den Endsieg sichern würden, die Hoffnungen an der Front und in der Heimat beflügeln und den Widerstandsgeist immer neu entfachen. Die V 1 und V 2, die seit Juni bzw. September 1944 London beschossen, wurden propagandistisch laut herausgestellt; ihnen, hieß es, sollten bald noch andere, wirksamere Geheimwaffen folgen.
Es stand nun fest, daß der Krieg bis zum bitteren Ende geführt werden sollte.
Die nun folgende Periode bis zum April 1945 war ein einziger Akt des Zusammenbruchs bei fortdauernder tapferer Gegenwehr gegen eine Flut von Feinden. Sie forderte das Vielfache an Menschenopfern und an Verlusten materieller und kultureller Güter, die die voraufgegangenen vier Jahre Krieg gekostet hatten.
Von nun an bis zur Endkatastrophe im Mai 1945 kannte die deutsche Kriegführung keine wirkliche Freiheit der Entscheidung mehr. Es handelte sich auch kaum noch um ein »System von Aushilfen«, sondern um »ein verzweifeltes Sichwehren gegen die unaufhaltsam herandrängende Flut, die durch die gebrochenen Schleusentore der Fronten im Osten und Westen auf die deutsche Heimat zustürzt« (Erdmann).
Der deutschen militärischen Führung oblag die Aufgabe, nun da der Angriff und der Bewegungskrieg von den Gegnern übernommen waren, gleichsam ihre eigenen Theorien zu widerlegen und nach dem Muster des ersten Weltkrieges den Erfolg in der Defensive zu erreichen. Es war ein vergebliches Bemühen.
Im Westen war am 31. Juli der 12. amerikanischen Heeresgruppe (Bradley) bei Avranches der Durchbruch durch die deutschen Linien gelungen. Sofort schlugen die Kämpfe in einen Bewegungskrieg um, der bis zum Kriegsende nicht mehr zum Stehen kam. Die deutsche Defensivtaktik, die »Unüberwindlichkeit« des Atlantikwalles, das »Halten bis zum letzten Mann« – fast mühelos wurde sie von den Gegnern widerlegt. Es gelang nicht, deren Angriff zu stoppen und den Bewegungskrieg in einen »Stellungskrieg« zu verwandeln. Der »Schützengrabenkrieg« des ersten Weltkriegs wiederholte sich nicht. Die deutsche Truppe traf nun dasselbe Schicksal, das sie den feindlichen Armeen vier Jahre vorher in denselben Landschaften bereitet hatte. In drei Richtungen stießen die Amerikaner vor: nach Westen in die Bretagne, dann südwärts einbiegend

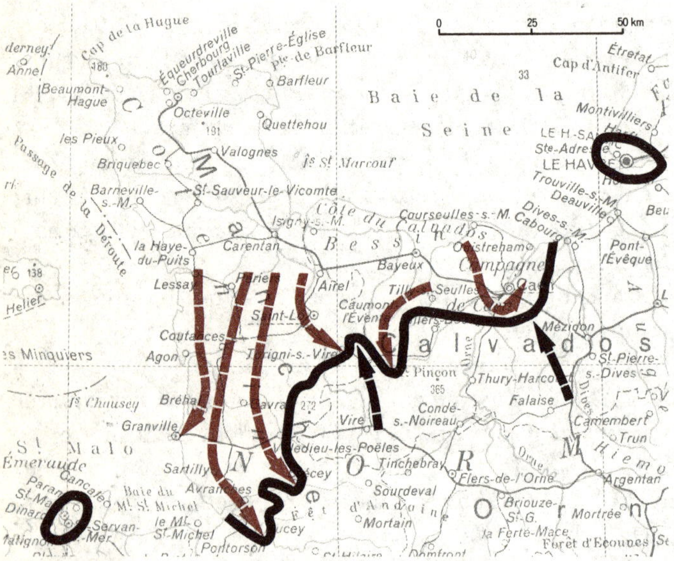

Bis Ende Juli 1944 ging den deutschen Verteidigern die gesamte Halbinsel Cotentin verloren, das schwer umkämpfte Caen war gefallen, der amerikanische Durchbruch bei Avranches zeichnete sich ab.

bis zur unteren Loire, nach Norden und Osten. Bei Falaise gelang es ihnen, die Hauptmasse der deutschen 5. Panzerarmee (Eberbach), die durch einen Stoß auf Avranches die amerikanischen Truppen von ihren rückwärtigen Verbindungen mit guten Anfangserfolgen abzuschneiden versuchte, einzukesseln und zu vernichten. Nur ein Teil vermochte durch einen engen Schlauch zu entkommen.

In den nächsten Wochen ging ganz Frankreich verloren. Am 20. August erreichten die amerikanischen Verbände die Seine beiderseits von Paris. Nach kurzen Kämpfen gegen die Résistance in der Stadt räumte der deutsche Kommandant, General von Choltitz, dem nur ein Sicherungsregiment zur Verfügung war, entgegen dem ihm erteilten Befehl die französische Metropole und verzichtete auf die Zerstörung der Brücken und kriegswichtigen Anlagen.

Am 25. August hielt de Gaulle an der Spitze der 2. französischen Panzerdivision (Leclerc) und mit amerikanischen Truppen seinen Einzug in Paris.

Zehn Tage vorher (15. 8.) waren die 7. US-Armee (Patch) und das VI. US-Korps (Truscott), sowie das II. französische Korps (Lattre de Tassigny) in Südfrankreich, südwestlich von Cannes, gelandet. Gegen schwachen deutschen Widerstand rückten sie die Rhône und Saône aufwärts vor und erstrebten die Vereinigung mit den in Nordfrankreich operierenden alliierten Truppen. Deutscherseits sah man sich zum überstürzten Rückzug der Besatzungsbehörden und Stäbe aus dem westlichen Frankreich gezwungen. Während die vom Süden vordringenden Feindkräfte Anfang September auf Belfort und Epinal vorstießen und Mitte des Monats die Gegend um Metz erreichten, hatten der linke Flügel der Armeegruppe Bradley und die Armeen Montgomerys Nordfrankreich und Belgien in Besitz genommen. Am 3. September war Brüssel, am Tag darauf Antwerpen, am 8. September Lüttich gefallen. Am 11. September standen die alliierten Truppen zwischen Trier und Aachen an der deutschen Grenze und der Südgrenze Hollands. Zwar konnte ein Versuch englischer Luftlandetruppen, die Brücken bei Nimwegen und Arnheim zu nehmen, den Nordflügel der deutschen Westfront zu durchstoßen und den Übergang über Waal und Rhein zu erzwingen (17.–25. 9. 44), vereitelt werden. Aber Frankreich, bald auch das Saargebiet und das Elsaß waren verloren. Am 21. Oktober fiel Aachen als erste große deutsche Stadt. Die Gegner überschritten die Vogesen und drangen bis zur Rur und Saar vor. Am 23. November fielen Straßburg und Metz.

Nur mühsam gelang es Feldmarschall v. Rundstedt gegen Jahresende, eine zusammenhängende Front, die sich im Norden an die holländischen Flußläufe und Kanäle anlehnte, entlang dem Niederrhein, dem Westwall und dem Oberrhein zu bilden und zunächst auch zu halten.

In dieser Lage faßte Hitler einen verhängnisvollen Entschluß. Ein gewisses Verhalten der vehementen alliierten Operationen hielt er für den Ausdruck der Erschöpfung der Gegner. Damit war in seinen Augen die Chance eines Offensivstoßes gegeben, um die feindliche Front in der Mitte auseinanderzubrechen und so in letzter Stunde das Schicksal zu wenden. Er plante eine Art Wiederholung des Manstein-Planes vom Sommer 1940. Aus dem Raum der Ardennen sollte eine Offensive über den Maasbogen auf Antwerpen, den wichtigsten Nachschubhafen der Gegner, vorstoßen und den in Belgien massierten Feind umfassen. 28 Divisionen, zum Teil aus der bedrängten Ostfront herausgezogen und zur Heeresgruppe B (Model) mit der 6. SS-Panzerarmee (Dietrich), der 5. Panzerarmee (Manteuffel) und der 7. Armee (Brandenberger) gegliedert, 1700

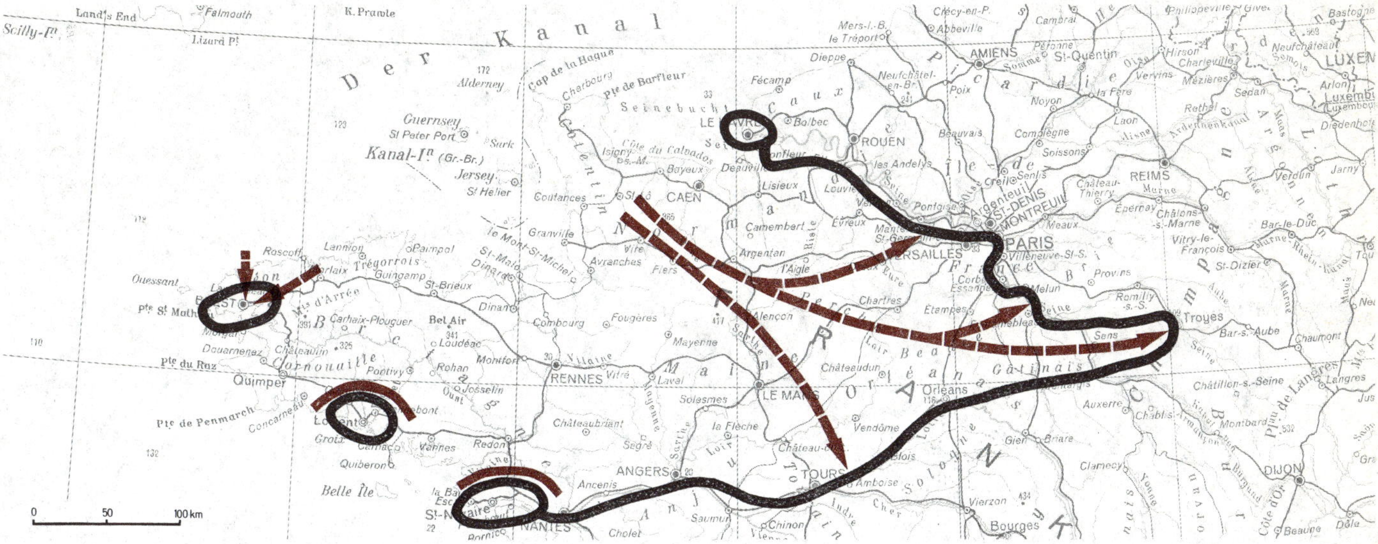

Bis Ende August hatten die Amerikaner nach dem Durchbruch bei Avranches breit in die Bretagne ausgefächert, waren ostwärts bis zur Seine vorgestoßen und hatten Paris besetzt, im Raum Le Havre stießen Briten vor.

Flugzeuge und neueste Panzer wurden eingesetzt, aber – bezeichnender Ausdruck der Lage! – nur für 100 km mit Treibstoff versorgt. Die Offensive begann unter Rundstedts Führung am 16. Dezember 1944. Aber bereits nach einer Woche und noch bevor die Maas erreicht wurde, mußte sie als mißlungen betrachtet werden. Zwar gelang zunächst auf der ganzen Angriffsfront der Einbruch in die amerikanischen Stellungen, aber der Gegenschlag der Alliierten warf die Angreifer unter hohen Verlusten auf beiden Seiten wieder zurück. Für das aussichtslose Unternehmen waren die letzten gut ausgerüsteten Divisionen Deutschlands geopfert worden.

Der amerikanischen und englischen Führung vermittelte diese sogenannte Rundstedt-Offensive (Unternehmen »Wacht am Rhein«) den Eindruck unvermutet gestauter deutscher Kraft und löste bei ihnen geradezu eine Panik aus. Eine erste Folge war der Befehl Eisenhowers, des Oberkommandierenden der alliierten Streitkräfte, der in Überschätzung der deutschen Abwehrkraft ein zügiges Vorgehen auf breiter Front, nicht mehr in Form großer einzelner Angriffsstöße verlangte. Darüber hinaus führte die gänzlich falsche Beurteilung der deutschen Offensive zu dem Telegrammwechsel vom 6. und 7. Januar 1945 zwischen Churchill und Stalin, in dem der englische Premier – in Umkehrung der bisherigen Lage – um einen »großen russischen Angriff an der Weichselfront oder irgendwo im Laufe des Januar« bat. Stalin entsprach dem Wunsch, indem er die für den 20. Januar geplante sowjetische Offensive, die den Einbruch in Mitteldeutschland bringen sollte, auf den 12. Januar vorverlegte. Eine weitere Wirkung der westlichen Fehlbeurteilung der Ardennen-Offensive war das großzügige Entgegenkommen, das bald die USA und Großbritannien auf der Konferenz in Jalta (4.–11. 2. 1945) gegenüber Stalin bezeigten.

Das Jahr 1945 begann in hoffnungsloser Lage. Der Abfall aller Bundesgenossen hatte Deutschland seiner lebensnotwendigen Rohstoffquellen, namentlich des rumänischen Öls, und wichtiger strategischer Stützpunkte beraubt. Das Problem der Treibstoffversorgung bildete von Anfang an eine quälende Sorge. Seit 1943 berührte es den Lebensnerv der deutschen Kriegführung, indem sich das OKW gezwungen sah, den Treibstoffverbrauch der drei Waffengattungen nicht nur zu rationalisieren, sondern »über das wehrtechnisch vertretbare Maß hinaus« zu drosseln. Nach einem Luftangriff am 29. März 1944 auf das Hydrierwerk Pölitz bei Stettin, das eine monatliche Produktionskapazität von 47000 Tonnen aufwies, mußte die Zuweisung an synthetischem Treibstoff auf ein Drittel der bisherigen

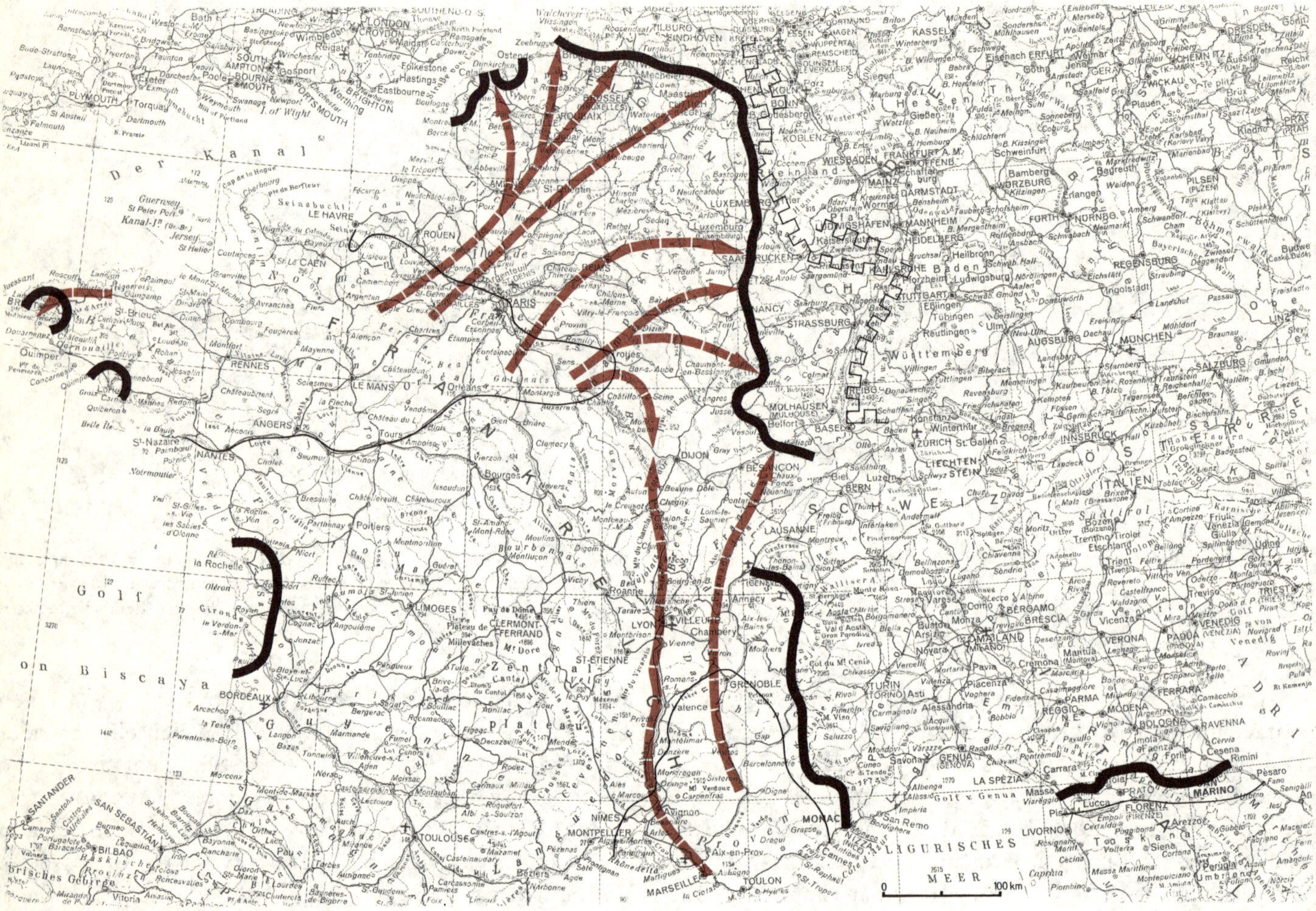

Nachdem Amerikaner und Franzosen auch noch in Südfrankreich gelandet waren und zügig das Rhonetal aufwärts stießen, war Restfrankreich bald völlig besetzt. Nur einige deutsche Atlantikstützpunkte konnten sich halten.

Raten herabgesetzt werden. Am 2. Juni wurden 30 Prozent aller Personenkraftwagen der Wehrmacht stillgelegt. Die erwähnte bewundernswerte Steigerung der deutschen Rüstungsproduktion mit ihrem Höhepunkt im Jahre 1944 wurde durch die Feststellung entwertet, daß der Zuwachs an neuen Flugzeugen, Panzern und U-Booten den Bedarf an Treibstoff in demselben Zeitraum noch steigerte, in dem die mögliche Befriedigung des Bedarfs hoffnungslos absank. Um die Wende 1944/45 lähmte der Mangel an Treibstoff die deutschen militärischen Aktionen in so hohem Maße, daß nach sachverständigem Urteil (P. E. Schramm) »die deutsche Kriegsmaschinerie eines Tages zum Stillstand gekommen wäre, auch wenn die Fronten nicht nachgegeben hätten«. Der Rüstungsminister Speer sagte später im Nürnberger Prozeß aus, daß mit dem Erfolg der feindlichen Luftangriffe auf die Treibstoffwerke seit Mai 1944 der Krieg »produktionsmäßig« verloren war.

Zur Jahreswende 1944/45 wurde im OKH erwogen, das Heer so weit wie möglich zu entmotorisieren, »also die Panzergrenadiere nur noch zu Fuß oder per Rad zu bewegen«, und nur die Panzerbrigade vollmotorisiert zu lassen. Im Februar 1945 verfügte Generaloberst Jodl, der Chef des Wehrmachtführungsstabes, die rücksichtslose Beschränkung aller Einsätze der Luftwaffe. Sie sollte nur

noch an den »jeweils entscheidenden Schwerpunkten zulässig« sein und auch dort nur, wenn andere Mittel keinen Erfolg versprachen.
Angesichts solch hoffnungsloser Lage wurden die Verteidigungsmaßnahmen im Reich mit rücksichtsloser Energie weitergetrieben, darüber hinaus die Strafen für Defaitismus und Sabotage drakonisch verschärft. Die aufgeblähten Verwaltungsapparate der Wehrmacht wurden nach Diensttauglichen durchgekämmt, um die dezimierten Frontverbände aufzufüllen. Hitlers Erlaß vom 25. September 1944 zur Bildung des Deutschen Volkssturmes rief die Männer von 16 bis 60 Jahren zur Verteidigung des Heimatbodens zu den Waffen. Militärisch waren die Volkssturmabteilungen großenteils wertlos und ihr Einsatz selten zu verantworten, da sie sich meist nur aus Militäruntauglichen zusammensetzten und ungenügend ausgebildet und waffenmäßig unzulänglich ausgerüstet waren. »Panzerfaust« und »Panzerschreck« mußten die Artillerie ersetzen. Auch die meisten anderen Verteidigungsmaßnahmen, wie die Anlage von Panzersperren, waren dilettantisch und ohne wirklichen militärischen Wert. Kostbare Menschenkraft und Zeit wurden unnütz vergeudet, insbesondere die männliche Bauernbevölkerung sinnlos ihrer Arbeit entzogen. Für die etwa nötig werdende Räumung frontgefährdeter Gebiete von der Zivilbevölkerung durften keine vorbereitenden Maßnahmen getroffen werden, weil dies der übersteigerten Endsiegpropaganda widersprochen hätte.
Im Osten hatte die Rote Armee die Heeresgruppe Nord durch konzentrische Angriffe auf engem Raum weiter zusammengedrängt und ihr endgültig den Weg ins Reich verlegt. Reste der Heeresgruppe hielten sich in Kurland bis Kriegsende. Im Süden rollten die Sowjets nach der Eroberung Belgrads die deutsche Front an der Theiß von Süden her auf; Mitte Dezember erreichten sie den Plattensee. Bis Ende 1944 war der größte Teil Ungarns von der Roten Armee besetzt, Weihnachten der Ring um Budapest geschlossen. Die »Festung« wurde vom IX. SS-Gebirgskorps (Pfeffer von Wildenbruch) und dem 1. ungarischen AK (v. Hindy) mit insgesamt etwa 70000 Mann hartnäckig und geschickt verteidigt. Dennoch mußte die Stadt am 11. Februar 1945 kapitulieren, nachdem drei deutsche Entsatzversuche den Belagerungsring nicht sprengen konnten. Nur 785 Mann erreichten nach einem Ausbruchsversuch die deutschen Linien.

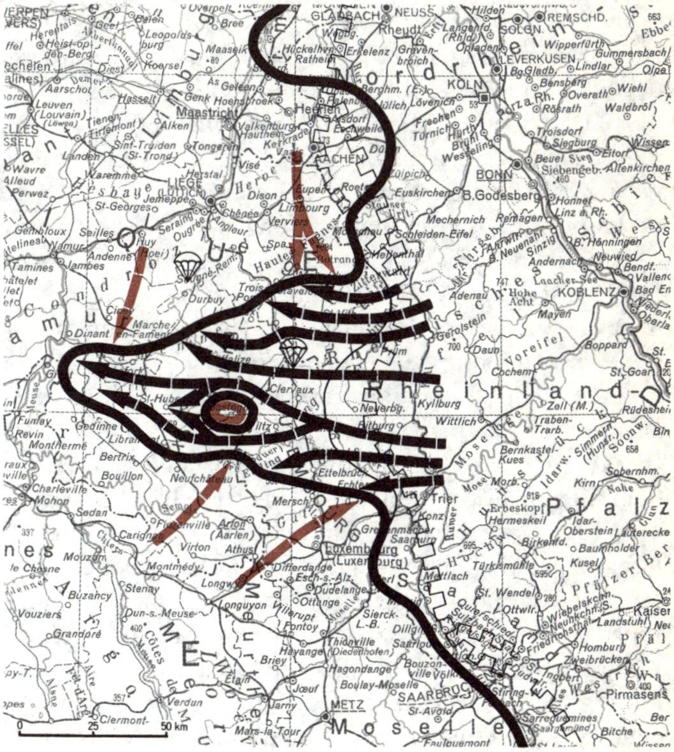

Die deutsche Ardennenoffensive (die Karte zeigt den Verlauf vom 16. bis 25. Dezember) wollte den »Sichelschnitt« von 1940 wiederholen. An den Osthängen der Maas blieb sie stecken.

Während die Bewegungen im Westen noch verhältnismäßig beharrten, setzten die Russen zu Jahresbeginn zu der schon erwähnten Großoffensive an. Am 12. Januar durchstießen sie bei Baranow, südlich von Warschau, die deutsche Front und ergossen sich in unaufhaltsamem Vorwärtsdrängen nach Westen. Am 17. Januar drangen sie in Warschau ein. Im Norden überschritten sie die Weichsel, Ostpreußen wurde vom Reich abgeschnitten, die Grenze Pommerns erreicht. Mitte Februar 1945 geriet Oberschlesien samt seinem unzerstörten Industriegebiet, in den folgenden Wochen auch Niederschlesien östlich der Oder in russische Hand.
Mit dem Einbruch der Roten Armee in Deutschland begann die letzte und schrecklichste Phase des Krieges. Nun bekam die deutsche Bevölkerung alle die Leiden und Drangsale des Weltanschauungs- und Ausrottungskrieges zu spüren. Um sich vor den Gewalttaten der aufgeputschten sowjetischen Soldaten zu retten, suchte sich die

deutsche Bevölkerung bei eisiger Kälte durch die Flucht nach dem Westen zu retten. Da die NS-Partei vorbereitende Evakuierungsmaßnahmen verboten hatte, erfolgte die Flucht in letzter Minute und in chaotischer Verwirrung unter unvorstellbaren Schwierigkeiten. In Ostpreußen gelang es einem großen Teil der Bevölkerung, über See mittels improvisierter Hilfsleistungen der Kriegsmarine oder über das Eis des Frischen Haffs zu entkommen. Endlose Bauerntrecks zogen nach Mitteldeutschland und über die Sudeten nach Böhmen hinein, viele wurden von sowjetischen Truppen eingeholt und gnadenlos überrollt. Zehntausende starben vor Entkräftung und Verzweiflung auf den Landstraßen.

In der Zahl der Kriegsverbrechen der alliierten Gegner dominierten die schweren Luftangriffe auf Dresden am 13. und 14. Februar 1945, durch die in der von obdachlosen Flüchtlingen angefüllten Stadt etwa 200000 Menschen qualvoll ums Leben kamen.

Indessen wuchsen trotz der völligen Aussichtslosigkeit weiteren Widerstandes die Verzweiflungsmaßnahmen Hitlers. Die Jugend wurde zur Bildung von Partisaneneinheiten (»Werwolf«) aufgerufen. In brutaler Verleugnung der Existenzinteressen des deutschen Volkes und gegen den Widerstand seiner Umgebung, namentlich des Rüstungsministers Speer, befahl Hitler am 19. März die Zerstörung aller »militärischen Verkehrs-, Nachrichten-, Industrie- und Versorgungsanlagen«. Zum Glück wurde der Befehl weitgehend sabotiert. Dem Einwand Speers: »Wir haben kein Recht dazu, in diesem Stadium des Krieges von uns aus Zerstörungen vorzunehmen, die das Leben des Volkes treffen könnten«, begegnete Hitler mit der Erklärung: »Wenn der Krieg verlorengeht, wird auch das Volk verloren sein. Dieses Schicksal ist unabwendbar.« Es schien ihm nicht notwendig, auf die Grundlagen, die das Volk zu seinem Weiterleben brauchte, Rücksicht zu nehmen. Im Gegenteil, es sei besser, selbst diese Dinge zu zerstören, denn das deutsche Volk habe sich als das schwächere erwiesen, und dem stärkeren Ostvolk gehöre dann ausschließlich die Zukunft. Was nach dem Kampf übrig bleibe, seien ohnehin nur die Minderwertigen, denn die Guten seien gefallen!

Am 12. April folgte der Befehl zur Verteidigung der deutschen Städte.

Dem Dammbruch im Osten im Januar 1945 folgte im Februar der Einbruch der alliierten Armeen im Westen. Auch ihm konnte deutscherseits nicht mehr begegnet werden. Der »Westwall«, von der Propaganda als unüberwindliche Schranke dargestellt, war eine Verteidigungslinie ohne Verteidiger. Es fehlten die Truppen, um seine zahlreichen Bunker zu besetzen; obendrein war er längst veraltet. Rundstedt lehnte es deshalb ab, ihn zu halten.

Anfang März standen die Gegner am Rhein. Nachdem amerikanische Truppen am 7. März bei Remagen eine unzerstörte Brücke genommen hatten, zwei Wochen später bei Oppenheim ein zweiter Brückenkopf von ihnen gewonnen war und britische Truppen bei Wesel den Rheinübergang erzwungen hatten, erfolgte Ende März in breiter Front ihr Einbruch in das nördliche Deutschland.

Am 1. April wurden die sechs Korps der noch einigermaßen kampfkräftigen Heeresgruppe B (Model) mit zusammen rund 340000 Mann im Gebiet zwischen Ruhr, Rhein und Sieg eingeschlossen. Die 1. und die 9. US-Armee (Hodges und Simpson) drückten den »Ruhrkessel« bald ein, spalteten ihn auf und erzwangen am 17. April die Kapitulation.

Damit war der stärkste deutsche Verband im Westen ausgeschaltet, Engländer und Amerikaner besetzten bald ganz Norddeutschland bis zur Elbe, die sie am 19. April erreichten, während französische und amerikanische Truppen nach dem Rheinübergang bei Karlsruhe Süddeutschland überrannten. Am 30. April erreichten sie München und stießen bis Westböhmen, Oberösterreich, ins Salzkammergut, nach Tirol bis zum Brenner vor. Dort reichten sie den von Italien kommenden Truppen die Hand.

Anfang Mai 1945 hatten die vereinigten amerikanischen, britischen, kanadischen und französischen Armeen das gesamte Gebiet, das einst das mittelalterliche deutsche Reich umfaßte, in ihre Hand gebracht. Die alte Schicksalslinie der deutschen Geschichte von Lübeck, die Elbe entlang bis Dresden, bis nach Karlsbad, Budweis und Linz war in westlicher Hand. Dagegen war das »geschichtliche Kolonialland« von den Russen besetzt. Am 13. April hatten sie Wien erobert, das so oft das Abendland gegen den Ansturm aus dem Osten verteidigt hatte. Nun schritten sie zum Angriff auf Berlin. Am 16. April traten die 1. Ukrainische (Schukow) und die 1. Weißrussische Front (Konjew) aus den Oderbrückenköpfen mit 18 Armeen zum Großangriff an. Am 20. April war der Ostrand Berlins erreicht und am 25. April der Ring um die Reichshauptstadt geschlossen. Am selben Tag trafen die östliche und westliche Front aufeinander, als sich bei Torgau an der Elbe die Spitzen der amerikanischen und russischen Truppen begegneten. Die Elbe bildete die Operationsgrenze der alliierten Armeen.

Hitler, der ursprünglich in der »Alpenfestung« der bayerischen Berge den letzten Kampf bestehen wollte, entschied sich am 21. April für das Verbleiben in Berlin. Hier lebte er im Bunker der Reichskanzlei in einer Welt der Unwirklichkeit. Er rechnete mit militärischen Möglichkeiten, die längst nicht mehr bestanden,und baute auf politische Hoffnungen, die trügerisch waren. Noch Anfang April 1945 hatte er zu dem SS-Obergruppenführer Wolff gesagt: »Es ist jetzt nicht nötig, die Verteidigung aufzugeben. Man muß einfach durchhalten. Im Osten kann man noch zwei Monate gegen die Russen Widerstand leisten, und auch die italienische Front muß gehalten werden. In dieser Zeit muß es zu einem Bruch der Allianz zwischen den Russen und den Angelsachsen kommen. Wer von den beiden zuerst an mich gelangt, mit dem werde ich mich gegen die anderen verbünden.« Nach dem Zeugnis des Marschalls Kesselring war er von der »Idee irgendeiner Rettungsmöglichkeit geradezu besessen«.

Er war blind für die Tatsache, daß erst sein Angriff das ungleiche und in sich widerspruchsvolle Bündnis der Westmächte mit der Sowjetunion zusammengebracht hatte, auf dessen Sprengung er jetzt täglich rechnen zu können meinte. Daß sich die Westmächte die Bündnishilfe der Sowjetunion selbst gegen Japan mit erheblichen Konzessionen glaubten sichern zu müssen, macht verständlich, daß sie die russische Hilfe erst recht nicht ganz in Deutschland entbehren wollten, das den Krieg begonnen hatte und dessen Kampfkraft sie zu äußersten Anstrengungen zwang.

Der Tod des Präsidenten Roosevelt am 12. April 1945 ließ bei Hitler und Goebbels die Meinung aufblitzen, daß jener historische Glücksfall sich wiederhole, den einst der Tod der Kaiserin Elisabeth für Friedrich den Großen bedeutet hatte, d. h. daß die feindliche Koalition auseinanderfalle. Aber als die Zeichen trogen und sich Hitlers letzte Hoffnung zerschlug, die er auf den Entsatzversuch der unter General Wenck von Magdeburg her vorrückenden 12. Armee setzte, erlosch in ihm die Flamme seines Willens.

Als keine »Sprachregelung« und keine Phrase der Wirklichkeit mehr standhielt, da verband sich auch bei seinen

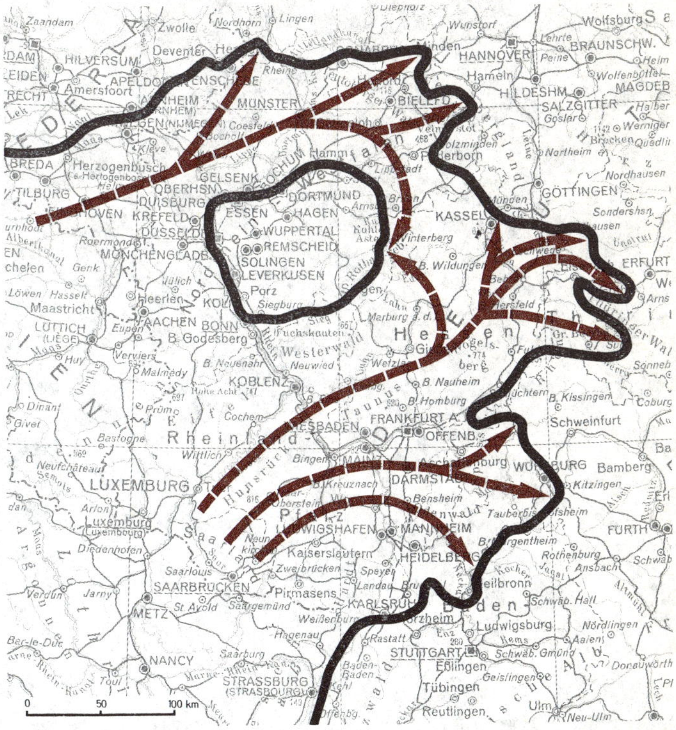

Um die Monatswende März/April 1945 waren die alliierten Armeen bereits bis nach Mitteldeutschland vorgestoßen, die deutsche Heeresgruppe B war im »Ruhrkessel« eingeschlossen. Mitte April war er zerschlagen.

Paladinen das Eingeständnis der Niederlage mit dem Versuch, Verantwortung und Schuld von den Schultern des Nationalsozialismus und seiner Führer wegzunehmen und sie auf Generalstab und Heer, auf die »Reaktion«, ja auf das gesamte deutsche Volk abzuwälzen.

Himmler hatte damit den Anfang gemacht, als er, wie Hitler selber, den Zusammenbruch der Heeresgruppe Mitte im Osten im Sommer 1944 als mit normalen Mitteln nicht erklärbar bezeichnete und den Heerführern »Verrat an der guten Sache« vorwarf oder als er nach dem 20. Juli die neue Legende aufbrachte, nach der in zynischer Umkehrung der alten das deutsche Offizierskorps »in seiner Klassenbefangenheit nicht nur der Sabotage des nationalsozialistischen Krieges schuldig sei, sondern auch die Niederlage von 1918 verursacht habe«. In der letzten Besprechung, die er mit seinen Mitarbeitern am 21. April abhielt, setzte Goebbels diese Vorwürfe vor. Die alten Offiziere hätten Verrat geübt, als sie vor dem Kriege und im Kriege nicht großzügig genug gerüstet und geplant

Bis Kriegsende war ganz Deutschland mit Ausnahme Schleswig-Holsteins und eines Reduits in Österreich und Böhmen und Mähren von den Truppen der Alliierten besetzt.

besetzt bis 21. 3. 1945

besetzt bis 18. 4. 1945

besetzt bis 7. 5. 1945

hätten, weil sie im Sommer 1940 vor der Landung in England warnten, in Rußland 1941 die Nerven verloren, der feindlichen Invasion in Frankreich nicht Herr wurden und die »Kräfte pflegten«, die am 20. Juli 1944 den Anschlag auf Hitler verübten. Das deutsche Volk habe versagt und also das Schicksal verdient, das es jetzt erwarte. Es habe sich dieses Schicksal ja auch selbst gewählt. Bei der Volksabstimmung über Deutschlands Austritt aus dem Völkerbund 1933 habe es sich in freier Wahl gegen eine Politik der Unterwerfung und für eine solche des kühnen Wagnisses entschieden.

Von seinen Paladinen war nur Goebbels bei Hitler geblieben. Göring, Himmler, auch Ribbentrop, waren trotz heroischer Reden seit langem bestrebt, dem verlorenen Krieg ein Ende zu machen und sich zu retten. Die Verbindung mit dem Feind zu suchen, das hieß zugleich: Hitler zu verlassen, gar ihn zu stürzen und sich an seine Stelle zu setzen.

Himmler hatte bereits unmittelbar nach Stalingrad die Verbindung mit den Amerikanern gesucht. Im Herbst 1944 lockerte er die Verhältnisse in den Konzentrationslagern und den Prozeß der »Endlösung«, um sich verhandlungsfähig zu machen. Wie zu Roosevelt suchte er zu de Gaulle Fäden zu knüpfen und schlug letzterem eine Allianz mit Deutschland vor. Am 23. April ließ er eigenmächtig durch Vermittlung des schwedischen Grafen Bernadotte den Westmächten eine Teilkapitulation anbieten. Das Angebot wurde abgelehnt, aber am 28. April durch Rundfunk bekanntgeben. Am selben Tage richtete Göring angesichts der zunehmenden Handlungsunfähigkeit des im eingeschlossenen Berlin befindlichen »Führers« vom Obersalzberg aus die Frage an ihn, ob er, Göring, die Führung des Reiches übernehmen solle.

Am Nachmittag des 30. April nahm sich Hitler im Bunker der Reichskanzlei in Berlin durch einen Schuß in den Mund das Leben.

Er gab damit endlich, wenn auch ungewollt und als alles verloren war, den Weg für die Beendigung des Krieges frei. Am Tag vorher hatte er ein politisches Testament und einen letzten Aufruf an die Wehrmacht niedergeschrieben. Er leugnete darin seine Schuld am Kriege und warf sie auf jene »internationalen Staatsmänner, die entweder jüdischer Herkunft waren oder für jüdische Interessen arbeiteten«. Die militärische Niederlage schrieb er dem Generalstab zu. Sich selber zeichnete er als Opfer von Treulosigkeit und Verrat. Wegen ihrer geheimen Verhandlungen mit dem Feind und ihrer Versuche, die Macht über das Reich an sich zu reißen, stieß er Göring und Himmler aus der Partei und den Staatsämtern aus. Zu seinem Nachfolger als Reichspräsident und Oberbefehlshaber der Wehrmacht ernannte er den Großadmiral Dönitz, kein nationalsozialistischer Kämpfer der ersten Stunde, aber Hitler in bedingungslosem Gehorsam ergeben. Seine Ernennung kann als ein gewisser Dank Hitlers an die Marine gedeutet werden, als dem einzigen Wehrmachtsteil, von dem er sich nicht verraten fühlte. Goebbels sollte Reichskanzler werden, aber er schied wie Hitler durch Selbstmord aus dem Leben. Er, der Hitlers Mythos erfunden hatte, war der einzige aus der Führungsschicht, der zu diesem Mythos hielt. Hitler forderte die neue Regierung auf, den Kampf fortzusetzen.

Auch Dönitz hegte zunächst noch die Illusion, die Westmächte und die Sowjets voneinander trennen zu können. In seiner Rundfunkansprache an das deutsche Volk am 1. Mai 1945 bezeichnete er als seine erste Aufgabe den Kampf gegen den Bolschewismus. »Nur für diesen Zweck geht der militärische Kampf weiter.« Die unvermeidbare Gesamtkapitulation wollte er hinauszögern, um Zeit für die Westbewegung der Truppen und der fliehenden Ostbevölkerung zu gewinnen. Im Westen sollten deshalb zunächst nur Teilkapitulationen abgeschlossen werden. Erst nach Überführung der Flüchtlinge und möglichst vieler der noch an der Weichselmündung, in Pommern, Brandenburg und Schlesien stehenden Truppen hinter die Linien der westalliierten Armeen sollte auch den Sowjets gegenüber die Kapitulation ausgesprochen werden. Tatsächlich gelang es, zwei bis drei Millionen Menschen vor den Sowjets in Sicherheit zu bringen. Von der isolierten Kurlandarmee konnten noch Verwundete und ein Teil der Familienväter abtransportiert werden. Den in Böhmen, in Österreich und Jugoslawien westwärts ziehenden, von zahlreichen Flüchtlingen begleiteten deutschen Truppen stellten sich die Amerikaner entgegen und lieferten sie und die Freiwilligenverbände des Generals Wlassow den Sowjets aus. Die ebenfalls auf deutscher Seite kämpfende kroatische Armee, die serbische Staatswache und slowenische Hilfsverbände wurden von der 8. britischen Armee den Titopartisanen überstellt, die mindestens 130000 Mann ermordeten.

Nachdem der Versuch, Berlin zu entsetzen, gescheitert

war, mußte die Reichshauptstadt am 2. Mai kapitulieren. Am selben Tag trat die bereits in eigener Verantwortung ihres Oberbefehlshabers Kesselring vereinbarte Kapitulation der Italien-Armee in Kraft, nachdem die Apenninfront durchbrochen und die Armee auf den Po zurückgedrängt war. Es war die erste Teilkapitulation deutscher Streitkräfte. Am 4. Mai folgte die Kapitulation der Heeresgruppe Südwest. Am 28. April wurde Mussolini, der in die Schweiz zu fliehen versuchte, von italienischen Partisanen gefangen und erschossen. Im Auftrag der Regierung Dönitz unterzeichnete am 4. Mai Admiral von Friedeburg im Hauptquartier Montgomerys in der Nähe von Lüneburg die Kapitulation der deutschen Streitkräfte in Holland, Nordwestdeutschland, Dänemark und Norwegen. Aber da General Eisenhower die Gesamtkapitulation verlangte und nur eine zweitägige Frist gewährte, mußte sich Dönitz zur bedingungslosen Gesamtkapitulation entschließen. Sie wurde am 7. Mai in Eisenhowers Hauptquartier in Reims in Anwesenheit eines sowjetischen Vertreters durch General Jodl vollzogen: »Wir, die hier Unterzeichneten, die im Auftrag des Oberkommandos der deutschen Wehrmacht handeln, übergeben hiermit bedingungslos dem Obersten Befehlshaber der alliierten Expeditionsstreitkräfte und gleichzeitig dem Oberkommando der Roten Armee alle gegenwärtig unter deutschem Befehl stehenden Streitkräfte zu Land, zu Wasser und in der Luft.« Am 9. Mai wurde der Kapitulationsakt vor dem sowjetischen Marschall Schukow und Vertretern der Westmächte im sowjetischen Hauptquartier in Berlin-Karlshorst wiederholt. Die Urkunde wurde deutscherseits von Generalfeldmarschall Keitel, Admiral von Friedeburg und Generaloberst Stumpff (als Vertreter der Luftwaffe) unterzeichnet.

Damit war der Zusammenbruch des nationalsozialistischen Reiches besiegelt und der Krieg in Europa beendet.

In der Rundfunkansprache, mit der Dönitz am 8. Mai dem deutschen Volk die Lage kennzeichnete, hieß es: »Die Grundlagen, auf denen das Deutsche Reich sich aufbaute, sind zerborsten. Die Einheit von Staat und Partei besteht nicht mehr. Die Partei ist vom Schauplatz ihres Wirkens abgetreten. Mit der Besetzung Deutschlands liegt die Macht bei den Besatzungsmächten.«

Am 9. Mai 1945, eine Minute nach Mitternacht, trat die Gesamtkapitulation der deutschen Wehrmacht in Kraft. Da sich, endgültig seit dem Scheitern des 20. Juli 1944, nirgendwo in Deutschland eine oppositionelle Kraft von überzeugender Stärke den Gegnern präsentierte, war die tatsächliche Durchführung der »Politik der bedingungslosen Kapitulation« die logische Konsequenz.

Diesmal sollte den Deutschen keine solche moralische Berufungsmöglichkeit gestattet werden, wie sie 1918 Wilsons vierzehn Punkte dargestellt hatten. Die Alliierten legten sich auf keine verbindliche Erklärung über ihre Kriegs- oder Friedensziele fest. Die Atlantik-Charta erhielt niemals den Charakter einer verpflichtenden Maxime. Ferner mußten diesmal die deutschen Militärs ihre Unterschrift unter die Kapitulationsurkunde setzen, nicht wie 1918 die Zivilisten, und so unausweichlich zum Eingeständnis der Niederlage gezwungen werden. Einem neuen Mythos des »Im Felde unbesiegt« und einer neuen Legende vom Dolchstoß sollte damit vorgebeugt werden. Die militärische Kapitulation war darauf berechnet, die Kräfte für immer aus dem Rennen zu werfen, die man für die deutsche Politik dauernder Friedensgefährdung verantwortlich wähnte. Ein später Ausdruck dafür war die verbotsmäßige Auslöschung Preußens aus der deutschen Geschichte durch das Gesetz Nr. 46 des alliierten Kontrollrates vom 25. Februar 1947.

Ohne auch nur symbolische Aussparung eines souveränen Restteils wurde Deutschland den Siegern übergeben und auch als Ganzes von deren Truppen besetzt.

Die von dem früheren Reichsfinanzminister Schwerin v. Krosigk im Auftrag von Dönitz am 2. Mai in Plön in Holstein gebildete geschäftsführende Reichsregierung, die seit dem 3. Mai in Mürwik bei Flensburg amtierte und eine geordnete deutsche Verwaltung wieder in Gang zu bringen suchte, diente den Siegern nur noch dazu, die obersten Reichsgeschäfte in ihre Hände überzuleiten. Die Hoffnungen, die Dönitz und Jodl hegten, man werde sie anerkennen und gewähren lassen, waren trügerisch. Nach getaner Arbeit und auf sowjetischen Druck wurde die »Regierung Dönitz« am 23. Mai abgesetzt; ihre Mitglieder und nächsten Mitarbeiter wurden unter erniedrigenden Umständen verhaftet und in englische Gefangenschaft abgeführt. Seitdem gab es keine Körperschaft, die das deutsche Volk vertreten, das Land verwalten sowie die Ausführung der zu erwartenden Forderungen der Siegermächte übernehmen konnte. Deutschland war erobertes und besetztes Gebiet und willenlos der Gnade oder Ungnade seiner Gegner ausgeliefert. Der Geist, der diese erfüllte und den sie praktizierten, ist stellvertretend für alle in dem Satz enthalten, den die an den amerikanischen Oberbefehlshaber, General Eisenhower, gerichtete Weisung enthielt: »Deutschland wird nicht mit dem Ziel der Befreiung besetzt werden, sondern als eine besiegte feindliche Nation zur Durchsetzung wichtiger alliierter Interessen.« In den sogenannten Berliner Erklärungen vom 5. Juni 1945 übernahmen die Alliierten die oberste Regierungsgewalt in Deutschland.

Wenige Monate nach Deutschland brach auch Japan zusammen. Nach der Einnahme von Okinawa im Juni 1945 setzte die Endphase der Luftoffensive gegen die japanischen Inseln ein, deren sich die Japaner nicht zu erwehren vermochten.

Seit Sommer 1945 sind Friedensfühler bezeugt, die die Regierung in Tokio zu den Westmächten ausstreckten. Auch ihr gegenüber wurde aber die Politik der bedingungslosen Kapitulation verfolgt, die Verhandlungen mit dem japanischen Kaiser Hirohito oder seiner Regierung ausschloß. Da die Alliierten die Stärke Japans noch immer sehr hoch einschätzten und namentlich die in China stehende japanische Armee für außerordentlich stark hielten, schien ihnen die militärische Hilfe der Sowjets auf dem chinesischen Festland unerläßlich.

Inzwischen war am 15. Juli in Los Alamos bei Alamogordo (Neu-Mexiko) zum erstenmal eine Atombombe erfolgreich ausprobiert worden. Beides, die russische Hilfe und der Besitz der Bombe, enthoben die Amerikaner einer mutmaßlich verlustreichen Landung auf den japanischen Mutterinseln selbst. Jetzt war die rasche und Zeit sparende Beendigung des asiatischen Krieges und die endgültige Niederwerfung des japanischen Gegners möglich.

Am 25. Juli genehmigte Truman, der Nachfolger des Präsidenten Roosevelt, den Einsatz der Bombe. Als die Japaner die ultimative Aufforderung vom 26. Juli zur bedingungslosen Kapitulation zurückwiesen, wurde am 6. August 1945 die erste Atombombe (Uranium) auf die Stadt Hiroshima, am 9. August eine zweite Atombombe (Plutonium) auf Nagasaki abgeworfen. Bei einer Bevölkerung von 400000 Menschen wurden in Hiroshima etwa 80000 Tote, 14000 Vermißte und gegen 10000 Schwerverwundete, in Nagasaki weitere 40000 Tote und 60000 Verwundete gezählt. Am 8. August erklärte die Sowjetunion Japan den Krieg und ließ die Rote Armee in die Mandschurei eindringen.

Unter dem Eindruck dieser Ereignisse bot die japanische Regierung die Kapitulation an, unter der Voraussetzung, »daß die Bedingungen der Übergabe nicht die Vorrechte des Kaisers Hirohito als eines souveränen Herrschers beeinträchtigen«. Mit der Maßgabe, daß der Kaiser der Autorität eines alliierten Oberbefehlshabers unterstellt werde, nahmen die USA am folgenden Tag das japanische Anerbieten an. Auch Japan sollte besetzt werden. Unter diesen Bedingungen vollzog die japanische Regierung am 14. August die Kapitulation. Am 2. September wurde sie an Bord des amerikanischen Schlachtschiffes »Missouri« in der Sagami-Bucht vor Tokio unterzeichnet. Am 8. September rückten amerikanische Truppen in die japanische Hauptstadt ein.

Der zweite Weltkrieg war beendet.

In allem bedeutete der zweite Weltkrieg die Überhöhung der Anstrengungen, der Opfer, der Leistungen und Ansprüche des ersten Weltkrieges. In ungleich umfassenderem Maße als dieser war er ein »totaler« Krieg, der die potentiellen Energien der Völker, ihre Moral wie ihre materiellen Kräfte, mit absoluter Ausschließlichkeit in Anspruch nahm. Dadurch ist zugleich geschichtlich Gewordenes in einem Ausmaß zerstört worden, das in der Weltgeschichte wohl kein Beispiel hat. Es entsprach der Totalität des Ringens, daß es im Vergleich mit dem Krieg 1914–1918 keinen Unterschied mehr zwischen Heimat und Front oder Front und Etappe, zwischen Soldaten und Zivilisten gab. Alle wurden in die Kriegshandlungen einbezogen; die USA waren die einzige kriegführende Macht, deren Territorium von Kriegshandlungen verschont blieb und dem Arm der feindlichen Luftwaffe unerreichbar war. Die Kriegführung selber hatte im Luftkrieg die bedeutsamste Revolutionierung erfahren, die gegen Kriegsende mit der Entwicklung der ferngelenkten Raketen, schließlich mit der Entwicklung und dem Abwurf der Atombombe noch übersteigert wurde und die traditionellen militärischen Vorstellungen völlig in Frage zu stellen schien, aber auch die moralischen Probleme des Krieges wie der Machtpolitik zu neuen Dimensionen aufriß.

Der Menscheneinsatz und die Menschenverluste des Krieges spiegelten die Anstrengungen der Kriegführenden wie das ungeheure Wachstum der Weltbevölkerung wider, das die Mobilisierung bis dahin unvorstellbar großer Menschenmassen ermöglichte. Im ersten Weltkrieg standen rund 60 Millionen Männer unter Waffen; 10 Millionen fanden den Tod. Mehr als eine halbe Million Zivilisten wurden Opfer des Krieges. Der Krieg 1939–1945 zählte 110 Millionen mobilisierte Soldaten; 27 Millionen davon sind gefallen. Ungefähr gleich hoch – 25 Millionen – waren die Verluste der Zivilbevölkerung.

Insgesamt kostete der zweite Weltkrieg einschließlich der Vermißten 55 Millionen Menschen das Leben. Die Verluste der Sowjetunion an Gefallenen werden auf 13,6 Millionen, die Deutschlands auf 4,2 Millionen beziffert. Rund 8,5 Millionen Deutsche, Österreicher und Volksdeutsche wurden Opfer des Krieges und der Vertreibung; mehr als 11 Millionen verloren die Heimat. Japan zählte 1,2 Millionen, Frankreich 340000, Italien 330000, Großbritannien 326000, Polen 320000, Jugoslawien 410000 Gefallene, die USA 259000.

Wiederum wie im ersten Weltkrieg, aber diesmal unter dem Zwang einer diktatorischen Herrschaft, erwies sich die Kraftentfaltung des deutschen Volkes in solcher Stärke, daß sich die europäischen Staaten ihr aus eigenem Vermögen gar nicht und die angelsächsischen See- und Industriemächte wie die russische Landmacht sich ihrer erst unter Aufbietung gewaltigster Machtmittel und in der Koalition erwehren konnten.

Die Niederlage Deutschlands war ungleich größer als 1918. Niemand konnte, wie damals, das Faktum der Besiegtheit leugnen oder die Niederlage mit Verrat und Dolchstoß oder mit versäumter diktatorischer Zusammenfassung der letzten Kräfte begründen. Nicht nur zerstörte sie die Zukunftsutopie eines tausendjährigen germanischen Großreiches, mit ihr schien auch der Glaube an die staatliche Zukunft der deutschen Nation zusammengebrochen.

Wiederum war der Versuch eines Nationalstaates, seine Hegemonie über Europa zu errichten, gescheitert, wiederum wie in den voraufgehenden geschichtlichen Beispielen durch das Bündnis der bedrohten kontinentalen Staaten mit den seebeherrschenden Mächten, die zugleich die führenden Rohstoff- und Industrieländer waren.

Daß Deutschlands Kräfte für einen Weltmachtanspruch nicht ausreichten, war zum zweiten Male erwiesen. Angesichts der aus den östlichen und südöstlichen Gebieten fliehenden und vertriebenen Millionenmassen deutscher Menschen konnte man unschwer darauf schließen, daß die Siegermächte die mittelalterliche Kolonisationsleistung des deutschen Volkes annullieren wollten, wie auch der totale Verlust seiner politischen Existenz das Ende des deutschen Nationalstaats zu erweisen schien.

Diese Katastrophe ohne Beispiel in der neueren Geschichte war das Ergebnis einer gescheiterten Politik. Sie hatte das politische Ziel und die verfügbaren Mittel nicht aufeinander abgestimmt, sondern beide sträflich überspannt und die militärische Führung des Krieges unter ausdrücklicher Vernachlässigung des handwerklichen Kalküls allein auf die persönliche Improvisations- und Intuitionskraft des »Führers« gestellt.

Hitlers Ziel war es gewesen, Liberalismus und Kommunismus vom Boden Europas zu vertreiben. Statt dessen errichteten deren repräsentative Hauptmächte, die USA, Großbritannien und die Sowjetunion ihre Herrschaft über Europa und zwangen Deutschland scheinbar endgültig in ihre Machtbereiche hinein.

Die Frage, was aus Deutschland nach seiner Überwindung werden sollte, gehörte zu dem umfassenderen Problem einer weitgehenden Neuordnung der Weltverhältnisse; sie war aber von Anfang an von dem aufbrechenden Gegensatz zwischen den USA und der Sowjetunion überschattet, der nach dem Verschwinden Hitlers und des Nationalsozialismus immer mehr zur zentralen Weltfrage wurde.

Das Problem der Zukunft Deutschlands war bei Kriegsende zwischen den Alliierten nicht gelöst, obwohl diese Frage Gegenstand zahlloser Erörterungen in den Kriegsjahren gewesen war. Die Anstrengungen, die die deutsche Kriegführung den Alliierten abverlangte, hatten bewirkt, daß einseitig die militärische Seite des Ringens im Vordergrund stand und politische Fragen zurückgestellt wurden. Nur das Ziel einer möglichst dauernden Entmachtung Deutschlands und seine territoriale Zerstückelung stand seit 1943 fest und war ein gemeinsames Vorhaben der Alliierten. Aber über die Durchführung hatte jede Siegermacht ihre eigenen Ansichten. Der Plan des amerikanischen Finanzministers Morgenthau, Deutschland unter Beseitigung seiner industriellen Kraft zu einem Agrarland zu machen, war viel zu sehr Erzeugnis einer rachsüchtigen Phantasie, als daß er sich in die Gegebenheit und Notwendigkeit einer gewachsenen Entwicklung hätte einbauen lassen.

Aber auch die zahlreichen Pläne einer Zerstückelung des Reiches, von denen derjenige Churchills, der die historische Mainlinie, d. h. die Nord-Süd-Teilung Deutschlands unter Einbeziehung Österreichs unter Isolierung des preußischen Bereichs, wieder aufleben lassen wollte, hatte sich zu keinem festen Programm verdichtet.

Für den amerikanischen Präsidenten Roosevelt aber hatte sich – in allmählicher Entwicklung und in zunehmender Vereinfachung der Betrachtungsweise – die persönliche Ansicht ergeben, daß der Krieg eine radikale Änderung der Weltsituation und der künftigen Politik herbeiführen werde. Der Krieg, so darf man seine Meinung interpretieren, sollte von einem »Millennium des Friedens« abgelöst werden, in dem der Friede ein für allemal gesichert war. Mit dem Sieg über Hitler sollte die Macht- und Gewaltpolitik, die bisher die Kriege erzeugt hatte, ausgerottet sein. Roosevelt lebte in der grandiosen Illusion, »daß die Weltgeschichte mit diesem Kriege gleichsam an ihr Ende gekommen sei und daß damit auch das koloniale Zeitalter durch das Erwachen der farbigen Völker aufhöre«. Die Erörterungen über eine künftige Friedensordnung konnte daher bis nach dem Krieg zurückgestellt werden. Namentlich wollte Roosevelt Versprechungen oder Festlegungen vermeiden, an denen eines Tages wie bei Wilsons vierzehn Punkten eine Revisionspolitik Deutschlands ansetzen konnte. Vielmehr sollte die Tatsache, daß sie geschlagen seien, den Deutschen so spürbar klargemacht werden, daß ihnen die Lust auf einen neuen Krieg vergehe.

Einzig Stalin hatte mit dem militärischen Einbruch in Deutschland zugleich politische Tatsachen geschaffen, die er augenscheinlich nicht mehr preiszugeben bereit war, indem er einen Teil des von der Roten Armee besetzten Gebietes polnischer Verwaltung überließ.

Auf der Konferenz von Jalta im Februar 1945 legten die Alliierten (Roosevelt, Churchill und Stalin) die allgemeinen Kapitulationsbedingungen für Deutschland fest. Sie verpflichteten sich, den Nationalsozialismus und Faschismus auszurotten und den Sieg der Demokratie nach dem Kriegszielprogramm zu sichern, das sie in der sogenannten Atlantik-Charta am 14. August 1941 verkündet hatten. Das Deutsche Reich sollte unter Beteiligung Frankreichs besetzt und der gemeinsamen Verwaltung der Siegermächte unterstellt werden. Der Sowjetunion wurde das östliche Polen bis zur Curzon-Linie zugesprochen; dafür sollte Polen zum Ausgleich mit deutschem Gebiet entschädigt werden. Die endgültige Festlegung der deutsch-polnischen Grenze sollte jedoch auf der künftigen Friedenskonferenz erfolgen. Die Sowjets gingen in Jalta die Verpflichtung ein, in ihrem Einfluß- und Machtgebiet den Völkern das Recht zur freien Feststellung ihrer Regierungen auf der Grundlage freier Wahlen nach dem allgemeinen und geheimen Wahlrecht zu belassen – eine Verpflichtung, von der sie nicht einmal daran dachten, sie einzuhalten. Der Friede der Welt und die Demokratie aber sollten durch eine Erneuerung des Völkerbundes in modernisierter und erweiterter Form, die Organisation der »Vereinten Nationen« (UN), gesichert werden.

Die Konferenz von Dumbarton Oaks vom August/September 1944 hatte die Verfassungsgrundlage für die UN ausgearbeitet, die ihren Mitgliedern neben der Forderung auf Sicherung des internationalen Friedens durch gemeinsames Handeln auch die Zusammenarbeit in wirtschaftlichen, sozialen, kulturellen und humanitären Fragen auf der Grundlage der Menschenrechte und der allgemeinen Freiheit empfahl, und zwar ohne Unterschied von Rasse, Geschlecht, Sprache und Religion. Am 26. Juni 1945 wurden die »United Nations« von den 46 am Krieg gegen die Achsenmächte beteiligten Nationen in San Francisco gegründet. Zwar galten alle Mitgliedstaaten grundsätzlich als gleichberechtigt. Für den Fall der Friedensgefährdung sollten jedoch die Großmächte das entscheidende Wort sprechen. Deshalb wurde den ständigen Mitgliedern im sogenannten Sicherheitsrat, neben der jährlich tagenden Vollversammlung das wichtigste ausführende Organ der UN, nämlich den USA, der UdSSR, Großbritannien, Frankreich und China das Veto-Recht eingeräumt. Wie 1919 vom Völkerbund, so waren auch jetzt die Besiegten von der Mitgliedschaft ausgeschlossen. Insofern waren die UN die Fortsetzung der Kriegskoalition für die Zwecke des Friedens.

In Deutschland einigten sich die Siegermächte in schwierigen Verhandlungen zunächst auf eine Aufteilung des Reiches in vier Besatzungszonen: eine russische Zone östlich der Elbe, die im Juli um die Gebiete Sachsens und Thüringens erweitert wurde, eine amerikanische im Südosten, eine französische im Südwesten und eine britische Zone im Nordwesten Deutschlands. Berlin wurde von allen vier Mächten besetzt und demzufolge in vier Sektoren aufgeteilt.

Österreich wurde vom Reich gelöst, zu eigener Staatlichkeit verpflichtet und ebenfalls in Besatzungszonen geteilt.

Die Potsdamer Konferenz der Regierungschefs vom Juli/August 1945, zu der de Gaulle nicht eingeladen wurde, übertrug die oberste staatliche Autorität in Deutschland einem Kontrollrat, der aus den vier Oberbefehlshabern der Besatzungsarmeen gebildet wurde und nur einstimmige

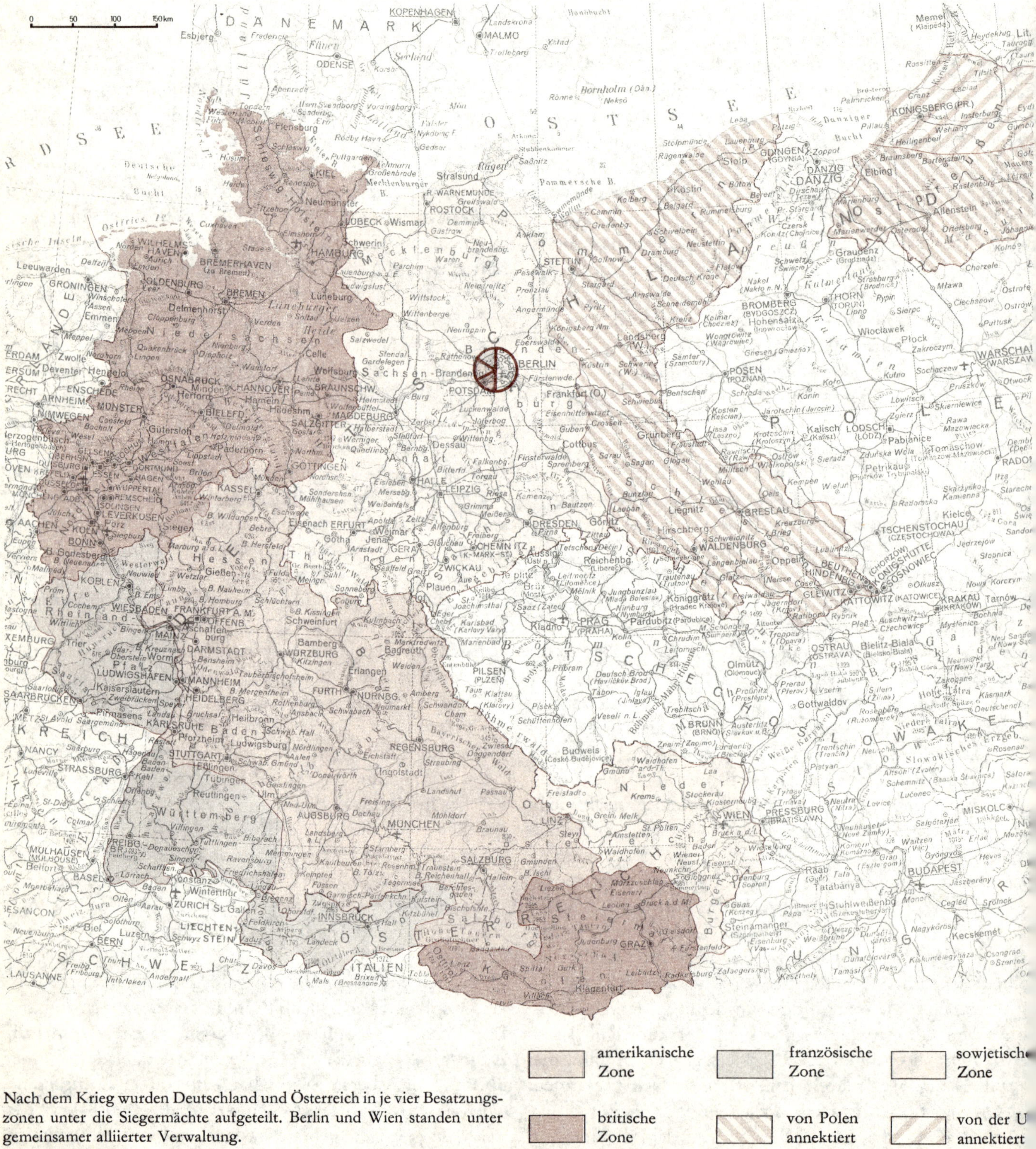

Nach dem Krieg wurden Deutschland und Österreich in je vier Besatzungszonen unter die Siegermächte aufgeteilt. Berlin und Wien standen unter gemeinsamer alliierter Verwaltung.

Beschlüsse fassen konnte. Grundsätzlich sollte die Einheit Deutschlands aufrechterhalten und Deutschland als ein wirtschaftlich Ganzes betrachtet werden und die Verwaltung sowie die Behandlung der deutschen Bevölkerung einheitlich sein. Freilich zeigte sich sehr bald, daß die Interessen der Besatzungsmächte, namentlich die Rußlands und der Westmächte, weit auseinandergingen. Die deutsche Wirtschaft sollte dezentralisiert, d. h. ihre großen trustartigen Vereinigungen aufgelöst werden. Die Industrie sollte nur noch friedlichen Zwecken dienen, insbesondere der Landwirtschaft, und soweit beschränkt werden, daß sie nach großen Reparationsleistungen befähigt sei, ohne Hilfe von außen zu bestehen. Die großen, insbesondere der Rüstung dienenden industriellen Anlagen sollten demontiert werden. Der Sowjetunion, die unter dem Krieg am meisten gelitten hatte, wurden als Reparationen neben Industrieanlagen der Ostzone auch ein erheblicher Teil der in den westlichen Zonen demontierten industriellen Anlagen im Wert von 20 Milliarden Dollar zugesprochen. Bis Anfang der 50er Jahre wurden allein in den westlichen Besatzungszonen über 900 Werke demontiert! Unter Vorgriff auf die Beschlüsse einer künftigen Friedenskonferenz erhielt die Sowjetunion auch Königsberg und den größten Teil der Provinz Ostpreußen. Die Gebiete östlich der Oder und der Görlitzer Neiße wurden polnischer Verwaltung unterstellt, mit dem Vorbehalt der Westmächte, daß die endgültige Festlegung der deutsch-polnischen Grenze erst noch zu erfolgen habe. Auch über die Behandlung des Ruhrgebietes, das die Sowjets einer Viermächte-Kontrolle unterwerfen wollten, konnten sich die Sieger in Potsdam nicht einigen. Von folgenschwerer Bedeutung war der Beschluß der Konferenz, die deutsche Bevölkerung aus den osteuropäischen Gebieten (Polen, der Tschechoslowakei und Ungarn) und vor allem aus Ostdeutschland selbst »umzusiedeln«.

Die Tatsache, daß die französische Regierung, die 1945 all das durchsetzen wollte, was sie am Ende des ersten Weltkrieges nicht erreicht hatte, in Potsdam nicht beteiligt war, erlaubte ihr, wichtigen Abmachungen der Konferenz die Zustimmung zu verweigern und so die geforderte Einheitlichkeit der Sieger in der Behandlung Deutschlands noch mehr zu erschweren.

Die Potsdamer Beschlüsse sicherten dem deutschen Volk »die Wiederherstellung seines Lebens auf einer demokratischen und friedlichen Grundlage« zu, damit es »zu gegebener Zeit einen Platz unter den freien und friedlichen Völkern der Welt einnehmen« könne. Aber wann das geschehen würde, war vorerst nicht abzusehen.

Die Deutschen, soweit sie mit dem Nationalsozialismus in Verbindung gestanden hatten, wurden einem Entnazifizierungsverfahren unterworfen. Schätzungsweise wurden fast 15 Millionen wegen ihrer politischen Vergangenheit überprüft. Viele Hunderttausende – die Zahlen stehen nicht genau fest –, wurden verurteilt und zum Beispiel durch Aberkennung des Wahlrechts oder Ausschluß von bestimmten Berufen bestraft. Gleichzeitig begannen die sogenannten Kriegsverbrecherprozesse, in denen die Siegermächte, gestützt u. a. auf den Kriegsächtungspakt (Briand-Kellogg-Pakt) von 1928, den Versuch machten, »die Entfesselung des Krieges als ein Verbrechen gegen die Völkerwelt zu ahnden und Rechenschaft zu fordern über die von deutscher Seite im Kriege verübten Verbrechen gegen die Menschlichkeit«. Im Nürnberger Hauptkriegsverbrecherprozeß wurde die Spitze der NS-Regierung abgeurteilt. Göring vergiftete sich, Ribbentrop, Keitel und andere wurden durch den Strang hingerichtet, wiederum andere zu jahrelanger oder lebenslänglicher Haft verurteilt. Die Prozesse wurden auch auf die Diplomatie (»Wilhelmstraßenprozeß«) und selbst auf Angehörige des Heeres ausgedehnt.

Die Entwicklung in Deutschland, aber auch in der Welt, wurde zusehends mehr von der Tatsache beeinflußt, daß sich die Entwicklung in der sowjetisch besetzten Zone immer mehr von den auf der Potsdamer Konferenz gefaßten Beschlüssen entfernte.

Schon seit Frühjahr 1945 hielten sich die Sowjets nicht mehr an die im Krieg getroffenen Vereinbarungen oder interpretierten sie auf eigene Weise. Es gab keine einheitliche Auffassung vom Sinn und Wesen der Demokratie. Die ihrer Macht ausgelieferten Staaten in Osteuropa wurden, entgegen dem Sinn freier demokratischer Wahlen, zur Angleichung ihrer inneren Verhältnisse an das sowjetische Staats-, Gesellschafts- und Wirtschaftssystem gezwungen und einseitig von Kommunisten beherrscht. Das galt für Rumänien und Bulgarien seit 1945, für Polen und die Tschechoslowakei, die die Westmächte als ihr eigenes Einflußgebiet erhalten wollten, seit 1947 bzw. 1948, für Ungarn seit 1947. Deutlich war erkennbar, wie das kommunistische Rußland auf die zaristische Ausdehnungspolitik zurückgriff und die Gunst der Lage benutzte,

gegenüber Deutschland und dem westlichen Europa ein Vorfeld von ihm abhängiger Staaten zu schaffen.
Die sowjetische Besatzungszone in Deutschland wurde schrittweise diesem System angepaßt und eingegliedert. Dadurch wurde die in Potsdam beschlossene Aufrechterhaltung der wirtschaftlichen Einheit Deutschlands unmöglich gemacht. Die Großindustrie und die Banken wurden enteignet, die Industriewerke etwa zu einem Drittel durch Demontage zerstört. Anfangs wurden sogar die zweiten Gleise der Eisenbahn in erheblichem Umfange abgebaut. Der gesamte Großgrundbesitz wurde mit einem Schlage aufgehoben und durch eine überstürzt vorgenommene und daher wenig leistungsfähige Neusiedlung ersetzt, die später, samt der übrigen Landwirtschaft, nach russischem Vorbild in zunehmendem Umfang in kollektiver Form organisiert wurde. Im Widerspruch zu den Abmachungen entnahmen die Russen der Ostzone außer industriellen Erzeugnissen auch Lebensmittel und vergrößerten dadurch die Mangelerscheinungen auf dem Ernährungsgebiet. So wurde die Ostzone im Gegensatz zu der individualistischen kapitalistischen Ordnung der Westmächte in das System einer vom staatlichen Zwang bestimmten Planwirtschaft und Kollektivierung eingefügt, die das Privateigentum zerstörte und die wirtschaftliche Bewegungsfreiheit des einzelnen beseitigte. Verfassungsmäßig näherte sie sich immer mehr der Form einer »Volksdemokratie« östlicher Prägung, in der jede selbständige demokratische Regung unterdrückt wurde und die Sozialistische Einheitspartei Deutschlands (SED) die bereits im Juni 1945 zugelassenen vier Parteien (KPD, SPD, CDU, LDP) ausschließlich beherrschte.
Im Unterschied zur Ostzone entwickelte sich in den Westzonen neues politisches Leben langsamer. Das deutsche Volk sollte nach dem Willen der Westmächte systematisch demokratisch erzogen werden. Nur in Stufen von unten nach oben sollte ihm wieder politische Verantwortung übertragen werden. Daher erfolgten erst Wahlen in Dörfern und Städten, dann Kreiswahlen, schließlich Länderwahlen. Die von Vertretern der Bevölkerung ausgearbeiteten neuen Verfassungen legten Regierungsbildung und Gesetzgebung wieder in die Hände der Volksvertretung. In Auswirkung der Erfahrungen der Hitler-Diktatur wurden die Grundrechte genau festgelegt.
Aber auch in den westlichen Besatzungszonen wurde das Prinzip der Einheitlichkeit in der Behandlung Deutschlands nicht konsequent eingehalten. Der Alliierte Kontrollrat wurde schweren Krisen ausgesetzt, die auch mehrere Konferenzen über die deutsche Frage nicht beheben konnten. Die Beschränkung der deutschen Industrieproduktion – beispielsweise die der Rohstahlerzeugung auf 30 Prozent der Produktion von 1936 –, insbesondere die »Verkoppelung von Sachreparationen und Demontage«, hemmte die Entwicklung in den Westzonen erheblich. Arbeitslosigkeit und Geldentwertung drohten zu einer verheerenden Krise zu führen, die auch die Wirtschaft Gesamteuropas schwer treffen mußte.
Aus diesen Gründen, aber auch im Hinblick und in Abwehr der sowjetischen Besatzungspolitik in der Ostzone schlossen die Westmächte ihre Zonen zu einer großen wirtschaftlichen Einheit zusammen. Durch Vereinigung der britischen und amerikanischen Zone entstand im Dezember 1946 die Bizone, die sich nach dem Anschluß der französischen Zone zur Trizone mit einer Bevölkerung von nahezu 50 Millionen ausweitete.
Aber erst die Währungsreform vom 20. Juni 1948 führt schlagartig wieder zu einer Belebung der deutschen Wirtschaft, die noch im Herbst 1948 über 60 Prozent der Erzeugung von 1938 erreicht. An Stelle der befürchteten Massenarbeitslosigkeit vollzieht sich das »deutsche Wirtschaftswunder«. Es wurde teuer erkauft: Die Währungsreform – zum zweiten Male in derselben Generation! – senkte den vorhandenen Geldwert auf 10 Prozent, Spareinlagen und Bankguthaben auf 6,5 Prozent. Aber sie führte zur Vollbeschäftigung und half in hohem Maße, auch die Heimatvertriebenen und Flüchtlinge einzustellen und im westlichen Deutschland zu verwurzeln.
Es lag in der Konsequenz dieser Entwicklung und war auch bereits eine ihrer Vorbedingungen, daß die drei Westmächte auf der Londoner Konferenz im März 1948 über die wirtschaftliche Vereinigung der Westzone hinaus auch deren föderativ-staatliche Vereinigung ins Auge faßten. Am 1. September begann auf ihre Aufforderung hin der »Parlamentarische Rat«, eine verfassunggebende Versammlung von 65 Abgeordneten der Länderparlamente, mit der Arbeit an einem »Grundgesetz« für die drei vereinigten Westzonen. Der Ausdruck »Nationalversammlung« wie der Ausdruck »Verfassung« wurden im Hinblick auf die Bevölkerung der sowjetisch besetzten Zone, die dabei nicht mitwirken konnte, vermieden. Am 23. Mai 1949 wurde als vorläufige Verfassung das »Grund-

gesetz für die Bundesrepublik Deutschland« verkündet. Es trat in Kraft, als es von zwei Dritteln der Länderparlamente angenommen worden war. Im September wurden Theodor Heuß zum Bundespräsidenten, der Führer der rheinischen CDU, Konrad Adenauer, zum Bundeskanzler der neuen deutschen Republik gewählt.

Die Beschlüsse der Londoner Konferenz vom März 1948, an denen sie nicht beteiligt waren, nahmen die Sowjets zum Anlaß, den Kontrollrat zu verlassen und die Viermächte-Kontrolle über Deutschland für beendet zu erklären. Gleichzeitig versuchten sie, die Viermächte-Verwaltung Berlins zu ihren Gunsten aufzuheben. Maßnahmen der Westmächte beantworteten sie mit einer eigenen Währungsreform in ihrer Zone, die sie ihrerseits Groß-Berlin, also auch den Sektoren der Westmächte aufzwingen wollten. Aus dem Widerstand der Westmächte und der Berliner Bevölkerung dagegen erwuchs die Spaltung der Stadt in einen Ostsektor und die drei Westsektoren. Daraufhin sperrten die Russen im Juni 1948 den Interzonenverkehr und die Bahn-, Straßen- und Wasserwege nach Berlin. Der Widerstand der Berliner Bevölkerung sollte durch diese Blockade gebrochen werden. Eine »Luftbrücke« der Amerikaner und Engländer versorgte die blockierte Stadt insbesondere mit Lebensmitteln und Kohle. Auf rund 190000 Flügen flogen amerikanische Flugzeuge etwa 1782000 Tonnen, britische Flugzeuge auf rd. 88000 Flügen etwa 540000 Tonnen Versorgungsgüter ein. Die »Luftbrücke« rettete die Stadt und brachte den Russen die Erfolglosigkeit ihrer Blockade zum Bewußtsein. Nach Gründung der NATO (Nordatlantische Verteidigungsorganisation) führten Geheimverhandlungen mit Wirkung vom 12. Mai 1949 zur Beendigung der Blockade. Im Juni 1949 wurde der alte Zustand in Berlin annähernd wiederhergestellt. Aber die Spaltung zwischen Ostberlin und den Westsektoren blieb bis heute bestehen.

Bereits am 30. Mai 1948 hatte der »Deutsche Volksrat« in der sowjetischen Zone die Verfassung der »Deutschen Demokratischen Republik« angenommen, die im Oktober 1949 ins Leben trat. Seitdem stehen sich zwei deutsche Staaten gegenüber, deren östlicher der Bestätigung durch freie Wahlen entbehrt. Jeder von ihnen erhebt den Anspruch, der bestimmende Kern für eine künftige gesamtdeutsche Verfassung zu sein.

So spiegelt sich in den deutschen Nachkriegsverhältnissen der Dualismus der Weltentwicklung, der vornehmlich durch den amerikanisch-russischen Gegensatz repräsentiert wird. Er ist die entscheidende Folgewirkung des zweiten Weltkrieges, die alle anderen Probleme überschattet und beeinflußt. Zu diesen gehört der endgültige Aufbruch des Nationalismus in der bisher von den weißen Mächten beherrschten asiatisch-afrikanischen Welt und damit das Ende des kolonialen Zeitalters. Englands freiwilliger Verzicht auf die Herrschaft über Indien (1947), das bald in die größere »Indische Union« und das kleinere mohammedanische Pakistan zerfiel, Hollands schließliche Preisgabe der meisten seiner Kolonien (1949), die sich zu einer Republik der Vereinigten Staaten von Indonesien zusammenschlossen, und Frankreichs Preisgabe der Herrschaft in Indochina (1954) bilden in diesem Prozeß, der immer weiter greift, die bisher wichtigsten Stationen.

Die Veränderung aller Verhältnisse in der Welt haben diese in einen Zustand permanenter Unruhe versetzt. Daher ist es von schicksalhafter Bedeutung für die Menschheit, ob es der Kraft und Einsicht der Menschen gelingt, die weitere Weltentwicklung in den Bahnen des Friedens, des Ausgleichs, der Kooperation und Verständigung zu halten.

Die Endphase des 2. Weltkrieges und seine Folgen

◀ Das Bild auf der vorhergehenden Doppelseite zeigt das deutsche Schlachtschiff »Bismarck« beim Feuern einer Salve

Immer weniger wurden nach schweren Verlusten die schweren Überwassereinheiten der deutschen Marine operativ eingesetzt. Daß die deutschen Seestreitkräfte sich den alliierten nicht geschlossen zum Kampf stellen konnten, war in Anbetracht der bestehenden Kräfteverhältnisse ohnehin klar. Die Versenkung des deutschen Schlachtschiffes »Bismarck« hatte den deutlichen Beweis geliefert. Es waren vor allem die Erfordernisse des Landkrieges im Osten, die die Marinestrategie jetzt bestimmten. Immer mehr begannen die amerikanischen Materiallieferungen an die Sowjetunion sich auszuwirken. Die Eismeergeleite, Frachtdampfer mit Sicherungskräften, wurden in Island zusammengestellt und sollten Murmansk erreichen. Im Zusammenwirken von U-Booten, Kampfflugzeugen der Fliegerführer Kirkenes und Lofoten und bald auch der in norwegischen Häfen stationierten Überwassereinheiten wurden die Geleite angegriffen. Einen Höhepunkt erreichte die Geleitzugschlacht, als im Juli 1942 der alliierte Konvoi PQ 17 von einer deutschen Kampfgruppe gestellt wurde. Die Freigabe des Schlachtschiffes »Tirpitz« für dieses Unternehmen bestimmte die alliierte Führung, die Deckungs- und Fernsicherungskräfte abzuziehen und den Geleitzug zu zerstreuen. Es war ein verhängnisvoller Entschluß: 24 Handelsschiffe wurden versenkt. Sie nahmen 3350 Kraftfahrzeuge, 430 Panzer, 210 Flugzeuge und 100 000 t sonstiges Kriegsgerät mit in die Tiefe. Die Geleitfahrten wurden vorübergehend eingestellt. Das kam dem Fortschreiten der deutschen Sommeroffensive in Rußland zugute.

▲ Angriff auf ein alliiertes Eismeergeleit

Geleitzugschlachten

Schwere deutsche Schiffseinheiten waren in Norwegen stationiert ►

U-Boot-Basen am Kanal

◄ Deutsche U-Boote im Hafen von Brest

Der Ausbau der französischen Atlantikhäfen durch die deutsche Marine brachte die U-Boote unmittelbar an den Atlantik als Hauptoperationsgebiet heran. Anfang 1942 konnte Dönitz, der Befehlshaber der U-Boote, den Operationsraum bis zur amerikanischen Küste ausdehnen. Aus dem Mittelmeerraum konnten Boote abgezogen werden, die Produktion hielt mit den Verlusten Schritt, die neue »Rudeltaktik« führte zur Erhöhung der Schlagkraft. Die Versenkungsziffern stiegen von 116000 BRT im Dezember 1941 schnell auf 700000 BRT im Juli 1942. Das Operationsgebiet wurde nach Süden erweitert. Das führte zwar zu neuer Beute, brachte aber auch größere An- und Abmarschwege mit sich, war also keine Steigerung des Wirkungsgrades. Darüber hinaus spielte sich die gegnerische Unterwasserabwehr immer mehr ein. Aus der Luft wurden die Boote mit Radar erfaßt, von starken Jagdkräften gestellt und dann mit Wasserbomben angegriffen. Trotzdem hielten die deutschen Erfolge zunächst an. Die alliierten Geleitzüge wurden stark dezimiert. Mitte 1943 kam die Wende. Dank überlegener alliierter Technik wurden die deutschen Boote reihenweise versenkt. Auch neue und verbesserte Konstruktionen konnten später das Blatt nicht mehr wenden. Von 39000 ausgefahrenen U-Boot-Männern kehrten 27000 nicht zurück.

▼ In riesigen betonierten Bunkern waren die Unterseeboote vor feindlichen Luftangriffen sicher

▲ Deutscher Luftangriff auf ein Nachschubgeleit

◄ »Cerberus«, der Marsch durch den Kanal

Letzte Erfolge

▼ Ein Handelsdampfer ist versenkt

Nach dem schweren Mißerfolg des Ansatzes der schweren Überwasserstreitkräfte gegen die Seefernverbindungen der Alliierten, der mit der Versenkung der »Bismarck« markiert worden war, wurden die Schlachtschiffe »Scharnhorst« und »Gneisenau« sowie der Schwere Kreuzer »Prinz Eugen« von Brest aus, wo sie zur Reparatur eingelaufen waren, in die Heimat zurückbeordert. Am 12. Februar 1942 mittags, marschierten sie durch den Ärmelkanal, gesichert von 6 Zerstörern, 14 Torpedobooten, 3 Schnellbootflottillen und zahlreichen Minensuchfahrzeugen, darüber hinaus von 176 Jägern und Zerstörern der Luftwaffe. Die britische Admiralität hatte zwar diese Marschroute erwartet, nicht aber das Passieren zur Mittagszeit. Ihre Angriffsmaßnahmen waren deswegen nicht aufeinander abgestimmt und hatten keinen Erfolg. Der deutsche Verband erreichte wohlbehalten die Elbe. Das war wohl ein taktischer Erfolg, bedeutete aber zu gleicher Zeit das strategische Zugeständnis, die schweren Überwassereinheiten aus dem Handelskrieg zurückzunehmen. Die »Gneisenau« brannte später während des Reparaturaufenthaltes in Kiel nach einem Bombentreffer aus und wurde kriegsunbrauchbar, die »Scharnhorst« wurde nach einem erfolglosen Angriffsversuch auf ein alliiertes Eismeergeleit von dessen Sicherungsstreitkräften am 28. Dezember 1943 versenkt.

◀ Alliierter Bomber über den Einschlagwolken seines Angriffs

▲ Eine Batterie 8,8 cm Flak beim Feuern

Harris organisiert den Bombenkrieg

Aus der Luftschlacht um England entwickelte sich nach dem Schema einer Eskalation der Bombenkrieg gegen offene Städte. Am 11. Mai 1940 ordnete Churchill den ersten großen Luftangriff auf eine offene deutsche Stadt, auf Mönchengladbach, an. Die deutsche Luftwaffe hatte sich hauptsächlich auf das Bombardieren von militärischen Anlagen konzentriert. Hitler kündigte zwar in seiner Rede im Berliner Sportpalast vom 4. September 1940 an: »Wir werden ihre Städte ausradieren«, seine Drohung blieb indes beim Deklamatorischen. Schon die Materiallage zwang ja die Luftwaffe, sich auf kriegswichtige Anlagen zu beschränken. Selbst der Angriff auf Coventry, den 449 deutsche Flugzeuge in der Nacht vom 14. auf den 15. November durchführten, galt vorwiegend der wichtigen Rüstungsindustrie der Stadt.

13
9

Flakhelfer im Einsatz

◄ Am Leuchtschirm zeichnet sich der Weg der Bomberverbände ab

◄ Luftwaffenhelferinnen an Punktgeräten

Der deutsche Luftangriff auf Coventry hatte der Bevölkerung der Stadt 554 Tote und 865 Schwerverletzte gekostet. Die deutschen Verbände hatten erstmals das neue Funkleitverfahren »Knickebein« zur Zielerfassung erprobt und deswegen die Rüstungsfabriken Coventrys schwer angeschlagen und zum Großteil vernichtet. Der deutsche Wehrmachtsbericht meldete: »Besonders heftig und erfolgreich war der rollende Angriff starker Kampfverbände der Generalfeldmarschälle Kesselring und Sperrle auf Coventry, wo zahlreiche Motorenfabriken und Anlagen der Flugzeugzubehörindustrie sowie andere kriegswichtige Einrichtungen mit Bomben schweren und schwersten Kalibers belegt wurden, die gewaltige Verwüstungen anrichteten.« Goebbels feierte hingegen in der deutschen Presse einen »gewaltigen Vergeltungsschlag« und erfand Tausende von Toten und das neue Zeitwort »coventrieren«, das er den Briten drohend zurief. Churchill ging sofort darauf ein und sprach von einer »schrecklichen Dezimierung der Bevölkerung«. »Coventry ist das Opfer unmenschlicher Grausamkeiten geworden«, lautete der Tenor der englischen Presse. Und Churchill hatte endlich die Chance, die humaner denkenden Mitglieder des Kabinetts davon zu überzeugen, daß seine Strategie des Krieges gegen Frauen und Kinder mit Großangriffen auf die Wohnviertel der deutschen Städte die richtige sei. Nach vielem Hin und Her und langen Diskussionen über die zweckmäßigste Taktik ließ Churchill den Geschäftsmann Arthur Harris das britische Bomberkommando übernehmen und ihn vom König zum Luftmarschall ernennen. Erfunden hat Harris den Bombenkrieg dieser Art nicht, aber er hat ihn mit den Methoden des Management wirkungsvoll organisiert. Er wollte beweisen, daß die Massierung von Bombern und ihre Konzentrierung auf ein einziges Ziel wirkungsvoller war, als mehrere Angriffe kleinerer Verbände. Am 30./31. Mai 1942 starteten von britischen Plätzen 1047 Bomber zum ersten Tausend-Bomber-Angriff auf Köln. 1459 ts Bomben fielen auf die Innenstadt, die fast völlig zerstört wurde. Das war der Beginn des Bombenkrieges großen Stils. Die deutsche Luftverteidigung wurde fieberhaft ausgebaut.

◄ In die Luftlagekarte wird der Standort der Bomber eingetragen

▲ Ein Nachtjäger ist zurückgekehrt ...

... von Kameraden mit Sorge erwartet ▼

▼ In der Bereitschaftsmesse erhalten die Besatzungen ihren Einsatzbefehl

Nachtjagd

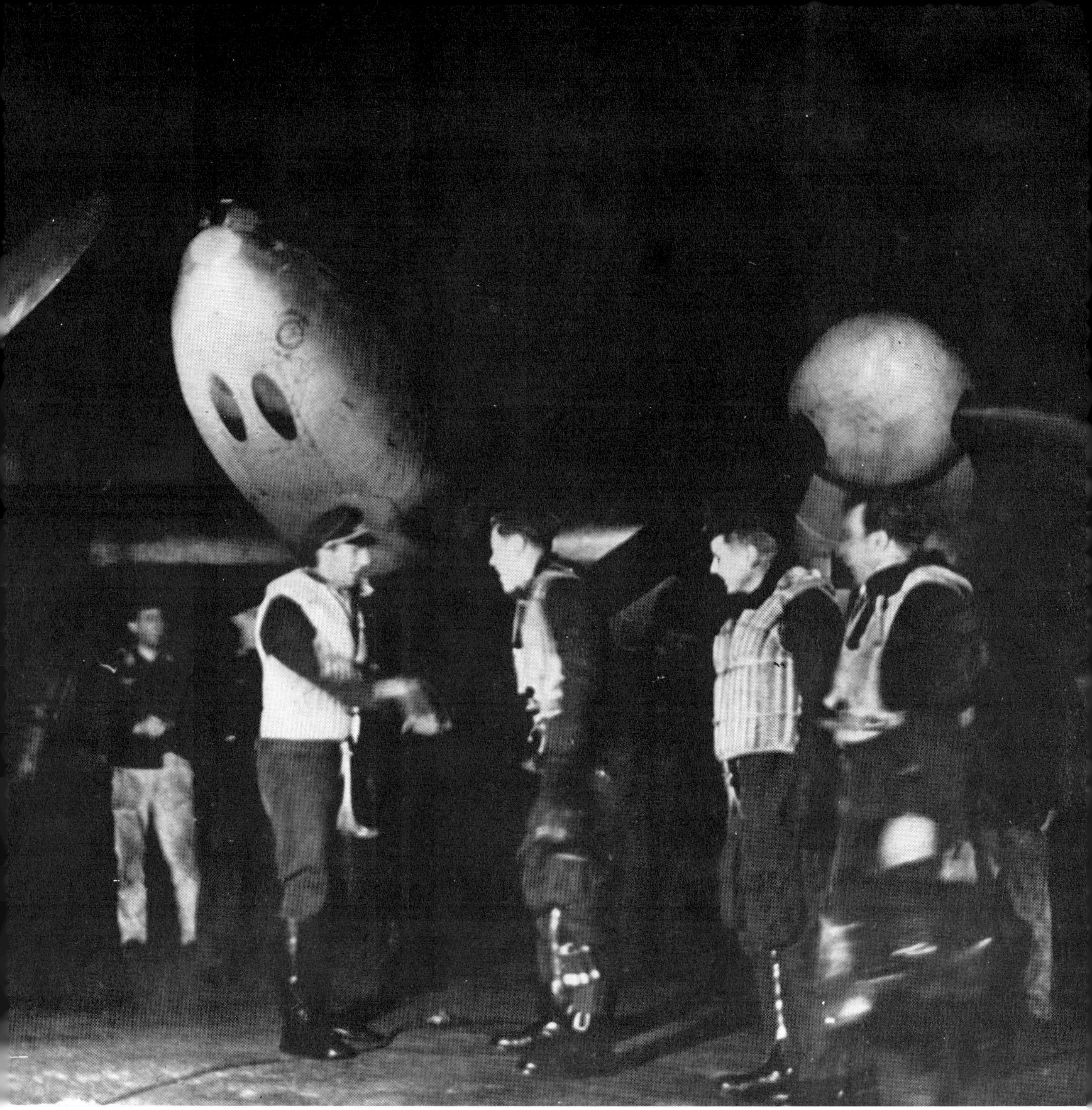

▲ Noch einmal aus der Hölle des Luftkampfes zurück. Für Tausende gab es keinen Glückwunsch zur Rückkehr…

Neben dem Ausbau der Bodenabwehr durch Verstärkung der Flakverbände und ihrer Auffüllung durch freiwillige oder dienstverpflichtete Frauen und Schüler mußte die deutsche Luftwaffe die Organisation ihrer Jagdverbände möglichst schnell straffen. Schon vor dem Tausend-Bomber-Angriff auf Köln war der Grund für eine wirksame Reichsverteidigung gelegt. General Josef Kammhuber baute ein gut durchdachtes Nachtjagdsystem auf. Quer zu den britischen Einflugschneisen überlappten sich deckend Horststellungen der deutschen Jagdverbände zu einem geschlossenen Sperriegel. Dahinter befand sich eine Linie von Scheinwerferbatterien, die sogenannte »Kammhuber-Linie«, die den deutschen Jägern die »helle« Nachtjagd erlaubte. Die Ausrüstung mit Funkmeßgeräten »Würzburg« und anderen ermöglichte bald auch die »dunkle« Nachtjagd, bei der den Briten empfindliche Verluste beigebracht wurden. Neue taktische Verfahren wie »Mattscheibe« und »Wilde Sau« erleichterten das Erkennen und Treffen der feindlichen Bomber aus einem über dem Bomberstrom »hängenden« Jagdverband. Mit »Düppeln«, kleinen Aluminiumstreifen, störten die alliierten Flieger aber bald wirkungsvoll das deutsche Radar. Erst nach einiger Zeit konnte durch verbesserte Geräte diese Krise überwunden werden. Ab 1942 beteiligte sich aber auch die amerikanische Luftwaffe an der Bombardierung der deutschen Städte. Trotz allem Opfermut und hervorragender Leistung der deutschen Jagdflieger und trotz vieler Erfolge im einzelnen waren sie doch der überlegenen Zahl gegenüber machtlos. Zwar schossen sie im Laufe der Kriegsjahre mehrere Tausend Bomber ab, doch konnte die alliierte Rüstungsindustrie sie mühelos ersetzen.

▲ Ein amerikanischer Bomberverband klinkt seine Bomben über Dresden aus, ein Begleitjäger ist abgeschossen

▼ Das sind die Opfer

Massengrab Dresden

Tagelang verbrennen russische Hilfswillige auf Schienenrosten die Leichen der Opfer

Die Intensität des Flächenbombens steigerte sich mehr und mehr. Die Großstädte des Ruhrgebietes und bald auch des weiteren Hinterlandes sanken in Schutt und Asche. Zynisch sprach Churchill über die Sender der BBC, die deutsche Bevölkerung brauche nur »ihre Städte zu verlassen, ihre Arbeit aufzugeben, auf die Felder zu flüchten und ihre brennenden Häuser aus der Ferne zu beobachten«. Ihren absoluten Höhepunkt erreichten die Verluste bei der Zivilbevölkerung in dem »Rund-um-die-Uhr«-Bombardement des mit Flüchtlingen aus den Ostgebieten vollgestopften Dresden. Da es in der Stadt kaum kriegswichtige Objekte zu verteidigen galt, war die Flakartillerie ins Ruhrgebiet abgezogen worden. Deswegen hatten die alliierten Bomber leichtes Spiel. Am 13. und 14. Februar 1945 wurde der Angriff durchgeführt. Die erste Welle verwandelte das Wohngebiet um die Altstadt in ein Flammenmeer. Die zweite Welle hatte mit Sprengbomben das Löschen zu verhindern, damit möglichst viele der damals etwa 1,3 Millionen Menschen in der Stadt vom Feuersturm erfaßt wurden und verbrannten. Ein dritter Raid »Fliegender Festungen« war den noch unversehrten Stadtteilen zugedacht, und schließlich griff der Begleitschutz der Bomberströme mit Bordwaffen die Flüchtlingsmassen an. Das Unternehmen lief wie geplant.

Bei Flakfeuer
gegen Splitterwirkung sofort
Deckung suchen!

◄ »Bei Flakfeuer Deckung suchen«, deutsches Luftschutzplakat 1942 ▲ Nach dem Bombenangriff erfassen oft Tiefflieger die Überlebenden

Nach dem furchtbaren Angriff auf Dresden war das Chaos in der Stadt vollkommen. Die öffentlichen Dienste arbeiteten nicht mehr, Seuchen drohten auszubrechen. Russische Hiwis verbrannten tagelang auf Schienenrosten die Leichen der Opfer. Da die Flüchtlingsmassen in der Stadt nicht registriert waren, läßt sich die Zahl der Toten nicht mit Sicherheit feststellen. Schätzungen gehen bis 235000, darunter etwa 60000 Einwohner Dresdens. Eine militärisch sinnvolle Begründung für den Angriff gab es kaum.

So starben Deutschlands Städte

Joseph Goebbels verkündet im Berliner Sportpalast den »totalen Krieg«

Der alliierte Bombenkrieg gegen die deutsche Zivilbevölkerung bewirkte das Gegenteil seines Zweckes. Man hatte gehofft, die Moral des deutschen Volkes zu erschüttern, es kriegsmüde zu machen und von der nationalsozialistischen Führung zu trennen. Wenn das deutsche Volk aber vorher den Behauptungen des »Ministers für Volksaufklärung und Propaganda« Dr. Josef Goebbels wenigstens teilweise mißtrauisch gegenüberstand, schenkte es ihm angesichts der Schrekken des Bombenkrieges Glauben, wenn er in glänzenden und geschickt berechneten Reden immer wieder feststellte, dem alliierten Feind gehe es keineswegs um die Vernichtung des Nationalsozialismus, sondern um die Vernichtung des deutschen Volkes selbst. Erst recht wurde diese Überzeugung gefestigt, als Roosevelt und Churchill in der Konferenz von Casablanca vom Januar 1942 verkündeten, den Kampf bis zur »bedingungslosen Kapitulation« Deutschlands fortzusetzen. Statt damit, wie sie gemeint hatten, den Krieg zu verkürzen, verlängerten sie ihn mit dieser Forderung und durch die weitere Steigerung des Bombenkrieges. Selbst Harris mußte nach dem Krieg feststellen: »Unsere Auffassung, wir könnten mit unseren Bombardements die Moral des Feindes brechen, erwies sich als unsinnig.« Goebbels aber fand im deutschen Volk ein breites Echo, als er am 18. Februar 1942, nach dem Fall Stalingrads in einer Rede im Berliner Sportpalast den »totalen Krieg« verkündete. »Totaler Krieg, kürzester

So sah die Wirklichkeit des Krieges für die deutschen Zivilisten aus

Der totale Krieg

Krieg« lautete seine Formel. Unter diesem Schlagwort war die totale Mobilisierung der Kraft des deutschen Volkes zu verstehen, ihre Konzentrierung allein auf den Krieg, die Einschränkung des Kulturbetriebes und die Ausbeutung der besetzten Gebiete. In Wirklichkeit war der Krieg schon vorher ein totaler. Schon im Januar hatte Sauckel eine Verordnung über den Arbeitseinsatz zur Führung des totalen Krieges erlassen, am 11. Februar hatte die Einberufung der über 15 Jahre alten Oberschüler als Luftwaffenhelfer begonnen. Goebbels Sportpalastrede aber schaffte klare Fronten. Es hat symbolische Bedeutung, daß am selben Tag in München die Geschwister Scholl ihre Flugblätter »zur Wiederherstellung der deutschen Ehre« verteilten.

◄ Materialknappheit: Aus Glocken werden

▲ Je mehr sich die Lage an den Fronten verschlechterte, desto lauter wurde die Propaganda für den Endsieg

Es lag im Zuge der totalen Kriegsanstrengungen, die deutsche Rüstungsindustrie so leistungsfähig wie nur möglich zu organisieren. Dafür erwies sich der Architekt Albert Speer als der geeignete Mann. Schon im Februar 1942 war er von Hitler zum »Reichsminister für Bewaffnung und Munition« ernannt worden. Durch Konzentration der verschiedenen Zweige der Rüstungsindustrie, durch überlegte Schwerpunktbildung und die Ausschaltung alles Unwichtigen gelang es ihm, die Produktion zu einer nicht für möglich gehaltenen Höhe zu steigern. Ein Erlaß Hitlers über die Konzentration der Wirtschaft und die Umwandlung von Speers Ministerium in das »Reichsministerium für Rüstung und Kriegsproduktion« verschafften ihm die nötigen Vollmachten. Trotz aller Wirkung der alliierten Bomberoffensiven erreichte die Rüstungsproduktion im Mai 1944 ihren Höchststand.

◄ Reichsminister Speer während einer Konferenz mit GFM Milch

Göring und sein Versprechen

▲ Was die Bomben übrigließen

▼ So sahen viele deutsche Städte 1944 aus

Bei den Bergungsmannschaften stellen »Hitlerjungen« ihren Mann ▼

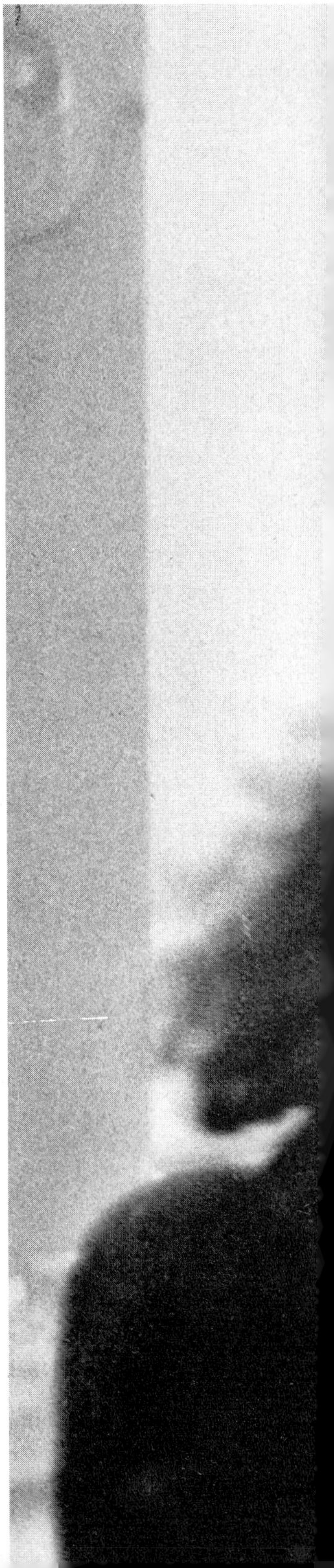

Hermann Göring, der Oberbefehlshaber der deutschen Luftwaffe und im ersten Weltkrieg selbst erfolgreicher Jagdflieger, hatte sich zu Beginn des Krieges über die Stärke seiner Luftwaffe lauthals gebrüstet, er wolle nicht mehr Hermann Göring, sondern Hermann Meier heißen, wenn es je einem feindlichen Flugzeug gelingen sollte, den deutschen Luftraum zu überfliegen. Die Entwicklung des Luftkrieges aber machte in jeder Nacht aus einem Göring tausend Meier.

Einen guten Geschwaderkommodore hätte Göring wohl abgeben können, zur Qualifikation als Oberbefehlshaber einer modernen Luftwaffe aber fehlten ihm Weitblick und das Gespür für neue Entwicklungen, dem Rat seiner erfahrenen Fliegerführer verschloß er sich. Ernst Udet, der Generalluftzeugmeister der Luftwaffe, und Generaloberst Jeschonnek, ihr Generalstabschef, nahmen sich aus Verzweiflung über Fehlplanungen bei der einst modernsten Luftwaffe der Welt das Leben.

▲ Hier geht nach einem Bombenangriff die Arbeit im Freien weiter

◄ Berliner Kulturleben 1943

Trotz aller Schrecken der Bombennächte und trotz aller Verwüstungen ging das Leben in den Städten weiter. Aber wie hatte es sich in den Jahren des Krieges verändert! Alle in der Rüstungsindustrie abkömmlichen und kriegstauglichen Männer waren zur Wehrmacht einberufen, ihren Platz in Landwirtschaft und Fabriken und bei den öffentlichen Diensten nahmen immer mehr Frauen ein; sie trugen die Hauptlast des Krieges an der »Heimatfront«.

Lebensmittel und Gebrauchsgüter waren knapp und ohnehin rationiert, mit den abenteuerlichsten Ersatzprodukten versuchte man, die schlimmsten Engpässe zu umgehen. Ausgebombte und Kinder wurden auf das Land verschickt, eine bis ins einzelne durchgeführte Organisation sicherte die Versorgung. Durch Solidarität und Improvisation wurde das öffentliche Leben bis in die ersten Monate des Jahres 1945 hinein doch wenigstens aufrechterhalten.

Bombengeschädigte wurden bevorzugt mit Haushaltsgütern versorgt ►

▼ Alle Verbrauchsgüter waren streng rationiert

Im 5. Kriegswinter

▲ Die Victory-Girls in einer Berliner Kabarettnummer

Kunst im Kriegsdienst

▲ Wilhelm Furtwängler dirigiert ein Werkpausenkonzert

▲ Heinz Gödecke bei einer Aufnahme für das Wunschkonzert

In den ersten Kriegsjahren lief das Kulturleben fast friedensmäßig weiter. Es verlagerte sich jedoch auf eine andere Ebene. Was vorher kaum denkbar war, machte der Krieg möglich: Kultur und Kunst wurden von Amts wegen allen Schichten des Volkes vermittelt, freilich immer als Teil der nationalsozialistischen Propaganda und von ihr gesteuert und stets mit dem Zweck verbunden, den Durchhaltewillen der Deutschen zu stärken. Die »Deutsche Arbeitsfront« veranstaltete »Werkpausenkonzerte« in den Betrieben, Heinz Gödeckes »Deutsches Wunschkonzert« war eine Brücke zwischen Front und Heimat, und es gab kaum jemanden, der es nicht hörte. Mit der Intensivierung des »totalen Krieges« erstarb jedoch auch der Kulturbetrieb immer mehr.

▲ Düsenjäger, hier die Me 262, kommen zu spät an die Front

▼ Britisches Echo auf die deutschen Wunderwaffen:

First Picture Of German Jet Plane

This was taken over Germany by the gun camera of a Mustang just before the Mustang's guns shot the jet plane down.

Geheim- und »Wunderwaffen«

Flugabwehrrakete »Wasserfall« ►

Die Rüstungskapazität der drei größten Alliierten verhielt sich zur deutschen wie 15:1. Hemmend wirkte sich aus, daß Hitler bereits 1941 die Arbeit an allen Waffensystemen, deren Entwicklung länger als ein Jahr dauern würde, untersagte. Als dann das Kriegsglück sich wendete, erwartete er von neuen Waffen das Wunder. Fieberhaft wurde nun gearbeitet. Es entstanden Düsenjäger, Raketenjäger, vor allem Luftabwehrraketen und andere Konstruktionen, die denen der Alliierten technisch überlegen waren und die Kriegstechnik wahrhaft revolutionierten. Churchill, der von den deutschen Plänen ziemlich viel wußte, erklärte noch im Oktober 1944, die Deutschen könnten in der Lage sein, die Alliierten wieder aus Frankreich hinauszuwerfen, wenn der Krieg bis zum März 1945 nicht siegreich beendet war. Zwar kamen die deutschen »Wunderwaffen« im März 1945 tatsächlich an die Front, doch fehlte dann bereits den Flugzeugen das Benzin, vielen Waffen die Munition. Auch dieses Kapitel des zweiten Weltkrieges steht unter der Überschrift: »Zu spät«.

▲ Eine V 2 wird startklar gemacht

▲ Nach dem Einschlag einer V 1 in Lüttich

Fragwürdige Vergeltung

◄ Von unterirdischen Rampen werden V 1 abgeschossen

Im Rahmen des deutschen Wunderwaffenprogramms wurde auch eine Serie sogenannter Vergeltungswaffen entwickelt, vor allem aus der Notwendigkeit heraus, den britischen Gegner auch dort zu treffen, wo er für die Flugzeuge der Luftwaffe unerreichbar war. Die erste Waffe dieser Art war eine Flugbombe, die von einer Feststoffrakete angetrieben wurde und etwa 1000 kg Sprengstoff 250 bis 370 km weit tragen konnte. Von Abschußbasen in Nordfrankreich und den Niederlanden aus begann am 13. Juni 1944, eine Woche nach der alliierten Invasion, der Abschuß der »Vergeltungswaffe 1« auf den Großraum London. Innerhalb von knapp drei Monaten wurden mehr als 9300 Geschosse abgefeuert, von denen allerdings nur etwa ein Drittel ihr Ziel erreichten. Die übrigen stürzten infolge technischer Mängel schon unmittelbar nach dem Start ab, wurden falsch gesteuert oder konnten von britischen Jagdflugzeugen und Flak abgeschossen werden. Dennoch wurden bei Einschlägen der V 1 etwa 6000 Engländer getötet, 16000 verletzt, 23000 Häuser wurden total zerstört und weitere 750000 beschädigt.

Wirklich revolutionierend war aber erst die Entwicklung der Flüssigkeitsrakete V 2 durch Walter Dornberger und Wernher von Braun. Diese Rakete erreichte eine Geschwindigkeit von etwa 5500 Stundenkilometern und Höhen von 90 km. Am 8. September 1944 wurde erstmals eine V 2 auf England abgefeuert. Der Beschuß konnte bis fast zum Ende des Krieges fortgesetzt werden. 1115 Raketen dieser Art schlugen ein. Militärisch wirksam wurden die Vergeltungswaffen auch gegen den alliierten Nachschubhafen Antwerpen und die Umschlagplätze Lüttich und Brüssel eingesetzt.

Einbruch in die »Festung Europa«

◄ Deutsche Fallschirmpioniere legen eine Minensperre an

▲ Die alliierte Luftwaffe beherrscht den Himmel über Italien

Kaum zwei Monate nach dem Ende der Kämpfe in Nordafrika begann unter dem Oberbefehl General Eisenhowers am 10. Juli 1943 die Operation »Husky«, die Landung alliierter Verbände an der Südostküste Siziliens. Damit sollte der »weiche Unterleib« Europas eingedrückt und die deutsche Verteidigungsfront von Süden her aufgerollt werden. Zwar war auf der Insel die zahlenmäßig starke 6. italienische Armee (Guzzoni) stationiert, dazu Teile der deutschen Panzerdivision »Hermann Göring« und die 15. Panzergrenadierdivision.
Die Kampfmoral der italienischen Verbände war jedoch stark von den Eindrücken der erlittenen Niederlage in Nordafrika bestimmt. Das hatte sich schon im Juni gezeigt, als die rund 11 000 Mann starke italienische Besatzung der festungsartig ausgebauten Insel Pantelleria vor schwächeren britischen Kräften kapitulierte, ohne die sich bietenden Möglichkeiten des Widerstands auszuschöpfen. Die Spekulation italienischer Führungskreise auf einen Separatfrieden mit den Westmächten, den der stellvertretende rumänische Ministerpräsident Antonescu Anfang Juli bei einem Besuch in Rom sogar Mussolini selbst vorgeschlagen hatte, wirkte sich weitgehend auf die Truppe aus. Unter gewaltiger Luftsicherung mit insgesamt 3680 Maschinen wurde »Husky« mit einer starken Luftlandung eingeleitet.

Sprung nach Messina

Auf einem Feldflugplatz warten Verwundete auf ihren Abflug

Mit über 2000 Landungsfahrzeugen wurden schließlich fünf Divisionen der 8. britischen Armee (Montgomery) im Raum Syrakus, eine Panzer- und drei Infanteriedivisionen der 7. US-Armee (Patton) zwischen Gela und Licata angelandet. Schnell stieß Patton gegen Palermo vor, Montgomery leitete die Umfassung des Ätna-Massivs ein. Jetzt ließ Hitler aus Südfrankreich Verstärkungen heranführen. Den Oberbefehl über die Achsenstreitkräfte erhielt der einarmige Panzergeneral Hube, dem es gelang, auf der Linie S. Stefano-Adrano-Catania eine neue Front zu stabilisieren. Im August jedoch machte der Zusammenbruch des Faschismus die Räumung Siziliens notwendig. Im Unternehmen »Lehrgang« wurden bis zum 17. August 40000 deutsche Soldaten, fast 10000 Fahrzeuge aller Art und große Mengen Versorgungsgüter, darüber hinaus noch 62000 italienische Soldaten über die Messinastraße und über vorbereitete weitere Anlegestellen nach Süditalien überführt. Die Verteidigung Italiens wurde vorbereitet. Italien hatte über Spanien und Portugal Waffenstillstandsgespräche mit den Westmächten aufgenommen, die der deutschen Führung nicht verborgen blieben. Das OKW ließ Ende Juli und Anfang August militärische Maßnahmen für den Fall »Achse«, den erwarteten Abfall des Bündnispartners, vorbereiten.

▲ Amerikanische Landungsboote nähern sich der Küste

▼ Gefechtsstand einer Sturmgeschützeinheit

Die Achse zerbricht

Die Kriegsmüdigkeit des italienischen Volkes wurde noch gesteigert durch die schweren alliierten Luftangriffe, die namentlich Süditalien und Sizilien zu erdulden hatten. Zwar schickte das OKW starke Flak- und Jagdkräfte zur Unterstützung der italienischen Luftabwehr, doch genügten diese Kräfte nicht. Etwa 20000 Zivilisten kamen im Sommer bei Luftangriffen ums Leben. Die Versorgungslage spitzte sich zu und erreichte in einer Hungersnot in süditalienischen Landgebieten ihren Höhepunkt. Die faschistische Regierung hatte den Süden kaum noch unter Kontrolle. Diese Situation ermutigte die Gruppe um die Marschälle Badoglio und Caviglia, um die »abgehalfterten« Faschisten Grandi und Ciano und die antifaschistischen Parteipolitiker Sforza und Bonomi. Ihre Absicht war es, den Faschismus zu stürzen und aus dem Achsenbündnis in das westliche Lager auszuscheren. Das

◄ Italienische Miliz, Wehrmacht und SD bei einer Razzia

▼ Angehörige italienischer Widerstandsgruppen werden abgeführt

▼ Stellenweise kommt es zu deutsch-italienischen Kämpfen

▼ Achsenfeindliche Demonstrationen in Rom

prowestliche Königshaus konnte dabei, vorsichtig taktierend, eine wertvolle Hilfe sein. Am 24. Juli brachte eine Sitzung des Großen Faschistischen Rates das Mißtrauen gegen Mussolini zum Ausdruck. Dieser begab sich am Tag darauf zu König Viktor Emanuel III., um ihm seinen Rücktritt als Regierungschef anzubieten. Beim Verlassen des Palastes wurde er von Verschwörern verhaftet. Zu seinem Nachfolger wurde Badoglio bestimmt, der – um Zeit zu gewinnen – zunächst erklären mußte, den Krieg an der Seite Deutschlands fortzusetzen. Das faschistische System brach über Nacht zusammen. Der vorbereitete Waffenstillstand zwischen Italien und den Alliierten wurde am 3. September abgeschlossen, Eisenhower gab ihn wenige Tage später bekannt. Jetzt wurde der Fall »Achse« ausgelöst, deutsche Truppen besetzten Rom und entwaffneten das italienische Heer.

Ein britischer leichter Panzer ist abgeschossen ►

Während schwache deutsche Kräfte noch damit beschäftigt waren, die Masse der etwa 80 italienischen Divisionen im Mutterland, in Südfrankreich, Jugoslawien, Albanien und Griechenland zu entwaffnen, drohte schon vom Süden neue Gefahr durch alliierte Landungen. Schon am 3. September waren zwei Divisionen Montgomerys nach Kalabrien übergesetzt, wo die 29. deutsche Panzergrenadierdivision nur hinhaltenden Widerstand leisten konnte und nach Norden ausweichen mußte. Sechs Tage später landete bei Salerno die 5. US-Armee (Clark) mit vier Divisionen, denen zunächst nur die 16. deutsche Panzerdivision gegenüberstand. Zu gleicher Zeit zogen die Briten das Gros ihrer 8. Armee bei Tarent nach. Ein deutscher Gegenangriff bei Salerno führte zwar zur Vernichtung von zwei amerikanischen Divisionen, blieb aber im zusammengefaßten Feuer schwerer Schiffsartillerie und unter dem Bombenhagel hoffnungslos überlegener Fliegerkräfte liegen und mußte abgebrochen werden. Am 17. September vereinigten sich die Amerikaner mit den von Süden heraufstoßenden Briten. Sie hatten unüberhörbar die Tür zur »Festung Europa« aufgestoßen und ließen sich nicht mehr verdrängen.

Mittlerweile hatte sich im Norden eine faschistische Gegenregierung gebildet. Der von der Badoglio-Regierung verhaftete Mussolini wurde nach mehreren Zwischenstationen in das Berghotel Campo Imperatore im Gran-Sasso-Massiv verbracht, wo man ihn vor deutschen Befreiungsversuchen sicher wähnte. Gleichwohl wurde er am 12. September auf unmittelbare Veranlassung Hitlers von einer Kompanie deutscher Fallschirmjäger im Zusammenwirken mit Otto Skorzenys SS-Jagdverband »Friedenthal« befreit. Einige Tage darauf übernahm er die »republikanisch-faschistische« Gegenregierung in Saló am Gardasee. Seine politische Bedeutung hatte er verloren.

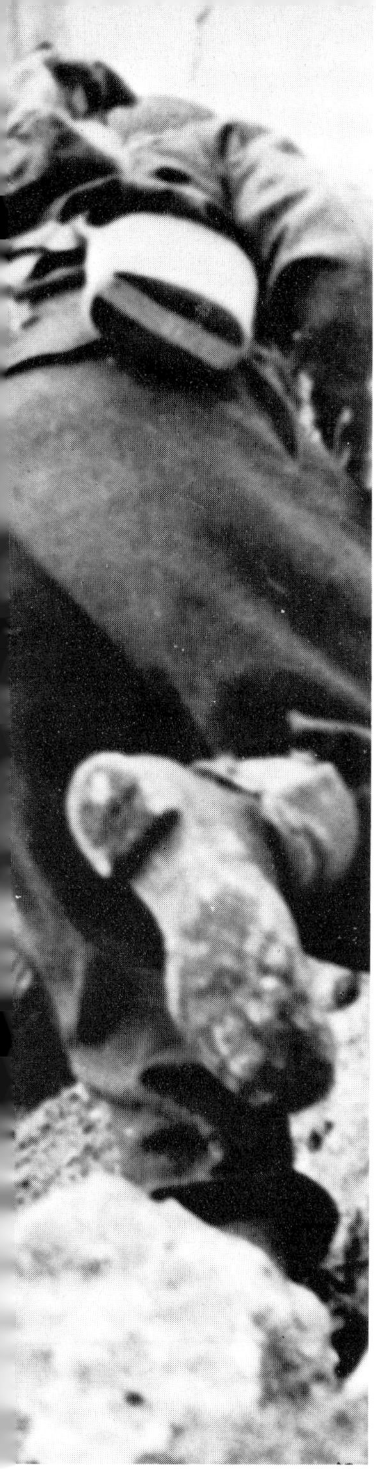

▲ Neuseeländische Infanterie stürmt ein Dorf

▲ Fallschirmjäger besetzen die Talstation der Seilbahn zum Gran Sasso

▲ Skorzenys Lastensegler sind auf dem Gran-Sasso-Massiv gelandet

Rückzug aus Italien

Mussolini inspiziert in Mailand faschistische Truppen ►

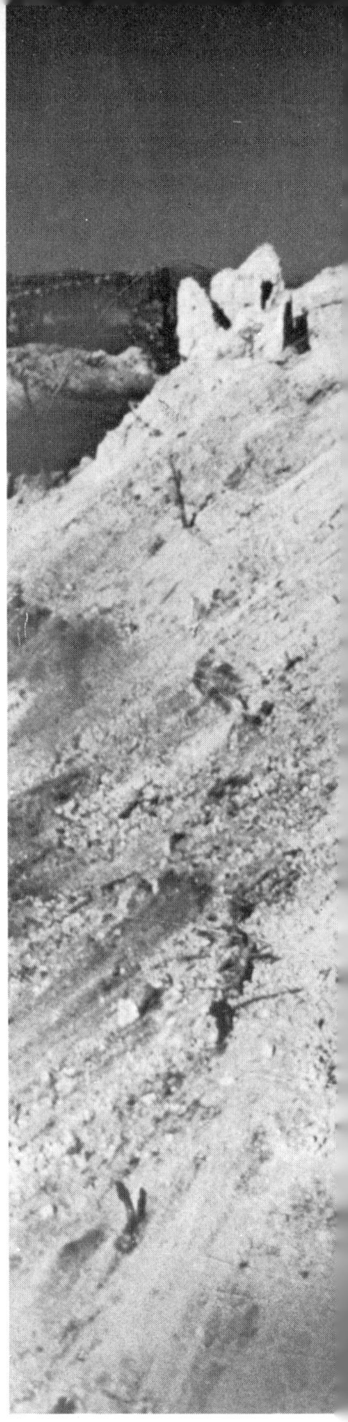

Das völlig zerstörte Kloster Monte Cassino nach dem alliierten Bombenangriff

Monte Cassino

Nach dem Scheitern des deutschen Gegenangriffs bei Salerno und der Räumung ganz Apuliens entwickelte sich der alliierte Vormarsch nur sehr zögernd. Generalfeldmarschall Kesselring, der deutsche Befehlshaber für Italien, nahm die 10. Armee (Vietinghoff), die Süditalien verteidigte, unter dem Druck des Gegners zusammenhängend auf vorbereitete Stellungen nach Norden zurück. Die alliierten Strategen waren zweifelsohne nicht besonders gut beraten, wie ihnen von Stalin später vorgeworfen wurde, als sie sich entschlossen, Italien von Süden her schrittweise zu erobern. Den Verteidigern kam nämlich die Geländenatur mit zahllosen parallelen Gebirgskämmen und Flußtälern sehr entgegen. Von Süden nach Norden aufeinanderfolgend, hatte Kesselring die »Reinhard-Linie«, die »Gustav-Stellung« und unmittelbar südlich Roms die »C-Linie« zur Abwehr vorbereitet. Bis zum Jahresende 1943 kämpften sich britische, indische und neuseeländische Truppen zeitraubend und unter blutigsten Verlusten bis an die »Gustav-Stellung« heran. In diese Stellung war der Raum um den Monte Cassino einbezogen. Gegen ihn richteten sich ab Januar 1944 schwere Angriffe mit dem Ziel, den deutschen Sperriegel zu durchstoßen und sich mit den ab 22. Januar bei Anzio und Nettuno gelandeten Amerikanern zum Stoß auf Rom zu vereinigen. Der Landekopf wurde jedoch zunächst umrandet und auch die Gustav-Linie hielt. Vor einer zweiten Offensive am 15. Februar ließ der neuseeländische General Freyberg das nicht in die deutsche Linie einbezogene Benediktinerkloster Cassino mit Bomben und Artillerie in Schutt und Asche legen. Er erwies sich damit einen schlechten Dienst. Deutsche Fallschirmjäger nisteten sich jetzt in den Ruinen ein und wurden erst nach drei schweren Schlachten und nachdem sich bei Anzio die Lage zugunsten der Alliierten entwickelt hatte, vor der zusammengefaßten Kraft je eines britischen, polnischen, französischen, kanadischen und US-amerikanischen Korps zurückgenommen. Den Monte Cassino selbst überließen sie kampflos den Polen.

Mussolinis Ende

In Norditalien wird Mussolini stets von einer SS-Wache begleitet

Die Badoglio-Regierung hatte noch im Oktober 1943 dem früheren Bündnispartner eilfertig den Krieg erklärt. Etwa 5000 Mann Kampftruppen, die sie nach langem Bitten den Alliierten aufdrängen konnte, versagten bei der ersten Feindberührung kläglich und desertierten in großer Zahl zu den Deutschen. Das stärkte das Vertrauen der Alliierten in den neuen Bündnispartner nicht besonders. Sie räumten ihm ohnehin nicht viel Eigenständigkeit ein. Die alliierten Forderungen bedeuteten nahezu den Kolonialstatus für das Land; eine Kontrollkommission, der auch ein sowjetrussischer Vertreter angehörte, bestimmte Badoglios Politik. Er wurde gezwungen, den ehemaligen Kominternagenten und KP-Generalsekretär Palmiro Togliatti als Minister ohne Portefeuille in seine Regierung aufzunehmen. Das kam der kommunistischen Widerstandsbewegung und ihrer Absicht, die Machtübernahme in Italien vorzubereiten, zugute. Im ganzen Land nördlich der Front versuchten jetzt die Kommunisten, durch Gewaltakte die Deutschen zu unbesonnenen Gegenaktionen zu provozieren, um damit den Volksauf-

Das Ende Mussolinis und der Clara Petacci

stand auszulösen. Zur Bekämpfung der Freischärler wurden faschistische Truppenteile Norditaliens eingesetzt, Haß und Gewalt begleiteten den »schleichenden« Bürgerkrieg. Inzwischen schritten auch die militärischen Operationen fort. Nach der Räumung der Cassino-Stellung und der kampflosen Überlassung Roms an die Alliierten und vor allem unter dem Einfluß der Landung in der Normandie war der Vormarsch der Amerikaner und Briten nicht mehr aufzuhalten. Zwar konnte die deutsche Front ihren Zusammenhang stets wahren, doch mußte sie Zug um Zug nach Norden bis zum Alpenrand zurückgenommen werden.

Bis zu welchem Grad sich die Haßgefühle der Bürgerkriegssituation gesteigert hatten, zeigte das Schicksal Mussolinis: Am 28. April 1945 wurde er mit seiner Geliebten Clara Petacci von kommunistischen Partisanen aus einem Wehrmachtskonvoi, in dem er Schutz gesucht hatte, gegriffen, am Tage darauf erschossen, die Leichen später in Mailand aufgehängt und bis zur Unkenntlichkeit zugerichtet.

▲ Der Strand von Dieppe nach dem kanadischen Kommandoangriff

▼ Gefangene werden durch Dieppe geführt

▲ So geht die Propaganda auf antibritische Ressentiments in Frankreich ein: Die Übersetzung der Plakate lautet: »Zwei generöse Gesten. Dieppe, Deutschland läßt mehr als tausend Kriegsgefangene frei; Rouen, die Royal Air Force ermordet 140 französische Zivilisten«

Himmelfahrtskommando Dieppe

Unter dem Druck von Stalins Forderung, endlich eine zweite Front zu errichten, suchten die Alliierten fieberhaft nach einem Schlüssel zum Tor der »Festung Europa«. Am 19. August 1942 landeten zwei Brigaden der 2. kanadischen Division (Roberts) sowie Kommandotruppen unter starker Luftsicherung beiderseits Dieppe. Da die genauen Pläne der Küstenbefestigungen durch Verrat bekannt waren, konnten die Kanadier wohl anlanden, wurden aber bis zum Mittag von einem deutschen Infanterieregiment und Flugzeugen der Jagdfliegerführer 2 und 3 völlig aufgerieben, die wenigen Reste zum Wiedereinschiffen gezwungen. Die Verluste der Kanadier betrugen 4350 Mann, darüber hinaus 1 Zerstörer, 33 Landungsfahrzeuge und 106 Flugzeuge. Aber auch die Deutschen hatten 311 Tote zu beklagen, darunter viele, die von angelandeten kanadischen Indianern der Kommandotruppen so mit den Daumen an eine Halsschlinge gefesselt wurden, daß sie sich selbst erdrosseln mußten. Mit diesem »Testunternehmen« bei Dieppe war entgegen späteren Behauptungen doch die Hoffnung verbunden, es könne daraus die »große« Invasion sich entwickeln. Das mißlang, doch hatten die Alliierten Erfahrungen gesammelt.

Daß die Alliierten eine gewaltige Transkanal-Aktion beabsichtigten und vorbereiteten, wußte man deutscherseits durch die Berichte »Ciceros«, des Kammerdieners des britischen Botschafters in Ankara, der Fotokopien wichtiger Geheimdokumente lieferte, sowie durch die Berichte der Abwehrleitstellen in Frankreich. Dem alliierten Angriff wollte man durch die Befestigung der gesamten Küstenlinie und ihren Ausbau zum »Atlantikwall« mit 15000 Bunkern sowie durch die Bereitstellung und bevorzugte Ausstattung von Großverbänden in Frankreich zu beweglichen angriffsfähigen Eingreifreserven begegnen. Generalfeldmarschall Rommel war von Hitler die Aufgabe übertragen, alle Verteidigungsvorbereitungen zu inspizieren und Empfehlungen auszuarbeiten. Rommel erkannte, wie schwach der »Atlantikwall« in Wirklichkeit noch war, und regte die Anlage von Hindernissen sowie die Lösung der Truppe aus ihren Ortsunterkünften an.

Der Oberbefehlshaber West, Generalfeldmarschall Rundstedt, hatte zur Verteidigung des Atlantikwalls knapp 60 Divisionen verfügbar. Sie waren zum Teil nur mit Beutewaffen ausgerüstet, ihre beweglichen Teile bespannt, in ihren Reihen standen viele Ostlegionäre, deren Kampfwert noch kaum zu schätzen war. Schlagkräftig war nur die als Eingreifreserve gedachte Panzergruppe West mit ihren 1600 Panzern. Die Befehlsverhältnisse waren im großen und ganzen verworren und wirkten sich lähmend auf die deutsche Initiativkraft aus.

▲ Rommel, Speidel, Ruge und Lang, Rommels Adjutant (v. r. n. l.) bei der Inspektion der Kanalküste

Rommel und das Unmögliche

Mit Baumstämmen werden Vorstrandhindernisse angelegt ►

▲ Deutsche Vorpostenboote sichern die Küste nur schwach

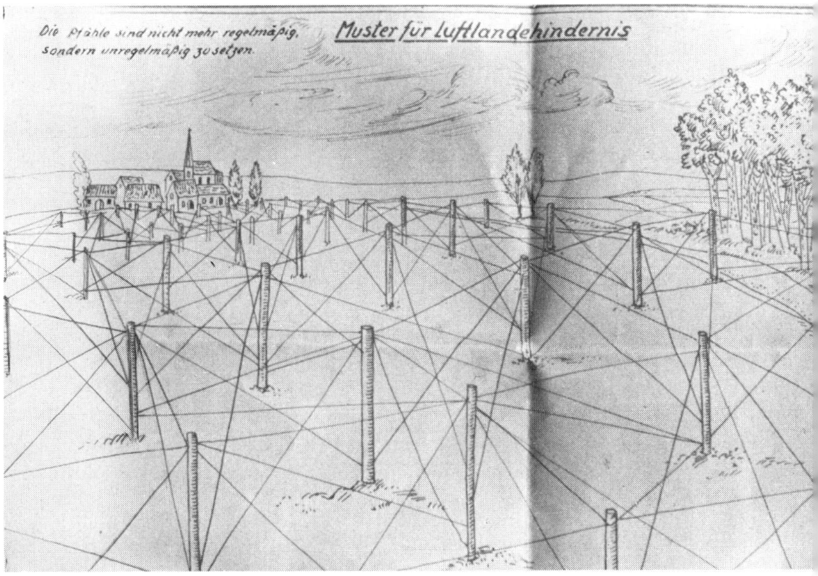

▲ Handzeichnung Rommels über ein Luftlandehindernis »Rommelspargel«

▲ Unübersehbare Massen von Flugzeugen und Panzern werden in England für die Invasion bereitgestellt ▼

Die Invasion

Der Entschluß zur alliierten Invasion in der Normandie ging auf lange Überlegungen zurück. General Marshall, der Chef des amerikanischen Generalstabes, befürwortete die Landung auf dem direktesten und kürzesten Weg, nämlich am Pas de Calais, mit der direkten Stoßrichtung auf das Ruhrgebiet. Englische Pläne sahen bereits 1942 die Normandie als Hauptlandungsgebiet vor. Zeitweilig war auch an völlig andere Fronten gedacht. So hatte Churchill vor allem mit dem Plan einer Invasion im Balkanraum geliebäugelt, in der Hoffnung, mit der Schwächung der Deutschen durch die Errichtung einer zweiten Front zugleich auch Stalin daran zu hindern, ganz Ost- und Südosteuropa dem sowjetischen Imperium einzuverleiben. Dieser Plan war am sowjetischen Einspruch und an der Ablehnung durch die amerikanische Führung gescheitert. Auf der Konferenz von Casablanca wurde endgültig der Plan für die Invasion in der Normandie gefaßt und die Bildung eines kombinierten Hauptquartiers beschlossen. Im Februar 1944 wurde der amerikanische General Dwight D. Eisenhower zum Oberbefehlshaber der Invasionsarmee ernannt. In den britischen Bereitstellungsräumen stapelten sich unvorstellbare Mengen von Kriegsmaterial, in den Ausbildungslagern Englands und Schottlands wurden immer neue Einheiten aufgestellt und gedrillt. Ursprünglich bereits für den Mai 1944 geplant, wurde nun doch der 6. Juni als günstigster Angriffstermin, als »D-day«, für das größte Invasionsunternehmen der Geschichte bestimmt. Gewaltige Flächenbombardements leiteten es ein.

◄ Alliierter Bombenteppich auf einen deutschen Fliegerhorst

▲ So zeigte sich dem deutschen Beobachter das Nahen der alliierten Landeflotte

▲ An manchen Strandabschnitten haben die Alliierten schwere Verluste

Am 6. Juni 1944 morgens begann unter fortgesetzten schweren Luftbombardements der ohnehin schwachen deutschen Abwehrstellungen das Unternehmen »Overlord«, die anglo-amerikanische Invasion in der Normandie mit Schwerpunkten an der Mündung der Orne und an der Calvados-Küste. Aus der Luft wurden drei Divisionen im Hinterland abgesetzt, um Flußübergänge und Straßenkreuzungen zu sichern. Inzwischen hatte auch die Invasionsflotte, die größte Schiffsansammlung der Geschichte überhaupt, zur Küste aufgeschlossen. Insgesamt wurden 7 Schlachtschiffe, 23 Kreuzer, 105 Zerstörer, 1073 kleinere Kriegsschiffe und 4126 Landungsboote eingesetzt, aus der Luft gesichert und unterstützt von fast 13000 Maschinen. Der nahezu 60 km breite Landestreifen wurde zunächst von nur zwei deutschen Infanteriedivisionen gesichert, die von der schwachen und hoffnungslos unterlegenen deutschen Luftflotte 3 (Sperrle) kaum Unterstützung erhoffen konnten. Von Bombenangriffen und Schiffsartillerie schwer dezimiert, leisteten sie der ersten Landewelle tapfer Widerstand, ihre

▲ Amerikanische Infanterie geht an Land

▼ Einer der alliierten künstlichen Häfen

Unternehmen »Overlord«

Reste mußten bald weichen. Im Laufe des Tages landeten die Alliierten weitere 5 Divisionen an. Noch 78 standen bereit. Aufgrund der komplizierten Befehlsverhältnisse auf deutscher Seite konnten zu einem sofortigen Gegenangriff, mit dem Ziel Briten und Amerikaner wieder ins Meer zu werfen, nur eine Panzer- und eine Luftlandedivision angesetzt werden. Zu zögernd gab das OKW die Panzergruppe West (Schweppenburg) mit der 103. Panzerlehrdivision und der 12. SS-Panzerdivision »Hitlerjugend« frei. Ihr Angriff schlug nicht durch.

▲ Schwere Kompanie einer Panzerdivision in Fliegertarnung

Aus Südfrankreich, aus Polen und Ungarn, aus dem Reich und aus den Niederlanden wurden nun vom OKW mit größter Dringlichkeit schnelle gepanzerte Angriffsverbände herangeführt, unter ihnen zahlreiche Elitedivisionen. Bis zum 18. Juni aber hatte Montgomery im Normandiebrückenkopf 619000 Soldaten, 95000 Fahrzeuge und 218000 Tonnen Material gelandet. Die amerikanische 1. Armee (Bradley) war inzwischen aus dem Landekopf nach Cherbourg eingedreht und hatte die Reste von mehreren deutschen Divisionen auf die Stadt zurückgeworfen und eingeschlossen, die britische 2. Armee (Dempsey) drückte stark auf Caen. Die deutschen Eingreifreserven brauchten wertvolle Tage, um den Kampfraum zu erreichen, von französischen Partisanenaktionen nur schwach, von der alliierten Luftwaffe um so stärker behindert. Überdies wurde Guderians alter Grundsatz der Panzerstrategie »Klotzen, nicht kleckern« sträflich mißachtet. Korps und Divisionen trafen meist nicht geschlossen ein und wurden mit Teilen schubweise eingesetzt. Ein Gegenangriff östlich der Orne brachte keine Erfolge, am 26. Juni mußte Cherbourg kapitulieren. Dann konnte der alliierte Landekopf unter schwersten Kämpfen und Verlusten auf beiden Seiten etwa ein Monat lang umgrenzt werden. Beide Seiten hatten bis dahin je 116000 Mann an Toten, Verwundeten und Vermißten zu verzeichnen. Eisenhower bereitete nun den Ausbruch in die Tiefe des Operationsgebietes vor. Zwei US-Armeen, je eine britische und kanadische Armee sowie je eine französische und polnische Division sollten ihn mit dem Schwerpunkt an der Westküste und einem gleichzeitigen Ablenkungsangriff bei Caen führen. Zwei deutsche Armeen hatten ihn zu verhindern.

▲ Abgeschossene Panzer VI »Tiger« nach der Schlacht von Caen

▲ Nur schubweise können Eingreifreserven herangeführt werden

Verzettelte Reserven

Die ersten deutschen Gefangenen sind eingebracht ►

▲ Hitler macht auch Kinder zu Kanonenfutter

Montgomery erzwingt den Durchbruch

Der alliierte Ausbruch wurde ab 18. Juli durch eine starke Angriffsoperation auf Caen vorbereitet, der gewaltige Flächenbombardements der deutschen Front vorausgingen. Die Stadt fiel am Tag darauf, ein Stoß Montgomerys auf Falaise wurde noch gestoppt. Am 25. Juli begann, von der deutschen Führung dort nicht erwartet, die amerikanische Hauptoffensive westlich St.-Lô, die Front wurde durchbrochen, den Alliierten war der Weg nach Mittelfrankreich frei. Nach der Erweiterung ihres Durchbruches bei Avranches fächerten sie breit in die Bretagne aus.

▲ Amerikanische Panzerbereitstellung vor der Durchbruchsschlacht

▼ Caen wird von alliierten Bombern völlig zerstört

Auch das Rote Kreuz ist kein Schutz mehr vor der zunehmenden Brutalisierung des Krieges – weder hüben noch drüben!

Mit dem Durchbruch der Amerikaner bei Avranches war der Ausgang der Schlacht um Frankreich nur noch eine Frage der Zeit. Hitler wollte sich dies nicht eingestehen und ließ am 6./7. August die 5. Panzerarmee (Eberbach) mit vier Divisionen einen neuen Gegenangriff in der Normandie beginnen, mit dem angesichts der Kräftelage geradezu abenteuerlichen Ziel, die über Avranches weitergestoßenen Amerikaner abzuschneiden. Das Unternehmen scheiterte und barg in sich die Voraussetzungen einer neuen Katastrophe. Mitte August nahm nach harten Kämpfen die 1. kanadische Armee Falaise und vereinigte sich bei Chambois mit der 1. amerikanischen Armee. Damit waren sowohl die bisher bei Falaise haltende 7. Armee (Hausser) und das Gros der so unglücklich angesetzten 5. Panzerarmee eingeschlossen. Zwar entkam etwa die Hälfte der 125000 Eingeschlossenen, doch lag den Alliierten der Weg zur Seine und nach Paris offen. Am 19. begann die Erhebung der Widerstandsbewegung in der Stadt. General von Choltitz, der deutsche Stadtkommandant, verfügte nur über ein einziges geschlossenes Sicherungsregiment und schwache Teile durchmarschierender Divisionsreste. Damit war die Stadt gegen die 2. französische Panzerdivision (Leclerc) und stärkere amerikanische Verbände sowie gegen die bewaffneten Einheiten des Widerstandes nicht zu halten. Entgegen seinen Befehlen brach Choltitz am 25. August den Widerstand ab. General de Gaulle feierte seinen Einzug. Inzwischen waren die Alliierten am 15. August auch noch in Südfrankreich gelandet. Bis zum Herbst war Frankreich fest in ihrer Hand.

De Gaulle kehrt zurück

▲ General von Choltitz unterzeichnet die Kapitulationsurkunde

◄ Französische Widerstandskämpfer bringen deutsche Gefangene ein

▼ General de Gaulle zieht in Paris ein

▲ Vichy-Polizei geht gegen kommunistische Streikende vor

▼ Französische Kommunisten verlangen die Freilassung Thälmanns

Widerstand und Maquis

Die deutsche Widerstandsbewegung gegen den Nationalsozialismus erreichte 1944 ihren Höhepunkt. Ihre Schlagkraft war aber entscheidend gehemmt, weil sich die Widerstandshaltung aus den unterschiedlichsten, ja einander widersprechenden Motiven speiste. Mutige Einzelaktionen, wie die der Geschwister Scholl in München, verdienten Achtung, doch machten sie der Geheimen Staatspolizei kaum zu schaffen. Die »Bekennende Kirche«, die von Martin Niemöller mitbegründet worden war, beschränkte sich auf die Propagierung passiven Widerstandes. Der »Kreisauer Kreis« um den Grafen Helmuth von Moltke, dem Christen, Sozialisten und Gewerkschaftler angehörten, erschöpfte sich im Diskutieren von Weltanschauungsfragen und Grundsatzprogrammen. Die Gruppe »Rote Kapelle« um Schulze-Boysen war wegen ihrer landesverräterischen Spionagetätigkeit für die Sowjetunion für die meisten anderen Widerstandsgruppen nicht koalitionsfähig und konnte von Abwehr, SD und Gestapo 1943 zerschlagen werden. Im Gegensatz zur »Roten Kapelle« vermied die wichtigste Gruppe des Widerstands, die Generalsfronde um Generaloberst Ludwig Beck und Carl Goerdeler, jede Feindbegünstigung. Sie wollte das Reich erhalten, wohl aber die nationalsozialistische Zwangsherrschaft beseitigen. Das schien über den blitzschnellen Staatsstreich der Militärs möglich. Unter dem Decknamen »Walküre« wurde er vorbereitet. Nach einigen gescheiterten Attentatsversuchen auf Hitler fand »Walküre« im Sommer 1943 in Oberstleutnant Graf Schenk von Stauffenberg den fähigen und zielstrebigen Organisator. Unter dem Eindruck der katastrophalen Lage an den Fronten wurde das Netz der Militäropposition dichter, die Notwendigkeit des Handelns immer zwingender. Erwin Rommel, der populärste aller Feldmarschälle, hatte sich unter einigen Auflagen den Verschwörern zur Verfügung gestellt. Wie ein schlechtes Vorzeichen mußte es erscheinen, daß er am 17. Juli durch eine schwere Verwundung ausschied. Aber die Zeit drängte. Am 20. Juli zündete Stauffenberg in der Lagebaracke des FHQ eine Zeitbombe und eilte nach Berlin zurück. Bei der Explosion, die Hitler hätte töten sollen, wurde dieser nur leicht verletzt, die weiteren Aktionen der Verschwörer in Berlin waren kopflos und zaghaft. Die Erhebung wurde niedergeschlagen, ihre Träger standrechtlich erschossen oder in Volksgerichtshofprozessen verurteilt. Die Hinrichtungen dauerten monatelang an.

▼ Graf von der Schulenburg vor Freislers Volksgerichtshof

▲ Flugblätter fordern zur Sabotage der Verkehrswege auf

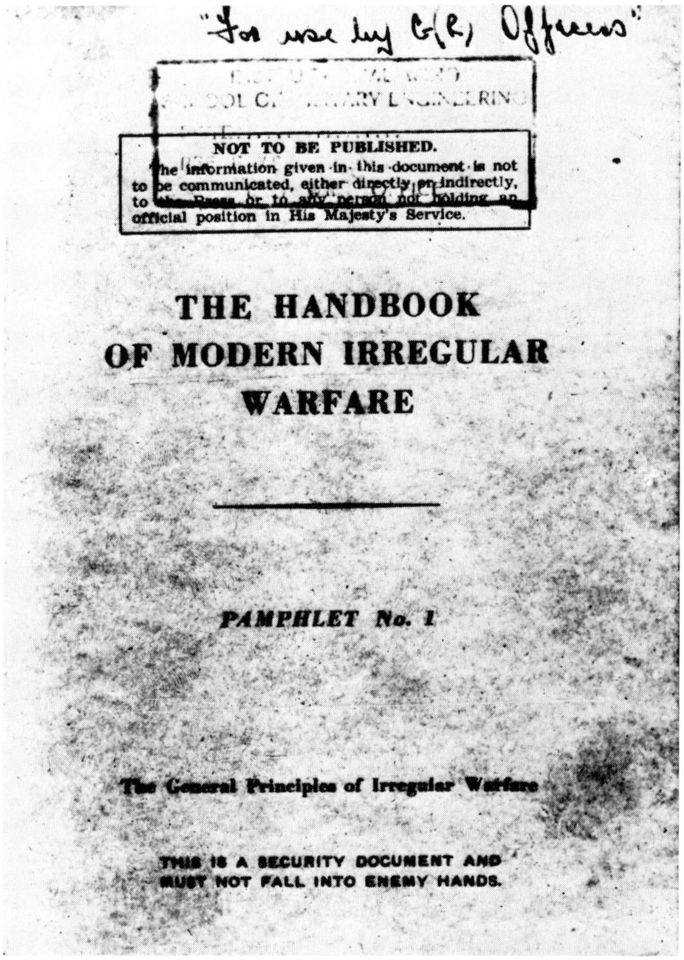
"For use by G(R) Officers"

NOT TO BE PUBLISHED.
The information given in this document is not to be communicated, either directly or indirectly, to the Press or to any person not holding an official position in His Majesty's Service.

THE HANDBOOK OF MODERN IRREGULAR WARFARE

PAMPHLET No. 1

The General Principles of Irregular Warfare

THIS IS A SECURITY DOCUMENT AND MUST NOT FALL INTO ENEMY HANDS.

▲ Ein britisches Handbuch des Partisanenkrieges

▼ Aus der Luft werden Widerstandsgruppen mit Material versorgt ►

Auch in den von der Wehrmacht besetzten übrigen Ländern Europas regte sich die Widerstandsbewegung. Eine erste Welle setzte nach dem Fall von Stalingrad ein, eine zweite unmittelbar bei der anglo-amerikanischen Invasion, wirkte teilweise mit ihr zusammen und erhielt durch ihr Gelingen neue Impulse

Die Tätigkeit der Widerstandsgruppen in Frankreich, Belgien und den Niederlanden erstreckte sich auf das Sammeln und Weiterleiten militärischen und politischen Nachrichtenmaterials, Fluchthilfe für die Piloten abgeschossener alliierter Flugzeuge, Sabotage an deutschen Nachschub- und Nachrichtensträngen und steigerte sich zu Mordanschlägen auf einzelne deutsche Soldaten und schwache Außenposten.

Die Gruppen wurden durch nächtliche Fallschirmabwürfe von Großbritannien aus großzügig mit Instrukteuren, Waffen, Sprengstoff und anderen Kampfmitteln, mit Nachrichtengeräten und Propagandamaterial versorgt. Aufgrund ihrer jahrzehntelangen praktischen Erfahrung setzten sich die Kommunisten immer mehr durch und spielten die liberal-bürgerlichen und sozialdemokratischen Kreise des Widerstandes völlig an die Wand, die Aktionen spitzten sie immer radikaler zu. Die deutschen Gegenmaßnahmen waren entsprechend hart und kaum geeignet, die Widerstandstätigkeit zu unterbinden.

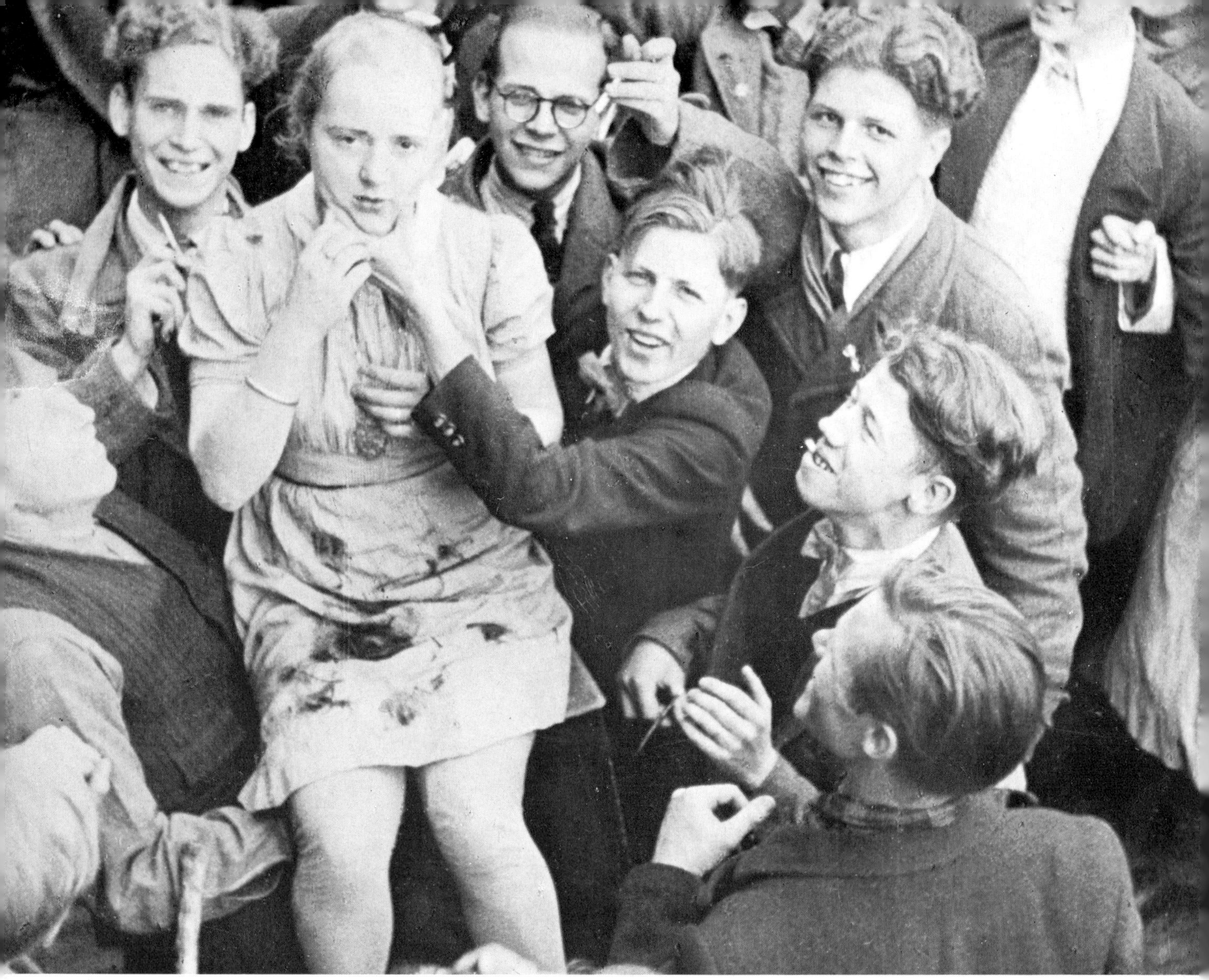

▲ Ausschreitungen gegen »Kollaborateure« Amsterdam 1944

Haß zeugt Haß

Nach der Befreiung der europäischen Länder von der deutschen Besetzung war zunächst ein politisches Vakuum entstanden, in dem sich die während des Krieges aufgestauten Haßgefühle zwischen den Kreisen des Widerstandes und denen der »Kollaboration« gewaltsam entluden. Heimgekehrte Ostfrontfreiwillige, ihre Angehörigen, ehemalige Mitarbeiter von Abwehr und Sicherheitsdienst, Mädchen, die sich mit Deutschen angefreundet hatten, Angehörige der früheren Zivilverwaltungen und überhaupt jedermann, der mit den Deutschen zusammengearbeitet hatte oder von dem man es behauptete, fiel der Verfolgung anheim. In den ersten Tagen und Wochen machten Rollkommandos des Widerstandes kurzen Prozeß, vom Janhagel nur zu gut unterstützt. Weithin erledigten Kommunisten ihre politischen Gegner, die keineswegs mit den Deutschen sympathisierten, wohl aber als gefährlich betrachtet wurden, gleich mit. Für Frankreich wird die Zahl der Opfer dieser Ausschreitungen und gezielten Liquidierungen auf etwa 100 000 geschätzt. So verständlich die Gefühle des Hasses und der Revanche den tatsächlichen oder angeblichen Kollaborateuren gegenüber auch sind - angesichts solcher Bilder müssen diese Racheaktionen zwiespältige Eindrücke erwecken.

▲ Ehemalige Ostfrontfreiwillige in einem belgischen Konzentrationslager ▼ Häufig landeten Kollaborateure in Käfigen des Antwerpener Zoos

▲ Zerstörte Brücken markieren die Rückzugsstraßen

▼ Sturmgeschütze mit aufgesessener Infanterie beim Gegenstoß

Noch einmal hält die Front

Ein abgeschossener sowjetischer Tank brennt aus

Nach der Katastrophe des Zusammenbruchs der Heeresgruppe Mitte war die Front überall weit nach Westen zurückgedrängt, die Sowjettruppen hatten Weichsel und Narew erreicht. Nachdem die 1. Baltische Front Ende Juli auch noch Tukkum genommen und damit die Rigaer Bucht erreicht hatte, war der Zusammenhang zwischen den Heeresgruppen Mitte und Nord zerschnitten, Generaloberst Schörners Armeen in Estland und Lettland zusammengedrängt und isoliert. Im Süden kamen deutsche und ungarische Verbände nur mühsam und unter schweren Verlusten zurück. Im Raum der HGr. Mitte stießen die Armeen Rokossowskis bereits auf Warschau vor. Am 29. Juli rief der Sender des »Verbandes Polnischer Patrioten« in Moskau die Bevölkerung von Warschau zum Aufstand gegen die Deutschen auf.

Während deutsche Verbände aus dem Weichselbrückenkopf ostwärts Warschau zum Gegenangriff auf ein vorgeprelltes sowjetisches Panzerkorps antraten und es in wenigen Tagen vernichteten, begann am 1. August der Warschauer Aufstand.

Vor Warschau werden Panzergräben ausgehoben

Bors Untergrundarmee

▲ Mauerparolen des polnischen Widerstandes

▼ Eine Einheit der »Armia Krajowa«

Die polnische Exilregierung in London hatte seit 1939 immer wieder ihr Festhalten an der Unabhängigkeit des Landes in den Grenzen vom August 1939 betont. Jede Aktion des polnischen Widerstandes mußte sich deswegen gegen zwei Feinde zugleich richten, gegen Deutschland und die Sowjetunion. Das Instrument für den geplanten Aufstand »Burza« (Gewitterwind) war neben einigen Partisanengruppen die etwa 450 000 Mann umfassende »Armia Krajowa« unter General Graf Tadeusz Komorowski, genannt »Bor«. Die meisten Angehörigen seiner Armee übten Zivilberufe aus und wurden nur von Fall zu Fall eingezogen und bewaffnet. Im Sommer 1944 sollte unter dem Eindruck des sowjetischen Vorrückens und vor allem, weil Stalin mit dem »Lubliner Komitee« sich eine ihm hörige Gegenregierung gebildet hatte, von der man annehmen mußte, daß sie – gestützt auf die sowjetische Militärmacht – das ganze Land bolschewisieren und Stalins Gebietserwerbungen im Osten anerkennen würde, die Erhebung abschnittsweise beginnen. Das polnische Oberkommando erteilte »Bor« den Kampfauftrag, die nach Westen abziehenden Deutschen in den Flanken abzuschneiden, die wichtigsten polnischen Städte noch vor dem Einmarsch der Sowjets der Exilregierung zu sichern. Mit Recht wurde von diesem Aufstand gesagt, er habe sich also »militärisch gegen die Deutschen, politisch aber gegen die Russen« gerichtet. Hier lag bereits die Wurzel der Warschauer Tragödie: Der Aufstand konnte nur gelingen, wenn die Sowjettruppen militärische Unterstützung leisteten. Sie unterblieb völlig, da es Stalin nur recht sein konnte, wenn seine politischen Gegner verbluteten. Wo Angehörige der »Armia Krajowa« in sowjetische Hände fielen, wurden sie meist erschossen.

Die Erhebung begann unter ungünstigen Vorzeichen. Nicht nur, daß die Sowjets mit Sicherheit nicht helfen würden, obwohl sie selbst zum Aufstand aufgerufen hatten; auch alle betroffenen deutschen Wehrmachts-, SS- und Polizeieinheiten waren von polnischer Seite gewarnt und trafen ihre Vorbereitungen. Der polnische Versuch, sich im Handstreich der Flugplätze, Weichselbrücken, öffentlichen Gebäude und deutschen Lager zu bemächtigen, scheiterte deswegen nahezu völlig unter blutigsten Verlusten. Nur das Prudential-Hochhaus und eines der Elektrizitätswerke brachten die Aufständischen in ihren Besitz, dazu einige kleinere deutsche Versorgungslager. Zahllose deutsche Gefangene wurden niedergemetzelt. Am 2. August hatte die Hälfte der polnischen Bataillone die Flucht in die Wälder außerhalb der Stadt angetreten, der Rest war eingeschlossen. Mit der Niederwerfung des Aufstands wurde SS-Obergruppenführer von dem Bach-Zelewski beauftragt. Ihm standen ein Sicherungsregiment, die russische SS-Sturmbrigade »RONA« unter Mieczyslaw Kaminsky, zwei aserbeidschanische Bataillone und ein Bewährungsregiment unter Dirlewanger zur Verfügung. Mit diesen Verbänden drang er am 5. August in die aufständischen Stadtteile ein. Wahllos wurden nun Tausende von Zivilisten erschossen. Bach-Zelewski befahl noch am Abend, die Massenexekutionen einzustellen, doch machten Dirlewangers Gewohnheitsverbrecher und Kaminskys ehemalige Sowjetsoldaten auf eigene Faust weiter. Hitlers Befehl, Warschau dem Erdboden gleichzumachen, wurde nicht befolgt, doch waren die Verwüstungen ohnehin schwer genug. Die letzten Aufständischen kapitulierten am 2. Oktober. Polens nationale Elite war fürchterlich dezimiert.

Hitler in Stalins Diensten

Soldaten der »Armia Krajowa« im Straßenkampf ►

Das völlig zerstörte Warschau, Ende 1944 ▼

▼ Angehörige einer Polizeidivision geleiten polnische Emissäre durch die deutschen Linien

▼ Der Aufstand ist zusammengebrochen, lange Kolonnen ziehen in Gefangenschaft

▲ Der Gegenstoß der 5. Panzerdivision erreicht Goldap

▼ Flakbatterien werden im Erdkampf zur Panzerbekämpfung eingesetzt

Deutschland wird Kampfgebiet

Opfer sowjetischer Ausschreitungen ►

Nachdem sowjetische Truppen der 1. Baltischen Front nördlich der Memel die deutsche Front durchstoßen und die Ostsee erreicht hatten, gab die HGr. Nord Riga auf und überführte die verbliebenen Truppen nach Kurland, das gegen mehrere sowjetische Offensiven bis zum Kriegsende gehalten werden konnte.
Ende Oktober drangen die Sowjets das erstemal mit der Eroberung des ostpreußischen Goldap auf das Reichsgebiet vor. Von der 5. Panzerdivision wurden sie im Gegenstoß geworfen. Ihren Soldaten zeigten sich apokalyptische Bilder unvorstellbarer Greuel, die sowjetische Einheiten, namentlich der 11. Gardedivision, verübt hatten. Frauen und Mädchen jeden Alters waren vergewaltigt und verstümmelt, Greise und Kinder ermordet, zersägt, an Tore genagelt, französische Kriegsgefangene und polnische Knechte erschlagen und entmannt. Solche Bilder waren nur die Vorahnung von dem, was später ganzen Provinzen geschehen konnte, und stärkten den Durchhaltewillen der Ostfront.

▲ Reste eines deutschen Weichselbrückenkopfes ▼ Auf Behelfsbrücken und mit Pontons überqueren die Russen die Weichsel ▼

Konjew will nach Berlin

Nur mühsam war die etwa 750 km lange deutsche Abwehrfront zwischen Ostpreußen und der Slowakei auf der Linie Memel–Kaschau stabilisiert, eng an Narew und Weichsel angelegt. Die Armeen der HGr. A (Harpe) und der HGr. Mitte (Reinhardt) waren noch von der sowjetischen Sommeroffensive geschwächt und verfügten überdies nur über schwache Reserven.
Dieser Front gegenüber stellten die Sowjets ab November 1944 stärkste Kräfte bereit, insgesamt 5 voll aufgefüllte Heeresgruppen und 4 Luftarmeen. Bald betrug das Kräfteverhältnis zugunsten der Sowjets 20:1 an Artillerie, 11:1 an Infanterie, 10:1 an Werfern und 7:1 an Panzern, ihre Luftüberlegenheit war kaum noch abzuschätzen. General Gehlen von der OKH-Abteilung »Fremde Heere/Ost« hatte ein völlig zutreffendes Feindlagebild gewonnen, Guderian forderte von Hitler vergebens die Rückführung der vorher abgezogenen Divisionen der operativen Reserve. Hitler nannte die sowjetischen Angriffsvorbereitungen »den größten Bluff seit Dschingis-Khan« und ließ nicht einmal kräftesparende Maßnahmen, die Harpe vorgeschlagen hatte, zu. Überdies hatten die Westalliierten in Anbetracht der deutschen Offensivstrategie im Westen Stalin um eine Vorverlegung des geplanten Angriffstermins ersucht.
Am 12. Januar 1945 brach der sowjetische Großangriff mit einem Vorstoß der 1. Ukrainischen Front (Konjew) mit sieben Armeen aus dem Weichselbrückenkopf bei Baranow los. Die schwache deutsche Abwehrfront der 4. Panzerarmee (Graeser) wurde rasch durchstoßen, Graeser verfügte am Abend kaum noch über einen einsatzfähigen Panzer. Am 15. Januar fiel der wichtige Stützpunkt Kielce, zwei Tage später Tschenstochau. Indessen hatte sich auch an den übrigen Frontabschnitten der Angriff entfaltet. Am 13. Januar brach der Sturm bei der 3. Weißrussischen Front (Tschernjachowski) vor Ostpreußen los, am Tag darauf stieß die 1. Weißrussische Front (Schukow) aus mehreren Weichselbrückenköpfen vor, trat die 2. Weißrussische Front (Rokossowski) über den Narew an. Der Frontzusammenhang hörte auf zu bestehen.

▼ Russisches MG-Nest in einer Warschauer Vorstadt

▲ Eine britische Fallschirmbrigade wird abgesetzt

▼ Unmittelbar im Kampfraum landen die britischen Gleiter

An den Plan der bisher größten Luftlandung der Geschichte mit drei Divisionen und einer Brigade und starkem Landeschutz im Raum Nimwegen-Arnheim verband das alliierte Oberkommando die Hoffnung, sich in den südlichen Niederlanden starke Brückenköpfe rechts des Rheins zu sichern, aus denen der Stoß in die Norddeutsche Tiefebene hätte erfolgen können. Am 17. September 1944 wurde der Verband mit über 1500 Transportmaschinen und Gleitern abgesetzt. Den deutschen Abwehrmaßnahmen, die sofort und energisch eingeleitet wurden, kam zustatten, daß sich bei Zutphen gerade 2 Divisionen des II. SS-Panzerkorps (Bittrich) zur Auffrischung befanden. In wenigen Tagen waren die 1. brit. Luftlandedivision und die 1. poln. Fallschirmbrigade aufgerieben. Die 2. brit. Armee trieb von der Front aus einen Korridor nach Nimwegen vor, so daß wenigstens die übrigen durch Luftlandungen gewonnenen Stellungen defensiv gehalten werden konnten. Das operative Ziel des Unternehmens wurde nicht erreicht, Arnheim wurde erst sieben Monate später wieder besetzt.

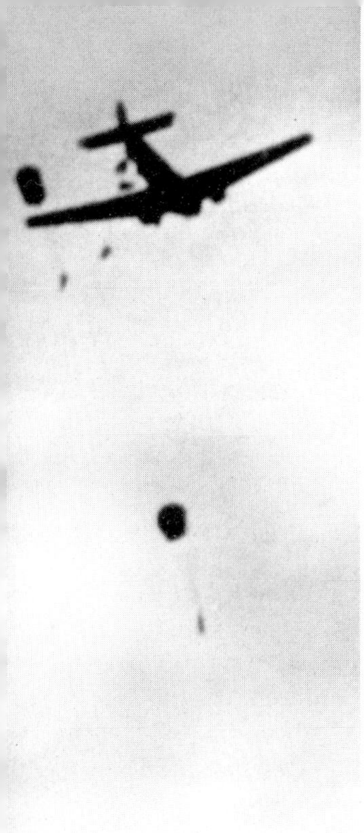

Gefangene Fallschirmjäger ►

Luftlandung bei Arnheim

▲ Tiger-Panzer in der Schnee-Eifel

Die Rundstedt-Offensive

Aus einem zeitweiligen Verharren der alliierten Angriffswucht schloß Hitler auf die Erschöpfung des Gegners im Westen und plante, während die ausgebluteten deutschen Fronten im Osten dringend Verstärkung erhofften, aus dem Eifelraum noch einmal offensiv zu werden. Jodl wurde mit einem Operationsentwurf beauftragt, der eine »große« Lösung, mit dem Ziel, in Wiederholung des Sichelschnitts von 1940 den für die Alliierten überaus wichtigen Nachschubhafen Antwerpen zurückzuerobern, und eine »kleine« Lösung vorsah, nach der zunächst wenigstens einmal bis zur Maas vorzustoßen war. Hitler entschied sich, entgegen der Meinung Rundstedts, der die Offensive führen sollte, für die »große« Lösung. Am 16. Dezember trat die HGr. B aus dem Raum zwischen dem Hohen Venn und Nordluxemburg zum Angriff an, aus der Luft nur schwach von kaum 1800 Maschinen des Luftwaffenkommandos West gesichert. Mit der 5. Panzerarmee (Manteuffel), der kampfkräftigen 6. SS-Panzerarmee (Dietrich) und der 7. Armee (Brandenberger) verfügte Rundstedt über 21 gut ausgestattete Divisionen, doch bereiteten die Treibstofflage und die bei gutem Flugwetter erdrückende alliierte Luftüberlegenheit schwere Sorgen.

Diversionsgruppen von Skorzenys Jagdverband »Friedenthal«, die hinter den feindlichen Linien aus der Luft abgesetzt wurden, schafften indessen durch Verkehrsumleitungen und Sabotage des Nachrichtennetzes beim Feind größte Verwirrung, Degrelles SS-Sturmbrigade »Wallonie«, der Tausende von prodeutschen belgischen Flüchtlingen zugeteilt waren, sollten der kämpfenden Truppe folgen und den Umsturz in Belgien herbeiführen.

▲ Zu Tausenden ziehen Amerikaner in Gefangenschaft

Kommandotruppen haben Pionierbrücken gesichert ►

Ein letzter Blitzkrieg?

Grenadiere stoßen an einem brennenden amerikanischen Fahrzeug vorbei

▲ Die letzte Zigarette vor dem Angriff ▼ Amerikanische Reserven stoppen den deutschen Vormarsch

▲ Den Amerikanern sind die Schwierigkeiten des Winterkrieges noch fremd

Eisenhower schlägt zurück

Schon nach wenigen Tagen zeigte sich, daß die deutschen Kräfte für die Wiederholung des »Blitzkrieges« keineswegs ausreichten. Zwar reagierte die alliierte Führung schwerfällig und unentschlossen, doch standen ihre zahlenmäßig zunächst schwächeren Verbände erstaunlich gut. Erst nach hartnäckigen Kämpfen wurde die 106. US-Infanteriedivision zur Kapitulation gezwungen, eroberte das 1. SS-Panzerkorps Stavelot, fiel St.-Vith in deutsche Hand und wurde Bastogne mit einer starken amerikanischen Kräftegruppe eingeschlossen. Teile der 5. Panzerarmee nahmen La Roche, 60 km von ihrer Ausgangsstellung entfernt, und stießen bis an die Osthänge der Maas bei Dinant vor. Dann aber begannen sich alliierte Gegenangriffe größten Stils auszuwirken, zerschlug bei guter Sicht die amerikanische Jabo-Waffe den deutschen Nachschub völlig. Um die Weihnachtstage blieben die Angriffsspitzen liegen, die Offensive war gescheitert.

Die alliierten Verluste waren schwer. Sie betrugen fast 75 000 Tote, Verwundete und Vermißte. Etwa gleich viel verloren aber auch die Deutschen, großenteils durch die Wirkung alliierter Luftangriffe. Weit schwerer wog jedoch, daß die letzten intakten und vollausgestatteten deutschen Panzergroßverbände über das erträgliche Maß hinaus angeschlagen waren. Ihre Kampfkraft fehlte entscheidend bei der Abwehr der sowjetischen Angriffe im Osten.

◄ Einzug in ein wiedererobertes belgisches Städtchen

▲ Das hartumkämpfte Tal der Rur glich einer Mondlandschaft

▼ Amerikanischer Hinweis an der deutschen Grenze: »Seid auf der Hut«

Deutschland wird Kriegsgebiet

Ein brennendes Eifeldorf

Nach dem Scheitern der deutschen Ardennenoffensive nutzte das alliierte Oberkommando unter Führung General Eisenhowers die Lage, zumal die deutschen Reserven seit Januar 1945 nur noch der schwer bedrohten deutschen Ostfront zugeführt wurden.
Aachen war als erste größere deutsche Stadt schon seit Ende 1944 in amerikanischer Hand. In einer großen Offensive sollten nun ab Mitte Februar 1945 das linksrheinische Gebiet völlig erobert, Brückenköpfe für den Rheinübergang gesichert und schließlich das Ruhrgebiet zangenförmig umfaßt und genommen werden. Anfang März war das westliche Rheinufer nördlich von Neuß mit Ausnahme des von der 1. Fallschirmarmee (Schlemm) gehaltenen Brückenkopfes bei Wesel in alliierter Hand, am 7. März fiel Köln. Der Rhein, die letzte natürliche Verteidigungslinie der deutschen Westfront, war auf breiter Front erreicht.

AUFRUF

an die

Offiziere und Mannschaften der Wehrmacht

Kameraden!

Der Führer hat einen Schlaganfall erlitten und liegt im Sterben. Der Reichsführer SS, Reichsminister Heinrich Himmler, hat den Engländern und Amerikanen bereits bedingungslose Übergabe angeboten.

Ihr seid vom Feind vollständig umzingelt und das schwerbewaffnete niederländische Heimatheer steht mitten unter Euch und kann jeden Augenblick zuschlagen.

UNTER DIESEN UMSTÄNDEN WÄRE JEDER WIDERSTAND VOLLSTÄNDIG NUTZLOS!

LEGT DIE WAFFEN NIEDER!

Beseitigt die Fanatiker, die dies verhindern wollen.

MACHT SCHLUSS, WIE WIR ES BEREITS GETAN HABEN!

Eure Kameraden,
die ihr Leben für ein neues Deutschland gerettet haben.

NIEDER MIT DEN KRIEGSVERLÄNGERERN!
HOCH DEUTSCHLAND!

◀ In Holland schaffen Aufrufe des Widerstandes Verwirrung ▼ Ein Alltagsbild 1945 ▲ Ganze Gemeinden zeigen die weiße Fahne

Während sich die Verteidiger des Reichsgebietes im Osten zumeist buchstäblich bis zur letzten Patrone schlugen, ließen Widerstandsgeist und Beharrungsvermögen der Front im Westen merklich nach. Immer größere Einheiten von Soldaten ergaben sich den vorrückenden alliierten Armeen. Ganze Gemeinden zeigten die weiße Fahne. Wenn auch Amerikaner und Briten keinen Zweifel über ihre Einstellung zu Deutschland und zum Nationalsozialismus im besonderen ließen, verhielten sich ihre Truppen gegenüber der Zivilbevölkerung doch größtenteils korrekt. Das erleichterte ihr Vorrücken.

▲ Die unzerstörte Remagener Eisenbahnbrücke

Während Bonn und Köln von der 1. amerikanischen Armee (Hodges) genommen wurden, wich die schwer angeschlagene deutsche Heeresgruppe B (Model) hinter den Rhein zurück, um in seinem Schutz eine neue Verteidigungsfront aufzubauen. Alle Brücken mit einer einzigen folgenschweren Ausnahme wurden gesprengt: Die Remagener Ludendorffbrücke war wohl zur Sprengung vorbereitet, doch wurde sie völlig überraschend von vorgeprellten Spitzen einer amerikanischen Panzerdivision erreicht, deren Pioniere die Sprengkabel unterbrechen konnten. So hatten die Amerikaner unverhofft einen Rheinübergang gewonnen, den sie nun mit allen Mitteln sicherten. Zwar wurde von deutscher Seite in mehreren Anläufen versucht, die Brücke noch aus der Luft zu zerstören, doch vergebens. Daß Hitler mehrere Offiziere, die für die Durchführung der Sprengung verantwortlich waren, aburteilen und erschießen ließ, zeigt an, welche Bedeutung er dem Verlust beimaß, änderte aber nichts daran, daß die Amerikaner einen ersten östlichen Rheinbrückenkopf besaßen.

Rheinübergang Remagen

Gefallener GI ►

▲ Die Teilnehmer der Jalta-Konferenz

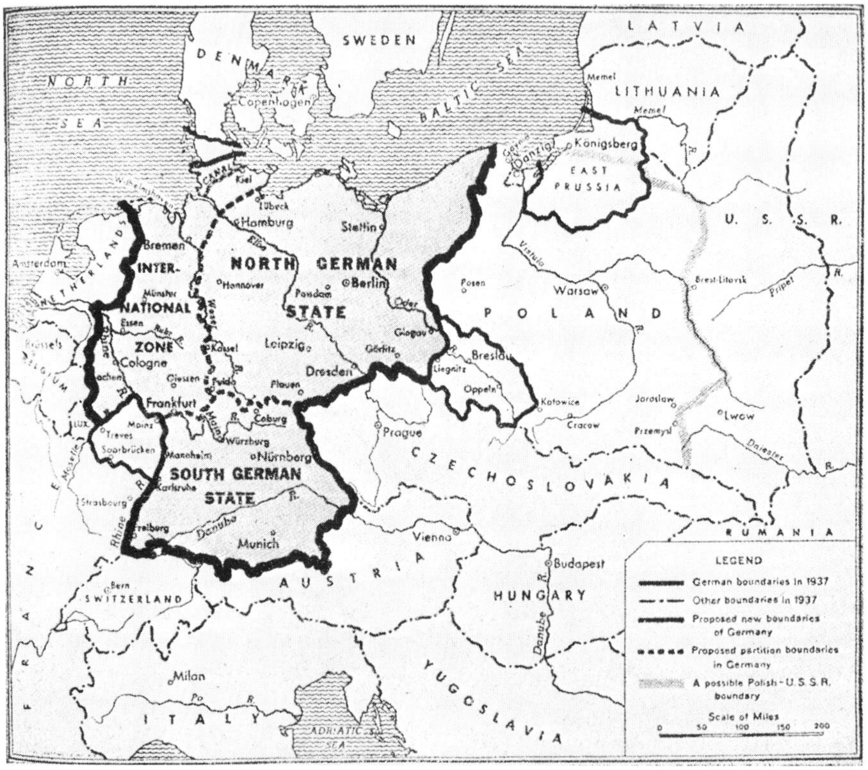

◄ Einer der vielen Zerstückelungspläne

▲ Teheran: Den Sowjets wird ein »Stalingrad-Schwert« überreicht

Roosevelt verspielt Europa

In einer Reihe von Konferenzen legten die Alliierten die Grundzüge einer gemeinsamen Politik gegen die Achsenmächte fest, koordinierten militärische Maßnahmen und grenzten ihre jeweiligen Kriegsziele, die sich keineswegs deckten, gegeneinander ab.
Die beiden wichtigsten dieser Konferenzen fanden vom 28. 11. bis 1. 12. 1943 in Teheran und vom 4. bis 12. 2. 1945 in Jalta statt. Das Hauptthema der Teheraner Konferenz zwischen Roosevelt, Churchill und Stalin war – neben der Unterrichtung Stalins über den Plan der alliierten Invasion in der Normandie – das Nachkriegsschicksal des Deutschen Reiches. Während Roosevelt fünf verschiedene deutsche Kleinstaaten vorschlug, regte Churchill die Schaffung eines preußischen und eines süddeutschen Staates einschließlich Österreichs an. Stalin drang mit seiner Forderung auf die Abtretung deutscher Gebiete durch, die Polen für den Verlust seiner Ostgebiete an die Sowjetunion entschädigen sollten. Churchills Bemühen war – vergeblich – darauf gerichtet, Stalins weitreichenden, auf Gebietserwerb und Ausbreitung des Kommunismus zielenden Forderungen zu begegnen. Er war der einzige, der protestierte, als Stalin einen Trinkspruch auf die Exekution von 50 000 deutschen Offizieren ausbrachte.
Endgültige Klarheit über das Schicksal, das die Alliierten Nachkriegsdeutschland zudachten, brachte erst die Jalta-Konferenz: Deutschland sollte zerstückelt und in vier Besatzungszonen aufgeteilt, diese selbst einem »Alliierten Kontrollrat« unterstellt werden. Polen sollte endgültig seine Ostgebiete verlieren, dafür die deutschen als Kompensation erhalten, deren Millionenbevölkerung man durch Austreibung westwärts zu verschieben gedachte.

Während sich in den Ardennen die letzte deutsche Offensive im Westen endgültig festlief, zeitigte eine am 8. Dezember begonnene sowjetische Großoffensive aus den Donaubrückenköpfen mit dem Ziel der Einschließung Budapests klare Erfolge. An Weihnachten 1944 war die Stadt, nachdem die Sowjets Gran erobert hatten, von allen Seiten eingeschlossen. Budapest wurde zur Festung erklärt, obwohl alle Voraussetzungen dazu fehlten, und von den 33000 Mann des IX. SS-Gebirgs-Korps (Pfeffer von Wildenbruch) und 37000 Ungarn des I. ungarischen Korps (Hindy) geschickt und tapfer, aber doch auf die Dauer erfolglos verteidigt. Mehrere deutsche Entsatzversuche, die aufgrund der Gesamtlage nur schwach angesetzt werden konnten, schlugen fehl. Anfang Februar drangen zwei sowjetische Korps und rumänische Kräfte in die Stadt ein, deutsch-ungarische Kampfgruppen konnten nur mehr schwachen Widerstand bieten; sie verfügten kaum noch über Munition, der Tagesverpflegungssatz betrug 150 Gramm Brot. Von einer Gruppe, die den Ausbruch wagte, erreichten nur 785 Mann die deutschen Linien. Der Rest wurde aufgerieben, Teile der beiden ungarischen Divisionen desertierten zu den Sowjets. Die Budapester Zivilbevölkerung hatte 20000 Tote.

Anfang März 1945 schlug eine letzte deutsche Offensive der von Westen herangeführten 6. SS-Panzerarmee (Dietrich) und der 6. Armee (Balck) nördlich des Plattensees fehl. Zurückgenommene und verkürzte Linien konnten dann noch einmal gehalten werden, bis Anfang April der sowjetische Stoß auf Wien sie endgültig zerriß.

▼ Rotarmisten bringen deutsche Gefangene ein

Budapest und die Schlacht am Plattensee

Ein sowjetischer Stoß zum Gran schließt Budapest ein ►

▼ Grenadiere ziehen durch eine Budapester Vorstadt zur Front

▼ Deutsche Entsatzvorstöße bleiben unter schwersten Verlusten liegen

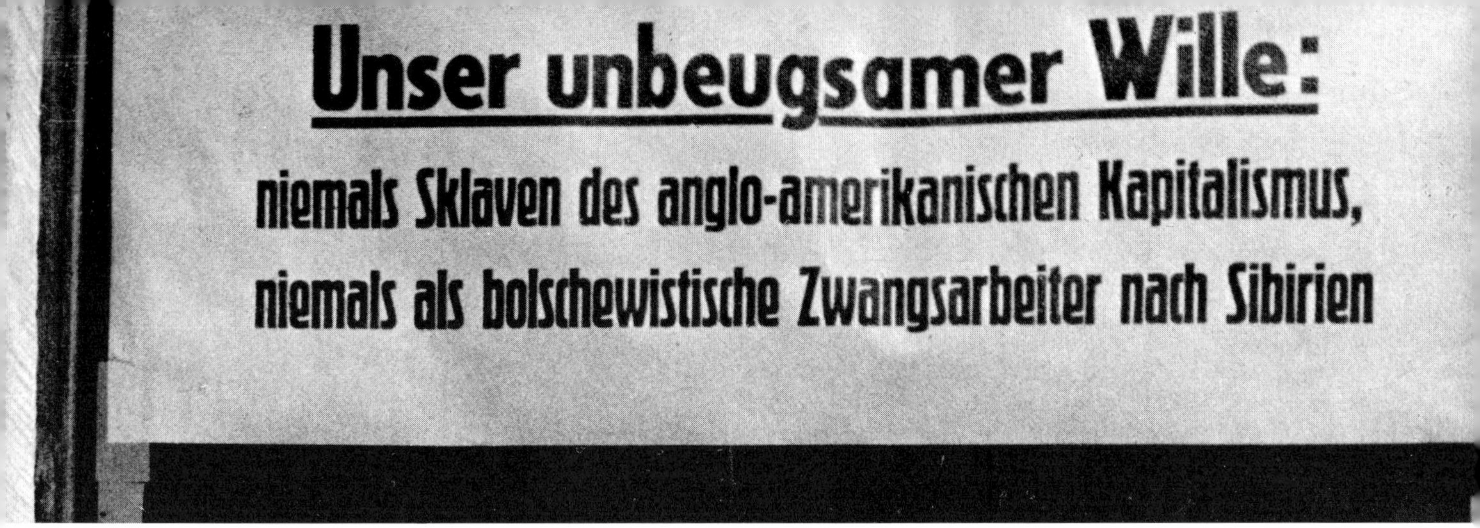

▼ Volkssturmleute werden in einen Graben eingewiesen

Die Ausrüstung des Volkssturms muß teilweise erst gesammelt werden ►

▼ Auch eine Flut von Parolen kann die Kampfkraft des »Volkssturms« nicht wesentlich stärken

Volkssturm – letztes Aufgebot

Unter dem Eindruck der schweren Menschenverluste an den Fronten und dem Ausgreifen des Krieges auf das Reichsgebiet ließ Hitler am 16. Oktober 1944 den Erlaß über die Bildung des »Deutschen Volkssturms« verkünden, der die Einberufung aller nur irgend wehrfähigen deutschen Männer von 16 bis 60 Jahren, ihre Ausbildung und Formierung zu »Volkssturm«-Bataillonen und den infanteriemäßigen Einsatz an den heimatnahen Fronten vorsah. Der geringe Kampfwert dieser Einheiten rechtfertigte in den seltensten Fällen ihren Einsatz. Teilweise wurden Volkssturmmänner, kaum ausgebildet, nur mit »Panzerfäusten«, Beutegewehren und fünf Schuß Munition in den Kampf geschickt. Es gelang in Deutschland nicht, wie vorher beispielsweise in Leningrad den Sowjets, die revolutionäre Volksarmee zum Kampf mit dem absoluten Feind aus dem Boden zu stampfen.

▲ Hitler bei einem Frontbesuch in Schlesien, März 1945

▲ Infanteristen sichern behelfsmäßig eine Brücke

Hitler glaubt an Wunder

▲ Sowjetische Panzer in Elbing

In den Monaten März und April schrumpfte der in Ostpreußen noch von deutschen Truppen gehaltene Restraum immer mehr zusammen. Die Truppen der 4. Armee (Müller) und der 2. Armee (Saucken) verloren unter den Angriffen der 2. und 3. Ukrainischen Front den operativen Zusammenhalt. Ende März ging Danzig verloren, die letzten überlebenden Verteidiger im Raum Heiligenbeil wurden über See in das Samland abtransportiert. Königsberg mußte am 9. April kapitulieren. Der Festungskommandant General Lasch wurde tags darauf auf Hitlers Veranlassung in Abwesenheit zum Tode verurteilt. Solcherart wollte Hitler die Front zum Halten bringen. Während er im Bunker der Reichskanzlei mit Armeen, Korps und Divisionen jonglierte, die nur noch Schatten ihrer selbst waren, leisteten die ausgebluteten Kampfgruppen das Möglichste, mußte aber fast überall unter schwersten Opfern an Toten und Verwundeten der sowjetischen Übermacht weichen. Am 25. April fiel Pillau, zogen sich die Reste der deutschen Truppen über die Frische Nehrung nach Westen zurück.

Männer als Kanonenfutter

Hitler und seine Vasallen erließen »Durchhaltebefehle«, verlangten den »Kampf bis zum letzten Mann«. Mit welcher Bitterkeit mögen Männer wie diese, denen die hoffnungslose Wirklichkeit bekannt, die todbringenden Phrasen ihres »Führers« vernommen haben, die sinnloses Sterben von Zehntausenden von Soldaten auf beiden Seiten zur Folge hatten?

Nur auf der Halbinsel Hela, in der Weichselniederung und in einem Teil der Frischen Nehrung konnten die etwa 150000 verbliebenen Soldaten des aus den Resten der 2. und 4. Armee gebildeten AOK Ostpreußen sich bis zum Tag der allgemeinen Kapitulation am 9. Mai 1945 halten. Die Verteidiger von Hela, das als Anlegeplatz für die Transporter der Marine eine große Rolle spielte, wurden von der schweren Schiffsartillerie der deutschen Kreuzer »Prinz Eugen« und »Leipzig« sowie des alten Linienschiffes »Schlesien« wirkungsvoll unterstützt. So konnten in den letzten Kriegstagen, vom 5. bis 9. Mai, von Zerstörern, Schnell -und Torpedobooten noch etwa 43000 Menschen evakuiert werden.
Auch im Baltikum hielten sich noch bis zum Kriegsende deutsche Truppen, zuletzt unter Generaloberst Hilpert. Seine »Heeresgruppe Kurland« verfügte noch über etwa 160000 Soldaten der Wehrmacht und 14000 lettische Freiwillige der Waffen-SS. Viel zu spät erst durfte dieses strategisch wertlos gewordene deutsche Reduit Kräfte an die deutsche Ostpreußenfront abgeben. Auch hier mißachtete Hitler sträflich den Grundsatz, daß, wer zuviel verteidigen will, am Ende gar nichts verteidigt.

Ostpreußen geht verloren

▼ Im Panzergraben erwarten Grenadiere den sowjetischen Angriff

▲ An der Küste des Samlandes entlang versuchen sich kleine Gruppen durchzuschlagen ▼ Das Schicksal der Nachhuten

▲ Über das Eis des Haffs ziehen endlose Flüchtlingstrecks ▼ Das ließen sowjetische Panzer von einem Flüchtlingstreck übrig

Befehl Nr. 2

Oels den 12. Februar 1945

Laut Befehl des Frontoberkommandos wird die gesamte männliche Bevölkerung deutscher Volks- oder Staatsangehörigkeit zum Arbeitsdienst mobilisiert.

Hierzu befehle ich:

1. Die gesamte männliche Bevölkerung — Deutsche und deutsche Staatsangehörige — im Alter von 17 bis 50 Jahren hat sich innerhalb 48 Stunden nach Veröffentlichung dieses Befehls bei der Einberufungsstelle In der Stadt Oels Palast Theater Ohlauer Straße. zwecks Registrierung und gleichzeitiger Absendung zur Arbeit zu melden.

2. Alle Mobilisierten haben außer ihren Personalausweisen folgende Gegenstände mitzubringen: vollständige Winterkleidung und Schuhzeug mindestens 2 Garnituren Unterwäsche, Bettzeug (Decke, Laken, Strohsack und Kopfkissen), persönliche Bedarfsartikel (Kochgeschirr, Eßbesteck usw.) sowie Verpflegung für mindestens 10—15 Tage.

3. Der Meldepflicht bei der Einberufungsstelle sind alle Deutschen und deutschen Staatsangehörigen männlichen Geschlechts der genannten Jahrgänge unterworfen.

Bei Nichtbefolgung dieses Befehls und nicht rechtzeitigem Erscheinen werden die Schuldigen zur Verantwortung gezogen und dem Kriegsgericht übergeben.

Der Ortskommandant.

▲ Sowjetischer Maueranschlag zur Erfassung deutscher Zwangsarbeiter

Der große Treck

Mit dem Zurückweichen der Ostfront brach über die deutsche Zivilbevölkerung die Katastrophe herein. Von verantwortungslosen Gauleitern zu lange zurückgehalten, konnte sie den Begleiterscheinungen des sowjetischen Einmarsches nur zum Teil entfliehen. Auf den Trecks kamen über 3 Millionen durch Hunger und Kälte um oder wurden von sowjetischen Panzern überrollt und zusammengeschossen. Aus dem sowjetischen Machtbereich wurden außerdem etwa 750 000 Zivilisten zu jahrelanger Zwangsarbeit deportiert.

▲ Einer der letzten Transporte über die Ostsee

Während zahllose Flüchtlingstrecks, die auf dem Landweg nach Westen zogen, unter den Bomben der sowjetischen Luftwaffe zugrunde gingen oder von durchgebrochenen Panzerkräften zusammengeschossen wurden, drängten sich Millionen in den Häfen und Anlegestellen des Haffs und des Samlandes zusammen, in der Hoffnung auf eine möglichst schnelle Evakuierung durch die Kriegsmarine. Großadmiral Dönitz hatte dafür die Fahrgastschiffe »Cap Arcona«, »Deutschland«, »Hamburg«, »Hansa«, »Potsdam«, »Pretoria«, »Robert Ley« und »Wilhelm Gustloff« aufgeboten, die jedes je Fahrt durchschnittlich zehntausend Menschen befördern konnten. Dazu kamen mehrere Kreuzer und Zerstörer, das Lazarettschiff »General Steuben« und zahlreiche Frachtdampfer und kleinere Einheiten. Aus Pillau, Küstrin und mehreren anderen Häfen, die von der Landseite von Heeresverbänden in aufopferndem Einsatz gehalten wurden, nahm die Marine die Flüchtlinge, dazu Verwundete und Nachhuten an Bord, um sie zu den Häfen der westlichen Ostsee, teilweise auch Dänemarks, in Sicherheit zu bringen. Zwar wurden einige wenige deutsche Schiffe von den Sowjets versenkt, wobei etwa 14000 Menschen ertranken, doch wurden von Ende Januar bis zum Kriegsende über 2200000 Menschen auf dem Seeweg vor dem sowjetischen Zugriff gerettet.

▲ Ostpreußische Flüchtlinge wurden im Hafen von Kopenhagen ausgeladen

Rettungstaten der Marine

Fahrzeuge, Hausrat und Vieh blieb an den Anlegestellen zurück ▶

▲ Vierlings-Flak am Rande der Festung Küstrin

Die wichtigsten deutschen Städte von der Ostsee bis nach Schlesien sollten als »Festungen« Haus für Haus verteidigt und bis zum letzten Mann gehalten werden. Trotz der schlechten Erfahrungen, die man bereits in Rußland mit der Taktik des Haltens um jeden Preis und der großspurigen Beförderung dazu gar nicht geeigneter Städte zu »Festungen« hatte sammeln müssen, verband Hitler mit seiner Weisung immer noch die Erwartung, die feindlichen Angriffe würden an diesen »Felsen in der Brandung« zerschellen, wenigstens so lange, bis seine Hoffnungen auf das Zerbrechen der west-östlichen Allianz sich erfüllten. Diese Spekulation war trügerisch: Die »Festung« Thorn fiel schon am 1. Februar, Posen am 1. März, Graudenz am 5. März, das von Deutschen und Franzosen verteidigte Kolberg am 18. März, Königsberg am 9. April. Um Breslau tobte ein elfwöchiger Straßen- und Häuserkampf, am 6. Mai mußte die Stadt kapitulieren. Die militärische Entscheidung an der Ostfront war längst gefallen, alles tapfere Aushalten der »Festungen« konnte nur noch verzögernd, nicht mehr entscheidend wirken, kostete aber Blut und fesselte zu viel deutsche Kräfte, die an Brennpunkten fehlten.

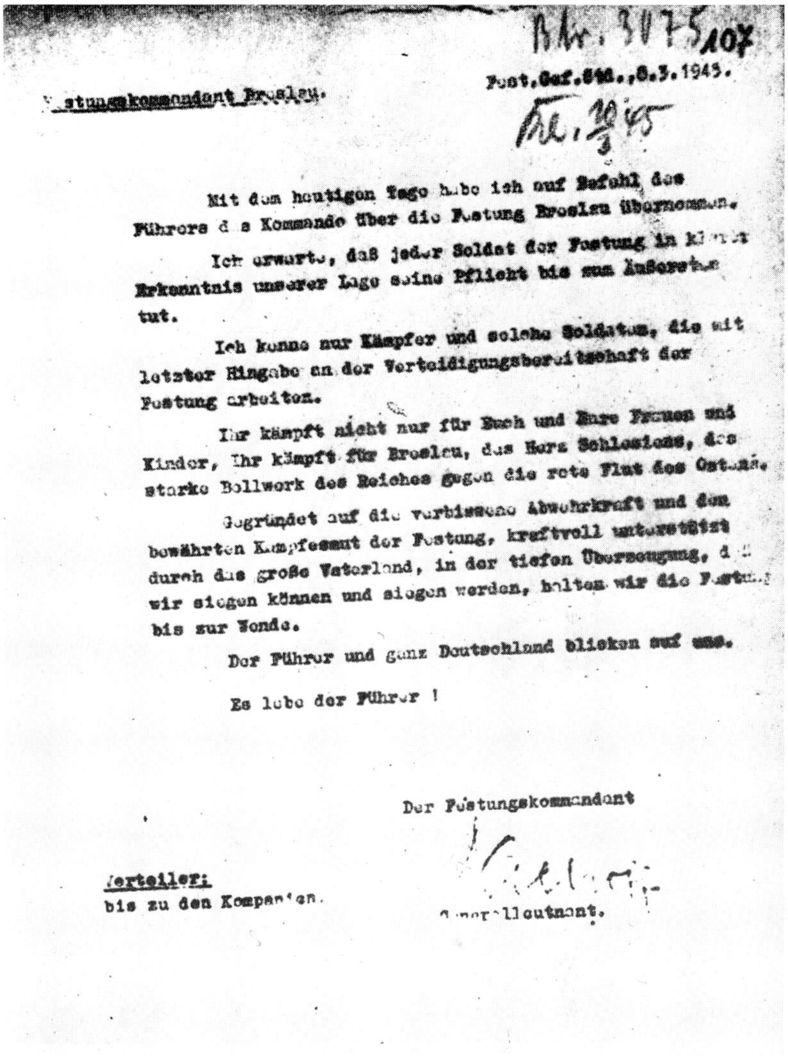

Blr. 3075 107

Festungskommandant Breslau.　　　　　　Post, Gef.Std., 8.3.1945.

Br. 12/3 45

Mit dem heutigen Tage habe ich auf Befehl des Führers das Kommando über die Festung Breslau übernommen.

Ich erwarte, daß jeder Soldat der Festung in klarer Erkenntnis unserer Lage seine Pflicht bis zum Äußersten tut.

Ich kenne nur Kämpfer und solche Soldaten, die mit letzter Hingabe an der Verteidigungsbereitschaft der Festung arbeiten.

Ihr kämpft nicht nur für Euch und Eure Frauen und Kinder, Ihr kämpft für Breslau, das Herz Schlesiens, das starke Bollwerk des Reiches gegen die rote Flut des Ostens.

Gegründet auf die verbissene Abwehrkraft und den bewährten Kampfesmut der Festung, kraftvoll unterstützt durch das große Vaterland, in der tiefen Überzeugung, daß wir siegen können und siegen werden, halten wir die Festung bis zur Wende.

Der Führer und ganz Deutschland blicken auf uns.

Es lebe der Führer !

Der Festungskommandant

Verteiler:
bis zu den Kompanien.

Generalleutnant.

▲ Kampfaufruf des Festungskommandanten von Breslau

Festungen und falsche Taktik

Anfangs wurden sogar Festungszeitungen gedruckt ▶

▲ Amerikanischer Vorstoß durch das Ruinengewirr Nürnbergs

Nachdem am 24. März 1945 auch die Briten bei Wesel den Übergang über den Rhein erzwungen hatten, begann der alliierte Vormarsch in das rechtsrheinische Deutschland auf breitester Front.
Südlich des Mains stießen Amerikaner und die 1. französische Armee durch Hessen vor und besetzten Ende März Frankfurt, Wiesbaden und Mannheim. Am 20. April, ausgerechnet an »Führers Geburtstag«, fiel nach tagelangen schweren Häuserkämpfen zwischen Amerikanern und einer Kampfgruppe unter Gauleiter Holz das völlig zerstörte Nürnberg.
In Frontmitte schlossen die Amerikaner die 21 Divisionen von Models Heeresgruppe im »Ruhrkessel« ein, der Mitte April abschnittweise kapitulieren mußte.
Indessen stießen die Briten in das Emsland und nach Westfalen vor und schnitten damit die in den Niederlanden stehenden deutschen Kräfte ab. Als »Festung Holland« konnte dieses Reduit bis zur allgemeinen Kapitulation gehalten werden, doch wurden dadurch ohne strategischen Nutzen starke deutsche Kräfte gefesselt.
Das Ziel des alliierten Oberbefehlshabers, General Eisenhower, war es, »auf der Linie Erfurt–Leipzig gegen die obere Elbe vorzugehen, und dort die Russen zu erwarten«, wie er Ende März Stalin mitteilen ließ.

▲ Riesige Gefangenenkolonnen werden zurückgebracht, amerikanische Kampftruppen gehen vor

Deutschland wird besetzt

Viele Häuser wurden bei den letzten Kämpfen zerstört, hier ein Dorf in Franken ►

Begegnung an der Elbe

▲ Bei Torgau an der Elbe begegnen sich Amerikaner und Sowjets

Während die Amerikaner die starken Kräfte der Heeresgruppe B im Ruhrkessel eingeschlossen hielten, stießen sie in zwei Keilen über Kassel und über Hameln-Braunschweig weiter zur Elbe vor. Magdeburg fiel am 18. April, Leipzig am Tag darauf.

Inzwischen waren auch die Sowjettruppen aus ihren Oderbrückenköpfen zum Angriff auf Berlin angetreten und mit Teilen westwärts bis zur Elbe aufgeschlossen.

Bei Torgau kam es am 25. April das erstemal zur Berührung sowjetischer mit amerikanischen Truppen. Einige Tage vorher hatten auch schon die Briten bei Lauenburg zur Elbe aufgeschlossen, den Strom überschritten und weite Teile Westmecklenburgs besetzt. Das von Montgomery gewünschte weitere Vorrücken in Richtung Berlin hatte Eisenhower untersagt. Vor allem aus koalitionspolitischen Erwägungen ließ er die Masse der angloamerikanischen Truppen an Elbe und Mulde verharren, vorgezogene Spitzen wurden aus Mecklenburg wieder zurückgenommen.

Inzwischen mußte eine deutsche Einheit nach der anderen kapitulieren. Naturgemäß zogen die Soldaten der Wehrmacht die westliche Gefangenschaft der sowjetischen vor. Hunderttausende brachten sich über die Elbe in Sicherheit, wurden jedoch später zum Teil wieder an die Sowjets ausgeliefert.

▲ Auf abenteuerliche Weise versuchen sich Landser über die Elbe in Sicherheit zu bringen ▼ Eine deutsche Einheit löst sich auf

▲ Rotarmisten stoßen durch ein niederösterreichisches Dorf vor

Im Verlauf der sowjetischen Offensive vom 22. März aus dem Raum nördlich des Plattensees wurden die deutschen Kräfte immer weiter auf die ungarische Westgrenze zurückgedrängt; um die Monatswende April–Mai zerriß die Front, beiderseits der Donau drängten die Sowjets nach Westen und eroberten nach schweren Kämpfen am 13. April Wien, um im Anschluß weiter westwärts über St. Pölten den Amerikanern entgegenzustoßen.
Diesen war nach dem Ende des deutschen Widerstandes in Bayern der Weg in die österreichischen Alpenländer frei, für deren Eroberung sie starke Kräfte bereitstellten. Das war auf die Fehlbeurteilung der Stärke einer von Hitler immer wieder lauthals gerühmten »Alpenfestung« zurückzuführen, die in Wirklichkeit als vorbereitetes Verteidigungsgebiet gar nicht existierte. Anfang Mai hatten die Amerikaner und Franzosen Vorarlberg und Tirol bis zum Brenner-Paß besetzt. Das Salzkammergut und Oberösterreich folgten.
Auch von Süden her drangen Briten nach dem Waffenstillstand in Italien nach Österreich ein und besetzten in zügigem Vorgehen die Steiermark und Kärnten. Der Anschluß von 1938 war annulliert.

▲ Deutsche Pak bei der Abwehr eines sowjetischen Angriffs

▲ Sowjetische Panzer passieren die ungarisch-österreichische Grenze

Die Rote Armee in Wien

▲ Starke sowjetische Streitkräfte schließen Berlin von allen Seiten ein

Berlin – die letzte Schlacht

▲ Sowjetische Panzerstellung an einer der Spreebrücken

◄ Nur leichtbeschädigte Panzer werden noch in Abwehrstellungen eingegraben

Die sowjetische April-Offensive aus den Oderbrückenköpfen schlug durch und trennte die deutsche Front an mehreren Stellen auf. Zwei Angriffskeile trafen sich am 25. April nordwestlich von Potsdam. Damit war Berlin von allen Seiten eingeschlossen. Ein schon Anfang März ausgearbeiteter Verteidigungsplan sah eine äußere Hauptkampflinie, den S-Bahn-Ring als zweite HKL und das Regierungsviertel als Kernraum der Verteidigung vor. Zur Besetzung dieser Linien standen zunächst nur 90000 Mann, davon zwei Drittel Volkssturm und Hitler-Jugend zur Verfügung. Sie wurden jedoch noch vor der Einschließung durch die von der zerbrochenen Oderfront herangeführten Reste von zwei Panzergrenadier- und einer Fallschirmjägerdivision, durch je eine französische und eine gemischte SS-Infanteriedivision und ein lettisches Infanterieregiment sowie mehrere Bataillone verstärkt. Hitler selbst hatte sich entschlossen, in Berlin das Ende abzuwarten. Immer noch setzte er seine Hoffnung auf den womöglich doch noch eintretenden Bruch der westlich-sowjetischen Allianz sowie auf einen Entsatzverstoß der 12. Armee unter Wenck. Nachdem am 30. April sowjetische Angriffsspitzen bis zum Regierungsviertel vorgestoßen waren, nahm sich Hitler durch einen Schuß in den Mund das Leben, nachdem er ein politisches und persönliches Testament verfaßt und tags vorher noch die Ehe mit seiner langjährigen Geliebten Eva Braun geschlossen hatte. Mit seinem Tod gab Hitler den Weg zur Beendigung des Krieges durch die bedingungslose Kapitulation frei. Zunächst kapitulierte am 2. Mai Berlin.

Das Ende in Prag
Krylenko gegen Schörner:

Aufgrund des zur Verteidigung besonders geeigneten Geländes und wegen des vergleichsweise noch hohen Kampfwertes der dort eingesetzten Großverbände der HGr. Mitte (Schörner) konnte der böhmische Raum noch bis Kriegsende gehalten werden, obwohl seine Flanken schon längst überflügelt waren. Am 5. Mai war es in Prag zu einem erfolgreichen Aufstand tschechischer Nationalisten gekommen, der von vielen Parallelen zum Warschauer Aufstand der »Heimatarmee« gekennzeichnet war. Zwei Tage später begann der konzentrische Angriff von 20 sowjetischen und verbündeten Armeen auf den böhmischen Rumpfraum. Die amerikanischen Truppen verharrten indessen am Sudetenrand und lieferten damit Böhmen und die meisten Soldaten der deutschen HGr. Mitte dem sowjetischen Zugriff aus.

▲ Eine deutsche Einheit wird von tschechischen Streitkräften entwaffnet ►

▲ Die Rote Armee marschiert in Prag ein

Bedingungslose Kapitulation

»Wir kapitulieren nie«, hatte Hitler dem deutschen Volk und wohl auch sich selber stets eingehämmert. Als er sich der Einsicht endlich nicht mehr verschließen konnte, daß der Kampf sinnlos geworden war, entzog er sich der Verantwortung – wie Wilhelm II. und Ludendorff 1918 – und beging am 30. April 1945 Selbstmord. Am 2. Mai kapitulierte Berlin. Die von Hitler eingesetzte geschäftsführende Reichsregierung unter Großadmiral Dönitz mußte die Gesamtkapitulation der deutschen Wehrmacht in der von den Alliierten einschließlich der Sowjets geforderten Form annehmen. Nachdem sie von Generaloberst Jodl in Reims am 7. Mai unterzeichnet war, wurde die Zeremonie im russischen Hauptquartier in Berlin-Karlshorst am Morgen des 9. Mai wiederholt.

Generalfeldmarschall Keitel unterzeichnet in Karlshorst die Kapitulationsurkunde

Die Stunde Null

[redacted] Gepäck. Ein Schlager dieser Zeit, die »Caprifischer«, wurde zum Nationallied als Symbol für die vielen Menschen, die an die See fuhren, um Heringe zu holen. Sie hatten alle nichts und mußten »doch die Kosten eines weltgeschichtlichen Verfahrens tragen«.

[redacted] Tote ein Zivilist. Das lag an den Vernichtungsaktionen durch den nationalsozialistischen Rassenfanatismus und der Barbarisierung der Kriegführung auf beiden Seiten, vor allem durch die Flächenbombenangriffe der Luftstreitkräfte.

Noch Jahre nach dem totalen Zusammenbruch des Dritten Reiches, der jedoch kein Ende des Krieges bedeutete, lebten rund drei Millionen Deutscher als Kriegsgefangene hinter Stacheldraht. Die Briten entließen ihre letzten POWs (Prisoners of War) erst im Frühjahr 1948. Die letzten großen Transporte deutscher Kriegsgefangener kehrten um die Jahreswende 1955/56 aus der UdSSR zurück, auf Grund der Vereinbarung, die Bundeskanzler Adenauer im September 1955 in Moskau mit der sowjetischen Regierung abgeschlossen hatte. 300000 Mann mußten lange in den belgischen Gruben arbeiten; 1,75 Millionen übergaben die USA nach 1945 Frankreich und Großbritannien zur Zwangsarbeit. Eine deutsche Opposition konnte nur schwach sein, hatte doch Hitler alliierte Gefangene, die zu Recht hatten fliehen wollen, erschießen und anglo-amerikanische Flieger lynchen lassen; wollte er doch sogar gegen Ende des Krieges aus der Genfer Konvention austreten. Groß war auch die Zahl der Funktionäre aus Partei, Staat und Verwaltung, die auf Jahre interniert wurden. Der von der Partei angekündigte Widerstand der Organisation »Werwolf«, den die Alliierten sehr fürchteten, blieb auf wenige Einzelaktionen beschränkt.

▲ Die Träger des nationalsozialistischen Reiches werden im »Automatic Arrest« interniert

[redacted]

▲ Die verhaftete Reichsregierung wird im Flugzeug nach Luxemburg gebracht

Die Führer des nationalsozialistischen Reiches hatten in der Verzweiflung über den Zusammenbruch ihres Machtgebäudes noch in letzter Stunde auf die Spaltung des Bündnisses zwischen dem Westen und der UdSSR gehofft, doch vergebens. Mancher Deutscher wurde in dieser Erwartung bestärkt durch die Tatsache, daß die westlichen Alliierten, insbesondere die Briten, der geschäftsführenden Reichsregierung unter Großadmiral Dönitz in Mürwick bei Flensburg eine Enklave beließen, in der sie noch wenige Wochen den Schein einer Regierungsautorität aufrechterhalten konnte. Aber schon am 23. Mai hieß es unter unwürdigen Umständen »Kofferpacken«. Im Flugzeug ging es nach Luxemburg in die Gefangenschaft der Alliierten. Was die Gegner für die Zukunft mit dem deutschen Volk vorhatten, handelten sie nach den verschiedenen Kriegskonferenzen auf der letzten gemeinsamen Konferenz in Potsdam aus, die im russischen Herrschaftsbereich vom 17. Juli bis 2. August stattfand. Die Westmächte sahen in Deutschland das Reich von 1937. Stalin gab das schließlich formell zu, ohne von den Fakten der Oder-Neiße-Linie und der Teilung des Reiches abzugehen. Die Vertreibung der Deutschen aus den Ostgebieten, aus Polen und der Tschechoslowakei wurde von der Konferenz gebilligt.

▲ Die Sieger bei einem Essen Rokossowskis während der Potsdamer Konferenz

[redacted]

Göring, Heß, Ribbentrop, Keitel, Kaltenbrunner (v. l. n. r.) beim Nürnberger Prozeß

Kriegsverbrecherprozesse

Der deutsche Demokrat M. A. Bonn, 1919 in den Untersuchungsausschuß der Nationalversammlung zur Frage der Verantwortlichkeit für Ausbruch und Führung des ersten Weltkrieges berufen, schrieb 1953 in seinen Erinnerungen: »Die Einführung von Methoden religiöser Erweckungsfeldzüge in die auswärtige Politik gefiel mir gar nicht. Die Seele einer Nation kann nicht dadurch gerettet werden, daß einige ihrer Vertreter ihre sündhafte Verworfenheit bekennen. Mein Interesse galt in erster Linie der Feststellung der politischen Verantwortlichkeit.« Die Alliierten verzichteten damals auch recht bald auf die Auslieferung und Verurteilung der von ihnen benannten Kriegsverbrecher.

Die Männer des deutschen Widerstandes forderten in den Jahren von 1933 bis 1945 die Aburteilung deutscher Verbrechen durch deutsche Gerichte.

Die wenigen Kriegsverbrecherprozesse vor dem Reichsgericht in Leipzig nach 1918 hatten wenig ergeben. Aus diesem Grunde und wegen der unverhältnismäßig bedeutenderen Größe deutscher Kriegsverbrechen im zweiten Weltkrieg bestanden die Alliierten auf der Aburteilung der Verantwortlichen vor einem alliierten Militärtribunal. Auch diese Prozesse in Nürnberg, die in den Jahren 1946 bis 1950 im Hauptkriegsverbrecherprozeß und in mehreren nachfolgenden Prozessen

Kriegsverbrecherprozesse auch in Japan: Die angeklagte japanische Generalität

[redacted]

Der Partner des nationalsozialistischen Reiches in Krieg und totalem Zusammenbruch, Japan, sollte dem Reich nur wenige Monate später folgen. Die Konferenz zu Potsdam hatte auch Japan zur bedingungslosen Kapitulation aufgefordert, die bald darauf erzwungen werden konnte. Bereits im September 1945 begannen die Verhaftungen, siegreichen Periode des Krieges, Tojo, und fünf Generale. Der moralische Eindruck auf das japanische Volk war wie in Deutschland gering. Doch retteten die Generale durch die Übernahme der vollen Verantwortung das Kaisertum und ermöglichten dessen Umwandlung in eine konstitutionelle Monarchie.

Demontage an Rhein und Ruhr

Am 5. Juni 1945 erließen die vier Militärbefehlshaber des besetzten Deutschland die sogenannten vier »Juni-Erklärungen«, deren wichtigster Passus die totale politische Kapitulation des deutschen Volkes deklarierte, eine Auffassung, der die Dönitz-Regierung bis zuletzt entschieden widersprochen hatte. Die Alliierten dagegen erklärten, da die deutschen Streitkräfte vollständig geschlagen seien und daher bedingungslos kapituliert hätten, sei Deutschland nicht mehr fähig, »sich dem Willen der siegreichen Mächte zu widersetzen. Dadurch ist die bedingungslose Kapitulation Deutschlands erfolgt, und Deutschland unterwirft sich allen Forderungen, die ihm jetzt oder später auferlegt werden«. Das Organ der Alliierten für diese Politik wurde der in Berlin dreimal im Monat tagende »Kontrollrat« der vier Militärbefehlshaber, der sich als eine außerordentlich schwerfällige Maschinerie erwies. Die Gegensätze der Westmächte zu den Sowjets führten dazu, daß er am 20. März 1948 das letztemal geschlossen tagte.

Die wichtigste Sorge der Alliierten in der ersten Zeit nach der deutschen Kapitulation war es, zu verhindern, daß Deutschland wieder in die Lage versetzt werde, einen dritten Weltkrieg zu beginnen (to prevent Germany from starting World War III). Die Gruppe bei den Siegermächten, die diese Sorge beherrschte, vertrat daher die Forderung nach einem harten Frieden. Dazu gehörte auch der Abbau der Industrieanlagen, die irgendwie zur Kriegsproduktion verwendet werden könnten. Diese Politik der Demontage in den Jahren 1945–1950 erschütterte das schwer angeschlagene deutsche Industriepotential noch weiter. Vor allem die Russen bestanden verständlicherweise auf realen Reparationen, aber auch die Konkurrenz westlicher Industriezweige spielte eine Rolle. Die Demontage führte zur tiefen Erbitterung der deutschen Arbeiterschaft gegenüber den Alliierten und beschwor die Gefahr einer nationalen Radikalisierung herauf, gab der deutschen Industrie nach ihrem Ende aber auch einen hervorragenden Start.

▲ Britisches Militär muß die Demontagearbeiter schützen

▲ Die deutsche Arbeiterschaft demonstriert leidenschaftlich gegen die »volksverräterischen Demonteure«

[redacted]

Aus unbelasteten Deutschen wird alliierte Hilfspolizei rekrutiert ►

▲ Aus dem Elbsand werden Kohlestücke ausgewaschen

▲ Überall fehlen die Männer, Trümmerfrauen beim Aufräumen

▲ Ein Sack Kohle war damals ein Reichtum

◀ Nicht gewollt, aber doch: »Fraternisation«

So lebte man damals

Als die alliierten Truppen im Westen die Grenze Deutschlands erstmals überschritten, erklärte deren Oberbefehlshaber, General Eisenhower: »Wir kommen als Sieger, aber nicht als Unterdrücker.« Gewiß [redacted] heiten kamen hinzu, um das Elend voll zu machen. Einsichtige Ausländer wie Viktor Gollancz und Lord Beveridge rieten ihren Regierungen dazu, das Chaos in Deutschland zu beenden, denn: »Elend zeugt Haß«.

Konfrontation mit der Wahrheit

Ehemalige Aufseherinnen im KZ Bergen-Belsen bestatten Leichen ►

Während das russische Volk durch den Überfall der Deutschen auf sein Land und das unmenschliche Verhalten der Angreifer ein klares Kriegsziel besaß, mußten die Staatsmänner des Westens immer wieder den Kreuzzugsgedanken beschwören, um ihren Völkern den Sinn der Strapazen zu verdeutlichen, wie Premierminister Chamberlain bereits am 3. September 1939 erklärt hatte: »Es ist etwas Böses, wogegen wir kämpfen werden.« Dieses schlechthin Böse sah man im Nationalsozialismus, in seiner Ideenlehre und seiner Realität, die beide bekämpft und vernichtet werden mußten. Als daher der militärische Sieg die Realität des Dritten Reiches beendet hatte, hielt man es nun für erforderlich, im deutschen Volk auch den letzten etwa noch vorhandenen Rest der nationalsozialistischen Ideenwelt zu tilgen. Verstärkt wurde diese Einstellung zu einem fast missionarischen Eifer, als man 1945 bei der Besetzung des Reichsgebietes mit der Hölle der Konzentrationslager unmittelbar konfrontiert wurde. Was das deutsche Volk betraf, dessen Mehrheit behauptete, von den KZs vorher niemals etwas gewußt oder gar gesehen zu haben, so sollte es durch den Schock der Gegenüberstellung ein für allemal von dem Glauben an das Edle im Nationalsozialismus geheilt werden. Auch in den Gefangenenlagern wurde sehr viel für diese »Umerziehung« getan, wobei die politische Einstufung der Kriegsgefangenen parallel lief. Dem entsprach in der Heimat die Einteilung der ehemaligen Nationalsozialisten in fünf Kategorien, vom Hauptschuldigen über weniger Belastete und Mitläufer zu den Unbelasteten. Da es 1945 etwa acht Millionen Angehörige der NSDAP und ihr angeschlossener Organisationen gegeben hatte, mußte diese politische Beurteilung viel Zeit und einen gewaltigen Apparat, vom Alliierten Militärtribunal über die Spruchgerichte bis zu den Hunderten von Spruchkammern, erfordern. Ein komplizierter Fragebogen, der am Ende bei den Amerikanern 133 Fragen umfaßte und der durch den Roman von Ernst von Salomon in die Literatur einging, sollte jeden Fall klären. 1955 wurde diese Entnazifizierung durch die Bundesregierung abgeschlossen, ohne voll den angestrebten Erfolg erzielt zu haben.

Die nächsten drei Bilder zeigen, wie der Bevölkerung von Burgsteinfurt Filme über die schreckliche Wahrheit vorgeführt werden ►

▲ Eine Frau, die sich anscheinend nicht beeindruckt zeigte, wird in die nächste Vorstellung zurückgeschickt

Österreich: Von der Ostmark zur 2. Republik

▲ Die »Vier im Jeep«

▼ Wahlpropaganda, November 1945

Während die Amerikaner bereits bis über den Inn vorgestoßen waren, bei St. Pölten noch schwere deutsch-sowjetische Kämpfe tobten und fast zwei Millionen landfremde Personen sich in Österreich aufhielten, gelang es Dr. Karl Renner, dem Staatsgründer auch der Ersten Republik, eine provisorische Staatsregierung in Wien aufzustellen. Sie wurde nach der endgültigen Besetzung des Landes von den vier Alliierten und den Bundesländern anerkannt. Obwohl das Land dann wie Deutschland in vier Zonen eingeteilt wurde und Wien eine Viermächteverwaltung erhielt – bekannt geworden durch die Filme »Der dritte Mann« und »Vier in einem Jeep« –, gelang es Österreich doch von Anfang an im Gegensatz zu Deutschland, die staatliche Einheit zu erhalten. Die Teilung blieb ihm erspart, womit es von vornherein einen besseren Start für die später zu gewinnende politische Selbständigkeit hatte, obwohl das wirtschaftliche Elend womöglich noch größer war als in Deutschland. Die ersten Wahlen vom November 1945 erbrachten fast die Parität zwischen den Bürgerlichen, der Österreichischen Volkspartei (ÖVP) und der Sozialistischen Partei (SPÖ).

Die große Koalition und das innenpolitische System des Proporz sollten auf lange Zeit Österreich beherrschen, in Erinnerung an die blutigen Zusammenstöße vor dem Anschluß, die das Eindringen des Nationalsozialismus erst ermöglicht hatten.

Dr. Renner, 1945 ►

[redacted]

▲ Das durch konventionelle Bombenangriffe völlig verwüstete Tokio

◄ Atombomben zwingen die Japaner zur bedingungslosen Kapitulation

[redacted] bombe auf eine Vorstadt von Nagasaki folgte, sowie der völlig unerwartete Kriegseintritt der UdSSR zwangen endlich auch die Kriegspartei in Japan, nachzugeben und den Krieg mit der bedingungslosen Kapitulation zu beenden. Am Mittag des 15. August hielt der Kaiser

[redacted] Japans und sein Weg zur Demokratie.

Zum Bild auf der nächsten Doppelseite: Amerikanische Machtdemonstration im Hafen von Tokio ►

Ein neuer Anfang: Start ins »Wirtschaftswunder«

Am 20. Juni 1948 wurde in den drei westlichen Zonen Deutschlands die Währungsreform durchgeführt und alle Zahlungsmittel, Spareinlagen und mit Geld verbundenen Verträge wie Versicherungen auf ein Zehntel ihres bisherigen Wertes herabgesetzt. Am 23. Juni folgte die russisch besetzte Zone, erst danach ließen die Alliierten auch in West-Berlin die Westmark einführen. Das führte zu scharfen Reaktionen der Russen und zu dem ersten schweren west-östlichen Konflikt um Berlin. Unmittelbar veranlaßt wurde dieser ökonomisch unbedingt notwendige Schritt der Westmächte durch den ergebnislosen Verlauf der beiden Außenministerkonferenzen über den Frieden mit Deutschland 1947 in Moskau und London. Hinzu kam der Abbruch der im Januar 1948 begonnenen Kontrollratsgespräche über eine gemeinsame Währungsreform. Es hatte sich gezeigt, daß die UdSSR an einer Viermächte-Lösung der deutschen Frage uninteressiert war [redacted] schaft«. Die Bankrotterklärung vom Juni 1948 ermöglichte den wirtschaftlichen Aufstieg der ein Jahr später begründeten Bundesrepublik. Zugleich wurde damit die deutsche Teilung befestigt. Sie war eine der entscheidenden Folgen des zweiten Weltkrieges. Auch sein Ende barg – wie das des ersten – in sich die Ursache zu neuen Konflikten...

Die verlorene Kunst, Frieden zu schließen:

Neue Konflikte aus ungelösten Gegensätzen

Die Epoche des Kolonialismus endet:

Asien und Afrika werden mündig

Jeder will den Frieden:

Keiner traut dem anderen

China wird Atommacht:

Das Ende des nuklearen Gleichgewichts?

Chronik des 2. Weltkrieges

Dr. Ernst Schraepler

1939

1. September: Um 4.45 Uhr beginnt ohne Kriegserklärung der deutsche Angriff auf Polen. Die Luftflotte 1 (Kesselring, 1500 Maschinen) vernichtet den überwiegenden Teil der polnischen Luftwaffe. Die Freie Stadt Danzig wird in das Deutsche Reich eingegliedert. – Die englische und französische Regierung fordern von Deutschland den Rückzug der Truppen vom polnischen Gebiet

2. September: Deutscher Vormarsch. Besetzung des Jablunkapasses. Einheiten der 10. Armee (v. Reichenau) erreichen die Warthe nördlich Tschenstochau. Vergeblicher Vermittlungsversuch Mussolinis, eine Konferenz zur Lösung des deutsch-polnischen Konflikts einzuberufen

3. September: England und Frankreich erklären Deutschland den Krieg. Australien, Neuseeland und Indien schließen sich an. – Die deutsche Seekriegsführung beginnt mit dem U-Boot-Handelskrieg (17 U-Boote)

4. September: Die Verbindung zwischen der aus Ostpreußen vorrückenden 3. Armee (v. Küchler) und der von Pommern aus operierenden 4. Armee (v. Kluge) und damit die Landverbindung zwischen Ostpreußen und dem Reich wird hergestellt. Deutsche Truppen erreichen Kulm. Kämpfe in der Tucheler Heide

5. September: Eroberung der Festungen Graudenz und Mlawa. Der polnische Oberkommandierende, Marschall Rydz-Smigly, befiehlt den Rückzug seiner angeschlagenen Verbände hinter die Weichsel. – Erster englischer Luftangriff auf Cuxhaven und Wilhelmshaven. – Die Slowakei tritt in den Krieg gegen Polen ein. Die Vereinigten Staaten von Amerika erklären ihre Neutralität

6. September: Das polnische Industriegebiet Oberschlesiens völlig in deutscher Hand. – Beginn französischer begrenzter Vorstöße im Raum von Saarbrücken. – Kriegserklärung der Südafrikanischen Union an Deutschland

7. September: Deutsche motorisierte Truppen erreichen den Narew. Die 14. Armee (List) stößt aus der Slowakei heraus nach Westgalizien vor. Krakau wird kampflos übergeben. Ein Stoßkeil der 10. Armee (v. Reichenau) drängt auf Warschau zu

8. September: Die polnische Besatzung der Westerplatte in Danzig kapituliert. Teile eines deutschen Panzerkorps greifen die südwestlichen Vorstädte Warschaus an, werden aber abgewiesen. Die polnische Regierung verläßt Warschau und geht nach Lublin. Beginn der Kesselschlacht von Radom

9. September: Verfolgung der geschlagenen polnischen Armeen und erfolgreiche deutsche Umzingelungsversuche, um ihnen den Rückzug hinter die Weichsel zu verlegen. Einnahme von Lodz und Radom

10. September: Ausbruchsversuche der eingeschlossenen polnischen Posen-Armee (Bortnowski). Deutscher Panzerdurchbruch zwischen Sandomierz und Kutno bis an die Weichsel. – Kanada erklärt Deutschland den Krieg

12. September: Beginn der Kämpfe im Weichsel-Bogen (Schlacht bei Kutno)

13. September: Beendigung der Kesselschlacht bei Radom (60000 Gefangene)

15. September: Gdingen in deutscher Hand. Polnische Durchbruchversuche bei Kutno abgeschlagen

17. September: Eroberung Kutnos. Brest-Litowsk in deutscher Hand. Einbruch sowjetischer Heeresgruppen in Ostpolen ohne Kriegserklärung. Die polnische Regierung tritt nach Rumänien über und wird dort interniert

18. September: Versenkung des britischen Flugzeugträgers »Courageous« durch U 29 (Schuhart)

19. September: Ende der Schlacht an der Bzura (Weichselbogen). Die polnischen Truppen strecken die Waffen (170000 Mann)

20. September: Beginn der Zurücknahme deutscher Truppen hinter die mit dem sowjetischen Oberkommando vereinbarte Demarkationslinie

21. September: Die Reste der polnischen Südarmee kapitulieren bei Zamosz und Tomaszow (60000 Gefangene)

22. September: Kapitulation der gegen die sowjetischen Truppen kämpfenden polnischen Armee (Langner) bei Lemberg (217000 Gefangene)

27. September: Kapitulation Warschaus mit 120000 Mann

28. September: Deutsch-sowjetischer Freundschaftsvertrag zur Neuordnung des polnischen Raumes. – Die Sowjetregierung erlangt durch einen erzwungenen »Beistandspakt« militärische Stützpunkte in Estland

29. September: Übergabe der Festung Modlin (35000 Mann)

30. September: Bildung einer polnischen Exilregierung in Frankreich unter General Sikorski

1. Oktober: Einzug der deutschen Truppen in Warschau. – Übergabe des polnischen Flottenstützpunktes Hela (4000 Mann)

5. Oktober: Die Sowjetunion erlangt durch einen »Beistandspakt« militärische Stützpunkte in Lettland

6. Oktober: Waffenstreckung der letzten regulären polnischen Truppen bei Kock und Lublin (17000 Mann). – »Friedensangebot« Hitlers an die Westmächte

10. Oktober: Ein »Beistandspakt« mit Litauen räumt der Sowjetunion militärische Stützpunkte ein

11. Oktober: Beginn sowjetisch-finnischer Verhandlungen um Luftstützpunkte

14. Oktober: Versenkung des britischen Schlachtschiffes »Royal Oak« in Scapa Flow durch U 47 (Prien)

16. Oktober: Die Franzosen räumen das von ihnen besetzte Gebiet im Vorfeld des Westwalls

20. Oktober: Die Türkei schließt mit England und Frankreich einen Beistandspakt ab

7. November: Ein Friedensvermittlungsangebot des Königs der Belgier und der Königin der Niederlande wird von den kriegführenden Mächten abgelehnt

8. November: Attentat auf Hitler im Münchener Bürgerbräukeller

13. November: Vermittlungsangebot König Carols von Rumänien

23. November: Hitler erklärt den Wehrmachtsbefehlshabern, daß er unter Verletzung der belgischen und holländischen Neutralität Frankreich angreifen werde

30. November: Nach Abbruch der diplomatischen Beziehungen durch die UdSSR rücken Sowjettruppen ohne Kriegserklärung in Finnland ein

13. Dezember: Seegefecht zwischen dem deutschen Panzerschiff »Admiral Graf Spee« und drei englischen Kreuzern im Südatlantik. Das Panzerschiff wird, schwer beschädigt, am 17. Dezember von der Besatzung versenkt

14. Dezember: Die Sowjetunion wird wegen des Angriffs auf Finnland aus dem Völkerbund ausgeschlossen. Die finnischen Streitkräfte verteidigen sich erfolgreich zwei Monate lang. – Vom September bis Dezember 1939 versenkten deutsche U-Boote rund 690000 BRT

1940

11. Februar: Deutsch-sowjetisches Wirtschaftsabkommen. Die finnischen Truppen werden nach verlustreichen Kämpfen auf die sogenannte Mannerheim-Linie zurückgedrängt

16. Februar: Ein englischer Zerstörer bringt das deutsche Transportschiff »Altmark« in einem norwegischen Küstenfjord auf

1. März: Sondierungsgespräche für eine Friedensvermittlung des amerikanischen Unterstaatssekretärs Sumner Welles in Berlin

12. März: Unterzeichnung des sowjetisch-finnischen Friedensvertrages in Moskau. Finnland tritt Gebietsteile in Karelien mit Wiborg ab und muß Hangö »verpachten«

18. März: Mussolini erklärt bei einem Zusammentreffen mit Hitler am Brenner seine Bereitschaft, in den Krieg einzutreten

20. März: Rücktritt des Kabinetts Daladier in Paris. Nachfolger Paul Reynaud

28. März: Der alliierte Kriegsrat in London beschließt, Stützpunkte in Norwegen zu errichten

7. April: Auslaufen deutscher Kriegs- und Transportschiffe zur Operation »Weserübung« (Besetzung Norwegens)

8. April: Britische Zerstörer verminen die Gewässer vor der norwegischen Küste zur Vorbereitung eines Landungsunternehmens

9. April: Deutsche Truppen besetzen kampflos Dänemark und landen in Norwegen bei Oslo, Kristiansand, Stavanger, Bergen, Drontheim und Narvik. – Der deutsche Schwere Kreuzer »Blücher« sowie der Leichte Kreuzer »Karlsruhe« und am nächsten Tage der Leichte Kreuzer »Königsberg« werden versenkt

13. April: Vernichtung der deutschen Zerstörerflottille (10 Zerstörer) durch britische Seestreitkräfte vor Narvik

14. April: Britisch-französisch-polnische Einheiten landen in Harstadt auf den Narvik nördlich vorgelagerten Lofoteninseln. Eine zweite Landung erfolgt bei Namsos nördlich von Drontheim

18. April: Weitere alliierte Landungen bei Andalsnes südlich Drontheim

21. April: Deutsche Truppen stellen die Landverbindung von Oslo über Kristiansand mit Stavanger her

28. April: Die alliierten Truppen räumen Namsos (bis 3. Mai 1940 abgeschlossen)

30. April: Die Alliierten räumen Andalsnes. Deutsche Truppen stellen die Landverbindung Oslo–Drontheim her

1. Mai: Kapitulation norwegischer Streitkräfte bei Drontheim

5. Mai: Der norwegische König Haakon und seine Minister bilden in London eine Exilregierung

10. Mai: Beginn des deutschen Angriffs im Westen um 5.35 Uhr (Fall »Gelb«). Luftlandungen in der »Festung Holland« bei Rotterdam und an der Brücke von Moerdijk. Vernichtung der holländischen Luftwaffe. Die Maas und der Albert-Kanal werden überschritten. – Landung britischer Truppen auf Island

11. Mai: Luxemburg in deutscher Hand. – Durchbruch durch die Grebbelinie in Holland. Deutsche Fallschirmjäger erobern die Zentralstellung Lüttichs, Fort Eben-Emael. – Die französisch-englische Heeresgruppe 1 (Billotte) stößt im Gegenzug nach Belgien und Südholland vor. – Britische Einheiten besetzen die holländischen Inseln Curaçao und Aruba vor der südamerikanischen Küste

13. Mai: Lüttich kapituliert. Entscheidender deutscher Durchbruch an der Maas zwischen Dinant und Sedan. – Die holländische Königsfamilie und die Regierung lassen sich in London nieder. – In Norwegen treten die alliierten Truppen zum Angriff auf Narvik an

14. Mai: Deutscher Luftangriff auf Rotterdam während der Kapitulationsverhandlungen

15. Mai: Kapitulation der niederländischen Streitkräfte (Winkelman). – Deutsche Truppen überqueren die Maas zwischen Namur und Givet

16. Mai: Deutscher Durchbruch durch die Dyle-Stellung in West-Belgien. – Beginn der englischen strategischen Luftoffensive gegen Deutschland

17. Mai: Deutsche Truppen erreichen die Oise bei St. Quentin. – Einmarsch in Brüssel. – Umbildung der französischen Regierung. Marschall Pétain wird stellvertretender Ministerpräsident

18. Mai: Die Gebiete von Eupen, Malmedy und Moresnet werden dem Deutschen Reich eingegliedert. Ein Reichskommissar für die Niederlande ernannt (Seyß-Inquart). Antwerpen besetzt. – Die in Norwegen nach Norden vorstoßenden deutschen Streitkräfte stellen die Verbindung zu den bei Narvik kämpfenden Einheiten (Dietl) her

19. Mai: Deutsche Panzer erreichen Abbeville an der Sommemündung. – Der alliierte Oberbefehlshaber, Generalissimus Gamelin, wird abgelöst. Nachfolger General Weygand

20. Mai: Motorisierte deutsche Verbände erreichen die Kanalküste. Die sich nördlich der Somme befindlichen französischen, britischen und belgischen Streitkräfte werden durch diesen »Sichelschnitt« von ihren rückwärtigen Verbindungen abgeschnitten

21. Mai: Vollkommene Zerschlagung der 9. französischen Armee (Giraud)

22. Mai: Rückzugskämpfe an der Schelde. Englische Panzerangriffe bei Arras abgewiesen

24. Mai: Durchbruch der Schelde-Stellung. Die Panzergruppe Kleist wird auf Befehl Hitlers und des Generaloberst von Rundstedt vor Dünkirchen angehalten

26. Mai: Die angehaltenen deutschen Panzerverbände erhalten den Befehl zum weiteren Vorgehen bei Dünkirchen. Einnahme von Calais

27. Mai: Beginn der alliierten Einschiffungen bei Dünkirchen (Operation »Dynamo«)

28. Mai: Kapitulation der belgischen Wehrmacht. Der König der Belgier geht in deutsche Kriegsgefangenschaft. – Alliierte Truppen dringen in Narvik ein

31. Mai: Deutsche Angriffe auf das englische Expeditionskorps westlich Dünkirchen

3. Juni: Die alliierten Verbände in Narvik werden wieder abtransportiert (24000 Mann)

4. Juni: Einnahme von Dünkirchen. Die Briten hatten bis dahin rund 338000 Mann evakuiert (einschließlich 123000 Franzosen und Belgier)

5. Juni: Beginn der Schlacht um Frankreich. Übergang über die Somme und den Oise-Aisne-Kanal erzwungen

6. Juni: Die im Aufbau begriffene »Weygand-Linie« an mehreren Stellen durchstoßen

8. Juni: Versenkung des britischen Flugzeugträgers »Glorious« vor Norwegen

9. Juni: Deutsche Truppen erreichen die Seine und untere Marne. Durchbruch an der Aisne

10. Juni: Kapitulation der letzten norwegischen Streitkräfte. – Italien tritt in den Krieg gegen Frankreich und Großbritannien ein

11. Juni: Die französische Regierung verläßt Paris und läßt sich in der Nähe von Tours nieder. – Reims in deutscher Hand

12. Juni: General Weygand befiehlt den allgemeinen Rückzug der französischen Armeen. – Kapitulation französisch-englischer Streitkräfte bei St.-Valery an der Kanalküste. – Sowjetisches Ultimatum an Litauen, dem die Besetzung des Landes durch die Rote Armee folgt

14. Juni: Kampflose Besetzung von Paris. Le Havre besetzt. Montmédy, Eckpfeiler der Maginot-Linie, genommen. – Die französische Regierung geht nach Bordeaux. – Spanien besetzt die internationale Tanger-Zone

15. Juni: Deutscher Einbruch in die Maginot-Linie. Verdun genommen. Beginn der Evakuierung der restlichen britischen Truppen von Cherbourg, St.-Malo und Brest aus

16. Juni: Durchbruch der Maginot-Linie zwischen St.-Avold und Saaralben. Der Oberrhein östlich Colmar wird auf breiter Front überschritten. Rücktritt des französischen Minister-

präsidenten Reynaud. Nachfolger wird Marschall Pétain. – Verbände der Roten Armee besetzen Estland und Lettland

17. Juni: Deutsche Panzertruppen erreichen bei Pontarlier (südostwärts Besançon) die Schweizer Grenze. Der Loireübergang bei Orléans erzwungen. – Marschall Pétain bittet die spanische Regierung, die Vermittlung eines Waffenstillstands zu übernehmen.

18. Juni: Einnahme von Cherbourg und Le Mans. Kapitulation von Belfort, Dijon und Metz. Der nach England entwichene Brigadegeneral de Gaulle (zuletzt Staatssekretär für Landesverteidigung im Kabinett Reynaud) bildet in London das »Nationalkomitee der Freien Franzosen« und fordert die Fortsetzung des Kampfes

19. Juni: Einnahme von Brest, Toul und Straßburg. – Italienischer Angriff an der Alpenfront

21. Juni: Lyon besetzt. Beginn der deutsch-französischen Waffenstillstandsverhandlungen in Compiègne

22. Juni: Unterzeichnung des deutsch-französischen Waffenstillstandsvertrages im Salonwagen des Marschalls Foch im Wald von Compiègne

23. Juni: Die italienische Offensive kommt zum Stehen

24. Juni: Unterzeichnung des italienisch-französischen Waffenstillstandsvertrages

25. Juni: Um 1.35 Uhr Beginn der Waffenruhe im Westen (1,9 Millionen Kriegsgefangene)

28. Juni: Verbände der Roten Armee besetzen nach einem Ultimatum an die rumänische Regierung Bessarabien und die Nordbukowina

30. Juni: Besetzung der englischen Kanalinseln Jersey, Guernsey und Alderney. – Im ersten Halbjahr 1940 rund 900000 BRT durch deutsche U-Boote versenkt

3. Juli: Britische Seestreitkräfte greifen ein französisches Geschwader in Mers-el-Kebir bei Oran (Nordafrika) an. Andere französische Kriegsschiffe werden in Alexandria (Ägypten) und in den englischen Häfen interniert.

4. Juli: Die französische Regierung Pétain bricht die diplomatischen Beziehungen zu Großbritannien ab

11. Juli: Marschall Pétain von der französischen Nationalversammlung zum Staatschef gewählt (569 Stimmen gegen 80 bei 17 Enthaltungen). Vichy wird Regierungssitz

16. Juli: Weisung Hitlers für die Vorbereitungen zur Landung in England (Unternehmen »Seelöwe«)

19. Juli: Friedensappell Hitlers im Reichstag an Großbritannien. – Seegefecht bei Cap Spada zwischen britischen und italienischen Einheiten

20. Juli: Litauen, Estland und Lettland werden Sowjetrepubliken. – Hitler veranlaßt, einen Operationsplan für den Angriff auf die Sowjetunion auszuarbeiten

4. August: Italienische Truppen beginnen von Abessinien aus mit der Besetzung von Britisch-Somaliland

6. August: Das Land Luxemburg wird für aufgelöst erklärt

13. August: Beginn der Luftschlacht über England mit dem Ziel, die Luftüberlegenheit zu erringen (»Adlertag«)

17. August: Hitler befiehlt die totale Blockade Großbritanniens

20. August: Italienische Truppen besetzten die Hauptstadt Berbera von Britisch-Somaliland

30. August: Deutsch-italienischer Schiedsspruch in Wien über die ungarisch-rumänische Grenze

3. September: Die Landung in England (Unternehmen »Seelöwe«) wird auf den 21. September 1940 festgesetzt

5. September: Beginn der zweiten Phase der Luftschlacht um England zur Ausschaltung des britischen Wirtschaftspotentials und zur Demoralisierung der Bevölkerung (Unbeschränkter Luftkrieg)

6. September: König Carol von Rumänien verzichtet zugunsten seines Sohnes auf den Thron, nachdem er General Antonescu zum »Conducatorul« (Staatsführer) ernannt hat

13. September: Die Italiener dringen von der Cyrenaika aus nach Ägypten bis Sidi Barrani vor (Graziani)

15. September: Höhepunkt der Luftschlacht um Großbritannien. – Rumänien tritt die Süddobrutscha an Bulgarien ab

23./25. September: Ein mit Hilfe englischer Seestreitkräfte durchgeführter Angriff freifranzösischer Truppen (2400 Mann) auf den westafrikanischen Hafen Dakar wird von der Besatzung abgewehrt

12. Oktober: Eine deutsche Militärmission läßt sich in Bukarest nieder. – Die Landung in England wird auf das Frühjahr 1941 verschoben

23. Oktober: Zusammenkunft Hitlers mit General Franco in Hendaye. Die Besprechungen über den Kriegseintritt Spaniens verlaufen ergebnislos

24. Oktober: Zusammenkunft Hitlers und Marschall Pétains in Montoire. Ablehnung eines deutsch-französischen Kriegsbündnisses durch Pétain

28. Oktober: Beginn einer italienischen Offensive gegen Griechenland von Albanien aus. Zusammenkunft Hitlers und Mussolinis in Florenz

29. Oktober: Britische Truppen landen auf Kreta, seit 3. November auch auf dem griechischen Festland

5. November: Franklin Delano Roosevelt wird zum dritten Male zum Präsidenten der Vereinigten Staaten von Amerika gewählt

10. November: Freifranzösische Streitkräfte besetzen Libreville in Äquatorialafrika

11. November: Angriff englischer Torpedoflugzeuge auf die italienische Kriegsflotte im Hafen von Tarent. Drei italienische Schlachtschiffe und zwei Kreuzer stark beschädigt

12. November: Besuch des sowjetischen Außenministers Molotow in Berlin (bis 13. November). Keine Einigung über die Interessensphären

21. November: Griechische Truppen erobern im Gegenangriff auf die italienischen Stellungen Koritza in Albanien

23. November: Rumänien tritt dem Dreimächtepakt Deutschland–Italien–Japan bei

24. November: Die Slowakei schließt sich dem Dreimächtepakt an

7. Dezember: Mission des Admirals Canaris in Madrid. Franco lehnt es erneut ab, sich am Kriege zu beteiligen

9. Dezember: Beginn der englischen Gegenoffensive in Ägypten (Wavell). 38000 italienische Gefangene

10. Dezember: Hitler befiehlt die Verlegung eines Fliegerkorps nach Sizilien

13. Dezember: Hitler erläßt die Weisung Nr. 20 (Marita), um eine deutsche Aktion zur Entlastung der Italiener auf dem Balkan vorzubereiten

17. Dezember: Die Engländer erobern Sollum an der Grenze Ägyptens und der Cyrenaika

18. Dezember: Hitler erläßt die Weisung 21 (Barbarossa) zur Vorbereitung des Aufmarsches gegen die Sowjetunion. Vorbereitungen sind bis 15. 5. 1941 abzuschließen

19. Dezember: Die italienische Regierung bittet um die Entsendung einer deutschen Panzer-Division und von Kriegsmaterial nach Tripolitanien

28. Dezember: Italien bittet um deutsche Unterstützung in Albanien. – Deutsche U-Boote versenkten im zweiten Halbjahr 1940 rund 1500000 BRT

1941

5. Januar: Britische Truppen erobern Bardia in der Cyrenaika (45000 italienische Gefangene)

6. Januar: Der amerikanische Präsident F. D. Roosevelt verkündet im Kongreß die »Vier Freiheiten«. – Deutsche Luftstreitkräfte werden zum ersten Male im Mittelmeer gegen Geleitzüge eingesetzt

10. Januar: Die Gesetzesvorlage für Pacht- und Leihhilfe wird im amerikanischen Kongreß eingebracht

19. Januar: Beginn einer britischen Offensive gegen die italienische Kolonie Eritrea. – Begegnung Hitlers und Mussolinis auf dem Berghof. Deutsche Mitwirkung auf die Kriegführung im Mittelmeerraum festgelegt

20. Januar: Marschall Antonescu wirft mit Genehmigung Hitlers einen Putsch der »Eisernen Garde« (Horia Sima) in Bukarest nieder

25. Januar: Eroberung Tobruks in der Cyrenaika durch britische Streitkräfte (25000 Gefangene)

29. Januar: Beginn von Geheimbesprechungen zwischen amerikanischen und britischen Generalstabsoffizieren in Washington über eine gemeinsame Kriegführung gegen Deutschland

6. Februar: Britische Truppen erobern die Hauptstadt der Cyrenaika, Benghasi. Hitler erläßt Richtlinien (Weisung Nr. 23) für die Kriegführung gegen die englische Wirtschaft

8. Februar: Der erste Konvoi des Deutschen Afrikakorps geht von Neapel nach Tripolis

10. Februar: Britische Truppen eröffnen eine Offensive von Kenia aus gegen Italienisch-Somaliland

22. Februar: Erster Einsatz von Aufklärungsstreitkräften des Afrikakorps (Rommel)

25. Februar: Britische Truppen erobern die Hauptstadt Italienisch-Somalilands, Mogadiscio

1. März: Bulgarien tritt dem Dreimächtepakt bei

2. März: Deutsche Truppen rücken von Rumänien aus in Bulgarien ein. Die britische Regierung bricht die diplomatischen Beziehungen zu Bulgarien ab

4. März: Prinzregent Paul von Jugoslawien stattet Hitler auf dem Berghof einen Besuch ab und erklärt die Bereitschaft seines Landes, dem Dreimächtepakt beizutreten. – Britische Verbände werden von Nordafrika nach Griechenland übergeführt. – Erfolgreiche britische Seeoperation gegen die Lofoteninseln vor der nordnorwegischen Küste

9. März: Beginn einer italienischen Offensive an der albanischen Front, die nach zwei Tagen scheitert

11. März: Das amerikanische Pacht- und Leihgesetz tritt in Kraft

16. März: Wiedereroberung Berberas (Britisch-Somaliland) durch englische Kolonialtruppen

18. März: Britische Truppen stoßen von Italienisch-Somaliland aus nach Abessinien vor

24. März: Einheiten des Deutschen Afrikakorps erobern El Agheila

25. März: Die jugoslawische Regierung tritt in Wien dem Dreimächtepakt bei. – Britische Truppen erobern Harrar in Zentralabessinien

27. März: Der jugoslawische General Simovic setzt durch einen Staatsstreich in Belgrad die Regierung ab. Der junge König Peter II. besteigt den Thron. – Hitler erläßt die Weisung 25 »Blitzfeldzug gegen Jugoslawien in Verbindung mit dem Angriff auf Griechenland«. – Britische Truppen erobern Keren in Eritrea und stoßen auch von dort aus nach Abessinien vor. – Besuch des japanischen Außenministers Matsuoka in Berlin (bis 29. März 1941). Versuch Hitlers, die Japaner zu einem Vorstoß auf Singapur zu ermutigen

28. März: Britische Seestreitkräfte bringen der italienischen Flotte bei Kap Matapan an der Südspitze Griechenlands eine Niederlage bei. (3 Schwere Kreuzer und 1 Zerstörer versenkt.)

30. März: Beginn einer deutsch-italienischen Gegenoffensive in Nordafrika

1. April: Britische Truppen erobern Asmara, die Hauptstadt von Eritrea

2. April: Einheiten des Deutschen Afrikakorps besetzen Agedabia in Nordafrika. – Im Irak kommt durch einen Staatsstreich der General Raschid Ali el Ghailani, ein Gegner Großbritanniens, an die Macht

6. April: Beginn der deutsch-italienisch-ungarischen Offensive gegen Jugoslawien und Griechenland. – Schwere deutsche Luftangriffe auf Belgrad. – Abschluß eines sowjetisch-jugoslawischen Freundschaftsvertrages. – Britische Truppen besetzen die Hauptstadt von Äthiopien, Addis Abeba

7. April: Deutsche Truppen erobern Skopje in Jugoslawien. – In Nordafrika Besetzung Dernas. – Großbritannien bricht die diplomatischen Beziehungen zu Ungarn ab

8. April: Britische Einheiten erobern den Hafen Massava in Eritrea

9. April: Deutsche Verbände durchbrechen die Metaxas-Linie in Griechenland. Die griechische Ostmazedonien-Armee kapituliert. Saloniki besetzt. – Deutsche Truppen erobern Nisch in Jugoslawien und stoßen auf Belgrad vor. – Eroberung Bardias durch das Afrikakorps

10. April: Besetzung Agrams in Jugoslawien. Proklamierung des »Unabhängigen Staates Kroatien«. Rückkehr der Ustascha-Gruppe Ante Pavelic aus dem italienischen Exil. Pavelic ernennt sich zum Führer (Poglavnik) eines »Königreiches Kroatien«

11. April: Ungarische Truppen marschieren in Jugoslawien ein. – Italienischer Vorstoß von Istrien aus gegen die dalmatinische Küste

12. April: Einmarsch deutscher Truppen in Belgrad. Die Verbindung zwischen deutschen und italienischen Einheiten hergestellt. Rückzug der griechischen Westmazedonien-Armee

13. April: Deutscher Angriff auf die britisch-griechischen Stellungen am Olymp. – Besetzung von Sollum an der ägyptisch-lybischen Grenze. Der deutsch-italienische Vormarsch in Nordafrika wird hier aufgehalten. – Unterzeichnung eines japanisch-sowjetischen Neutralitätsabkommens in Moskau. Die Sowjetunion vom Druck eines Zweifrontenkrieges befreit

14. April: Rückzug der griechischen Epirus-Armee in Albanien. – Ein Angriff des Afrikakorps auf die Festung Tobruk mißlingt

15. April: Italienische Truppen besetzen Koritza (Albanien). – Sarajewo von deutschen Einheiten erobert

17. April: Kapitulation der jugoslawischen Armee (rund 344000 Gefangene). König Peter II. und die jugoslawische Regierung begeben sich nach Jerusalem und von dort ins Exil nach London

20. April: Kapitulation der griechischen Epirus-Armee. – Beginn deutsch-italienischer Verhandlungen über die Aufteilung Jugoslawiens

24. April: Deutsche Streitkräfte durchbrechen die britischen Stellungen bei Thermopylae. – Die britischen Truppen beginnen mit der Räumung Griechenlands

27. April: Deutsche Truppen ziehen in Athen ein

30. April: Mit dem Peloponnes ist das gesamte griechische Festland besetzt (rund 223000 griechische und 22000 britische Kriegsgefangene). – Ein zweiter Angriff des Afrikakorps auf Tobruk (Cyrenaika) scheitert. – Irakische Einheiten schließen den britischen Luftstützpunkt Habbaniya ein

5. Mai: Kaiser Haile Selassie von Äthiopien zieht in seine Hauptstadt Addis Abeba ein

6. Mai: Die britische Besatzung von Habbaniya zwingt die irakischen Truppen zum Rückzug. – Der stellvertretende französische Ministerpräsident Admiral Darlan sichert der deutschen Regierung Hilfe in Syrien zur Unterstützung des Irak zu. – Stalin übernimmt den Vorsitz des Rates der Volkskommissare

9. Mai: Die sowjetische Regierung spricht den bei ihr akkreditierten Gesandten Belgiens, Griechenlands, Jugoslawiens und Norwegens die diplomatischen Rechte ab

10. Mai: Beginn des Partisanenkrieges in Jugoslawien (Südwestserbien), organisiert von dem königlichen Oberst Draza Mihajlovic. – Hitlers Stellvertreter in der Parteiführung, Rudolf Heß, fliegt nach England und springt in der Nähe von Glasgow mit dem Fallschirm ab. Martin Bormann übernimmt am 12. Mai als Nachfolger die Leitung der Parteikanzlei

11. Mai: Die Besetzung der ägäischen Inseln durch deutsche Truppen wird abgeschlossen

13. Mai: Die Südsteiermark wird durch einen Grenzvertrag mit Kroatien an Deutschland angegliedert

18. Mai: Kapitulation italienischer Streitkräfte bei Amba Alagi in Äthiopien (18000 Mann). – Italien erhält durch einen Vertrag mit Kroatien den größten Teil Dalmatiens und der dalmatinischen Inseln

20. Mai: Beginn deutscher Luftlandungen auf der Insel Kreta (Unternehmen »Merkur«). Die wiederholten Angriffe werden zunächst von den britischen und griechischen Truppen abgewehrt

24. Mai: Das deutsche Schlachtschiff »Bismarck« (Admiral Lütjens), unterstützt von dem Schweren Kreuzer »Prinz Eugen«, die in den Atlantik vorgestoßen sind, vernichten bei einem Zusammenstoß mit einem britischen Geschwader das britische Schlachtschiff »Hood«. – König Georg II. und die griechische Regierung gehen nach Ägypten ins Exil

27. Mai: Das durch Torpedos beschädigte und manövrierunfähige Schlachtschiff »Bismarck« wird durch britische Seestreitkräfte niedergekämpft. Der Kreuzer »Prinz Eugen« wurde vorher zurückgeschickt. – Deutsche Luftlandetruppen, die von Marineeinheiten unterstützt werden, setzen sich auf Kreta fest

28. Mai: Ein deutsch-französisches Übereinkommen sieht Waffenhilfe für den Irak, Sicherung des Nachschubs für das Afrikakorps über Tunesien und die Unterstützung deutscher Seestreitkräfte im Atlantik vor

29. Mai: Beginn des britischen Rückzuges aus Kreta (abgeschlossen am 31. Mai 1941).

30. Mai: Zusammenbruch des Aufstands im Irak. Ministerpräsident Ghailani geht mit den Mitgliedern seines Kabinetts nach Persien ins Exil

6. Juni: Hitler erläßt Richtlinien für die Liquidierung sowjetischer politischer Kommissare (Kommissarbefehl). – Die Regierung der USA erhält durch den Kongreß die Ermächtigung, Handelsschiffe anderer Staaten, die amerikanische Häfen angelaufen haben, zu beschlagnahmen

8. Juni: Britische und freifranzösische Truppen dringen in das französische Mandatsgebiet Syrien ein, das von vichytreuen Truppen (General Dentz) verteidigt wird

10. Juni: Britische Truppen erobern Assab, den letzten italienischen Hafen am Roten Meer

14. Juni: Hitler unterrichtet seine Heeresgruppen- und Armeebefehlshaber über Sinn und Absicht

des Rußlandfeldzuges. – Der amerikanische Präsident Roosevelt läßt die deutschen Guthaben in den USA »einfrieren«
16. Juni: Die Regierung der USA verlangt die Schließung aller deutschen Konsulate
18. Juni: Abschluß eines deutsch-türkischen Freundschaftsvertrages in Ankara auf zehn Jahre
21. Juni: Freifranzösische Truppen (General Catroux) besetzen Damaskus in Syrien
22. Juni: Um 3.15 Uhr beginnt ohne Kriegserklärung der deutsche Angriff auf die Sowjetunion auf einer Frontbreite von 1400 km. Fliegerangriffe auf die Bodenorganisationen der sowjetischen Luftwaffe. Kämpfe um Brest-Litowsk, Eroberung von Przemysl am San. Rumänien und Italien erklären der UdSSR den Krieg
23. Juni: Die Slowakei erklärt der Sowjetunion den Krieg
24. Juni: Kowno und Wilna von deutschen Einheiten besetzt
25. Juni: Besetzung von Luzk und Dubno durch deutsche Panzertruppen. Zusammenbruch sowjetischer Gegenangriffe bei Grodno und bei Rossieny in Litauen
26. Juni: Eroberung Dünaburgs. Deutsche Angriffe auf Minsk und Witebsk. Eroberung von Skuljany in Bessarabien durch deutsche und rumänische Truppen. – Finnland erklärt der UdSSR den Krieg
27. Juni: Eroberung Rigas. Einschließung sowjetischer Divisionen bei Minsk. Bobruisk besetzt, Przemysl zurückerobert. – Ungarn erklärt der UdSSR den Krieg
28. Juni: Besetzung von Libau, Brest-Litowsk und Kowel
29. Juni: Einkesselung von Teilen der sowjetischen »Westfront« (General Pawlow) bei Bialystok. – Das deutsche Gebirgs-Korps Norwegen (Dietl) beginnt einen Vorstoß in Richtung Murmansk
30. Juni: Eroberung Lembergs. – Gründung eines Staatlichen Verteidigungskomitees der UdSSR (Vorsitzender Stalin). – Die französische Regierung bricht die diplomatischen Beziehungen zur Sowjetunion ab. – Im ersten Halbjahr 1941 von deutschen U-Booten 1458232 BRT versenkt
1. Juli: Beginn einer deutsch-finnischen Offensive gegen Salla, das am 7. Juli fällt
2. Juli: Beginn eines deutschen Angriffs im Moldau-Raum. Marschall Timoschenko wird Oberbefehlshaber der sowjetischen Westfront
3. Juli: Kapitulation französischer vichytreuer Truppen bei Palmyra in Syrien
4. Juli: Italienische Truppen kapitulieren bei Galla-Sidamo in Äthiopien
5. Juli: Die deutsche Heeresgruppe Süd (v. Rundstedt) setzt zum Durchbruch durch die »Stalin-Linie« an
9. Juli: Die Doppelschlacht von Bialystok und Minsk endet mit der Zerschlagung der sowjetischen »Westfront« (Timoschenko). Rund 324000 sowjetische Gefangene. Eroberung von Shitomir und Witebsk. Die deutsche Heeresgruppe Nord (v. Leeb) besetzt Pleskau und stößt in Richtung Leningrad vor
10. Juli: Die finnische Karelische Armee (Heinrichs) setzt zur Offensive am Ladogasee an
11. Juli: Deutsche Panzertruppen erzwingen bei Mogilew den Übergang über den Dnjepr
12. Juli: Britisch-sowjetisches Abkommen über gegenseitige Hilfeleistungen. – Gesamtkapitulation der letzten vichytreuen Truppen in Syrien
13. Juli: Sowjetische Truppen erobern im Gegenangriff Rogatschew und Slobin im Raum von Bobruisk. Deutsche Einheiten besetzen Propojsk und Gorki
14. Juli: Stalin ruft zum Partisanenkrieg auf. – Hitler verlegt den Schwerpunkt der Rüstung auf den Bau von U-Booten und Flugzeugen, da er den Ostfeldzug als zu seinen Gunsten entschieden ansieht
16. Juli: Eroberung von Smolensk. Deutsche und rumänische Truppen besetzen Kischinew
17. Juli: Errichtung des »Reichsministeriums für die besetzten Ostgebiete« (Rosenberg) mit den Reichskommissariaten Ukraine (Koch) und Ostland (Lohse). – Die Sowjetunion nimmt die diplomatischen Beziehungen zur jugoslawischen Exilregierung in London auf
18. Juli: An der Mittelfront erobern deutsche Truppen Jelnja. Welikije-Luki besetzt. Der Dnjestr wird von deutschen und rumänischen Truppen überschritten. – Stalin fordert von Churchill die Errichtung einer »Zweiten Front« in Europa
19. Juli: Hitler läßt den Vormarsch auf Moskau durch die Heeresgruppe Mitte (v. Bock) weiterführen, zieht aber gleichzeitig Verbände zur Unterstützung der Heeresgruppen Nord (v. Leeb) und Süd (v. Rundstedt) ab
21. Juli: Sowjetische Einheiten erobern Welikije-Luki zurück. – Die japanische Regierung läßt Truppen in Indochina einmarschieren
21. Juli: Erster deutscher Luftangriff auf Moskau
23. Juli: Sowjetische Gegenangriffe im Raum von Jelnja bei Smolensk
24. Juli: Der amerikanische Präsident Roosevelt fordert die japanische Regierung auf, ihre Truppen aus Indochina abzuziehen und schlägt eine Neutralisierung des Landes vor
26. Juli: Vernichtung sowjetischer Truppen im Raum von Mogilew. – Großbritannien und die USA sperren die japanischen Guthaben in ihren Ländern und verhängen ein Embargo für die Treibstoffausfuhr nach Japan
28. Juli: Finnland bricht die diplomatischen Beziehungen zu Großbritannien ab
29. Juli: Japan schließt ein Abkommen mit der französischen Vichy-Regierung zur Errichtung militärischer Stützpunkte in Indochina
30. Juli: Die UdSSR nimmt diplomatische Beziehungen zur polnischen Exilregierung in London auf
31. Juli: Deutsche Truppen erreichen den Ilmensee. – Beginn einer finnischen Offensive am Ladogasee
1. August: Die USA verbieten die Ausfuhr von Öl und Treibstoff in die Länder außerhalb der westlichen Hemisphäre und des britischen Einflußbereiches
3. August: Abschluß von Kämpfen gegen die sowjetischen Truppen im Raume von Roslawl (38000 Gefangene)
5. August: Die Heeresgruppe Mitte (v. Bock) beendet die Kesselschlacht von Smolensk (310000 Gefangene)
7. August: Stalin ernennt sich zum Oberbefehlshaber (Generalissimus) der Roten Armee
8. August: Ende der Kesselschlacht bei Uman (103000 Gefangene)
12. August: Präsident Roosevelt und Premierminister Churchill verkünden während einer Zusammenkunft auf dem Schlachtschiff »Prince of Wales« bei Neufundland die »Atlantik-Charta«. Die amerikanische Flotte übernimmt zur Entlastung der Briten die Sicherung der Dänemarkstraße und den Geleitschutz im Nordatlantik. – Sowjetischer Gegenangriff bei Staraja Russa südlich des Ilmensee
14. August: In der UdSSR wird durch ein Abkommen mit der polnischen Exilregierung die Aufstellung einer polnischen Armee aus Kriegsgefangenen geregelt (General Anders)
16. August: Deutsche Truppen erobern den Flottenstützpunkt Nikolajew am Schwarzen Meer
17. August: Eroberung Narwas
18. August: Bildung eines deutschen Brückenkopfes bei Saporoshje am Dnjepr. Beginn der Kämpfe bei Kairala (Kandalakscha-Front in Finnland)
20. August: Eroberung Chersons am Schwarzen Meer
21. August: Hitler befiehlt Eroberung der Krim und des Donezbeckens sowie die Einkesselung der sowjetischen Heeresgruppe bei Kiew und die Einschließung Leningrads. – Angriff finnischer Streitkräfte in Richtung Wiborg
25. August: Deutsche Offensive aus dem Raum um Gomel gegen Kiew. Besetzung von Dnjepropetrowsk. – Britische und sowjetische Truppen marschieren im Iran ein, zur Abwehr des Versuchs der Achsenmächte, hier Einfluß zu gewinnen
26. August: Vernichtung sowjetischer Einheiten im Raume von Welikije Luki
29. August: Finnische Truppen besetzen Wiborg
4. September: Die finnische Karelien-Armee setzt östlich des Ladogasees zur Offensive gegen den Swir an (Heinrichs)
7. September: Der deutsche Angriff an der Eismeerfront (Dietl) kommt zum Stehen. Durchbruch deutscher Panzer bei Konotop (Ukraine)
8. September: Die Landverbindung nach Leningrad wird bei Schlüsselburg von deutschen Truppen abgeriegelt. Tschernigow besetzt
9. September: Persien wird in Besatzungszonen eingeteilt. Norden sowjetisch, Süden britisch, Mitte neutral
11. September: Präsident Roosevelt erteilt der amerikanischen Flotte Schießbefehl gegen Schiffe der Achsenmächte
12. September: Beginn einer deutschen Offensive aus dem Brückenkopf Krementschug am Dnjepr nach Norden
14. September: Die Einkesselung der Masse sowjetischer Divisionen (Südwestfront) im Raume von Kiew wird beendet. – Besetzung von Mirgorod
18. September: Poltawa (Ukraine) erobert
19. September: Kiew erobert
21. September: Krasnograd erobert

24. September: Beginn des deutschen Angriffs auf die Landenge von Perekop auf der Krim (v. Manstein). Sowjetischer Vorstoß gegen eine rumänische Armee bei Melitopol
25. September: Der Angriff der deutschen Heeresgruppe Nord (v. Leeb) gegen Leningrad wird abgebrochen
26. September: Abschluß der Kesselschlacht im Raum von Kiew (665000 Gefangene)
29. September: Der deutsche Angriff auf der Krim kommt zum Stehen
30. September: Deutscher Panzervorstoß in Richtung Orel
2. Oktober: Beginn der Offensive gegen Moskau (Unternehmen »Taifun«) durch die Heeresgruppe Mitte (v. Bock). Es entwickelt sich die Doppelschlacht bei Wjasma und Brjansk. Gleichzeitig stößt die Heeresgruppe Süd (v. Rundstedt) gegen Charkow und Kursk vor
3. Oktober: Orel erobert
5. Oktober: Beginn der Schlacht am Asowschen Meer
6. Oktober: Eroberung von Brjansk
7. Oktober: Wjasma erobert, desgleichen Berdjansk und Mariupol (Asowsches Meer). Der Winter setzt ein
9. Oktober: Hitler läßt durch Reichspressechef Dietrich verkünden, daß die Entscheidung im Osten bereits gefallen und die UdSSR geschlagen sei
10. Oktober: Die Kesselschlacht am Asowschen Meer ist beendet (um 100000 Gefangene)
11. Oktober: Deutsche Panzertruppen erreichen die Wolga bei Pogoreloje Gorodischtsche
12. Oktober: Kaluga an der Oka besetzt
13. Oktober: Kalinin westlich Moskau besetzt
14. Oktober: Die deutsche Offensive gegen Murmansk wird eingestellt, Rschew im Raume von Kalinin erobert
16. Oktober: Odessa von rumänischen Truppen besetzt. – Die Sowjetregierung und das diplomatische Korps verlassen Moskau und siedeln nach Kujbyschew an der Wolga über
18. Oktober: Der japanische Kriegsminister General Tojo wird Ministerpräsident
19. Oktober: Taganrog am Asowschen Meer erobert
20. Oktober: Die Heeresgruppe Mitte schließt die Kesselschlacht von Wjasma und Brjansk siegreich ab (673000 Gefangene)
21. Oktober: Stalino westlich des Donezbeckens erobert
24. Oktober: Charkow und Belgorod (am Donez) besetzt
27. Oktober: Deutscher Durchbruch bei Perekop (Krim). Kramatorsk erobert

1. November: Simferopol (Krim) erobert
3. November: Kursk besetzt
4. November: Feodosia (Krim) erobert
8. November: Deutscher Vorstoß über den Wolchow bis Tichwin
13. November: Die amerikanischen Handelsschiffe werden bewaffnet. – Der britische Flugzeugträger »Ark Royal« durch U 81 (Guggenberger) im Mittelmeer versenkt
15. November: Beginn der zweiten Phase der Schlacht um Moskau
18. November: Beginn einer britischen Gegenoffensive in Nordafrika zum Entsatz von Tobruk
21. November: Rostow am Don erobert. Stalinogorsk bei Moskau erobert
25. November: Das britische Schlachtschiff »Barham« im Mittelmeer durch U 331 (Tiesenhausen) versenkt
26. November: Die amerikanisch-japanischen Verhandlungen werden ergebnislos abgebrochen. Ein japanisches Geschwader läuft in Richtung Hawaii aus
28. November: Deutsche Truppen erreichen den Wolga-Moskwa-Kanal. Rostow wird von den Deutschen aufgegeben. – Kapitulation der letzten italienischen Streitkräfte in Ostafrika bei Gondar
1. Dezember: Ein japanischer Kronrat entscheidet sich für den Krieg mit den USA
4. Dezember: Jelez bei Orel erobert. Finnische Truppen besetzen Hangö
5. Dezember: Gegenoffensive der sowjetischen Kalininfront (Konjew)
6. Dezember: Beginn einer Gegenoffensive der sowjetischen »Westfront« (Schukow). Großbritannien erklärt Finnland, Rumänien und Ungarn den Krieg. – Persönlicher Appell des Präsidenten Roosevelt an den japanischen Kaiser
7. Dezember: Rückzug der deutschen Truppen in Nordafrika auf die Gazala-Linie. – Überfall japanischer Trägerflugzeuge auf Pearl Harbor (Hawaii). Beschädigung oder Versenkung von sechs amerikanischen Schlachtschiffen. – Einmarsch japanischer Truppen von Indochina aus in Thailand
8. Dezember: Hitler befiehlt den Divisionen im Osten, zur Verteidigung überzugehen. – Britische Truppen entsetzen die eingeschlossene Besatzung von Tobruk. – Japanische Einheiten landen auf Nord-Luzon (Philippinen). Weitere Truppen werden in Khota Baru in Malaya an Land gesetzt

9. Dezember: Sowjetische Truppen erobern Jelez und besetzen Tichwin. Die deutschen Divisionen ziehen sich über den Wolchow zurück. – China (Tschiang-Kai-schek) erklärt Deutschland den Krieg. – Japanische Einheiten landen auf den Gilbert-Inseln
10. Dezember: Durchbruch sowjetischer Truppen bei Liwny. – Die Japaner erobern die Insel Guam (Marianen). – Japanische Marineflieger versenken das britische Schlachtschiff »Prince of Wales« und den Schlachtkreuzer »Repulse« vor der Küste von Malaya
11. Dezember: Deutschland und Italien erklären den USA den Krieg
12. Dezember: Bulgarien, Rumänien und Ungarn erklären den USA den Krieg, Bulgarien auch an Großbritannien
13. Dezember: Rückzug der deutschen Truppen im Raum von Tula
14. Dezember: Die Deutschen räumen Kalinin
17. Dezember: Beginn eines deutschen Angriffs auf die Festung Sewastopol (Krim).
19. Dezember: Generalfeldmarschall von Brauchitsch tritt zurück. Hitler übernimmt den Befehl über das Heer persönlich. – Italienische Torpedomänner dringen in den Hafen von Alexandria ein und beschädigen die britischen Schlachtschiffe »Valiant« und »Queen Elisabeth«
20. Dezember: Rückzug der deutschen Truppen auf die Winterstellung
23. Dezember: Die Deutschen räumen Benghasi in Nordafrika. – Japanische Truppen haben die Insel Wake im Pazifik erobert und landen bei Manila (Philippinen)
24. Dezember: Besetzung der französischen Inseln St.-Pierre und Miquelon bei Neufundland durch freifranzösische Truppen (Admiral Muselier)
25. Dezember: Hongkong kapituliert vor den Japanern
27. Dezember: Britische Marineeinheiten landen auf den Lofoten-Inseln an der nordnorwegischen Küste und nehmen dort Zerstörungen vor (Operation »Archery«)
27. Dezember: Sowjetische Vorstöße im Raum von Kalinin
29. Dezember: Durchbruch sowjetischer Truppen bei der Heeresgruppe Mitte (v. Bock). Kertsch (Krim) wird von den Deutschen geräumt
31. Dezember: Die deutschen Angriffe auf die Festung Sewastopol werden abgebrochen. – Deutsche U-Boote versenkten in der zweiten Jahreshälfte 713658 BRT

1942

2. Januar: Sowjetischer Durchbruch bei Rshew. – Kapitulation deutsch-italienischer Truppen in Bardia (Cyrenaika). – Die Japaner besetzen die Hauptstadt der Philippinen, Manila. – Rückzug der Amerikaner auf die Halbinsel Bataan und die Insel Corregidor an der Manila-Bucht. – Japanischer Vorstoß zur Grenze des Malayen-Staates Johore
3. Januar: Deutsche Truppen in Suchinitschi bei Kaluga eingeschlossen. – Gründung des A(merican) B(ritish) D(utch) A(ustralian) Command in Niederländisch-Indien
5. Januar: Ein sowjetischer Landungsversuch in Eupatoria (Krim) wird abgewiesen (Kämpfe bis 8. Januar)
8. Januar: Beginn einer sowjetischen Offensive am Ilmensee und im Raum von Ostaschkow über die Waldai-Höhen

11. Januar: Sowjetischer Durchbruch bei Juchnow. – Die Hauptstadt Malayas, Kuala Lumpur, von den Japanern erobert. Landung japanischer Truppen auf Celebes (Niederländisch-Indien). – Deutsche U-Boote versenken Handelsschiffe an der amerikanischen Ostküste
14. Januar: Auf der seit dem 22. Dezember 1941 tagenden sogenannten Arkadia-Konferenz in Washington legen Roosevelt und Churchill mit

ihren Stabschefs die Grundzüge der amerikanisch-britischen Kriegsführung fest. Der europäische Kriegsschauplatz erhält den Vorrang. Es wird ein gemeinsames Oberkommando mit dem Sitz in Washington gebildet

15. Januar: Die deutsche Heeresgruppe Mitte (v. Kluge) räumt den Frontabschnitt bei Kaluga und geht auf die Winterstellung zurück. – Japanische Truppen durchbrechen die britischen Verteidigungsstellungen in Malaya und zwingen die britischen Einheiten zum Rückzug auf Singapur

16. Januar: Die Japaner ergreifen von Thailand aus die Offensive gegen Burma

17. Januar: Deutsche und italienische Truppen kapitulieren bei Sollum in der Cyrenaika

18. Januar: Sowjetischer Durchbruch bei Isjum. – Ein deutsches Armeekorps wird im Raume Demjansk (Ilmensee) eingeschlossen. – Feodosia (Krim) von deutschen Truppen wiedererobert. Sperrung der Halbinsel Kertsch. – Unterzeichnung eines deutsch-italienisch-japanischen Militärabkommens

19. Januar: Die Japaner besetzen den Hafen Tavoy in Burma

21. Januar: Beginn einer deutschen Gegenoffensive in Nordafrika zur Wiedereroberung der Cyrenaika

23. Januar: Japanische Truppen haben die Insel Celebes erobert und setzen sich auf Borneo fest. Weitere Einheiten erobern Rabaul auf Neu-Guinea

24. Januar: Deutsche Truppen entsetzen Suchinitschi bei Kaluga. – Siegreiche Seekämpfe für die Japaner in der Makassarstraße (bis 27. Januar)

25. Januar: Japanische Truppen landen auf Neu-Mecklenburg (Südsee). – In Australien wird die totale Mobilmachung verkündet

26. Januar: Amerikanische Truppen treffen in Nordirland ein. – Die Japaner besetzen die Salomoneninseln (Südsee)

28. Januar: Das Afrikakorps erobert Benghasi (Cyrenaika)

30. Januar: Die Japaner dringen in Burma vor und besetzen die Insel Amboina (Niederländisch-Indien)

1. Februar: Sowjetischer Vorstoß auf Wjasma

3. Februar: Ein deutscher Gegenangriff bei Juchnow (Raum von Wjasma) führt zur Einschließung sowjetischer Verbände

7. Februar: Die deutsche Offensive in Nordafrika wird im Raum von Tobruk aufgehalten. – Die Japaner beginnen den Kampf um Singapur

12. Februar: Durchbruch der deutschen Schlachtschiffe »Scharnhorst« und »Gneisenau« und des Schweren Kreuzers »Prinz Eugen« von Brest durch den Kanal in die Nordsee (Unternehmen »Cerberus«)

13. Februar: Die Japaner landen auf Sumatra (Niederländisch-Indien)

15. Februar: Singapur von japanischen Truppen (Yamaschita) genommen (60000 Gefangene)

18. Februar: Landung der Japaner auf Bali (Niederländisch-Indien)

19. Februar: Erste japanische Luftangriffe auf Port Darwin (Australien)

20. Februar: Die Japaner landen auf Timor. In Erwartung eines japanischen Angriffs wird mit der Räumung Nordaustraliens begonnen

27. Februar: Japanische Seestreitkräfte vernichten in der Java-See ein holländisch-amerikanisch-britisches Geschwader (Aktion abgeschlossen 1. März 1942)

1. März: Die Japaner landen auf Java (Niederländisch-Indien). Die niederländisch-indische Regierung verläßt bis zum 7. März die Insel und begibt sich nach Australien

6. März: Die Japaner landen auf Neu-Guinea bei Lae und Salamaua

7. März: Japanische Truppen besetzen die Hauptstadt von Burma, Rangun

8. März: Die letzten niederländischen Streitkräfte (General ter Porten) kapitulieren auf Java

13. März: Sowjetischer Angriff auf der Halbinsel Kertsch

17. März: Der amerikanische General MacArthur, der bisher auf den Philippinen kommandierte, übernimmt den Oberbefehl über die alliierten Streitkräfte im Südwestpazifik (Hauptquartier Sydney/Australien)

20. März: Deutsche Gegenangriffe bei Kertsch bringen die sowjetische Offensive zum Scheitern

23. März: Japanische Einheiten besetzen im Indischen Ozean die Andamanen-Inseln

28. März: Ein Kommando-Unternehmen britischer Seestreitkräfte gegen St.-Nazaire (Nordfrankreich) scheitert

31. März: Landung japanischer Truppen auf Christmas-Island bei Java

2. April: Beginn starker deutscher Luftangriffe auf Malta

5. April: Erfolgreiche japanische Flottenoperation im Seegebiet von Ceylon. – Hitler erteilt Weisungen für die deutsche Sommeroffensive im Osten (Vorstoß zur Wolga, zum Kaukasus und zur iranischen Grenze)

9. April: Die amerikanische Besatzung auf Bataan (Philippinen) kapituliert

15. April: Vernichtung der bei Juchnow (Raum von Wjasma) eingeschlossenen sowjetischen Truppen (6000 Gefangene)

28. April: Die im Raume von Demjansk eingeschlossenen deutschen Truppen werden entsetzt

29. April: Japanische Truppen besetzen Lashio in Burma und unterbinden damit die Hauptverkehrsader nach China

30. April: Hitler und Mussolini vereinbaren auf dem Berghof bei Berchtesgaden eine Offensive in Nordafrika. Danach soll zunächst Malta erobert, dann nach Ägypten vorgestoßen werden (Unternehmen »Herkules«)

1. Mai: Japanische Truppen besetzen Mandalay in Burma

4. Mai: Unentschiedene Schlacht im Korallenmeer zwischen amerikanischen und japanischen Seestreitkräften (bis 8. Mai)

5. Mai: Britische Einheiten landen in Diego Suarez auf Madagaskar

6. Mai: Japanische Truppen erobern die Insel Corregidor und haben damit die gesamte Philippinen-Gruppe besetzt

8. Mai: Beginn einer deutschen Offensive an der Kertsch-Front (v. Manstein)

9. Mai: Beginn einer sowjetischen Offensive aus dem Donez-Brückenkopf gegen Charkow (Timoschenko)

15. Mai: Beginn einer japanischen Offensive in Ostchina

17. Mai: Beginn einer deutschen Gegenoffensive gegen den Angriff Timoschenkos in Richtung Charkow

20. Mai: Die Japaner beenden die Eroberung Burmas

22. Mai: Einschließung der auf Charkow vorstoßenden sowjetischen Verbände

26. Mai: Beginn der deutsch-italienischen Offensive in Nordafrika (Unternehmen »Theseus«). – Abschluß eines britisch-sowjetischen Bündnisvertrages auf zwanzig Jahre. – Attentat auf Heydrich in Prag

28. Mai: Abschluß der Kesselschlacht bei Charkow (239000 sowjetische Gefangene). – Mexiko erklärt Deutschland und Italien den Krieg

30. Mai: Erster Großangriff der britischen Luftwaffe auf Köln (1000 Bomber)

3. Juni: Beginn der Seeschlacht bei Midway. Die japanische Flotte (Admiral Yamamoto) wird von den Amerikanern unter schweren Verlusten, darunter vier Flugzeugträger, zurückgeschlagen (Ende der Operationen 7. Juni)

7. Juni: Beginn eines deutschen Angriffs auf die Festung Sewastopol/Krim (Unternehmen »Störfang«). – Japanische Truppen landen vor der Küste von Alaska auf den Aleuten-Inseln Attu und Kiska

10. Juni: Truppen des Afrikakorps erobern die von freifranzösischen Truppen verteidigte britische Schlüsselstellung Fort Bir Hacheim. Die britische 8. Armee tritt den Rückzug an

21. Juni: Die Festung Tobruk in der Cyrenaika wird von deutschen und italienischen Truppen erobert (33000 Gefangene)

22. Juni: Hitler und Mussolini lassen das Malta-Unternehmen zurückstellen und die Offensive nach Ägypten beschleunigen

28. Juni: Beginn der deutschen Sommer-Offensive im Osten aus dem Raum von Kursk

29. Juni: Marsa Matruk in Nordafrika erobert (2000 Gefangene)

30. Juni: Beginn einer Offensive der deutschen 6. Armee (Paulus) aus dem Raum von Belgorod. – Die deutsch-italienischen Truppen stoßen bis zum Paß von El Alamein bei Alexandria (Ägypten) vor. – Deutsche U-Boote versenkten im ersten Halbjahr rund 2733000 BRT

1. Juli: Einnahme von Sewastopol (v. Manstein). – Die Japaner beenden ihre Offensive in Ostchina nach Besetzung der wichtigsten Flugplätze

2. Juli: Beginn eines deutschen Angriffs im Frontbogen Sytschewka

3. Juli: Die deutsch-italienischen Einheiten gehen in Nordafrika vor El Alamein zur Verteidigung über

4. Juli: Die Besetzung der Krim wird durch die Einnahme der Halbinsel Chersones abgeschlossen (97000 Gefangene). – Den Nachschub-Konvois der Alliierten im Nordmeer werden durch deutsche U-Boote und Flugzeuge schwere Verluste beigebracht

6. Juli: Deutsche Einheiten besetzen Woronesh am Don

9. Juli: Beginn der deutschen Angriffsoperationen aus dem Raum von Charkow

12. Juli: Abschluß der Aktionen im Wolchow-Kessel (rund 33000 sowjetische Gefangene). – Zerschlagung sowjetischer Kräfte im Raum von Sytschewska (rund 3000 Gefangene)

21. Juli: Deutsche Truppen überschreiten den Don bei Rostow

23. Juli: Rostow erobert

26. Juli: Die deutsche Heeresgruppe A (List) beginnt vom Don aus eine Offensive gegen den Kaukasus

30. Juli: Beginn einer Entlastungsoffensive der sowjetischen »Westfront« bei Rshew

4. August: Deutsche Truppen stoßen über den Aksai zum Durchbruch auf Stalingrad vor. – Sowjetische Einheiten dringen bis zur Bahnlinie Rshew–Wjasma vor

6. August: Deutsche Truppen überschreiten den Kuban bei Armawir. – General Eisenhower wird von Präsident Roosevelt zum Oberbefehlshaber des geplanten amerikanisch-englischen Landungsunternehmens in Nordafrika ernannt

7. August: Angriffsoperationen der deutschen 6. Armee (Paulus) im Raum von Kalatsch. – Einheiten des amerikanischen Marine-Korps landen auf der Salomonen-Insel Guadalcanal. Es beginnen hier schwere, monatelange Kämpfe

9. August: Krasnodar und der Hafen Jejsk am Asowschen Meer besetzt. – Japanische Seestreitkräfte versenken einen amerikanisch-australischen Kreuzerverband bei den Salomonen

10. August: Deutsche und italienische U-Boote fügen einem britischen Geleitzug nach Malta schwere Verluste zu

11. August: Deutscher Panzervorstoß im Raum von Suchinitschi

12. August: Elista in der Kalmückensteppe erobert

14. August: Deutsche Truppen überschreiten bei Krasnodar den Kuban

15. August: Die 6. deutsche Armee (Paulus) erreicht den Don

19. August: Ein Landungsunternehmen britischer Kommandotruppen an der französischen Küste bei Dieppe wird abgeschlagen

22. August: Deutsche Vorstöße im Raum der Hafenstadt Suchum (Kaukasus) kommen zum Stillstand. – Die deutsche Kriegsflagge wird auf dem Elbrus, dem höchsten Berg des Kaukasus, gehißt. Die deutschen Angriffe bei Suchinitschi werden eingestellt

23. August: Hitler befiehlt den Angriff auf Leningrad (Unternehmen »Nordlicht«). – Entscheidungslose See- und Luftschlacht zwischen amerikanischen und japanischen Marineeinheiten bei den Salomonen

27. August: Sowjetische Vorstöße gegen Schlüsselburg an der Leningrader und an der Wolchowfront

28. August: Brasilien erklärt Deutschland den Krieg

31. August: Rumänische Truppen erobern den Schwarzmeerhafen Anapa. – Ein deutsch-italienischer Offensivvorstoß an der El-Alamein-Front in Nordafrika scheitert

1. September: Deutsche und rumänische Einheiten dringen über die Kertsch-Straße auf die Tamanhalbinsel vor. – Deutsche Truppen bilden am Terek einen Brückenkopf

3. September: Deutsche Einheiten (v. Seydlitz) stoßen gegen den Stadtkern von Stalingrad vor

6. September: Eroberung des Hafens Noworossisk am Schwarzen Meer

10. September: Der sowjetische Angriff an der Leningrader Front wird zum Stehen gebracht

15. September: Beginn einer sowjetischen Offensive auf Woronesh. – Beginn der Kämpfe zwischen amerikanischen und japanischen Marineeinheiten bei Guadalcanal/Salomonen

24. September: Deutscher Angriff in Richtung des Schwarzmeerhafens Tuapse. – Der Chef des Generalstabes des Heeres, Generaloberst Halder, tritt zurück. Nachfolger General Zeitzler

6. Oktober: Eroberung von Malgobek im Terek-Bogen

9. Oktober: Die Armeekommissare in der UdSSR werden abgeschafft. Die Truppenkommandeure erhalten die alleinige Befehlsgewalt

10. Oktober: Beginn einer deutsch-italienischen Luftoffensive gegen Malta

11. Oktober: Seeschlacht zwischen amerikanischen und japanischen Kreuzern bei Guadalcanal/Salomonen

18. Oktober: Die deutsche Offensive gegen Tuapse bleibt stecken. – Hitler erläßt den Befehl, feindliche Teilnehmer an Kommando-Unternehmen in Europa und Afrika, auch wenn sie Uniform tragen, nicht gefangen zu nehmen, sondern niederzumachen

23. Oktober: Die britische 8. Armee (Montgomery) beginnt an der El-Alamein-Front in Nordafrika die Gegenoffensive (Operation »Super-Charge«)

25. Oktober: Deutsche Offensive im Kaukasus. Die Sowjets räumen Naltschik

26. Oktober: Erneute See- und Luftschlacht bei Guadalcanal/Salomonen

1. November: Alagir im Kaukasus erobert

2. November: Ordshonikidse im Kaukasus erobert. – Durchbruch der britischen Panzer in Nordafrika

4. November: Die deutsch-italienischen Truppen in Nordafrika zum Rückzug gezwungen

7. November: Amerikanische und britische Truppen landen in Marokko und Algerien

8. November: Der Stellvertreter Marschall Pétains, Admiral Darlan, läßt in der Stadt Algier den Widerstand einstellen

9. November: Deutsche Fallschirmjäger-Einheiten besetzen Tunesien, um den Westalliierten zuvorzukommen

10. November: Admiral Darlan läßt auf Geheiß Pétains den bewaffneten Widerstand der französischen Truppen in ganz Algerien und Marokko einstellen. – Die vorstoßenden britischen Truppen erobern Sidi Barrani in der Cyrenaika

11. November: Deutsche Truppen marschieren in das bisher nicht besetzte französische Gebiet ein. – Italienische Einheiten besetzen Korsika und die französische Riviera

12. November: Waffenstillstand zwischen den amerikanisch-britischen und französischen Truppen in Nordafrika. – Britische Truppen besetzen in der Cyrenaika Sollum und Bardia

12. November: Die verlustreichen unentschiedenen Seekämpfe bei Guadalcanal/Salomonen-Inseln werden fortgesetzt

13. November: Die 8. Armee (Montgomery) erobert Tobruk in der Cyrenaika. – Militärabkommen zwischen General Eisenhower und Admiral Darlan in Nordafrika

15. November: Britische Truppen erobern Tabarga an der tunesischen Küste

17. November: Erste Kämpfe zwischen deutschen und alliierten Truppen in Tunesien

19. November: Eine sowjetische Großoffensive am Don durchbricht die rumänischen Abwehrstellungen nördlich Stalingrad

20. November: Beginn einer sowjetischen Offensive südlich Stalingrad. – Die Briten besetzen Benghasi in der Cyrenaika

22. November: Die Spitzen der sowjetischen Offensivtruppen treffen sich bei Kalatsch. Damit ist die 6. deutsche Armee (Paulus) zwischen Don und Wolga eingekesselt

23. November: Französisch-Westafrika mit Dakar schließt sich den Westalliierten an

27. November: Deutsche Truppen besetzen den Hafen Toulon in Südfrankreich (Unternehmen »Lila«). Selbstversenkung der französischen Kriegsflotte. Entwaffnung und Auflösung der restlichen französischen Landstreitkräfte. – Versuche britischer Abteilungen, ganz Tunesien durch Handstreich zu besetzen, scheitern

4. Dezember: Deutsche Truppen erobern Tebourba in Tunesien. – Erster amerikanischer Luftangriff auf Neapel

8. Dezember: Deutsche Truppen besetzen den Hafen Bizerta in Tunesien

11. Dezember: Das deutsch-italienische Afrikakorps tritt vor einem britischen Angriff den Rückzug aus der Marsa-el-Brega-Stellung an

12. Dezember: Starke deutsche Panzerkräfte (Hoth) stoßen aus dem Raum von Kotelnikowo vor, um die Verbindung mit der in Stalingrad eingekesselten 6. Armee (Paulus) herzustellen

13. Dezember: Die deutsch-italienischen Truppen räumen El Agheila in Nordafrika

16. Dezember: Beginn einer sowjetischen Offensive in Richtung Rostow. Zerschlagung der dort stehenden italienischen Truppen. Die Deutschen stellen die Angriffe auf Tuapse ein

17. Dezember: Britischer Offensivvorstoß an der indisch-burmesischen Grenze gegen die Insel Akayab

21. Dezember: Der deutsche Panzervorstoß (Hoth) zur Entsetzung Stalingrads bleibt an der Myschkowa stecken. – Amerikanisch-englische Offensivvorstöße in Tunesien bleiben erfolglos

23. Dezember: Die deutschen Entsatzvorstöße auf Stalingrad werden abgebrochen

24. Dezember: Beginn einer sowjetischen Offensive gegen Kotelnikowo. Durchbruch durch die rumänische Abwehrstellung

28. Dezember: Die deutsche Heeresgruppe A (Kaukasus) erhält den Befehl zum Rückzug. – Deutsche U-Boote versenkten im zweiten Halbjahr rund 3 Mill. BRT

1943

1. Januar: Rückzugsbeginn der deutschen Truppen an der Terek-Front. Räumung von Elista (Kalmückensteppe)

2. Januar: Amerikanische Truppen besetzen Buna auf Neu-Guinea

8. Januar: Das sowjetische Oberkommando fordert die deutsche Stalingrad-Armee zur Kapitulation auf

10. Januar: Beginn der sowjetischen Offensive (Rokossowski) zur Vernichtung des Stalingrader Kessels

12. Januar: Durchbruch der sowjetischen Truppen am Don durch die ungarischen und italienischen Abwehrstellungen. Rückzug der deutschen Kaukasusarmee auf den Kuban-Brückenkopf. Eine weitere sowjetische Offensive an der Leningrader und Wolchowfront soll die Landverbindung nach Leningrad herstellen

13. Januar: Die deutschen Terektruppen ziehen sich auf die Linie Nagutskoje–Alexandrowskoje zurück

14. Januar: Beginn der Konferenz von Casablanca zwischen Roosevelt, Churchill und den militärischen Führungsstäben

15. Januar: Sowjetische Truppen erobern Welikije Luki

17. Januar: Einkesselung eines deutschen Panzerkorps am Don

20. Januar: Sowjetischer Vorstoß auf Woronesh. – Versuche deutscher, italienischer und kroatischer Einheiten, die Tito-Partisanen in Bosnien zu vernichten, mißlingen

23. Januar: Die deutsch-italienischen Panzerverbände in Nordafrika räumen Tripolis

24. Januar: Der Vormarsch der sowjetischen »Transkaukasusfront« kommt im Raume Noworossisk–Krasnodar zum Stehen

25. Januar: Die bei Stalingrad eingekesselte deutsche 6. Armee (Paulus) wird durch sowjetische Vorstöße in eine Nord- und Südgruppe gespalten. Die deutschen Truppen ziehen sich aus Armavir und Woronesh zurück. – Die Casablanca-Konferenz endet mit der Forderung der »Bedingungslosen Kapitulation«. Weitere Richtlinien für die Operationen im Mittelmeer werden festgelegt.

26. Januar: Sieben deutsche Divisionen werden im Raume von Kasternoje eingekesselt

31. Januar: Generaloberst Paulus, der zum Generalfeldmarschall ernannt wurde, kapituliert im Südkessel von Stalingrad. Die aus dem Kaukasus zurückgezogenen deutschen Truppen werden im Kuban-Brückenkopf (Gotenstellung) konzentriert. – Die am Don eingekesselten Panzereinheiten erreichen nach ihrem Durchbruch unter schweren Verlusten die deutschen Linien. – Admiral Dönitz wird als Nachfolger Raeders zum Großadmiral und Oberbefehlshaber der deutschen Kriegsmarine ernannt

1. Februar: Die deutschen Truppen ziehen sich aus Demjansk zurück. – Die Japaner beginnen mit der Räumung der Insel Guadalcanal/Salomonen

2. Februar: Der Nordkessel bei Stalingrad kapituliert (insgesamt 91 000 Gefangene)

4. Februar: Landung sowjetischer Marine- und Landeinheiten im Raum von Noworossisk

8. Februar: Sowjetische Einheiten besetzen Kursk

9. Februar: Sowjetische Truppen erobern Belgorod

12. Februar: Die Deutschen räumen Krasnodar

14. Februar: Die im Raum von Kasternoje eingeschlossenen Verbände haben sich unter schweren Verlusten zu den deutschen Linien durchgeschlagen. – Räumung von Rostow und Woroschilowgrad. – Beginn eines offensiven deutschen Vorstoßes in Tunesien am Faid-Paß

16. Februar: Die Deutschen räumen Charkow

17. Februar: Deutscher Rückzug im Frontabschnitt Demjansk. – Der deutsche Vorstoß in Tunesien wird abgewehrt

18. Februar: Dr. Goebbels verkündet im Berliner Sportpalast den »totalen Krieg«

20. Februar: Das deutsch-italienische Afrikakorps zieht sich auf die Mareth-Linie in Tunesien zurück

22. Februar: Beginn einer deutschen Gegenoffensive zwischen Dnjepr und Donez

23. Februar: Zusammenfassung der Streitkräfte in Tunesien und des deutsch-italienischen Afrikakorps unter dem Befehl des Generalfeldmarschalls Rommel

27. Februar: Die Rückzugsmaßnahmen im Raum von Demjansk werden beendet

1. März: Beginn des deutschen Rückzuges im Raume von Rshew

2. März: Slawjansk und Bogoroditschno durch einen deutschen Gegenangriff erobert. Bildung eines Brückenkopfes bei Balakleja am Donez

6. März: Im Gegenangriff werden sowjetische Streitkräfte im Raume von Charkow zerschlagen. – Die Sowjets räumen Belgorod

6. März: Ein deutscher Offensivvorstoß aus der Mareth-Stellung in Tunesien wird abgeschlagen

9. März: Generaloberst v. Arnim übernimmt anstelle Rommels den Oberbefehl in Tunesien

12. März: Wjasma geräumt

16. März: Charkow von deutschen Einheiten zurückerobert. Abschluß der deutschen Rückzugsbewegungen im Raume Rshew–Wjasma

19. März: Die britische 8. Armee (Montgomery) beginnt eine Offensive gegen die italienischen Stellungen an der Mareth-Linie in Tunesien

21. März: Belgorod von deutschen Truppen wieder besetzt

6. April: Beginn eines deutschen Gegenangriffs im Raume von Noworossisk. – Die britische 8. Armee (Montgomery) greift die italienischen Stellungen in Tunesien an. Gleichzeitig stoßen amerikanische Einheiten nach Osten vor

7. April: Amerikanische und britische Einheiten schließen den Einkesselungsring um die deutschen Streitkräfte. Rückzug der Italiener

8. April: Britische Einheiten erobern Sfax in Tunesien

12. April: Die Briten erobern Sousse in Tunesien

19. April: Beginn des jüdischen Aufstandes im Warschauer Ghetto

21. April: Die deutschen Gegenangriffe im Raume von Noworossisk werden eingestellt

26. April: Die Sowjetregierung bricht die Beziehungen zur polnischen Exilregierung in London ab, da diese gefordert hatte, die näheren Umstände des Todes von 4000 polnischen Offizieren, die am 13. April 1943 von deutschen Truppen in Massengräbern in Katyn bei Smolensk aufgefunden waren, von einer internationalen Kommission untersuchen zu lassen

5. Mai: Britische Truppen durchbrechen die deutschen Verteidigungsstellungen in Tunesien

7. Mai: Bizerta und Tunis von deutschen Truppen geräumt

12. Mai: Kapitulation der deutsch-italienischen Streitkräfte in Tunesien (130000 deutsche und 120000 italienische Gefangene)

15. Mai: Beginn einer vergeblichen deutsch-italienisch-kroatischen Aktion gegen die Partisanen in Montenegro. – Stalin läßt die Auflösung der Kommunistischen Internationale verkünden

16. Mai: Zerstörung der Möhne- und Eder-Talsperren durch britische Bomber. – Der jüdische Aufstand im Warschauer Ghetto ist durch Polizeiverbände und SS-Einheiten niedergeschlagen worden

24. Mai: Die Geleitzugbekämpfung durch deutsche U-Boote im Nordatlantik wird wegen der schweren Verluste (43 Boote allein im Mai) abgebrochen

25. Mai: Abschluß der amerikanisch-englischen Konferenz in Washington (begonnen 12. Mai). Es wird der Beschluß gefaßt, in Süditalien zu landen und die Invasion in Frankreich auf 1944 zu verschieben

26. Mai: Sowjetische Offensive im Raume des Kuban-Brückenkopfes

28. Mai: Die sowjetischen Offensivvorstöße am Kuban-Brückenkopf werden ergebnislos abgebrochen

10. Juni: Beginn einer kombinierten amerikanisch-britischen Bomberoffensive auf Deutschland. Bombardierungen von ausgewählten Zielen durch die Amerikaner bei Tage, Flächenbombardierungen durch die Briten bei Nacht

11. Juni: Die italienische Besatzung der Insel Pantelleria im Mittelmeer (11 000 Mann) kapituliert

30. Juni: Amerikanische Truppen landen auf Rendova und Neugeorgia/Salomonen-Inseln. – Deutsche U-Boote versenkten im ersten Halbjahr rund 1 700 000 BRT

5. Juli: Deutsche Großoffensive aus den Räumen von Orel und Belgorod gegen die sowjetischen Stellungen bei Kursk (Unternehmen »Zitadelle«)

10. Juli: Landung amerikanischer und britischer Truppen an der Südostküste Siziliens (Operation »Husky«)

12. Juli: Beginn einer sowjetischen Gegenoffensive in den Räumen von Orel, Brjansk und Kursk. – Gründung des »Nationalkomitees Freies Deutschland« in Krasnograd bei Moskau. – Die italienische Besatzung von Augusta und Syrakus auf Sizilien kapituliert

13. Juli: Die deutschen Offensivaktionen auf Kursk werden eingestellt

17. Juli: Beginn einer sowjetischen Offensive bei Isjum, am Mius und im Donezgebiet
19. Juli: Begegnung zwischen Hitler und Mussolini in Feltre bei Verona. – Erster amerikanisch-britischer Luftangriff auf Rom
22. Juli: Die Hauptstadt Siziliens, Palermo, von Amerikanern besetzt
24. Juli: Beginn britischer Großluftangriffe auf Hamburg unter Ausschaltung der deutschen Radaranlagen (Ende der Angriffe 30. Juli) Der Große Faschistische Rat in Rom nimmt mit 19 gegen 7 Stimmen eine Resolution an, durch die König Viktor Emanuel III. gebeten werden soll, den Oberbefehl über die italienische Wehrmacht anstelle Mussolinis wieder selbst zu übernehmen
25. Juli: König Viktor Emanuel III. läßt Mussolini verhaften und setzt Marschall Badoglio als Regierungschef ein. Ende des faschistischen Systems
28. Juli: Die Aleuten-Insel Kiska vor Alaska wird von den japanischen Truppen geräumt
30. Juli: General de Gaulle bildet ein Kabinett in Algier
1. August: Die deutschen Truppen im Raume von Orel werden zurückgenommen
2. August: Die wiederholten sowjetischen Vorstöße bei Isjum und am Mius werden abgeschlagen
3. August: Beginn einer sowjetischen Offensive aus dem Raume von Belgorod. Vorstoß in Richtung Poltawa
5. August: Belgorod erobert. Eine weitere sowjetische Offensive stößt gegen die Heeresgruppe Mitte (v. Kluge) vor. Orel erobert. – Die deutschen Truppen räumen Catania auf Sizilien
12. August: Hitler befiehlt die Errichtung eines Ostwalls am Dnjepr und an der Desna (Panther-Stellung). – Eine italienische Militärmission trifft in Lissabon ein, um Waffenstillstandsverhandlungen einzuleiten
13. August: Ein sowjetischer Offensivvorstoß im Raume von Isjum wird zum Stehen gebracht
14. August: Beginn einer Konferenz zwischen Roosevelt und Churchill in Quebec
15. August: Der bulgarische König Boris III. besucht Hitler
16. August: Beginn einer sowjetischen Offensive an der Miusfront gegen Stalino
17. August: Sizilien von deutschen und italienischen Truppen geräumt. – Schwerer britischer Luftangriff (rund 600 Flugzeuge) auf die Versuchsanstalt für Raketenwaffen in Peenemünde
23. August: Sowjetische Truppen erobern Charkow.– Britischer Luftangriff auf Berlin
25. August: Errichtung eines britisch-amerikanischen Südostasienkommandos unter Admiral Mountbatten
28. August: Der bulgarische König Boris III. stirbt unter nicht geklärten Umständen. Für den minderjährigen Sohn Simeon II. übernimmt ein Regentschaftsrat die Regierung
30. August: Taganrog von deutschen Truppen geräumt
31. August: Sowjetische Truppen besetzen Jelnja und Dorogobusch. – Schwerer britischer Luftangriff auf Berlin (über 600 Bomber)
3. September: Die Regierung Badoglio schließt mit den Angloamerikanern einen Waffenstillstand ab. – Britische Einheiten landen im Süden Italiens in Calabrien und stoßen nach Norden vor
6. September: Die Verbindung der deutschen Heeresgruppen Mitte (Kluge) und Süd (v. Manstein) wird durchstoßen
7. September: Beginn der Räumung des Kuban-Brückenkopfes
8. September: Nach Bekanntgabe des Waffenstillstandes laufen die vorbereiteten deutschen Aktionen gegen Italien an. – Die italienische Besatzung von Rhodos kapituliert vor den Deutschen
9. September: Die Räumung des Kuban-Brückenkopfes wird abgeschlossen. – Entwaffnung und Gefangennahme der im deutschen Bereiche sich befindenden italienischen Einheiten in Italien, Südfrankreich, Südosteuropa, Jugoslawien, Albanien und Griechenland. – Die amerikanische 5. Armee (Clark) landet bei Salerno, britische Truppen in Tarent. Die italienische Kriegsflotte verläßt den Hafen von La Spezia und wird vor Malta den Engländern ausgeliefert. – Kroatien schließt sich die an Italien abgetretenen dalmatinischen Gebiete an. – Bildung einer faschistischen Gegenregierung (Pavolini) unter deutschem Schutz. – Iran erklärt den Krieg an Deutschland
10. September: Sowjetische Truppen landen im Hafen Noworossisk
11. September: Die britische 8. Armee besetzt Brindisi in Süditalien. – Gründung des »Bundes deutscher Offiziere« im sowjetischen Kriegsgefangenenlager Lunjowo
12. September: Mussolini, der sich als Gefangener in einem Hotel auf dem Gran Sasso (Abruzzen) aufhält, wird von deutschen Fallschirmjägern befreit
13. September: Deutscher Gegenangriff auf den amerikanischen Brückenkopf bei Salerno. – Freifranzösische Truppen landen in Ajaccio auf Korsika
14. September: Britische Truppen besetzen die Ägäis-Insel Leros
15. September: Mussolini übernimmt die Leitung der faschistischen Gegenregierung in Saló am Gardasee
16. September: Die deutschen Angriffe auf den amerikanischen Brückenkopf Salerno werden abgebrochen. – Britische Truppen besetzen die Insel Samos (Ägäis)
17. September: Brjansk von sowjetischen Truppen erobert. – Vereinigung der von Tarent aus vorgedrungenen britischen Truppen mit den im Brückenkopf Salerno gelandeten Amerikanern
20. September: Rückzug der deutschen Heeresgruppe Süd auf die Linie Melitopol–Saporoshje. – Britische Truppen besetzen Bari (Süditalien), das Regierungssitz des aus Rom geflüchteten Kabinetts Badoglio und des Königs Viktor Emanuel III. wird. – Deutsche Einheiten beenden die Räumung Sardiniens
21. September: Sowjetische Verbände erzwingen den Übergang über den Dnjepr und brechen in das deutsche Verteidigungssystem (Panther-Stellung) ein
23. September: Poltawa in der Ukraine von den Sowjets erobert
25. September: Sowjetische Einheiten bilden einen Brückenkopf bei Dnjepropetrowsk
27. September: Allgemeiner deutscher Rückzug hinter den Dnjepr. – Britische Truppen erobern Foggia in Süditalien
30. September: Die japanische Hauptverteidigungslinie im Pazifik wird auf die Marianen und Westkarolinen verlegt
1. Oktober: Die deutschen Truppen räumen Neapel
2. Oktober: Australische Truppen besetzen Finchhaven (Neuguinea)
3. Oktober: Deutsche Truppen landen auf der Ägäis-Insel Kos und beginnen mit der Rückeroberung des Dodekanes (Unternehmen »Eisbär«)
5. Oktober: Die Räumung Korsikas durch deutsche Truppen ist abgeschlossen
12. Oktober: Die amerikanische 5. Armee (Clark) beginnt eine Offensive am Volturno (Italien.) – Portugal räumt den Angloamerikanern Stützpunkte auf den Azoren ein
13. Oktober: Die Badoglio-Regierung erklärt Deutschland den Krieg
14. Oktober: Deutsche Truppen beginnen mit der Räumung des Brückenkopfes von Saporoshe. – Amerikanischer Luftangriff auf Schweinfurt (Kugellagerfabriken)
19. Oktober: Die amerikanische Offensive am Volturno kommt vor den deutschen Abwehrstellungen zum Stehen
24. Oktober: Sowjetischer Durchbruch bei Dnjepropetrowsk in Richtung Kriwoj Rog. Melitopol erobert
30. Oktober: Ende einer Moskauer Außenministerkonferenz (Beginn 19. Oktober). Es wurden die Wiederherstellung Österreichs und die Abtrennung Ostpreußens beschlossen, außerdem die Schaffung einer internationalen Organisation zur Sicherung des Weltfriedens
1. November: Landung sowjetischer Verbände bei Kertsch (Krim). Bildung eines sowjetischen Brückenkopfes am Siwasch. – Amerikanische Truppen landen auf Bougainville/Salomonen
2. November: Amerikanisch-japanische Seeschlacht in der Kaiserin-Augusta-Bay. Die Amerikaner setzen ihre amphibischen Unternehmungen fort
3. November: Beginn einer sowjetischen Offensive nördlich Kiew
5. November: Die amerikanische 5. Armee (Clark) erreicht den Sangro in Unteritalien, die britische 8. Armee (Montgomery) am 8. November
6. November: Sowjetische Truppen erobern Kiew
10. November: Sowjetischer Durchbruch bei Gomel
12. November: Beginn der Eroberung von Leros (Ägäis) durch deutsche Truppen
14. November: Deutsche Truppen besetzen die Adria-Inseln Lussino, Cherso und Krk
15. November: Shitomir und Korosten von deutschen Truppen zurückerobert
18. November: Sowjetische Einheiten erobern Retschitza. – Deutsche Truppen besetzen weitere Ägäis-Inseln. – Laufende britische Luftangriffe auf Berlin (bis 3. Dezember)
20. November: Sowjetische Offensivvorstöße am

unteren Dnjepr werden abgewehrt. Sowjetischer Durchbruch bei Krementschug. Vorstoß bis Kirowograd. – Amerikanische Truppen landen auf den Gilbert-Inseln Tarawa und Makin

21. November: Generalfeldmarschall Kesselring übernimmt den Oberbefehl über die Truppen in Italien

22. November: Mit der Besetzung der Ägäis-Insel Samos ist die Eroberung des Dodekanes durch deutsche Truppen abgeschlossen

26. November: Die Stadt Gomel von deutschen Truppen geräumt. – Abschluß der am 22. November begonnenen Konferenz von Kairo (Roosevelt–Churchill–Tschiang-Kai-schek). Es werden die Errichtung eines selbständigen Korea, die Abtretung Formosas an China und ein Feldzug in Burma beschlossen

27. November: Die 8. britische Armee stößt in Unteritalien über den Sangro vor

28. November: Beginn der Konferenz von Teheran zwischen Roosevelt, Churchill und Stalin

29. November: Kolumbien erklärt Deutschland den Krieg

1. Dezember: Abschluß der am 28. November begonnenen Konferenz von Teheran (Roosevelt–Stalin–Churchill). Prinzipielle Einigung über die Teilung Deutschlands und die Verschiebung der polnischen Grenze nach Westen

2. Dezember: Beginn eines Säuberungsunternehmens gegen die Tito-Partisanen (31. Dezember abgeschlossen)

3. Dezember: Britische Luftangriffe auf Leipzig

4. Dezember: Beginn erfolgreicher Operationen zur Beseitigung des sowjetischen Brückenkopfes Eltigen, südlich Kertsch

6. Dezember: Abschluß der am 3. Dezember begonnenen zweiten Kairoer Konferenz zwischen Roosevelt, Churchill und dem türkischen Staatspräsidenten Inönü, der den Eintritt der Türkei in den Krieg ablehnt

12. Dezember: Vertrag zwischen der sowjetischen und der tschechoslowakischen Exilregierung Benes über die Zusammenarbeit nach dem Kriege

13. Dezember: Beginn der Abwehrkämpfe bei Witebsk

15. Dezember: Stalin bricht die Beziehungen zur jugoslawischen Exilregierung ab und erkennt nur das Volksbefreiungskomitee Titos an, das auch von Großbritannien und den USA bestätigt wird

24. Dezember: Beginn einer sowjetischen Offensive im Raum Kiew–Shitomir. Vorstoß bis Berditschew. – General Eisenhower wird zum alliierten Oberbefehlshaber für die Invasion in Frankreich ernannt

26. Dezember: Das deutsche Schlachtschiff »Scharnhorst« wird bei einem Angriff im Nordmeer auf einen britischen Geleitzug versenkt

29. Dezember: Britische Truppen erobern Ortona an der Adria-Küste. – Britischer Luftangriff auf Berlin. – Deutsche U-Boote versenkten im zweiten Halbjahr rund 500000 BRT

1944

1. Januar: Generalfeldmarschall Rommel übernimmt den Oberbefehl über die Heeresgruppe B in Frankreich (Streitkräfte nördlich der Loire). – Amerikanische Truppen landen bei Saidor (Neuguinea)

3. Januar: Beginn der Kämpfe um die deutsche Abwehr-Stellung in Italien

4. Januar: Sowjetische Einheiten überschreiten in Wolhynien die polnisch-sowjetische Vorkriegsgrenze

9. Januar: Britische Truppen erobern Maungdaw in Burma

11. Januar: Amerikanischer Luftangriff auf Braunschweig, Halberstadt, Magdeburg und Aschersleben (660 Bomber)

14. Januar: Beginn einer sowjetischen Offensive gegen die deutsche Heeresgruppe Nord (v. Küchler). Eine weitere Offensive findet im Raum von Nowosokolniki statt

15. Januar: Französische Truppen (General Juin) erobern den Monte Santa Croce an der deutschen Abwehrfront in Italien. – Ein britischer Kabinettsausschuß legt einen Plan für die künftige Zoneneinteilung Deutschlands vor (Linie Lübeck–Helmstedt–Hof)

18. Januar: Die deutschen Abwehrkämpfe um Witebsk werden erfolgreich beendet

20. Januar: Sowjetische Truppen erobern Nowgorod. Rückzug der deutschen Truppen. – Britischer Luftangriff auf Berlin (rund 700 Bomber)

21. Januar: Beginn deutscher Luftangriffe auf Südengland und London (rund 400 Flugzeuge). – Truppen der 5. amerikanischen Armee (Clark) landen bei Anzio und Nettuno südlich Rom

27. Januar: Sowjetischer Angriff in Richtung Luzk und Rowno

28. Januar: Einkesselung deutscher Truppen bei Tscherkassy

29. Januar: Amerikanischer Luftangriff auf Frankfurt am Main und Ludwigshafen (über 800 Bomber)

2. Februar: Sowjetische Truppen erobern Luzk und Rowno

3. Februar: Beginn neuer Kämpfe im Raum von Witebsk

4. Februar: Japanische Truppen stoßen von Westburma aus nach Assam (Indien) vor

8. Februar: Die Deutschen räumen Nikopol

12. Februar: Luga von sowjetischen Einheiten besetzt

15. Februar: Nach Vernichtung des Klosters Monte Cassino in Italien durch alliierte Luftangriffe und Artillerie versuchen britische Truppen vergeblich, dort die deutschen Verteidigungsstellungen zu erobern. – Britischer Luftangriff auf Berlin (800 Flugzeuge). – Amerikanische Truppen landen auf Green Islands östlich Rabaul, neuseeländische Einheiten setzen sich auf Neu-Irland fest

16. Februar: Vergeblicher deutscher Gegenangriff auf den amerikanischen Brückenkopf Anzio–Nettuno

17. Februar: Die östlich Tscherkassy eingekesselten deutschen Verbände brechen unter schweren Verlusten aus. – Amerikanische Truppen erobern das Atoll Eniwetok (Südsee)

18. Februar: Sowjetische Truppen erobern Staraja Russa. – Die deutsche Heeresgruppe Nord (Model) tritt den Rückzug auf die Stellung Narwa–Pleskau–Opotschka an

20. Februar: Amerikanische Luftangriffe auf Braunschweig, Leipzig, Aschersleben, Hamburg (970 Bomber)

22. Februar: Die Deutschen räumen Kriwoj Rog

29. Februar: Ein weiterer deutscher Angriff auf die amerikanischen Truppen bei Anzio–Nettuno bleibt ebenfalls erfolglos stecken. – Amerikanische Einheiten landen auf den Admiralitätsinseln

4. März: Beginn einer Offensive der sowjetischen 1. Ukrainischen Front (Shukow) gegen die Heeresgruppe Süd (v. Manstein)

5. März: Die sowjetische 2. Ukrainische Front (Konjew) beginnt ebenfalls eine Offensive. – Britische Luftlandeeinheiten setzen sich in Burma fest (Oberst Wingate)

6. März: Die sowjetische 3. Ukrainische Front (Malinowski) setzt zur Offensive an

8. März: Amerikanischer Luftangriff auf Berlin. – Japanische Truppen besetzen Imphal in Assam

10. März: Die Sowjets erobern Uman

13. März: Sowjetische Truppen erobern Cherson an der Dnjeprmündung

15. März: Sowjetischer Vorstoß über den Bug. – Wiederholte britische Durchbruchsversuche bei Monte Cassino in Italien werden abgewehrt (bis 24. März)

17. März: Die Deutschen geben Dubno auf

19. März: Deutsche Truppen dringen in Ungarn ein (Unternehmen »Margarethe I«). Kampflose Besetzung von Budapest

20. März: Winniza (Ukraine) von sowjetischen Truppen erobert. – Amerikanische Einheiten landen auf Emirau (Bismarck-Archipel)

24. März: Deutscher Luftangriff auf London (90 Bomber). – Britischer Luftangriff auf Berlin (810 Bomber). – Hitler läßt 50 britische Offiziere, die aus einem Kriegsgefangenenlager ausgebrochen waren, nach ihrer Festnahme erschießen

25. März: Beginn der Entsatzversuche für die im Stützpunkt Kowel eingeschlossenen deutschen Verbände

26. März: Sowjetische Truppen erobern Kamenez-Podolsk

28. März: Sowjetische Truppen besetzen Nikolajew, überschreiten die Pruth und dringen in Rumänien ein

30. März: Generalfeldmarschall Model übernimmt die Heeresgruppe Süd (für v. Manstein)

4. April: Japanische Truppen stoßen bis Kohima in Assam vor

5. April: Die deutschen Truppen im Kessel von Kowel werden entsetzt

7. April: Sowjetischer Durchbruch auf der Krim in Richtung Simferopol. Rückzug der deutschen Truppen bei Kertsch
8. April: Die deutschen, bei Kamenez-Podolsk eingeschlossenen Verbände, brechen zu den eigenen Linien durch
10. April: Die Deutschen räumen Odessa und ziehen sich auf den Dnjestr zurück. Sowjetische Einheiten überschreiten den Sereth. – Beginn einer amerikanisch-britischen Luftoffensive auf die deutschen Flugplätze in Belgien und Frankreich
12. April: Rückzug der deutschen Streitkräfte auf der Krim nach Sewastopol
15. April: Sowjetische Truppen erobern Tarnopol
17. April: Beginn einer japanischen Offensive in Südchina nach Kanton
20. April: Britische Truppen entsetzen die von den Japanern eingeschlossenen Verbände bei Kohima in Assam
21. April: Amerikanische Einheiten landen bei Hollandia (Neuguinea)
7. Mai: Sowjetische Truppen erobern Sewastopol
8. Mai: Hitler läßt die Krim räumen
12. Mai: Sowjetische Truppen erobern die Halbinsel Chersones. Rücktransport deutscher und rumänischer Truppenteile auf das Festland. Kämpfe im Dnjestr-Bogen
12. Mai: Amerikanisch-britische Offensive am Garigliano in Italien. – Fortsetzung der amerikanisch-britischen Luftoffensive gegen die deutschen Werke zur Herstellung synthetischen Treibstoffes
17. Mai: Amerikanische Truppen landen bei Wakde (Neuguinea)
18. Mai: Die Deutschen räumen Monte Cassino in Italien
23. Mai: Amerikanischer Offensivvorstoß aus dem Brückenkopf Anzio–Nettuno
25. Mai: Die amerikanischen Truppen stellen bei Terracina die Verbindung mit den dortigen britischen Verbänden her. Beginn einer allgemeinen deutschen Rückzugsbewegung. – Ein Versuch, Tito in seinem Hauptquartier durch Fallschirmtruppen gefangenzunehmen, mißlingt
27. Mai: Amerikanische Truppen landen bei Biak (Neuguinea)
30. Mai: Deutscher Vorstoß bei Jassy (Rumänien)
31. Mai: Amerikanische und britische Truppen brechen in Richtung Valmontone (Mittelitalien) durch
1. Juni: Beginn verstärkter amerikanisch-britischer Luftangriffe auf Verkehrsziele und Küstenanlagen in Belgien und Frankreich
2. Juni: Geheimverhandlungen von Vertretern der Regierung Antonescu mit der sowjetischen Botschaft in Stockholm über ein Ausscheiden Rumäniens aus dem Krieg. – Die bulgarische Regierung Bagrianow nimmt geheime Waffenstillstandsverhandlungen mit den Westmächten auf
4. Juni: Einzug der alliierten Truppen in Rom. Rückzug der deutschen Truppen hinter den Tiber
6. Juni: Beginn des alliierten Landungsunternehmens in der Normandie (Unternehmen »Overlord«). Kämpfe an der Ornemündung, der Calvados-Küste und auf der Cotentin-Halbinsel
9. Juni: Ein deutscher Gegenangriff an der Invasionsfront muß abgebrochen werden. – Sowjetische Truppen treten auf der Karelischen Landenge zur Offensive gegen die Finnen an. Rückzug der Finnen
10. Juni: Weitere deutsche Gegenangriffe in der Normandie werden abgewehrt. – Vernichtung des Dorfes Oradour-sur-Glane durch eine SS-Einheit
12. Juni: Beginn des Abschusses von unbemannten Flugkörpern (V 1) gegen den Raum von London. – Amerikanische Truppen landen auf Saipan (Marianen)
15. Juni: Großeinsatz der V 1 auf London
16. Juni: Ein deutscher Gegenangriff an der Orne wird abgebrochen
17. Juni: Die Insel Elba wird von deutschen Truppen geräumt
18. Juni: Durchbruch der 1. amerikanischen Armee (Bradley) auf der Cotentin-Halbinsel. Cherbourg wird abgeschnitten. – Amerikanische Truppen erobern Perugia in Mittelitalien
19. Juni: Seeschlacht in der Philippinen-See zwischen amerikanischen und japanischen Einheiten (3 japanische Flugzeugträger versenkt)
20. Juni: Sowjetische Truppen erobern Wiborg (Karelien). – Amerikanischer Groß-Luftangriff auf deutsche Hydrierwerke (2500 Maschinen)
21. Juni: Beginn einer sowjetischen Offensive zwischen Ladoga- und Onega-See. – Amerikanischer Luftangriff auf den Raum von Berlin und Hydrierwerke (2500 Bomber und Jäger)
22. Juni: Beginn der sowjetischen Sommeroffensive gegen die Heeresgruppe Mitte (Busch). Tiefe Einbrüche. – Amerikanisch-britische Offensivvorstöße gegen Burma von der chinesischen Provinz Yünnan und der Küste aus
25. Juni: Die 2. britische Armee (Dempsey) leitet einen Großangriff im Raum von Caen ein
27. Juni: Vernichtung deutscher Verbände im Raum von Witebsk (35000 Mann). Sowjetische Truppen erobern Orscha am Dnjepr
28. Juni: Petrosawodsk an der finnischen Front von sowjetischen Truppen erobert. – Generalfeldmarschall Model übernimmt auch den Oberbefehl über die Heeresgruppe Mitte. – An der Invasionsfront kommen die Angriffe der 2. britischen Armee zum Stehen
29. Juni: Die bei Bobruisk eingeschlossenen deutschen Truppen kapitulieren (70000 Mann). – Die Kämpfe an der finnischen Front kommen zum Stillstand
30. Juni: Die deutsche Besatzung von Cherbourg (21000 Mann) kapituliert. – Die USA brechen die diplomatischen Beziehungen zu Finnland ab. – Deutsche U-Boote versenkten im ersten Halbjahr 387250 BRT
1. Juli: Weitere deutsche Streitkräfte kapitulieren im Raum von Cherbourg. – Beginn der Konferenz von Bretton Woods (USA) zur Diskussion über Währungs- und Handelsfragen nach dem Kriege (ohne UdSSR)
2. Juli: Die deutschen Truppen räumen Siena in Mittelitalien und ziehen sich aus der Stellung am Trasimenischen See zurück
3. Juli: Sowjetische Einheiten erobern Minsk. Generaloberst Lindemann wird abgesetzt. Generaloberst Friesner übernimmt die Heeresgruppe Nord. – Generalfeldmarschall v. Kluge übernimmt an Stelle von Generalfeldmarschall von Rundstedt den Oberbefehl im Westen. – Britische Truppen erobern den japanischen Stützpunkt Ukhrul an der indisch-burmesischen Grenze
4. Juli: Sowjetische Vorstöße in Richtung Wilna und Brest-Litowsk. Polozk eingenommen
7. Juli: An der Adria-Front in Italien ziehen sich die Deutschen auf die »Georg-Linie« zurück
8. Juli: Sowjetische Einheiten erobern Baranowitschi. – Kapitulation deutscher Truppen im Raume von Minsk (rund 350000 Mann seit dem Beginn der sowjetischen Sommeroffensive vernichtet)
9. Juli: Sowjetische Angriffe auf Wilna
13. Juli: Beginn einer sowjetischen Offensive auf Ostgalizien
16. Juli: Grodno von den Sowjets erobert
17. Juli: Generalfeldmarschall Rommel wird bei einem britischen Luftangriff schwer verwundet. Generalfeldmarschall von Kluge übernimmt den Befehl über die Heeresgruppe B
18. Juli: Einschließung deutscher Kräfte im Raum von Brody. – Amerikanisch-britischer Großangriff im Raum von Caen (Normandie). Die Amerikaner erobern St.-Lô. – Die bisherige Militärverwaltung in Belgien (v. Falkenhausen) wird in eine Zivilverwaltung unter Reichskommissar Grohé umgewandelt. – Offensivbeginn der 8. britischen Armee an der italienischen Adria-Küste. Die Deutschen räumen Ancona und ziehen sich über den Arno zurück
19. Juli: Britische Truppen erobern Caen (Normandie). – Stürme im Kanal zerstören den künstlichen Hafen »Omaha«. – Die Deutschen ziehen sich aus Livorno in Italien zurück
20. Juli: Ein Attentat des Oberst Graf Stauffenberg, Chef des Stabes beim Befehlshaber des Ersatzheeres, auf Adolf Hitler im Führer-Hauptquartier »Wolfsschanze« bei Rastenburg mißlingt. Der Versuch einer Gruppe von Offizieren, sich in Berlin der Macht zu bemächtigen, scheitert. Generaloberst Guderian wird mit der Wahrnehmung der Geschäfte des Chefs des Generalstabs des Heeres beauftragt
21. Juli: Landung amerikanischer Streitkräfte auf Guam (Marianen)
23. Juli: Einführung des »Deutschen Grußes« in der Wehrmacht. – Generaloberst Schörner übernimmt den Oberbefehl der Heeresgruppe Nord im Osten, Generaloberst Friesner wird Oberbefehlshaber der Heeresgruppe Südukraine
24. Juli: Die Sowjets erobern Lublin. – Amerikanische Truppen landen auf Tinian (Marianen)
25. Juli: Rückzug der Ungarn auf die Karpathen. – An der Westfront Beginn einer amerikanischen Durchbruchsoffensive im Raum von St.-Lô. Britische Angriffe im Raum von Falaise bleiben stecken
26. Juli: Sowjetische Einheiten erobern Narwa. – Amerikanische Truppen besetzen Pisa in Italien
27. Juli: Die Sowjets erobern Dünaburg, Bialystok, Lemberg und Stanislaw. – Amerikanischer

Durchbruch bei St.-Lô. Vorstoß nach Mittelfrankreich. Rückzug der deutschen Truppen an der Normandie-Front

28. Juli: Sowjetische Einheiten erobern Brest-Litowsk

29. Juli: Sowjetische Einheiten erobern Tukkum in Estland und stoßen auf die Rigaer Bucht vor. Die Heeresgruppe Nord (Schörner) in Estland und Lettland abgeschnitten

30. Juli: Deutscher Gegenangriff östlich Warschau auf die vorstoßenden sowjetischen Streitkräfte

31. Juli: Mitau von sowjetischen Truppen erobert. – Amerikanische Einheiten stoßen über Avranches vor

1. August: Sowjetische Einheiten besetzen Kowno. In Warschau beginnt der Aufstand der polnischen »Heimatarmee« (Bor-Komorowski). – Der finnische Marschall Mannerheim übernimmt das Amt des Staatspräsidenten

2. August: Vormarsch der 1. und 3. amerikanischen Armee (Bradley) zur unteren Loire. – Die Türkei bricht die diplomatischen Beziehungen zu Deutschland ab

3. August: Vernichtung vorgestoßener, bei Warschau eingekesselter sowjetischer Einheiten. – Beginn des deutschen Rückzugs südlich Florenz. – Chinesische Truppen erobern Myitkyna in Nordburma

4. August: Bildung eines sowjetischen Brückenkopfes an der Weichsel (Baranow-Brückenkopf). – Die Amerikaner erobern Rennes in der Bretagne. – Die deutschen Truppen räumen Florenz

6. August: Sowjetische Truppen besetzen Drogobytsch in Galizien

7. August: Britische Durchbruchsversuche nördlich Falaise scheitern

8. August: Die Japaner erobern bei einem Vorstoß in China den Flugplatz von Henyang

9. August: Die amerikanische 3. Armee (Patton) erobert Le Mans

10. August: In Italien wird der letzte Stadtteil von Florenz geräumt. Deutscher Rückzug bis zum Casale

11. August: Die Deutschen geben Nantes auf

12. August: Deutsche Offensive gegen die Tito-Partisanen

15. August: Die amerikanische 7. Armee (Patch) landet zusammen mit französischen Truppen an der Mittelmeerküste zwischen Cannes und Toulon (Operation »Dragoon«)

16. August: Hitler erteilt den Befehl zur Räumung Südfrankreichs

17. August: Die Amerikaner besetzen Chartres und Orléans. – Britische Truppen erobern Falaise. – Generalfeldmarschall Model übernimmt im Westen anstelle von Generalfeldmarschall von Kluge den Oberbefehl. – Marschall Pétain und seine Mitarbeiter werden auf Befehl Hitlers nach Belfort gebracht. – Die französische Vichy-Regierung Laval tritt zurück

18. August: Sowjetische Truppen erobern Sandomir. – Beginn des deutschen Rückzuges von der spanischen Grenze und der Atlantik-Küste

19. August: Vereinigung der britischen und amerikanischen Truppen bei Chambois. Einkesselung deutscher Truppen im Raum von Falaise. – Beginn schwerer Abwehrkämpfe der deutschen Truppen am Metaurus (Oberitalien)

20. August: Sowjetischer Angriff im Raum vor Jassy und Tiraspol. – Die Amerikaner erreichen die Seine im Raum von Paris. – Die deutschen Seestreitkräfte werden aus den Atlantik-Häfen zurückgezogen

21. August: Deutsche Truppen erobern Tukkum in Estland zurück und stellen die Verbindung zur Heeresgruppe Nord (Schörner) wieder her

22. August: Sowjetische Truppen erobern Jassy. – Die amerikanische 3. Armee (Patton) stößt auf Troyes und Reims vor. – Die deutschen Truppen in Italien gehen auf die Vorapennin-Stellung zurück

23. August: König Michael I. stürzt Marschall Antonescu und führt Rumänien auf die sowjetische Seite. – In Südfrankreich besetzen französische Truppen Toulon. Grenoble von französischen Widerstandskämpfern (Maquisards) eingenommen

24. August: Die deutschen Einheiten im Raum von Kischinew sind eingeschlossen. – Ein deutscher Vorstoß zur Einnahme von Bukarest scheitert.– Die deutschen Truppen räumen Bordeaux und ziehen sich auf die Gironde zurück. – Das Kabinett Bagrianow fordert den Abzug der Deutschen aus Bulgarien. – Bildung einer rumänischen »Nationalregierung« in Wien (Horia Sima)

25. August: Amerikanische und französische Truppen (General Leclerq) besetzen Paris. Kapitulation der Besatzung (v. Choltitz). General de Gaulle zieht in Paris ein. – Rumänien erklärt Deutschland den Krieg. – Geheimes Waffenstillstandsangebot der finnischen Regierung an die Sowjetunion

26. August: Das bulgarische Kabinett Bagrianow erklärt die Neutralität des Landes

27. August: Sowjetische Truppen erobern Focsani und dringen über die Karpaten nach Zentralrumänien vor

28. August: Französische Truppen erobern Marseille

29. August: Beginn eines Aufstandes von Widerstandsgruppen in der Slowakei, dem sich slowakische Truppen anschließen

30. August: Sowjetische Truppen besetzen das rumänische Erdölgebiet. Weitere Einheiten landen im Hafen Konstanza. – Beginn einer amerikanisch-britischen Offensive über die Seine. Einnahme von Rouen

31. August: Sowjetische Truppen besetzen Bukarest

1. September: Sowjetische Truppen erreichen die Donau bei Girgiu. – Beginn eines amerikanischen Angriffs auf Brest. – Besetzung von Verdun durch die Amerikaner

2. September: Kapitulation der letzten eingekesselten deutschen Verbände bei Kischinew. – Die finnische Regierung bricht die diplomatischen Beziehungen ab und fordert den Abzug der deutschen Truppen aus Finnland

3. September: Generalfeldmarschall von Rundstedt übernimmt den Oberbefehl im Westen. – Britische Truppen besetzen Brüssel. – Amerikanische Streitkräfte und Maquisards besetzen Lyon

4. September: Sowjetische Einheiten besetzen Kronstadt in Siebenbürgen. – Die finnische Armee stellt die Kampfhandlungen ein. – Britische Truppen besetzen Antwerpen

5. September: Ein deutsch-ungarischer Gegenangriff aus dem Raum von Klausenburg wird abgebrochen. – Kriegserklärung der Sowjetunion an Bulgarien, verbunden mit einem Einmarsch sowjetischer Truppen von der Dobrudscha aus

6. September: Sowjetische Truppen besetzen Turnu-Severin und stoßen bis zur jugoslawischen Grenze vor. – Britische Truppen besetzen Gent, die Amerikaner Lüttich

7. September: Rumänien erklärt Ungarn den Krieg

8. September: Beginn des Abschusses von Fernraketen auf England (V 2). – Das bulgarische Kabinett Murawiew erklärt Deutschland den Krieg, wird aber durch einen kommunistischen Staatsstreich gestürzt. Neue »Demokratische Regierung der Vaterländischen Front« (Georgiew). – Die belgische Exilregierung Pierlot kehrt nach Brüssel zurück

9. September: General de Gaulle bildet eine provisorische Regierung in Paris. – Die Sowjetregierung beendet die Kampfhandlungen in Bulgarien

10. September: Die 1. amerikanische Armee (Hodges) besetzt Luxemburg

11. September: Deutsche Truppen in der Auvergne (22000 Mann) kapitulieren vor der 1. amerikanischen Armee. – Französische Truppen besetzen Dijon. – Britische Truppen überschreiten die belgisch-holländische Grenze. Die Amerikaner besetzen Eupen und Malmedy und erreichen im Raum von Trier die deutsche Grenze

12. September: Die rumänische Regierung läßt in Moskau einen Waffenstillstand mit der UdSSR, Großbritannien und den USA unterzeichnen. Die rumänischen Truppen nehmen aber weiter am Kriege gegen Deutschland teil. – Beginn einer deutsch-ungarischen Offensive gegen Temesvar und Arad. – Deutsche Truppen räumen die Jonischen Inseln

13. September: Sowjetische Truppen erobern die Warschauer Vorstadt Praga. – Französische Truppen erobern das Plateau von Langres. – Beginn eines amerikanischen Offensivvorstoßes zur Durchbrechung der deutschen Apenninstellung

14. September: Beginn einer sowjetischen Offensive in Estland und Lettland. Deutscher Rückzug auf Verteidigungsstellungen um Riga

15. September: Sowjetischer Durchbruch bei Narwa. – Amerikanische Truppen erobern Nancy. – Amerikanische Einheiten landen auf den Palau-Inseln (Südsee)

16. September: Beginn eines Generalstreiks in Dänemark (bis 21. September). Entwaffnung der dänischen Polizei. – Abschluß der am 10. September begonnenen Konferenz zwischen Roosevelt und Churchill in Quebec (Morgenthau-Plan)

17. September: Britische Luftlandungen in Holland bei Arnheim, Nimwegen und Eindhoven

19. September: Die deutsch-ungarische Gegenoffensive im Raum von Arad und Temesvar wird abgebrochen. – Finnland unterzeichnet in

Moskau einen Waffenstillstand mit der Sowjetunion, Großbritannien und den USA. – Amerikanische Truppen erobern Brest

21. September: Die 8. britische Armee erobert Rimini in Oberitalien. – Die Rückzugsbewegungen der deutschen Truppen auf dem Peloponnes werden abgeschlossen

22. September: Sowjetische Truppen erobern Reval.– Kapitulation der deutschen Besatzung von Boulogne

24. September: Britische Seestreitkräfte beginnen Operationen zur Eroberung der Inseln in der Ägäis. – Auf Befehl des ungarischen Reichsverwesers Admiral von Horthy begibt sich eine Waffenstillstandsdelegation nach Moskau

26. September: Das Gros der britischen Luftstreitkräfte bei Arnheim wird vernichtet (6450 Gefangene). Die bei Eindhoven gelandeten Truppen können die Verbindung zu den Einheiten bei Nimwegen herstellen

27. September: Abschluß des deutschen Rückzuges in Westgriechenland bis zum Pindus-Gebirge

28. September: Sowjetischer Angriff aus Westbulgarien und Westrumänien auf Belgrad

1. Oktober: Die deutsche Besatzung von Calais kapituliert. – Die deutschen Truppen beginnen Athen zu räumen

2. Oktober: Kapitulation der polnischen »Heimatarmee« (Bor-Komorowski) in Warschau

4. Oktober: Britische Truppen landen in Griechenland. Besetzung von Patras

5. Oktober: Beginn einer sowjetischen Offensive gegen die deutschen Stellungen bei Raseinen

6. Oktober: Beginn einer sowjetischen Offensive aus dem Raum von Arad in die ungarische Tiefebene

7. Oktober: Sowjetische Offensive an der Karelischen Front. Rückzug der deutschen Truppen

8. Oktober: Amerikanischer Vorstoß auf Aachen. – Britische Truppen besetzen Korinth in Griechenland

9. Oktober: Sowjetische Truppen erreichen nördlich der Memel die Ostsee und stoßen zum Kurischen Haff vor. Memel wird eingeschlossen. – Die Konferenz von Dumbarton Oaks bei Washington, auf der die USA, Großbritannien, die UdSSR und China vertreten sind, beschließt die Gründung der »Vereinten Nationen«, die den Völkerbund ersetzen sollen. – Beginn einer Besprechung Stalins mit Churchill in Moskau über die Festlegung von Einflußzonen in Südosteuropa

10. Oktober: Durchbruch sowjetischer Einheiten durch die deutschen Linien in Serbien. – Der Aufstand in der Slowakei ist von deutschen Verbänden niedergeworfen worden

11. Oktober: Sowjetische Einheiten erobern Klausenburg (Siebenbürgen). – Eine ungarische Delegation unterzeichnet die Präliminarien zu einem Waffenstillstandsabkommen in Moskau

13. Oktober: Die deutschen Truppen räumen Riga und ziehen sich nach Kurland zurück. – Britische Truppen rücken in Athen ein und besetzen den Hafen Piräus und Korfu

15. Oktober: Der ungarische Reichsverweser, Admiral von Horthy, der über den Rundfunk den Waffenstillstand proklamiert hatte, wird von deutschen Einheiten in Budapest gefangengenommen und zur Abdankung gezwungen. Die Regierungsgewalt übernimmt der Führer der ungarischen faschistischen Pfeilkreuzler, Ferenc Szalasi, der den Kampf an der Seite Deutschlands weiterführt. – Sowjetische Truppen besetzen Petsamo (Finnland). – Bulgarische Einheiten erobern Nisch

16. Oktober: Sowjetische Truppen dringen in Ostpreußen ein

17. Oktober: Erfolgreiche deutsche Abwehrkämpfe bei Debrecen in Ungarn (bis 19. Oktober)

18. Oktober: Hitler erläßt einen Aufruf zur Errichtung des Volkssturmes. – Evakuierung der Insel Lemnos von der deutschen Besatzung

19. Oktober: Deutscher Rückzug bei Tilsit. Hitler befiehlt die systematische Zerstörung Warschaus. – Landung der Amerikaner auf der Philippinen-Insel Leyte (MacArthur)

20. Oktober: Sowjetische Truppen erobern Belgrad

21. Oktober: Aachen von den Amerikanern erobert.- Britische Truppen stoßen an der unteren Maas vor. – Partisanen Titos besetzen Dubrovnik

22. Oktober: Sowjetische Truppen erobern Eydtkuhnen, Stallupönen und Goldap in Ostpreußen. – Räumung von Dagö und Ösel. Abwehrkämpfe auf der Halbinsel Sworbe. – Ein Großangriff der japanischen Flotte auf das amerikanische Landungsunternehmen bei Leyte wird abgeschlagen (Kämpfe bis 25. Oktober). Die Japaner verlieren u.a. 3 Schlachtschiffe, 4 Flugzeugträger, 6 Schwere, 3 Leichte Kreuzer

25. Oktober: Die deutschen Truppen räumen Kirkenes in Nordnorwegen. – Die Besetzung Siebenbürgens wird von den Sowjets abgeschlossen

26. Oktober: Sowjetische Truppen erobern Munkacs in Ungarn

28. Oktober: Der sowjetische Vorstoß in Ostpreußen wird zum Stehen gebracht. Rückzug der deutschen Truppen in Nordnorwegen. – Die bulgarische Regierung unterzeichnet einen Waffenstillstand mit der UdSSR, Großbritannien und den USA

30. Oktober: Sowjetische Offensive aus dem Raum von Kecskemet auf Budapest. Britische Offensive gegen die deutschen Stellungen bei Forli (Oberitalien)

31. Oktober: Die britischen Truppen besetzen Saloniki

1. November: Britische Offensive gegen die Insel Walcheren an der holländischen Küste (am 8. November erobert). – Erster amerikanischer Großluftangriff auf Tokio

2. November: Sowjetische Einheiten dringen in die südöstlichen Vororte von Budapest ein. – Rückzug der deutschen Truppen an der Schelde und in Griechenland

3. November: Rückzug der deutschen Truppen im Petsamo-Abschnitt

5. November: Goldap in Ostpreußen wird von deutschen Truppen zurückerobert

7. November: Präsident Roosevelt in den USA wiedergewählt

9. November: Die Deutschen räumen den Brückenkopf bei Moerdijk an der Maas. – Forli bei Bologna von britischen Einheiten erobert

10. November: Die Japaner erobern in Südchina die amerikanischen Fliegerstützpunkte Kweilin und Liuchow

12. November: Britische Flugzeuge versenken das deutsche Schlachtschiff »Tirpitz« an der Küste Nordnorwegens

13. November: Die deutschen Truppen räumen Skopje in Jugoslawien

14. November: Vorstoß amerikanisch-französischer Streitkräfte in das Elsaß gegen den Oberrhein

16. November: Beginn der deutschen Abwehrkämpfe an der Roer. – Die Räumung Mazedoniens ist abgeschlossen. Die Deutschen ziehen sich auf die Drina zurück

20. November: Beginn eines britischen Angriffs bei Faenza (Oberitalien). – Die Deutschen räumen die albanische Hauptstadt Tirana

21. November: Französische Truppen besetzen Belfort. – Amerikanischer Luftangriff auf Hamburg und die Leuna-Werke (Merseburg). – Britischer Luftangriff auf Castrop-Rauxel, Sterkrade-Holten und den Dortmund-Ems-Kanal

22. November: Amerikanische Truppen besetzen Metz

23. November: Die Amerikaner besetzen Straßburg und stoßen zum Rhein vor

24. November: Französische Truppen erobern Mühlhausen im Elsaß. – Die amerikanische Luftoffensive gegen das japanische Festland beginnt

27. November: Beginn einer sowjetischen Offensive in Ungarn. Mohacs erobert. Zusammenbruch der deutsch-ungarischen Verteidigungsstellung

29. November: Sowjetische Truppen erobern Fünfkirchen in Ungarn

3. Dezember: Amerikanische Truppen brechen bei Saarlautern in das Verteidigungssystem des Westwalls ein. Die deutschen Truppen räumen Venlo an der holländischen Grenze. – Aufstand der kommunistischen Untergrundbewegung E.L.A.S. in Griechenland

5. Dezember: Die Sowjets setzen in Ungarn (Debrecen) eine Gegenregierung unter Generaloberst Miklós-Dálnoki ein

8. Dezember: Beginn einer sowjetischen Großoffensive auf Budapest. – Die deutschen Truppen räumen Jülich an der Roer

10. Dezember: Amerikanische Truppen erobern Hagenau und Saargemünd. – Stalin und de Gaulle unterzeichnen einen französisch-sowjetischen Bündnisvertrag gegen Deutschland

13. Dezember: Rückzug der deutschen Truppen im Nordelsaß

15. Dezember: Amerikanische Truppen landen auf der Philippinen-Insel Mindoro

16. Dezember: Beginn der deutschen Ardennen-Offensive (Unternehmen »Wacht am Rhein«). – Britische Truppen erobern Faenza in Oberitalien. – Beginn der Kämpfe in Griechenland zwischen E.L.A.S.-Einheiten und britisch-griechischen Regierungstruppen

18. Dezember: Die deutsche Ardennenoffensive kommt ins Stocken

19. Dezember: Umgruppierung der amerikanischen Truppen. Eingekesselte amerikanische Einheiten kapitulieren in der Schnee-Eifel

20. Dezember: Deutsche Truppen erobern Stavelot. – Ein britischer Angriff aus dem Raum von Faenza wird abgewehrt
21. Dezember: St. Vith von den Deutschen erobert. – Beginn der britischen Durchbruchskämpfe zum Comacchio-See in Oberitalien
22. Dezember: Beginn eines amerikanischen Gegenangriffs in den Ardennen
23. Dezember: Sowjetische Truppen erobern Gran und schneiden die Landverbindung nach Budapest ab. – Die in Bastogne eingeschlossenen amerikanischen Truppen werden entsetzt
31. Dezember: Deutsche Offensivvorstöße im nördlichen Elsaß (Unternehmen »Nordwind«). – Die ungarische Gegenregierung Miklós-Dálnoki erklärt Deutschland den Krieg. – Deutsche U-Boote versenkten im zweiten Halbjahr rund 314651 BRT

1945

1. Januar: Deutscher Entsatzvorstoß auf Budapest von Komorn aus. – Verlustreicher deutscher Luftvorstoß auf alliierte Flugplätze in Südholland, Belgien und Nordfrankreich
3. Januar: Britische Einheiten besetzen Akayab in Burma
7. Januar: Zweiter deutscher Entsatzvorstoß auf Budapest vom Plattensee aus
11. Januar: Waffenstillstand in Griechenland. Die kommunistischen Verbände räumen Athen, Saloniki und Patras
12. Januar: Die sowjetische 1. Ukrainische Front (Konjew) stößt aus dem Brückenkopf Baranow vor und durchbricht die deutschen Abwehrstellungen
13. Januar: Die sowjetische 3. Weißrussische Front (Tschernjachowski) geht bei Pillkallen (Ostpreußen) zur Offensive vor. – Der deutsche Rückzug aus Griechenland und Albanien ist zunächst abgeschlossen
14. Januar: Die sowjetische 1. Weißrussische Front (Shukow) durchbricht in Polen die deutschen Abwehrstellungen. – Die sowjetische 2. Weißrussische Front (Rokossowski) ergreift aus dem Narew-Brückenkopf heraus die Offensive in Richtung Elbing
15. Januar: Eine weitere sowjetische Offensive findet in Richtung Krakau statt. Eroberung von Kielce
16. Januar: Die Spitzen der amerikanischen und britischen Truppen, die zur Abwehroffensive in den Ardennen angetreten sind, treffen bei Houffalize zusammen
17. Januar: Sowjetische Einheiten erobern Tschenstochau. – Die Deutschen räumen Warschau. – Die Besatzung von Budapest zieht sich auf den Stadtteil Buda zurück
18. Januar: Die Sowjets erobern Petrikau. Krakau von den Deutschen geräumt. Die sowjetische 2. Weißrussische Front (Rokossowski) setzt zum Durchbruch an. – Dritter deutscher Entsatzvorstoß am Plattensee auf Budapest
19. Januar: Die sowjetische 1. Weißrussische Front (Shukow) erobert Lodz
21. Januar: Die sowjetische 1. Ukrainische Front (Konjew) bricht in Schlesien ein
22. Januar: Sowjetische Truppen erobern Insterburg und Allenstein
23. Januar: Beginn der Räumung Ostpreußens und der Danziger Bucht auf dem Seewege
24. Januar: Rückzug der Deutschen in der Slowakei.– Die sowjetische 1. Ukrainische Front (Konjew) erobert Oppeln und Gleiwitz. Himmler wird Oberbefehlshaber der Heeresgruppe Weichsel.– Sowjetische Vorstöße bei Libau (Kurland) werden abgewiesen
26. Januar: Sowjetische Einheiten schneiden die Landverbindungen nach Ostpreußen ab. – Deutsche Truppen brechen bei Braunsberg nach Westen durch. – Sowjetische Truppen erobern Kattowitz
27. Januar: Die Deutschen räumen das oberschlesische Industriegebiet
29. Januar: Amerikanische Einheiten landen in der Manila-Bucht auf Luzon
30. Januar: Sowjetische Einheiten bilden Brückenköpfe bei Küstrin
2. Februar: Ekuador erklärt Deutschland den Krieg
3. Februar: Amerikanischer Luftangriff auf Berlin (937 Bomber, 613 Jäger)
4. Februar: Amerikanische Einheiten besetzen die Hauptstadt der Philippinen, Manila. – Beginn der Konferenz von Jalta zwischen Stalin, Roosevelt und Churchill
7. Februar: Die Besatzung von Thorn kämpft sich zu den deutschen Linien durch
8. Februar: Die sowjetische 1. Ukrainische Front (Konjew) stößt aus dem Raum von Steinau und Leubus an der Oder gegen die deutschen Verteidigungsstellungen vor. – Die 1. Kanadische Armee (Crerar) beginnt eine Offensive aus dem Raum von Nimwegen. – Paraguay erklärt Deutschland den Krieg
10. Februar: Die Vorstöße der sowjetischen 2. Weißrussischen Front (Rokossowski) werden in Hinterpommern zum Stehen gebracht. Die Besatzung von Elbing kämpft sich zu den deutschen Linien durch. – Liegnitz von sowjetischen Truppen erobert. – Die Reste der deutsch-ungarischen Besatzung von Budapest kapitulieren
12. Februar: Beendigung der Jalta-Konferenz: Koordinierung der militärischen Operationen. Aufteilung Deutschlands in Besatzungszonen, Bildung eines alliierten Kontrollrats, Festlegung einer Konferenz zur Gründung der »Vereinten Nationen«, Vereinbarung über den Eintritt der UdSSR in den Krieg gegen Japan, Einigung über eine polnische Regierung und die polnisch-sowjetische Westgrenze. – Peru erklärt Deutschland den Krieg
13. Februar: Britisch-amerikanischer Luftangriff auf Dresden (wiederholt am 14. Februar). – Im Westen ziehen sich die deutschen Truppen auf Wesel zurück
15. Februar: Breslau eingeschlossen. – Amerikanische Truppen landen auf Bataan und Corregidor (Philippinen). – Uruguay erklärt Deutschland den Krieg
16. Februar: Beginn eines deutschen Gegenangriffs bei Stargard in Pommern (eingestellt am 18. Februar). – Venezuela erklärt Deutschland den Krieg
19. Februar: Deutsche Truppen stellen in Ostpreußen die Landverbindung zwischen Pillau und Königsberg her. – Himmler nimmt mit dem Präsidenten des Internationalen Roten Kreuzes, Graf Folke Bernadotte, Kontakte auf, um die Möglichkeiten eines Separatfriedens mit den Westmächten zu erkunden. – Amerikanische Truppen landen auf Iwo-Jima (Bonin-Inseln)
20. Februar: Sowjetische Durchbruchversuche bei Libau in Kurland
23. Februar: Sowjetische Einheiten erobern Posen. – Die 9. amerikanische Armee (Simpson) eröffnet eine Offensive aus ihren Brückenköpfen an der Roer. – Die Türkei erklärt Deutschland den Krieg
24. Februar: Sowjetischer Durchbruch in Hinterpommern. – Ägypten erklärt Deutschland den Krieg. – Amerikanische Truppen beenden die Eroberung der Philippinen-Insel Luzon
27. Februar: Der rumänische König Michael I. wird gezwungen, in Budapest eine kommunistische Regierung zu ernennen
28. Februar: Die sowjetischen Durchbruchsversuche in Kurland werden eingestellt. – Amerikanische Truppen landen auf Palawan (Philippinen)
1. März: Beginn eines deutschen Gegenangriffs in Niederschlesien, der zur Wiedereroberung von Lauban und Striegau führt
3. März: Die amerikanische 3. Armee (Patton) besetzt Trier. – Kanadische Truppen besetzen Xanten
4. März: Die deutschen Truppen räumen Visegrad an der Drina
5. März: Graudenz kapituliert
6. März: Beginn einer deutschen Offensive am Plattensee in Ungarn
7. März: Die amerikanische 1. Armee (Hodges) erobert Köln und dringt bei Remagen auf das Ostufer des Rheins vor
8. März: Beginn von Geheimverhandlungen in der Schweiz zwischen Vertretern des alliierten Oberkommandos und der deutschen Italienarmee über die Kapitulation der deutschen Truppen in Italien
9. März: Die Japaner entwaffnen die französischen Streitkräfte in Indochina. – Britische Truppen schließen Mandalay in Burma ein. – Schwerer amerikanischer Luftangriff auf Tokio
10. März: Generalfeldmarschall Kesselring übernimmt den Oberbefehl im Westen (für Generalfeldmarschall von Rundstedt). – Die deutschen Truppen räumen Wesel
13. März: Beginn einer sowjetischen Offensive im Raum von Heiligenbeil (Ostpreußen). Königsberg wird von der Landverbindung abgeschnitten
15. März: Die sowjetische 1. Ukrainische Front (Konjew) beginnt eine Offensive im Raum von

Ratibor (Oberschlesien). – Die deutschen Offensivvorstöße in Ungarn werden abgebrochen

16. März: Die sowjetische 2. Ukrainische Front und 3. Ukrainische Front (Tolbuchin) treten in Ungarn zur Gegenoffensive an

17. März: Die amerikanische 3. Armee (Patton) erobert Koblenz

18. März: Kolberg in Pommern von sowjetischen Truppen erobert. – Beginn sowjetischer Angriffe in Kurland

19. März: Hitler erläßt den Befehl »Verbrannte Erde« zur Zerstörung sämtlicher Industrie- und Versorgungsanlagen im Reichsgebiet

20. März: Beginn einer Offensive der Tito-Partisanen in Dalmatien. – Britische Truppen besetzen Mandalay in Burma

22. März: Die amerikanische 3. Armee (Patton) überschreitet den Rhein bei Oppenheim und stößt nach Osten vor. – Die deutschen Truppen räumen die letzten Brückenköpfe an der Drau bei Siklos

23. März: Sowjetische Truppen durchbrechen die deutschen Verteidigungsstellungen bei Gotenhafen (Gdingen) und Danzig. – Britische, kanadische und amerikanische Truppen stoßen von Venlo aus über den Rhein vor und besetzen Wesel

25. März: Amerikanische Truppen erreichen Germersheim, Ludwigshafen und Worms

26. März: Die amerikanische 1. Armee (Hodges) durchquert den Westerwald. – Die amerikanische 3. Armee (Patton) besetzt Darmstadt und erreicht den Main. – Der japanische Widerstand auf der Insel Iwo-Jima erlischt

27. März: Argentinien erklärt Deutschland den Krieg

28. März: Gotenhafen (Gdingen) von sowjetischen Truppen erobert. – Generaloberst Guderian wird von Hitler »beurlaubt«. Mit der Wahrnehmung der Geschäfte des Generalstabes des Heeres wird General Krebs beauftragt

29. März: Rückzug der deutschen Truppen auf der Frischen Nehrung. – Amerikanische Truppen besetzen Frankfurt am Main

30. März: Danzig von sowjetischen Truppen erobert. – Britische Einheiten besetzen Emmerich und Bocholt

1. April: Beginn der Evakuierung der Halbinsel Hela durch deutsche Seestreitkräfte. – Truppen der amerikanischen 1. Armee (Hodges) treffen mit Einheiten der amerikanischen 9. Armee (Simpson) im Raum von Lippstadt zusammen. – Der Hauptteil der Streitkräfte der deutschen Heeresgruppe B (Model) im Ruhrgebiet eingeschlossen. – Die 1. französische Armee (de Lattre de Tassigny) geht bei Philippsburg über den Rhein. – Amerikanische Truppen landen auf Okinawa (Riukiu-Inseln)

2. April: Sowjetische Truppen besetzen das ungarische Ölgebiet von Nagy Kanisza

3. April: Münster von amerikanisch-britischen Truppen besetzt

4. April: Sowjetische Truppen besetzen Preßburg (Bratislava) in der Slowakei. – Die letzten deutschen Truppen ziehen sich aus Ungarn zurück

5. April: Die sowjetische 3. Ukrainische Front (Tolbuchin) setzt zum Angriff auf Wien an. – Ende des V-2-Einsatzes im Westen

6. April: Die sowjetische 3. Weißrussische Front (Wassilewski) stößt zum Frischen Haff vor. – Die amerikanische 9. Armee (Simpson) erobert Hamm. – Tito-Partisanen besetzen Sarajewo

7. April: Ein letzter japanischer Flottenvorstoß bei Okinawa wird zurückgeschlagen. – Amerikanischer Luftangriff auf Tokio

9. April: Die Besatzung von Königsberg kapituliert. – Beginn einer amerikanisch-britischen Großoffensive in Oberitalien

10. April: Die amerikanische 9. Armee (Simpson) besetzt Essen und Hannover. – Der Schwere Kreuzer »Admiral Scheer« wird in Kiel von britischen Bombern versenkt. – Beginn einer japanischen Offensive in China

12. April: Präsident Roosevelt stirbt an einem Gehirnschlag. Nachfolger Harry S. Truman

13. April: Wien von sowjetischen Truppen erobert

14. April: Amerikanische Angriffe spalten die deutschen Streitkräfte im Ruhrgebiet

15. April: Zerschlagung eines sowjetischen Brückenkopfes bei Magdeburg. – Beginn einer sowjetischen Offensive auf das Industriegebiet von Mährisch-Ostrau (Moravska Ostrava). – St. Pölten von sowjetischen Truppen besetzt

16. April: Die sowjetische 1. Ukrainische (Shukow) und 1. Weißrussische Front (Konjew) treten an der Neiße und aus den Oderbrückenköpfen zum Sturm auf Berlin an. – Die im östlichen Ruhrkessel befindlichen deutschen Truppen geben den Widerstand auf. – Kanadische Truppen besetzen Groningen in Südholland. – Amerikanische Truppen landen auf Ie Shima bei Okinawa. – Britische Bomber versenken in Swinemünde den deutschen Schweren Kreuzer »Lützow«

17. April: Die restlichen deutschen Verbände im Ruhrgebiet kapitulieren (325000 Gefangene)

18. April: Amerikanische Truppen erobern Magdeburg und besetzen Düsseldorf. – Kanadische Truppen dringen bis zur Zuider-See vor. – Die 3. amerikanische Armee (Patton) dringt in West-Böhmen ein. – Letzter britischer Luftangriff auf Berlin

19. April: Die Amerikaner besetzen Leipzig

20. April: Die sowjetische 2. Weißrussische Front (Rokossowski) setzt zur Eroberung von Vorpommern und Mecklenburg an. – Sowjetische Artillerie beginnt mit dem Beschuß von Berlin. – Kapitulation der deutschen Stützpunkte an der Gironde-Mündung in Frankreich

21. April: Sowjetische Truppen besetzen Bautzen und Cottbus

22. April: Die 1. französische Armee (de Lattre de Tassigny) besetzt Stuttgart

23. April: Britische Truppen stoßen auf Hamburg-Harburg vor. Französische Truppen besetzen Müllheim/Baden. – Hitler entläßt Göring aus allen Ämtern

24. April: Deutsche Truppen bei Frankfurt a.d.Oder eingekesselt. Andere deutsche Verbände brechen bei Beelitz durch und ziehen sich über die Elbe zurück. – Amerikanisch-französische Truppen besetzen Ulm. – In Italien erobern die Briten Ferrara, die Amerikaner La Spezia. – Himmler läßt dem Grafen Bernadotte in Lübeck ein Kapitulationsangebot an die Westmächte zugehen

25. April: Der Einkesselungsring um Berlin wird geschlossen. – Pillau in Ostpreußen von den sowjetischen Truppen erobert. – Amerikanische und sowjetische Truppen begegnen sich bei Torgau an der Elbe. – Amerikanische und britische Truppen überschreiten den Po in Oberitalien und besetzen Mantua, Reggio und Parma. – Beginn der Konferenz von San Franzisco zur Erörterung der »Charta der Vereinten Nationen«

26. April: Sowjetische Truppen besetzen Brünn und Stettin. – Amerikanische Einheiten besetzen Bremen

27. April: In Wien wird eine provisorische österreichische Regierung unter Karl Renner gebildet. – Französische Einheiten besetzen Ventimiglia und Bordighera an der französisch-italienischen Grenze. – Amerikanische Truppen besetzen Genua

28. April: Ein deutscher Entsatzvorstoß (Wenck) auf Berlin muß im Raum von Ferch abgebrochen werden. – Die Amerikaner erobern Augsburg. – Mussolini wird mit einigen Gefolgsleuten bei Dongo an der Schweizer Grenze von italienischen Partisanen gefangengenommen und am nächsten Tage erschossen

29. April: Die deutsche Italien-Armee (v. Vietinghoff) kapituliert vor den alliierten Streitkräften (Alexander). – Französische Truppen besetzen Friedrichshafen am Bodensee. – Hitler setzt sein Testament auf und ernennt Großadmiral Dönitz zum Reichspräsidenten

30. April: Hitler begeht im Bunker der Reichskanzlei Selbstmord. – Die Amerikaner besetzen München und Turin. – Tito-Partisanen dringen in Triest ein. – Deutsche U-Boote versenkten seit Januar 1945 rund 90000 BRT

1. Mai: Großadmiral Dönitz übernimmt gemäß Hitlers Testament die Staatsführung. – Tito-Partisanen besetzen den größten Teil des Gebietes von Triest, Görz und Istrien. – Australische Truppen landen auf Tarakan bei Borneo

2. Mai: Die restliche Besatzung von Berlin kapituliert. Die Sowjets besetzen Rostock. – Britische Einheiten treffen bei Wismar mit sowjetischen Truppen zusammen. – Die deutsche Besatzung von Triest kapituliert vor den Briten

3. Mai: Britische Einheiten rücken in Hamburg ein, amerikanische in Innsbruck. – Britische Truppen besetzen die Hauptstadt Burmas, Rangun. – Die Amerikaner landen auf Mindanao (Philippinen)

4. Mai: Die deutschen Streitkräfte in Holland, Nordwestdeutschland und Dänemark kapitulieren vor Feldmarschall Montgomery

4. Mai: Deutsche Einheiten kapitulieren bei München vor den Amerikanern

5. Mai: Der von Dönitz zum Außenminister ernannte Graf Schwerin von Krosigk bildet in Flensburg eine geschäftsführende Reichsregierung. – Aufstand tschechischer Widerstandsgruppen in Prag

6. Mai: Beginn einer sowjetischen Großoffensive gegen die Reste der deutschen Heeresgruppe Mitte (Schörner) in Böhmen. Die Amerikaner erobern Pilsen und stellen ihren Vormarsch ein. – Kapitulation Breslaus

7. Mai: Die Amerikaner räumen ihre Elbbrückenköpfe. – Britische Einheiten besetzen Wilhelmshaven, Cuxhaven und Emden. – Die auf deutscher Seite kämpfenden kroatischen Verbände ziehen sich bei Klagenfurt nach Österreich zurück. – Generaloberst Jodl unterzeichnet die Gesamtkapitulation der deutschen Wehrmacht in Reims

8. Mai: Sowjetische Einheiten besetzen Dresden. – Titos Partisanen rücken in Agram ein

9. Mai: Generalfeldmarschall Keitel wiederholt die Unterzeichnung der Gesamtkapitulation im sowjetischen Hauptquartier Karlshorst bei Berlin. – Die deutschen Truppen auf den britischen Kanalinseln und in den Stützpunkten an der französischen Küste strecken die Waffen

10. Mai: Die deutschen Truppen in Kurland kapitulieren. – Sowjetische Einheiten besetzen Prag

11. Mai: Die restlichen deutschen Einheiten auf den Ägäisinseln und bei Dünkirchen kapitulieren (208000 Mann). – Sowjetische Truppen landen auf Bornholm. – Das tschechoslowakische Exilkabinett kehrt aus London nach Prag zurück

14. Mai: Die letzten deutschen Truppen in Ostpreußen strecken die Waffen. – Helgoland von britischen Truppen besetzt

15. Mai: Die Masse der kroatischen Einheiten, die in Österreich vor den Briten kapituliert haben, werden an Titos Partisanen ausgeliefert und von diesen ermordet (rund 110000 Menschen, einschließlich Frauen und Kindern)

23. Mai: Verhaftung der Regierung Dönitz und der Mitglieder des Oberkommandos der Wehrmacht in Flensburg. Himmler begeht Selbstmord. – Das niederländische Exilkabinett tritt im Haag zusammen

25. Mai: Die in Südkärnten eingedrungenen Tito-Partisanen müssen sich auf Ersuchen der westalliierten Militärbehörden über die jugoslawische Grenze zurückziehen

31. Mai: Die amerikanische Militärregierung befiehlt kraft Gesetz die Auflösung der NSDAP

5. Juni: Die alliierten Oberkommandierenden (Shukow, Eisenhower, Montgomery, de Lattre de Tassigny) erlassen in Berlin eine Erklärung, in der die Übernahme der Regierungsgewalt in Deutschland durch die im Kontrollrat vertretenen alliierten Militärgouverneure verkündet wird. – Japanische Truppen kapitulieren auf Neuguinea vor den Australiern

9. Juni: Zwischen Jugoslawien, den USA und Großbritannien wird ein Abkommen über eine zeitweilige Militärverwaltung in der italienischen Provinz Venezia Giulia geschlossen. Die jugoslawischen Einheiten räumen Triest und Pola

10. Juni: In der sowjetischen Besatzungszone Deutschlands werden Parteien wieder zugelassen

20. Juni: Landung australischer Einheiten auf Sarawak

22. Juni: Der letzte Widerstand der Japaner auf Okinawa ist zusammengebrochen

24. Juni: Australische Truppen besetzen das Ölgebiet in Nordborneo

26. Juni: Die Konferenz von San Francisco wird mit der Unterzeichnung der Charta der Vereinten Nationen abgeschlossen. – Die polnische Regierung verkündet die »Aussiedlung« der Deutschen aus den Gebieten östlich der Oder-Neiße-Linie

28. Juni: Bildung einer kommunistischen Regierung der nationalen Einheit in Warschau. – Der letzte Widerstand der Japaner auf der Philippinen-Insel Luzon erlischt

30. Juni: Amerikanische Truppen landen auf der Insel Kumo bei Okinawa

1. Juli: Beginn der Räumung der sowjetischen Besatzungszone durch amerikanische und britische Truppen. – Die Sowjets besetzen die entsprechenden Teile Brandenburgs, Sachsens, Thüringens und Mecklenburgs. Amerikanische und britische Einheiten ziehen in die Westsektoren Berlins ein. – Australische Truppen landen bei Balikpapan an der Südküste Borneos

7. Juli: Die Alliierten unterzeichnen ein Abkommen über die Viermächteverwaltung Berlins. – Das Saargebiet wird der französischen Verwaltung unterstellt

10. Juli: Beginn einer amerikanisch-britischen Luftoffensive gegen das japanische Festland

11. Juli: In Berlin findet die erste Sitzung der Alliierten Kommandantur statt

17. Juli: Beginn der Potsdamer Konferenz zwischen Truman, Stalin und Churchill (später Attlee)

18. Juli: Amerikanischer Luftangriff auf Tokio (rund 2000 Bomber)

26. Juli: Sieg der Labour-Party bei der britischen Unterhauswahl (Attlee). – Die alliierten Vertreter auf der Potsdamer Konferenz fordern Japan zur Übergabe auf

29. Juli: Chinesische Truppen erobern die Flugbasis Kweilin in Südchina

2. August: Ende der Konferenz von Potsdam. Beschlossen werden die Einrichtung eines Kontrollrats, die Festsetzung von Reparationen und Demontagen, die Überlassung der deutschen Ostgebiete bis zur Oder-Neiße an Polen zur »Verwaltung«. Ein endgültiger Friedensvertrag mit Deutschland wird bis zur Bildung einer Zentralregierung zurückgestellt

6. August: Abwurf der ersten Atombombe auf Hiroshima in Japan (80% der Stadt vernichtet)

8. August: Die UdSSR erklärt Japan den Krieg. – Einmarsch sowjetischer Truppen in die Mandschurei und nach Korea. – Londoner Viermächteabkommen über die Verfolgung der »Hauptkriegsverbrecher«

9. August: Abwurf einer zweiten Atombombe auf Nagasaki. – Die sowjetischen Truppen in der Mandschurei beginnen mit einer Offensive gegen die japanische Kwantung-Armee

10. August: Die japanische Regierung erläßt ein Kapitulationsangebot an die Alliierten

11. August: Die kommunistischen Armeen in Nordchina schließen sich der sowjetischen Offensive an. – Die alliierten Regierungen billigen das japanische Kapitulationsangebot. Der japanische Kaiser Hirohito soll für die Durchführung der Potsdamer Kapitulationsbeschlüsse verantwortlich sein

14. August: Die japanische Regierung nimmt die Kapitulationsbedingungen an

16. August: Der japanische Kaiser erteilt seinen Truppen den Befehl zur Feuereinstellung

20. August: Der Führer der »Viet-Minh«-Partisanen, Ho Chi Minh, erklärt nach der Besetzung Hanois seine Machtübernahme

21. August: Das japanische Oberkommando in der Mandschurei kapituliert vor den Sowjets

22. August: Sowjetische Einheiten landen in Port Arthur, Dairen, Kwantung und auf den Kurilen-Inseln

23. August: Nationalchinesische Truppen (Tschiang-Kai-shek) besetzen Nanking, dann Shanghai

28. August: Sowjetische Einheiten beenden die Besetzung Süd-Sachalins

29. August: Die ersten amerikanischen Luftlandetruppen werden bei Tokio abgesetzt

30. August: Amerikanische Einheiten besetzen Yokohama und den Raum um Tokio

31. August: Britische Einheiten besetzen die Hafenanlagen von Hongkong

2. September: Unterzeichnung der bedingungslosen Kapitulation Japans auf dem amerikanischen Schlachtschiff »Missouri« in der Tokio-Bucht. – Die Republik Vietnam erklärt ihre Unabhängigkeit

8. September: Der amerikanische Oberkommandierende im Pazifik, General MacArthur, zieht in Tokio ein

9. September: Die japanische Armee in China kapituliert (rund 1 Million Mann)

Register

C

D

G

H

S

T

U

DIE STREITKRÄFTE

Alliierte Verbände

Amerikanische Verbände

Britische Verbände

Deutsche Verbände

Abbildungsnachweis

Erich Andres, Hamburg: 148/9, 526, 526/7 o.; American Embassy, Bonn: 463; Associated Press GmbH, Frankfurt: 42/3, 69, 131 o., 144/5 o., 237 u., 266/7, 278, 449, 460 o., u., 466/7, 468, 475, 478, 478/9 o., 616, 634/5; Werner Baars, Gütersloh: 176, 368 l.o., l.u., 369; Bildarchiv Preußischer Kulturbesitz, Berlin: 59 M., u.; Bundesarchiv, Koblenz: 34/5, 36/7, 38/9, 40/1, 44/5, 46/7, 124/5, 134/5, 138/9 u., 139, 140 o., u., 148, 152 o., u., 152/3 o., u., 155 r., 156 u., 159 o., 160 u., 168 M., u., 168/9, 170/1, 172 o., u., 174, 201, 209 u., 210 o., u., 214/5, 216 o., u., 216/7, 221 r., 222/3, 222, 223 M., u., 227, 228/9, 229 o., 236/7, 238/9, 238, 242/3, 242, 253, 256/7, 262/3, 263 o., M., u., 276/7, 278/9 u., 284 o., 288 o., M., u., 289, 291, 292 u., 292/3, 294/5, 298/9, 299 o., u., 300/1, 301 u., 302, 337, 341 u., 342, 344 o., u., 347 o., 348 u., 348/9, 350/1, 351 r., 352, 354 o., M., u., 356, 358/9, 360/1, 361, 362/3 u., 363 o., 366, 366/7 o., u., 368 r., 374 u., 374/5, 375 u. l., u. r., 376 o., 377, 379 u., 385 o., u., 390 o., 393, 394/5 o., u., 398 l., r., 399 l., r., 401 o., u., 407, 408, 408/9 u., 410 o., u., 412/3, 414 o., 416, 417 u., 418/9, 419 o., u., 450/1, 454, 505, 508/9, 513, 518 o., u., 522, 525, 530, 530/1 o., u., 531, 532, 532/3 o., u., 533, 534, 536 u., 536/7, 542 o., M., u., 542/3, 545 o., M., u., 550/1 o., u., 551, 552/3, 553 o., M., u., 556/7 o., 558/9, 559 o., M., 560, 562/3, 566, 572 o., u., 578/9 u., 579, 582/3 o., 585 o., 599 M., 600 o., u., 601, 602 o., 612/3, 613 u., 619 o., 620 u.; CAF, Warschau: 122/3 o., u., 127; Camera press, London: 226/7; Comité d'histoire, Paris: 557 u., 565 o., u., 566/7; Dr. Günther Deschner, Bergisch-Gladbach: 350 r., Rudolf Döhler, Augustdorf: 277 o., 340/1, 414 u., 417 o.; dpa, Düsseldorf: 60 u., 61 u., 79 o., u., 113 u., 120/1, 124 u., 130, 132 u., 132/3, 156 o., 160 o., 160/1, 212/3 o., 229 u., 237 o., 255, 264/5, 271 o., 272/3, 274/5 u., 275, 278/9 o., 282/3, 283, 338/9, 339 M., 396, 408/9 o., 470/1, 476 u., 477, 557 o., 576, 581, 588/9 o., 590 o., 593 o., 595, 602/3, 609, 614/5, 615 o., 616/7 o., u., 620 o., 622/3, 623 o., u., 631 u., 635 o., 640/1 o., u., 641, 642, 650/1, 654/5; C. Henrich Traben-Trarbach: 342/3 u., 353, 354/5, 357, 363 u., 376 u., r., 380 o., 404, 578/9 o., 604/5, 605, 605/6 o., u., 608/9 u., 610/1, 611 o., u.; Foto Hilscher, Kiel: 155 u., 258, 259; Historia-Photo, Hamburg: 53 u., 56, 60 o. M., o. r.; Herbert Hoffmann, Berlin: 80/1, 342/3, 352/3, 376 u. l.; Hanns Hubmann, Ambach: 157, 251, 356/7, 387, 400/1, 526/7 u., 528 o., 528/9, 540, 591, 615 u.; Wilhelm August Hurtmanns, Süchteln: 339 u.; IDF-Studio, Emden: 362/3 o., 371 o. r.; Imperial War Museum, London: 234, 240/1 o., u., 252, 260 o., 260/1, 261, 269, 280, 280/1, 294, 295, 296/7 o., u., 303, 304, 382/3, 383, 457 u., 458/9, 459, 465 o., u., 472/3, 476 o., 478/9 u., 510/1, 520 o., 539, 544/5, 554 o., u., 555, 556/7 u., 559 u., 560/1 o., 575, 582/3 o., 583, 584/5, 585 u., 586/7, 588 o., u., 588/9 u., 596 o., 597, 628/9, 629 o., u., 630/1, 631 o., 635 u., 636 o., u., 638/9 u., 639 o., u.; Inst. für Marxismus-Leninismus, Moskau: 384; Inst. für Publizistik, Münster: 113 o.; Inst. voor Oorlogsdocumentatie, Amsterdam: 203, 240, 265, 267 o., u., 370, 402 o., u., 445, 447, 464, 473, 480, 570, 592, 638/9 o.; Interfoto MTI, Budapest: 598/9; David Irving, London: 521; Isseido, Tokyo: 452/3, 456/7, 457 o.; Keystone Bildarchiv, Hamburg: 57 o., 120 u., 129 o., 132 o., 204/5, 225 u., 290, 406, 448/9, 460/1, 534/5, 567, 577 o., 593 u., 636 u., 642/3; Karl Knödler, Reutlingen: 380 u., 381, 390 u.; Königl. Kriegsmuseum, Brüssel: 159 u., 166/7 o., 202 o., u., 213, 221 l., 224/5, 225 o., 246 u., 248 u., 268, 348 o., 351 l., 371 o. l., u., 397 r., 568 o. l., 571 u., 577 M.; Kyodo Press, Tokio: 62 u., 454/5, 633; Bertelsmann LEXIKOTHEK-Verlag GmbH, Gütersloh: 33, 50, 54, 55, 67, 68, 344/5, 350 l., 446, 462, 510, 516, 519, 538, 541 o., u., 568 o. r., 571 o., 613 o., 632, 646/7, 652/3; Franz-Karl Frhr. von Linden, Waldsee: 175, 574; Nordmark-Film, Kiel: 150/1, 338 o., 512 o.; Willy Pragher, Freiburg: 84, 270/1; Publifoto, Mailand: 548, 548/9, 569; Fred Rieder, Salzburg: 391, 568 u.; Hans Schaller, Berlin 51, 58, 59 o., 60 o. l., 62 o., 66 u., 73 o., 81 r., 109, 114 u., 129 u., 131 u., 245 u.; Walter Schöppe, Steinbergkirchen: 452; Heinz Schröter, Osnabrück: 233, 285, 286, 388 o., u. l., u. r., 389, 392, 397 u., 596 u., 602 o.; Presse-Seeger, Albstadt: 206, 207 o., u., 208/9, 243, 292 l., 341 o., 378, 627, 636/7; Sowjetunion heute, Köln/Nowosti: 358, 359, 364, 364/5, 365, 372, 373, 379 o., 386, 396, 396/7, 405, 410/1, 414/5, 420, 580/1 o., u., 580 u. l., 599 o., u., 618/9, 619 u., 620/1, 624/5; Süddeutscher Verlag Bilderdienst, München: 53 o., 61 o., M.; 71, 72 l., 74/5, 76/7, 82/3 u., 83 M., r., 110 o. l., o. M., o. r., 114/5, 116 l., 118 o., 126 o., 136, 136/7 u., 138/9 o., 144, 162/3, 164/5, 172/3, 219 o., u., 220, 257, 271 u., 272, 274/5 o., 277 u., 287, 301 o., 347 u., 471, 472, 512/3, 515, 535, 536 o., 564/5, 600 M., 648/9; Ullstein GmbH, Bilderdienst, Berlin: 52/3, 57 u., 62/3, 64/5, 65, 66 o., 70/1, 72/3, 73 u., 74 u., 75 u., 80 l., 82/3 o., 110 u., 110/1, 116/7 o., r., 118 u., 119, 120 o., 123, 124 o., 126 o., 130 u., 136/7 o., 140/1, 142 o., u., 143, 144/5 u., 146/7, 149, 154/5, 158, 167, 168 o., 171 u., 204, 209 o., 212/3 u., 215 o., u., 218/9, 230, 231, 232, 235, 239, 244/5, 245 o., 246 o., 246/7, 248 o., 249, 250, 254/5, 254, 284 u., 346 l., M., r., 403, 468/9, 506/7, 509, 514, 517 o., u., 518 u., 520 u., 523, 524, 528 u., 543, 546, 546/7, 560/1 u., 573, 577 u., 590 u.; Ferdinand Urbahns, Berlin: 146; US Army Photographic, Washington: 474/5, 594/5, 644/5; Rudolf Vogel, Augustdorf: 49; Archiv Weineck, Ziegelhausen: 224/5 o.; Zeitgeschichtl. Bildarchiv Heinrich Hoffmann, München: 78/9, 112/3, 114 o., 128/9, 163, 210/1; Zentralbild, Berlin: 166/7 u., 171 o.